AF815820

उच्चतर समाजशास्त्रीय सिद्धान्त

उच्चतर समाजशास्त्रीय सिद्धान्त

(Advanced Sociological Theories)

शम्भूलाल दोषी
मधुसुदन त्रिवेदी

रावत पब्लिकेशन्स

जयपुर • नई दिल्ली • बैंगलोर • हैदराबाद • गुवाहाटी

ISBN 81-7033-318-0 (HB)
ISBN 81-7033-505-1 (PB)

First Edition 1996
Reprinted, 2013

© Authors

No part of this book may be reproduced or transmitted in any form or by any means, electronic or mechanical, including photocopying, recording or by any information storage and retrieval system, without permission in writing from the publishers.

Published by
Prem Rawat for **Rawat Publications**
Satyam Apts., Sector 3, Jawahar Nagar, Jaipur - 302 004 (India)
Phone: 0141 265 1748 / 7006 Fax: 0141 265 1748
E-mail : info@rawatbooks.com
Website: rawatbooks.com

New Delhi Office
4858/24, Ansari Road, Daryaganj, New Delhi 110 002
Phone: 011-23263290

Also at *Bangalore, Hyderabad* and *Guwahati*

Printed at Nice Printing Press, New Delhi

प्राक्कथन
(Preface)

प्रस्तुत पुस्तक में हम हमारी ओर से किसी मौलिकता का दावा नहीं करते। हमने सभी उपलब्ध स्त्रोतों से, जो भी हमें उचित लगा उसे बेधड़क होकर उधार ले लिया है। समाजशास्त्रीय सिद्धान्तों को प्रस्तुत करने का हमारा यह तरीका ही इस पुस्तक की विशेषता और उपयोगिता है। हम इस विचारधारा के हैं कि हिन्दी की पुस्तकों में ऐसी भाषा प्रयोग में लायी जाये जो अध्यापकों और विद्यार्थियों, दोनों के लिये बोधगम्य हो। विचारों के संचार में भाषा आड़े नहीं आनी चाहिए। इसी मुहावरे ने हमें यह पुस्तक लिखने को प्रेरित किया। जो भाषा, जो शब्द आज अध्यापकों और विद्यार्थियों की बोल-चाल में आ गये हैं, उन्हीं का प्रयोग हमने किया है। कुछ अंग्रेजी शब्द जिनका हिन्दी अर्थ हमें जटिल व क्लिष्ट लगा, उनके लिए हमने अंग्रेजी शब्दों का प्रयोग किया है। उदाहरण के लिये फीनोमिनोलॉजी, एथनोमेथडोलॉजी आदि सिद्धान्तों के लिये घटना क्रिया विज्ञान या लोक विधि विज्ञान के प्रयोग की अपेक्षा अंग्रेजी शब्द ही पसन्द किये हैं। आशा है इससे हमारा मन्तव्य प्रेषण और सरल हो जायेगा।

पुस्तक लिखने का एक और कारण भी है और यह कारण अधिक गम्भीर है। स्वतन्त्रता प्राप्ति के बाद से समाजशास्त्र को हिन्दी में लिखा जा रहा है। हम यह भी स्वीकार करेंगे कि समाजशास्त्र की विभिन्न विधाओं में प्रचुर प्रस्तकें हैं। फिर भी वर्षों के अध्यापन का अनुभव हमें बताता है कि कम से कम सिद्धान्तों के क्षेत्र में तो बोधगम्य पुस्तकों का अभाव है। सिद्धान्त पर हिन्दी में काफी लिखा जा चुका है। लेकिन लिखावट में क्लिष्टता और अनुवाद करने की परछाई इतनी तीव्र हो जाती है कि लिखा हुआ पढ़ा तो जाता है, समझ में नहीं आता। यहां हमने सिद्धान्तों की व्याख्या तो की है लेकिन उनका विश्लेषण भारतीय समाज

के यथार्थ संदर्भ में किया गया है।

हमारे विश्वविद्यालयों में समाजशास्त्र के पाठ्यक्रम निर्माण में दकियानूसी दृष्टिकोण अधिक देखने को मिलता है। एक पीढ़ी जिस पाठ्क्रम को बनाती है, सिलसिले से आने वाली पीढ़ियां उसी पाठ्यक्रम को घसीटते हुये आगे धकेल देती है और इस बीच में यूरोप और अमेरिका में कई नये सिद्धान्त आ जाते हैं, कई नये विचारकों का आविर्भाव हो जाता है। इसका परिणाम यह होता है कि दुनिया के अकादमिक कदमों के साथ हमारे कदम पिछड़ जाते हैं। इस अभाव को दूर करने के लिये समाजशास्त्रीय सिद्धान्तों की परम्परागत विथिका में हमने कुछ नये सिद्धान्त जोड़े हैं, कुछ नये विचारक प्रस्तुत किये हैं। इन्ही को हम समाजशास्त्रीय सिद्धान्तों के नये क्षितिज कहते हैं। हमें आशा है कि पाठ्यक्रम निर्माण करने वाली समितियों को इस माध्यम से हमने जो नये विकल्प दिये हैं, शायद पसन्द आयें।

पुस्तक लिखने में हमारा एक ही केन्द्रीय लक्ष्य रहा है : समाजशास्त्रीय सिद्धान्तों को अधिक से अधिक अध्यापकों और विद्यार्थियों के लिये बोधगम्य बनाना। इस उद्देश्य की यदि हमें आंशिक उपलब्धि भी होती है, तो हम अपने श्रम को सार्थक समझेंगे।

अनुक्रमणिका
(Contents)

अध्याय 1

सामाजिक विचारः लोक कथा से विज्ञान तक
(Social Thought: From Lore to Science)

जब कभी हम विज्ञान की चर्चा करते हैं, तो यह मानकर चलते हैं कि विज्ञान का किसी न किसी सिद्धान्त के साथ ताल्लुक अवश्य है। यह जन-मानस की स्वाभाविक मान्यता है कि विज्ञान और सिद्धान्त का एक अटूट सम्बन्ध है। दोनों में चोली-दामन का सम्बन्ध है। लेकिन दूसरी ओर यह सोचना गलत होगा कि जब विज्ञान नहीं था तब कोई सिद्धान्त ही नहीं थे। वास्तविकता यह है कि आधुनिक विज्ञान यानि सिद्धान्त की पैदाइश से पहले भी सिद्धान्त थे। यह सिद्धान्त मुहावरों, लोकोक्तियों, सूक्तियों आदि में एक संचयी ज्ञान की तरह एक पीढ़ी से दूसरी पीढ़ी को सरकते जाते थे। खरगोश और कछुए की कहानी या लोमड़ी की खट्टे अंगूर की कथा एक ऐसा ज्ञान है जो इन लोक कथाओं में निहित है। हमारे देश में पंचतंत्र और हितोपदेश की अगणित कहानियों में सिद्धान्तों का एक ऐसा पिटारा भरा है जो कई पीढ़ियों के गुजर जाने पर भी आज तक जीवंत है। आम आदमी में चाहे अनपढ़ और गँवार ही क्यों न हो उसमें एक सामान्य ज्ञान होता है जो लोक कथाओं में सिद्धान्तों से बंधा रहता है। अतः यह कहना कि आधुनिक विज्ञान ने ही सामाजिक जन जीवन को सिद्धान्तों में बांधा हो, सत्य नहीं है। लोक कथाओं में अतीत के इतने अधिक अनाम हस्ताक्षर हैं जिन्होंने अनुभव व तर्क के आधार पर कुछ ऐसे अनौपचारिक सिद्धान्त प्रतिपादित किये हैं जो बाद में चलकर *आनुभविकता* (Empricism) और तर्क की कसौटी पर सही उतरे हैं। वास्तविकता यह है कि सामाजिक विचारों की यात्रा बहुत लम्बी रही है। अपने सूक्ष्म रूप में सामाजिक सिद्धान्तों का उद्‌गम लोक कथाओं से हुआ है। यहाँ से चला सामाजिक सिद्धान्त का कारवाँ आज विज्ञान की परिधि में बंधकर किसी भी विज्ञान के सिद्धान्त की तरह निखर कर सामने आया है। *मर्टन* (Robert K. Merton) का यह कहना एकदम सही है कि आज का

सिद्धान्तवेता या समाजशास्त्री अतीत के अगणित सिद्धान्तवेत्ताओं के मजबूत या कमजोर कंधों पर खड़ा हुआ है। अत: सिद्धान्त निर्माण की प्रक्रिया एक ऐसी विरासत है जो जन-जीवन से पैदा हुये सामाजिक विचारों से सरकती हुयी आधुनिक सिद्धान्त तक आयी है। सामाजिक सिद्धान्तों की चूलें लोक कथाओं के अलिखित लेकिन समृद्ध साहित्य से जुड़ी हुयी है।

सामाजिक सिद्धान्तों पर समाज विज्ञानों में बहुत बड़ा साहित्य है। सिद्धान्त भी अनेक हैं। फिर भी हम किसी भी समाज विज्ञान के सिद्धान्तवेता या सिद्धान्त को लें तो हमें पता लगेगा कि यह सब सिद्धान्त आनुभविकता और तार्किकता की प्रक्रिया से गुजरे हैं। समाज विज्ञानों में सामाजिक चिन्तन की प्रक्रिया पर ई. सन् 1938 में एक बड़ी महत्वपूर्ण पुस्तक प्रकाशित हुई जिसका उल्लेख हमें यहाँ करना चाहिये। *सोशल थॉट फ्रोम लोर टू सांइस* (Social Thought from Lore to Science) नामक यह पुस्तक *हॉवर्ड बेकर* (Howard Becker) तथा *हैरी एल्मर बार्नस* (Harry Elmer Barnes) के नाम से प्रकाशित हुयी। इस पुस्तक के तीन खण्ड हैं और इसमें लगभग 1200 से अधिक विचारकों के सिद्धान्त क्षेत्र में योगदान का विश्लेषण किया गया है। यह पुस्तक इसलिये भी महत्वपूर्ण है कि इसमें सामाजिक चिन्तन और समाजशास्त्रीय सिद्धान्त पर प्रारम्भिक युग से लेकर अब तक का बहुत अच्छा विश्लेषण है। दुनिया भर की लोक कथाओं की खोजबीन कर के इन दो अमरिकी समाजशास्त्रियों ने यह स्थापित किया है कि किस प्रकार सामाजिक सिद्धान्तों का उद्‌गम दुनिया भर के लोगों के सामान्य जीवन के साथ जुड़ा हुआ है।

इस अध्याय में हम एक निश्चित सिलसिले से यह देखने का प्रयास करेगें कि किस भाँति आधुनिक सामाजिक सिद्धान्त लोक कथाओं से धीरे-धीरे उठकर *प्रत्यक्षवाद* (Positivism) की अवस्था पर पहुँचा है। हम यह देखेगें कि किस प्रकार सामाजिक सिद्धान्तों के विकास की यात्रा धर्म, मिथक, *तात्विक* (Metaphysical) अवस्था से गुजरती हुयी प्रत्यक्षवाद तथा विज्ञानवाद तक पहुँची है। एक प्रकार से सामाजिक सिद्धान्त जैसा कि *बेकर व बार्नस* कहते हैं पवित्र समाज से लेकर *धर्म निरपेक्ष* समाज (Sacred to Secular) की अवस्था पर पहुँचे हैं। सामाजिक सिद्धान्तों के विकास और जटिलता का यह सिलसिलेवार ब्यौरा यहाँ हम रखेगें।

प्रागलिपि तथा आदिम समाज में सामाजिक विचार

Social Thought in Pre-literate and Aboriginal Society

सामाजिक सिद्धान्त का उद्‌गम आदिम समाजों से रहा है। यह आदिम समाज कैसे थे, उनका क्या स्वरूप था, कुछ भी निश्चित रूप से नहीं कहा जा सकता। हमारे पूर्वज कहानियाँ सुनाते आ रहे हैं: सात समुन्दर पार राक्षसों की नगरी है। यह राक्षस मनुष्य का खून पीते हैं और उसके माँस को खाते हैं। थोड़े बहुत हेर-फेर के साथ राक्षस और जंगली लोगों की कहानियाँ बदस्तूर हर पीढ़ी को सुनने को मिलती है। ऐसे किसी समाज के बाद हमें ऐसे समाजों को उल्लेख मिलता है जो किसी भी तरह की पढ़ाई लिखाई से दूर थे। उन्हें कोई भाषा नहीं

आती थी। इन समाजों में कुछ निश्चित सांस्कृतिक लक्षणों का अभाव था। ऐसे समाज *प्राग्लपि समाज* (Pre-literate Society) या *आदिम समाज* (Aboriginal Society) के नाम से जाने जाते हैं। यह समाज काले, गोरे, पीले, लाल या भूरे रंग के होते थे जो दुनिया भर में फैले हुये थे। इन समाजों की यदि कोई बहुत बड़ी विशेषता बतायी जाये तो वह यह थी कि उनमें विचारों की बड़ी रूढ़िवादिता थी। वे सब बदलने को तैयार थे लेकिन परम्परा से चले आ रहे अपने विचारों में वे कोई भी बदलाव लाने के लिये तैयार नहीं थे। उनकी यह बहुत बड़ी लालसा थी कि वे अपने विचारों को और उनसे जुड़ी हुयी संस्थाओं को जो उनके पिता और पितामहों से चली आ रही है, उन्हें किसी भी तरह भुलाया नहीं जाना चाहिये। जिन लोगों का आदिवासियों के साथ निकट सम्बन्ध है आज भी यह स्वीकार करेगें कि आदिवासी अपने बाप-दादा के विचारों और रीति-रिवाजों को किसी भी तरह भूलने को तैयार नहीं है। उनका तो सदियों से बराबर एक ही आग्रह रहा है कि उनके बाप-दादों की विचारधारा को निरंतरता दी जाये। उसकी सततता बनी रहे। पीढ़ियों की परम्परा को धकेले रखने का यह आग्रह केवल प्राग्लपि या आदिम समाज का ही हो ऐसा नहीं है। यह समाज लोक कथाओं के माध्यम से अपनी परम्परा को निरन्तरता प्रदान करते हैं। यही प्रवृति या आदत सभ्य या पढ़े-लिखे समाज में लिखावट द्वारा सांस्कृतिक निरन्तरता को बनाये रखने की होती है। अतः प्राग्लपि समाज हो या सभ्य समाज, संस्कृति की निरंतरता को रखना बहुत बड़ी विशेषता है। चाहे जितने अवरोधक आयें मनुष्य समाज अपने विचारों, यानि आदमी के जीवन के बारे में जो भी चिन्तन है, उसे जहाँ तक सम्भव हो जीवित रखा जा सके यही चाहता है। बड़ी विचित्र अवस्था मानव समाज के साथ रही है। एक ओर जब वह बदलाव और तरक्की चाहता है वहीं उसकी यह भी इच्छा रहती है कि वह आदमी के जीवन के प्रति जो उसके विचार हैं, जो उसके सिद्धान्त हैं, और जो उसका निर्वचन है वह तनिक भी नहीं बदले। जहाँ वह अपने ऊपर की पीढ़ियों के चिन्तन को संजोये रखना चाहता है, वही भविष्य की पीढ़ियों के लिये नया चिन्तन और विकास भी देना चाहता है। इस सब तत्वों अथवा सामाजिक चिन्तन के पीछे कई कारक रहे हैं। यहाँ हम इनमें से कतिपय कारकों और इनसे जुड़े हुये सामाजिक विचारों का उल्लेख करेगें :

(1) पृथक्करण
Isolation

जिन्होंने प्राग्लपि समाजों के अध्ययन में विशेषता प्राप्त की है वे सामाजिक मानवशास्त्री कहते हैं कि दूर-दराज क्षेत्रों में रहने वाले लोग एक ऐसी मानसिकता विकसित कर लेते हैं जो उन्हें बाहर के समुदायों के साथ किसी भी तरह का सम्पर्क रखने का अवसर नहीं देती। यह पृथकता पड़ौसियों से *पृथकता* (Vicinal Isolation) के नाम से जानी जाती है। किसी भी कौम का निवास दो स्थानों पर होता है। एक निवास तो वह है जिसकी जमीन पर वह खड़ा है, जिसकी जमीन पर वह आवास करता है, खेती-बाड़ी करता है। यह जमीन, यह मिट्टी,

उसकी अपनी है। उसका दूसरा निवास अपनी जमीन के ठीक बाहर अपनी पड़ौसी कौम के निवास की भूमि है। जब वह इस दूसरी कौम की जमीन के साथ अपने आपको पृथक समुदायों से अलग-थलग है। यह पड़ौसी से पृथकता उसे किसी भी तरह के परिवर्तन को स्वीकार करने नहीं देती। परिणामस्वरूप इस कौम की सम्पूर्ण संस्कृति में जड़ता आ जाती है—एक प्रकार का ठहराव आ जाता है। इस स्थिति को *बेकर* और *बार्नस* ने *मानसिक अचलता* (Mental Immobility) के पद द्वारा व्यक्त किया है।

जब मानसिक अचलता किसी कौम में आ जाती है तो यह कौम किसी भी तरह के संरचनात्मक परिवर्तन को सिद्धान्त या विचारधारा को अपनाने के लिये राजी नहीं होती। 19 वीं शताब्दी में ब्रिटिश उपनिवेशवादी राज ने हमारे देश में कारखानों से बुना सूती माल बाजार में रखा तो लोगों ने साधारण रूप से इसे नहीं अपनाया। अब भी उनके लिये चरखा विश्वसनीय साधन था जिसके द्वारा कपड़ा बुना जा सकता था। गांधी जी लोगों की इस मानसिक अचलता को भली प्रकार समझते थे। इसी कारण उन्होंने विदेशी सूती कपड़ों का विरोध चरखे से किया। कुछ देश तो ऐसे हैं जिन्होंने वर्षों तक अपनी नीति के अनुसार अपने आपको दूसरे समुदायों से पृथक रखा है। ऐसे देश यह मानकर चलते हैं कि दूसरे समुदायों के साथ सम्पर्क उनकी पीढ़ियों से चली आने वाली संस्कृति को गंदला कर देते हैं। *इन लोगों में मानसिक अचलता इतनी गहरी और शक्तिशाली होती है कि वे किसी भी प्रकार के सामाजिक परिवर्तन की कतई इच्छा नहीं रखते।*

(2) नातेदारी संगठन और मानसिक अचलता
Kinship Organisation and Mental Immobility

आदिम और प्राग्लपि समाजों की मानसिक अचलता का एक और कारक, नातेदारी संगठन है। इन समाजों को एकता की कड़ी में बांधे रखने का काम नातेदारी व्यवस्था करती है। पानी की धारा को तो काटा जा सकता है, पर एक ही रक्त के लोगों को कभी अलग नहीं किया जा सकता। इस तरह का चिन्तन प्राग्लपि समाज को बांधे रखता है। नातेदारी सम्बन्ध इतने शक्तिशाली होते हैं कि उनके सामने गैर नातेदारों के सम्बन्ध बेमतलब हो जाते हैं। बचपन से ही बच्चा इस तरह बड़ा किया जाता है कि वह वयस्क होने के बाद अपने नातेदारों से बाहर किसी भी प्रकार के सम्बन्ध को सन्देह की दृष्टि से देखता है। यदि किसी जाति या कौम का व्यक्ति गैर कौम के व्यक्तियों के साथ किसी तरह जुड़ता है तो लगता है जैसे शरीर का एक अंग शरीर से छूटकर अन्यत्र चला गया हो। नातेदारी संगठन, इस भाँति प्राग्लपि समाज में सांस्कृतिक विकास नहीं होने देता। इसलिये मानसिक अचलता को बनाये रखने में नातेदारी संगठन बहुत शक्तिशाली हैं।

(3) सामाजिक नियंत्रण और वृद्धजन
Social Control and Elders

सामाजिक विचार या सोच में यानि सामाजिक सिद्धान्तों के निर्माण में पृथकता, मानसिक

अचलता और नातेदारी संगठन के अतिरिक्त समुदाय के वृद्ध लोगों का प्रभाव भी सामाजिक नियंत्रण के लिये बड़ा महत्वपूर्ण है। समाज के बड़े-बूढ़ों का यह प्रभाव साफ व स्पष्ट नहीं होता, लेकिन नाड़ी की धड़कन की तरह हर समय यह मनुष्य व्यवहार पर अपना नियंत्रण रखता है। हमारे हाथ-पाँव से भी अधिक निकट वृद्ध लोगों की शक्ति का प्रभाव होता है। पृथक्करण वाले समाजों में वृद्ध का यह प्रभाव इतना शक्तिशाली होता है कि कौम के सदस्य किसी तरह की खिलाफत नहीं कर सकते। उन्हें तो मौन रहकर लकीर के फकीर की तरह अपनी कौम के नियम-उपनियम, मानक व मूल्य को व्यवहार में लाना है। कौम के वृद्धों द्वारा सदस्यों पर किया गया यह नियन्त्रण निश्चित रूप से कौम में मानसिक अचलता व स्थानीयता पैदा करता है। ऐसे आदिम और प्रागलपि समाजों में सिद्धान्त निर्माण की चर्चा की कोई कल्पना नहीं की जा सकती। मैक्स बेवर जिसे *परम्परागत प्रभुत्व* (Traditional Domination) कहते हैं, वह प्रागलपि संस्कृतियों में सामान्यतया देखने मिलता है। इन समाजों में परम्परागत प्रभुत्व की वैधता, लोगों के विश्वास तथा पवित्र-अपवित्र की मान्यताओं पर आधारित होती है।

(4) पृथक्करण तथा परदेशियों से घृणा
Isolation and Aversion to Strangers

मानसिक अचलता का आदिम समाजों में एक और प्रभाव परदेशियों के साथ घृणा और संदेह रखना है। जब किसी समाज में परम्परागत विचारों या चिन्तन पर कोई विरोधी टिप्पणी आती है तो आम आदमी में यह सन्देह पैदा हो जाता है कि यह काम अवश्य किसी परदेशी का होगा। एक लोकोक्ति है: दो भाषाएं जानने वाला दोगला होता है। इसका मतलब यह है कि ऐसे दोगले ही परम्परागत सोच में पत्थर फैंकते हैं। शायद इसी कारण पुराने देशों के *अल्पतंत्रों* (Oligarchies) में जैसे कि *स्पार्टा* (Sparta) में, परदेशियों को अपने देश में आने की स्वीकृति नहीं थी। यह अल्पतंत्र बाहरी प्रभाव से अपने आपको एकदम अछूता रखना चाहते थे। उनका यह पक्का विचार था कि परदेशी अपने देश में आकर उसके पवित्र समुदाय को तोड़-फोड़ देगें, असंगठित कर देगें। यह जरुरी नहीं है कि प्रत्येक प्रागलपि समाज में परदेशियों के आने पर कोई औपचारिक कानून हो, फिर भी किसी न किसी तरह लोग परदेशियों के प्रति अपनाया गया यह रूख किसी भी प्रकार के सिद्धान्त निर्माण के अंकुर पैदा नहीं होने देता।

(5) साभाजिक विचार सामान्यतया शंकाहीन या लौकिक
Social Thought Usually Implicit or Proverbial

अभी तक हमने इस तथ्य का विवरण दिया है कि आदिम तथा प्रागलपि समाजों में एक ऐसा भौगोलिक पृथक्करण होता है जिसका अन्त या नियति सामाजिक, सांस्कृतिक और वैचारिक पृथक्करण में होती है। आदमी के सोचने की शक्ति या किसी प्रकार के सिद्धान्त निर्माण की प्रक्रिया आदिम व प्रागलपि समाजों में नहीं चल पाती। वहाँ जो भी सिद्धान्त होते हैं वे

एकदम *सामान्य* (General) और *लौकिक* (Proverbial) होते हैं। वहाँ की कहावतों, मुहावरों, दोहों या श्लोकों में एक पूरा का पूरा सिद्धान्त घटा हुआ मिलता है। लोकोक्तियों का यह सिद्धान्त किसी भी तरह व्यवस्थित सिद्धान्तों से कम नहीं होता। ये लोकोक्तियाँ तो गागर की तरह होती हैं जिनमें सागर भरा होता है। उदाहरण के लिये *सूरदास की काली कमरिया चढ़ै न दूजों रंग, होनहार बिरवान के होते चीकने पात, संतोषम् पर सुखम्, रोज कुआ खोदना, रोज पानी पीना, बहुत से जोगी मठ उजाड़ा, या मधुरि बानी, दगाबाज की निशानी* ऐसी लोकोक्तियाँ है जिनमें कई पीढ़ियों, कौमों और दुनिया भर के देशों का ज्ञान भरा पड़ा है।

यह सत्य है कि प्राग्लपि और आदिम समाज का सदस्य बहुत बड़ी बात न जानता हो, उसने दुनिया न देखी हो लेकिन यह अवश्य है कि वह जन लोगों और वस्तुओं के बीच में काम करता है, उन्हें खुब अच्छी तरह से पहचानता है। वह खेतीहर जो वर्षों से अपने खेत में उपज लेता है, अपने खेत के एक-एक ढेले को वह अच्छी तरह से जानता है। सच्चाई यह है कि पिछड़े और आदिम समाज के लोगों तथा आधुनिक समाज के लोगों में सामाजिक सिद्धान्त, चिन्तन या समझ के बारे में जो भी बुनियादी अन्तर है वह सामाजिक और सांस्कृतिक है, *जैविकीय* (Biological) नहीं है। आदिम समाज का व्यक्ति क्योंकि प्रतिदिन पशु, पक्षी, पेड़, पौधे, पत्थर आदि के निकट सम्पर्क में आता है, और यही उसकी अर्जित सामाजिकता है, वह इनके बारे में लोकोक्तियाँ बनाता है या सामान्यीकरण करता है। दूसरी ओर, आधुनिक समाज का व्यक्ति दूसरे तरह की सामाजिक पृष्ठभूमि में रहता है, वह मिट्टी के ढेले की अपेक्षा कम्प्युटर के रूबरू होता है तो उसके सिद्धान्त निर्माण की प्रक्रिया बदल जाती है। दोनों ही समाजों के सदस्य स्वाभाविक है, अपने-अपने समाज को ऊंचा व बढ़िया मानते हैं।

प्राग्लपि समाजों में विभिन्न सामाजिक पहलुओं पर सिद्धान्त

Theories on Different Social Aspects of Preliterate Societies.

यह ठीक है कि पिछड़े हुये और आदिम समाजों में जिसे हम सिद्धान्त कहते हैं, ऐसे कोई निश्चित मानदण्ड नहीं होते। और, फिर सिद्धान्त हैं क्या? सामान्य शब्दों में सिद्धान्त मनुष्य जीवन का निर्वचन और उसकी व्याख्या है। यदि इस दृष्टिकोण से देखें तो इन पुराने समाजों में भी जीवन के विभिन्न क्षेत्रों के सम्बन्ध में एक निश्चित सोच या समझ होती है। यह सोच या समझ ही लोक कथाओं में निहित होती है। हर समाज में कुछ काम ऐसे हैं जिन्हें परम्परा से पुरुष ही करते आये हैं और कुछ हल्के तथा कलात्मक काम ऐसे हैं जिन्हें स्त्रियाँ ही करती आयी हैं। इसलिये समाज जानता है कि कुए से पानी भर कर लाने का काम या अनाज को हाथ चक्की से पीसने का काम स्त्रियों का है। हल जोतने, लकड़ी काटने और बाजार में खेत की उपज को पहुँचाने का काम पुरुष का है। इस तरह का लिंग पर आधारित काम का बँटवारा सामाजिक स्तरीकरण का एक प्रतिमान मात्र है। सम्भव है कि कुछ समाजों में हल

चलाने का काम स्त्रियाँ करती हों या कुछ से पानी लाने का काम पुरुष करते हो, पर इस विभिन्नता के होते हुए भी यह बहुत साफ है कि प्रत्येक प्राग्लपि समाज में श्रम विभाजन के सम्बन्ध में कुछ निश्चित धारणाएं होती है।

(1) लिंग विभेद
Sex Discrimination

प्रत्येक समाज में स्त्रियों की स्थिति के सम्बन्ध में भी निश्चित विचार होते हैं। एक जर्मन मुहावरे के अनुसार बिना पत्नी का आदमी बिना सिर का धड़ हैं। फ्रांस में स्त्रियों के बारे में यह मुहावरा प्रचलित है कि स्त्री एक सम्पूर्ण शैतान है। हिन्दू समाज में एक अन्य प्रकार का मुहावरा प्रचलित है: "जिनका नेतृत्व स्त्रियां करती हैं, समझलो वे बरबाद हो गये।" एक अन्य हिन्दुओं का मुहावरा है: "स्त्री अर्द्धांगिनी है यानि पुरूष का आधा अंग है।" रूसी समाज में स्त्रियों के सम्बन्ध में प्रचलित मुहावरे हैं: मुर्गी को कौवे की तरह बांग नहीं देनी चाहिये, पति अपनी पत्नी का पिता होता है। युगोस्लाविया में कहा जाता है: कभी-कभी समझदार पत्नी की आज्ञा मानना अकलमन्दी होती है। इसी देश में यह भी प्रचलित है: स्त्रियों के सिर के बाल लम्बे होते हैं और मस्तिष्क छोटा।

सचाई यह है कि स्त्रियों के सम्बन्ध में हर समाज में और उनकी लोक कथाओं में एक निश्चित धारणा होती है। यह धारणा ही सामाजिक व्यवस्था में उनकी *स्थिति* (Rank) को निश्चित करती है। सामाजिक स्तरीकरण की ये अवधारणाएं जो सिद्धान्त को विकसित करती हैं, प्राग्लपि और पिछड़े समाजों की लोककथाओं, मुहावरों और लोकोक्तियों में प्रचुर मात्रा में मिलती है। *बेकर* व *बार्नस* का सम्पूर्ण तर्क यही है कि सामाजिक सिद्धान्त का जन्म प्रत्यक्षवाद से यानि विज्ञान से ही हुआ हो ऐसा नहीं है। इसके उद्गम को हमें सबसे अधिक पुराने समाजों में देखना चाहिये।

(2) जनसंख्या सम्बन्धी नीतियाँ
Population Policies

प्राग्लपि समाजों में हमने ऊपर देखा कि सामाजिक स्तरीकरण में स्त्रियों का स्थान सबसे नीचा होता है। यही नहीं यह भी देखा गया है कि यदि किसी समुदाय में जनसंख्या बढ़ रही हो तो स्त्रियों को किसी प्रकार क़म करने के उपाय किये जाते हैं। जन्म होते ही उनका गला घोंट दिया जाये या रूग्ण अवस्था में उन्हें भगवान भरोसे छोड़ दिया जाये। सुना जाता है कि किसी जमाने में चीन देश के किसान जनसंख्या कम करने के लिये बच्चियों को मार देते थे। ऐसे समाज यह मानकर चलते हैं कि बच्चियाँ जीवन-संघर्ष में व्यवधान ही डालती हैं। थोड़े बहुत अन्तर के साथ हमारे देश में भी बच्चियों के प्रति ऐसी ही कुछ अवधारणाएँ थी। ऐसा ही क्यों? कुछ प्राग्लपि समाजों में लिंग का कोई भी भेदभाव किये बिना, नवजात शिशुओं को मारकर जनसंख्या के स्वाभाविक आकार को बनाये रखा जाता था। जब कभी उन्हें लगता था कि जीविकोपार्जन के अवसर थोड़े हैं और जनसंख्या अधिक है तो कुछ शिशुओं

की बलि होना आवश्यक था। कई बार जब यह कहा कहा जाता है कि परमात्मा किसी व्यक्ति को एक खाने का मुँह लेकर पैदा करता है तो वह काम करने के लिये दो हाथ और पाँव भी देता है। मतलब हुआ जनसंख्या की बढ़ती दर को थामने की जरुरत नहीं है। प्रागलपि समाजों में जनसंख्या के प्रति ऐसा कोई दृष्टिकोण देखने को नहीं मिलता। यह अवश्य है कि *माल्थस* (Malthus) से पहले कुछ ऐसे वृद्ध जन अवश्य थे जो बड़े अस्पष्ट रूप से यह मानते थे कि *जनसंख्या की वृद्धि जीविकोपार्जन के साधनों द्वारा सीमित की जाती है और जनसंख्या तब निश्चित रूप से बढ़ती है जब जीविकोपार्जन के साधन भी बढ़ते हैं।* माल्थस के जनसंख्या सिद्धान्त की ये दो अवधारणाएं जिन्हें अनिश्चित रूप से वृद्धजन भी जानते हैं इस तरह रखा जायेगा: "क्योंकि जनसंख्या निश्चित रूप से जीविकोपार्जन के साधनों द्वारा सीमित की जाती है, *सामान्य* और *स्थायी* (Normal and Stable) दशाओं में इसमें कोई परिवर्तन नहीं आना चाहिये।" माल्थस के इस सिद्धान्त की मूल भावनाओं को जिस तरह प्रागलपि समाजों के वृद्धजनों ने समझा था, इस तथ्य को निंश्चित करता है कि आज जिन सिद्धान्तों को हम भव्य और क्रान्तिकारी कहते हैं, उनका उद्‌गम लोक नीतियों और मान्यताओं से हैं।

(3) करिश्माई नेतृत्व

Charismatic Leadership

आज हम मैक्स वेबर के बाद *प्रभुत्व के आदर्श प्रारूप* (Ideal Type of Domination) की चर्चा प्रायः करते हैं। आदर्श प्रारूप आधुनिक समाजशास्त्र में एक विधि (Methodology) है, एक सिद्धान्त है। इस आदर्श प्रारूप की अवधारणा प्रागलपि समाज में भी थी। ऊपर हमने परम्परागत नेतृत्व की चर्चा परिवार के सम्बन्ध में की है। दूसरा नेतृत्व करिश्में का होता है। अंग्रेजी शब्द *करिश्मा* (Charisma) मूल में ग्रीक शब्द है। इसका मतलब है *ईश्वरीय* या आध्यात्मिक देन। सामान्यतया करिश्में का नेता कोई धार्निक नेता समझा जाता है। लेकिन, ऐसा होना आवश्यक नहीं है। करिश्में का नेता राजनीतिक क्षेत्र में भी हो सकता है। कोई भी ऐसा नेता जो जनजीवन के मन पर छा जाये, उसे वशीभूत कर लेवे करिश्मे का नेता कहलाता है।

प्रागलपि समाजों में करिश्माई नेता का एक निश्चित स्थान है। इस नेतृत्व के प्रति उनकी बँधी बंधायी धारणाएं हैं। इन समाजों में ऐसा समझा जाता है कि करिश्माई नेता न केवल विशिष्ट होता है, वह क्रान्तिकारी भी होता है। ईसा मसीह ने बहुत पहले कहा था, "तुम लोगों ने लम्बे समय से सुना होगा कि एक नेता ऐसा होता है जो अपने कार्यों से चमत्कार पैदा कर देता है। यह नेता क्रांतिकारी होता है।" ईसा मसीह की इस बात को अधिक शक्ति से दोहराते हुये मैक्स वेबर ने कहा है कि *परम्परागत समाजों में करिश्मा यानि चमत्कारी नेतृत्व एक क्रान्तिकारी शक्ति रखता है।*

(4) मानव उत्पति के सम्बन्ध में मत

Notions of Social Origin

शुरू से ही आदमी यह सोचता आ रहा है कि समाज व राज्य की उत्पति किस भांति हुयी। इस सम्बन्ध में राजनैतिक विचारकों—विशेषकर होब्स (Hobbes) और रूसो (Rousseau) ने समाज व राज्य की उत्पति के सिद्धान्त प्रतिपादित किये हैं। इन सिद्धान्तों के पहले भी प्राग्लपि समाजों में समाज व राज्य की उत्पति के सम्बन्ध में कुछ मत अवश्य थे। इस समाजों में यह समझा जाता था कि कुछ वृद्धजनों ने मिलकर समाज की रचना की होगी। ऐसे समाज का उद्देश्य अपने सदस्यों में एकता स्थापित करना था तथा बाहरी समूह के आक्रमण से सुरक्षा देना था। समाज के अन्दर भी झगड़े टन्टे हो सकते हैं। प्राग्लपि समाज का एक बहुचर्चित नियम है: कुत्ता कुत्ते को खाता है (Dog eat dog) तुलसीदास का कहना है: समरथ को का दोस गुसाई। इन लोकोक्तियों के अतिरिक्त हर प्राग्लपि समाज में यह मान्यता बराबर रही है कि जब कभी आपात स्थिति आती है कोई न कोई चमत्कारी या करिश्माई नेता अवश्य पैदा होता है। हमारे देश में गीता में कृष्ण कहते हैं कि जब-जब लोगों में धर्म के प्रति ग्लानि उत्पन्न होगी, मैं अवतार लूंगा।

यदि हम भारतीय आदिवासियों को उनकी उत्पत्ति या विशाल समाज के उद्गम के बारे में उनके विचार जानना चाहें तो ऐसे अगणित मिथक मिलेंगे जो समाज व राज्य के बारे में उनके विचारों को अभिव्यक्ति देते हैं। ध्यान देने योग्य तथ्य यह है कि आदिम लोक कथाओं और विश्वासों में हमें निश्चित रूप से ऐसा सोच मिलेगा जो समाज तथा राज्य की उत्पति के सम्बन्ध में अभिव्यक्ति देता हो।

(5) सम्पत्ति

Property

बेकर व *बार्नस* ने अपनी पुस्तक के पहले भाग में एक विवादास्पद मुद्दे को उठाया है। यह कहा जाता रहा है कि प्राग्लपि या आदिवासी समाज में प्रारम्भिक अवस्थाओं में सम्पति के बारे में कोई विचार नहीं था। उनका विकास तो *आदिम साम्यवाद* (Primitive Communism) या *जनजातीय समाजवाद* (Tribal Socialism) से हुआ है। ये सभी समाज अपनी आत्मा की आवाज पर एक सूत्र में बंधकर रहे हैं। यह भी कहा जाता रहा है कि आदिवासियों की अपनी व्यक्तिगत कोई सम्पति नहीं होती। उनका जो कुछ है, सब सामूहिक है।

हाल में *इथनोलॉजी* (Ethnology) समाज विज्ञान के ऐतिहासिक *सम्प्रदाय* (School) के विद्वानों ने आदिवासी साम्यवाद या समाजवाद की उपरोक्त सभी मान्यताओं या मिथकों को ठुकरा दिया है। *वे इथनोग्राफिक प्रमाणों के आधार पर यह सिद्ध करते हैं कि प्रत्येक आदिवासी के पास अपनी खुद की थोड़ी बहुत व्यक्तिगत सम्पति अवश्य होती है।* यह व्यक्तिगत सम्पति ही आदिवासी की प्रतिष्ठा को बढ़ाती है और इसी में व्यक्ति का कल्याण

निहित है।

यदि हम प्राग्लपि समाज या आदिवासियों के रूढ़िगत व्यवहारों के देखें तो हमें ऐसे नियम मिलेगें जो उनकी व्यक्तिगत सम्पति पर उनका अधिकार देती हैं। जिन जंगल के जिन क्षेत्रों में वे शिकार करते हैं या तालाबों और पोखरों से मछलियों को पकड़ते हैं उन पर उनका निजी सम्पति की तरह रूढ़िगत अधिकार होता है। जहाँ खेती बाड़ी की जाती है वहाँ सामूहिक भूमि के पास कुछ भूमि व्यक्तिगत सम्पति की तरह खेत होते हैं जिन पर उनका मालिक़ाना अधिकार होता है। इसी तरह चल सम्पति पर भी जैसे स्त्री, औजार और जानवरों पर भी व्यक्तिगत सम्पति का स्वामित्व होता है। यह कहना गलत नहीं होगा कि कुछ प्राग्लपि और आदिम समाजों में समाज द्वारा मान्य एक निश्चित गैर-बराबरी या सामाजिक स्तरीकरण होता है। *जिस व्यक्ति के पास अधिक धन होता है यानि अधिक कम्बल होते हैं, अधिक ताम्बा होता है और अधिक जानवर होते हैं वह अपनी बिरादरी में अधिक प्रतिष्ठा वाला समझा जाता है। उसके साथ विवाह सम्बन्ध करने को सभी इच्छुक रहते हैं।* जिस तरह सभ्य समाज में बड़े बंगले और मोटरकार रखने वाला व्यक्ति ऊंची प्रतिष्ठा पाता है, सभी उसके व्यवहार का अनुकरण करना चाहते हैं वैसे ही आदिम समाज में अधिक धन वाले व्यक्ति को सब अनुकरणीय आदर्श मानते हैं। तात्पर्य यह है कि अधिक धन वाले व्यक्ति की अधिक प्रतिष्ठा होती है, तो स्तरीकरण का यह सिद्धान्त प्राग्लपि समाज पर भी लागू होता है। यदि स्तरीकरण का मूल आधार धन है तो कहना चाहिये कि प्राग्लपि समाज में किसी न किसी प्रकार का स्तरीकरण अवश्य है।

मानसिक गतिशीलता

Mental Mobility

प्राग्लपि समाज जब विकसित होने लगे तब लोक कथाओं, लोकोक्तियों आदि में भी आदान-प्रदान होने लगा। अब जिस तरह का सामान्यीकरण और अमूर्तीकरण होने लगा वह एक सीमा तक बंधा न रहकर अधिक बड़े क्षेत्र में फैलने लगा। यूनान और रोम देशों की दुनिया मानसिक गतिशीलता के क्षेत्र में बहुत महत्वपूर्ण हैं। एथेन्स और यूनान के लोगों में जो मानसिक गतिशीलता आयी वह धीरे-धीरे और देशों में भी पहुँचने लगी। यूनान में गतिशीलता सबसे पहले आयी। यहाँ के लोग स्थानान्तरण करके दूसरे देशों में जाने लगे। यूनान की इस गतिशीलता ने रोम को भी प्रभावित किया। इस तरह से यूनान की सम्पूर्ण संस्कृति का वारिस रोम देश हो गया। यह बात ईसा से 300-400 वर्ष पुरानी है। इस युग में प्राग्लपि समाज सभ्यता के स्तर पर पहुँच गये और उनमें अब सांस्कृतिक आदान-प्रदान के परिणामस्वरूप सिद्धान्त निर्माण की प्रक्रिया प्रारम्भ हुयी। अब सुकरात, प्लेटो और अरस्तु जैसे विचारक हुए जिन्होंने *राज्य* (State) *सरकार* (Government) और *समाज* (Society) के सम्बन्ध में व्यवस्थित रूप से सिद्धान्त बनाने का काम पूरा किया।

राज्य, सरकार एवं समाज

State, Government and Society

इतिहास में यूनान और रोम की संस्कृतियों को सामान्यतया *प्रतिष्ठित संस्कृतियाँ* (Classical cultures) कहते हैं। यद्यपि आज समाज विज्ञानों में राज्य, सरकार और समाज की अवधारणाएं सुस्पष्ट और सर्वमान्य है। इन अवधारणाओं के सम्बन्ध में विवाद नहीं के बराबर है। जब हम राज्य को परिभाषित करते हैं तो हमारा तात्पर्य *उस सार्वभौमिक समुदाय से होता है जिसे राजनैतिक ढंग से संगठित किया जाता है और जिसके द्वारा लोगों के सामान्य उद्देश्य आकांक्षाओं, अभिलाषाओं और आवश्यकताओं को पूरा किया जाता है।* *गार्नर* (J.W. Garner) अपनी पुस्तक Political Science में लिखते हैं

सरकार की व्याख्या भी आज के समाजविज्ञानों में बहुत स्पष्ट रूप से की जाती है। *सरकार उस संगठन या एजेन्सी का सामूहिक नाम है जिसकी न्यायपालिका और संरचना, राज्य की इच्छाओं को बनाती है, अभिव्यक्त करती है और अमल में लाती है।*

समाज, राज्य और सरकार से अधिक विशद् है। यह लोगों का वह समुदाय है जिनके आर्थिक और सामाजिक लक्ष्य समान होते हैं। *मनुष्य का समग्र जो सम्मिलित रूप से निवास करता है और जो सामान्य हितों व सम्बन्धों द्वारा संगठित होता है, समाज कहलाता है।*

ईसा से पहले राज्य, सरकार और समाज की ये अवधारणाएं स्पष्ट नहीं थी। उस समय के विचारक इस उधेड़बुन में लगे थे कि आखिर राज्य और सरकार कहाँ से आये और इन दोनों के साथ किस प्रकार का सावयवी सम्बन्ध है। यूनान व रोम की सभ्यता के इस विकास के साथ यह तो स्पष्ट हो गया कि विचारकों ने सामाजिक सिद्धान्त के निर्माण की पहल अवश्य की। यहाँ हम कुछ प्रारम्भिक विचारकों के सिद्धान्त निर्माण को जो राज्य, सरकार और समाज के बारे में है, देखेगें।

सुकरात (Socrates)

होमर यूनान के प्रसिद्ध साहित्यकार थे। वे अपनी कविताओं के लिये प्रसिद्ध है। यद्यपि उन्होंने राज्य के सम्बन्ध में कोई सिद्धान्त प्रतिपादित नहीं किये है, फिर भी यूनान के समाज में जो राजनैतिक दशाएं थी उनका बड़ा अच्छा विवरण प्रस्तुत किया है। होमर से सुकरात ने बहुत कुछ उधार लिया है। सुकरात की समाज विज्ञान को बड़ी देन यह है कि उन्होंने *प्रकृति के नियमों* (Laws of nature) की तरह मनुष्य समाज के नियमों को भी बनाया है। इस तरह का सोचना इतिहास में नया था। यह पहली बार था कि सुकरात ने यह आग्रहपूर्वक कहा कि मनुष्य व्यवहार का अध्ययन *युक्तायुक्त विधि* (Rational Method) के किया जाना चाहिये। व्यवहार के प्रत्येक पद की सही व स्पष्ट व्याख्या की जानी चाहिये। *सुकरात ने ही दर्शन विज्ञान को आचार या राजनीति के धरातल पर खड़ा कर दिया। यह सुकरात ही था जिसने आचार के अध्ययन में विज्ञान की विधि को लागू किया।*

सुकरात ने मानव समाज के लिये प्राकृतिक नियमों की तरह नियम बनाने का आग्रह तो किया, लेकिन अपनी कृतियों में कहीं भी उन्होंने व्यवस्थित सिद्धान्तों की जो राज्य, सरकार और समाज के लिये हों, कोशिश नहीं की। वे तो राजनीति को एक बहुत ही नैतिक और व्यवहारिक कार्य समझते थे। उन्होंने सार्वजनिक कार्यों को व्यक्तिगत कार्यों की तरह समझा और किसी भी तरह का अमूर्त सिद्धान्त नहीं बनाया।

प्लेटो (Plato)

प्लेटो सुकरात के शिष्य थे (427-347 ई.पू.)। उन्होंने कुछ विस्तृत सिद्धान्तों को प्रतिपादित किया है। उनकी समाज और राज्य के ऊपर अधिकृत रचना *"रिपब्लिक"* (Republic) के नाम से जानी जाती है। यह किताब महत्वपूर्ण है लेकिन इसे कतई वैज्ञानिक नहीं कहा जा सकता और इसे ऐतिहासिक कहना भी बहुत कठिन है। सचाई यह है कि इस पुस्तक में प्लेटो ने एक आदर्श गणराज्य की तस्वीर को बड़े सुनहले रूप में रखा है। यह आदर्श इतना ऊंचा है कि स्वंय प्लेटो भी इसकी व्यवहारिकता पर शंकित थे। इसके बारे में समाज वैज्ञानिकों में कई तरह की आलोचनाएं हैं। एक आलोचना में *पोलोक* (Pollock) कहते हैं कि *प्लेटो की "रिपब्लिक" दार्शनिक कल्पना में एक बहुत बड़ा अभ्यास है। लेकिन इसे राजनीतिक विज्ञान में कभी भी प्लेटो का आदर्श नहीं माना जा सकता। राज्य की चर्चा करते हुए भी यह पुस्तक दार्शनिक विवेचन है।*

प्लेटो की *रिपब्लिक* की एक आलोचना यह है कि इसमें लेखक ने मानव प्रकृति का निर्वचन मनोवैज्ञानिक तरह से किया है। पुस्तक में लेखक ने इस अभिधारणा को विकसित किया है कि समाज की विभिन्न संस्थाएं, वर्ग, कानून, धर्म, कला, सभी मनुष्य की आत्मा की ऊपज हैं, जीवन का आंतरिक सिद्धान्त है जो बाहरी दुनिया में काम करता है।

रिपब्लिक में प्लेटो समाज यानि उनकी भाषा में राज्य के उद्‌गम की चर्चा करते हैं। समाज का आधार और उसका विभाजन मनुष्य की भांति-भांति की आवश्यकताएँ हैं। समाज में जो श्रम विभाजन दिखायी देता है, वह इन्हीं आवश्यकताओं के परिणाम स्वरूप है। *नेटलशिप* (Nettleship) का कहना है कि यह पुस्तक समाज के तार्किक परिवेश को प्रस्तुत करती है। वे बताते हैं कि समाज की आवश्यकता कौनसी हैं और तार्किक रूप से उन्हें किस तरह पूरा किया जा सकता है? प्लेटो ने राज्य की व्यवस्था और तरह से की है। राज्य वह है जो विभिन्न आवश्यकताओं वाले व्यक्तियों को एक निश्चित एकीकरण में रखता है और उनकी आवश्यकताओं को पूरा करता है। यह प्लेटो था जिसने पहली बार कहा कि मनुष्य की आवश्यकताएं मुख्य रूप से तीन हैं: रोटी, मकान और कपड़ा। अतः समाज वह है जिसमें एक किसान होता है, एक मकान बनाने वाला कारीगर, एक जुलाहा और अधिक से अधिक जूता बनाने वाला चमार। अतः यदि किसी प्रारम्भिक समाज की कल्पना की जा सकती है तो इसमें ये चार-पाँच आदमी होते हैं। किसी भी समाज के जीवित रहने के लिये यह बुनियादी श्रम विभाजन आवश्यक है। इस श्रम विभाजन में उन्होंने समाज के कुछ *विशेषज्ञों*

(Specialists) की कल्पना भी की है। इन विशेषज्ञों में वे खाती, लौहार, गड़रिये, व्यापारी, नाविक, आदि को समझते हैं। प्लेटो ने इस प्रारम्भिक समाज में किसी न किसी प्रकार के बाजार की कल्पना भी की है। इस बाजार का आधार श्रम विभाजन था। *रूसो* (Rousseau) ने भी इसी प्रकार के आदर्श जीवन की कल्पना समाज में की है।

समाज की कल्पनात्मक रूप रेखा प्रस्तुत करने के बाद प्लेटो आदर्श राज्य की चर्चा करते हैं। समाज की आवश्यकताओं को पूरा करने के लिये *नगर राज्य* (City State) की कल्पना प्लेटो ने की है। मजेदार बात यह है कि अपनी *रिपब्लिक* में प्लेटो ने कहीं पर भी समाज और राज्य में कोई अन्तर नहीं किया है। वे दोनों को एक ही समझते हैं और यही उनके सिद्धान्त में घपला है। यदि संमत भाषा मे कहा जाय तो प्लेटो ने राज्य और समाज की जो चर्चा की है, उसे *संगठित समाज* (Organised Society) ही कहा जा सकता है। जिस तरह के राज्य और समाज की वे चर्चा करते हैं वह यूनान के आदर्श राज्य की कल्पना के बहुत निकट पहुँचता है। कुल मिला कर यह कहना चाहिये कि प्लेटो कि समाज और राज्य की जो अभिधारणा है, वह एक मनोवैज्ञानिक व दार्शनिक व्यवस्था मात्र ही है।

अरस्तु (Aristotle)

अरस्तु (384-322 ई.पू.) प्लेटो के अनुयायी थे। शिष्य होकर भी उन्होंने प्लेटो की कटु आलोचना की है। अरस्तु सिकन्दर महान के *ट्यूटर* (Tutor) थे। इतिहास में अरस्तु बहुत मजेदार आदमी है, यह इसलिये कि न केवल वे बहुत बड़े ज्ञानी थे लेकिन उच्च वंशों पर, संयोग से उनका बहुत बड़ा प्रभाव था। सिकन्दर के बाद पीढ़ियों पर भी अरस्तु का प्रभाव बराबर जमा रहा। जो कुछ अरस्तु ने लिखा है उसका प्रभाव बाइबिल या गीता की तरह आने वाले कोई 300-400 वर्ष तक रहा। वह तो एक मसीहा ही था जिसे परम पिता परमेश्वर ने अमूल्य बातें कहने के लिये जन्म दिया था। वह तो एक दार्शनिक था और इस तरह की कई भव्य आलोचनाएँ अरस्तु के बाद के विचारकों ने की है।

यदि तार्किक दृष्टि से देखें तो प्लेटो तथा अरस्तु में जो बुनियादी अन्तर था वह *विधि* (Method) सम्बन्धी था। जैसा कि हमने कहा है *प्लेटो* तो प्राथमिक रूप से कल्पनाशील (Imaginative) और *निगमनात्मक* (Deductive) था। इसके विपरीत अरस्तु एक सधा हुआ अवलोकन करने वाला और *आगमनात्मक* (Inductive) था। यद्यपि अरस्तु को *उद्विकास सिद्धान्त* (Theory of Evolution) का जनक समझा जाता है, लेकिन वे आदमी के उद्विकास का विवरण बड़े ही घटिया स्तर का देते हैं। इस सम्बन्ध में वह कहते हैं कि मनुष्य का जन्म स्वतः हुआ हो या किसी हंस के बाद बच रह गया हो, वह हम जैसे लोगों को सामान्य रूप से पाये जाने वाले मूर्खों से अधिक नहीं था। इसी तरह अरस्तु जैसा कि हमने ऊपर कहा है राज्य और समाज के अन्तर को भी पूरी तरह स्पष्ट नहीं कर पाये। इन खामियों के होते हुये भी अरस्तु का आदमी केद्विकास का सिद्धान्त महत्वपूर्ण समझा जाता है। अरस्तु ने समाज के उद्विकास को परिवार से प्रारम्भ से किया है। परिवारों से मिलकर

गाँव बनता है, और गाँव के बाद राज्य और समाज बनते हैं।

क्लासिकल युग से प्रबोध युग तक

From Classical Period to Enlightenment

समाज विज्ञानों में सिद्धान्त निर्माण की यात्रा वस्तुतः बहुत लम्बी रही है। प्राग्लपि समाज में जिसे आज हम सामाजिक सिद्धान्त कहते हैं, लोक कथाओं, और जनरीतियों में निहित था। आदमी समाज में तो रहता था, लेकिन उसमें मानसिक अचलता अर्थात् जड़ता थी। जंगल और पहाड़ से निकलकर वह बाहरी दुनिया के साथ कोई सम्पर्क, संचार नहीं रख पाता था। बाद में क्रान्तियाँ आयीं। यूनान व रोम में कुछ दार्शनिक हुये। इन दार्शनिकों में सुकरात, प्लेटो और अरस्तु मुख्य रहे हैं। इन विचारकों ने लोकोक्तियों में घटी जीवन सम्बन्धी अभिधारणाओं को सैद्धान्तिक रूप दिया और अब व्यवस्थित रूप से यह सोचा जाने लगा कि आखिर राज्य, सरकार और समाज क्या है। सामाजिक सिद्धान्त निर्माण की यह एकदम प्रारम्भिक शुरूआत थी। इस युग के बाद जो नया युग आया, वह *प्रबोध युग* (Enlightenment Period) कहलाता है।

प्रबोध युग में नई चेतना आयी। पूर्ववर्ती विचारकों के प्रतिकूल इस युग का विचारक अब यह निश्चित रूप से मानने लगा था कि इस दुनिया को ठीक तरह से समझा जा सकता है और इसकी क्षमताओं का प्रयोग मानव आवश्यकताओं की पूर्ती में लगाया जा सकता है। प्रबोध युग के विचारक नये प्रकार के थे। उनके लिये *तर्क* या *विवेक* (Reason) भगवान था। वे अपने से पहले वाले युग की वैज्ञानिक प्राप्तियों से अभिभूत थे। उन्होंने प्राकृतिक विज्ञानों की अवधारणाओं और तकनीकी का प्रयोग कर एक नई दुनिया को बनाने के लिये निकल पड़े जिसका आधार तर्क व सत्य थे। इस युग के बौद्धिकों का केन्द्रीय लक्ष्य सत्य की खोज करना था। वे सत्य और तर्क के आधार पर मिथक, परम्पराओं और अन्ध विश्वासों को मटियामेट करना चाहते थे।

प्रबोध युग के वैज्ञानिकों का बहुत बड़ा तर्क यह था कि जब विज्ञान *प्राकृतिक नियमों* (Natural Laws) की खोज करके प्रकृति की कार्य-पद्धति को समझ सकता है तो इसी तरह सामाजिक तथा सांस्कृतिक दुनिया के *सामाजिक नियमों* (Social Laws) की खोज क्यों नहीं की जा सकती। इसी तर्क या विवेक पर प्रबोध कालीन बौद्धिकों ने राजनैतिक, धार्मिक, सामाजिक और नैतिक संस्थाओं की आलोचना की और बेरहमी से की गई इस आलोचना में उन्होंने उन सभी सामाजिक तथा सांस्कृतिक संस्थाओं को सन्देह की दृष्टि से देखा जो तर्क व सत्य पर सही नहीं उतरती। उन्होंने यह सिद्ध किया कि तत्कालीन संस्थाएँ मनुष्य की प्रकृति के विपरीत थी और वे विकास के रास्ते में अवरोध के अतिरिक्त और कुछ नहीं थी। इन विचारकों ने, सच बात तो यह है कि गैर-तार्किक सामाजिक व सांस्कृतिक संस्थाओं के खिलाफ एक जिहाद छेड़ दिया। *उन्होंने उन सभी वस्तुओं पर हमला किया जो रूढ़िवादिता, अन्धविश्वास, और असहिष्णुता पर आधारित थी। उन्होंने विचारों पर अंकुश रखने वाले*

नियमों का विरोध किया। विचारों की स्वतन्त्रता की मांग की। इन प्रबोध कालीन बौद्धिकों ने सामन्ती वर्गों की ईंट से ईंट बजा दी। वे सामन्त जो औद्योगिक और बाजारु गतिविधियों पर अंकुश रखते थे, उनकी टीका की। इनका उद्देश्य नैतिक शास्त्र (Ethics) को धर्मनिरपेक्ष बनाना था। बुनियादी बात तो यह है कि प्रबोध काल के विचारकों का तर्क और विज्ञान में गहरा विश्वास था और इस विश्वास ने ही उन्हें *मानवतावादी* (Humanitarian), आशावादी तथा विश्वस्त बना दिया था।

प्रबोध काल के बाद का युग एक जागरूक युग था। 18 वीं-19 वीं शताब्दी के विचारक अब *तात्विक* (Metaphysical) विचारक नहीं रहे। अब उनका विश्वास उस दर्शनशास्त्र से उठ गया जो नहीं बदले जाने वाली स्वत: सिद्ध अवधारणाओं के निगमनों पर आधारित था। उनका तो विश्वास था कि यदि दर्शनशास्त्र को जीवित रहना है तो वह आराम कुर्सी पर टाँग फैला कर बैठ नहीं सकता। उसे वैज्ञानिक, ऐतिहासिक और आनुभविक बनना पड़ेगा। दर्शनशास्त्र में खोज की गुंजाइश पूरी होनी चाहिये। इसे *स्वत: सिद्ध होने वाली* (Axiomatic) अवधारणाओं से पिंड छुड़ाना ही पड़ेगा। सब मिलाकर प्रबोध युग ने कुछ बातें मोटे-मोटे अक्षरों में स्पष्ट कर दी। अब दर्शनशास्त्र केवल अमूर्त सोचना ही नहीं रहा, अब विज्ञान की बारी है और विज्ञान को मनुष्य जीवन तथा उसके सम्पूर्ण कार्यों की आलोचनात्मक पड़ताल करनी होगी। इस पड़ताल में सभी विज्ञान, धर्म, तात्विक मीमांसा, कला, सौंदर्य बोध आदि सम्मिलित हैं। इस युग ने समाज विज्ञानों को भी एक नयी दिशा दी। अब सिद्धान्त निमार्ण का कार्य *प्रत्यक्षवादी* (Positivistic) बन गया।

आधुनिक समाजशास्त्रीय सिद्धान्त का उद्भव

Emergence of Modern Sociological Theories

19 वीं शताब्दी के विचारकों ने समाजशास्त्रीय सिद्धान्त के निर्माण की अस्पष्ट शुरूआत कर दी थी। पुराने यूनान में प्लेटो और अरस्तु ने जो दर्शनशास्त्र रखा था—राज्य, सरकार और समाज के बारे में जो विचार प्रस्तुत किये थे, वे सब प्लेटो और अरस्तु में निहित हैं। इस दर्शनवाद से प्रभावित होकर प्रबोधकाल में समाजशास्त्रीय सिद्धान्त का जो पहला स्वरूप आया, उसे *मार्टिनडेल (Don Martindale, 1961) प्रत्यक्षवादी सावयववाद* (Positivistic Organicism) कहते हैं। सावयवी प्रत्यक्षवाद में दर्शनवाद की विभिन्न प्रवृत्तियों का समावेश है। *टालकट पारसन्स* (Talcott Parsons) ने *द स्ट्रक्चर ऑफ सोशल एक्शन* (The Structure of Social Action, 1937) में एक बहुत बड़ी भूमिका में यह स्थापित किया है कि समाजशास्त्रीय सिद्धान्त का निर्माण यूरोप में तब हुआ जब सिद्धान्त निर्माण की तीन पृथक-पृथक धाराएं चल रही थीं, *उपयोगितावाद (Utilitarianism), प्रत्यक्षवाद (Positivism) तथा आदर्शवाद* (Idealism)। पारसन्स कहते हैं कि समाज विज्ञानों में सिद्धान्त निर्माण की ये तीनों धाराएं अपने मूल में दर्शनवादी रही हैं। उन्होंने एक्शन सिद्धान्त (Action Theory) के निर्माण में इन तीनों धाराओं का समावेश किया है। यहाँ हम इन

धाराओं की बुनियादी अभिधारणाओं का उल्लेख करेगें। यह उल्लेख केवल इसी दृष्टि से है कि हम यह स्पष्ट रूप से समझ लें कि समाजशास्त्र में आज जो भी सिद्धान्त हैं उनका मूल स्रोत लोक कथाओं से चलकर तात्विक तथा प्रत्यक्षवाद की ओर चला है।

दार्शनिक आदर्शवाद

Philosophical Idealism

आदर्शवादी विचारक सम्पूर्ण संसार को *सावयवी* (Organic) अर्थात् एक जीवधारी की तरह समझते हैं। वे *तात्विक* (Meta-physical) दृष्टि से यह मानकर चलते हैं कि इस संसार की यथार्थता सावयव द्वारा समझाई जा सकती है। जिस प्रकार शरीर के विभिन्न अंग हैं, वैसे ही संसार के भी विभिन्न अंग हैं। सामान्य रूप में जब हम आदर्शवाद का अर्थ निकालते हैं तो हमारा तात्पर्य एक ऐसे कल्पनाशील व मसीही दृष्टिकोण से होता है जो सम्पूर्ण मानव समाज को अपने इसी संदर्भ में समेट लेता है। आदर्शवादी अपनी विचारधारा में आशावादी होता है। वह एक सुनहले भविष्य की कल्पना करता है और कठिनाईयों के बीच में भी मुस्कराते हुए जीवन की कामना करता है। लेकिन तकनीकी रूप से दार्शनिक आदर्शवाद उस विचार से बंधा हुआ है जो यह मानकर चलता है कि सभी तरह की यथार्थताओं में *विचार* (Ideas) सबसे अधिक महत्वपूर्ण है। पश्चिमी विचारधारा में आदर्शवाद की भूमिका बहुत महत्वपूर्ण रही है। इसका उद्‌गम यूनान की परम्परा से है जो प्लेटो तथा अरस्तु के दर्शन में निहित है। प्लेटो का *विचारों का सिद्धान्त* (Plato's Doctorin of Ideas) परम्परागत है। *उनका तर्क है कि दुनिया में यदि कोई वस्तु यथार्थ या वास्तविक (Real) है तो वह विचार (Ideas) है।* प्रत्येक वस्तु का अस्तित्व इसलिये है कि उसके बारे में हमारे विचार हैं। अनेक वस्तुओं में हम *एक वस्तु* उसे कहते हैं जो दूसरी वस्तुओं से भिन्न है। उदाहरण के लिये घोड़े का विचार वास्तविक कई घोड़ों से सम्बन्धित है। जिसे हम *कई* (many) कहते हैं, वह परिवर्तनशील है लेकिन विचार हमेशा नहीं बदलते। घोड़े दस, बीस, हजार, दस हजार आदि हो सकते हैं। उनकी संख्या परिवर्तनशील है लेकिन जिसे हम घोड़ा कहते हैं उससे सम्बन्धित विचार बदलता नहीं है। प्लेटो के विचारों के इस सिद्धान्त की टीका हुई है। फिर भी अरस्तु इसके समर्थन में कहा है कि वह वस्तु जो अपरिवर्तनशील है वही ज्ञान का स्वरूप है। अतः आदर्शवाद की जो परम्परा प्लेटो और अरस्तु में है और जिसका उद्‌गम यूनान से हुआ है वह मध्य युग में महत्वपूर्ण विचारधारा बन गयी। बाद में चलकर इस आदर्शवाद की कई धाराएं यूरोप में बन गयी: *वस्तुनिष्ठ आदर्शवाद (Objective Idealism), व्यक्तिनिष्ठ आदर्शवाद (Subjective Idealism)* तथा *अतार्किक आदर्शवाद (Irrational Idealism)*।

आदर्शवाद की किसी भी धारा को हम लें, प्रत्येक धारा अपने आपको सावयवी अभिधारणा के साथ जोड़ती है। आदर्शवादी दार्शनिक बराबर यह आग्रह करते हैं कि वस्तुओं की यथार्थता, मनुष्य की प्रकृति तथा मनुष्य समाज और उसके व्यवहार का अस्तित्व

सावयवी है। यद्यपि कान्त (Kant), हीगल (Hegal), डिल्थे (Delthey) स्पेंगलर (Spengler), सोम्बार्ट (Sombart) या टानीज (Tonnies) सभी आदर्शवादी विचारधारा में एक-दूसरे से असमहत हैं, फिर भी वह यह मानकर चलते हैं कि मनुष्य के व्यवहार का अध्ययन उसे सावयवी मानकर ही किया जा सकता है।

उपयोगितावाद

Utilitarianism

उपयोगितावाद का बहुत अच्छा विकास इंग्लेण्ड में हुआ है। इसके प्रणेताओं में *बेन्थम* (Jeremy Bentham'h 1748-1832) का नाम विशेष रूप से उल्लेखनीय है। वे कहते हैं कि सम्पूर्ण नीतिशास्त्र, विचारधारा और मनोविज्ञान एक बुनियादी सिद्धान्त पर टिके हुए हैं। यह सिद्धान्त है *सुख और दुख* (Pleasure and Pain)। आदमी दुख की तुलना में सुख चाहता है और *जो वस्तु अधिक से अधिक लोगों को अधिक से अधिक सुख दे सके वह उपयोगी है।* बेन्थम ने प्रारम्भ में उपयोगिता का प्रयोग आदमी की प्रेरणाओं को नापने के लिये किया था। वे प्रेरणाएँ अच्छी समझी जाती हैं जो सभी लोगों के भले के लिये होती हैं। बुरी प्रेरणाएँ वे हैं जो एक व्यक्ति को दूसरे से अलग करती हैं।

शायद उपयोगितावाद का बहुत बढ़िया प्रयोग अर्थशास्त्रीय सिद्धान्त में हुआ है। पारसन्स ने *एक्शन* (Action) सिद्धान्त के निर्माण में अर्थशास्त्रीय सिद्धान्त के उपयोगितावाद की बहुत अच्छी व्याख्या की है। उपयोगितावादी कहते हैं कि बाजार में वस्तुओं का क्रय-विक्रय उनकी उपयोगिता पर निर्भर है। उपयोगितावादी तार्किक होते हैं। समाज विज्ञान सिद्धान्तों में उपयोगितावाद एक ऐसा सिद्धान्त है जो हर तरह से प्रत्यक्षवादी है।

प्रत्यक्षवाद

Positivism

19 वीं तथा 20 वीं शताब्दी के यूरोप में एक और सैद्धान्तिक विचारधारा प्रत्यक्षवाद की थी। आज तो प्रत्यक्षवाद को लेकर समाज विज्ञानों में एक पूरी बहस है। प्रारम्भ में जिसे प्रत्यक्षवादी विचारधारा कहते थे, कालान्तर में इस विचारधारा के कई सम्प्रदाय बन गये। कहना चाहिये प्रत्यक्षवाद तो समाजविज्ञानों में एक आन्दोलन की तरह है। *इस आन्दोलन का बहुत शक्तिशाली तर्क यह है कि हमें दुनिया का विश्लेषण और व्याख्या अनुभव (Experience) की कसौटी पर करनी चाहिये,* क्योंकि विज्ञान ही ऐसी ज्ञान शाखा है जो अनुभव पर वस्तुओं का विश्लेषण करती है। समाज विज्ञानों को भी अपने विश्लेषण में इसे मुख्य आधार बनाना चाहिये। परम्परागत दर्शन के विरोध में प्रत्यक्षवाद का जन्म हुआ और बाद में चलकर इसकी कई धाराएं बन गई। प्रारम्भ का प्रत्यक्षवाद तो प्राचीन यूनान के *सोफिस्टों या सूफियों* (Sophists) में था। मध्य युग में आकर आधुनिक प्रत्यक्षवाद का जन्म हुआ।

आधुनिक प्रत्यक्षवाद के विकास में *फ्रांसिस बेकन* (Francis Bacon) का योगदान महत्वपूर्ण है। आधुनिक प्रत्यक्षवाद तात्विकवाद का विरोध करता है और यह पुरजोर आग्रह करता है कि मनुष्य का जो भी ज्ञान है उसका उद्‌भव अनुभव से होना चाहिये। अतः प्रत्यक्षवाद की विधि अनिवार्यरूप से *आनुभविक विधि* (Empirical Method) है। हाल में विवेकसम्पन्न (Radical) उभर कर सामने आया है। इस प्रत्यक्षवाद के भी कई स्वरूप हैं। प्रत्येक स्वरूप *यह मानकर चलता है कि यह दुनिया एक बंधी बंधायी व्यवस्था है जिसका निश्चयात्मक विश्लेषण वैज्ञानिक पद्धति से किया जा सकता है और यह वैज्ञानिक पद्धति कार्य-कारण (Cause and Effect) पर आधारित है*। इस तरह देखें तो सही अर्थों में प्रत्यक्षवाद एक प्रकार का विज्ञानवाद है।

उपसंहार

समाजशास्त्रीय और इस अर्थ में समाज विज्ञान में आज जो भी सिद्धान्त है उनकी एक निश्चित वैचारिक पृष्ठभूमि है। सिद्धान्त निर्माण का यह कार्य नया नहीं है। जैसा कि हमने कहा है प्रारम्भ में सिद्धान्त का मूल स्वरूप लोक कथाओं और जनरीतियों में अवस्थित था। जब से मनुष्य इस धरती पर आया है उसने अपने स्वंय के बारे में, राज्य, सरकार और समाज के बारे में, बराबर चिन्तन किया है। अपनी प्रारम्भिक अवस्था में वह पढ़ा-लिखा नहीं था। यह उसकी प्रागुलपि अवस्था थी। लेकिन दुनिया को समझने का प्रयास उसने बराबर किया और जो कुछ उसने देखा, समझा और सीखा उसे लोक कथाओं में धर दिया। ये लोक कथाएं वसियत के रूप में पीढ़ी-दर-पीढ़ी चली, केवल लौकिक रूप में केवल व्यवहार और मौखिक रूप में।

प्रागुलपि समाज के बाद यूनान व रोम में सभ्यता आयी। वहाँ सुकरात, प्लेटो और अरस्तु जैसे विचारक हुए। उन्होंने समाज, राज्य व सरकार की विवेचना की। यद्यपि दर्शनवादी पृष्ठभूमि के कारण वे कोरे आदर्शवादी रह गये, फिर भी उन्होंने आग्रह पूर्वक कहा कि दर्शनशास्त्र को अपनी आराम कुर्सी निदर्शन को छोड़ कर आनुभविकता पर आना पड़ेगा।

यूनान व रोम की सभ्यता की विचारधारा प्रबोध युग में आयी। अब यह निश्चित हो गया कि परम्परागत दर्शनशास्त्र नहीं चलेगा। प्रबोधवादी मस्तिष्क सोचने लगा कि जब प्राकृतिक प्रघटनाओं का विश्लेषण प्राकृतिक नियमों द्वारा हो सकता है तो मानवीय प्रघटनाओं का अध्ययन मानवीय नियमों द्वारा क्यों नहीं हो सकता। प्रबोध कालीन युग में हीगल, मार्क्स जैसे विचारक आये और उन्होंने विचारधारा की दिशा को ही बदल दिया। इधर यूरोप के मानचित्र में कई राजनैतिक उठक-पठक हुयी। औद्योगिक क्रान्ति आयी, भाप ने पुरानी तकनीकी को बदल दिया। उत्पादन बढ़ गया और परिणामस्वरूप पूंजीवाद, साम्राज्यवाद और उपनिवेशवाद नयी शक्ति के रूप में उभर कर सामने आए। इस परिवर्तन के दौर में सिद्धान्त निर्माण के क्षेत्र में भी क्रान्तिकारी बदलाव आये। उपयोगितावाद,

आदर्शवाद और प्रत्यक्षवाद और अन्ततोगत्वा प्रकार्यवाद और संघर्ष सिद्धान्त की नयी विद्या के रूप में उभरकर समाजशास्त्र और समाज विज्ञानों में आये। इन सब सिद्धान्तों को उनके बुनियादी स्वरूप में समझने के लिये उनकी वैचारिक पृष्ठभूमि को जानना आवश्यक है। जब तक हम समाजशास्त्रीय सिद्धान्त के दार्शनिक पक्ष, सावयवी प्रत्यक्षवाद और आदर्शवाद को नहीं समझते हमारी इन सिद्धान्तों की पकड़ निश्चित रूप से कमजोर रहेगी। इसी आशय से हमने इस अध्याय में यह पृष्ठभूमि प्रस्तुत की है। हमारा यह तर्क है कि कोई भी सिद्धान्त चाहे विनिमय सिद्धान्त हो, संघर्ष सिद्धान्त हो, इथनोमेथोडोलॉजी हो, अपने आप में अधूरा है जब तक हम इसे इसके विशाल केनवास में नहीं देखते।

अध्याय 2

समाजशास्त्रीय सिद्धान्त : अर्थ और संरचना
(Sociological Theory: Meaning and Structure)

समाजशास्त्रीय सिद्धान्तों का अध्ययन सामान्यतया रूचिकर नहीं माना जाता। यहाँ तक कि समाजशास्त्र के अध्यापक और विद्यार्थी समाजशास्त्रीय सिद्धान्त की गहराई में जाने से कतराते हैं। इसकी पृष्ठभूमि में कई कारण हो सकते हैं। सच्चाई तो यह है कि समाशास्त्रीय सिद्धान्त के नाम पर बिना सिद्धान्तों की गहराई में गये जो जैसा चाहता है, लिख देता है। समाजशास्त्र में आज भी इसकी निश्चित परिभाषा के बारे में विवाद बना हुआ है। उदाहरण के लिये टालकट पारसंस का दृढ़ मत है कि समाजशास्त्र में एक ऐसे विशाल परिवेश का सिद्धान्त बन सकता है जो सम्पूर्ण समाज को अपनी कोख में समेट ले। रोबर्ट मर्टन इस विचारधारा से बिल्कुल असहमत है। उनका तर्क है कि जितना अनुसंधान कार्य रसायन शास्त्र या भौतिकी विज्ञान में हुआ है, उसका 100 वां भाग भी समाजशास्त्र में नहीं हुआ है। सिद्धान्त बनाने के लिये बहुत बड़े संचयी अनुसंधान की आवश्यकता होती है। हाल तक भी समाजशास्त्र इस अवस्था तक नहीं पहुँचा है। अधिक से अधिक, मर्टन का आग्रह है कि आज हम *मध्यस्तरीय सिद्धान्त* (Middle Range Theory) का निर्माण कर सकते हैं। ऐसे सिद्धान्त का निर्माण कम मे कम आज भी दूर की बात है जो सम्पूर्ण समाेज को अपने परिवेश में समेट ले।

जार्ज होमन्स की विचारधारा और भी अधिक भिन्न है। *उनका तो तर्क है कि हाल में समाजशास्त्र में जो कुछ लिखा गया है, उसे किसी भी तरह सिद्धान्त की श्रेणी में नहीं रखा जा सकता। अधिक से अधिक आज समाजशास्त्र के सिद्धान्त के नाम पर जो कुछ है, वे मात्र कतिपय 'प्रस्ताव' (Proposition) हैं।*

समाजशास्त्रीय सिद्धान्त के प्रति अरूचि का एक और कारण भी है । ऐसा कहा जाता है कि सिद्धान्त वास्तविकता से बहुत दूर है। एक ओर वास्तवकिता है, दंगे फसाद है, टूटते

परिवार है, विस्फोटक जनसंख्या है, भ्रष्टाचार और कालाबाजारी है, तो दूसरे छोर पर समाजशास्त्रीय सिद्धान्त है जिनका वास्तविकता से कोई लेना-देना नहीं है। यदि सिद्धान्त कोरे कागजी आदर्श मूल्य हैं तो इनकी व्यावहारिकता संदेहास्पद है। ऐसे सिद्धान्त किस काम के जिनका समाज के ऊहापोह, दुख-दर्द से कोई मतलब नहीं है। ये सिद्धान्त तो औपचारिकता मात्र हैं, ऐसी खाली संदूक है जो समाज की वास्तविकताओं के लिये अप्रासंगिक हो गये हैं।

समाजशास्त्रीय सिद्धान्तों के बारे में बहुत कुछ कहा जाता है। पिछले चार-पाँच दशकों में जिस गम्भीरता से सिद्धान्त निर्मित हुए हैं उससे यह स्पष्ट हो गया है कि समाजशास्त्रीय सिद्धान्त ऐसे *संदर्श* (Perspective) देते हैं जिनके प्रयोग से समाज को देखने का हमारा सम्पूर्ण नज़रिया या दृष्टिकोण ही बदल जाता है। इस समाज को जैसा भी समझते हैं वह निश्चित रूप से समाजशास्त्रीय सिद्धान्तों का निवर्चन के कारण हैं। दिन-प्रतिदिन के कार्यों के प्रति हमारी कई गलतफहमियाँ होती हैं। यदि हम इन गलतफहमियों को समाजशास्त्रीय सिद्धान्तों के संदर्भ में देखें, तो भ्रम व मोह का सम्पूर्ण धुंहालका छंट जायेगा।

जब कोई समाजशास्त्री, समाजशास्त्रीय अध्ययन करता है, अनुसंधान करता है, तो वह अपने दिमाग के द्वार बन्द कर के ऐसा नहीं करता। वह बराबर चौकन्ना रहता है। उसका मस्तिष्क समाज की प्रत्येक घटना को मौत, विवाह, मतदान, सभी को एक वैज्ञानिक पद्धति से देखता है। प्रत्येक समाजशास्त्रीय सिद्धान्त कुछ *पूर्वानुमानों* (Assumptions) को लेकर चलता है और फिर इन दिन-प्रतिदिन की घटनाओं को एक निश्चित अनुसंधान विधि के संदर्भ में समझता है। अतः सिद्धान्त की बहुत बड़ी उपयोगिता पूर्ण प्रासंगिकता यह है कि ये सामाजिक प्रघटनाओं, हादसों आदि को व्यवस्थित रूप से देखने का अवसर प्रदान करते हैं।

यह बहुत स्पष्ट है और इसे पूरी दृढ़ता के साथ कहना चाहिये कि कोई भी सिद्धान्त अपने आप में पूर्ण नहीं होता। थोड़े बहुत अभाव तो होते ही हैं। अभावों के होते हुए भी सिद्धान्तों की एक निश्चित दिशा होतो है और यह दिशा ही इसे एक निश्चित सीमा में समाज को समझने का मौका देती है। सिद्धान्त-निर्माण के सम्बन्ध में भी हमें इस तथ्य को बेबाक रूप में बताना चाहिए कि कोई भी सिद्धान्त रातों-रात नहीं बनता। इसके बनने की एक निश्चित प्रक्रिया होती है। इस प्रक्रिया के विकसित होने के लिये तथ्य और सामग्री चाहिये। सिद्धान्त निर्माण के इस भगीरथ कार्य में अथक परिश्रम करने की आवश्यकता रहती है।

समाजशास्त्रीय सिद्धान्त की उपयोगिताएँ
Uses of Sociological Theory

समाज की कई बौद्धिक बहसों के उपरान्त समाजशास्त्रीय सिद्धान्तों का निर्माण होता है। ये बहसें या विवाद समाज के कई महत्वपूर्ण मुद्दों से जुड़े होते हैं। उदाहरण के लिये ग्रामीण समाज की परम्परागत एकता, बढ़ते हुए नगरीय समाजों की विविधता, अपराध, उदार अर्थव्यवस्था, गरीबी औद्योगीकरण के परिणाम आदि। सिद्धान्तों की उपयोगिता इन सब मुद्दों

और समस्याओं से जुड़ी हुयी हैं। कार्ल मार्क्स के सिद्धान्त को दृष्टान्त के लिये यहाँ रखे। मार्क्स के पहले और उनके बाद भी इतिहास लिखा जाता रहा है। इसमें मार्क्स ने यह सिद्धान्त रखा कि इतिहास को उत्पादन पद्धतियों, उत्पादन शक्तियों और उत्पादन सम्बन्धों की दृष्टि से देखा जाना चाहिये। इस सिद्धान्त के परिणामस्वरूप इतिहास लिखने की परम्परा को एक नयी दिशा मिली। हमने पहली बार देखा कि *एशियाई उत्पादन पद्धति* (Asian Mode of Production, AMP) ने एशिया के सम्बन्ध में कई नये संदर्श दिये। मार्क्स ही क्यों, हमारे देश में जब समाजशास्त्रियों ने जाति व्यवस्था का अध्ययन किया तो इसके निष्कर्ष में कहा गया कि स्वयं जाति में ही आर्थिक वर्ग होते हैं और इससे आगे प्रत्येक जाति का अपना एक स्तरीकरण होता है। अछूत भी सजातीय नहीं हैं उनमें भी एक सोपान व्यवस्था है। ये दृष्टान्त पर्याप्त रूप से यह बताते हैं कि किसी भी समाज के विश्लेषण में, समाज के भविष्य की दिशा निर्धारण में सिद्धान्तों की उपयोगिता महत्वपूर्ण है।

रोबर्ट मर्टन ने यह स्थापित करने का प्रयास किया है कि सिद्धान्त और आनुभविक अनुसंधान में *पारस्परिकता* (Reciprocity in Theory and Empirical Research) होती है। इस पारस्परिकता में मुख्य बिन्दु यह है कि जहां अनुसंधान सिद्धान्त को सुदृढ़ करता है, वहीं सिद्धान्त भी आनुभविकता की समझ में गहनता पैदा करता है। शायद किसी भी विज्ञान में सिद्धान्त की यह बहुत बड़ी उपयोगिता है।

ऐसा नहीं है कि अतीत में बौद्धिकों और विचारकों ने समाज को समझने में कोई प्रयास नहीं किया है। प्लेटो और अरस्तु ने समाज के बारे में एक निश्चित धारणा बनाने का प्रयास किया है। लेकिन समाजशास्त्रीय सिद्धान्त के अभाव में समाज के सम्बन्ध में हमारी समझ हर तरह से दार्शनिक ही बनी रही। यह तो आधुनिक सिद्धान्तों के कारण ही संभव हुआ है कि हम समाज को दर्शन से हटकर वैज्ञानिक पद्धति से देखने लगे हैं। समाज के बारे में हमारी आज जो भी बहस है उन्हें ऐतिहासिक तथा वैज्ञानिक पद्धति से देखने का संदर्श समाजशास्त्रीय सिद्धान्त ने ही दिया है। होता यह है कि समाज की समस्याओं के साथ हम आये दिन जूझते रहते हैं। लेकिन इन समस्याओं को जब हम सैद्धान्तिक दृष्टि से देखते हैं तो यह हमारी सैद्धान्तिक समस्याएँ (Theoretical Problems) बन जाती है। उदाहरण के लिये जब भारतीय समाज में हम संयुक्त परिवारों को टूटते हुए देखते हैं, अंतर्जातीय विवाहों में वृद्धि देखते हैं, दलितों जातियों को एक जुट होकर उच्च जातियों के साथ संघर्ष करते देखते हैं तो समाज के ये सब प्रसंग सैद्धान्तिक प्रसंग बन जाते हैं। *किसी भी सिद्धान्त की शक्ति इस बात में है कि वह विचारों और सूचनाओं को व्यवस्थित करके समाज के इन प्रसंगों को समझने में हमारी मदद करता है।*

सिद्धान्तशास्त्रीयों ने दृढ़तापूर्वक यह स्थापित किया है कि सिद्धान्त किसी भी समाज विज्ञान के लिये लफ्फाजी मात्र नहीं है। समाज विज्ञान के लिये इनकी उपयोगिता बराबर समझी जाती रही है। राबर्ट मर्टन, टालकट पारसंस, पी. ब्लॉ, होमन्स आदि ने बराबर

आग्रहपूर्वक यह कहा है कि समाजशास्त्रीय सिद्धान्त समाज की वास्तविकता से जुड़े होते हैं। सिद्धान्त की व्याख्या करने से पहले यहां हम इसकी उपयोगिता पर कुछ बिन्दु प्रस्तुत करेंगे।

(1) सिद्धान्त प्राक्कल्पनाओं को पैदा करते हैं

एक ही सिद्धान्त से कई प्राक्कल्पनाओं का जन्म होता है। *प्राक्कल्पना एक प्रकार का कथन है जिसमें दो या दो से अधिक विचारों या अवधारणाओं का सम्बन्ध होता है।* प्रत्येक सिद्धान्त के वैज्ञानिक नियम होते हैं और इन नियमों से ही प्राक्कल्पनाएं बनायी जाती है। प्रत्येक सिद्धान्त प्राक्कल्पनाओं के निर्माण में सहायक होता है। इसके दृष्टान्त स्वरूप हम दुर्खाइम का उल्लेख करेंगे। दुर्खाइम ने समाज की सुदृढ़ता Solidarity की चर्चा की है। उनके अनुसार समाज की यह सुदृढ़ता सामयवी (Organic) और यांत्रिक (Mechanical) होती है। यांत्रिक सुदृढ़ता सामान्यतया आदिवासी समाजों में देखने को मिलती है। दूसरी ओर, सावयवी सुदृढ़ता विकसित समाजों, शहरों व औद्योगिक केन्द्रों में देखी जा सकती है। *इन दो प्रकार की सुदृढ़ताओं को परिभाषित करने के बाद दुर्खाइम कहते हैं कि जिस समाज में सुदृढ़ता अधिक शक्तिशाली होगी, उस समाज में आत्महत्याएँ कम होगी। निष्कर्ष निकला कि शहरी समाजों की तुलना में आदिवासी समाजों में आत्महत्या की आवृति कम होगी।* यह तो दुर्खाइम का आत्महत्या का सिद्धान्त है। अब इससे प्राक्कल्पना बनती है : क्योंकि केथोलिक धर्मावलम्बियों में सुदृढ़ता अधिक होती है इसलिये उनमें प्रोटेस्टेंट धर्मावलम्बियों की तुलना में आत्महत्याएं थोड़ी होती हैं।

एक दूसरी प्राक्कल्पना दुर्खाइम के इसी सिद्धान्त से मिलती है : सर्दियों की तुलना में गर्मियों में आत्महत्याएँ इसलिये अधिक होती हैं क्योंकि इन दिनों में व्यक्ति समूह से अधिक पृथक रहता है। इस प्रकार इस *सिद्धान्त* की यह बहुत बड़ी देन है कि हम इससे कई प्राक्कल्पनाओं का निर्माण कर सकते हैं।

(2) सिद्धान्त के आधार पर मॉडल (Model) भी बनाये जाते हैं

समाजशास्त्रीय सिद्धान्तों के क्षेत्र में मॉडल की परिभाषा बराबर भ्रमपूर्ण बनी हुई है। कुछ विचारक मॉडल और सिद्धान्त में कोई अन्तर नहीं करते । उनके लिये दोनों ही पद पर्यायवाची है। लेकिन मॉडल को सिद्धान्त के रूप में व्याख्यायिक करना भ्रमपूर्ण है। अतएव यही उपयुक्त होगा कि हम मॉडल की परिभाषा सिद्धान्त से हटकर करें। वास्तव में जैसा कि *विलियम स्कीडमोर का कहना है कि मॉडल अपने आप में वास्तविकता नहीं है वरन् यह एक ऐसा प्रारूप है जो वास्तविकता के सदृश है।* अतः जब हम मॉडल की बात करते हैं तो हमें स्पष्ट रूप से समझना चाहिये कि यह वास्तविकता की अनुकृति मात्र है, किसी भी स्थिति में स्वयं वास्तविकता नहीं है।

समाज विज्ञानों में कई बार सिद्धान्त को आधार मानकर, उसके बुनियादी तत्वों को लेकर, मॉडल बनाया जाता है। यह मॉडल वास्तविक जीवन के अध्ययन पर लागू किया जाता है। अतः हर स्थिति में सिद्धान्त के कतिपय प्रासंगिक तत्वों को लेकर मॉडल बनाया

जाता है। वैसे सिद्धान्त का आकार लम्बा चौड़ा होता है। लेकिन जिस प्रसंग का हम अध्ययन करते हैं, उससे सरोकार रखने वाले तत्वों को लेकर ही हम मॉडल बनाते हैं। यह मॉडल व्यावहारिक जीवन को समझने के लिये लागू किया जाता है।

समाजशास्त्र में कई ऐसे सिद्धान्त है जिन्हें आधार मानकर मॉडल बनाये गये हैं। उदाहरण के लिये राबर्ट मर्टन ने प्रकार्यवादी सिद्धान्त की अवधारणा को प्रस्तुत किया है। उन्होंने रेडक्लिफ ब्राउन और मेलिनोस्को की तीन मानवशास्त्रीय *अभिधारणाओं* (Postulates) का खंडन करने के उपरान्त समाजशास्त्रीय प्रकार्यवादी सिद्धान्त का निर्माण किया है। इस सिद्धान्त को आधार मानकर स्वयं मर्टन ने एक *पेराडिम* (Paradigm) बनाया और उसमें प्रकार्यात्मक अनुसंधान के लिये ग्यारह *आइटम* (Item) अभिनिश्चित किए। यह पेराडिम यानि मॉडल पूर्णतः मर्टन के प्रकार्यात्मक सिद्धान्त से लिया गया है। अतएव, ऐसी अवस्था में अनुसंधान के लिये बनाया गया यह मॉडल अनुसंधान के लिये तो बहुत उपयोगी है लेकिन यह स्वयं समाज की वास्तविकता नहीं है। हमारे देश में जाति व्यवस्था के सम्बन्ध में प्रभु जाति, संस्कृतिकरण, पाश्चात्यकरण, आदि क्षेत्रों में जो भी अवधारणाएँ उपलब्ध हैं, उनके अध्ययन के लिये हमनें कहीं-कहीं प्रकार्यात्मक मॉडल भी बनाये हैं। अतः सामान्यतया जिस किसी भी समाज विज्ञान में समृद्ध सिद्धान्त हैं, वहाँ मॉडल बनाये जाने की सम्भावना बराबर बनी रहती है।

(3) सिद्धान्त की अन्तर्वस्तु : आनुभविकता

बहुत पहले हर्बर्ट स्पेंसर ने कहा था कि *किसी भी सिद्धान्त की हत्या उसके तथ्यों द्वारा होती है।* तात्पर्य कि यदि तथ्य बदल जाते हैं तो सिद्धान्त भी अपने आप समाप्त हो जाता है। इस अर्थ में किसी भी सिद्धान्त की अन्तर्वस्तु (Content) उसकी आनुभविकता होती है। आखिर सिद्धान्त है क्या ? सीमित अर्थों में सिद्धान्त और कुछ न होकर *सामाजिक एकरूपताओं* (Social Uniformities) का एक बयान मात्र है। भारतीय संदर्भ में देखें तो हमें ग्रामीण समुदाय में तीज-त्यौहार तथा वक्त-बेवक्त लोगों में एकता का भाव बराबर देखने को मिलता है और यही भाव आनुभविकता है। इसके आधार पर हमने निष्कर्ष दिया कि सभी भारतीय गाँवों में आनुभविक एकरूपता है। इसी आधार पर हमने गाँव और शहर के संयुक्त परिवारों के बारे में आनुभविक निष्कर्ष निकाले हैं। अतः किसी भी सिद्धान्त की बहुत बड़ी उपयोगिता यह है कि वह हमें आनुभविकता को समझने में सहायक एवं मार्गदर्शक होता है।

(4) सिद्धान्त अवधारणाओं के विश्लेषण में सहायक हैं

कई बार यह कहा जाता है कि सिद्धान्त में अवधारणाएं सन्निहित होती है। एक अर्थ में इस प्रकार का निष्कर्ष अधूरा भी है और भ्रामक भी, क्योंकि यह सब इसलिये कि प्रत्येक सिद्धान्त में अवधारणाओं का होना आवश्यक है और अवधारणाओं के प्रयोग के बिना सिद्धान्त बन ही नहीं सकता। फिर यह भी तथ्य है कि अवधारणाएं ही सिद्धान्त को बनाती हों, ऐसा नहीं है। मर्टन कहते हैं कि प्रस्थिति, भूमिका, जेमनशाफ्ट (Gemeinschaft) आदि अवधारणाएं

सशक्त होते हुए भी सिद्धान्त को नहीं बनाती। यद्यपि सिद्धान्त के कलेवर में इनका समावेश अवश्य किया जाता है। हम इस विवाद में यहां नहीं पड़ना चाहते, लेकिन यह निश्चित रूप से कहना चाहते हैं कि जब किन्हीं अवधारणाओं को सिद्धान्त में शामिल किया जाता है तो यह अवधारणाएं बहुत स्पष्ट हो जाती है।

सिद्धान्त में प्रयोग लायी जाने वाली अवधारणाओं का विश्लेषण हमें, उदाहरण के लिये, मर्टन के प्रकार्यात्मक सिद्धान्त में मिलता है। *प्रकार्य* (Function) का प्रयोग करते हुए मर्टन ने इसके कई अर्थ बताये हैं : सामाजिक समारोह, उत्सव, व्यवसाय, कार्य, गणितीय अर्थ में चरों की परस्पर निर्भरता आदि। मर्टन ने इस परम्परागत प्रकार्य के अर्थ को अपने सिद्धान्त में नहीं रखा। उन्होंने तो कहा कि प्रकार्य वह गतिविधि है जो व्यवस्था को बनाये रखती है या बिगाड़ती है। इस अर्थ में प्रकार्य का सम्बन्ध व्यवस्था के साथ है। अतः जब कभी समाजशास्त्रीय सिद्धान्तों में अवधारणाओं का प्रयोग होता है तो उनका विश्लेषण और अर्थ बहुत स्पष्ट हो जाता है।

(5) समाजशास्त्रीय सिद्धान्त घटनोत्तर निवर्चन में सहायक है

आनुभविक सामाजिक अनुसंधान में प्रायः ऐसा होता है कि हम किसी समाजशास्त्रीय प्रसंग पर क्षेत्र में आंकड़ों को एकत्रित करते हैं। आवश्यक हुआ तो हम वैयक्तिक अध्ययन भी करते हैं। इन तथ्यों, वैयक्तिक अध्ययनों और स्थानीय इतिहास को, जो क्षेत्र में एकत्रित किये गये हैं उन्हें इस समन्वित रूप से रखते हैं। इस आनुभविक सामग्री का, जिसे तकनीकी भाषा में *घटनोत्तर* (Post-Factum) कहा जाता है, हम किसी सिद्धान्त के अन्तर्गत सामग्री समाजशास्त्रीय सिद्धान्त के निवर्चन क्षेत्र में आ जाती है। एक तरफ तो यह सामग्री *तदर्थ* (Ad-hoc) प्राक्कल्पना बन जाती है और दूसरी ओर कालांतर में चलकर इसका समावेश किसी न किसी सिद्धान्त के अन्तर्गत हो जाता है। उदाहरण के लिये जब भारतीय समाजशास्त्रियों ने तदर्थ रूप में यह आनुभविक सामग्री प्राप्त की कि एक ही जाति क्षेत्रीय स्तर पर अपनी ही जाति से भिन्न हो जाती है, तो इस निष्कर्ष को जाति व्यवस्था के सिद्धान्त के दायरे में ले लिया गया। इस प्रकार का विश्लेषण घटनोत्तर समाजशास्त्रीय विश्लेषण है। समाजशास्त्रीय सिद्धान्त की यह एक और उपयोगिता है।

जब हम समाजशास्त्रीय सिद्धान्तों की उपयोगिता को तीसरी दुनिया के देशों के और विशेषकर भारत के संदर्भ में देखते हैं तो यह सुस्पष्ट हो जाता हैं कि हमारे विकास के प्रयासों में इस सिद्धान्तों की बड़ी उपयोगिता है। इस शताब्दी के पाँचवे दशक में जब सामुदायिक विकास खण्ड प्रारंभ किये गये तब श्यामाचरण दुबे ने 'इंडियन विलेज' में पहली बार कहा कि *विकास की सम्पूर्ण प्रक्रिया को मानवीय शक्तियों के धरातल में देखा जाना चाहिये। उनका मतलब था कि कोई भी विकास का कार्यक्रम लोग तब तक नहीं अपनाते जब तक कि वह उनकी परम्परा, संस्कृति और सामाजिक विरासत के अनुकूल नहीं होता।* समाजशास्त्रीय सिद्धान्तों में कोई रोमांस नहीं होता और न कोई कविता होती है। इसमें वैज्ञानिक मिजाज

होता है और इसी कारण इसकी उपयोगिता तथ्यों के विश्लेषण में और व्यावहारिक जीवन में सहायक होती है।

समाजशास्त्रीय सिद्धान्त : अर्थ और परिभाषा

(Sociological Theories : Meaning and Definition)

इस अध्याय के प्रारंभ में ही हमने कहा है कि सिद्धान्त का अर्थ और उसकी परिभाषा देना एक बहुत बड़ी कवायद है। सिद्धान्त की कई परिभाषाएँ है। कभी-कभी तो समाजशास्त्र के संस्थापक विचारकों ने समाज को देखने के जिस उपागम को अपनाया है उसी को सिद्धान्त का नाम दे दिया गया है। अर्थ की इस विविधता के होते हुए भी यह निश्चित रूप से, बिना किसी विवाद के, स्वीकार किया जाना चाहिये कि हम अपने अंतिम उद्देश्य में समाज की *वास्तविकता* (Reality) को समझना चाहते हैं। यह वास्तविकता एकरूप में नहीं मिलती, इसमें विविधता होती है। इससे आगे जिसे एक व्यक्ति या समृद्ध वास्तविक समझता है शायद दूसरों के लिये वह काल्पनिक या स्वप्निल है। दार्शनिकों, बौद्धिकों और शिक्षाविदों के सामने सबसे बड़ी चुनौती समाज की वास्तविकता को जानना है। यदि हम इस वास्तविकता को समझ पायें, इसका सही निवर्चन कर पायें तो हमारी समस्या हल हो जायेंगी। आखिर वास्तविकता को जानने के प्रति हमारी यानि समाज विज्ञानों की इतनी बड़ी जिज्ञासा क्यों हैं ? उत्तर बहुत सामान्य है : यदि हमें वास्तविकता समझ में आ जाये, इसकी गहराई तक हम पहुंच जाये तो समाज के भविष्य की दिशा के बारे में हम कुछ पुख्ता बयान दे सकते हैं। यदि ये बयान अपनी प्रकृति में वैज्ञानिक हुये, तर्क-संगत हुये, आनुभविक बने तो भविष्य में उभरने वाला समाज संकट मुक्त हो जायेगा, आज आदमी का जीवन सुखी व सम्पन्न बन जायेगा। वास्तविकता की तह में आम आदमी का हित निहित है और इसलिए सभी समाज विज्ञान इस प्रयास में हैं कि भरोसेमंद सिद्धान्तों को बनाया जा सके।

यह सत्य है कि सामाजिक यथार्थता का सरोकार व्यक्ति और समाज से होता है। जब से समाजशास्त्रीय सिद्धान्तों का निर्माण होने लगा है, व्यक्ति और समाज की यह दुविधा समाज विज्ञानों को बराबर सालती रही है। अठारहवीं शताब्दी से यह विवाद चल रहा है कि सम्पूर्ण सामाजिक व्यवस्था में व्यक्ति का समाज पर प्रभुत्व है या समाज का व्यक्ति पर। भगवती चरण वर्मा का 'चित्रलेखा' उपन्यास एक सम्मानीय कृति है। इसमें सामंत बीजगुप्त एक नर्तकी चित्रलेखा को उसकी व्यक्तिगत हैसियत से मिलना चाहता है। चित्रलेखा कहती है कि वह व्यक्ति से नहीं मिलती, केवल समुदाय के सामने नृत्य प्रस्तुत करती है यानि वह समाज से मिलती है। समाज का व्यक्ति पर प्रभुत्व है। चित्रलेखा के इस उत्तर पर बीजगुप्त प्रति प्रश्न करता है : व्यक्ति ही तो समाज बनाता है, फिर समाज से व्यक्ति सर्वोपरि कैसे हुआ ? यहाँ इस चित्रलेखा की कथा सामग्री को नहीं देना चाहते। *हमारा आग्रह इस बिन्दु पर है कि समाज की वास्तविकता के दो निश्चित ध्रुव समाज व व्यक्ति है।* और इसका यह अर्थ हुआ कि यदि कोई समाजशास्त्रीय सिद्धान्त बनाना है तो उसे अपना केन्द्रीय बिन्दु

व्यक्ति को बनाना होगा या समाज को ?

दुर्खाइम ने अपने सिद्धान्त का केन्द्रीय बिन्दु समाज को बनाया और कहा कि *समाज सर्वोत्कृष्ट* (Par excellence) है। इसी सिलसिले में उन्होंने आगे कहा कि व्यक्ति तो एक फिरकनी की तरह है जो समाज के इशारों पर चक्कर खाती रहती है। इधर मैक्स वेबर ने भी अपने सिद्धान्त का केन्द्रीय बिन्दु *वृहत समाज* (Macro Society) को स्वीकार किया। उनके लिये समाज के कार्य ही (Social Action) सामाजिक व्यवस्था है। इसी भाँति मार्क्स राजाओं महाराजाओं, सामंतों-ठाकुरों को इतिहास का प्रणेता नहीं मानते। उनके लिये तो जन जीवन द्वारा अपनायी गयी उत्पादन पद्धतियाँ ही वास्तविकता को दिशा देती है।

समाज को देखने का दूसरा विकल्प व्यक्ति है। कुछ मनोवैज्ञानिकों और समाजवैज्ञानिकों ने अपने सिद्धान्तों का आधार व्यक्ति केन्द्रित रखा। समाजशास्त्रीय सिद्धान्तों में ऐसे सिद्धान्तों की दीर्घा भी है जो व्यक्ति को केन्द्र बनाकर निर्मित किये गये हैं। इन सिद्धान्तवेताओ में विलियम जेम्स, हर्बर्ट मीड आदि हैं। ये लेखक *आत्म* (Self) को आधार बना कर घटना सिद्धान्त (Phenomenology) और लोकविधि विज्ञान (Ethnomethodology) आदि जैसे सिद्धान्त बनाये है। सिद्धान्त चाहे समाजशास्त्र के हों, राजनीतिशास्त्र, सामाजिक मानवशास्त्र के हों, सभी का उद्देश्य समाज की यर्थाथता को जानना रहा है।

सिद्धान्त निर्माण में सबसे बड़ी कठिनाई विधि (Method) की होती है। यदि तथ्य सामग्री को सही वैज्ञानिक विधि से रखा गया है तो सिद्धान्त में विश्वसनीयता आ जायेगी। दूसरी ओर, यदि तथ्य सामग्री एकत्र करने की विधि दोषपूर्ण है तो सिद्धान्त का निर्वाचनात्मक पहलू अप्रासंगिक हो जायेगा। इसलिये यदि समाजशास्त्र में कोई दर्जन से भी अधिक सिद्धान्त हैं, और आये दिन नये सिद्धान्त बनते ही रहते हैं तो हमें सिद्धान्त निर्माण को संदेह की दृष्टि से नहीं देखना चाहिये। सिद्धान्त कितने भी हो, कैसे भी हो, सूक्ष्म या वृहद् अभिस्थापना के, उनका उद्देश्य विभिन्न दृष्टियों से समाज की वास्तविकता को जानना मात्र है। यहाँ *हम पूरी दृढ़ता के साथ कहेगें कि सिद्धान्त चाहे सूक्ष्म केन्द्रित (Micro) या वृहद् केन्द्रित (Macro) हो, इसकी एक निश्चित विधि होनी चाहिये। और इस विधि की विशेषता यह है कि यह तर्काधारित होनी चाहिये, हर तरह से वैज्ञानिक होनी चाहिये। एक और विशेषता सिद्धान्त की यह है कि इसमें प्रासंगिक तथ्यों का समावेश अनिवार्य रूप से होता है। इसलिये हम कहते हैं कि वास्तविकता के विश्लेषण में सिद्धान्त, तथ्य और विधि (Theory, data and Method) अनिवार्य रूप से होते हैं।*

सिद्धान्त की परिभाषा

सिद्धान्त के सम्बन्ध में मूल बात यह है कि कैसा भी सिद्धान्त हो इसकी बहुत बड़ी अनिवार्यता इसका अमूर्त (Abstract) रूप है। सिद्धान्त में यथेष्ट (Substantive) आनुभविक सामग्री होती है, लेकिन इस स्वत्व को काट-छाँट कर अमूर्त स्वरूप में रखा जाता

है। अतः जब कभी हम सिद्धान्त में अमूर्तीकरण की बात करते हैं तो हमारा तात्पर्य यह है कि इसमें आनुभविक तथ्य जो वैयक्तिक प्रकृति के होते हैं, हटा दिये जाते हैं। उदाहरण के लिये हम जाति व्यवस्था में कई तरह के आनुभविक तथ्य एकत्र करते हैं। हम व्यावहारिक जीवन में पाते हैं कि बिहार की कूर्मी और यादव जातियां जो वस्तुतः दलित हैं, आपस में भी एक-दूसरे को परास्त करने के लिये हिंसा पर उतारू हो जाती है। इस आनुभविकता में यादव, कूर्मी, बिहार आदि वैयक्तिक तथ्य हैं। जब हम इनका अमूर्तीकरण करेगे तो कहेगें कि दलितों में भी शक्ति पाने के लिये संघर्ष होता है। *अतः जहां एक ओर सिद्धान्त में अमूर्तीकरण होता है, वहीं सिद्धान्त की अन्तर्वस्तु में आनुभविक संदर्भ (Empirical referents) भी होते हैं। सिद्धान्त की सरंचना ऐसी होनी चाहिये कि वह किसी भी परीक्षण का मुकाबला कर सके।*

जोनाथन टर्नर (The Structure of Sociological Theory, 1991) ने सिद्धान्त के विश्लेषण में अमूर्तीकरण पर अत्यधिक जोर दिया है। उनका यह भी दृढ़ विश्वास है कि सिद्धान्तों को आनुभविकता अपने कलेवर में समेट लेनी चाहिये ! उनका दूसरा आग्रह यह है कि *वह सिद्धान्त भी सिद्धान्त क्या है जो आनुभविक क्षेत्र में सही उतर जाये। सिद्धान्त बनाया ही इसलिये जाता है कि वह आनुभविक परीक्षण में गलत सिद्ध हो जाये।* इस तरह के बयान के पीछे टर्नर का एक निश्चित तर्क है। उनका कहना है कि जब-जब कोई सिद्धान्त आनुभविक परीक्षण में सही नहीं उतरा है, विज्ञान की तरक्की अवश्य हुयी है। होता यह है कि जब कोई सिद्धान्त आनुभविक क्षेत्र में नकारा जाता है तब हम अपने शोध को कोई नई सम्भावित दिशा देते हैं। शोध का मुख्य प्रश्न होता है: ऐसा क्यों ? इस क्यों का उत्तर देने के लिये हम बार-बार गलत कथनों को हटाते जाते हैं। तब एक ऐसी अवस्था आती है जब सिद्धान्त आनुभविक परीक्षण में सही उतरता है। अतः आनुभविक असफलता ही सिद्धान्त को सुदृढ़ करती है। यहाँ यह अवश्य कहना चाहिये कि जब किसी समाजशास्त्री द्वारा प्रतिपादित सिद्धान्त आनुभविक परीक्षण में खरा नहीं उतरता तो इससे सिद्धान्तवेत्ता की क्षमता पर आंच अवश्य आती है। यह सब होते हुए भी सिद्धान्त निर्माण की प्रक्रिया में *खण्डन* (Refutation) की भूमिका निर्णायक है।

जोनाथन टर्नर की तरह कार्ल पोपर (Karl Popper) ने भी सिद्धान्त निर्माण की प्रक्रिया में खण्डन की भूमिका को महत्वपूर्ण स्थान दिया है। वे आग्रह पूर्वक कहते हैं कि सिद्धान्त का निर्माण ही ऐसा होना चाहिये कि आनुभविक क्षेत्र में जाकर यह खण्ड-खण्ड हो जाये। पोपर तो कहते हैं कि *सिद्धान्त के प्रत्येक खण्डन को बहुत बड़ी सफलता मानना चाहिये। यह सफलता दोनों समाजशास्त्रियों की है:* सिद्धान्त प्रतिपादित करने वाले की और इस सिद्धान्त का खण्डन करने वाले की। यदि हम अर्वाचीन सिद्धान्तवेत्ताओं की सिद्धान्त सम्बन्धी टिप्पणियों को देखें तो यह निर्विवाद है कि *सैद्धान्तिक उपागम में विविधता होना सिद्धान्त निर्माण की कमजोरी नहीं है।* वास्तविकता यह है कि यह सैद्धान्तिक विविधता ही

सिद्धान्त का आनुभविक खण्डन ही सिद्धान्त की शक्ति है।

इस अध्याय में हम यह दृढ़तापूर्वक कह रहे हैं कि सिद्धान्त की परिभाषा देने में सिद्धान्तवेत्ता एकमत नहीं है, फिर भी सिद्धान्त के कुछ केन्द्रीय तत्व है जो विभिन्न विद्वानों की परिभाषाओं में देखने मिलते हैं। यहाँ हम ऐसे ही कुछ केन्द्रीय बिन्दुओं को जो सभी परिभाषाओं में समान रूप से मिलते हैं, प्रस्तुत करते हैं:

जोनाथन टर्नर: ***सिद्धान्त अत्यन्त अमूर्त तथा पर्याप्त रूप से सुस्पष्ट होते हैं।***

यदि हम टर्नर द्वारा दी गयी सिद्धान्त की परिभाषा का थोड़ी गम्भीरता से विवेचन करें तो महत्वपूर्ण बात यह है कि टर्नर अन्य सिद्धान्तवेत्ताओं से परिभाषा देने में एकदम अलग-थलग हैं। कहना चाहिये कि वे सिद्धान्त की परिभाषा देने की परिपाटी की लीक से हटकर हैं। वे स्वंय इस तथ्य को स्वीकार करते हैं और कहते हैं कि सिद्धान्तवेत्ताओं का बहुमत मेरे द्वारा दी गयी परिभाषा से एकदम असहमत है। फिर भी टर्नर अपनी परिभाषा पर स्थिर हैं और दृढ़तापूर्वक इसे रखते हैं।

टर्नर के अनुसार बढ़िया से *बढ़िया सैद्धान्तिक कथन वे हैं जो अत्यधिक अमूर्त (Highly Abstract) होते हैं और इसके साथ ही वे पूरी तरह सुस्पष्ट होते हैं। इनका परीक्षण आनुभविक क्षेत्र में किया जा सकता है।*

टर्नर की दृष्टि में केवल *आनुभविक सामान्यीकरण* (Empirical generalisation) और इसी तरह आनुभविकता पर बनाये गये आकस्मिक मॉडल कतई सिद्धान्त नहीं है। अधिक से अधिक ऐसे बयान केवल क्षेत्रीय तथ्यों का संक्षिप्त रूप मात्र हैं। ऐसे तथ्यों को समझाने के लिये किसी सिद्धान्त की आवश्यकता होती है। कुछ विचारकों का तर्क है कि आनुभविक नियमितताओं के इस संक्षिप्तीकरण पर सिद्धान्त बनाया जा सकता है। इस तरह सिद्धान्त निर्माण का तरीका इन विचारकों की दृष्टि में *आगमनात्मक* (Inductive) है। इस प्रक्रिया में इस वैयक्तिक दृष्टान्तों को देखते हैं और इनसे आगमन करके सामान्यीकरण करते हैं। सिद्धान्त निर्माण की इस पद्धति से भी टर्नर सहमत नहीं है। *केवल आनुभविक सामान्यीकरण तथ्यों को अमूर्त रूप देने से भरोसेमन्द सिद्धान्त नहीं बनते। सिद्धान्त के लिये बहुत बड़ी आवश्यकता अन्तर्दृष्टि के उछाले की है। जो कुछ आनुभविक तथ्यों का सामान्यीकरण है उसका अमूर्तीकरण करने के लिये सिद्धान्तवेत्ता में सामाजिक वास्तविकता को समझने की एक अन्तर्दृष्टि होना अनिवार्य है।*

अतः जोनाथन टर्नर के अनुसार सिद्धान्त जहाँ एक ओर अत्यन्त अमूर्त और सुस्पष्ट होते है वहीं दूसरी ओर उनमें आनुभविक सामान्यीकरण के विश्लेषण की अन्तर्दृष्टि भी होनी चाहिये।

रूथ वेलेस तथा एलिसन वुल्फ: ***सिद्धान्त निगमनात्मक होता है तथा इसमें कतिपय सामान्य प्रस्ताव होते हैं।***

वेलेस और वुल्फ (Contemporary Sociological Theory: Continuing the

Classical Tradition, 1980) सिद्धान्त की कोई निश्चित परिभाषा देने से पहले एक भूमिका बांधते हैं। उनका कहना है कि समाजशास्त्रीय सिद्धान्त का प्रभाव जनता के व्यवहार को देखने का एक नजरिया प्रदान करता है। उदाहरण के लिये मार्क्स ने सामान्य जनजीवन को विशिष्ट ऐतिहासिक दृष्टि से देखने की एक विधि अपने सिद्धान्त में दी है। जनजीवन में आये दिन कई घटनाएं घटती रहती हैं। हमारे देश में—कई हिस्सों में आतंकवाद, साम्प्रदायिकता, हिंसा आदि देखने मिलते हैं। इससे आगे जनजीवन में भ्रष्टाचार है, विश्वविद्यालय परिसर में गुण्डागर्दी है और ऐसी ही कई घटनाएं व प्रसंग सामान्यतया घटित होते रहते हैं। इन सब प्रसंगों और घटनाओं के विश्लेषण का अवसर भी समाजशास्त्रीय सिद्धान्त देते हैं। सच बात तो यह है कि समाजशास्त्रीय सिद्धान्त का परिवेश इतना वृद्ध होता है कि दुनिया में जो कुछ होता है उस सबका आत्मसात सिद्धान्त में हो जाता है।

इस तरह की भूमिका प्रस्तुत करने के बाद वेलेस और वुल्फ सिद्धान्त को परिभाषित करते हैं। उनके अनुसार *यदि हम समाजशास्त्रीय सिद्धान्त की कोई प्रतिष्ठित (Classical) परिभाषा देते हैं तो कहना होगा कि कोई भी सिद्धान्त अनिवार्य रूप से निगमनात्मक (Deductive) होता है*। सिद्धान्त निर्माण की प्रक्रिया में शुरुआत यह है कि *हम कुछ सामान्य अवधारणाओं और सुस्पष्ट पूर्वधारणाओं (Assumption) को सही तरीके से परिभाषित करते हैं। इसके बाद जिन वस्तुओं का हम अवलोकन करते हैं उनके वर्गीकरण के कुछ निश्चित नियम बनाते हैं और फिर अन्त में कतिपय सामान्य प्रस्ताव (General propositions) प्रस्तुत करते हैं। जब एक बार हम हमारे द्वारा देखी गयी वस्तुओं, घटनाओं, मुद्दों और प्रसंगों को श्रेणियों या कोटियों में रख देते हैं तब इन्हें आधार बनाकर तार्किक रूप से इनका निगमन करते हैं। इस तरह से निगमन किये गये प्रस्ताव या बयान हमें मनुष्यों की प्रकृति और व्यवहार को समझने में सहायक होते हैं*।

वेलेस और वुल्फ सिद्धान्त की इस परिभाषा में आगे कहते हैं कि सिद्धान्त और कुछ न होकर वास्तविक घटनाओं को समझने का एक यथेष्ठ अनुकूलन है, पद्धति है और इस तरह इन सिद्धान्तवेत्ताओं के अनुसार सिद्धान्त अनिवार्य रूप से निगमनात्मक होता है। निगमनात्मक कथन सामान्य प्रस्तावों के निरूपण में सहायक होते हैं। इन लेखकों के अनुसार निगमनात्मक सामान्य प्रस्ताव बनाने की पद्धति सरल व इस प्रकार है: सबसे पहले हम अवधारणाओं की परिभाषा देते हैं, कुछ स्थापित मान्यताओं को स्पष्ट करते हैं, कुछ वैज्ञानिक नियमों के अनुसार अवधारणाओं और स्थापित मान्यताओं को कोटियों में रखते हैं और इनसे निगमन करके अन्ततोगत्वा सामान्य प्रस्ताव बनाते हैं। ये प्रस्ताव ही सिद्धान्त कहलाते हैं। इन प्रस्तावों में अर्थात् इनमें प्रयुक्त अवधारणाओं और स्थापित मान्यताओं में तार्किकता होती है। कार्ल पोपर के अनुसार इस तरह के सिद्धान्त का उद्देश्य हमारी इर्द-गिर्द की दुनिया को तार्किक रूप से समझना है और अपनी इस समझ में हमें कुशलता पानी है।

टालकट पारसंस: ***सिद्धान्त आनुभविक होते हैं तथा इसकी अवधारणाएं तार्किक रूप से परस्पर जुड़ी होती हैं।***

पारसंस ने समाजशास्त्रीय सिद्धान्त के क्षेत्र में अद्वितीय काम किया है। इस सम्बन्ध में उनकी पुस्तक "द स्ट्रक्चर ऑफ सोशल एक्शन" (The Structure of Social Action, The Free Press, 1949) एक उत्कृष्ट कृति है। इस पुस्तक में उन्होंने सामाजिक क्रिया-सिद्धान्त का निगमन विभिन्न सिद्धान्तवेत्ताओं के अवधारणात्मक उदाहरण प्रस्तुत किया है। इस दृष्टि से उनकी यह कृति एक ऐतिहासिक कृति है। वे सम्पूर्ण समाज के परिवेश को ध्यान में रखकर सिद्धान्त की परिभाषा देते हैं। उनका कहना है कि *किसी भी सिद्धान्त में तथ्य और अवधारणाएं होती है। ये तथ्य और कुछ न होकर प्रघटनाओं के बारे में कुछ निश्चित प्रस्ताव या वक्तव्य होते हैं। एक जैसे तथ्य मिलकर अवधारणा को बनाते हैं। उन्होंने सिद्धान्त निर्माण की प्रक्रिया को इस प्रकार परिभाषित किया—सर्वप्रथम, तथ्य होते हैं, तथ्यों से अवधारणाएं बनती है और दो या दो से अधिक आनुभविक अवधारणाओं के बीच में जो तार्किक सम्बन्ध होते हैं, उन्हें सिद्धान्त कहते हैं।*

हमने देखा कि पारसंस के अनुसार सिद्धान्त में दो अनिवार्य तत्व होते हैं: *आनुभविक संदर्भ (Empirical Reference)* और *अवधारणाओं के बीच में तार्किक सम्बन्ध*। इस तरह आनुभविकता और तर्क सिद्धान्त को बनाते हैं। *यह कहने की आवश्यकता नहीं है कि किसी भी सिद्धान्त की बहुत बड़ी आवश्यकता यह है कि इसमें तथ्यों का सुगम तालमेल हो जाये यानि तथ्य अपने आप बोलें कि सिद्धान्त क्या हैं? लेकिन इसका यह मतलब नहीं हुआ कि सिद्धान्त से हटकर एकत्र किये गये तथ्य किसी सिद्धान्त को बनाते ही हो। होता यह है कि न तो सिद्धान्त तथ्यों से मुक्त होते हैं अर्थात् सिद्धान्त में तथ्य अनिवार्य रूप से होते हैं लेकिन, अकेले तथ्य सिद्धान्त नहीं है। सच्चाई यह है कि जब तथ्य व्यवस्थित रूप से सिद्धान्त के साथ ताल-मेल स्थापित कर लेते हैं, उनके साथ एकमेक हो जाते हैं तथा सिद्धान्त बनता है।*

राबर्ट के. मर्टन: ***आनुभविक सामान्यीकरण तथा चरों में तार्किक सम्बन्ध होता है।***

समाजशास्त्रीय सिद्धान्तों के विश्लेषण में राबर्ट मर्टन एक प्रतिष्ठित हस्ताक्षर हैं। ये वे सिद्धान्तवेत्ता हैं जिन्होंने प्रकार्यवाद पर अधिकृत कार्य किया है। उन्होंने अपनी पुस्तक *"सोशल थ्योरी एण्ड सोशल स्ट्रक्चर* (Social Theory and Social Structure, The Free Press, 1957) में समाजशास्त्रीय सिद्धान्तों की सुस्पष्ट व्याख्या की है। उनके अनुसार *किसी भी सिद्धान्त का बुनियादी आधार आनुभविकता है। यह बार-बार कहा जाता है कि समाजशास्त्रीय सिद्धान्त का मुख्य उद्देश्य सामाजिक एकरूपताओं पर बल देना है,* पर इसकी भी एक प्रक्रिया है। वह यह है कि सर्वप्रथम हम क्षेत्र में जो कुछ आनुभविकता देखते हैं, उनमें जो समानता हमें मिलती हैं उसके आधार पर पृथक-पृथक आनुभविक प्रस्ताव रखे जाते हैं। इसके बाद इन आनुभविक एकरूपताओं को जोड़ कर इनमें प्रयुक्त चरों के तार्किक सम्बन्धों को देखा जाता है। *इस प्रकार आनुभविक आधार पर पारस्परिक रूप से तार्किक*

सम्बन्ध रखने वाली ये एकरूपताएं ही सिद्धान्त को बनाती हैं।

मर्टन ने सिद्धान्त निर्माण की जिस प्रक्रिया को बताया है उसके दृष्टान्त स्वरूप हम जाति व्यवस्था में पायी जाने वाली आनुभविक एकरूपताओं को रखेगें। क्षेत्र में काम करते हुए हमें देश के विभिन्न संभागों में यह एकरूपता मिली कि निम्न जातियाँ अपने से उच्च जातियों के रीति-रिवाजों को, एक तरह से सम्पूर्ण जीवन-पद्धति को अपनाती हैं। यह एक पृथक अवलोकन है। इस अवलोकन पर हम यह प्रस्ताव रख सकते हैं कि विभिन्न जातियों में संस्कृतिकरण संभव होता है। इसी तरह आनुभविकता के आधार पर ही हम एक और आनुभविक प्रस्ताव विकसित कर सकते हैं कि उच्च जातियों में पाश्चात्यीकरण होता है। आनुभविकताओं के अवलोकन से हमें प्रभु जाति के कुछ लक्षण प्राप्त होते हैं। इन सब पृथक-पृथक प्रस्तावों को, हम जिनमें आनुभविक एकरूपता है, जोड़ते हैं, इनमें प्रयुक्त चरों के तार्किक सम्बन्ध को देखते हैं, तब जाति का सिद्धान्त बन जाता है। *इस तरह मर्टन के अनुसार सिद्धान्त आनुभविक-तार्किक होते हैं और इनका निर्माण सामाजिक एकरूपताओं के आधार पर निर्भर होता है।*

ऊपर के विवरण में हमने समाजशास्त्रीय सिद्धान्त को विभिन्न सिद्धान्तवेत्ताओं की दृष्टि से परिभाषित किया है। हम यह दोहराते रहे हैं कि सिद्धान्त की परिभाषा में एक रूपता बहुत कम है फिर भी जो कुछ केन्द्रीय सम्मति है उसके आधार पर कुछ बुनियादी तथ्य जो सिद्धान्त को परिभाषित करते हैं उन पर विचार आवश्यक है। सिद्धान्त हर तरह से अमूर्त होता है। उसमें कम से कम मूल (Substantive) वैयक्तिक सामग्री होनी चाहिये। क्षेत्र में मिली आनुभविकता के सार (Essance) को सिद्धान्त में प्रस्तुत किया जाता है और फिर इससे आगे इस सार में जो भी चर या अवधारणाएं होती हैं उन्हें तार्किक रूप से जोड़ा जाता है। इस तरह सिद्धान्त का निर्माण तथ्यों, अवधारणाओं, आनुभविकता और तार्किक सम्बन्धों पर आधारित होता है। इस तरह के तर्क में निगमन होना आवश्यक है।

समाजशास्त्रीय सिद्धान्त की विशेषताएं

(Characteristics of Sociological Theory)

पीटर बर्जर (1963) ने समाजशास्त्र को मानववादी संदर्श में देखने का प्रयास किया है। उनका दृढ़ विश्वास है कि समाजशास्त्रीय सिद्धान्त वैज्ञानिक बने या नहीं पर निश्चित रूप से उन्हें मानवतावादी बनना चाहिये। बर्जर अपने इसी संदर्श को दृढ़तापूर्वक रखते हुए यह कहते हैं कि *समाजशास्त्र समाज का अध्ययन एक अनुशासित ज्ञान शाखा के रूप में करता है। इसका तात्पर्य यह है कि समाजशास्त्रीय सिद्धान्त अपनी कोख में वैज्ञानिक दबाव अवश्य रखते हैं। इस भांति बर्जर के अनुसार समाजशास्त्रीय सिद्धान्त कमोबेश रूप में एक तरह के भावावेश की अभिव्यक्ति है।*

सातवें दशक के मध्य में *थामस जे. वार्ड* (Thomas J.Ward, 1974) ने समाजशास्त्रीय सिद्धान्तों की विशेषताओं को जानने के लिये एक सांख्यिकीय पद्धति को

अपनाया। उन्होंने अमेरिका में प्रचलित लगभग एक सौ लोकप्रिय पाठ्य पुस्तकों में से उन्होंने समाजशास्त्रीय सिद्धान्तों की 27 परिभाषाओं का चयन कर उनका विश्लेषण प्रस्तुत किया है। उनका मत है कि समाजशास्त्रीय सिद्धान्तों की विशेषताओं को सिद्धान्तों की परिभाषाओं में से ही निकाला जा सकता है। इस अर्थ में सिद्धान्त की परिभाषा ही सिद्धान्त के लक्षणों का आईना है। जिन 27 परिभाषाओं का उन्होंने विश्लेषण किया, उनमें से अधिकांश परिभाषाएं (89%) समाजशास्त्रीय सिद्धान्त को एक *व्यवस्थित संरचना* मानती हैं। कुछ परिभाषाओं (74%) के आधार पर किसी भी सिद्धान्त का बहुत बड़ा लक्षण यह है कि इससे कुछ प्राक्कल्पनाओं को निकाला जा सके और उनका आनुभविक परीक्षण भी हो सके। इस तरह की परिभाषा में (70%) ऐसी भी है जिनकी दृढ़ मान्यता है कि *समाजशास्त्रीय सिद्धान्त में अवधारणाओं के बीच में तार्किक सम्बन्ध होना चाहिये*। कोई 59 प्रतिशत परिभाषाएं ऐसी है, जिनमें सिद्धान्त की परिभाषा, प्रस्ताव के पद द्वारा की गई है। सिद्धान्त की तार्किक-निगमनात्मक व्यवस्था दर्शाने वाली परिभाषाएं 44 प्रतिशत है। सिद्धान्त को *नियम (Law) व सामान्यीकरण (Generalization)* की पदावली में रखने वाली परिभाषाएं केवल 19 प्रतिशत हैं। *अभिधारणाओं (Postulates) और स्वंय सिद्ध (Axioms)* पदों का प्रयोग केवल मात्र 15 प्रतिशत परिभाषाओं में ही हुआ है।

वार्ड द्वारा किये गये इस सर्वेक्षण से मोटे रूप में यह निष्कर्ष निकलता है कि किसी भी समाजशास्त्रीय सिद्धान्त की विशेषता आनुभविकता, प्राककल्पना, तर्क और प्रस्ताव आदि पदों में निहीत है। सिद्धान्त के ये लक्षण विवादास्पद नहीं है। फिर भी इन लक्षणों का निरूपण सांख्यिकीय पद्धति से किया गया है और यही इसकी कमजोरी है। इस अध्याय में हमने विस्तारपूर्वक समाजशास्त्रीय सिद्धान्तों को परिभाषित किया है। जिन विद्वानों की परिभाषाओं को हमने रखा है, सिद्धान्त के अध्ययन में उनका स्थान सम्माननीय है। इन्हीं परिभाषाओं के आधार पर हम यहाँ समाजशास्त्रीय सिद्धान्तों की कतिपय मुख्य विशेषताओं को रखेगें:

(1) सिद्धान्त स्वंय में अमूर्त (Absrtract) होते हैं।

जोनाथन टर्नर ने बार-बार अपने इस कथन को दृढ़तापूर्वक रखा है कि सिद्धान्त की अमूर्त प्रकृति पर विद्वानों में कोई बहस नहीं है। मैक्स वेबर, मार्क्स, दुर्खाइम, पेरेटो आदि इस अर्थ में हम किसी भी समाजशास्त्र के संस्थापकों का उल्लेख करें, सभी इस मत के हैं कि सिद्धान्तों में व्यक्तिगत प्रसंगों का मूर्त रूप होता है। अनुसंधानकर्ता परिवार, जाति-बिरादरी, गांव, शहर, व्यवसाय आदि अनेक सामाजिक-सांस्कृतिक प्रसंगों को देखता है। इन प्रसंगों के साथ व्यक्तियों, स्थानों, आदि का जो भी उल्लेख होता है उसे हटकर या उससे मुक्त होकर अमूर्तिकरण किया जाता है। *एक सीमित अर्थ में यह अमूर्तिकरण ही सिद्धान्त की पहचान है।*

(2) सिद्धान्त ऐसे होने चाहिये जो आनुभविक स्तर पर गलत सिद्ध किये जा सकें।

कुछ विद्वानों की यह धारणा है कि एक बार जो सिद्धान्त बन गया वह हमेशा के लिये

स्थापित हो गया। यह भी माना जाता है कि सिद्धान्त कभी गलत नहीं होता। सिद्धान्त के प्रति अपनाया गया इस प्रकार का दृष्टिकोण दोषपूर्ण है। सिद्धान्तवेत्ताओं का एक समूचा सम्प्रदाय है जिसकी मान्यता है कि सिद्धान्त की नियति आनुभविक परीक्षण में उसके गलत होने में है। यह इसलिये कि जब एक बार बनाया गया सिद्धान्त आनुभविकता की कसौटी पर सही नहीं उतरता, तो सिद्धान्त निर्माण के प्रयास अधिक गहन हो जाते हैं और अध्ययन की यह गहनता ही सिद्धान्त की गति को एक अनोखा बढ़ावा देती है।

वेबलिन ने अर्थशास्त्र के इस सिद्धान्त को कि मंहगी वस्तुएं अधिक टिकाऊ होती हैं, गंभीर चुनौती दी। उन्होंने कहा कि लोग मंहगी वस्तुएं कई बार इसलिये नहीं खरीदते कि वे मजबूत और टिकाऊ होती है, बल्कि इसलिए खरीदते हैं कि क्योंकि मंहगी वस्तुओं के साथ *सामाजिक प्रतिष्ठा* जुड़ी होती है। बहुत साफ है कि मलमल के कुर्ते की अपेक्षा मिल की खादी का कुर्ता अधिक टिकाऊ होता है, फिर भी लोग मलमल इसलिये पहनते है कि उनकी प्रतिष्ठा में ईजाफा होता है। वेबलिन के इस सिद्धान्त ने अर्थशास्त्र के सिद्धान्त को चुनौती दी। इसी कारण जोनाथन टर्नर और उनकी जैसी विचारधारा वाले सिद्धान्तवेताओं का कहना है कि सिद्धान्त की संरचना में उसके आनुभविक रूप से असफल होने वाले लक्षण अनिवार्य रूप से होने चाहिये।

(3) सिद्धान्त में आनुभविकता होनी चाहिये

टालकट पारसंस और रोबर्ट मर्टन बराबर इस तथ्य को दोहराते हैं कि सिद्धान्त की अन्तर्वस्तु आनुभविक एकरूपता होती है। उदाहरण के लिये भारत हो, रूस, अमेरिका या कोई और छोटा महाद्वीप, प्रत्येक देश में परिवार का कोई न कोई स्वरूप अवश्य होता है। नयी पीढ़ी के प्रजनन के लिये, वर्तमान पीढ़ी के प्रशिक्षण के लिये, परिवार एक अनिवार्यता है। यह तथ्य सभी जगह देखने को मिलता है और इसलिये *इसे परिवार की आनुभविक एकरूपता कहते हैं*। मर्टन ने तो आनुभविकता और सिद्धान्त की पारस्परिकता को अपनी पुस्तक (Social Theory and Social Structure) में विस्तारपूर्वक रखा है। उनका तर्क है कि *जहाँ सामाजिक सिद्धान्त सामाजिक अनुसंधान को पोषण देता है, वहीं सामाजिक अनुसंधान सिद्धान्त को सुदृढ़ और शक्तिशाली बनाता है*।

जोनाथन टर्नर सिद्धान्तों के अपने विश्लेषण में मर्टन तथा पारसंस से एकदम असहमत हैं। उनकी दृष्टि में *आनुभविक सामान्यीकरण तथा आनुभविकता पर आधारित मॉडल किसी भी अर्थ में और कभी भी सिद्धान्त नहीं है*। आनुभविक सामान्यीकरण तथ्यों के सार रूप में तो उपयोगी हैं लेकिन इन तथ्यों का विश्लेषण करने के लिये, समझने के लिये सिद्धान्त निर्माण आवश्यक है। कुछ लोग यह कह सकते हैं कि तथ्यों के इस सार से ही सिद्धान्त बनाये जा सकते हैं। टर्नर को इसमें संदेह है। वे यह मानते है की आनुभविक नियमितता सिद्धान्त निर्माण में निर्णायक है, लेकिन जब तक आनुभविक नियमितताओं को किसी विशिष्टता के साथ नहीं देखा जाता, सिद्धान्त नहीं बनते। होता यह है कि सिद्धान्तवेत्ता

आनुभविक तथ्यों की भूल भूलैया में ऐसा फंस जाता है कि वह आनुभविकता के अमूर्त रूप को ही सिद्धान्त का जामा पहना देता है। अतः *किसी भी सिद्धान्त में आनुभविकता तो होती ही है, उसे नकारा नहीं जा सकता लेकिन उसमें एक निश्चित सूक्ष्म दृष्टि या गहरी पहुंच (Insight) का होना अनिवार्य है।*

(4) सिद्धान्त में प्रयुक्त अवधारणाओं में तार्किक सम्बन्ध होता है

रोबर्ट मर्टन ने यह आग्रहपूर्वक कहा है कि किसी भी सिद्धान्त में प्रयुक्त अवधारणाएं एक-दूसरे से तार्किक आधार पर जुड़ी होती है। यदि इन अवधारणाओं में कोई पारस्परिक तार्किकता नहीं है तो ये अवधारणाएं केवल कथन मात्र रह जाती हैं। उदाहरण के लिये जब डेहरेनडॉर्फ (Dahrendorf) कहते हैं कि आज के कोरपोरेट पूंजीवादी व्यवस्था के कारखानों और प्रतिष्ठानों में निदेशक, व्यवस्थापक और कामगारों के सम्बन्ध वस्तुतः व्यवस्थापकीय सम्बन्ध (Authority Relations) होते हैं तो यह पूंजीवाद और व्यवस्थापकों की अवधारणाओं में तार्किक सम्बन्ध है। अतः जब तक सिद्धान्त में आने वाली अवधारणाओं में तार्किक सम्बन्ध नहीं होता, सिद्धान्त नहीं बनता। यदि भारतीय संदर्भ में देखे तो जाति व्यवस्था के सिद्धान्त में उच्च जातियां, निम्न जातियां, संस्कृति आदि अवधारणाएं हैं। इन अवधारणाओं में जब तार्किक सम्बन्ध स्थापित होता है तो हम उसे संस्कृतिकरण-पश्चिमीकरण के नाम से जानते हैं।

(5) सिद्धान्त की कसौटी उसका परीक्षण है

कोई भी सिद्धान्त केवल कागजी नहीं होता। व्यावहारिक जीवन में परीक्षण (Verification) के बाद खरा उतरने पर ही कोई सिद्धान्त, सिद्धान्त का दर्जा पाता है। और इसलिये जब सिद्धान्त परीक्षण के अनुरूप नहीं बनता तो उसमें परिवर्तन लाना आवश्यक हो जाता है। सिद्धान्त का एक निश्चित ताल-मेल परीक्षण के साथ होता है। 19 वीं शताब्दी के प्रारम्भ में हेनरी मेन ने यह कहा था कि प्रत्येक भारतीय गांव अपने आप में एक गणतंत्र है। तब शायद एक गांव का सम्बन्ध दूसरे गांव और गांवों से अपवाद रूप में रहा होगा। बाद में जब सामाजिक मानवशास्त्रियों ने भारतीय गांवों का अध्ययन गहराई से किया तब उन्होंने पाया कि एक गांव अन्य गांवों से विवाह, व्यापार, हाट-बाजार आदि गतिविधियों से जुड़ा हुआ है। यह नये चर हैं जिन्होंने गांव के सिद्धान्त की अवधारणा को गहन परीक्षण के बाद आमूल रूप से बदल दिया है।

(6) सिद्धान्त अव्यावहारिक (Speculative) या संदिग्ध भी होते हैं

कुछ समाज वैज्ञानिकों का कहना है कि सामाजिक सिद्धान्त और कुछ न होकर केवल मिथक मात्र होते हैं। इन विचारकों का तर्क है कि समाज के विभिन्न पहलुओं के बारे में पृथक-पृथक सिद्धान्त होते हैं। जब तक इन पृथक-पृथक सिद्धान्तों का समन्वय नहीं होता, किसी भी समाज को सम्पूर्ण रूप से नहीं समझा जा सकता। वास्तविकता यह है कि कोई भी

सत्य निर्बाध या निर्पेक्ष (Absolute) नहीं होता। ऐसी अवस्था में किसी भी सिद्धान्त में सार्वभौमिकता नहीं होती।

हमारे देश में इस शताब्दी के छठे दशक में एक विवाद उठा था कि क्या कोई *भारतीय समाजशास्त्र* (Indian Sociology) या भारत में समाजशास्त्र (Sociology in India) हो सकता है। इस बहस के पक्ष में यह कहा गया कि भारत की अपनी एक अलग पहचान है, अलग इतिहास है, अपनी परम्पराएं हैं, अपनी एक लम्बी विरासत है और इसलिये भारत का समाजशास्त्र अन्य देशों के समाजशास्त्रों से जुड़ा होना चाहिये। इस बहस के दूसरे पक्ष का तर्क था कि समाजशास्त्र यदि एक समाज विज्ञान है तो वैज्ञानिक प्रकृति के नाते यह किसी देश-विदेश की भूमि से जुड़ा नहीं रह सकता। इसका मिजाज सार्वभौमिक (Universal) होना चाहिए।

जब कभी समाजशास्त्र में सिद्धान्त-निर्माण की चर्चा चलती है तो बहस का मुख्य मुद्दा यह होता है कि समाजशास्त्र की प्रकृति वैज्ञानिक है या कलात्मक। सी-राइट मिल्स (C.Wright Mills) का यह तर्क है कि समाज के संदर्भ के व्यवहार के अध्ययन के लिये भौतिक या रसायनिक विज्ञान की तरह कोई सिद्धान्त नहीं हो सकता। इसी कारण राइट समाजशास्त्रीय सिद्धान्त का आधार कल्पना (Imagination) मात्र मानते हैं। *बर्जर* इसके सिद्धान्त की प्रकृति को अनिवार्य रूप से मानवीय समझते हैं।

ऊपर दिये गये कुछ तर्कों के आधार पर समाजशास्त्रीय सिद्धान्त की एक विशेषता उसका व्यावहारिक लक्षण या संदिग्धता है। मनुष्य का व्यवहार तार्किक होते हुए भी कई प्रसंगों में आवेग और भावनापूर्ण भी होता है। अतः सिद्धान्त के परिवेश में इन अतार्किक लक्षणों का समावेश भी होना चाहिये। शायद इसी कारण *पेरेटो* ने समाजशास्त्र की अध्ययन सामग्री को *अतार्किक* (Non-logical) परिभाषित किया है। इसलिये इस संदर्भ में हमें सिद्धान्त का एक लक्षण इसके व्यावहारिक या संदिग्धता (Speculative) पहलू को भी मानना चाहिये।

(7) सिद्धान्त की स्वतः शोध प्रणाली (Heuristic Device) है

यह सत्य है कि सिद्धान्त आनुभविक अनुसंधान में एक विधि के रूप में काम में आता है। यह आनुभविक अध्ययन का मार्गदर्शन है। जब मैक्स वेबर सामाजिक क्रिया के आदर्श प्रारूप (अधिकारी तंत्र के आदर्श प्रारूप) या दुखाईम आत्महत्या के प्रकार बताते हैं तो ये विद्वान सिद्धान्त अध्ययन करने की एक प्रणाली की चर्चा करते हैं। रोबर्ट मर्टन ने प्रकार्यवाद के पेराडिम को जब सिद्धान्त रूप में रखा तो वस्तुतः यह पेराडिम एक प्रकार की शोध प्रणाली है। जब इस प्रणाली को लागू कर देते हैं तो हमें समाज की प्रकार्यात्मक संरचना को समझने में सुविधा हो जाती है।

(8) सिद्धान्त निगमनात्मक (Deductive) होता है

लगभग सभी सिद्धान्तवेत्ताओं का कहना है कि सिद्धान्त की प्रकृति और संरचना निगमनात्मक

होती है। सिद्धान्त सामाजिक नियम (Social Laws) नहीं है। ये तो अवधारणाओं की एक व्यवस्था है जिसका उद्देश्य इन सामाजिक नियमों की व्याख्या करना है। कोई भी सिद्धान्त हो-प्रकार्यात्मक, संघर्ष या विनिमय-इनका एक सामान्य कार्य अवलोकन की नियमितताओं का विश्लेषण करना है। इसी कारण इसकी प्रकृति निगमनात्मक होती है। अनुसंधानकर्ता जो कुछ आनुभविकता में देखता है उसमें एकरूपता को कोटिबद्ध करता है। यह एकरूपता *आगमन* (Inductive) कही जाती है। जब इस एकरूपता को विभिन्न समूहों और समाजों पर लागू किया जाता है तो इसे निगमन कहते हैं। उदाहरण के लिये, हम आगमन की एकरूपता, जो आनुभविकता के अवलोकन पर निर्भर है को बनाते हैं। उदाहरण स्वरूप दलित ज़ातियों में अब जागरण आ गया है और इसकी अभिव्यक्ति वे समान अधिकारों के लिये आंदोलनों में करती है तो यह आगमन कहा जाता है। जब दलित जातियाँ नौकरी के अधिक आरक्षण के लिये आन्दोलन करती हैं तो यह निगमन हुआ। इस तरह किसी भी सिद्धान्त का केन्द्रीय आधार पर निगमन होता है। और इसकी प्रकिया है: आगमन और फिर निगमन।

(9) सिद्धान्त गुणात्मक (Qualitative) होता है

अनुसंधानकर्ता किसी भी प्रसंग या घटना के सम्बन्ध में सांख्यिकीय, वैयक्तिक अध्ययन, जैसा कोई भी मॉडल लगाये, जब आनुभविक क्षेत्र से वह संख्यात्मक तथ्यों को एकत्र करता है तो यह संख्याएँ बोलती नहीं हैं—गूंगी होती है। इन्हें वाणी देने का काम गुणात्मक तार्किक कथन करते हैं। इसका अर्थ यह हुआ कि किसी भी सिद्धान्त की तह में, संख्यात्मक तथ्य हो सकते हैं। इन तथ्यों को कोटियों में रखा जाता है और ये कोटियां ही सिद्धान्त को बनाती है। लेकिन गुणात्मक प्रस्तुतीकरण उसका आधार होते हैं।

(10) सिद्धान्त कामचलाऊ (Provisional) होते हैं

कोई भी सिद्धान्त सनातन नहीं होता। उसमें बराबर परिवर्तन आता रहता है। यह परिवर्तनशीलता सिद्धान्त की नियति है। अतः यह मानकर चलना कि सिद्धान्त चिरस्थायी होता है, भ्रमपूर्ण है। *सिद्धान्त का आधार तथ्य होते हैं, इनसे आगे अवधारणाएं होती है। और जब तथ्य और अवधारणाएं बदल जाती है तो सिद्धान्त भी गडमड हो जाता है।* एक सामान्य दृष्टान्त दें। एक समय रामचरित मानस के रचियता तुलसीदास ने कहा था: ढोर गंवार शुद्र पशु नारी, यह सब ताड़न के अधिकारी। तुलसीदास के काल में स्त्रियों के सम्बन्ध जो तथ्य थे, जो अवधारणाएं थी उसी पर यह दोहा तुलसीदास ने रच दिया। आगे चलकर हिन्दी के ही कवि जयशंकर प्रसाद ने कामायनी में कहा कि *स्त्री, दया, माया, ममता, अगाध विश्वास की प्रतिमूर्ति है*। आज जब स्त्रियां नारी आन्दोलन के परचम को लेकर खड़ी हैं, पुराने सब तथ्य और अवधारणाएं अप्रासंगिक हो गये हैं। स्त्रियों के बारे में जो हमारे विचार पिछले कुछ दशकों पहले थे वे निराधार हो गये हैं। अतः किसी भी सिद्धान्त की काल अवधि अवधारणाओं व तथ्यों की प्रकृति पर निर्भर है। हमने इस अध्याय में एक जगह कहा

है कि सिद्धान्त की हत्या तथ्यों व अवधारणाओं द्वारा होती है।

सिद्धान्त निर्माण की प्रक्रिया में बहुत बड़ी बाधा यह है कि दुनिया भर के समूहों व समाजों में विविधता रोमांचकारी होती है। यह विविधता ही किसी समन्वित (Integrated) सिद्धान्त को बनने नहीं देती। इसी कारण ही कई बार परस्पर *विरोधी सिद्धान्त* (Conflicting Theories) बन जाते हैं। संघर्ष सिद्धान्त का विरोध प्रकार्यात्मक सिद्धान्त करता है। इधर जो सूक्ष्म (Micro) स्तर पर सिद्धान्त बने हैं जिनमें प्रतीकात्मक, अन्तःक्रियावाद, घटना विज्ञान, लोक विधि विज्ञान, आदि मुख्य हैं, व्यक्ति के व्यवहार पर बनाये गये हैं। यें सब सिद्धान्त वृहद् (Macro) सिद्धान्तों के विपरीत हैं। सचाई यह है कि समाज विज्ञानों में किसी भी सर्वसम्मत सिद्धान्त का बनना कठिन है। पारसंस ने "क्रिया सिद्धान्त" का निर्माण सम्पूर्ण समाज को ध्यान में रखकर किया है। उनकी दृष्टि में यह सिद्धान्त सार्वभौमिक है। लेकिन इसकी बहुत बड़ी कमी यह है कि इसकी प्रकृति प्रकार्यात्मक मात्र है। यह संघर्ष, विनिमय और सूक्ष्म प्रवटनाओं को नहीं देखता।

संक्षेप में, सिद्धान्तों की विशेषताओं के निरूपण में हम यही कहेगें कि बुनियादी, विज्ञानों और समाज विज्ञानों की दीर्घा में समाजशास्त्र केवल अपनी शैशव अवस्था में है। जो सिद्धान्त निर्माण से सम्बन्धित अनुसंधान भौतिकी या रसायनशास्त्र या समाज विज्ञानों में अथवा अर्थशास्त्र में हुआ है, वैसा समाजशास्त्र में नहीं। अभी उसे आनुभविकता के अवलोकन के कई ऊंचे पहाड़ों पर चढ़ना है। सर्वप्रथम आनुभविक विविधता को एकरूपता में रखना है और तब कहीं जाकर एकरूपता की कोटियों से अवधारणाएं निर्मित करनी है। ये अमूर्त अवधारणाएं, ही जिनके पांव आनुभविकता की भूमि पर टिके हों, तार्किकता से परिपूर्ण सिद्धान्तों का निर्माण कर सकती है। सिद्धान्त निर्माण की *दूरियाँ बहुत लम्बी हैं और सिद्धान्तवेत्ताओं को चलना भी अधिक है*।

सिद्धान्त के तत्वः इसके निर्माण के बुनियादी आधार

(Elements of Theory: Its Basic Building Blocks)

इस अध्याय में हमने यह दोहराया है कि कोई भी सिद्धान्त चाहे प्रकार्यवाद हो या संघर्ष तुरत-फुरत नहीं बनता। सिद्धान्त निर्माण के लिये एक वैज्ञानिक प्रक्रिया होती है और इस प्रक्रिया में से हरेक सिद्धान्त को गुजरना पड़ता है। कई बार तो एक निश्चित सिद्धान्त के बनने में सिद्धान्तवेत्ताओं की एक से अधिक पीढ़ियाँ खप जाती हैं। यदि मार्क्स के वर्ग सिद्धान्त को ले तो इसके निर्माण और संशोधन में कोई 100 से अधिक वर्ष लग गये। हीगल से लेकर, मार्क्स, कोजर और डेहरेन्डार्फ तक कितने ही सिद्धान्तवेत्ताओं ने इसके निर्माण में अपना योगदान किया है। रोबर्ट मर्टन ने एक स्थान पर यह ठीक ही कहा है कि एक सिद्धान्तवेत्ता अपने पूर्ववर्ती सिद्धान्तवेताओं के कंधों पर खड़ा रहता है। सर्वप्रथम तथ्यों का निर्माण होता है और फिर तथ्य अवधारणा निर्मित करते हैं, तत्पश्चात् अवधारणाओं में पाये जाने वाले तार्किक सम्बन्ध निर्माण करते हैं। वास्तव में, *सिद्धान्त निर्माण एक मानसिक*

गतिविधि है। यह एक ऐसी प्रक्रिया है जिसमें विभिन्न विचारों को विकसित और पोषित किया जाता है जिनके माध्यम से हम इस तथ्य की व्याख्या कर सकें कि घटनाएं कैसे और क्यों गुजरती हैं। सिद्धान्त की संरचना कई बुनियादी तत्वों से बनती है। ये बुनियादी तत्व ही एक तरह से सिद्धान्त की इमारत के पत्थर है। यदि किसी भी सिद्धान्त की गठरी की गांठ को हम खोलें तो उसमें सबसे नीचे (1) *तथ्य और अवधारणाऐं* होंगी, इनसे ऊपर (2) चर होगें, और चरों के इर्द-गिर्द (3) कथन होगें और इन सबके समन्वित स्वरूप की अभिव्यक्ति किसी न किसी (4) फॉरमेट की होगी। यह सत्य है कि सिद्धान्त की सर्वसम्मत परिभाषा देने में सभी विद्वान एकमत के नहीं है। परिभाषा के सम्बन्ध में कई तरह की बहसें की जाती है। कई तरह के तर्क दिये जाते हैं। यह सब होने पर भी इस बात से सभी सिद्धान्तवेत्ता सहमत है कि सिद्धान्त की सरंचना में ये चार तत्व अनिवार्य रूप से पाये जाते हैं। ये तत्व ही सिद्धान्त को बनाते हैं। यहां हम सिलसिलेवार इन तत्वों का उल्लेख करेगें :

(1) तथ्य और अवधारणाएं (Facts and Concepts)

समाजशास्त्र में तथ्यों के विश्लेषण पर बहुत अच्छी सामग्री है। दुर्खाइम ने जब समाज की व्याख्या की तब उन्होंने सामाजिक तथ्य (Social Fact) का उल्लेख विस्तृत रूप में किया। शायद सामाजिक तथ्य के इस प्रयोग ने ही इस पद को समाजशास्त्र में लोकप्रियता दी। *दुर्खाइम का तो यहां तक कथन है कि समाजशास्त्र और कुछ न होकर सामाजिक तथ्यों का अध्ययन है*। दुर्खाइम ने सामाजिक तथ्य की व्याख्या सामाजिक दृढ़ता के संदर्भ में की है। उनके अनुसार सामाजिक तथ्य वह है जिसका व्यक्ति पर दबाव (Constrain) होता है। व्यक्ति चाहे या न चाहे उसे इस दबाव को सहने के लिये बाध्य होना पड़ता है। तथ्य की दूसरी विशेषता उसकी बाह्यभिमुखता (Exteriority) है। दुर्खाइम का कहना है कि तथ्य समाज द्वारा निर्धारित किये जाते हैं, परम्परा से बने बनाये आते हैं। अतः इनके बारे में सोचने की आवश्यकता व्यक्ति को नहीं होती। इसी कारण दुर्खाइम तथ्यों को व्यक्ति की सोच के बाहर जानते हैं। दुर्खाइम के अनुसार इस तरह तथ्य वास्तविकताएं हैं और व्यक्ति इन्हें स्वीकारने के लिये बाध्य होता है।

जैसा कि हमने कहा है, दुर्खाइम ने समाज की सुदृढ़ता के संदर्भ में तथ्य की व्याख्या की है। टालकट पारसंस एक स्थान पर तथ्य की सामान्य अर्थों में व्याख्या करते हैं। उनके अनुसार *तथ्य का वास्तविक (Real) होना आवश्यक नहीं है। इसकी कसौटी तो इसका परीक्षण है। परीक्षण में सत्य खरा भी उतर सकता है और खोटा भी। खरा हो या खोटा, तथ्य तो तथ्य ही है। इसी कारण पारसंस कहते हैं कि सार रूप में तथ्य प्रघटनाओं के बारे में एक कथन है जिसका आनुभविकता के क्षेत्र में परीक्षण होना आवश्यक है। पारसंस के अनुसार इसलिये तथ्य के दो लक्षण हैं : (1) प्रघटना के बारे में कथन और (2) इस कथन का आनुभविक संदर्भ में परीक्षण*। किसी भी सिद्धान्त की आंतरिक तह में या उसके बीज में मौलिक वस्तु तथ्य है।

अवधारणा एक से अधिक तथ्यों के मिलने से बनती है। एक अवधारणा में एक से अधिक और आपस में तार्किक रूप से मिले-जुले तथ्य होते हैं। ये सब तथ्य जो समानधर्मी होते हैं, अवधारण बनाते हैं। 'माता-पिता' – यह पद एक अवधारणा है। इसमें समानधर्मी कई तथ्य है। वे व्यक्ति जिन्होंने हमारा प्रजनन किया है, वे व्यक्ति जिन्होंने हमारा पालन-पोषण किया है, पढ़ाया-लिखाया है, काबिल बनाया है, हमारे माता-पिता हैं। यहाँ हमने देखा की सजातीय तथ्य किसी भी अवधारणा का निर्माण करते हैं। प्रोफेसर, शहर, नेता, धर्म, चुनाव, राजनीतिक दल– ये सब अवधारणाएं हैं, जिनकी कोख में एक से अधिक तथ्य हैं।

(2) चर (Variable)

चर का मतलब है वह वस्तु जो चलायमान है, यानि परिवर्तनशील है। विधिशास्त्र में इस पद का प्रयोग सर्वाधिक होता है। किसी भी चर के कुछ निश्चित गुण होते हैं जैसे कि आकार, अंश, गहनता, तादाद इत्यादि। उदाहरण के लिये हम समूह चर को प्रयोग में लाते हैं। अब प्रश्न उठता है कि समूह का आकार क्या है, उसमें कितने लोग है, वह कितना बड़ा या छोटा है। फिर हम देखते हैं कि समूह की गहनता क्या है, उसमें कितनी एकता या सहयोग है। इस भांति जब चर का प्रयोग किया जाता है तो वैज्ञानिक दृष्टि से इसके सभी गुणों की व्याख्या की जाती है। घटनाओं को समझने के लिये चर की व्याख्या अनिवार्य है। जब हम कहते हैं कि असम या गुजरात में बाढ़ आयी है! यह बाढ़ एक चर है। फिर सवाल उठता है, यह बाढ़ किसी बांध के टूटने से आयी है अतिवृष्टि से आयी है या किसी अन्य कारण से।

किसी भी सिद्धान्त के मूल में चरों का प्रयोग होता है। ये चर बदलते रहते हैं और सिद्धान्त में इन चरों के पारस्परिक तार्किक सम्बन्धों को देखा जाता है। दुर्खाइम का सामाजिक सुदृढ़ता का सिद्धान्त सावयवी और यांत्रिक समाजों के प्रकारों पर निर्भर है। सावयवी और यांत्रिक पद चर है और सिद्धान्त निर्माण में हम चरों की व्याख्या वैज्ञानिक रूप से होनी चाहिये।

(3) कथन (Statement)

सिद्धान्त में अवधारणाएं एक-दूसरे से जुड़ी हुई होनी चाहिये। *अवधारणाओं का यह जोड़ या उनका पारस्परिक सम्बन्ध सैद्धान्तिक कथन है*। अवधारणाओं के बीच में जो तार्किक सम्बन्ध होता है उसका वाक्य रूप में प्रस्तुतिकरण ही सैद्धान्तिक कथन है। टर्नर ने किसी भी समाजशास्त्रीय सिद्धान्त के उपागम में इन कथनों की निर्णायक भूमिका बतायी है।

(4) फॉरमेट (Format)

जब हम सैद्धान्तिक कथनों को एक समूह में रख देते हैं तो यह कथन फॉरमेट कहलाते हैं। वास्तव में, फॉरमेट सिद्धान्त को किसी निश्चित योजना में रखने की एक विधि है। सिद्धान्त प्रस्तुत करने के फॉरमेट या तरीके कई प्रकार के हैं। *इसमें एक फॉरमेट स्वयं सिद्ध (Axiomatic) कथन है।* इस तरह के कथन पूरी तरह से अमूर्त होते हैं और अपनी परिभाषा

से ही इन्हें सत्य माना जाता है। इस तरह के स्वयंसिद्ध कथनों में परीक्षण की कोई गुंजाइश नहीं होती। मनुष्य मरण धर्मी है : यह एक स्वयं सिद्ध कथन है और इसे सभी मान कर चलते हैं। स्वयं सिद्ध सिद्धान्त के फॉरमेट का बहुत बड़ा लाभ यह है कि अत्यधिक अमूर्त होने के कारण इसे विशाल समाज पर लागू किया जा सकता है। दूसरा, इन स्वयं सिद्ध सिद्धान्तों से प्राक्कल्पनाओं का निर्माण सहजता से किया जा सकता है।

सैद्धान्तिक कथनों के फॉरमेट का दूसरा प्रकार आनुभविक है जिसमें हम दो या दो से अधिक चरों में सम्बन्ध देखते हैं। स्वयं सिद्ध सिद्धान्त की तुलना में फॉरमेट का यह प्रकार अधिक-अमूर्त नहीं होता। वैज्ञानिक सिद्धान्त में, फॉरमेट का यह स्वरूप विवादास्पद है। इसकी बहुत बड़ी कमजोरी यह है कि चरों के सम्बन्ध अनिवार्य रूप से तार्किक या कार्य-कारण रूप से जुड़े नहीं होते। इसकी आलोचना में यहाँ तक कहा जाता है कि किसी भी वैज्ञानिक सिद्धान्त के कार्यकारण का होना आवश्यक नहीं है। *कोहेन* (Cohen) तो इन दोनों तर्कों को अस्वीकार करते हैं और कहते हैं कि यदि कोई सिद्धान्त परिपक्व है तो उसमें कार्य-कारण होने अनिवार्य है।

टर्नर ने फॉरमेट के उपागम को *चार श्रेणियों* में रखा है। फॉरमेट का *पहला प्रकार अधि सैद्धान्तिक रूपरेखा (Meta-Theoretical Schemes)* का है। इसमें सैद्धान्तिक गतिविधि विशालकाय होती है। इस तरह के सिद्धान्तों में उन मुद्दों को सम्मिलित किया जाता है जो *बुनियादी मुद्दे हैं* और जिनके बारे में सिद्धान्त को ध्यान देना चाहिये। इस तरह के अधि सिद्धान्त किसी भी समाज विज्ञान की रीढ़ है।

टर्नर ने सिद्धान्त फॉरमेट के *दूसरे प्रकार* को *विश्लेषणात्मक विन्यास (Analytical Schemes)* कहा है। इस तरह के विन्यास में प्रत्येक तथ्य और अवधारणा का सावधानीपूर्वक विश्लेषण किया जाता है। हरेक अवधारणा के कुछ बुनियादी गुण होते हैं। इन गुणों के आधार पर अवधारणाओं का वर्गीकरण किया जाता है। और फिर इस वर्गीकरण के आधार पर समाज की व्याख्या के लिये विश्लेषणात्मक परियोजनाएँ बनायी जाती है। टर्नर ने फॉरमेट का *तीसरा प्रकार प्रस्तावमूलक विन्यास (Propositional Scheme)* कहा है। इस तरह के सिद्धान्तों में अमूर्तिकरण बहुत अधिक होता है। एक प्रकार से यह फॉरमेट काम चलाऊ होता है। इसी कारण इसे प्रस्ताव मूलक विन्यास कहते है।

फॉरमेट का *चौथा प्रकार प्रतिरूपण रूपरेखा* (Modelling Format) है। मॉडल द्वारा सामाजिक घटनाओं को व्यवस्थित रूप से रखा जाता है। इस तरह के मॉडल आनुभविक घटनाओं के समझने में सहायक होते हैं। यहाँ यह निश्चित रूप से कहा जाना चाहिये कि मॉडल सिद्धान्त नहीं है। लेकिन सिद्धान्त बनने की पूर्व अवस्था अवश्य है।

कोई भी सिद्धान्त हो, उसकी एक निश्चित संरचना होती है। इस संरचना में तथ्य अवधारणा, चर, कथन और फॉरमेट का कोई न कोई स्वरूप अवश्य होता है। हम संघर्ष सिद्धान्त या घटना विज्ञान, किसी भी सिद्धान्त की चर्चा करें, इसमें इन चार तत्वों का समावेश

अवश्य होता है। ये चार तत्व तो सिद्धान्त-भवन निर्माण के पत्थर है। हम सिद्धान्त की व्याख्या किसी भी संदर्श में करें, किसी भी वैचारिकी में देखे, इन संरचनात्मक तत्वों का होना आवश्यक है।

सिद्धान्त के प्रकार

(Types of Theory)

जब हम यह मानते हैं कि सिद्धान्त की कोई सर्वसम्मत परिभाषा नहीं है तो हमें यह भी मानना पड़ेगा कि सिद्धान्तों के प्रकारों का भी कोई सर्वसम्मत हल नहीं हो सकता। विभिन्न सिद्धान्तवेत्ताओं ने सामाजिक वास्तविकताओं के विश्लेषण के लिये पृथक-पृथक सिद्धान्त बनाये हैं। इन सिद्धान्तों को प्रकारों में रखने का प्रयास भी किया गया है। सिद्धान्तों के किसी भी वर्गीकरण में *मुख्य मुद्दा यह निश्चित करना होता है कि हम किस आधार या पैमाने पर सिद्धान्तों को प्रकारों में रखे। अगर पैमाने पर सहमति हो जाये तो वर्गीकरण का काम अत्यधिक सरल हो जायेगा।* उदाहरण के लिये सिद्धान्तों के वर्गीकरण का एक आधार काल विभाजन है। इसमें हम किसी भी शताब्दी के दशकों के आधार पर सिद्धान्तों को प्रकारों में रख सकते है। कह सकते हैं कि ईस्वी 1900 के पहले बने सिद्धान्त एक श्रेणी में है। इस तरह के आगे के काल के अनुसार सिद्धान्तों के प्रकार बनाये जा सकते हैं। हम एक और पैमाना भी ले सकते हैं। यह पैमाना देश हो सकता है। इसके अनुसार अमेरिका में बने सिद्धान्त एक कोटि में रखे जा सकते हैं, जर्मनी में बने सिद्धान्त दूसरी कोटि में, फ्रांस में बने सिद्धान्त तीसरी कोटि में और इस तरह सभी सिद्धान्तों को विभिन्न देशों की कोटियों में रखा जा सकता है।

वर्गीकरण का एक और विकल्प भी है। सिद्धान्तों को हम मुख्य विचारों या वैचारिकी अथवा मान्यताओं के आधार पर भी प्रकारों में रख सकते हैं। सिद्धान्त का ऐसा वर्गीकरण इस अर्थ में तो लाभदायक है कि हम विभिन्न सिद्धान्तों को उनकी तार्किक एकरूपता के आधार पर निश्चित प्रकारों में रख सकते हैं। ऐसा करने पर सिद्धान्तों का तुलनात्मक अध्ययन भी किया जा सकता है। ऐसा करने में खतरा भी बना रहता है। यदि हम वैचारिकी के आधार पर कुछ सिद्धान्तों को एक निश्चित प्रकार में रखते हैं तब इस प्रकार से आने वाले सिद्धान्तों में जो अन्तर होता है वह धुंधला जाता है। उदाहरण के लिये यदि हम थोड़ी कवायद करके एक ही वैचारिकी के सिद्धान्तों को संघर्ष सिद्धान्त के प्रकार में रखते हैं तब मार्क्स, कोजर, डेहरेन्डार्फ आदि के संघर्ष सिद्धान्तों में जो थोड़ा बहुत अन्तर है वह लुप्त हो जायेगा।

सिद्धान्तों के वर्गीकरण का कोई भी एक निश्चित आधार जो सबको स्वीकार हो पक्का करना मुश्किल है। इस कठिनाई में हम यहाँ कुछ सिद्धान्तवेत्ताओं द्वारा दिये गये सिद्धान्तों के प्रकारों का उल्लेख करेंगे :

***डॉन मार्टिन्डेल** (Don Martindale)*

डॉन मार्टिन्डेल की पुस्तक 'द नेचर एण्ड टाइप्स ऑफ सोशियोलोजिकल थ्योरी' (The Nature and Types of Sociological Theory, 1961) 1961 में प्रकाशित हुई। इस प्रकाशन को समाजशास्त्रीय सिद्धान्तों में ऐतिहासिक प्रकाशन मानते हैं। माटिन्डेल ने अपनी इस पुस्तक में सिद्धान्तों को *पांच सम्प्रदायों (Schools)* या शाखाओं में रखा है : 1. प्रत्यक्षवादी सावयववाद (Positivisitic Organicism) 2. संघर्ष सिद्धान्त (Conflict Theory) 3. स्वरूपात्मक सिद्धान्त (Formal Theory) 4. सामाजिक व्यवहारवाद (Social Behaviourism) और 5. समाजशास्त्रीय प्रकार्यवाद (Sociological Functionalism)

(1) *प्रत्यक्षवादी सावयववादी* सिद्धान्तों की उत्पत्ति यूरोप में 18वीं तथा 19वीं शताब्दियों में विज्ञान का जो विकास हुआ उसके परिणामस्वरूप हुई है। प्रत्यक्षवादियों का कहना है कि जिस प्रकार हम भौतिक वस्तुओं का किसी प्रयोगशाला में अवलोकन और प्रयोग करके निरीक्षण करते हैं, उसी तरह सामाजिक प्रसंगों का परीक्षण भी किया जा सकता है।

सिद्धान्त के क्षेत्र में *अगस्त कॉम्त* (1798-1857) ने सर्वप्रथम इस सिद्धान्त को रखा। उन पर जीव विज्ञान का बहुत प्रभाव था। उनका कहना था कि जिस तरह शरीर का उद्‌गम और पतन होता है वैसे ही समाज भी बनता-बिगड़ता है। काम्त ने समाजशास्त्र और जीव विज्ञान के अटूट सम्बन्धों को स्थापित किया। बाद में चलकर *गिडन्स (Giddens)* ने अपने संरचनावाद (Structuralism) के सिद्धान्त में प्रत्यक्षवाद का तीव्र विरोध किया। सच में देखा जाये तो आज भी समाजशास्त्र में यह एक बहस है कि हम किस सीमा तक सिद्धान्तों को विज्ञान के नियमों के अनुसार गढ़ सकते हैं। जिस तरह सूर्य पूर्व में निकलता है और पश्चिम में अस्त होता है या पृथ्वी सूर्य के चारों ओर घूमती है, इस तरह का निश्चित नियम सामाजिक व्यवहार के क्षेत्र में स्थापित नहीं किया जा सकता। इस विचारधारा वाले समाजशास्त्री प्रत्यक्षवाद की कटु आलोचना करते हैं। उनका कहना है कि आज विज्ञान और वैज्ञानिकों की समाज में प्रतिष्ठा है, इसी प्रतिष्ठा। को अर्जित करने के लिये समाजशास्त्री भी अपने आपको प्रत्यक्षवादी कहते हैं। वास्तव में यह एक छलावा मात्र है।

प्रत्यक्षवाद की बहस में दूसरे पक्ष का आग्रह है कि जब तक समाजशास्त्रीय सिद्धान्त प्रत्यक्षवादी स्तर पर नहीं पहुँचते, इस सिद्धान्तों का भविष्य धुंधला है। विज्ञान के नियमों की तरह यदि समाजशास्त्रीय सिद्धान्त नहीं बनते तो हम सामाजिक वास्तविकता के बारे में कोई पुख्ता पुर्वानुमान नहीं लगा सकते। और वह सिद्धान्त कैसा सिद्धान्त है जो भविष्य में होने वाली घटनाओं के प्रति कोई निश्चित अनुमान नहीं देता।.

प्रत्यक्षवाद की कई कमियाँ है, फिर भी इस सम्प्रदाय के प्रतिष्ठित युग में कुछ ऐसे विचारक हुए है जिनका नाम उल्लेखनीय है। फ्रांस में अगस्त काम्त, इंगलैण्ड में हर्बर्ट स्पेंसर

और अमेरिका में लिस्टर वार्ड, ऐसे संस्थागत सिद्धान्तवेत्ता हुए हैं जिन्होंने प्रत्यक्षवाद को ठोस धरातल पर खड़ा किया है। यह बात अलग है कि आज प्रत्यक्षवाद की जड़ें हिल गई हैं।

(2) मार्टिन्डेल के सिद्धान्तों के वर्गीकरण में दूसरा सम्प्रदाय *संघर्ष सिद्धान्तों* को बताया है। संघर्ष सिद्धान्तवेता *विचारधारा* (Ideology) और वैज्ञानिक सिद्धान्त के बीच में समन्वय स्थापित करने का प्रयास करते है। यह कहा जाता है कि मार्क्स का समाजवादी सिद्धान्त, जिसकी उत्पत्ति 19वीं शताब्दी में हुई, एक वैज्ञानिक सिद्धान्त है। *संघर्ष सिद्धान्तवेताओं ने जहां एक तरफ किसी निश्चित विचारधारा को अपनाया, कहीं उन्होंने सैद्धान्तिक विधि को भी स्वीकार किया।* उदाहरण के लिये जब मार्क्स उत्पादन पद्धति, उत्पादन शक्ति और उत्पादन सम्बन्ध की चर्चा करते हैं तो उनके लिये इतिहास एक निश्चित वैज्ञानिक विधि है।

संघर्ष सिद्धान्त किसी एक स्वरूप में ही नहीं है। उनके भी प्रकार है। कार्ल मार्क्स *उत्पादन सम्बन्धों* (Production Relations) पर जोर देते हैं, रॉल्फ डेहरेनडॉर्फ *प्राधिकार सम्बन्धों* (Authority Relations) की चर्चा करते हैं और कोजर व्यवस्था के अन्तर्गत ही होने वाले संघर्ष को अपने विवेचन का मुद्दा बनाते है। इस तरह संघर्ष एक है और उसके स्वरूप अनेक। इस सम्प्रदाय का सामान्य रूप से यह कहना है कि *संघर्ष के सभी प्रकार समाज के लिये विघटनकारी नहीं है, संघर्ष से समाज में सुधार में आता है, एकता आती है।* जब-जब हमारा देश चीन या पाकिस्तान से संघर्ष में जूझा है, उसकी एकता और सुदृढ़ता प्रबल हुई है। इस सम्प्रदाय का दूसरा ताकतवर आग्रह यह है कि जब तक पूंजीवादी व्यवस्था समाहत नहीं होती गरीबों, मजदूरों और शोषितों के लिये कोई भविष्य नहीं है और यह भविष्य बनेगा संघर्ष यानि क्रांति से।

(3) *स्वरूपात्मक सिद्धान्त (Formal Theory) वास्तव मे स्वयं सिद्ध सिद्धान्तों (Axiomatic Theories) का एक घटिया प्रकार है। इन सिद्धान्तों के पीछे बहुत बड़ा विचार यह है कि हमें कुछ ऐसे अत्यन्त अमूर्त प्रस्तावों (Abstract Propositions) का निर्माण करना चाहिये जिनके माध्यम से हम कतिपय आनुभविक घटनाओं व प्रसंगों को समझा सकें, उनका विश्लेषण कर सकें। सामान्यतया हम कुछ अमूर्त प्रस्तावों को एक निश्चित श्रेणी में रख देते हैं और इन्हें उच्च स्तर के नियम समझते हैं। इन नियमों से हम निगमन करते हैं और इस भांति आनुभविक यथार्थता का विश्लेषण प्रस्तुत करते हैं। स्वरूपात्मक सिद्धान्त में बुनियादी रूप से हमारी विचारधारा यह है कि हम अमूर्त नियमों को बनाते हैं और इसी कारण इन्हें स्वयं सिद्ध सिद्धान्तों के हाशिये पर रखते हैं।*

जोनाथन टर्नर ने स्वरूपात्मक सिद्धान्त की व्याख्या अधिक विस्तारपूर्वक की है। वे दृढ़तापूर्वक कहते हैं कि *स्वरूपात्मक सिद्धान्त अपने सम्पूर्ण अर्थ में आनुभविक घटनाओं का अमूर्तीकरण है। लेकिन यह अमूर्तीकरण सामान्यतया दो स्तरों (Levels) का होता है। पहला अमूर्तीकरण निम्न स्तर का होता है। जिसमें हम आनुभविक सामान्यीकरण (Empirical Generalization) यानि जो कुछ होता है उसे अमूर्तरूप में रखते हैं। फिर*

इससे आगे एक समान आनुभविक सामान्यीकरणों को जोड़कर मध्यस्तर के प्रस्ताव (Middle Range Propositions) बनाते हैं।

जब छोटे स्तर का अमूर्तीकरण हो जाता है तब हम उच्च स्तर के अमूर्तीकरण की ओर बढ़ते हैं। इस स्तर पर पहुँच कर हम व्याख्यात्मक मॉडल, वृहद सिद्धान्त और स्वरूपात्मक सिद्धान्त तैयार करते हैं। जिस समाज विज्ञान में स्वरूपात्मक सिद्धान्त अधिक होते हैं, वह समाज विज्ञान उतना ही अधिक धनाढ्य समझा जाता है। प्रकार्यवाद, संघर्ष आदि से सम्बन्धित सिद्धान्त स्वरूपात्मक सिद्धान्त के स्तर पर पहुँच गये हैं।

(4) *सामाजिक व्यवहारवाद* का उद्गम सामाजिक मनोविज्ञान के कारण है। इन सिद्धान्तों का आधार व्यक्तियों का व्यवहार है। *ये सिद्धान्त व्यक्ति को समाज से पृथक कर देते हैं। जहां मार्क्स और वेबर समाज को प्रधानता देते हैं, वहां सामाजिक व्यवहारवादी सिद्धान्तवेता अपने उपागम में सूक्ष्म (Micro) है उनका केन्द्र बिन्दु व्यक्ति है।* माटिन्डेल ने सामाजिक व्यवहारवादी सम्प्रदाय के अन्तर्गत प्रतीकात्मक अन्तःक्रियावाद (Symbolic Interactionism) तथा सामाजिक क्रिया (Social Action) सिद्धान्तों को रखा है।

(5) समाजशास्त्रीय प्रकार्यवाद मार्टिन्डेल के सिद्धान्तों के वर्गीकरण में पाँचवा सम्प्रदाय है। समाजशास्त्र में प्रकार्यवाद का उद्गम सामाजिक मानवशास्त्र से हुआ है। मानवशास्त्रियों में मेलिनोस्की तथा रेडक्लिफ ब्राउन ने प्रकार्यवाद को सर्वप्रथम विकसित किया। उन्होंने तीन प्रकार्यवादी अभिधारणाओं की चर्चा की है : 1. समाज की प्रकार्यात्मक एकता, 2. प्रकार्यवादी सार्वभौमिकता और 3. प्रकार्यात्मक अपरिहार्यता।

मानवशास्त्रीय प्रकार्यवाद की अवधारणाओं को अपना आधार बनाकर टालकट पारसंस, रोबर्ट मर्टन और डेविस आदि ने समाजशास्त्रीय प्रकार्यवादी सिद्धान्तों का निरूपण किया है।

मार्टिन्डेल का यह पाँच श्रेणियों का सिद्धान्तों का वर्गीकरण अपने आकार-प्रकार और परिवेश में विशाल है। यह अपने क्षेत्र में भी बहु आयामी है। फिर भी मार्टिन्डेल की पुस्तक के प्रकाशन के बाद, समाजशास्त्रीय सिद्धान्तों के क्षेत्र में क्रांतिकारी बदलाव आये हैं। मार्टिन्डेल की कृति में इनका समावेश नहीं हुआ है। कुछ क्षेत्रों में तो सिद्धान्त निर्माण की प्रक्रिया में क्रान्तिकारी परिवर्तन हुए हैं और इसलिये इस अभाव के होते हुए भी सिद्धान्त वर्गीकरण का इनका प्रयास उपयोगी है।

***जोनाथन टर्नर** (Jonathan Turner)*

जोनाथन टर्नर जहां कहीं सिद्धान्तों का उल्लेख करते हैं, वे दृढ़तापूर्वक यह कहते हैं कि *सिद्धान्त अनिवार्य रूप से आनुभविक स्थिति का अमूर्तीकरण है। उनका कहना है कि वर्गीकरण की दृष्टि से सिद्धान्तों को हम चार श्रेणियों में रख सकते हैं। वास्तव में सिद्धान्तों की ये श्रेणियाँ सिद्धान्तों को देखने का एक दृष्टिकोण मात्र है।* ये श्रेणियां हैं : 1. *अधि सैद्धान्तिक रूपरेखा* (Meta-Theoretical Schemes), 2. *विश्लेषणात्मक रूपरेखा* (Analytical Schemes), 3. *प्रस्तावपरक रूपरेखा* (Propositional Schemes) और 4. *प्रतिरूपण*

रूपरेखा (Modelling Schemes)। यदि टर्नर को सिद्धान्तों के वर्गीकरण की दृष्टि से देखा जाये तो कहना होगा कि उनके अनुसार सिद्धान्त मुख्य रूप से चार प्रकार के हैं :

(1) *अधि-सैद्धान्तिक रूपरेखा* : (Meta Theoretical Schemes) सामान्य सिद्धान्त की तुलना में अधिसैद्धान्तिक रूपरेखा अपने स्वरूप में वृहद् होती है। वास्तव में इस तरह की रूपरेखा हमें निश्चित एवं विशिष्ट घटनाओं या प्रसंगों के विश्लेषण में सहायक नहीं होती। *अधि-सिद्धान्त तो केवल उन बुनियादी मुद्दों को उठाते हैं जिनका निरूपण किसी भी सिद्धान्त को करना चाहिये। इस दृष्टि से एक अच्छा सिद्धान्त के निर्माण के लिये अधि-सैद्धान्तिक रूपरेखा पूर्व आवश्यकता है*। इस रूपरेखा में यह देखा जाता है कि घटनाओं के बारे में हमारी मान्यताएँ कैसी हैं ? क्या ये मान्यताएँ महत्वपूर्ण है ? इससे आगे अधि-सिद्धान्तों में ऐसे प्रश्नों के उत्तर भी सिद्धान्त निर्माण से पहले हल करने होते हैं कि *मनुष्य की बुनियादी गतिविधि क्या है ? जिसे हमें सिद्धान्त में विकसित करना हैं ? समाज की बुनियादी प्रकृति क्या हैं ? वे कौनसे मूलभूत आधार है जो मनुष्यों को एक-दूसरे के साथ जोड़ते हैं ? इन प्रश्नों के उत्तर अधि-सैद्धान्तिक रूपरेखा में होते हैं। कहना चाहिये, समाजशास्त्रीय सिद्धान्त इन प्रश्नों का उत्तर देता है। उदाहरण के लिये समाज में आदर्श बनाम यथार्थता, आगमन बनाम निगमन, व्यक्तिनिष्ठ बनाम वस्तुनिष्ठ, आदि ऐसे बुनियादी मुद्दे हैं जिनका सिद्धान्त विवेचन करता है। पिछले कुछ दशकों में ऐसी ही अधि-सैद्धान्तिक रूपरेखा को कार्ल मार्क्स, मैक्स वेबर, इमाइल दुर्खाइम, टालकट पारसंस आदि ने उभारा है।*

(2) *विश्लेषणात्मक रूपरेखा* (Analytical Schemes) सैद्धान्तिक गतिविधि के नाम पर समाजशास्त्र में अवधारणाओं को संगठित करके कुछ वर्गीकरण रूपरेखाओं में रखा है। *इन अवधारणाओं के बीच में जो आनुभविक व तार्किक सम्बन्ध है* उनके विश्लेषण की रूपरेखा ही इस तरह के सिद्धान्तों को प्रस्तुत श्रेणी में रखती है। विश्लेषणात्मक रूपरेखाएं एक समान नहीं है, इनमें विविधताएँ है। इस विविधता के होते हुए भी ये अवधारणात्मक श्रेणियां अमूर्त है और इनका उद्देश्य समाज का विश्लेषण करना है। रोबर्ट मर्टन का अधिकार तंत्र, पारसंस का व्यवस्था सिद्धान्त और होमन्स का समूह वर्गीकरण विश्लेषणात्मक रूपरेखा की श्रेणी में दृष्टान्त स्वरूप रखा जा सकता है।

3. प्रस्तावपरक रूपरेखा (Propositional Schemes) इस तरह के सिद्धान्त *वे हैं जो दो या दो से अधिक चरों के बीच के सम्बन्धों को बताते हैं। इसमें यह बताया जाता है कि किस प्रकार एक चर में आने वाला परिवर्तन दूसरे चरों को भी प्रभावित करता है।* प्रस्ताव परक रूपरेखा का बहुत अच्छा दृष्टान्त यह कथन है कि *जब कोई समूह दूसरे बाहरी समूहों के साथ संघर्ष में होता है तो इस समूह की सुदृढ़ता बढ़ जाती है।* इस बयान में दो मुख्य गुण है : समूह की सुदृढ़ता और संघर्ष। जब इन दोनों के बीच के सम्बन्ध को बताया जाता है तो इसे प्रस्ताव परक रूपरेखा की कोटि में सम्मिलित किया जाता है। सभी सैद्धान्तिक उपागमों में प्रस्तावपरक रूपरेखाएँ बदलती रहती है। इस बदलाव का कारण सामान्यतया

अमूर्तीकरण का स्तर होता है।

प्रस्ताव-परक रूपरेखा में भिन्नता इस आधार पर होती है कि कुछ रूपरेखाएँ विशिष्ट नियमों के आधार पर बनी होती है; जबकि कुछ सरल प्रस्तावों के आधार पर। टर्नर के अनुसार प्रस्ताव रूपरेखा को दो आयामों के आधार पर देखा जा सकता है :
1. अमूर्तता के आधार पर और 2. आनुभविक तथ्यों के आधार पर। इन्हीं दोनों आयामों के आधार पर तीन सैद्धान्तिक रूपरेखाओं को देखा जा सकता है :

1. स्वंय सिद्ध रूपरेखा (Axiomatic Formats)
2. औपचारिक रूपरेखा (Formal Formats)
3. आनुभविक रूपरेखा (Empirical Formats)

प्रथम दो स्पष्टतः सैद्धान्तिक है, जबकि तीसरा प्रकार अनुसंधान के सरल निष्कर्ष है।

(4) *प्रतिरूपण रूपरेखा* (Modelling Schemes): सामान्यतया मॉडल में हम वास्तविकता का प्रतिरूपण प्रस्तुत करते हैं। विज्ञापनों में मॉडल काम में लिये जाते हैं। मॉडल एक लक्ष्य को संदेश रूप में रखते हैं। विभिन्न प्रकार के वस्त्रों को पहिन कर मॉडल विज्ञापित किये जाते हैं। विज्ञापनदाताओं का उद्देश्य होता है कि इन परिधानों को पहने हुए देखकर ग्राहक उनकी खरीद करें। कुछ इस तरह से सिद्धान्त में भी प्रतिरूपण होता है। उदाहरण के लिये जब हम आनुभविक प्रक्रियाओं को देखते हैं और उन्हें प्रस्ताव के रूप में रखते हैं और यह रखना जब एक चित्र की तरह रखना होता है तब यह, टर्नर की परिभाषा में प्रतिरूपण रूपरेखा है। समाजशास्त्र में मॉडल की परिभाषा के बारे में कोई सर्वसम्मति नहीं है। लेकिन फिर भी समाजशास्त्रीय सिद्धान्त में कुछ गतिविधियाँ ऐसी है जिनमें हम अवधारणाओं और उनके सम्बन्धों को चित्रात्मक रूप से प्रस्तुत करते हैं। उदाहरण के लिये हम सर्वेक्षणों में आनुभविक तथ्य सामग्री को चित्रात्मक रूप में रखते है। इस प्रकार का प्रस्तुतीकरण पाठकों की समझ में सहजता से आ जाता है। चित्रात्मक मॉडल वस्तुतः अवधारणाओं के कार्य-कारण सम्बन्धों को बताते हैं।

समाजशास्त्रीय सिद्धान्तों के प्रकार कई तरह के हैं। प्रत्येक प्रतिष्ठित सिद्धान्तवेत्ता ने अपनी आनुभविक और विश्लेषणात्मक समझ के अनुसार सैद्धान्तिक वर्गीकरण किया है। निश्चित रूप से कोई भी वर्गीकरण अपने आप में पूर्ण नहीं है। जहाँ एक और प्रकार्यवादी सिद्धान्तवेत्ता समाज को एक व्यवस्था और सर्वसम्मति के रूप में रखते हैं, वहीं संघर्ष सिद्धान्तवेत्ता समाज को एक व्यवस्था और सर्वसम्मति के रूप में रखते हैं, वहीं संघर्ष सिद्धान्तवेत्ता यह प्रस्तुत करते हैं कि निहित या व्यवस्थागत हितों के कारण समाज में अन्तर्निहित विरोध है और जब तक व्यवस्था बदली नहीं जाती संघर्ष का कोई निदान नहीं है। सिद्धान्तों के इस वर्गीकरण में दो बाते बहुत स्पष्ट है। पहली तो यह कि समाज और व्यक्ति की लम्बी बहस में कुछ सिद्धान्तवेत्ता व्यक्ति या सूक्ष्म को अपना केन्द्र बनाते हैं और कुछ समाज को अपना केन्द्र। सूक्ष्म (Micro) केन्द्रित सिद्धान्तवेत्ताओं में उदाहरण के लिये

विलियम जेम्स, कूले, मीड, ब्लूमर, गोफमेन, आदि सम्मिलित है। दूसरी ओर, समाज यानि वृहद् (Micro) को अपना केन्द्र मानने वाले सिद्धान्तवेत्ताओं में मार्क्स, वेबर, दुर्खाइम, पारसंस, मर्टन, होमन्स और पीटर ब्लॉ आदि आते हैं। अतः हम समाजशास्त्रीय सिद्धान्तों का कितना ही विशद् वर्गीकरण करें, ये दो बुनियादी आधार सभी तरह के वर्गीकरण में आते हैं।

उपसंहार

यदि कोई ज्ञान शाखा या ज्ञान-मीमांसा प्रतिष्ठित है तो उसमें सिद्धान्त निर्माण की कोई न कोई प्रक्रिया अवश्य होनी चाहिये। जब हम भौतिक या रसायनशास्त्र की चर्चा करते हैं तो यह चर्चा अधूरी रहेगी जब तक हम इन प्राकृतिक विज्ञानों के सिद्धान्तों की व्याख्या नहीं करते। भौतिकशास्त्र की कोई भी चर्चा बेमतलब है जब तक कि हम उसके सिद्धान्तों, उदाहरण के लिये सापेक्षवाद, की चर्चा नहीं करते। समाजशास्त्र भी प्राणीशास्त्र, रसायनशास्त्र, आदि विज्ञानों की तरह एक ज्ञान शाखा है और इसकी परिपक्वता इससे कि इसके भी कुछ निश्चित और सुस्पष्ट सिद्धान्त हो।

सिद्धान्त की परिभाषा हम किसी भी सिद्धान्तवेत्ता की भाषा में करें, मुख्य बात यह है कि कोई भी सिद्धान्त एक निश्चित मानसिक गतिविधि है। यह गतिविधि वास्तविकता पर खड़ी होती है, लेकिन वास्तविकता बहुत विशद् एवं विविध है और इस कारण इसमें अमूर्तीकरण आवश्यक है। यदि हमें एक शब्द में सिद्धान्त को परिभाषित करना हो तो हम कहेगें कि *सिद्धान्त आनुभविकता का अमूर्त स्वरूप है*।

विद्वान सिद्धान्त की परिभाषा में एकमत नहीं है। उनकी विविधता के होते हुए भी सभी यह स्वीकार करते हैं कि *सिद्धान्त में आनुभविक समरूपता के आधार पर दो या दो से अधिक अवधारणाओं में तार्कित सम्बन्ध देखा जाता है, जिसका क्षेत्र में परीक्षण कोई भी व कहीं भी कर सकता है*। सिद्धान्त बने बनाये उपलब्ध नहीं होते, उनके निर्माण करने की एक निश्चित प्रक्रिया होती है। सिद्धान्त की बंधी हुई गठरी को कोई उघाड़ें तो उसमें हमें अवधारणाएं, चर, बयान और फॉरमेट एक-दूसरे से जुड़े हुए मिलेगें।

सिद्धान्त के कुछ निश्चित लक्षण होते हैं। सिद्धान्त की प्रकृति आनुभविक-तार्किक होती है। इसमें अवधारणाएँ सुस्पष्ट और पूरी तरह से परिभाषित होती है। सिद्धान्त गतिहीन नहीं होते, उनमें तथ्यों और अवधारणाओं के बदलाव के साथ बराबर परिवर्तन आता रहता है। इसी कारण सिद्धान्त के किसी भी विश्लेषण में यह मुहावरा प्रचलित है कि सिद्धान्त की हत्या तथ्यों द्वारा होती है। अतः सिद्धान्त की आधार शिला तथ्य होते हैं।

सिद्धान्त का उद्देश्य समाज की वास्तविकता को जानना होता है, उसके रूबरू होना होता है। अतः सिद्धान्त समाज की इस वास्तविकता को जानना अपनी प्राथमिक लक्ष्य मानता है। यदि सिद्धान्त भरोसेमन्द है तो हमें समाज की भविष्य में होने वाली गतिविधियों का पूर्वानुमान हो जायेगा। यह ठीक है कि भविष्य का समाज कैसा होगा इसका हम हुबहु

चित्रण न कर सके, पर समाज की परिवर्तन की दिशा का बोध तो सिद्धान्त दे ही देते हैं। समाज की इस वास्तविकता के कई पहलू हैं और इसी कारण इन विभिन्न पहलुओं को समझने के लिये सिद्धान्तों में भी विविधता है। सिद्धान्तवेत्ताओं ने अपने-अपने दृष्टिकोण से सिद्धान्तों को विभिन्न श्रेणियों या प्रकारों में रखा है।

अध्याय 3

समाजशास्त्रीय सिद्धान्त और आनुभविक अनुसंधान में पारस्परिकता
(Reciprocity in Sociological Theory and Empirical Research)

भारतीय जन जीवन में कई मुहावरे और लोकोक्तियाँ प्रचलित हैं। दुनिया में अन्य देशों में भी यही परम्परा प्रचलित है। हमारे यहाँ कहते हैं: "सस्ता रोये बार-बार, मंहगा रोये एक बार", "कहे खेत की सुने खलिहान की", "आंख का अंधा नाम नयनसुख"। इस तरह के मुहावरे अगणित है। प्रश्न उठता है, ये मुहावरे किसने और कैसे बनाये? यह उत्तर देना तो सरल है कि इन मुहावरों को किसी एक व्यक्ति ने नहीं बनाया है। ये मुहावरे जन मानस के चिन्तन से उभरे हैं। इसी तरह कहवातें या लोकोक्तियाँ भी प्रचलित हैं। लोकोक्तियों का शाब्दिक अर्थ है *लोगों का कथन*। लेकिन यह मुहावरे बने कैसे? इसका उत्तर देना कठिन है। ऐसा नहीं हुआ कि गाँव की चौपाल में बैठकर या राजधानी की विधानसभा में बैठकर यह निर्णय किया गया हो कि हम इन लोकोक्तियों को बनाते हैं। लेकिन इन सब प्रश्नों का एक समाजशास्त्रीय उत्तर है।

बात यह है कि जो कुछ हम आनुभविक प्रसंगों और घटनाओं में देखते हैं उनमें हमें बराबर समानताएँ मिलती है। सिद्धान्त की पदावली में इन्हें हम आनुभविक समरूपताएँ (Empirical Uniformities) कहते हैं। मतलब हुआ कि जो कुछ लोगों ने जन जीवन ने, आनुभविक दुनिया में, देखा और एक बार नहीं बार-बार देखा, अनुभव किया, उसे उन्होंने लोकोक्तियों में बांध दिया। यह एक सामाजिक नियम (Social Law) बन गया। *इसमें हुआ यह कि आनुभविक समरूपता ने मुहावरे यानि सिद्धान्त के निर्माण में निर्णायक भूमिका*

अदा की। सामान्यतः इस तरह का विवेचन और अवलोकन यह बताता है कि *आनुभविक अनुसंधान का प्रभाव सिद्धान्त निर्माण पर पड़ता है*। दुर्खाइम ने देखा की यूरोप में आत्महत्याएँ सर्दी की मौसम की अपेक्षा गर्मी में अधिक होती हैं। आगे उन्होंने देखा कि प्रोटेस्टेंट धर्मावलम्बियों की तुलना में कैथोलिक धर्मावलम्बियों में आत्महत्याएं अधिक होती हैं। फिर उन्होंने अवलोकन किया कि पारिवारिक सदस्यों की तुलना में एकाकी व्यक्ति में आत्महत्या करने की प्रवृत्ति अधिक होती है। तब उन्होंने नियम बनाया कि *व्यक्ति जितना अधिक समूह या समाज से पृथक रहेगा उतनी ही अधिक उसकी आत्महत्या करने की सम्भावना है*। दुर्खाइम का यह सिद्धान्त स्पष्ट रूप से आनुभविक अनुसंधान के सिद्धान्त पर पड़ने वाला प्रभाव है।

इधर एक तथ्य और है। समाजशास्त्रीय सिद्धान्त भी आनुभविक अनुसंधान को प्रभावित करता है। यह सिद्धान्त के कंधों पर बैठकर ही है कि अनुसंधानकर्ता आनुभविकता के विशाल समुह की लहरों पर गिरता-उतरता है। आनुभविकता की तैराकी के लिये समाजशास्त्रीय सिद्धान्त ही भरोसेमन्द सहारा है। समाजशास्त्रीय सिद्धान्त प्राक्कल्पनाएँ बनाने में सहायक होते हैं। ये सिद्धान्त ही नये सिद्धान्तों के निर्माण में मार्गदर्शक होते हैं। मर्टन के *प्रकार्यात्मक विकल्प* का दृष्टान्त लें। रेडक्लिफ ब्राउन और मेलिनोस्की ने यह सिद्धान्त स्थापित किया कि कोई भी प्रकार्य समाज में इसलिये प्रचलित और जीवित रहता है क्योंकि उसके कुछ निश्चित कार्य हैं। ये प्रकार्य समाज की किन्हीं आवश्यकताओं को पूरा करते हैं। ये प्रकार्य अपरिहार्य हैं। इन मानवशास्त्रियों ने कहा कि शरीर को गर्मी-सर्दी से बचाने के लिये धोती व कुर्ता आवश्यक है—अपरिहार्य है। इसीलिये ये परिधान प्रचलित है।

रोबर्ट मर्टन ने मानवशास्त्रीय प्रकार्यात्मक अपरिहार्यता को स्थापित किया। यह स्थापना आदिवासी समाज के आनुभविक अनुसंधान पर आधारित थी। रोबर्ट मर्टन ने इसे स्वीकार नहीं किया। उन्होंने पाया कि परिधान के लिये यह अपरिहार्य नहीं है कि व्यक्ति धोती कुर्ता ही पहने। वह कोट-पेन्ट भी पहन सकता है, लूंगी-कुर्ता भी पहन सकता है, इत्यादि। तब उन्होंने कहा कि कोई प्रकार्य अपरिहार्य नहीं है। प्रकार्यों का एक अंबार लगा है। किसी भी समाज या व्यक्ति को प्रकार्यों के अगणित विकल्प उपलब्ध है—जो विकल्प उसे रास आये, वह अपना सकता है। हम यह कहना चाहते हैं कि *जहां आनुभविक अनुसंधान समाजशास्त्रीय सिद्धान्त को प्रभावित करते हैं—उसमें संशोधन करते हैं। वहीं समाजशास्त्रीय सिद्धान्त आनुभविक अनुसंधान को पर्याप्त रूप से प्रभावित करते हैं। अर्थात् दोनों में अन्योन्यता यानि पारस्परिकता है*। ये दोनों किसी वाहन के आगे के दोनों पहियों और पीछे की दोनों पहियों के सदृश है। कुछ ऐसे है जैसे किसी वाहन के दो पहिये आगे हो और दो पीछे। पीछे के पहिये आगे के पहियों को धकेलते हैं और आगे के पहिये वाहन को गति प्रदान करते हैं और इस तरह किसी भी ज्ञान शाखा में इसी भांति सिद्धान्त निर्माण का सिलसिला चलता रहता है।

समाजशास्त्रीय सिद्धान्त और आनुभविक अनुसंधान: बढ़ता विवाद

सिद्धान्त और अनुसंधान के पारस्परिक सम्बन्धों को लगभग सभी वैज्ञानिक ज्ञान शाखाएं स्वीकार करती है। आदर्श रूप में *सिद्धान्त आनुभविक अनुसंधान के लिये सशक्त समस्याओं का सुझाव देता है और दूसरी ओर आनुभविक अध्ययन से जो कुछ उपलब्धियाँ होती हैं उन्हें सैद्धान्तिक व्यवस्था में जोड़ दिया जाता है।* इस प्रक्रिया के परिणामस्वरूप या तो सिद्धान्त प्रामाणिकता पाते हैं, संशोधित होते हैं या वे गुमनामी के अंधेरे में धकेल दिये जाते हैं। उन्हें अस्वीकार कर दिया जाता है। जो कुछ आनुभविक अध्ययन से प्राप्त होता है वही तो सिद्धान्त का मूल आधार है।

सिद्धान्त और आनुभविक अध्ययन के इन प्रगाढ़ सम्बन्धों को कई बार सन्देह की दृष्टि से देखा जाता है। सामान्य विद्वान सिद्धान्त का मतलब कोटी आदर्शवादिता से लेते हैं। समाजशास्त्रीय विचारक भी कई बार सिद्धान्त और आनुभविक अनुसंधान को अलग-अलग श्रेणी में रखते हैं। *मैक्स वेबर ने सिद्धान्तवेत्ताओं को व्याख्या विशेषज्ञ (Interpretative Specialists) कहा है और आनुभविक अनुसंधानकर्ताओं को विषय सामग्री विशेषज्ञ (Subject matter Specialists) के नाम से परिभाषित किया है। उनके अनुसार सिद्धान्तवेत्ता अलग है और अनुसंधानकर्ता अलग।* वेबर के इस सोच को *सी. राइट. मिल्स* (C.W. Mills) ने बड़ी ही कुत्सित पदावली में व्यक्त किया है। वे सिद्धान्त को *भव्य सिद्धान्त* (Grand Theory) और आनुभविक अनुसंधान को आनुभविक अमूर्तता (Abstracted Empiricism) कहते हैं। वेबर और मिल्स के अनुसार *सिद्धान्त का स्थान अलग है और आनुभविक अनुसंधान का उससे बहुत दूर, दोनों में कोई पारस्परिकता नहीं।*

आखिर सिद्धान्त और आनुभविक अध्ययन में इस प्रकार की खाई का कारण क्या है?

वास्तविकता यह है कि 18 वीं शताब्दी में समाज विज्ञानों के क्षेत्र में दर्शनशास्त्र एक निर्णायक शास्त्र था। एक तरह से आज जो हम विभिन्न समाज विज्ञान देखते हैं वे सब दर्शनशास्त्र के ही अंग थे। दर्शनशास्त्र की आधार भूमि तर्क है, आनुभविकता नहीं। सामाजिक अध्ययन में, वैज्ञानिक अनुसंधानों के परिणामस्वरूप कई नये संशोधन आये और तब लगा कि जिस तरह विज्ञान का भण्डार प्रयोगशाला की प्राप्तियों से भरता है, वैसे ही समाजविज्ञानों का विकास भी आनुभविक उपलब्धियों से होता है। इसी शताब्दी में एक के बाद एक समाज विज्ञान दर्शनशास्त्र से अलग हो गये। जब समाजशास्त्र दर्शनशास्त्र से अलग हुआ तब उसमें आनुभविकता प्रभावी बनी। यह बदलाव होने पर भी कई सिद्धान्तवेत्ता अब भी यह मानते हैं कि समाजशास्त्रीय सिद्धान्त दर्शनशास्त्रीय सिद्धान्तों की तरह है जिनका वास्तविकता से कोई सरोकार नहीं है। अत: सिद्धान्त और आनुभविक अध्ययन के बीच में जो यह संघर्ष है—दुराव या खाई है इसके पीछे ऐतिहासिक कारण है।

यहां एक बात और कहनी चाहिये। इस विवाद में आनुभविक अध्ययन के निर्णायक प्रभाव को बताने में अमेरीका के समाजशास्त्री प्रमुख है। *इस देश में आज भी जो*

समाजशास्त्रीय अध्ययन होते हैं उनमें आनुभविकता की प्रचुर मात्रा होती है। यहां के समाजशास्त्रियों ने आनुभविकता को सांख्यिकी के साथ जोड़ दिया है। इसी कारण अमेरीकी समाजशास्त्र में आनुभविकता तो अत्यधिक है, सिद्धान्त बहुत कम। दूसरी ओर, यूरोप में और विशेषकर फ्रांस व जर्मनी में आज भी सिद्धान्त निर्माण में आनुभविकता का महत्व तो है, लेकिन केवल नाम मात्र को। अब भी इन देशों में मार्क्स, वेबर, दुर्खाइम, आदि की सैद्धान्तिक परम्परा प्रचलित है। आनुभविकता को तो वे केवल सर्वेक्षण का दर्जा देते हैं। वहाँ अब भी आनुभविकता अपने निम्नतर स्तर पर है।

भारत में समाजशास्त्रीय सिद्धान्त और आनुभविकता अध्ययन का विवाद एक तरह से आनुभविक अनुसंधान के पक्ष में तय कर लिया गया है। हाल में जो अनुसंधान हमारे देश में हुए है और जिनका विवरण हमें भारतीय सामाजिक विज्ञान अनुसंधान परिषद् द्वारा प्रयोजित सर्वेक्षण में मिलता है, उससे ज्ञात होता है कि हमने अपने अनुसंधान में आनुभविकता पर अत्यधिक जोर दिया है। यह होते हुये भी कुछ ऐसे भव्य प्रकाशन है जिनमें आनुभविकता बहुत थोड़ी है। उदाहरण के लिये श्री निवास का दक्षिण भारत के कुर्ग का अध्ययन, आंद्रे बेतई का शिवपुर गांव का अध्ययन या योगेन्द्र सिंह का परम्परा तथा आधुनिकता का अध्ययन। हमारे यहां अनुसंधान के नाम पर जिसे मिल्स अमूर्त आनुभविकरण कहते हैं, बहुत विकसित हुआ है। इसके परिणामस्वरूप समाजशास्त्रीय साहित्य में घटिया सामग्री का समावेश हुआ है। सिद्धान्त के नाम पर हमारे देश में जो कुछ उपलब्धियाँ हैं, जिन्हें अवधारणात्मक ही कहना चाहिये उनमें संस्कृतिकरण, पाश्चात्यकरण, प्रभव जाति, स्थानीयकरण, सार्वभौमिकीकरण, परम्परा—आधुनिकीकरण आदि सम्मिलित हैं।

समाजशास्त्रीय सिद्धान्तों का क्षेत्र भी कोई साफ-सुथरा नहीं है। कुछ सिद्धान्त ऐसे है जो केवल व्यक्ति यानि सूक्ष्म केन्द्रित है और कुछ ऐसे है जो व्यक्ति की उपेक्षा कर समाज को ही केन्द्रित करके निर्मित किये गये हैं। अधिक खराब स्थिति यह है कि इन सिद्धान्तों में परस्पर गहरा विरोध है। दूसरी और जार्ज होमन्स जैसे समाजशास्त्री भी हैं जो स्वयं ठोक कर कहते हैं कि समाजशास्त्र में आज कोई ऐसे सिद्धान्त नहीं है जिन्हें किसी भी अर्थ में अच्छा सिद्धान्त कहा जा सके। समाजशास्त्रीय सिद्धान्तों का क्षेत्र इस तरह कई प्रकार के अभावों से ग्रसित है।

आनुभविक अनुसंधान और सिद्धान्त के बीच की खाई के अधिक गहरा होने का कारण यह भी है कि आनुभविकतावादी अपने पक्ष को बढ़ा चढ़ाकर रखते हैं। उनके लिये तो जैसे आनुभविकता ही सब कुछ है। आनुभविकता की जाजम पर कोई कोना वे सिद्धान्तवेत्ता को नहीं देते। पांचवे-छठे दशक में हमारे देश में ग्रामीण अध्ययनों की जो बाढ़ आई या कहिये जो आंधी आयी उसमें जिधर देखो उधर आनुभविकता का आधार ही लक्षित होता है। कुछ ग्रामीण अनुसंधान कर्ता तो जो प्रतिष्ठित हैं, गांवों के मकानों की लम्बाई-चौड़ाई, दरवाजों और खिड़कियों की उंचाई-निचाई तक लिखने लग गये। गांव का अध्ययन क्या हुआ मानो

टेलिफोन डायरेक्ट्री छप गई। इस पूरे दशक में आनुभविकता तो जैसे छत पर चढ़ सिंह-गर्जना करने लगी। आनुभविकता के इस बोझ के नीचे अवधारणा और सिद्धान्त घायल और दुर्घटनाग्रस्त हो गये। सिद्धान्त और आनुभविक अध्ययन का यह संघर्ष समाजशास्त्र के साहित्य में तीसरी दुनिया के देशों में पर्याप्त रूप से देखने को मिलता है।

शायद व्यवस्थित रूप से सबसे पहली बार रोबर्ट मर्टन (1957) ने इस विवाद को अपनी कृति में प्रस्तुत किया। उन्होंने दृढ़तापूर्वक कहा कि सिद्धान्त व अनुसंधान का सम्बन्ध चोली-दामन के सम्बन्ध जैसा है। सिद्धान्तों की कोई चर्चा आनुभविकता के सदंर्भ के बिना बेमतलब है और इसी तरह आनुभविक अनुसंधान का कोई भी विवरण सिद्धान्त के संदर्भ के बिना अर्थहीन है। दोनों ही एक सिक्के के दो पहलू है, एक पहलू को दूसरे से अलग करके नहीं देखा जा सकता।

प्रस्तुत अध्याय में हम समाजशास्त्रीय सिद्धान्त और आनुभविक अनुसंधान की पारस्परिकता अन्योन्यता पर थोड़ा विश्लेषण प्रस्तुत करेगें।

आनुभविक अनुसंधान में समाजशास्त्रीय सिद्धान्त की भूमिका

(Role of Sociological Theory in Empirical Research)

आज भी समाजशास्त्रीय सिद्धान्त और आनुभविक अनुसंधान की बहस चल रही है। लगता है इसका कहीं ओर-छोर नहीं है। फिर भी हाल में रोबर्ट मर्टन ने जो पहल की है इससे सिद्धान्त और अनुसंधान के सम्बन्ध में जो भ्रान्तियां भी, बहुत कुछ दूर हो गयी है। मर्टन ने सिद्धान्त और अनुसंधान की जिस पारस्परिकता को प्रस्तुत किया है, इसका हम यहां विश्लेषण देगें। पहले हम आनुभविक अनुसंधान में समाजशास्त्रीय सिद्धान्तों की भूमिका को देखेगें, तत्पश्चात् आनुभविक अध्ययन के सिद्धान्त पर होने वाले प्रभावों का विश्लेषण करेगें।

(1) सिद्धान्त आनुभविकता के प्रति सामान्य अनुकूलन स्थापित करता है

जब कोई दस्तकार या कारीगर काम करने बैठता है तो बिना उचित औजारों के कहीं भी अपना हाथ भरोसे के साथ नहीं लगा सकता। उसके कार्य का सम्पादन औंजारों द्वारा ही होता है। कुछ-कुछ इसी तरह जब कोई अनुसंधानकर्ता आनुभविक अध्ययन के लिये क्षेत्र में पहुंचता है तो उसे क्षेत्र की समस्याओं की जानकारी सबसे पहले सिद्धान्तों के अध्ययन से ही होती है। यह बहुत सामान्य बात है। जब कोई अनुसंधानकर्ता *प्रकल्प* (Project) बनाता है तो अपनी समस्या का उल्लेख करने से पहले वह अनिवार्य रूप से समस्या से सम्बन्धित जो भी सिद्धान्त है, उनका एक विश्लेषण देता है। विश्लेषण से उसे ज्ञात हो जाता है कि अमुक विषय में कौन से मुद्दे, प्रसंग और समस्याएँ विचाराधीन है। इन समस्याओं में कौन सी बहस चल रही है। यह सारा सर्वेक्षण उसे अध्ययन की समस्या को परिभाषित करने में सहायक होता है। दुर्खाइम ने जब आदिम समाजों में सुदृढ़ता देखी और उनकी तुलना में उन्होंने

औद्योगिक समाजों को देखा तो उन्हें सहज रूप में यह जानने की जिज्ञासा हुई कि आखिर इन दोनों समाजों की *सुदृढ़ता* (Solidarity) को बनाने वाले कौन से प्रभावी कारक हैं? अतः हम किसी भी अनुसंधान को लें, सम्बन्धित सिद्धान्त एक लालटेन की तरह होते हैं जिसकी सहायता से अनुसंधानकर्ता आगे बढ़ सकता है।

सिद्धान्त के माध्यम से हम महत्वपूर्ण प्राक्कल्पनाओं का निर्माण कर सकते हैं। सिद्धान्त के माध्यम से ही हम उपयोगी चरों और अवधारणाओं को स्पष्ट कर सकते हैं। यह सिद्धान्त द्वारा ही है कि आनुभविक अध्ययन में हम विविध विषयों और समस्याओं को विस्तृत अध्ययन के लिये लेते हैं। सिद्धान्त तो अध्ययन के लिये कई घटनाओं, प्रसंगों आदि को प्रस्तुत करता है, लेकिन अनुसंधान कर्ता तो अपनी रूचि के अनुसार प्रसंगों और घटनाओं को अध्ययन के लिये ले लेता है। होमन्स का कहना है कि चाहे समाजशास्त्र में सही अर्थों में कोई सिद्धान्त न हो आनुभविक अनुसंधानकर्ता कुछ प्रस्तावों (Proposition) के आधार पर ही अपने आपको समस्याओं के प्रति अभिमुख कर सकता है।

(2) सिद्धान्त समाजशास्त्रीय अवधारणाओं को विकसित करने में सहायक होता है

किसी भी सिद्धान्त का बुनियादी तत्व उसकी अवधारणाएं (Concepts) होती है। अवधारणाओं के माध्यम से ही हम चरों को निश्चित करते हैं, उन्हें परिभाषित करते हैं। उदाहरण के लिये दुर्खाइम ने सामाजिक तथ्य की व्याख्या और उसके प्रकारों को भली प्रकार परिभाषित किया है। आनुभविक अनुसंधानकर्ता सामाजिक तथ्य की अवधारणा के सहारे अपने अनुसंधान को आगे बढ़ाता है। पारसंस ने *पेटर्न वेरायबल्स* (Pattern Variables) के आदर्श प्रारूप को रखा है। यह प्रारूप अवधारणाओं को परिभाषित करता है और समाजशास्त्रियों की नई पीढ़ी ने चरों के इस प्रतिमान का जी खोलकर अपने अनुसंधान में प्रयोग किया है। संक्षेप में, हमें यही कहना है कि *समाजशास्त्रीय सिद्धान्त अवधारणाओं को विवेचनात्मक रूप से परिभाषित करते हैं। जबकि आनुभविक अनुसंधान अवधारणाओं की काम चलाऊ परिभाषाएँ देता है*। काम चलाऊ परिभाषाओं का निर्माण निश्चित रूप से सिद्धान्तों के द्वारा ही संभव है।

(3) सिद्धान्त घटनोत्तर समाजशास्त्रीय निर्वचन में सहायक होते हैं

सामान्यतया अनुसंधानकर्ता आनुभविक क्षेत्र में तथ्यों को एकत्र करता है और इसके बाद उनका निर्वचन करता है। इस तरह की प्रक्रिया नई प्राप्तियों की व्याख्या में सहायक होती है, *यद्यपि इसमें पहले से निश्चित की गई या बनाई हुई कोई प्रकल्पनाएँ नहीं होती*। इस पद्धति के साथ एक कठिनाई भी है और वह यह कि जब एकत्र किये गये तथ्य सिद्धान्त से मेल नहीं खाते तो हम प्रायः तथ्य एकत्र करने की विधि को दोष देते हैं। अतः हम या तो विधि को दोष दें अथवा समाजशास्त्रीय सिद्धान्तों अनुरूप निर्वचन प्रस्तुत करें।

घटनोत्तर निर्वचन की इस कठिनाई के होते हुए भी कुछ समाजशास्त्री जिनमें होमन्स अग्रणी हैं, इस प्रक्रिया से प्रसन्न है और वे इस विधि के प्रशंसक हैं। उनका कहना है कि

घटनोत्तर निर्वचन के माध्यम से हम आगनमनात्मक तरीके से निगमनात्मक व्यवस्था तैयार करते हैं। यह इस प्रक्रिया द्वारा ही संभव है कि हम सिद्धान्त की सहायता से आनुभविक उपलब्धियों को व्यवस्थित रूप से संगठित करते हैं। होमन्स के अनुसार घटनोत्तर निर्वचन की विधि कुछ इस तरह है: *सबसे पहले हम तथ्यों के आधार पर आनुभविकता सामान्यीकरणों को बनाते हैं। हो सकता है कि इस तरह के सामान्यीकरण हमारे पास बहुत बड़ी तादाद में हो जायें। तब हम ऐसी प्रक्रिया अपनाते हैं जिसके द्वारा अप्रासंगिक सामान्यीकरण, जिनका अध्ययन के मुद्दे से निकट का भी सरोकार नहीं होता, हटा देते हैं। तदुपरान्त शेष सामान्यीकरणों को परिभाषित करते हैं और उनको तुलना ऐसे ही प्रस्तावों से करते हैं। अब हम ऐसी स्थिति में आ जाते हैं जब कुछ उच्च स्तर के प्रस्ताव (Higher Level Propositions) तैयार कर लेते हैं।* इस प्रकार के आनुभविक अवलोकन का विधिवत संकेतीकरण (Codification) सिद्धान्त के माध्यम से ही हो सकता है और यही घटनोत्तर निर्वचन है।

(4) सिद्धान्त द्वारा ही हम आनुभविक सामान्यीकरणों का निर्माण कर पाते हैं

किसी भी महत्वपूर्ण सिद्धान्त की आनुभविक अनुसंधान में एक निर्णायक भूमिका यह भी है कि हम इसके द्वारा विभिन्न चरों के शेष में पाये गये सम्बन्धों को एकरूपता में रख पाते हैं। ये एक रूपतावाले चर बाद में चलकर अवधारणात्मक रूपरेखा में प्रस्तुत किये जाते हैं। इसी तथ्य को *अलफ्रेड मार्शल* (Alfred Marshall) ने दूसरे शब्दों में रखा है, "किसी भी सिद्धान्त की बहुत बड़ी खोट यह है कि वह स्वंय कुछ न कहकर आनुभविक तथ्यों को ही बोलने की स्वतन्त्रता देता है।" सचाई यह है कि आनुभविक तथ्य कभी बोलते नहीं है, वे तो गूंगे है जिन्हें वाणी देने का काम केवल सिद्धान्त ही करता है। आनुभविक तथ्य तो बेजान हैं, इनकी व्याख्या सिद्धान्त द्वारा ही की जा सकती है। इसका यह मतलब नहीं कि तथ्यों को सिद्धान्त के दायरे में ही बोलना है। यह भी संभव है कि तथ्य सम्पूर्ण सिद्धान्त को नकार दें, अस्वीकार कर दें। यह भी सम्भव है कि तथ्यों के कारण सिद्धान्त में संशोधन हो जायें और ऐसा भी हो सकता है कि तथ्य नये सिद्धान्त का निर्माण करने में सहायक हो जाये। *स्टाउफर* (Stoufer) द्वारा द *अमेरीकन सोल्जर* के लिये एकत्र तथ्यों ने मर्टन को संदर्भ सिद्धान्त (Reference Theory) के निर्माण के लिये प्रेरित किया।

पारसंस की निश्चित धारणा है कि यह सिद्धान्त द्वारा ही संभव है कि हम विश्वसनीय आनुभविक सामान्यीकरणों का निर्माण कर सकते हैं। उनका तर्क है कि आनुभविक क्षेत्र में एकत्र किये गये तथ्य किसी अर्थ को सामने नहीं रखते, वे तो जैसे नंगे हैं जिनके शरीर पर कोई परिधान नहीं। तथ्यों की सुंदरता इसी में है कि वे अवधारणाओं और चरों के बीच के कार्य-कारण सम्बन्धों को बतायें और यह तभी संभव है जब हम तथ्यों को सिद्धान्त के नजरिये से देखते हैं।

(5) *सिद्धान्त से ही समाजशास्त्रीय सिद्धान्तों का विकास होता है*

यह समाजशास्त्रीय सिद्धान्त की आनुभविक अध्ययन में भूमिका के कारण ही है कि हम नये सिद्धान्तों का सृजन कर सकते हैं। रिजले, इब्स्टन, यहां तक कि घुर्ये आदि ने जाति व्यवस्था पर बहुत कुछ लिखा है। कई सफेद कागज स्याह किये हैं। लेकिन जब अर्वाचीन मानवशास्त्रियों और समाजशास्त्रियों ने जाति व्यवस्था का सैद्धान्तिक परिप्रेक्ष्य में अध्ययन किया तो इसके परिणामस्वरूप आज अधिक न सही थोड़ी-बहुत अवधारणात्मक रेखाएं हमारे पास जाति से सम्बन्धित हैं। हम बकौल हेनरी मैन के यह मानते रहे कि भारत का प्रत्येक गांव अपने आप में एक गणराज्य है। लेकिन हाल के अनुसंधानों में यह स्थापित किया है कि दूर-दराज का एक गांव भी क्षेत्रीय सभ्यता के साथ जुड़ा है। यह इसी कारण है कि समाजशास्त्रीय सिद्धान्त न केवल आनुभविक अनुसंधान में मार्गदर्शन प्राप्त करना है। वरन् इस तरह का मार्गदर्शन नये सिद्धान्तों को जन्म भी देता है। नये सिद्धान्त प्रत्येक आनुभविक अनुसंधान के परिणाम नहीं होते, यह सभी स्वीकार करते हैं। यह होते हुये भी मानना पड़ेगा कि नये सिद्धान्त भले न बने, जो कुछ सिद्धान्त है वे सुस्पष्ट हो जाते हैं, उनमें निर्णायक शक्ति आ जाती है और उनकी विश्वसनीयता बढ़ जाती है।

रोबर्ट मर्टन ने अतिरिक्त पारसंस ने भी इस तथ्य को स्वीकार किया है कि किसी भी ज्ञान शाखा में सिद्धान्त की भूमिका आनुभविक अनुसंधान के लिये बहुत महत्वपूर्ण है। सिद्धान्त की इस भूमिका को जो आनुभविक अध्ययन के लिये प्रासंगिक है, पारसंस लिखते हैं:

विविध आनुभविक तथ्य सिद्धान्त द्वारा व्यवस्थित किये जाते हैं।

जब कोई अनुसंधानकर्ता आनुभविक क्षेत्र में कदम रखता है तो उसे चारों ओर विविधता देखने को मिलती है। जहां तक उसका हाथ पहुंचता है, जहां तक उसकी रणनीति काम करती है, जितने भी तथ्य उसे उपलब्ध हो सकते हैं, उन्हें वह अपनी झोली में डाल लेता है। तथ्यों की इस झोली को जब वह सिद्धान्त के संदर्श में देखता है, तो उसे लगता है कि कई ऐसे अप्रासंगिक तथ्य हैं जिन्हें उसने एकत्र कर लिया है। ऐसे तथ्यों को शायद उसे फेंक देना पड़े। उसे यह भी विश्वास हो जाता है कि कुछ ऐसे तथ्य भी है जिन्हें उसे एकत्र करना था और उन्हें एकत्र करने में वह चूक गया।

(6) *सिद्धान्त तथ्यों के चयन और संगठन में लाभदायक होता है*

ऊपर हमने कहा है कि अनुसंधानकर्ता के पास आनुभविक तथ्यों की कोई कमी नहीं होती। वास्तव में उसके पास तथ्यों की विविधता और विशदता होती है। इन तथ्यों के इस अम्बार में से वह सिद्धान्त की सहायता से कतिपय तथ्यों को लेता है और उन्हें कार्य-कारण की रूपरेखा में संगठित करता है।

(7) सिद्धान्त के क्षेत्र में पायी जाने वाली दरारों की पहचान

पारसंस का कहना है कि कुछ सिद्धान्तों का विन्यास उसका आकार-प्रकार यह भलिभांति बताता है कि इसमें कुछ दरारें हैं, कमियां हैं, जो पूरी नहीं हो रही है। सिद्धान्त की इस कमजोरी को पूरा करने के लिये आये दिन आनुभविक अनुसंधान होते रहते हैं। *यह दरारें ही हैं जो आनुभविक अनुसंधान को लाभदायक बनाती है*। यदि सिद्धान्त के संदर्श को नकार कर आनुभविक अनुसंधान किया जाये तो सिद्धान्त में पायी जाने वाली दरारें कभी भरी नहीं जायेगी। किसी भी सिद्धान्त की यह भूमिका जो आनुभविक अनुसंधान में होती है निर्णायक है।

हम बराबर यह दोहराते आ रहे है कि समाजशास्त्रीय सिद्धान्त और आनुभविक अनुसंधान के सम्बन्ध आज भी टकराहट में हैं, संघर्ष के मोड़ पर हैं। इस बहस के होते हुये भी निश्चित रूप से यह नहीं कहा जा सकता कि आनुभविक अनुसंधान और समाजशास्त्रीय सिद्धान्त दो अलग-अलग संसार है। वास्तविकता यह है कि समाजशास्त्रीय सिद्धान्त अवधारणाओं और चरों का एक ऐसा कार्य कारण समन्वित रूप है जिसमें महत्व को हम आनुभविक अनुसंधान के संदर्भ में कम नहीं कर सकते। समाजशास्त्रीय सिद्धान्त तो समुद्र के बीच में स्थित एक ऐसा आकाश दीप है जो सभी जहाजों को दिशा देता है। आकाश दीप के प्रति आंख मूंदने वाला जहाज अपने गंतव्य किनारे पर नहीं पहुंच सकता। ठीक इसी तरह समाजशास्त्रीय सिद्धान्त के मार्गदर्शन से हटकर कोई भी सामाजिक अनुसंधान लाभदायक नहीं हो सकता।

सिद्धान्त और आनुभविक अनुसंधान एक ऐसी दो तरफा राह है जो एक-दूसरे को लाभान्वित करती है। यहां अब यह भी देखना रूचिकर होगा कि आनुभविक अनुसंधान समाजशास्त्रीय सिद्धान्तों को सशक्त, सुदृढ़ व संशोधित करने में महती भूमिका रखता है। इसी भूमिका को हम अगले पृष्ठों में देखेगें।

समाजशास्त्रीय सिद्धान्त में आनुभविक अनुसंधान की भूमिका

(Role of Empirical Research in Sociological Theory)

सृजनात्मकता, इतिहास की भेंट घिसीपिटी व्यवस्था को उखाड़ फैंकती हैं। समाजशास्त्र के विकास के इतिहास में इसे हम देख सकते हैं। एक समय था जब अगस्त कॉम्ट ने समाजशास्त्र को समाज के विज्ञान के रूप में परिभाषित किया था, एक समय था जब वेबर ने समाजशास्त्र का सार सामाजिक क्रिया के रूप में परिभाषित किया था, एक समय था जब दुर्खाइम ने समाज को सर्वोपरि रूप में रखा था। आज ये सब परिभाषाएं भूत बीते कल की बात हो गयी हैं। इसी कारण हम कहते हैं कि जहाँ इतिहास पुनरावृति करता है, वहां इतिहास बुद्धिमता और मूर्खता का खजाना है, जहाँ इतिहास संस्कृति की धरोहर है, वहीं इतिहास अपने कलेवर में कुछ नयी चीजें भी सामने रखता है। समाजशास्त्रीय सिद्धान्तों का इतिहास भी इस सृजनात्मकता से बाहर नहीं है। ज्यों-ज्यों आनुभविक अनुसंधान की गति त्वरित होती है,

त्यों-त्यों सिद्धान्तों की विश्वसनीयता में भी बढ़ोतरी होती है। जिस तरह भौतिक विज्ञान ने न्यूटन से लेकर आइस्टीन तक लम्बी सड़क पार की है वैसे ही उतनी तो नहीं लेकिन थोड़ी बहुत यात्रा समाजशास्त्रीय सिद्धान्तों ने भी की है।

सिद्धान्त और आनुभविक अनुसंधान की बहस आज किसी दोराहे या चौराहे पर खड़ी है। एक बात निश्चित है, यदि सिद्धान्त ने आनुभविक अनुसंधान को दिशा दी है, सशक्त और अर्थपूर्ण किया है तो आनुभविक अनुसंधान ने भी अपने योगदान में कोई कमी रखी हो ऐसा नहीं है। दुनिया भर के समाजों में जब से समाजशास्त्र ने दर्शनशास्त्र से अलविदा ली है, अत्यधिक आनुभविक अनुसंधान हुए हैं। इन अनुसंधानों ने निम्न बिन्दुओं पर समाजशास्त्रीय सिद्धान्त को प्रभावित किया है, संशोधित किया है और नकारा भी है।

(1) सिरेन्दीपिटी (Serendipity) का आविर्भाव

कभी-कभी अनुसंधानकर्ता जब क्षेत्र में होता है तब वह ऐसे तथ्यों और प्रसंगों के साथ रूबरू होता है जिसका उसे कोई पूर्वानुमान नहीं होता। इस तरह के तथ्य कभी-कभी किसी नये सिद्धान्त को जन्म देते हैं। इसका मतलब यह हुआ कि *आनुभविक अनुसंधान न केवल सिद्धान्त से निकाली गयी नयी प्राक्कल्पनाओं का परीक्षण ही करता है, वरन् कभी-कभी वह नयी प्राकल्पनाओं को भी जन्म देता है। इसी को रोबर्ट मर्टन "सिरेन्डीपिटी" यानि नयी खोज कहते हैं। यह नई खोज ऐसी होती है जिसे खोजने का प्रयास अनुसंधानकर्ता ने कभी नहीं किया था।* मर्टन ने सिरेन्डीपिटी के कुछ लक्षण दिये हैं: (1) यह वह खोज है जिसका अनुसंधानकर्ता को कोई *पूर्वानुमान* (Unanticipated) नहीं होता, (2) यह *अनियमित* (Anomalous) तथ्य होता है, इस अर्थ में कि इसका प्रचलित सिद्धान्तों के साथ दूर का सम्बन्ध भी नहीं दिखायी देता, और (3) यह तथ्य चौंकाने वाला होता है। चौंकाने वाला इसलिये कि इसके अविर्भाव की अनुसंधानकर्ता को कोई कल्पना भी नहीं थी। *इन सब लक्षणों के कारण* मर्टन सिरेन्डीपिटी को एक ऐसा सामान्य अनुभव कहते हैं जिसका कोई पूर्वानुमान नहीं, जिसकी कोई नियमितता नहीं और जो चौकाने वाला होता है।

सिरेन्डीपिटी का बहुत अच्छा दृष्टान्त न्यूटन का सामान्य अनुभव है। पेड़ के नीचे बैठे हुये उसने एकाएक देखा की सेव का फल पेड़ से नीचे गिरा। उसने अपने आपसे प्रश्न किया: यह फल पेड़ के नीचे ही क्यों गिरा? आसमान की ओर भी गिर सकता था। इसी अनुभव ने न्यूटन को पृथ्वी के गुरूत्वाकर्षण को सिद्ध करने का अवसर दिया। जब न्यूटन सेव के पेड़ के नीचे बैठा था उसे यह कतई पूर्वानुमान नहीं था कि वह किसी सेब को गिरते देखकर नये सिद्धान्त का निर्माण करेगा। समाजशास्त्र में भी इसी तरह सिरेन्डीपीटी का आविर्भाव होता है और परिणामस्वरूप समाजशास्त्रीय सिद्धान्तों में एक नया सिद्धान्त जुड़ जाता है और यही आनुभविक अनुसंधान का योगदान सिद्धान्तों को है।

(2) आनुभविक अनुसंधान सिद्धान्त को नये सांचे में ढालता है

आनुभविक अनुसंधान में कुछ ऐसे उपेक्षित तथ्य होते हैं, जो सिद्धान्त के साथ ताल-मेल नहीं

खाते लेकिन जब ये तथ्य बार-बार देखने को मिलते हैं तब अनुसंधानकर्ता को लगता है कि वह इन तथ्यों की अधिक उपेक्षा नहीं कर सकता। अनुसंधानकर्ता का यह अनुभव प्रचलित सिद्धान्त को एक नये सांचे में ढालने के लिये प्रेरित करता है। सिरेन्डीपिटी इस प्रकार की प्रक्रिया से भिन्न है। *सिरेन्डीपिटी में वे तथ्य होते हैं जो सिद्धान्त के साथ मेल नहीं खाते* जबकि सिद्धान्त के नये सांचे को तैयार करने वाले तथ्य वे होते हैं जिनकी अतीत में बराबर उपेक्षा होती रही है। होता यह है कि सामान्यतया अनुसंधानकर्ता तथ्य एकत्र करते समय सिद्धान्त की सीमा या उसके दायरे से बाहर नहीं जाता। इस अभिव्यक्ति के कारण या तो सिद्धान्त परीक्षण में सही उतरता है, उनमें संशोधन होता है या वह नकारा जाता है। लेकिन जब उपेक्षित तथ्यों की संख्या बढ़ जाती है तब एक ऐसी अवस्था आती है जब प्रचलित सिद्धान्त को किसी नये सांचे में ढालने के लिये सिद्धान्तवेताओं को बाध्य होना पड़ता है।

मर्टन ने उपेक्षित व अनियमित तथ्य किस प्रकार नये सिद्धान्त को जन्म देते हैं, उसका एक दृष्टान्त मेलिनोस्की के अनुसंधान से दिया है। मेलिनोस्की ने ट्रोब्रियण्ड टापू में रहने वाले आदिवासियों का गहन अध्ययन किया है। उन्होंने देखा कि ये आदिवासी समुद्र में मछली पकड़ने के लिये अपनी जाल फैंकते हैं। मछली पकड़ने की इन आदिवासियों की अपनी एक परम्परागत विधि है। उनकी नावें और जाल भी कुछ ऐसे है जो उन्हें विरासत में मिले हैं। इस विधि से इन आदिवासियों को पर्याप्त मछलियां भी मिल जाती हैं। यह सब देखकर मेलिनोस्की ने कहा कि *ट्रोब्रियण्ड वासियों में जादू की कोई परम्परा नहीं है। यह समाजशास्त्रीय नियम तब नये सांचे में ढल गया* जब मेलिनोस्की ने देखा की ये ही आदिवासी जब गहरे समुद्र में मछली पकड़ने जाते हैं तब उनका खतरा बढ़ जाता है। तूफानी रात में समुद्र की लहरों पर थपेड़े खाते हुये भी उन्हें बहुत कम मछलियां मिलती है। इस भय व खतरे से बचने के लिये ये आदिवासी अपनी नाव व जाल को जादू-टोने से बांध देते हैं, इस भरोसे के साथ कि खतरा टल जायेगा और इस सुरक्षा के साथ कि मछलियों की आवक बढ़ जायेगी। *इस उपेक्षित और अनियमित तथ्य ने मेलिनोस्की को बाध्य किया कि वे अपने सिद्धान्त पर पुनर्विचार करें और तब मेलिनोस्की ने कहा कि आदिवासियों में जादू-टोने पर विश्वास इसलिये होता है कि वे अनिश्चितता और खतरे से बचना चाहते हैं।*

हमारे देश में अनुसंधानों को गैर-बराबरी के क्षेत्र में देखें तो ऐसे ही कुछ उपेक्षित तथ्यों के संग्रह ने हमें नयी अवधारणात्मक रूपरेखा प्रस्तुत करने के लिये बाध्य किया। हम सामान्यतया यह समझते आ रहे हैं कि भारतीय समाज से एक ओर उच्च जातियाँ है, उसके नीचे मध्य स्तर की जातियाँ और दूसरी ओर सबसे नीचे निम्न जातियाँ है। हमने कभी उन उपेक्षित तथ्यों की ओर नहीं देखा जो यह बताते हैं कि दलितों में भी ऊंच-नीच यानि स्तरीकरण है। उदाहरण के लिये राजस्थान की सामाजिक संरचना में दलित जातियाँ निरन्तर गैर-बराबरी के स्तर पर हैं। दलित जातियों में सबसे नीचे मेहतर हैं, और इसके बाद अन्य जातियाँ है। एक दलित जाति का रोटी और धूम्रपान व्यवहार दूसरी जाति के साथ वर्जित है।

ये सब तथ्य अवधारणात्मक स्तर पर नये थे और इनके परिणामस्वरूप भारतीय सामाजिक स्तरीकरण की रूपरेखा एक नये सांचे में हमारे सामने आयी।

(3) आनुभविक अध्ययन की नयी विधियां सैद्धान्तिक रूचि को फोकस या केन्द्रीयता प्रदान करती हैं

सिद्धान्त जो कुछ भी है, अपनी जगह पर सही हैं। जब आनुभविक अनुसंधान में नयी विधियों को अपनाया जाता है, तब सिद्धान्त को देखने का हमारा दृष्टिकोण भी बदल जाता है। होता यह है कि आये दिन होने वाले आनुभविक अध्ययनों के परिणामस्वरूप हमें क्षेत्र में बराबर नयी विधियों का पता लगता रहता है। इन नयी विधियों के प्रयोग से हमारे सामने कई नयी प्राक्कल्पनाएं उभर कर आती हैं। इन प्राक्कल्पनाओं के संदर्श में हम प्रतिष्ठित सिद्धान्तों को देखते हैं तब हमें लगता है कि सिद्धान्तों में कुछ परिवर्तन की आवश्यकता है। इस प्रक्रिया के परिणामस्वरूप वे सिद्धान्त जो पुरानी विधियों पर बनाये गये थे, अब नयी विधियों के परिणामस्वरूप कुछ दूसरे विश्लेषण देते हैं। *स्पष्ट है इस तरह की प्राप्तियाँ* आनुभविक अध्ययन की नयी विधियों के कारण ही हैं।

अध्ययन की नयी विधियाँ किस प्रकार प्रस्थापित सिद्धान्तों को नया चरित्र देती है इसका बहुत अच्छा दृष्टान्त हाल में अपनायी गई प्रोजेक्टिव और "थीमेटिक ए परसेप्शन टेस्ट" (TAT) विधियाँ है। इन विधियों के कारण व्यक्तित्व और चरित्र सम्बन्धी सिद्धान्त में आमूल चूल परिवर्तन हुआ है। इन्हीं विधियों के कारण प्राथमिक समूहों को देखने का हमारा दृष्टिकोण ही बदल गया है। पारसंस का कहना है कि हाल के आनुभविक अध्ययनों में जिस प्रकार से हमने समाजशास्त्रीय सांख्यिकी का निर्माण किया है इससे हमारे सैद्धान्तिक विश्लेषण की कोटियाँ ही बदल गयी है। इसका यह अर्थ न समझा जाये कि आंकड़ों का अम्बार तैयार करना ही सिद्धान्त की प्रगति है, लेकिन यह अवश्य है कि सांख्यिकी विधि सिद्धान्त के विश्लेषण को एक नयी दिशा अवश्य देती है। अमेरीका में तो पिछले दो दशकों में समाजशास्त्रीय अनुसंधान में सांख्यिकी विधि का प्रयोग बहुत अधिक हुआ है। कहीं-कहीं तो सांख्यिकी विधि का प्रयोग गणितीय स्तर पर पहुंच जाता है। लेकिन अपेक्षित रूप से नयी इस विधि को लगाने पर समाजशास्त्रीय सिद्धान्त की सम्पूर्ण केन्द्रीयता या फोकस बदल जाता है। अतः सिद्धान्तों की व्याख्या में आनुभविक अनुसंधान की भूमिका निर्णायक है। हमने अन्यत्र कहा है कि ज्ञान के कई स्त्रोत है। इन स्त्रोतों में आनुभविक अध्ययन एक सशक्त स्त्रोत है और इसके उपयोग सें सिन्द्रान्त का कलेवर सुदृढ़ ही होता है।

(4) आनुभविक अनुसंधान अवधारणाओं को सुस्पष्ट करता है

आनुभविक अनुसंधान और सिद्धान्त के बीच में जो रिश्ता है इसका बहुत बड़ा पक्ष यह है कि आनुभविक अनुसंधान सिद्धान्त में प्रयुक्त अवधारणाओं को स्पष्ट करता है, उन्हें मानता है। बात यह है कि जब तब अवधारणाएं आनुभविक भूमि से सटकर नहीं रहती, उनकी विश्वसनीयता कमजोर हो जाती है। इसलिये आनुभविकता जितनी अपनी भूमि से जुड़ी

होगी यानि आनुभविकता से सनी होगी उतनी ही वे विशुद्ध और खरी होगी। इन अवधारणाओं को मांजने का काम, बार-बार साम पर चढ़ाने का काम आनुभविक अनुसंधान ही करता है।

सचाई यह है कि जब अवधारणाओं को आनुभविकता के स्तर पर लाया जाता है तो उनमें जो लचीलापन होता है उसमें कसाव आ जाता है। पिछले दिनों हमारे देश में कई अवधारणाओं को आनुभविक अनुसंधान ने स्पष्टता दी है। इसका बहुत अच्छा दृष्टान्त *प्रकार्य* (Function) की अवधारणा है। मर्टन कहते हैं कि सामान्य अर्थों में प्रकार्य अर्थात् अंग्रेजी पद *फक्शन* का विविध रूप में प्रयोग हुआ है। किसी ने इसका प्रयोग उत्सव के रूप में किया है, किसी ने कर्त्तव्य के रूप में, किसी ने चर के रूप में और अन्य किसी ने विशेष कार्य के रूप में। जब इस अवधारणा का आनुभविक अनुसंधान में प्रयोग हुआ तो इसका विशिष्ट अर्थ स्पष्ट हो गया। अब प्रकार्यवादी प्रकार्य का अर्थ ऐसी गतिविधि से लेते हैं जो व्यवस्था को बनाये रखती है। अतः प्रकार्यवादी कहते हैं कि यदि कहीं व्यवस्था है तो प्रकार्य अवश्य होंगे, और यदि प्रकार्य है तो उससे जुड़ी हुई कोई न कोई व्यवस्था अवश्य होगी।

हमारे देश में सामाजिक एकीकरण की अवधारणा कई अर्थों में प्रयुक्त हुई है। इसका सामान्य अर्थ सामाजिक एकता से लिया गया है। लेकिन हाल में जो आनुभविक अनुसंधान हुआ है उसके कारण इस अवधारणा में कसाव आया है, इसका अर्थ सुस्पष्ट हुआ है। अतः यह निश्चित रूप से कहा जा सकता है कि यह आनुभविक अनुसंधान के कारण ही है कि सिद्धान्त में प्रयुक्त अवधारणाएं मिट्टी के साथ जुड़ी रह जाती है वे केवल आदर्शात्मक या लफ्फाजी रूप में नहीं रहती।

सिद्धान्त और आनुभविक अध्ययन की पारस्परिकता पर बहुत कुछ लिखा जा सकता है। इस पारस्परिकता के पक्ष और विपक्ष में बहुत कुछ कहा गया है। इस विवाद से थोड़ा हटकर कहें तो कहना चाहिये कि *सिद्धान्त और आनुभविक अनुसंधान निश्चित रूप से एक-दूसरे पर निर्भर है। अकेला सिद्धान्त आनुभविक अनुसंधान के अभाव में कमजोर हो जायेगा और इसी तरह आनुभविक अनुसंधान भी सिद्धान्त के मार्गदर्शन बिना क्षेत्र में अपनी दिशा बनाये नहीं रख सकेगा*। दोनों एक-दूसरे से जुड़े हुए हैं—दोनों में लेन-देन है।

उपसंहार

पिछले चार-पांच दशकों में भारत में सिद्धान्त निर्माण की जो कुछ प्रक्रिया चल रही है, चाहे वह जाति व्यवस्था या परिवार के क्षेत्र में हो अथवा गांव व शहर के क्षेत्र में या चिकित्सा तथा उद्योग के क्षेत्र में हो, उस पर अमेरीका के समाजशास्त्र का बहुत बड़ा प्रभाव है। हम कभी यह नहीं देखते थे कि यूरोप के देशों में समाजशास्त्रीय सिद्धान्त के निर्माण की गतिविधियाँ कैसी हैं? पिछले पृष्ठों में इस तथ्य को हमने कहा है और इसे यहाँ दोहरायेगें कि यूरोप में आनुभविक अनुसंधान को वह प्राथमिकता नहीं है जो अमेरिका में प्राप्त है। न तो कार्ल मार्क्स और न ही मैक्स वेबर अपने कंधों पर झोला टांगकर क्षेत्रीय कार्य के लिये

गये। उन्होंने तो केवल पुस्तकालय में बैठकर गहन अध्ययन किया तथा ऐतिहासिक व तार्किक विधि से कुछ आगमनात्मक नियम बनाए और सहजता से उनका निगमन किया। आज हमारे देश में भी वे समाजशास्त्रीय कृतियां जो नामी गिरामी है उनमें क्षेत्रीय कार्यों की न तो उतनी प्रचुरता है और न ही उतनी प्राथमिकता। विश्व स्तर पर आज भी कुछ क्षेत्रों में यह समझा जाता है कि समाजशास्त्रीय सिद्धान्तों का निर्माण एक कठिन प्रक्रिया है, जिसमें विविध समाजों की विशेषताएं सिमटी पड़ी होती है। इसी कारण हमारा आग्रह है कि जब कभी हम समाजशास्त्रीय सिद्धान्तों की चर्चा करें तो हमें इनकी व्याख्या निश्चित रूप से इस विश्व स्तरीय बहस के संदर्भ में करनी चाहिये।

अध्याय 4

प्रकार्यवादी सिद्धान्त
(Functional Theory)

एक कहानी है। शरीर के विभिन्न अंगों में तकरार हुई। हृदय ने कहा कि मैं बिना किसी विश्राम के हर पल प्राणियों के शरीर में रक्त संचरण का श्रम करता रहता हूँ। फेफड़ों ने अपनी शिकायत रखी कि हम हर श्वास-प्रश्वास का श्रम करते रहते हैं। कुछ इसी तरह की बात शरीर के सभी महत्वपूर्ण अंगों ने रखी। सबकी शिकायत का सार यह था कि भोजन का आनन्द जिव्हा लेती है और काम सभी अंगों को करना पड़ता है। यह कौन सी बात हुई कि आनन्द कोई एक ले और दूसरे सब रात-दिन श्रम करते रहें। हुआ यह कि इस प्रकार जिव्हा के विरोध में शरीर के सभी अंगों ने विरोध प्रकट किया। परिणाम जो होना था स्पष्ट है। यह कहानी पीढ़ी दर पीढ़ी बच्चों को सुनायी जाती है। इसका एक सबक प्रकार्यवाद के लिये भी है। *जिस भाँति शरीर का एक भाग दूसरे अंग से और अगली प्रक्रिया में अप्रत्यक्ष रूप से शरीर के अन्य अंगों से जुड़ा होता है परस्पर जुड़ने की यह प्रक्रिया ही प्रकार्यवाद है :* यह पूरी प्रक्रिया कार्य-कारण सम्बन्ध पर आधारित रहती है।

वास्तव में प्रकार्यवाद का प्रारम्भ जैविकीय प्रकार्यवाद से है। प्राकृतिक विज्ञानों में जब जैविकीय विज्ञान का विकास हुआ तो कुछ समाज वैज्ञानिकों ने जैविकीय सावयवाद (Organism) को समाजशास्त्रीय सिद्धान्तों पर भी लागू किया। गत 6-7 दशकों में ही प्रकार्यवादी सिद्धान्त का विकास बहुत अधिक हुआ है। यह कहना अनुचित होगा कि प्रकार्यवादी सिद्धान्त पर हजारों पृष्ठ लिखे जा चुके हैं। *किंग्सले डेविस* (Kingsley Davis) का तो यहाँ तक कहना है कि आज समाजशास्त्र में जो भी साहित्य है, उसका तीन-चौथाई भाग प्रकार्यवादी साहित्य है। प्रकार्यवाद की जहाँ लोकप्रियता हैं, वही उसकी कड़वी से कड़वी आलोचना भी हुई है। आलोचकों का कहना है कि व्यवस्था के नाम पर

प्रकार्यवाद समाज की गति के पहियों को रोकता है। इस सिद्धान्त का उद्देश्य समाज में एक ऐसे भ्रम को उत्पन्न करना है ताकि समाज में यथास्थिति (Status-quo) बनी रहे यानि अमीर विलासिता पूर्ण जीवन का आनन्द ले और गरीब अपनी अमानवीय स्थिति में सड़ते रहें गलते रहें। एक आरोप यह भी लगाया जाता है कि प्रकार्यवादी सिद्धान्त, सिद्धान्त न रहकर *एक विचारधारा* (Ideology) है, जो हमेशा पूंजीपतियों के हित को संरक्षण देती है। सातवें दशक के अन्त में *एल्विन गुल्डनर* (Alvin W. Gouldner, 1970) की पुस्तक *'द कमिंग क्राइसिस ऑफ वेस्टर्न सोशियोलोजी'* प्रकाशित हुई। गुल्डनर ने तो प्रकार्यवादियों को खूब आड़े हाथों लिया। वे तो कहते हैं कि *प्रकार्यवादी सिद्धान्तवेत्ता खोखले मठाधीश है जो गरीबों की छाती पर चढ़कर अमीरों के गुंबदों को बचाने में लगे हैं। उनके अनुसार प्रकार्यवादी सिद्धान्त और कुछ न होकर एक समाजशास्त्रीय धोखाधड़ी है।* इस अध्याय में हमें प्रकार्यवादी सिद्धान्त की आलोचना के पर्याप्त अवसर मिलेंगे। यहाँ तो हम इसी बात पर जोर देना चाहते हैं कि यह सिद्धान्त और इसकी लम्बी - चौड़ी चादर में कोई दाग न हो, ऐसा नहीं है। इस सिद्धान्त के विद्यार्थियों को बिना किसी पूर्वाग्रह के अवधारणात्मक रूपरेखा को देखना चाहिये।

अगर हम अपने देश में प्रकार्यवादी सिद्धान्त के प्रभाव को देखें तो यहाँ की स्थिति भी कोई आशाजनक नहीं है। उपनिवेशवादी और सामन्तवादी व्यवस्था के अधीन रहे इस देश में प्रकार्यवाद को अपनाने के लिये अनुकूल अवसर था। यहाँ के समाजशास्त्री-मानवशास्त्री तो बांह फैलाये प्रकार्यवाद के स्वागत के लिये खड़े थे। समाजशास्त्र और सामाजिक मानवशास्त्री का जो प्रायोजित सर्वेक्षण हमें उपलब्ध है उसमें *त्रिलोकीनाथ मदन* (T.N. Madan) ने अध्ययन विधियों का मूल्यांकन किया है। अपने निष्कर्षों में वे कहते हैं कि यहाँ अधिकांश अध्ययन अपनी प्रकृति में प्रकार्यवादी है। कुछ मार्क्सवादी समाजशास्त्रियों को छोड़कर जिनमें *अक्षय देसाई* (A.R.Desai) और *रामकृष्ण मुखर्जी* (Ram Krishna Mukerjee) सम्मिलित हैं, सभी ने प्रकार्यवादी संदर्श में अपने अध्ययन प्रस्तुत किये हैं। गाँव, जाति संयुक्त परिवार आदि पर हमारे यहाँ अध्ययनों की बहुतायत है और इन सबकी विधि प्रकार्यवादी है। *हाल के कुछ समाजशास्त्रियों ने प्रकार्यवाद के साथ में ऐतिहासिक विधि को भी जोड़ दिया है।*

प्रकार्यवाद की परिभाषा और अर्थ

(Definition and Meaning of Functionalism)

प्रकार्यवाद एक बहुरूपिये की तरह है जिसके कई प्रकार है : सावयवी प्रकार्यवाद, विश्लेषणात्मक प्रकार्यवाद, मानवशास्त्रीय प्रकार्यवाद और समाजशास्त्रीय प्रकार्यवाद। प्रकार्यवादियों की एक बहुत बड़ी स्थापना यह है कि *सामाजिक संसार एक सम्पूर्ण व्यवस्था (System) है। इस व्यवस्था में सर्वसम्मति या मतैक्य है। लेकिन ऐसा नहीं है कि यह सर्वसम्मति और व्यवस्था किसी संघर्ष और अव्यवस्था से रहित हो। इस अवस्था में विरोध*

भी है। इस व्यवस्था में हिंसा व तोड़फोड़ भी है। लेकिन प्रकार्यवादी विचारकों का यह भी कथन है कि प्रत्येक व्यवस्था की कुछ आवश्यकताएं होती है और इन आवश्यकताओं की पूर्ति के लिये सामान्य तथा विघटनकारी शक्तियों में ऐसा तालमेल स्थापित हो जाता है कि व्यवस्था का संतुलन (Equilibrium) और उसकी सजातीयता बरकरार रहती है। अतः प्रकार्यवादियों की बहुत बड़ी मान्यता यह है कि समाज मे एक निश्चित व्यवस्था सजातीयता और संतुलन होता है। इस व्यवस्था में संघर्ष से उबरने हेतु सामाजिक अंकुश और कायदे-कानून होते हैं। इसके अतिरिक्त प्रकार्यवादियों की एक दूसरी अहं मान्यता यह है कि समाज के विभिन्न भाग राजनीति, अर्थ, शिक्षा, विकास, राजस्व आदि एक दूसरे से परस्पर जुड़े हुए हैं। यह जुड़ना भी संयोगवश नहीं है, इसके पीछे निश्चित आनुभविक आधार और कार्य-कारण सम्बन्ध होते हैं। प्रकार्यवादी प्रकार के लेखकों की वीथिका में कई सिद्धान्तवेत्ता हैं, जिनमें अग्रणी रूप से किंग्सले डेविस, टालकट पारसंस और रोबर्ट मर्टन हैं।

प्रकार्यवाद की परिभाषाएं कई तरह की है। परिभाषाओं की इस विभिन्नताओं में सामान्य बात यह है कि *प्रकार्यवाद समाज के एक भाग को दूसरे भागों के साथ रखकर सम्पूर्ण समाज के संदर्श में देखता है और इसे सभी स्वीकार करते हैं।* इस स्पष्टता के होते हुए भी मार्टिन्डेल कहते हैं कि हमें सामान्यतया प्रकार्यवाद का तकनीकी प्रयोग करना चाहिये। इस पद को हम कई बार *लाभदायक गतिविधि (Useful activity) के रूप में और कई बार केवल गतिविधि के अर्थ में लेते हैं।* रोबर्ट मर्टन ने भी आग्रहपूर्वक यह कहा है कि अंग्रेजी शब्द 'फक्शन' (Function) बातचीत में कई अर्थ में प्रयुक्त होता है। वास्तव में इसका प्रयोग बहुत लचीला है। उदाहरण के लिये हम *फक्शन (Function) के पाँच अर्थ लेते हैं।* फंक्शन का *पहला अर्थ* किसी सार्वजनिक सभा या त्यौहार से लिया जाता है। हम समाचार पत्रों में प्रायः पढ़ते हैं कि राष्ट्रपति अमुक फंक्शन में व्याख्यान देंगे।

इस पद का *दूसरा प्रयोग* किसी न किसी व्यवस्था के संदर्भ में होता है। मैक्स वेबर एक स्थान पर विभिन्न व्यवसायों में व्यक्ति के फंक्शन की व्याख्या करते हैं। वे लिखते हैं कि जब अर्थशास्त्री व्यवसायों का वर्गीकरण करते हैं तो सहजता से कहते हैं कि समूह के *फंक्शन्स* (यानि प्रकार्यों) का विश्लेषण होना चाहिये। इसी को सारजेंट फ्लोरेंस व्यावसायिक विश्लेषण कहते हैं। इस तरह के अर्थ के अनुसार *फंक्शन का सम्बन्ध व्यवसाय से जोड़ा जाता है।*

प्रायः राजनीतिशास्त्र में फंक्शन का एक *तीसरा प्रयोग* बहुत सामान्य व लोकप्रिय है। यहाँ इसका अर्थ *क्रिया कलापों* (Activities) से लिया जाता है। कहा जाता है कि राज्यपाल के फंक्शन का जो प्रयोग होता है, वह *चौथा प्रकार* है। यहाँ *फंक्शन के चरों के पारस्परिक सम्बन्धों* के अर्थ में लिया जाता है। अपने प्रयोग में वे कहते हैं कि चरों में *फंक्शन* आत्मनिर्भरता होती है। और *पाँचवा प्रकार* वह है जिसे समाजशास्त्री काम में लाते हैं इसके अनुसार फंक्शन वह गतिविधि है जिसके द्वारा समाज से सम्पूर्ण व्यवस्था बनी रहती

है। उदाहरण के लिये जब पुस्तकालय में बुक *लिफ्टर वांछित पुस्तक को उपलब्ध कराने में किसी गतिविधि को करता है तो उसकी यह गतिविधि पुस्तकालय की सम्पूर्ण व्यवस्था को बनाये रखने में सहायक बनती है। यानि बुक लिफ्टर का काम पुस्तकालय के अन्य कामों से जुड़ा है, इसलिये उसकी यह गतिविधि फंक्शन प्रकार्य है।*

अगर ऐतिहासिक दृष्टि से देखे तो समाजशास्त्र में प्रकार्यात्मक विश्लेषण की परम्परा बहुत पुरानी है। इस प्रकार का विश्लेषण हमें अगस्त कॉम्त (1798-1857) और *हर्बट स्पेन्सर* (1820-1903) की कृतियों में देखने को मिलता है। आगे चलकर इमाइल दुर्खाइम (1858-1917) ने इस प्रकार के विश्लेषण को विकसित किया। प्रकार्यवादी सिद्धान्त का संशोधित रूप हमें *टालकट पारसंस* और *रोबर्ट मर्टन* की कृतियों में देखने को मिलता है। अमेरिका में तो इस शताब्दी के चौथे और पाँचवे दशक में समाजशास्त्रीय सिद्धान्त में प्रकार्यात्मक सिद्धान्त चरम उत्कर्ष पर था। ई. 1950 के बाद प्रकार्यात्मक सिद्धान्त की लोकप्रियता में उत्तरोत्तर कमी आने लगी। आज तो यह सिद्धान्त अपने खस्ता हाल में है।

प्रकार्यवाद समाज को एक व्यवस्था मानकर चलता है। इसका मतलब हुआ कि *समाज के विभिन्न भाग परस्पर रूप से जुड़े हुए है और उनका जोड़ ही सम्पूर्ण समाज को बनाता है। जब हम समाज का विश्लेषण करते हैं तो उसमें किसी* भी इकाई को लेकर उसके सम्बन्ध अन्य इकाइयों और सम्पूर्ण समाज के साथ देखते हैं। इस तरह यदि हम परिवार और धर्म का अध्ययन करते हैं तो उन्हें पृथक इकाई मानकर नहीं चलते। इन संस्थानों का सम्बन्ध हम सम्पूर्ण समाज के साथ जोड़ते हैं। विशेषकर हम देखते हैं कि परिवार या धर्म किस प्रकार सम्पूर्ण सामाजिक व्यवस्था को अपना योगदान करते हैं। जैसा कि हमने प्रारम्भ में कहा है, शुरू के सिद्धान्तवेता प्रकार्यवादी विश्लेषण में *समाज और सावयव* (Society and Organism) दोनों की समानता के स्तर पर तुलना करते थे।

किसी भी व्यवस्था के जीवित रहने के लिये कुछ आवश्यकताएं होती हैं। इन आवश्यकताओं की पूर्ति के बिना व्यवस्था का जीवित असंभव बन जाता है। उदाहरण के लिये यदि मनुष्य के शरीर को जीवित रहना है तो उसे वायु चाहिये, पानी चाहिये, ऊर्जा चाहिये और अन्य वस्तुओं की आवश्यकता के अतिरिक्त बाहरी खतरों से सुरक्षा चाहिये। प्रकार्यवादी व्यवस्था को बनाये रखने के लिये जो बुनियादी जरुरतें होती हैं उन्हें पूर्व-आवश्यकताएं (Pre-requisites) कहते है। जब तक ये पूर्व आवश्यकताएं पूरी नहीं होती, व्यवस्था चल नहीं सकती।

इस अध्याय के पिछले पृष्ठों में हमने प्रकार्यवादी सिद्धान्त की एक लम्बी भूमिका रखी है। इसके बाद अब हम प्रकार्यवाद के अर्थ को स्पष्ट करने वाली कुछ परिभाषाओं को यहाँ रखेंगे।

अगस्त कॉम्त : सावयवी प्रकार्यवाद

सामान्यतया अगस्त कॉम्त को समाजशास्त्र का संस्थापक विचारक माना जाता है। उनके युग में फ्रांस की राज्य क्रान्ति के परिणामस्वरूप सम्पूर्ण यूरोप के समाज में अशांति और अव्यवस्था फैल गयी थी। इस तरह की दुर्व्यवस्था में कॉम्त ने यह सोचना प्रारम्भ किया कि समाज की बहुत बड़ी आवश्यकता उसका सामूहिक दर्शन है। लोगों में भाई चारा होना चाहिये, एक प्रकार की व्यवस्था होनी चाहिये जिससे लोग अपने उद्देश्य को पा सकें। इस तरह की समझ को विकसित करते हुए कॉम्त ने प्रकार्यवाद को परिभाषित किया। वे पहले समाजशास्त्री थे *जिन्होंने सावयव और समाज को समान स्तर पर रखा। जिस प्रकार शरीर के विभिन्न अंग परस्पर प्रकार्यों द्वारा जुड़े हुए होते हैं उसी प्रकार समाज के विभिन्न अंग भी प्रकारों द्वारा परस्पर जुड़े हुए हैं। अतः प्रकार्यवाद समाज की प्रत्येक संस्था के कार्य को सम्पूर्ण समाज के संदर्भ में देखता है। संक्षेप में अगस्त कॉम्त के अनुसार प्रकार्यवाद एक खास प्रकार का सावयववाद (Organicism) है।*

हर्बर्ट स्पेन्सर : विश्लेषणात्मक प्रकार्यवाद

हर्बर्ट स्पेन्सर (1820-1903) अपने समकालीन प्रकार्यवादियों की तरह इस ब्रह्माण्ड को कई भागों या खण्डों में बंटा हुआ देखते हैं। मुख्य रूप से ब्रह्माण्ड के तीन खण्ड है : (1) अकार्बनिक (जिसे भौतिक एवं रासायनिक), (2) कार्बनिक (जैसे जैविकीय और मनोवैज्ञानिक) और (3) अधि-सावयवी (जैसे समाजशास्त्रीय)। हर्बर्ट स्पेन्सर ने ब्रह्माण्ड के इन तीनों खण्डों की विशद व्याख्या की है। *वे यह स्थापित करते हैं कि समाजशास्त्रीय खण्ड का सम्बन्ध कार्बनिक और अकार्बनिक खण्डों के साथ है। इस तरह का सम्बन्ध उनके अनुसार प्रकार्यात्मक सम्बन्ध है।* अतः यदि स्पेन्सर की भाषा में हम प्रारम्भिक प्रकार्यवाद को परिभाषित करें तो कहेंगे कि *यह वह सिद्धान्त है जो ब्रह्माण्ड के तीनों खण्डों के पारस्परिक सम्बन्धों को प्रकार्यात्मक विधि से देखता है।*

इमाइल दुर्खाइम : सामाजिक तथ्यों का प्रकार्यात्मक विश्लेषण

दुर्खाइम ने 'द डिविजन ऑफ लेबर इन सोसायटी' (The Division of Labour in Society, 1893) में हर्बर्ट स्पेन्सर की कटु आलोचना की है। स्पेन्सर ने जब जैविकीय व्यवस्था की तुलना सामाजिक व्यवस्था से की, तो दुर्खाइम को यह स्वीकार नहीं हुआ। दुर्खाइम तो समाज को एक वास्तविकता मानते हैं। इनकी 'डिवीजन ऑफ लेबर' पुस्तक का मुख्य उद्देश्य सामाजिक तथ्यों का प्रकार्यात्मक विश्लेषण करना है। *वे मानते हैं कि समाज की कुछ प्रकार्यात्मक पूर्व आवश्यकताएँ (Functional Pre-requisites) होती है। इन आवश्यकताओं में सबसे महत्वपूर्ण आवश्यकता सामाजिक व्यवस्था (Social Order) का बना रहना है। वे प्रश्न करते हैं कि व्यक्तियों को किस प्रकार एकीकृत करके समाज की व्यवस्था में रखा जा सकता है?* इसका उत्तर उनके अनुसार सर्वसम्मति (Consensus) है।

इसी *सर्वसम्मति* को उन्होंने *सामूहिक चेतना* यानि *समाज द्वारा स्वीकृत सामान्य विश्वासों और संवेगों में रखा है।* जब तक समाज के सभी सदस्य बुनियादी नैतिक मुद्दों पर सर्वसम्मति नहीं रखते, सामाजिक सुदृढ़ता नहीं आ सकती। इसके अभाव में न तो लोगों में सहयोग होगा और न पारस्परिकता। यह सामूहिक चेतना ही समाज के सदस्यों पर दबाव डालती है और इस प्रकार समाज की पूर्व आवश्यकताएँ पूरी होती है। आगे चलकर दुर्खाइम कहते हैं कि प्रत्येक व्यक्ति में समाज का दर्शन होता है।

उपरोक्त तर्कों के आधार पर दुर्खाइम ने धर्म का प्रकार्यात्मक विश्लेषण किया है। धर्म में वस्तुएँ पवित्र इसलिये हैं क्योंकि समाज उन्हें पवित्र मानता है। दुर्खाइम का प्रकार्यवाद इस भाँति *सामाजिक तथ्य* (Social Facts) से जुड़ा हुआ है। सामाजिक तथ्य ही जिसमें सामूहिक चेतना है समाज के विभिन्न व्यक्तियों को एक सूत्र में बांधता है और यही प्रकार्यवाद है।

टालकट पारसंस : ***बुनियादी प्रकार्यात्मक पूर्व आवश्यकतायें***

प्रकार्यवाद का पर्याय पारसंस है और पारसंस का समाज अर्थ प्रकार्यवाद है, दोनों जैसे एक सिक्के के दो पहलू हैं। लगभग 50 वर्षों तक अमेरिका के समाजशास्त्र में पारसंस का दबदबा रहा। पारसंस की लिखने की पद्धति ही कुछ ऐसी रही कि वे चाहने पर भी सैद्धान्तिक विश्लेषण से अपने आपको परे नहीं रख सके। सच में पारसंस के लिये सिद्धान्त एक ऐसा रोग था जिसका कोई निदान नहीं था। प्रकार्यवादी सिद्धान्त को प्रस्तुत करने से पहले पारसंस यह प्रश्न उपस्थित करते हैं कि : सामाजिक व्यवस्था को बनाये रखना किस तरह सम्भव है? इसके उत्तर मे पारसंस कहते हैं कि हमारे सामाजिक जीवन में प्रत्येक व्यक्ति एक-दूसरे से मिल जुलकर अपना हित साधना चाहता है। व्यक्ति की प्रकृति विरोध या संघर्ष नहीं होती। ऐसी अवस्था में, सवाल है सामाजिक व्यवस्था को एकसूत्र में बांधकर किस भाँति रखा जा सकता है?

पारसंस मूल्यों के प्रति सर्वसम्मति आवश्यक समझते हैं। मूल्यों की यह सर्वसम्पति ही समाज को एकीकृत करने का बुनियादी नियम है। यदि समाज के सदस्य परस्पर एक दूसरे के मूल्यों के प्रति आस्था रखते हैं, प्रतिबद्धता रखते हैं, तो समाज में एकता स्थापित हो सकती है। वस्तुतः पारसंस समाज को एक व्यवस्था की तरह मानकर चलते हैं। सामाजिक व्यवस्था की चार बुनियादी प्रकार्यात्मक पूर्व आवश्यकताएं हैं : (1) *अनुकूलन* (Adaptation), (2) *लक्ष्य प्राप्ति* (Goal Attainment), (3) *एकीकरण* (Integration) और (4) *प्रतिमान अनुरक्षण* (Pattern- Maintenance)।

उपरोक्त पूर्व आवश्यकताएं वस्तुतः व्यवस्था की समस्याएँ हैं। अतः यदि ये पूर्व आवश्यकताएं पूरी नहीं की जाती तो व्यवस्था का अस्तित्व खतरे में पड़ जायेगा। *व्यवस्था के सदस्यों की वे गतिविधियाँ जो इन पूर्व आवश्यकताओं को पूरा करती हैं, प्रकार्य है।* कोई भी गतिविधि प्रकार्य नहीं है। हम स्नान करते हैं, कपड़े पहिनते हैं, कार चलाते हैं और ऐसी

ही अगणित गतिविधियाँ करते है। प्रत्येक गतिविधि में कम-ज्यादा ऊर्जा भी खर्च होती है। फिर भी ये गतिविधियाँ प्रकार्य नहीं कहलाती। लेकिन जब हम यातायात को एक व्यवस्था मानते हैं तब सड़क की बायीं ओर कार चलाना, लाल बत्ती पर वाहन रोकना, ऐसी गतिविधियाँ है जो यातायात *व्यवस्था के नियमों के साथ अनुकूलन करती हैं, तो इन गतिविधियों को हम प्रकार्य कहते हैं। गतिविधियाँ प्रकार्य तब बन जाती है जब वे व्यवस्था के मूल्यों के साथ अपना ताल-मेल बैठाती है। यदि हम व्यवस्था को अपना केन्द्र मानकर प्रक्रिया को देखे तो कहना होगा कि व्यवस्था की पूर्व आवश्यकताओं को पूरा करने के लिये कोई न कोई प्रकार्य अवश्य होंगे। अतः पारसंस के अनुसार प्रकार्यवाद व्यवस्था के साथ सम्बद्ध है, बन्धा हुआ है।*

रोबर्ट मर्टन : ***प्रकार्य व्यवस्था को बनाये रखने के लिये अनुकूलन कहते हैं।***

मर्टन ने प्रकार्यवादी विश्लेषण के लिये एक पेराडिम (Paradigm) यानि मॉडल को बनाया है। इसमें जब वे प्रकार्यात्मक विकल्पों की चर्चा करते है तब प्रकार्यवाद को परिभाषित भी करते हैं। उन्होंने इस परिभाषा में प्रकार्य को तीन भागों में विभाजित किया है:

1. *प्रकार्य (Function) ये वे गतिविधियाँ है जो व्यवस्था को बनाये रखने के लिये व्यवस्था से अनुकूलन करती है।* यदि किसी शहर में सुरक्षा के लिये वाहन चलाने के लिये हेलमेट को पहना जाता है तो वाहन चालक की यह गतिविधि प्रकार्य है। क्योंकि *यह यातायात की व्यवस्था को बनाये रखने में सहायक है* या विद्यालय में जब कोई विद्यार्थी प्रार्थना में सम्मिलित होकर पंक्तिबद्ध खड़ा रहता है तो उसकी यह गतिविधि भी प्रकार्य है, क्योंकि इससे विद्यालय की व्यवस्था जैसी भी है, बनी रहती है। फौज में वरदी को पहनना भी इसी तरह फौज की व्यवस्था को बनाये रखने वाली प्रक्रिया है।
2. *दुष्प्रकार्य (Dysfunction)* जब व्यक्ति की गतिविधि व्यवस्था को बनाये रखने के लिये अनुकूलन नहीं करती, और इस अर्थ में हेलमेट नहीं पहनते, वरदी नहीं पहनते, प्रार्थना में सम्मिलित नहीं होते तो इसे मर्टन दुष्प्रकार्य कहते हैं। अतः दुष्प्रकार्य *ऐसी गतिविधि है जो व्यवस्था को बनाये रखने में अवरोधक है।*
3. *अप्रकार्य (Non-function) यह वह गतिविधि है जिसके होने न होने से व्यवस्था में कोई अन्तर नहीं पड़ता। इस गतिविधि का व्यवस्था के बनाव बिगाड़ से कोई सरोकार नहीं होता।* यदि किसी छात्रावास में विद्यार्थी रात भर जागता है और इस दौरान कई बार चाय व पानी पीता है तो उसकी यह गतिविधि अप्रकार्य है। विद्यार्थी के ऐसा करने से छात्रावास की व्यवस्था में कोई बिगाड़ नहीं आता।

यदि हम मर्टन द्वारा दी गयी प्रकार्य की परिभाषा का गहन विश्लेषण करें तो इससे स्पष्ट है कि *प्रकार्य का सम्बन्ध व्यवस्था से होता है और व्यवस्था वह है जिसमें एकाधिक कर्ता (Actors) मानक, मूल्य और उद्देश्य है। व्यवस्था की बहुत बड़ी विशेषता यह है कि इसमें निरन्तरता होती है।* समाज में कोई भी व्यवस्था बनी बनाई नहीं होती। अनुसंधान कर्ता

अपने अध्ययन के मुद्दे के संदर्भ में किसी भी व्यवस्था को परिभाषित करता है। किसी अनुसंधानकर्ता के लिये परिवार व्यवस्था हो सकती है, किसी के लिये माता-पिता व्यवस्था हो सकते हैं। व्यवस्था वास्तव में अनुसंधानकर्ता की परिभाषा पर निर्भर है। व्यवस्था के इसी संदर्भ में हमें प्रकार्य को परिभाषित करना चाहिये।

पिछले पृष्टों में हमने प्रकार्यवाद की व्याख्या और इसकी परिभाषा प्रस्तुत की है। यह निर्विवाद है कि प्रकार्यवादी सिद्धान्त समाजशास्त्र में उतना ही पुराना है जितना स्वयं समाजशास्त्र। इसका उद्‌गम 19 वीं शताब्दी के अंतिम दशक से है, यानि अगस्त कॉम्त से। इस सिद्धान्त में उतार-चढ़ाव भी हुए है, लेकिन आज तो कुछ प्रकार्यात्मक सिद्धान्त है वह बहुत कुछ संशोधित रूप में है। प्रकार्यवाद की हम सावयव से तुलना करें या इसे एक व्यवस्था के रूप में देखें तो इसके पीछे महत्वपूर्ण मुद्दा समाज के विविध व्यक्तियों में सर्वसम्मति पैदा करना पाते हैं। 18वीं शताब्दी के यूरोप में जहां एक ओर फ्रांस की राज्य क्रांति हुई, वही दूसरी ओर औद्योगिक क्रांति ने बरसों से काम करते आये कारीगरों और दस्तकारों को अपने व्यवसाय से बेदखल कर दिया। इस शताब्दी के प्रारम्भ में ऐसा लगा कि कहीं यूरोप का परम्परागत समाज ताश के पत्तों की तरह बिखर न जाये। इस युग के विचारकों के सामने सबसे बड़ी समस्या सामाजिक व्यवस्था में एकीकरण स्थापित करना था, व्यवस्था कायम करनी थी और इस तरह की सामाजिक व्यवस्था स्थापित करने के लिये समाज की मूलभूत आवश्यकताओं की पूर्ति होनी थी। चाहे दुर्खाइम सामाजिक तथ्य और व्यक्ति पर उसके दबाव की चर्चा करते हों, चाहे अगस्त कॉम्त और स्पेन्सर समाज को सावयव समझते हों, बुनियादी समस्या किसी मूल्य व्यवस्था के द्वारा समाज को बांधकर रखने की थी। शायद इसी कारण वह विगत 150 वर्षों में प्रकार्यात्मक सिद्धान्त अपनी प्रतिष्ठा को बनाये रख सका है।

प्रकार्यवाद मनुष्यों की गतिविधियों से जुड़ा हुआ है। ये गतिविधियाँ बकौल, दुर्खाइम समाज को एकीकृत करने के लिये होती हैं या पारसंस और मर्टन की पदावली में व्यवस्था को बनाये रखने के लिये होती है। जब गतिविधि समाज या व्यवस्था के एकीकरण के लिये होती है, लक्ष्यों की प्राप्ति के लिये होती है, तो यही प्रकार्यवाद है।

सामाजिक मानवशास्त्र में प्रकार्यवाद

(Functionalism in Social Anthropology)

समाजशास्त्रीय प्रकार्यवादी सिद्धान्त में पूर्ण विराम आ गया होता यदि दुर्खाइम के बाद सामाजिक मानवशास्त्रियों ने इस सिद्धान्त की परम्परा को आगे नहीं बढ़ाया होता। मानवशास्त्रियों में *ब्रानिस्ला मेलिनोस्की तथा रेडक्लिफ ब्राउन* ने प्रकार्यवाद सिद्धान्त को 20 वीं शताब्दी के प्रारम्भ में एक नया आयाम दिया। मेलिनोस्की वस्तुतः लंदन निवासी थे। उन्होंने ट्राब्रिएण्ड टापू के आदिवासियों में क्षेत्रीय कार्य किया था। अपने समय के वे एक प्रतिष्ठित मानवशास्त्री थे। जब हमारे देश में ब्रिटिश उपनिवेशवाद था तब ब्रिटिश

प्रशासनिक सेवा के अधिकारी हमारे यहां भेजे जाते थे। उन्हें प्रशिक्षण देने में मेलिनोस्की अग्रणी थे। यह मेलिनोस्की के प्रशिक्षण के परिणामस्वरूप है कि हमारे यहां रिज़ले, रसेल, ओ-मेले, आदि ने प्रशासनिक कार्य करने के अतिरिक्त मानवशास्त्रीय अनुसंधान भी किये। स्वतन्त्रता प्राप्ति के बाद मेलिनोस्की जैसे मोटे गुरु का प्रभाव भारतीय मानवशास्त्र पर पड़ा। उपनिवेशवादी भारत में आदिवासियों के अध्ययन के परिणामस्वरूप मेलिनोस्की ने प्रकार्यवादी परम्परा को नये सिरे से प्रस्तुत किया।

रेडक्लिफ ब्राउन अमेरिका के मानवशास्त्री थे। उन्होंने भी अफ्रीका के आदिवासियों के गहन अध्ययन के परिणामस्वरूप मानवशास्त्रीय परम्परा को आगे बढ़ाया। यद्यपि इन दोनों मानवशास्त्रियों ने प्रकार्यवादी सिद्धान्त को सुस्पष्ट किया और दुर्खाइम की प्रकार्यवादी परम्परा को आगे बढ़ाया, किन्तु *इन दोनों में बौद्धिक समानता के होते हुए भी इनका प्रकार्यात्मक सिद्धान्त अपने संदर्श में एक-दूसरे से भिन्न है। भिन्नता के होते हुए भी दोनों ने जो कुछ अपने सिद्धान्त में रखा है वह आदिम समाजों के अध्ययन के परिणामस्वरूप है।* इस बुनियादी तथ्य को मानवशास्त्रीय प्रकार्यवादी परम्परा के विश्लेषण में भूलना नहीं चाहिये।

रेडक्लिफ ब्राउन का प्रकार्यवाद (1881-1955)

रेडक्लिफ ब्राउन पर कुछ लिखने से पहले हम एक बार दुर्खाइम का उल्लेख करना चाहेंगे। दुर्खाइम ने प्रकार्यवादी संदर्श में दो तथ्यपूर्ण बाते कहीं थी। *पहली बात तो यह है कि हमारा सामाजिक जीवन सावयवी जीवन की तरह है। दोनों में तुलना हो सकती है – एक तरह से दोनों पर्याय हैं। दूसरी बात यह कि दुर्खाइम ने सबसे पहली बार प्रकार्यवादी अवधारणा को समाज के वैज्ञानिक अध्ययन के लिये लागू किया। सारतः दुर्खाइम ने कहा कि समाज की कुछ निश्चित आवश्यकताएं होती हैं और इन आवश्यकताओं की पूर्ति प्रकार्य करते हैं।*

रेडक्लिफ ब्राउन दुर्खाइम की परम्परा पर चलते हैं। उन्होंने मोटे रूप से दुर्खाइम की सैद्धान्तिक रूपरेखा को स्वीकार तो किया पर उसमें एक बुनियादी अन्तर कर दिया। जिसे *दुर्खाइम समाज की आवश्यकताएं कहते हैं, ब्राउन इन्हें जीवित रहने की आवश्यक दशा (Necessary condition of existence) मानते हैं। उनका कहना है कि समाज के अस्तित्व की आवश्यक दशाओं का मूल्यांकन आनुभविक अध्ययन द्वारा किया जा सकता है। इस सम्बन्ध में ब्राउन का निष्कर्ष यह है कि समाज के अस्तित्व के लिये सामान्य दशाओं का पता लगाना बहुत कठिन है। अतः प्रत्येक समाज में वे प्रकार्य प्रचलित पाये जाते हैं जो समाज के जीवित रहने के लिये अपरिहार्य हैं।*

इस सम्बन्ध में रेडक्लिफ ब्राउन की मान्यताएं निम्न प्रकार से हैं :

1. समाज को अपना अस्तित्व बनाये रखने की या जीवित रहने की एक आवश्यक दशा यह है कि समाज के विभिन्न भागों में एकीकरण होना चाहिये।
2. प्रकार्य का तात्पर्य उन प्रक्रियाओं से है जो समाज के इस अनिवार्य एकीकरण या

सुदृढ़ता को बनाये रखे।

3. प्रत्येक समाज में ऐसे संरचनात्मक तत्वों की शिनाख्त हो सकती है जो आवश्यक सुदृढ़ता को बनाये रखती हैं।

तात्विक रूप से रेडक्लिफ ब्राउन का प्रकार्यात्मक उपागम किसी भी तरह से दुर्खाइम से भिन्न नहीं है। रेडक्लिफ ब्राउन समाज को वास्तविकता मानते हैं। समाज अपने आप में सब कुछ है। इस मान्यता के कारण ब्राउन समाज के सांस्कृतिक तत्वों का गहनता से अध्ययन करते हैं। यह इसी कारण है कि वे नातेदारी, धार्मिक संस्कार और विवाह का अध्ययन इस संदर्श में करते हैं कि ये सांस्कृतिक तत्व किस सीमा तक समाज में एकीकरण व सुदृढ़ता को प्रदान करते हैं। ऐसा करने में उनकी पहली शर्त यह है कि प्रत्येक समाज में किसी न किसी तरह की न्यूनतम सुदृढ़ता अवश्य होनी चाहिये। इसके बाद सामाजिक संस्थाओं व संस्कारों की भूमिका को सुदृढ़ता के संदर्भ देखा जा सकता है। उनका निष्कर्ष है कि वंश परम्परा (Lineage) एक ऐसी व्यवस्था है जो कई प्रकार के संघर्षों को हल कर लेती है।

रेडक्लिफ ब्राउन के प्रकार्यात्मक सिद्धान्त की आलोचना भी हुई है। उदाहरण के लिये जोनाथन टर्नर की टिप्पणी है कि रेडक्लिफ़ ब्राउन की 'न्यूनतम सुदृढ़ता' की पहचान कैसे होगी? आखिर न्यूनतम से उनका क्या तात्पर्य है? इसका यह भी मतलब है कि एक सीमा तक न्यूनतम सुदृढ़ता वाला समाज एकीकृत तो है ही। टर्नर जहां आलोचनात्मक टिप्पणी करते हैं, वहीं ब्राउन की प्रशंसा में कहते हैं कि उन्होंने सामाजिक जीवन को सावयवी जीवन के साथ पूरी तरह दुर्खाइम की भांति जोड़ा नहीं है। ब्राउन ने स्पष्ट रूप से कहा है कि इस तरह की तुलना खतरे से खाली नहीं है।

मेलिनोस्की का प्रकार्यवाद (1884-1942)

हो सकता है रेडक्लिफ ब्राउन के बाद प्रकार्यात्मक सिद्धान्त की गति थम जाती। जो कुछ दुर्खाइम ने समाजशास्त्रीय प्रकार्यवाद को दिया था, उससे आगे ब्राउन को कुछ नहीं देना था। *एक तरह से दुर्खाइम और रेडक्लिफ ब्राउन का कथन या उपलब्धि यही थी कि समाज की एक बुनियादी आवश्यकता होती है और वह है उसका एकीकरण।* इस कथन के बाद इन दोनों सिद्धान्तवेत्ताओं को केवल यही कहना था कि किस सीमा तक समाज के विभिन्न भाग एकीकरण की इस आवश्यकता को पूरा करते हैं।

मेलिनोस्की का प्रकार्यवाद इस तरह के बन्धन को स्वीकार नहीं करता। उन्होंने हर्बर्ट स्पेन्सर के उपागम को पुनः स्थापित किया। एक तरह से मेलिनोस्की ने स्पेन्सर से दो तथ्य उधार लिये। पहला तो यह कि *किसी भी व्यवस्था के अपने स्तर होते हैं।* दूसरा यह कि *समाज जिस स्तर पर होता है यानि जितना विकसित और अविकसित है उसकी अपनी आवश्यकताएं होती हैं।* एक तरफ तो आदिवासी समुदाय है–एकदम अविकसित और न्यूनतम आवश्यकताओं से युक्त और दूसरी तरफ औद्योगिक समुदाय है जिसकी आवश्यकताएं अगणित व असीमित है। विभिन्न स्तरों वाले इन समाजों की आवश्यकताएं

एक समान नहीं है। यही बात बहुत स्पष्ट रूप से स्पेन्सर ने भी कही, जिसे मेलिनोस्की ने दोहराया।

मेलिनोस्की का कहना है कि किसी भी एक समाज को तीन स्तरों पर देखा जा सकता है 1. जैविकीय, 2. संरचनात्मक और 3. प्रतीकात्मक। इन तीनों स्तरों पर समाज की अलग-अलग बुनियादी आवश्यकताएं होती हैं। *जैविकीय स्तर* पर समाज अपने सदस्यों के स्वास्थ्य, पोषण, बीमारी से बचाव, आदि आवश्यकताओं को पूरा करना अनिवार्य समझता है। *संरचनात्मक स्तर* पर समाज अपनी अखण्डता को बनाये रखना चाहता है और *प्रतीकात्मक स्तर* पर समाज अपनी सांस्कृतिक एकता रखना चाहता है। मेलिनोस्की समाज के इन स्तरों को विभिन्न सोपानों से भी देखते हैं।

मेलिनोस्की की यह दृढ़ मान्यता है कि मनुष्य के जीवित रहने के लिये जो बहुत बड़ी आवश्यकता है वह भोजन और मानसिक सुरक्षा है। हमेशा इस तथ्य को ध्यान में रखना चाहिये कि सभ्यता की बुनियाद जैविकीय है। यह जैविकीय तथ्य उसकी संस्कृति से जुड़ा हुआ है। मेलिनोस्की के अनुसार मनुष्य में कुछ मूल प्रवृतियां और संवेग होते हैं, कुछ विचार व भावनाएं होती हैं जिनका निर्वाह जैविकीय स्तर पर होता है। अतः किसी समाज की संस्कृति को समझने के लिये जैविकीय व मनोवैज्ञानिक तत्वों को अवश्य समझना चाहिये। इन तत्वों से कभी भी बचा नहीं जा सकता। जैविकीय और मनोवैज्ञानिक तथ्यों के आधार पर मेलिनोस्की पूरी तरह से रेडक्लिफ ब्राउन से भिन्न हैं।

मेलिनोस्की का तर्क यह है कि समाज के ये तीन स्तर बुनियादी हैं और समाज कहीं का भी हो, भारत या अमेरिका का, सभी समाजों में ये तीनों स्तर सामान्य रूप से पाये जाते हैं। *प्रत्येक समाज चाहता है कि उसकी स्वास्थ्य सम्बन्धी आवश्यकता पूरी हो, उसकी संरचना एकीकृत और अखंड हो तथा इससे आगे समाज के प्रतीकों में सांस्कृतिक एकता हो।*

समाजों में सार्वभौमिक रूप से पाये जाने वाले ये कुछ तत्व या गुण विस्तारपूर्वक मेलिनोस्की ने निम्न बिन्दुओं में प्रस्तुत किये हैं। ये तत्व वस्तुतः समाज के तीन स्तरों – जैविकीय, संरचनात्मक एकता और प्रतीकात्मक– सांस्कृतिक एकता के उपभाग हैं :

1. *व्यक्तियों की भागीदारी :* समाज की किसी भी गतिविधि में जो समाज में प्रचलित है, कौन और कैसे लोग भाग लेते हैं।
2. *उद्देश्य :* गतिविधि या प्रसंग जिसमें लोग अपनी भागेदारी देते हैं, उस प्रसंग या संस्था के लक्ष्य क्या हैं?
3. *मानक :* वे कौनसे मानक या नियम उपनियम हैं जो लोगों की भागेदारी को संचालित व नियंत्रित करते हैं?
4. *भौतिक उपकरण :* समाज में वे कौनसे यंत्र-तंत्र, औजार, तकनीकी, उपकरण आदि हैं जिनकी सहायता से समाज के सदस्यों के व्यवहार को संगठित व नियमित किया जाता है?

5. *गतिविधि :* समाज के सदस्यों की विभिन्न गतिविधियों का विभाजन किस प्रकार किया जाता है ? कौन किस गतिविधि को करता है ? समाज का श्रम विभाजन कैसा है ?
6. *प्रकार्य :* कौनसी गतिविधियाँ समाज की अखण्डता और उसके एकीकरण को बनाये रखती हैं ?

यह कहना अनुचित नहीं होगा कि जब समाजशास्त्री हर्बर्ट स्पेन्सर को भूल चुके थे, जब दुर्खाइम की छवि धुंधली हो चुकी थी, ऐसे समय में मेलिनोस्की ने *प्रकार्यवादी सिद्धान्त को एक नया आयाम दिया, पूरी तरह से नयी दिशा दी। उन्होंने इस सिद्धान्त को स्थापित किया कि कुछ ऐसी सार्वभौमिक आवश्यकताएं होती है जो समाज के प्रत्येक स्तर (जैविकीय, संरचनात्मक व प्रतीकात्मक) पर पायी जाती है। इन आवश्यकताओं की प्रवृति सार्वभौमिक होती है। मेलिनोस्की ने यह कहा कि ये सब संरचनात्मक स्तर समाजशास्त्रीय विश्लेषण के सार हैं।* इसी तथ्य को टालकट पारसंस ने अधिक दबाव के साथ रखा है।

मानवशास्त्रीय प्रकार्यवाद की तीन अभिधारणाओं की आलोचना : मर्टन के समाजशास्त्रीय प्रकार्यवाद का आविर्भाव

(Critique of Three Postulates of Anthropological Functionalism : Emergence of Merton's Sociological Functionalism)

रोबर्ट मर्टन को यह श्रेय देना चाहिये कि उन्होंने मानवशास्त्र में विकसित प्रकार्यवाद का आलोचनात्मक विश्लेषण किया। उनका तर्क है कि यदि समाजशास्त्र में हमें प्रकार्यात्मक सिद्धान्त को सुदृढ़ करना है तो मानवशास्त्र से इस क्षेत्र में बहुत कुछ सीखना पड़ेगा। ज्ञान की प्रकृति तो संचयी है और इसी तरह किसी भी विज्ञान का मिजाज भी संचयी होता है। कुछ ऐसे विचारों से प्रेरित होकर उन्होंने मेलिनोस्की तथा रेडक्लिफ ब्राउन द्वारा विकसित प्रकार्यवाद का गहन अध्ययन किया। उनके अध्ययन के सार स्वरूप *इन दो मानवशास्त्रियों ने जो कुछ अपनी उपलब्धियों के रूप में रखा है, उसे तीन अभिधारणाओं (Postulates) के रूप में प्रस्तुत किया जा सकता है।* ये अभिधारणाएं तात्विक रूप से तीन तथ्यों को हमारे सामने रखती हैं। *पहला तथ्य* तो यह है कि *प्रत्येक समाज में कुछ ऐसी मानक (Standard) सामाजिक या सांस्कृतिक गतिविधियां होती हैं जो सम्पूर्ण सामाजिक व्यवस्था को सांस्कृतिक एकता प्रदान करती है। दूसरा तथ्य* यह है कि *ये सामाजिक तथा सांस्कृतिक तथ्य कुछ समाजशास्त्रीय प्रक्रियाओं को पूरा करते हैं और तीसरा समाज में कुछ तथ्य ऐसे होते हैं जो समाज की आवश्यकताओं को पूरा करने में अपरिहार्य हैं।* इनके अभाव में समाज की आवश्यकताएं पूरी नहीं हो सकती। रेडक्लिफ ब्राउन और मेलिनोस्की की सम्पूर्ण प्रकार्यात्मक उपलब्धियों को मर्टन ने निम्नलिखित तीन अभिधारणाओं में रखा है :

(1) मानवशास्त्रीय प्रकार्यात्मक अभिधारणाएं (Anthropological Functional Postulates)

समाज की प्रकार्यात्मक एकता (Functional Unity of Society) रेडक्लिफ ब्राउन ने अपने निष्कर्षों द्वारा सिद्ध किया कि *प्रत्येक समाज में एक प्रकार्यात्मक एकता होती है। मर्टन के अनुसार मानवशास्त्रीय प्रकार्यवाद की यह पहली अभिधारणा है। रेडक्लिफ ब्राउन के शब्दों में कहें तो किसी भी व्यवहार, बर्ताव या लोकाचार का प्रकार्य यह है कि वह सम्पूर्ण सामाजिक जीवन को चलाने में अपना कोई न कोई निश्चित योगदान करता है।* इसका मतलब यह हुआ कि सामाजिक व्यवस्था में एक निश्चित प्रकार की एकता होती है और इसी को हम प्रकार्यात्मक एकता कहते हैं। *यह वह दशा है जिसमें सामाजिक व्यवस्था के सभी भाग मिल-जुलकर काम करते हैं और इस प्रकार पर्याप्त सीमा तक व्यवस्था में आंतरिक सजातीयता बनी रहती है। इनमें किसी तरह का परस्पर संघर्ष नहीं आता।*

मर्टन ने रेडक्लिफ ब्राउन की एक प्रकार्यात्मक एकता की विशद् व्याख्या की है। यह भी स्पष्ट है कि प्रकार्यात्मक एकता की इस परिकल्पना का आनुभविक परीक्षण किया जा सकता है। लेकिन मर्टन की आलोचना यह है कि प्रथा, रीति-रिवाज आदि जिस प्रकार का एकीकरण लाते हैं, उस एकीकरण का माप क्या है? किसी समाज में यह एकीकरण अधिक हो सकता है तो किसी में कम। तब प्रश्न उठता है कि अधिक या कम एकीकरण किसे कहेंगे? इस तर्क के आधार पर मर्टन ने टिप्पणी की कि आनुभविक जीवन में मानव समाज में पूर्ण प्रकार्यात्मक एकता पाना बहुत कठिन है। एक ही समाज में रहने वाले कुछ समूहों के लिये कतिपय रीति-रिवाज, लोकाचार, प्रकार्यात्मक हो सकते हैं लेकिन कुछ के लिये दुष्प्रकार्य। उदाहरण के लिये किसी धार्मिक उत्सव के आयोजन करने वालों के लिये ध्वनि विस्तारक यंत्र प्रकार्यात्मक हो सकते हैं, लेकिन दूसरे लोगों के लिये ये यंत्र ध्वनि प्रदूषण फैलाने वाले। इसी तरह कुछ समूहों के लिये मांसाहारी भोजन प्रकार्यात्मक और प्रतिष्ठाजनक हो सकता है लेकिन शाकाहारियों के लिये यही भोजन आपत्तिजनक यानि दुष्प्रकार्यात्मक होगा।

पिछड़े समाजों में जैसे आदिवासियों में धर्म की भूमिका प्रकार्यात्मक एकता स्थापित करने वाली हो सकती है, पर एक औद्योगिक समाज में जहां विभिन्न धर्मालम्बी होते हैं, धर्म दुष्प्रकार्य भी हो सकता है। हमारे देश में तो साम्प्रदायिक दंगों और तनावों के लिये प्रायः धर्म को दोषी ठहराया जाता हैं। धर्म व राजनीति का गठबन्धन भी सत्ता हथियाने का एक साधन समझा जाता है। इस संदर्श में मर्टन की स्थापना है कि किसी भी प्रथा, रिवाज और लोकाचार को अनिवार्य रूप से समाज की प्रकार्यात्मक एकता के लिये उत्तरदायी समझना रेडक्लिफ ब्राउन का भ्रम था। हाँ, आदिम समाजों में जो आकार में छोटे, पिछड़े और अनपढ़ होते हैं, सांस्कृतिक प्रतीकों के द्वारा समाज की प्रकार्यात्मक एकता बनी रह सकती है।

(2) सार्वभौमिक प्रकार्यवाद
(Universal Functionalism)

मेलिनोस्की के प्रकार्यवाद के अनुसार सभी आदर्श सामाजिक और सांस्कृतिक प्रसंग समाज के लिये एक निश्चित सकारात्मक प्रकार्य हैं। *सामाजिक और सांस्कृतिक आदर्शों की यह अभिधारणा* जिसे मेलिनोस्की ने विकसित किया है, समाज में प्रकार्यात्मक रूप से अधिक होती है। *इन सामाजिक और सांस्कृतिक आदर्शों की यह भूमिका किसी एक सभ्यता या समाज में ही हो, ऐसा नहीं है। मेलिनोस्की के अनुसार ये सामाजिक-सांस्कृतिक आदर्श संसार भर के सभी समाजों में किसी न किसी रूप में अवश्य पाये जाते हैं।*

मेलिनोस्की की तरह क्लूखोन (Kluchohn) ने भी समर्थन में कहा है कि संस्कृति के सभी स्वरूप अपनी कोई न कोई प्रकार्यात्मक उपयोगिता अवश्य रखते हैं। अपने कथन के प्रमाण में मेलिनोस्की और क्लूखोन दोनों ही आदिम समाजों के सामाजिक सांस्कृतिक आदर्शों का उल्लेख करते हुए कहते हैं कि ये तत्व हर तरह से सभी समाजों में उपलब्ध होते हैं।

(3) प्रकार्यों की अपरिहार्यता
(Indispensibility of Functions):

इस अभिधारण को भी मेलिनोस्की ने ही रखा है। इसके पीछे उनका तर्क यह है कि यदि कोई सामाजिक, धार्मिक या सांस्कृतिक रीति-रिवाज किसी समाज में विद्यमान है तो इसका यह अर्थ निकला कि इस प्रथा यानि प्रकार्य के बिना समाज की आवश्यकताओं की पूर्ति नहीं हो सकती। जब तक कोई एक प्रथा समाज में प्रचलित है तो निश्चित रूप से यह समाज की आवश्यकताओं को पूरा करती है। यदि कोई प्रकार्य समाज की आवश्यकताओं को पूरा नहीं करता तो अपने आप समाज इस प्रकार्य को धकेल देगा, उसका अस्तित्व समाप्त कर देगा। एक समय था जब पारसी थिएटर हमारे देश में चरम उत्कर्ष पर थे, जब चल चित्र आया तो उसने पारसी थिएटर का स्थान ले लिया और इस तरह पारसी थिएटर विगत के गर्त में पहुँच गये। आज प्रिंट मिडिया का आविर्भाव सशक्त रूप से हुआ है और इस मिडिया ने चल चित्र को अप्रासंगिक कर दिया है। अतः मेलिनोस्की की अपरिहार्यता की अभिधारणा का यह तर्क है कि *प्रकार्य तब तक समाज में अपना अस्तित्व बनाये रखते हैं जब तक वे समाज की आवश्यकताओं को पूरा करते रहते हैं।*

मर्टन ने अपरिहार्यता के इस विचार को स्वीकार नहीं किया है। उनका कहना है कि *किसी भी समाज व्यवस्था में कोई भी सामाजिक या सांस्कृतिक आदर्श अपरिहार्य नहीं है।* यह सम्भव है कि आदिवासी समाजों में नाच-गान ढोल की ताल की तरह होते हों, यह इसलिये कि ढोल का कोई वैकल्पिक वाद्य यंत्र नहीं है। लेकिन उन्नत और विकसित समाजों में नाच के लिये कई वाद्य-यंत्रों के विकल्प हैं। अतः मर्टन कहते हैं कि *अपरिहार्यता की अवधारणा लघु व अनपढ़ समाजों से ली गयी है और इसलिये इसके विस्तार सीमित है।* वे

तो यहाँ तक कहते हैं कि समाज व्यवस्था के सभी प्रकार्यों के अनेकानेक विकल्प उपलब्ध हैं।

रोबर्ट मर्टन वास्तव में प्रकार्यवादी सिद्धान्त को इस तरह विकसित करना चाहते थे कि उसे संसार के किसी भी समाज पर समान रूप से लागू किया जा सके। इसी उद्देश्य को ध्यान में रखकर उन्होंने मानवशास्त्रीय प्रकार्यवादी सिद्धान्त का आलोचनात्मक निरीक्षण किया। वे रेडक्लिफ ब्राउन या मेलिनोस्की पर कोई आक्षेप नहीं करना चाहते थे। वे तो चाहते थे कि इन मानवशास्त्रियों की जो भी रचनात्मक अभिधारणाएँ है उनके अभावों को दूर किया जाये और एक ऐसा वृहद् समाजशास्त्रीय (प्रकार्यवादी) सिद्धान्त बनाया जाये जो सभी समाजों पर लागू हो सके। मानवशास्त्रीय प्रकार्यवाद में जो भी दोष थे, उनका निराकरण अपने हिसाब से मर्टन ने किया है। अपनी तरह से कुछ नये मुद्दों को जोड़ा है और इसके परिणामस्वरूप जो प्रकार्यवादी सिद्धान्त मर्टन ने बनाया है उसे एक प्राक्कल्पना के रूप में पेराडीम अर्थात मॉडल के रूप में रखते हैं।

समाजशास्त्रीय प्रकार्यवाद : रोबर्ट मर्टन का आनुभविक प्रकार्यवाद

(Sociological Functionalism : Robert Merton's Empirical Functionalism)

रोबर्ट मर्टन एक कट्टर आनुभविकवादी है। यद्यपि मर्टन पारसंस के विद्यार्थी रहे हैं, फिर भी वे अपने गुरु की बौद्धिक आलोचना करने के पीछे नहीं है। उन्होंने पारसंस की प्रकार्यात्मक मीमांसा को स्वीकार नहीं किया है। इन दोनों में एक बहुत बड़ा बुनियादी मतभेद है। पारसंस का मानना है कि *एक ऐसे वृहद् प्रकार्यात्मक सिद्धान्त को बनाया जा सकता है जो अपने विस्तार में समाज के सभी पहलुओं को अपनी पकड़ में ले लेवें। पारसंस की सिद्धान्त निर्माण की यह मीमांसा मर्टन को रास नहीं आती।* सम्पूर्ण व्यवस्था के समाजशास्त्रीय सिद्धान्त के स्तर पर अभी समाजशास्त्र नहीं पहुँचा है। इसी कारण मर्टन कहते हैं कि हमें आनुभविक तथ्यों को अधिक से अधिक एकत्र करना चाहिये। हमें आनुभविक तथ्यों के आधार पर सर्वप्रथम *मध्यस्तरीय सिद्धान्त* (Middle Range Theories) बनाने चाहिये क्योंकि मध्य स्तरीय सिद्धान्त अधिक गहनता लिये होता है। उनका निर्माण *निम्न अमूर्तिकरणों* (Low Abstractions) से होता है और इसलिये वे ठेठ जमीन से जुड़े होते हैं।

मध्य स्तरीय सिद्धान्त (Middle Range Theory)

हम मर्टन के प्रकार्यात्मक सिद्धान्त की विस्तृत व्याख्या करने से पहले यह तथ्य प्रस्तुत करना चाहते है कि मर्टन अपने अनुसंधान में आनुभविक हैं। जब वे सिद्धान्त की परिभाषा देते हैं तो दृढ़तापूर्वक कहते हैं कि सिद्धान्त तार्किक रूप से जुड़ी हुई अवधारणाएं है, जिनका उद्गम आनुभविक समरूपता से होता है। अतः सिद्धान्त की सही कसौटी आनुभविकता है।

समाजशास्त्र में मध्यस्तरीय सिद्धान्त का निर्माण मुख्यतया आनुभविक अनुसंधान के मार्गदर्शन के लिये किया जाता है। *मध्य स्तरीय सिद्धान्त वह है जो सामान्य आनुभविक प्राक्कल्पनाओं और वृहद् व भव्य सिद्धान्त के बीच में होता है।* इसमें निश्चित रूप से अमूर्तिकरण होता है, लेकिन यह अमूर्तिकरण आनुभविक तथ्य सामग्री से प्रत्यक्ष और सीधा जुड़ा होता है। यह अवश्य है कि मध्य स्तरीय सिद्धान्त का विस्तार बहुत सीमित होता है। मर्टन का *संदर्श समूह सिद्धान्त (Referance Group Theory)* या होमन्स का *विनिमय सिद्धान्त* (Exchange Theory) या हमारे देश में जातियों का स्तरीकरण, जातियों में गतिशीलता, शहरों में गन्दी बस्तियां, आदि मध्य स्तरीय सिद्धान्त के दृष्टान्त हैं।

मध्य स्तरीय सिद्धान्त के निर्माण में मर्टन ने प्रकार्यात्मक सिद्धान्त को विकसित किया। जब वे रेडक्लिफ ब्राउन तथा मेलिनोस्की द्वारा दी गयी मानवशास्त्रीय अभिधारणाओं को जो एक प्रकार की प्राक्कल्पनाएं हैं, देते हैं तो इसके पीछे उनका आनुभाविक अनुभव है। इसी कारण मर्टन के प्रकार्यवाद को हम आनुभविक प्रकार्यवाद नाम देते हैं।

समाजशास्त्र में मर्टन का प्रकार्यात्मक विश्लेषण का सिद्धान्त

(Merton's Theory of Functional Analysis in Sociology)

वास्तव में, प्रकार्यात्मक सिद्धान्त का निर्माण जिस प्रकार मर्टन ने किया है, वह एक प्रकार का सैद्धान्तिक संहिताकरण (Codification) है जिसमें वे रेडक्लिफ ब्राउन मेलिनोस्की और पारसंस से जो कुछ ले सकते हैं, उदार हाथ से लेते है। इन सबको वे एक व्यवस्थित श्रेणी या संहिता में रखते हैं और यही उनका प्रकार्यात्मक विश्लेषण का सिद्धान्त है। सबसे पहले वे प्रकार्य पद की मीमांसा करते हैं और सलाह देते हैं कि इस पद के मनमाने प्रयोग को छोड़कर विशिष्ट अर्थ में ही काम में लेना चाहिये। प्रकार्य पद का विशिष्ट अर्थ गणित के चर से जुड़ा है और इसका अर्थ व्यवस्था के एक भाग का सम्बन्ध अन्य भागों और सम्पूर्ण व्यवस्था से होता है। *इसके बाद वे प्रकार्यात्मक विश्लेषण को वैचारिकी के स्तर पर देखते हैं।* प्रकार्यात्मक विश्लेषण अपने आप में बहुत जटिल है। इसके परस्पर विरोधी स्वरूप है। यहां हम मर्टन के प्रकार्यात्मक विश्लेषण को देने से पहले इस विश्लेषण के प्रति समाज विज्ञान में जो विचारधारा प्रचलित है, उसका उल्लेख करेंगे।

प्रकार्यात्मक विश्लेषण एक विचारधारा (Ideology) के रूप में

जब से प्रकार्यात्मक सिद्धान्त का उद्‌गम हुआ है, उस पर कई तरह के आरोप लगाये जाते हैं। विचारधारा के स्तर पर यह कहा जाता है कि प्रकार्यवाद सिद्धान्त न होकर एक निश्चित विचारधारा का पोषक है। *इसे एक दकियानूसी या रूढ़िगत विचार कहा जाता है। कुछ विचारक तो प्रकार्यवादी सिद्धान्त को प्रतिक्रियावादी सिद्धान्त कहते हैं।* इन आरोपों का बहुत बड़ा आधार यह है कि प्रतिक्रियावादी सिद्धान्त में किसी तरह की गतिशीलता नहीं रहती है। इसकी रूचि समाज को उसी अवस्था में बनाये रखने की है, जिस अवस्था में वह है। बस

व्यवस्था टूटे नहीं, यही इस सिद्धान्त का लक्ष्य है। प्रकार्यात्मक सिद्धान्त के निष्क्रिय होने के कारण समाज की यथास्थिति बनी रहती है।

आज का समाज वर्ग समाज है। इस समाज में पूंजीपतियों, उद्यमियों, आर्थिक व राजनैतिक अभिजनों आदि का स्थान सर्वोच्च् है। इसी समाज के अन्तिम छोर पर निम्न वर्ग व दलित है। यदि प्रकार्यवादी संदर्श में देखा जाये तो दलितों व गरीबों का कोई भविष्य नहीं है। उनकी यथास्थिति बनी रहेगी। इस सिद्धान्त पर इन्हीं कारणों से यह आरोप मजबूत होता है कि समाज के उच्च वर्ग प्रकार्यवाद को बढ़ावा इसलिये देते हैं कि समाज में उनकी स्थिति यथावत बनी रहे। पूंजीपति एक माफिया गिरोह की तरह है, जिन्होंने प्रकार्यवादी सिद्धान्त को प्रोत्साहित करने की साजिश कर रखी है।

कुछ विचारक प्रकार्यात्मक विश्लेषण को क्रांतिकारी मानते हैं। यह आरोप रूढिवादी आरोप से बिल्कुल विपरीत है। इसी संदर्श में *लेपियरे* (Lapiere) का कहना है कि प्रकार्यात्मक विश्लेषण अपने दृष्टिकोण में आलोचनात्मक है और अपने निर्णय में व्यवहारिक। यही दृष्टिकोण इस सिद्धान्त को क्रान्तिकारी बना देता है।

रूचिकर बात यह है कि जहां एक ओर प्रकार्यात्मक विश्लेषण को रूढिवादी समझा जाता है, वहीं दूसरी ओर उसे क्रांतिकारी भी। *वास्तविकता यह है कि यह सिद्धान्त न तो रूढ़िवादी है न क्रांतिकारी*। किसी भी सिद्धान्त के साथ विचारधारा को जोड़ना तर्क संगत नहीं है। सिद्धान्त तो सिद्धान्त होता है – उसमें एक तरह का विज्ञान होता है, तर्क होता है, आगमन व निगमन होते हैं। फिर ऐसे सिद्धान्त को किसी राजनैतिक या आर्थिक विचारधारा के साथ जोड़ना सिद्धान्त के साथ अन्याय है।

समाजशास्त्र में प्रकार्यात्मक विश्लेषण के लिये एक पेराडिम

(A Paradigm for Functional Analysis in Sociology)

रोबर्ट मर्टन ने प्रकार्यात्मक सिद्धान्त का ऐतिहासिक विश्लेषण किया है। जहां एक ओर उन्होंने अगस्त काम्त से लेकर दुर्खाइम तक के समाजशास्त्रीय प्रकार्यवाद के विकास को देखा है, वहीं उन्होंने रेडक्लिफ ब्राउन तथा मेलिनोस्की द्वारा विकसित प्रकार्यात्मक सिद्धान्त का विश्लेषण भी किया है। इन सबसे कुछ न कुछ उधार लेकर मर्टन ने प्रकार्यात्मक विश्लेषण के लिये एक पेराडिम यानि मॉडल तैयार किया है। उनका कहना है कि हम दुनिया के किसी भी समाज का अध्ययन करना चाहे और यदि हमारे अध्ययन का संदर्श प्रकार्यवादी है तो उनका यह मॉडल लागू किया जा सकता है। मॉडल तो एक विधि है। जिसकी सहायता से हम समाज का सांगोपांग अध्ययन कर सकते हैं। बड़े चिन्तन और आनुभविक व्यवहार के अमूर्तीकरण के बाद मर्टन ने इस पेराडिम को बताया है। पेराडिम में ग्यारह आइटम या मद हैं। इन मदों को अध्ययन में लागू कर समाज की प्रकार्यात्मक स्थिति का विश्लेषण किया जा सकता है।

पेराडिम के मद (Items) निम्न प्रकार है :

1. वे मद जिनके प्रकार्यों की पहचान करनी हैं

अनुसंधानकर्ता के लिये सबसे पहली आवश्यकता यह है कि वह उन आदर्श सामाजिक सांस्कृतिक मदों या आइटम को पहचाने जिनका वह प्रकार्यात्मक अध्ययन करना चाहता है। उदाहरण के लिये भारतीय गांव के अध्ययन में अनुसंधान। अनुसंधानकर्ता को यह पक्का करना होगा कि वह गांव के अगणित तत्वों विकास, अर्थव्यवस्था, गरीबी बेरोजगारी, परिवार और राजनीति आदि में से किन मदों का अध्ययन करना चाहता है। जब मद निश्चित हो जाते हैं, तब मर्टन का पेराडिम आगे चलता है।

2. अध्ययन से सम्बन्धित उद्देश्य और प्रेरणाएं

जब व्यक्ति किसी एक मद को अपने गहन अध्ययन के लिये तय करता है तो उसके सामने जो महत्वपूर्ण प्रश्न उभर कर आता है, वह है - अनुसंधानकर्ता अमुक मद का अध्ययन क्यों करता है? इसके पीछे उसके क्या उद्देश्य हैं? अध्ययन का कारण किस भांति आइटम से सम्बन्धित अभिवृतियों से जुड़ा हुआ है? इन प्रश्नों का जवाब व्यवस्था के उद्देश्यों को निश्चित करेगा।

उदाहरण के लिये यदि राजनीति और अपराध के गठबन्धन को अपने अध्ययन का विषय बनाते हैं, तो इस तरह के अध्ययन में स्वाभाविक रूप से हम यह जानना चाहेंगे कि आखिर हमारे इस अध्ययन करने का कारण क्या है और इससे किस निष्कर्ष पर पहुंचना चाहते हैं? लक्ष्य के प्रति यह चेतना प्रकार्यात्मक विश्लेषण में सहायक होती है।

3. मद (Item) के प्रकार्य किस भांति व्यवस्था को बनाये रखते हैं?

किसी भी प्रकार्यात्मक विश्लेषण में इस तथ्य की खोज करनी चाहिये कि जिस विषय का हम अध्ययन कर रहे हैं वह कहां तक अध्ययन क्षेत्र की व्यवस्था को बनाये रखने में सहायक है? कहीं यह मद दुष्प्रकार्य (Dysfunctional) तो नहीं है?

सामान्यतया अनुसंधानकर्ता की प्रवृति यह होती है कि वह किसी भी मद (Item) के सकारात्मक प्रकार्यों को ही देखता है। इस प्रवृति के कारण नकारात्मक दुष्प्रकार्य उपेक्षित रह जाते हैं। अतः किसी भी मद को सकारात्मक कार्य को देखते हुए हमें प्रयुक्त अवधारणाओं का प्रकार्य के विभिन्न प्रकारों के सम्बन्ध में विश्लेषण करना चाहिये। इस तरह के विश्लेषण में कई समस्याएं रहती हैं। यहां प्रकार्यों के विश्लेषण के लिये मर्टन ने कुछ नयी प्रकार्यात्मक अवधारणाएं दी हैं। इनका खुलासा इस प्रकार है :

(अ) *प्रकार्य के बहुल परिणामः* कई बार एक ही मद के एक से अधिक प्रकार्य व्यवस्था के लिये होते हैं। उदाहरण के लिये विवाह-विच्छेद का एक प्रकार्य पति-पत्नी के विवाह को तोड़ देता है, दूसरा प्रकार्य आये दिन होने वाले पारिवारिक झगड़ों और मनमुटाव से मुक्ति पाना है। पत्नी को विवाह-विच्छेद के बाद आर्थिक रूप से स्वतन्त्र करना है

इत्यादि। विवाह विच्छेद के ये बहुल प्रकार्य हैं।

(ब) *प्रकार्य :* प्रकार्य गतिविधि के वे परिणाम है जो अपने से सम्बद्ध व्यवस्था के साथ अनुकूलन या ताल-मेल बैठाते हैं।

(स) *दुष्प्रकार्य :* ये गतिविधियों के वे परिणाम हैं जो अपने से सम्बद्ध व्यवस्था के साथ अनुकूलन नहीं करते। दूसरी ओर इस प्रक्रिया के परिणाम व्यवस्था के लिये हानिकारक एवं विघटनकारी भी होते हैं।

मर्टन का कहना है कि कई बार ऐसा होता है कि मद के जो जाने-पहचाने प्रकार्य होते हैं वे तो मद पूरा नहीं करते तथा दूसरी ओर मद कुछ ऐसे प्रकार्य करता है जो व्यवस्था को बनाये रखने में सहायक होते हैं। इस दृष्टि से मर्टन ने प्रकार्य के दो वर्ग किये हैं :

(1) *प्रकट प्रकार्य (Manifest Function) :* मद के ये वे निर्पेक्ष परिणाम हैं जो व्यवस्था के साथ अपना तालमेल बैठाते हैं, अनुकूलन करते हैं। इस तरह के परिणाम व्यवस्था द्वारा *निर्दिष्ट* (Intended) होते हैं। व्यवस्था *मद* से यह अपेक्षा रखती है कि अमुक प्रकार्य *मद* पूरे कर देगा। *इस तरह के प्रकार्य जिनके पूरे होने का विश्वास व्यवस्था को होता है, निदिष्ट प्रकार्य कहे जाते हैं।*

(2) *प्रच्छन्न प्रकार्य (Latent Function) : मद* कुछ ऐसे प्रकार्यों को अन्जाम देता है जो अनिर्दिष्ट होते है। इन प्रकार्यों को प्रच्छन्न प्रकार्य कहा जाता है। *प्रच्छन्न प्रकार्य न तो निर्दिष्ट होते हैं न व्यवस्था द्वारा स्वीकृत*। उदाहरण के लिये राम की शोभा यात्रा में निर्दिष्ट प्रकार्य तो राम के प्रति श्रद्धा और उपासना को अभिव्यक्ति देना है, लेकिन इस शोभा यात्रा में जब दंगा हो जाता है तो यह प्रच्छन्न् प्रकार्य है।

4. उन इकाईयों की पहचान जिनके लिये मद प्रकार्यात्मक हैं

यह मानकर चलना भ्रमपूर्ण होगा कि किसी भी मद के लिये सभी गतिविधियां प्रकार्यात्मक होगी। सामाजिक व्यवस्था में कई इकाईयां होती हैं। उदाहरण के लिये परिवार की व्यवस्था में पति-पत्नी सम्बन्ध, माता-पिता संतान सम्बन्ध, परिवार और नातेदारी सम्बन्ध, आदि ऐसी अगणित इकाईयां होती है। कोई भी प्रकार्य जो एक इकाई के लिये सकारात्मक होता है, वही इसी व्यवस्था में अन्य इकाईयों के लिये नकारात्मक बन जाता है। जैसे परिवार में पत्नी नौकरी धंधा करके परिवार की आय में वृद्धि करती है। इसका सकारात्मक प्रकार्य यह है कि परिवार का जीवन-स्तर ऊंचा उठ जायेगा लेकिन नकारात्मक दृष्टि से संतान इकाई पर्याप्त पालन पोषण से वंचित रह जायेगी। अतः *प्रकार्यात्मक विश्लेषण में उन इकाईयों की श्रृंखला का पता लगाना चाहिये जिनके लिये सकारात्मक प्रकार्य हुए हैं।*

5. उन प्रकार्यों की खोज जो व्यवस्था की आवश्यकताओं और पूर्व आवश्यकताओं को पूरा करते हैं।

किसी भी व्यवस्था की कुछ बुनियादी आवश्यकताएं होती है।व्यवस्था की इकाईयों का प्रकार्य इन आवश्यकताओं को पूरा करना होता है। ये आवश्यकताएं श्रेणी विभाजन की दृष्टि

से दो प्रकार की हैं। कुछ आवश्यकताएं सार्वभौमिक होती है और कुछ विशिष्ट जो दुनिया की किसी भी व्यवस्था में देखी जा सकती हैं। अतः प्रत्येक मद की प्रक्रियाएं ऐसी होनी चाहिये जो सार्वभौमिक और विशिष्ट दोनों प्रकार की व्यवस्था की आवश्यकताओं को पूरा कर सके। इस प्रकार जब हम प्रकार्यात्मक विश्लेषण करते हैं तब हमें यह देखना चाहिये कि किन इकाइयों या मदों के प्रकार्य ऐसे हैं जो जैविकीय और जीवित रहने की सभी आवश्यताओं को पूरा करते हैं। ऐसा करने के बाद इन प्रकार्यों को सार्वभौमिक बनाम विशिष्ट प्रकार्यों में वर्गीकृत करना चाहिये।

6. वह क्रिया-विधि (Mechanism) जिसके माध्यम से प्रकार्य सम्पन्न किये जाते हैं

व्यवस्था की आवश्यकताएं ही व्यवस्था को जीवित रखती हैं। सामान्यतया इन आवश्यकताओं की पूर्ति किसी न किसी क्रिया-विधि द्वारा पूरी की जाती है। विवाह एक व्यवस्था है। इसकी आवश्यकता यौन, प्रजनन और मोक्ष आदि के लिये हो सकती है। इस प्राप्ति के लिये कई क्रिया-विधियों को काम में लिया जाता है। विवाह निमंत्रण, मण्डप, पुरोहित, धार्मिक अनुष्ठान, प्रीतिभोज आदि इसकी क्रिया-विधियां है जिनके माध्यम से विवाह पूर्ण होता है। व्यवस्था के विभिन्न मदों की प्रक्रियाओं को जानने के अतिरिक्त अनुसंधानकर्ता को इस तथ्य का पता भी लगाना चाहिये कि किन क्रिया-विधियों साधनों द्वारा यह प्रकार्य पूरे किये जाते हैं।

7. प्रकार्यात्मक विकल्पों (Functional Alternatives) की अवधारणा

मर्टन का आग्रह है कि व्यवस्था की कोई भी प्रक्रिया जिसे एक मद पूरा करता है, अपरिहार्य नही है, बल्कि प्रकार्यों को करने वाले कई अन्य वैकल्पिक मद भी है। इन वैकल्पिक मदों की शिनाख्त की जानी चाहिये। यदि किसी व्यक्ति का विश्वास ईश्वर में है तो इस आवश्यकता की पूर्ति के लिये उसे कई वैकल्पिक प्रकार्य प्राप्त हैं। वह हिन्दू धर्म, इस्लाम, या ईसाई धर्म को अपनी आवश्यकता की पूर्ति के लिये अपना सकता है। हिन्दू धर्म के प्रकार्य ही उसके लिये अपरिहार्य नहीं है। आदिम समाजों में ऐसे प्रकार्यात्मक विकल्प नहीं होते। आधुनिक औद्योगिक समाजों में तो किसी भी प्रक्रिया को सम्पन्न करने के लिये ढेरों विकल्प किसी भी समाज या व्यक्ति के लिये उपलब्ध होते हैं।

8. प्रक्रिया के लिये संरचनात्मक दबाव

अपने पेराडिम में मर्टन ने यह आग्रह पूर्वक कहा है कि व्यवस्था में प्रकार्यात्मक विकल्पों के होते हुये भी कुछ संरचनात्मक दबाव व्यक्ति पर इस तरह के होते हैं कि उसे एक निश्चित प्रकार्य या मद को ही अपनाना पड़ता है। यह ठीक है कि जैविकीय आवश्यकता के लिये दाल-रोटी का भोजन एक निश्चित प्रकार्य को पूरा करता है। इसके विकल्प के रूप में चावल और मछली या मांसाहारी भोजन उपलब्ध है। फिर भी व्यक्ति या उसके जाति समूह पर शाकाहारी भोजन का ऐसा दबाव होता है कि व्यक्ति मांसाहारी भोजन के प्रकार्यात्मक

विकल्प को असली जामा नहीं पहना सकता। अतः प्रकार्यात्मक विश्लेषण में अनुसंधानकर्ता को ऐसे संरचनागत या संस्थागत दबावों की पहचान भी करनी चाहिये जिन्हें मानने के लिये कोई भी व्यवस्था बाध्य होती है।

9. गतिशीलता और परिवर्तन

प्रकार्यात्मक सिद्धान्त पर यह आरोप लगाया जाता है कि उसमें ठहराव या गतिहीनता है। इस आरोप को दूर करने के लिये मर्टन ने प्रस्तुत मद को रखा है और कहा है कि अपने आप में प्रकार्यवादी सिद्धान्त गतिहीन न होकर गतिशील है। वास्तव में गतिहीनता का आरोप पिछले मानवशास्त्रियों ने लगाया था। उन्होंने अपने शोध निष्कर्षों में पाया कि अफ्रिका और भारत की जनजातियाँ एकदम गतिहीन और जड़ हैं। इसी निष्कर्ष के आधार पर उन्होंने प्रकार्यवादी सिद्धान्त में गतिहीनता पर जोर दिया। मर्टन कहते हैं कि ज्यों-ज्यों सामाजिक व्यवस्था की आवश्यकताओं में बदलाव आता है, त्यों-त्यों प्रकार्यों में भी बहुलता आती है। यदि प्रकार्यों में गतिशीलता न हो तो व्यवस्था का समयानुकूलन तुरन्त बिगड़ जायेगा और उसमें संघर्ष आ जायेगा।

प्रकार्यवादी सिद्धान्त की गतिशीलता हमारे देश की जाति व्यवस्था में देखी जा सकती है। एक ऐसा समय था जब निम्न जातियों और दलितों की अगण्य निर्योग्यताएं थी। वे अस्पृश्य थी, मंदिर में उनका प्रवेश वर्जित था, सार्वजनिक कुएं से पानी नहीं ले सकते थे, लेकिन संविधान बनने के बाद ये सब निर्योग्यतायें हटा दी गयी। निम्न जातियों को संविधान में अन्य नागरिकों के समान दर्जा दिया गया। फलतः एक संघर्ष टल गया और आज भी जाति व्यवस्था बदस्तुर कायम है। अतः इससे यह सिद्ध होता है कि व्यवस्था की आवश्यकतानुसार प्रकार्यों में भी बदलाव आता है।

10. प्रकार्यात्मक मान्यताओं और आवश्यकताओं की पूर्ति का युक्तियुक्त प्रमाणीकरण

मर्टन ने अपने मॉडल में इस तथ्य को बार-बार दोहराया है कि किसी भी मद के प्रकार्य ऐसे होने चाहिये जो इस बात को प्रमाणित करें कि व्यवस्था की आवश्यकताओं की पूर्ति इनके प्रकार्यों के सम्पादन द्वारा होती है। उदाहरण के लिये यदि हमारी यह मान्यता है कि विश्वविद्यालय विद्यार्थियों कों ज्ञान का विशाल भण्डार प्रस्तुत करते हैं तो प्रकार्यात्मक विश्लेषण द्वारा युक्तियुक्त ढंग से यह देखा जाना चाहिये कि किसी भांति विभिन्न मद इन मान्यताओं को पूरा करते हैं। मान्यताओं के अतिरिक्त व्यवस्था की आवश्यताएं भी होती हैं। अतः तार्किक रूप से यह देखा जाना चाहिये कि किसी सीमा तक विभिन्न मदों के प्रकार्य व्यवस्था की आवश्यकताओं को पूरा करते हैं।

11. प्रकार्यात्मक विश्लेषण से जुड़ी हुई वैचारिक समस्याएं

मर्टन दृढ़तापूर्वक कहते हैं कि प्रकार्यात्मक विश्लेषण में कोई आर्थिक या राजनैतिक विचारधारा अन्तर्निहित नहीं है। लेकिन इसका यह मतलब नहीं कि प्रकार्यात्मक सिद्धान्त

एकदम इन तत्वों से रहित है। प्रकार्यात्मक समाजशास्त्री जिस तरह के मूल्यों से प्रेरित होता है उन्हीं के आधार पर अपना विश्लेषण प्रस्तुत करता है। अतः यह समझ लेना कि प्रकार्यात्मक सिद्धान्त प्रत्येक विचारधारा से मुक्त है, दोषपूर्ण है, क्योंकि विचारधारा का विकल्प तो प्रकार्यवादी समाजशास्त्री पर निर्भर होता है।

पेराडिम की उपयोगिता : प्रकार्यात्मक योगदान के क्षेत्र में मर्टन का मूल्यांकन

जब मर्टन ने एक लम्बे प्रयोग के बाद प्रकार्यात्मक मदों को और अपने पेराडिम को तैयार किया तो इसके पीछे उनका उद्देश्य यह था कि इस तरह का वर्गीकृत (Codified) मॉडल प्रकार्यात्मक विश्लेषण के लिये बहुत उपयोगी होगा। इस मॉडल में विभिन्न अवधारणाओं की कोई भरमार नहीं है। मर्टन ने तो बहुत थोड़ी अवधारणाओं के प्रयोग से इसे तैयार किया है। पेराडिम बनाने का उनका दूसरा उद्देश्य यह रहा है कि प्रकार्यात्मक विश्लेषण के अन्तर्गत आने वाली सभी मान्यताओं को समाहित किया जा सके। बात यह है कि प्रकार्यात्मक विश्लेषण में इन मान्यताओं की निर्णायक भूमिका है और जब तक उन्हें व्यवस्थित रूप से संहिता में नहीं रखते, पर्याप्त रूप से प्रकार्यात्मक विश्लेषण नहीं हो सकता।

पेराडिम बनाने का मर्टन का एक तीसरा उद्देश्य भी रहा है। यह पेराडिम न केवल सीमित अर्थों में वैज्ञानिक है, बल्कि इस तथ्य की भी पूरी गुंजाइश है कि इसे प्रकार्यात्मक समाजशास्त्री किसी विचारधारा के लिये भी काम में ले सकता है। इस दृष्टि से प्रकार्यात्मक विश्लेषण की यह संहिता राजनीति का चेहरा भी पहन सकती है। इस पेराडिम में समाज सुधार, समाज उत्थान, संघर्ष- निदान आदि मुद्दों पर काम करने के लिये पूरी सम्भावना है। यह पेराडिम एक तरह से सामाजिक अभियांत्रिकी की रूपरेखा भी है। मर्टन का यह विश्वास है कि विभिन्न मदों का यह पेराडिम अपने कलेवर में बहुत विशाल है और दुनिया भर के समाजों की समस्याओं का इसमें समावेश है।

मर्टन का प्रकार्यात्मक विश्लेषण पेराडिम अध्ययन की एक विधि भी है। मैक्स वेबर के सामाजिक क्रिया के आदर्श प्रारूप या पारसंस के *पेटर्न वेरायबल* (Pattern Variables) की भांति प्रकार्यात्मक विश्लेषण का यह मॉडल एक आदर्श प्रारूप भी है। ज्यों-ज्यों प्रकार्यात्मक समाजशास्त्री इस पेराडिम को काम में लायेंगें, त्यों-त्यों अपने आप पेराडिम में संशोधन व निखार आयेगा।

प्रकार्यात्मक विश्लेषण के पेराडिम की कुछ निश्चित विशेषताएं हैं। पहली विशेषता यह है कि मर्टन ने प्रकार्यवाद का दोहरा वर्गीकरण किया है-प्रकट प्रकार्य प्रच्छन्न प्रकार्य। इसी तरह उन्होंने प्रकार्य की अवधारणा को भी निश्चित रूप से, स्पष्ट शब्दों में परिभाषित किया है। समाजशास्त्रीय साहित्य में यह पहली बार है कि मर्टन ने *प्रकार्य* (Function) और *दुष्प्रकार्य* (Dysfunction) को प्रथक श्रेणियों में रखा है। निश्चित रूप से मदों की यह संहिता जिसे मर्टन ने पेराडिम का नाम दिया है, प्रकार्यात्मक सिद्धान्त के विश्लेषण में अनोखी है।

मर्टन के प्रकार्यवाद की आलोचना

(1) पुनरूक्ति (Tautology)

मर्टन प्रकार्यात्मक सिद्धान्त के निरूपण में कई तथ्यों को बार-बार थोड़े बहुत हेर फेर के साथ काम में लाते हैं। उदाहरण के लिये *उनके पेराडिम में आईटम और अवधारणा पदों की भरमार है।* इसलिये उनके प्रकार्यात्मक सिद्धान्त की बहुत बड़ी आलोचना यह है कि यह सिद्धान्त केवल मात्र पुनरूक्ति (Tautology) है। मात्र पदों की लफ्फाजी किसी निश्चित निष्कर्ष की ओर नहीं ले जाती। *पुनरूक्ति का दूसरा कारण यह है कि मर्टन प्रभाव को ही कारण (Cause) मानते हैं।* यह ठीक ऐसे ही है जैसे एस्ट्रो-फिजिक्स में तारों और ग्रहों की गतिविधियों को एक-दूसरे के संदर्भ में समझा जाता है। इसी भांति मर्टन प्रकार्यात्मक विश्लेषण-विधि में धर्म की व्याख्या इस तरह करते हैं कि धर्म का अस्तित्व इसलिये है कि यह व्यक्तियों को नैतिक समुदाय में बांधता है। मर्टन अपने पेराडिम में इस भांति प्रकार्यवाद के कारणों की व्याख्या एक चक्र के रूप में करते हैं।

(2) प्राक्कल्पनाओं की जांच कठिन

पी.एस. कोहन ने मर्टन के प्रकार्यवाद की आलोचना कतिपय तार्किक बिन्दुओं पर की है। उनका निष्कर्ष है कि मर्टन ने जिन प्रकार्यवादी प्राक्कल्पनाओं को रखा है उन्हें प्रामाणित करने का कार्य आसान नहीं है। यह सत्य है कि प्राक्कल्पनाओं की जांच के पर्याप्त आनुभविक प्रमाण तो हैं लेकिन निगमन के नियम अस्पष्ट है। उदाहरण के लिये एक प्राक्कल्पना है कि राज्य का प्रकार्य समाज की विभिन्न गतिविधियों को संगठित करना है। इस प्राक्कल्पना की जांच तो की जा सकती है लेकिन इसमें अवधारणात्मक स्पष्टता का अभाव है।

(3) तुलना व सामान्यीकरण का अभाव

प्रकार्यात्मक विश्लेषण के पेराडिम में तुलना व सामान्यीकरण की भूमिका को निश्चित नहीं किया गया है। प्रकार्यवाद का तो एक सीधा उपागम है कि वह प्रत्येक मद को सम्पूर्ण समाज के संदर्भ में देखता है। अतएव इस तरह के संदर्भ में तुलना और सामान्यीकरण के लिए स्थान नहीं है। यहां मद ही विशिष्ट हो जाता है।

(4) प्रकार्यवादी सिद्धान्तः सिद्धान्त या विधि

विशेषकर मर्टन और सामान्यतया प्रकार्यवादियों की इस आधार पर आलोचना की जाती है कि वे प्रकार्यवाद को किस रूप में स्थापित करना चाहते हैं। सच में देखा जाये तो प्रकार्यात्मक विश्लेषण का पेराडिम एक *विधि* (Method) है। दूसरे शब्दों में जब हम इसे मॉडल मानते हैं तो टर्नर के शब्दों में मॉडल कभी भी– किसी भी अर्थ में सिद्धान्त नहीं होता। होमन्स ने भी इसी तर्क को रखा है और निश्चित शब्दों में वे कहते हैं कि प्रकार्यवाद सिद्धान्त नहीं है। कोपलर इस विवाद में और आगे बढ़ते हैं और अपनी टिप्पणी करते हुये कहते हैं कि प्रकार्यात्मक सिद्धान्त मात्र अध्ययन की एक विधि है, अध्ययन का तर्क मात्र है।

(5) *यह कैसे है कि मर्टन का प्रकार्यवाद न तो रूढ़िवादी है और न ही क्रांतिकारी ?*

जब मर्टन अपने पेराडिम में प्रकट और प्रच्छन्त प्रकार्यों की चर्चा करते हुए और कहते हैं कि प्रकार्यवाद पर रूढ़िवादी और क्रांतिकारी होने का आरोप है। इस आरोप में मर्टन का तर्क है कि प्रकार्यवाद में जहां एक और रूढ़िवादी यानि यथास्थिति बनाये रखने के तत्व है, वही इसमें क्रांतिकारी तत्व भी है। मर्टन के इस तर्क की गुल्डनर ने कटु आलोचना की है। स्वंय मर्टन *इस तरह की आलोचना के रूबरू होते है और अपना बचाव पक्ष रखते हुये विस्तारपूर्वक यह बताते हैं कि प्रकार्यवाद और मार्क्सवाद में एक निश्चित गठजोड़ है।* एक तरह से मर्टन के अनुसार, *मार्क्सवाद और प्रकार्यवाद एक ही सिक्के के दो पहलू हैं।* अतः प्रकार्यवाद को क्रांतिकारी कहने में मर्टन को कोई हिचक नहीं है।

यदि मर्टन के तर्क को थोड़ी गहराई से देखें तो लगेगा कि जब प्रकार्यवाद मार्क्सवादी या क्रांतिकारी है तो वह रूढ़िवादी कैसे हो सकता हैं ? वास्तव में मर्टन को कुछ इस प्रकार का बौद्धिक श्रम करना था जिसके द्वारा वे यह स्थापित कर सकते कि किस सीमा तक प्रकार्यवाद रूढ़िवादी है और कहां तक क्रांतिकारी। गुल्डनर कहते हैं कि मर्टन ने प्रकार्यवाद का जो बचाव पक्ष रखा है रूढ़िवादी और क्रांतिकारी पक्ष में वह कमजोर नींव पर है।

उपसंहार

समाजशास्त्रीय सिद्धान्तों में प्रकार्यात्मक सिद्धान्त की एक निश्चित परम्परा है। इस परम्परा के निर्माण में प्रकार्यवाद ने कई उतार-चढ़ाव देखे हैं। प्रकार्यवाद का उद्गम अगस्त कॉम्त, हर्बर्ट स्पेन्सर, दुखाईम और मानवशास्त्रियों रेडक्लिफ ब्राउन तथा मेलिनोस्की के सैद्धान्तिक निरूपण से हुआ है। मर्टन ने सिद्धान्त निर्माण के क्षेत्र में एक निश्चित स्थान ग्रहण किया है। यह स्थान ही उन्हें पारसंस से पृथक करता है। मर्टन बहुत स्पष्ट शब्दों में कहते हैं और यहां उनका पारसंस से विरोध है कि समाजशास्त्र आज विकास की उस अवस्था पर नहीं पहुँचा है जहाँ इस सम्पूर्ण समाज को अपने आगोश में ले सके, ऐसे किसी वृहद् सिद्धान्त का निर्माण कर सके

वस्तुतः मर्टन का प्रकार्यवाद आनुभविक प्रकार्यवाद है। मर्टन आनुभविक अमूर्तिकरण के आधार पर ही प्रकार्यवाद की संहिता का निर्माण करते हैं।

जहां वे आनुभविकता को काम में लाते हैं, वहीं वे मानवशास्त्रियों की प्रकार्यवादी अभिधारणाओं को भी काम में लाते हैं। उनका प्रकार्यात्मक विश्लेषण का पेराडिम एक आदर्श प्रारूप है, जिसमें ग्यारह *मद या आईटम* है। यह पेराडिम वास्तव में प्रकार्यात्मक सिद्धान्त की रणनीति है। कुछ आलोचक इसे सिद्धान्त मानते हैं और कुछ विधि। मर्टन के प्रकार्यवाद की आलोचना कई बिन्दुओं पर हुई है। इतना होने पर भी निश्चित रूप से मर्टन का इस सिद्धान्त के निर्माण में निर्णायक योगदान है। उन्होंने प्रकार्य की अवधारणा, प्रकार्य के प्रकार यथा प्रकट व प्रच्छन्न, प्रकार्यात्मक विकल्पों की जो व्याख्या प्रस्तुत की है, वह

प्रकार्यवादी सिद्धान्त को निश्चित रूप से आगे बढ़ाती है।

टालकट पारसंस का विश्लेषणात्मक प्रकार्यवाद

(Analytical Functionalism of Talcott Parsons)

आखिर पारसंस को पढ़ता कौन है? और यदि कोई पढ़े भी तो किसलिए यह घटना ई. 1968 की है। स्थान अमेरीका की प्रतिष्ठित कोलम्बिया यूनिवर्सिटी है। अगस्त महिने में इस विश्वविद्यालय में अमेरीकन समाजशास्त्र परिषद् के समाजशास्त्रियों का एक सम्मेलन था। इस सम्मेलन में कनाड़ा के कुछ समाजशास्त्री भी उपस्थित थे। इस सम्मेलन में चोटी के समाजशास्त्रियों के व्याख्यान और तर्क-वितर्क चल रहे थे। बहुत अच्छा बौद्धिक वातावरण था। जैसे कोई समुद्र शांति के साथ हिलौरे ले रहा हो। ऐसे माहौल में कनाडा के एक समाजशास्त्री अपने क्रोध पर अंकुश नही लगा पाये और गम्भीर और तेज वाणी में कुछ इस तरह बोले :

> समाजशास्त्र के मठाधीशों और पुरोहितों की यह सभा ढोंग और धोखाधड़ी के अतिरिक्त और कुछ नही है। इस सभा में जहाँ एक ओर समाजशास्त्र के चोटी के पुरोहित है, वही निम्न स्तर के पुरोहित भी हैं। इस सभा में, सभी तरह के बौद्धिक और जाने माने विचारक हैं। लेकिन मुझे इस सभा के सदस्यों को यह कहना है कि जहां समाजशास्त्रियों की व्यावसायिक आंखे दलितों और पद्दलितों की ओर लगी हैं, वहीं इन समाजशास्त्रियों की भुजाएं उच्च वर्गों से गले मिलने के लिये फैली हुई है। अमेरीका का समाजशास्त्री न केवल सरकार के लिये अंकल टोम है बल्कि वह सत्तारूढ़ वर्ग का भी चमचा है।

जिस जवान तुर्क ने अमेरिका के समाजशास्त्रियों के सम्मेलन में बेझिझक व बेबाक होकर ये विचार रखे। उनका कहना है कि पूँजीवादी देशों में भी प्रकार्यवादी की छीछालेदारी बराबर हो रही है। जब पारसंस प्रकार्यवादी सिद्धान्त के आकाश में निर्बाध सूर्य की तरह चमक रहे थे, उस समय हमारे देश में भी उनकी प्रतिष्ठा चरम सीमा पर थी। जहां भी हमारे यहां समाजशास्त्र पढ़ाया जाता था, पारसंस का नाम सबकी जबान पर रहता था। जो जितना अधिक पारसंस और उसके प्रकार्यवाद को जानता था, वह उतना ही धुरंधर समाजशास्त्रीय सिद्धान्तवेत्ता समझा जाता था। जिसने पारसंस के "स्ट्रक्चर ऑफ सोशन एक्शन" (The Structure of Social Action, 1937) को पढ़ा था, उस पर सबकी निगाहें ठहर जाती थी। जहां देखो वहां भारतीय पारसंस अपना दबदबा बनाये हुये थे।

आज पारसंस का प्रकार्यवाद और उनका व्यवस्था सम्बन्धी सिद्धान्त (System Theory) अपने चरमोत्कर्ष के उपरान्त उतार पर है। इतना अवश्य है कि पारसंस और उनके व्यवस्था सिद्धान्त की लोकप्रियता आज भारतीय विश्वविद्यालयों में बहुत निम्न हो गयी है। पारसंस के साथ इतना शिष्टाचार अवश्य रखा गया है कि उनके व्यवस्था सिद्धान्त

को पाठ्य पुस्तकों में सम्मानजनक स्थान मिला है।

पारसंस पर बहुत कुछ लिखा जा सकता है। जहां उनके प्रकार्यात्मक व व्यवस्था सिद्धान्त की घज्जियां उड़ायी जाती है वहीं यह निर्विवाद रूप से कहा जा सकता है कि पारसंस अपने युग के चोटी के सिद्धान्तवेत्ता थे। चाहने पर भी वे सिद्धान्त से अपना छुटकारा नहीं प्राप्त कर सकते थे। उन्होंने सिद्धान्त को जो दिशा दी है, वह अद्वितीय है। ई. 1950 से लेकर 1970 के अन्त तक पारसंस का प्रकार्यवाद अर्वाचीन समाजशास्त्रीय जगत का विवादस्पद केन्द्र था। आज पारसंस को मरे हुए कोई डेढ़ दशक होने आया है फिर भी उनका समाजशास्त्र जीवित है। जब भी उनके प्रकार्यवाद पर तीखी बहस होती है। ई. 1937 में पारसंस का "द स्ट्रक्चर ऑफ सोशल एक्शन" प्रकाशित हुआ था। इस पुस्तक में उनकी एकमात्र खोज यह थी कि सामाजिक क्रिया सिद्धान्त का आविर्भाव किस तरह से हुआ?

प्रकार्यवाद का उदयः उपयोगितावाद, प्रत्यक्षवाद और आदर्शवाद

यदि हम पारसंस के प्रकार्यवाद को देखें तो उसका उद्‌गम एक बहुत श्रम के बाद हुआ है। पारसंस ने समाज विज्ञान के प्रतिष्ठित विचारकों की क्रतियों का विस्तृत विश्लेषण किया। उन्होंने *अल्फ्रेड मार्शल* (Alfred Marshall), *विल्फ्रेडो पेरेटो* (Vilfredo Pareto), *इमाइल दुर्खाइम* (Emile Durkheim) और *मैक्स वेबर* (Max Weber) के सिद्धान्त का बड़ी गहराई के साथ निर्वचन किया है। इसी निर्वचन का संश्लेषण (Synthsis) करके उन्होंने *सामाजिक क्रिया के ऐच्छिक सिद्धान्त* (Voluntary Theory of Social Action) को प्रस्तुत किया है। एक तरह से प्रकार्यवादियों या व्यवस्था सैद्धान्तिकों के लिये पारसंस का यह सिद्धान्त गीता या बाइबिल की तरह है।

पारसंस का प्रकार्यवाद

यह ठीक है कि अब पारसंस को मुट्ठीभर लोग पढ़ते हैं। लेकिन हमें यह विश्वास दिलाना बहुत कठिन है कि अपने युग में पारसंस ने एक हलचल मचा दी थी। इसे दुर्भाग्य कहना चाहिये कि प्रकार्यवाद जो पारसंस का परमात्मा था, उसने पारसंस को धोखा दिया, उसके साथ छलाव किया। ज्यों-ज्यों तीसरी दुनिया के देशों में पूँजीवाद का शोषण बढ़ता गया, त्यों-त्यों लोग प्रकार्यवाद में अपनी आस्था खोने लगे। लेकिन यह तथ्य है कि *पारसंस ने तत्कालीन अर्थशास्त्रियों, दार्शनिकों, और समाजशास्त्रियों की कृतियों में जो कुछ अपयोगी मान्यतायें और अवधारणायें थी, उनका पूरी ईमानदारी से संश्लेषण किया।* अर्थशास्त्रियों की *उपयोगितावादी* (Utilatirian) अवधारणा को उन्होंने तर्क की कसौटी पर रखा। मार्क्स का कहना था कि अर्थशास्त्रियों का उपयोगितावाद एकदम अतिश्योक्तिपूर्ण थाः *अनियंत्रित कर्ता (Actor) बाजार में प्रतियोगिता द्वारा इस तरह व्यवहार करता था कि वह सभी प्रकार के तर्क के आधार पर अधिकतम लाभ प्राप्त कर लेगा। यही उपयोगितावाद है: पर्याप्त प्रतियोगिता से अपना तर्क लगाकर अधिकतम मुनाफाखोरी करना।* इस तरह का उपयोगितावाद पारसंस

को स्वीकार नहीं था। क्या मनुष्य हमेशा तार्किक व्यवहार ही करता है? क्या वह वास्तव में स्वतन्त्र और अनियंत्रित है? इस तरह की अनियंत्रित और प्रतियोगी व्यवस्था में कोई भी पद्धति कैसे सम्भव हो।

पारसंस ने इस अवधारणा के दोषों की तरफ संकेत देते हुये कहा कि प्रकार्य उपयोगितावादी विचारधारा की अतिशयोक्ति मात्र है। *होता यह है कि जब व्यक्ति अपने उद्देश्यों को प्राप्त करना चाहता है तो उसके सामने क्रिया करने के कई विकल्प उपलब्ध होते हैं। व्यक्ति हर क्रिया में तार्किक नहीं होता, जब वह विवाह पर भेंट देता है तो इस क्रिया में तर्क न होकर संवेग और भावनाएं अधिक होते हैं। वास्तव में उपयोगिता मनुष्य के मस्तिष्क में जो प्रतीकात्मक प्रकार्य होते हैं उनकी अवहेलना करता है।*

अर्थशास्त्रियों ने प्रत्यक्षवादी अवधारणा को भी रखा है। वे कहते हैं कि प्राकृतिक विज्ञानों के नियमों की तरह सामाजिक क्रियाएं नियमित नहीं होती। मनुष्य का व्यवहार किसी गैस, विद्युत और रसायन की तरह नहीं है जिसे प्रत्यक्षवाद की तराजू पर तोला जा सके। मनुष्य के व्यवहार के पीछे या जिसे पारसंस सामाजिक क्रिया कहते हैं, एक पूरी की पूरी ऐतिहासिक-सांस्कृतिक धरोहर होती है। दार्शनिकों से पारसंस ने आदर्शवादी अवधारणा को लिया। यह अवधारणा भी जहां तक विचारों का सवाल है, उपयोगी है। विचार ही सामाजिक प्रक्रियाओं को नियमित करते हैं। *लेकिन यदि हम दिन-प्रतिदिन के व्यवहार को देखें तो लगेगा कि हमारे विचार इस व्यवहार से प्रथक हैं।*

वॉलटरी थ्योरी ऑफ सोशल एक्शन (Voluntary Theory of Social Action) में पारसंस ने उपयोगितावाद, प्रत्यक्षवाद, और आदर्शवाद की आलोचना करने के बाद यह स्थापित किया कि इन सभी अवधारणाओं का प्रकार्यात्मक सिद्धान्त के निर्माण में उपयोग किया जाना चाहिये। उन्होंने पुस्तक के अन्त में अपने इस सिद्धान्त का प्रतिपादन कर यह निष्कर्ष दिया कि सामाजिक स्थिति में कर्ता अपने *इच्छा* (Volunatary) से निर्णय लेता है और उसकी इच्छा पर निश्चित रूप से सामाजिक तथ्यों का दबाव होता है, ऐच्छिक क्रिया के पीछे निम्न तत्व बुनियादी होते हैं :

1. कर्त्ता का अपना वैयक्तिक या निजी रूप,
2. कर्त्ता अपनी क्रिया द्वारा लक्ष्य प्राप्त करना चाहता है,
3. लक्ष्य वैकल्पिक हैं। इसका मतलब हुआ कि यदि एक लक्ष्य प्राप्त नहीं होता है तो अन्य वैकल्पिक लक्ष्यों से अपने ऐच्छिक लक्ष्य प्राप्त किये जा सकते हैं। व्यक्ति अच्छी व प्रतिष्ठित नौकरी करना चाहता है। ऐसी नौकरियों के कई विकल्प हैं और व्यक्ति इन वकल्पों में से किसी एक विकल्प को ले सकता है।
4. व्यक्ति को कई प्रकार की *स्थितियों* (Situations) या हालतों में काम करना पड़ता है। इसकी एक हालत तो उसका स्वंय का शरीर है, उसकी बनावट है। दूसरी स्थिति उसका वंशानुसंक्रमण है। तीसरा उस पर बाह्य परिस्थितिकी का दबाव है। ये सब

कारक यह निश्चित करते हैं कि व्यक्ति अपने साधन व साध्यों का वरण कैसे करेगा।

5. लक्ष्य या साध्य प्राप्त करने के साधन भी बहुल होते हैं।
6. व्यक्ति पर उसके समाज के मूल्यों, मानकों और विचारों का प्रभाव भी होता है। यह मूल्य भी लक्ष्य प्राप्त करने के साधन होते हैं।
7. यह व्यक्ति ही है जो अपनी व्यक्तिनिष्ठ (Subjective) हैसियत से अपने लक्ष्यों को निर्धारित करता है और इन्हें प्राप्त करने के लिये साधनों का वरण भी करता है। चित्ररूप में हम पारसंस के प्रकार्यवाद को निर्मित करने वाली ऐच्छिक क्रिया इकाईयों को इस तरह रखेंगें:

ऐच्छिक क्रिया की इकाईयां

	मानक, मूल्य एवं अन्य विचार	
कर्त्ता	साधनों की बहुलता	साध्य
	परिस्थितिकीय दशाएं	

स्ट्रक्चर ऑफ सोशल एक्शन (Structure of Social Action) के अन्त में पारसंस एक बुनियादी प्रश्न अपने सामने रखते हैं। कर्ता की ये सब गतिविधियां जो पृथक-पृथक हैं प्रकार्यवाद को कैसे बनाती हैं? इस प्रश्न का उत्तर ही प्रकार्यवाद का उद्‌गम है उनका कहना है कि *कर्त्ताओं के ये सब कार्य एक व्यवस्था को बनाते हैं और इस भांति विभिन्न व्यक्तियों की क्रियाएं व्यवस्था के साथ जुड़ जाती हैं। अतः पारसंस ने प्रकार्यवाद को जिस भांति परिभाषित किया है, उसका बुनियादी केन्द्र व्यवस्था है। कर्ताओं की वे क्रियाएं जो निश्चित मानक, मूल्य एवं विचारों के आधार पर कुछ निश्चित दशाओं से बहुल साधनों को काम में लेकर लक्ष्य प्राप्ति करती हैं, सामाजिक क्रियाएं हैं।* कर्त्ता की क्रिया व्यवस्था को बनाये रखने वाली होती है, अतः जो कुछ परिस्थितिकीय दशाएं हैं, वे व्यवस्था की दशाये हैं। जो भी मानक, मूल्य एवं अन्य विचार हैं वे सभी व्यवस्था की दशायें हैं। जो भी मानक, मूल्य एवं अन्य विचार हैं वें सभी व्यवस्था द्वारा निर्धारित होते हैं और वे लक्ष्य भी जिन्हें कर्त्ता प्राप्त करना चाहते हैं, व्यवस्था-सम्मत हैं।

निकलास लूह्मान का नव-प्रकार्यवाद

(Neo functionalism of Niklas Luhmann)

जिस प्रकार पारसंस के विद्यार्थी रोबर्ट मर्टन ने अपने गुरू के सिद्धान्तों और विचारों का खण्डन किया, वैसे ही पारसंस के विद्यार्थी लूह्मान ने भी अपने गुरू के सैद्धान्तिक विवेचन को अस्वीकार किया। लूह्मान जर्मनी के निवासी थे लेकिन उनकी शिक्षा-दीक्षा अमेरिका में हुई थी। लूह्मान ने नवीन प्रकार्यवाद को प्रस्तावित किया है। आगे चलकर लूह्मान के नव प्रकार्यवाद पर हमें बहुत कुछ लिखना है, *यहां यह कहना ही पर्याप्त होगा कि उन्होंने प्रकार्यवादी सिद्धान्त का एक नया विश्वसनीय विकल्प प्रस्तुत किया है।* जेफ्रे एलेक्जेन्डर

(Jefrey C. Allexander) ने लूह्मान के नव प्रकार्यवाद की घोषणा तो की है, लेकिन वे साथ ही इस प्रकार्यवाद की आलोचना करते हुये लिखते हैं कि न तो उसमें स्पष्ट अवधारणाएं हैं, न कोई निश्चित विधि है और न कोई मॉडल या वैचारिकी। एलेक्जेंडर के अनुसार लूह्मान का नव प्रकार्यवाद एक ऐसा सिद्धान्त है जो (1) *वैयक्तिक, संरचनात्मक और सांस्कृतिक स्तरों पर प्रकार्यवादी विश्लेषण के अवसर देता है, (2) यह नव प्रकार्यवाद व्यवस्था और उपव्यवस्था का विश्लेषण करता है, (3) मानकीय प्रकियाओं को उजागर करता है, (4) सामाजिक विभेदीकरण को स्पष्ट करता है और (5) संस्थागत क्षेत्रों के बीच में अन्तः क्रियाएं स्थापित करता है।*

लूह्मान ने नव प्रकार्यवाद पर वृहद् साहित्य का सृजन किया है। उनका लेखन जर्मन भाषा में है, इसलिये बहुत से विद्वान नव प्रकार्यवाद से परिचित नहीं है। लूह्मान का नव प्रकार्यवाद कुछ महत्तवपूर्ण मुद्दों में रेडक्लिफ ब्राउन, मेलिनोस्की और मर्टन से भिन्न है। ये सब *परम्परागत प्रकार्यवादी दृढ़तापूर्वक यह मानते हैं* कि प्रकार्यवाद का बुनियादी आधार *प्रकार्यात्मक आवश्यकताएं* (Functional Needs) और *अपेक्षित गुण* (Requisits) होते हैं। दूसरे शब्दों में *समाज या व्यवस्था की आवश्यकताओं को पूरा करने के लिये जो गतिविधियां की जाती है, वे ही प्रकार्य है। यदि प्रकार्यात्मक आवश्यकताएं नहीं है तो प्रकार्य भी नहीं है। प्रकार्यवादी सिद्धान्त के संदर्भ में प्रकार्य की कोई भी परिभाषा दी जाये तो आवश्यकताएं और गुण अनिवार्य है।* जेफ्रे एलेक्जेंडर, किंग्सेले डेविस की तरह लूह्मान ने प्रकार्यात्मक आवश्यकताओं और अपेक्षित गुणों की अवहेलना की है। इन विचारकों का कहना है कि प्रकार्यवादी व्याख्या में आवश्यकता और अपेक्षित गुणों का कोई निर्णायक स्थान नहीं है। लूह्मान के नव प्रकार्यवाद के बारे में टर्नर की टिप्पणी यह है कि यदि किसी प्रकार्यवादी विवेचन में व्यवस्था सम्बन्धी आवश्थकताओं और अपेक्षित गुणों की उपेक्षा की जाये तो ऐसा प्रकार्यवाद, प्रकार्यवाद रहता ही नहीं है। टर्नर अपने दृष्टिकोण से स्पष्ट है। एक सीमा तक निकलास लूह्मान, जेफ्रे एलेक्जेंडर और उनके सहयोगियों का नव-प्रकार्यवाद भी अप्रकार्यवाद है। टर्नर की इस तरह की टिप्पणी बहुत सख्त है। लेकिन नव प्रकार्यवाद अभी समाजशास्त्रीय सिद्धान्तों की वीथिका में स्वीकार्य नहीं है।

नव प्रकार्यवाद का विकास अकेले लूह्मान ने नहीं किया है। इस नवीन परम्परा को विकसित करने वाले कई सिद्धान्तवेत्ता हैं जिनमें जेफ्रे एलेक्जेंडेर, जी रिट्ज़र, पॉल कोलोनी आदि सम्मिलित हैं। लूह्मान के नत्र प्रकार्यवाद को विश्लेशण इसलिये दिया जा रहा है क्योंकि वे इस परम्परा के अग्रणी है। लूह्मान पारसंस के विद्यार्थी थे। इसलिये आशा यह की जाती थी कि पारसंस की तरह उनका लेखन भी अत्यधिक विंश्लेषणात्मक व अमूर्त होगा। हूबहू ऐसा तो नहीं है फिर भी लूह्मान एक सीमा तक अपने नव प्रकार्यावाद की व्याख्या अमूर्त स्तर पर करते हैं। परम्परागत प्रकार्यवाद में जिसे मर्टन ने विकसित किया, आनुभविकता की प्रधानता है। इसी कारण हम मर्टन के प्रकार्यवाद को आनुभाविक

प्रकार्यवाद के नाम से पुकारते हैं। लुह्मान ने ऐसा कोई निर्णायक स्थान आनुभविकता को नहीं दिया है। उनकी लोकप्रिय कृति *दि डिफरेशियशन ऑफ सोसायटी* (The Differentiation of Society, 1982) में आनुभविकता को अपेक्षित रूप से न्यूनतम स्थान दिया गया है। *उनका एकमात्र उद्देश्य यह रहा है कि वे एक ऐसी अमूर्त अवधारणात्मक योजना बनाये जिसमें प्रचलित प्रकार्यवाद का विकल्प रखा जा सके। यह विकल्प ऐसा होना चाहिये जो अत्यधिक जटिल अनुसंधान योजनाओं के काम में लिया जा सके। यह नव प्रकार्यवाद ऐसा होना चाहिये जो एकदम विविध, विजातीय, आनुभविक प्रसंगों या घटनाओं का अध्ययन करने में सहायक हो।*

लूह्मान ने जिस तरह नवीन प्रकार्यवाद की व्याख्या की है उसका केन्द्र व्यवस्था है। उनका प्रकार्यवादी उपागम व्यवस्था पर केन्द्रित है। इस तरह के प्रकार्यवाद की परिभाषा बहुत सामान्य है जो इस प्रकार है-- *जब मनुष्य की क्रियाएं संगठित और संरचित हो जाती है, तब व्यवस्था का आविर्भाव होता है*। विभिन्न प्रकार के व्यक्ति जब अपनी क्रियाओं को करते हैं तो इन क्रियाओं में पारस्परिक सम्बन्ध स्थापित हो जाता है। एक क्रिया दूसरी क्रिया और अन्य क्रियाओं से प्रकार्यों द्वारा जुड़ जाती है। ये सब पारस्परिक रूप से जुड़ी हुई क्रियाएं व्यवस्था को बनाती है और यही नव प्रकार्यवाद है।

अब लूह्मान व्यवस्था की व्याख्या करते हैं। सभी सामाजिक व्यवस्थाएं बहुआयामी पर्यावरण में पायी जाती है। जब व्यवस्था में कई तरह के सामाजिक-सांस्कृतिक और भौतिक पर्यावरण होते हैं तो ऐसी व्यवस्था अनिवार्य रूप से जटिल हो जाती है। इस तरह के बहुआयामी पर्यावरण का मुकाबला व्यवस्था को ही करना पड़ता है। अतः लूह्मान का तर्क है कि जटिल पर्यावरण की समस्या को हल करने के लिये सामाजिक व्यवस्था को कुछ ऐसी *क्रिया-विधि* (Mechanism) विकसित करनी चाहिये जो इस पर्यावरण की जटिलता को कम कर सके। ये क्रिया-विधियाँ कुछ ऐसे रास्ते व साधन बताती हैं जिनके द्वारा जटिलता को घटाया जा सकता है। क्रिया-विधियों के लागू करने के परिणामस्वरूप व्यवस्था बनी रहती है और उसके पारस्परिक सम्बन्ध चलते रहते हैं।

जहां पारसंस और मर्टन व्यवस्था की आवश्यकताओं और अपेक्षित गुणों को व्यवस्था के लिये अनिवार्य मानते हैं, वहां लूह्मान के विश्लेषण के अनुसार सबसे बड़ी आवश्यकता यह है कि पर्यावरण और व्यवस्था दोनों में जो जटिलता है उसे घटा दिया जाये जिससे व्यक्तियों के अन्तर्सम्बन्ध निर्बाध रूप से चलते रहें। इसी कारण लूह्मान सामाजिक प्रक्रियाओं का विश्लेषण इस प्रकार करते हैं कि व्यवस्था और पर्यावरण की जटिलताएं न्यूनतम हो जायें। वे प्रक्रियाएं जो इन जटिलताओं को घटाती है, क्रिया-विधि कहलाती है। अतः जहां कहीं हम लूह्मान की कृतियों को देखते हैं उनका सम्पूर्ण विवेचन इन क्रिया-विधियों पर केन्द्रित होता है। क्रिया-विधियों में विभेदीकरण, विचारधारा, कानून, प्रतीकात्मक मीडिया और ऐसे ही कई आलोचनात्मक तत्व होते हैं।

यदि संक्षेप में लूह्मान के प्रकार्यवाद को परिभाषित करें तो कहना होगा कि *मनुष्यों की क्रियाओं को जब संरचित और संगठित किया जाता है तो वे व्यवस्था को बनाती है। मनुष्यों के ये संगठित और संरचित कार्य परस्पर जुड़े होते हैं। सामाजिक व्यवस्था बहुआयामी पर्यावरण से बनी होती है। एक और पर्यावरण जटिल होता है तो दूसरी और व्यवस्था। अतः व्यवस्था की बहुत बड़ी आवश्यकता यह है कि वह उन क्रिया-विधियों का काम करती है और व्यवस्था-पर्यावरण की जटिलता को बराबर कम करती है।* अतः क्रिया-विधि का काम करने वाली सामाजिक प्रक्रियाएं प्रकार्य हैं।

परिवेश अथवा पर्यावरण के आयाम

(Dimensions of Environment)

किसी भी पर्यावरण के मुख्यतया तीन आयाम होते हैं जिनकी जटिलता को क्रिया-विधियां घटाती हैं। ये तीन आयामः (1) *कालिक आयाम* (Temporal Dimension) (2) *भौतिक आयाम* (Material Dimension) और (3) *प्रतीकात्मक आयाम* (Symbolic Dimension) है। लूह्मान का कहना है कि सामाजिक सिद्धान्तों में समय का आयाम महत्वपूर्ण होता है। सामाजिक व्यवस्था काल-चक्र में बंधी होती है। परिवार की जो व्यवस्था भारत में मौर्य काल में थी वह उस समय के आयाम में पर्यावरण में बंधी थी। काल में अतीत, वर्तमान और भविष्य तीनों आयाम संस्थित होते हैं। अतः सामाजिक व्यवस्था को ऐसी क्रिया विधि को विकसित करना चाहिये जो काल की जटिलता को कम कर सके।

लूह्मान ने पर्यावरण के भौतिक आयाम के साथ भी सरोकार बताया है। मनुष्य की सभी सम्भावित क्रियाएं अनिवार्य रूप से लम्बे-चौड़े भौतिक स्थान से बंधी होती है। कोई सामाजिक क्रिया बम्बई में होती है और कोई मास्को में। स्थान असीमित है। हम ऐसी कौनसी क्रिया-विधियां विकसित करें जो भौतिक संसार में पारस्परिक रूप से जुड़ी हुई क्रियाओं में किसी तरह की व्यवस्था ला सकें। सम्बन्धों की इस व्यवस्था की संरचना किस प्रकार की होती है?

लूह्मान ने पर्यावरण का तीसरा आयाम प्रतीकात्मक बताया है। समाज में कई तरह के प्रतीक होते हैं। कर्त्ता किन क्रिया विधियों द्वारा इन अगणित प्रतीकों का चयन करता है, यह भी एक महत्वपूर्ण मुद्दा है। वास्तव में, सामाजिक क्रियाओं को संगठित करने के लिये, एक सूत्र में बांधने के लिये, किसी न किसी प्रतीकात्मक माध्यम को अपनाना पड़ता है। पर्यावरण के इन तीनों आयामों की जटिलता को घटाने के लिये समाज किन्हीं क्रिया विधियों को अवश्य अपनाता है। पर्यावरण की गतिविधियां अनिवार्य रूप से कालिक, भौतिक व प्रतीकात्मक होती हैं।

सामाजिक व्यवस्था के प्रकार

(Types of Social System)

सामाजिक व्यवस्था में व्यक्तियों की क्रियाएं अर्थपूर्ण ढंग से जुड़ी होती हैं। इस तरह की व्यवस्था में कालिक, भौतिक और प्रतीकात्मक पर्यावरण हटा दिया जाता है। यह इसलिये हट जाता है क्योंकि प्रकार्यात्मक क्रिया-विधियां इन्हें हटा देती है। परिवेश में से इन तीनों आयोमों से लिकल जाने के उपरान्त जो व्यवस्था रह जाती है, वह कालहीन, भौतिकताहीन और प्रतीकात्मकता विहीन विशुद्ध व्यवस्था होती है। इस तरह की विशुद्ध व्यवस्था के तीन प्रकार लूह्मान ने बताये हैं: (1) *अन्तः क्रिया व्यवस्था,* (Interactional System) (2) *संगठन व्यवस्था* (Organisation System) और (3) *सामाजिक व्यवस्था* (Societal System)

(1) अन्तःक्रिया व्यवस्था (Interactional System)

जब व्यवस्था में विभिन्न प्रकार के व्यक्ति अपनी उपस्थिति से परिचित हो जाते हैं तब इसका उद्‌गम होता है। इस तरह का उनका मिलना पर्यावरण की जटिलताओं को कम कर देता है और एक व्यवस्था के लोग दूसरी व्यवस्था से अपने आपको पृथक समझने लगते हैं। इस व्यवस्था के सदस्य भाषा और प्रत्यक्ष संचार द्वारा एक-दूसरे के निकट आ जाते हैं और इस प्रकार पर्यावरण की जटिलता और कम हो जाती हैं।

(2) संगठन व्यवस्था (Organisation System)

व्यवस्था के विभिन्न सदस्यों की क्रियाओं में जब तालमेल स्थापित किया जाता है तो यह व्यवस्था का संगठनात्मक पहलू है। इस तरह की व्यवस्था में सदस्यों को प्रवेश देने और निष्काषित करने के निश्चित नियम होते हैं। इस संगठन व्यवस्था के कारण ही जब सदस्य लम्बी अवधि तक व्यवस्था में रहते हैं तो उनके व्यवहार के तरीके निश्चित हो जाते हैं।

किसी भी सामाजिक व्यवस्था में संगठन व्यवस्था का होना अनिवार्य है। संगठन लोगों को एक सूत्र में बांधकर पर्यावरण की जटिलता को कम कर देता है। कालिक आधार पर संगठन व्यक्तियों को बाहर निकालने और उनकी गतिविधियों को सुचारू रूप से चलाने के लिये वर्तमान और भविष्य में भी पूरा सक्रिय रहता है। स्थान की दृष्टि से संगठन यह भी निश्चित करता है कि कौन व्यक्ति कहां और कौन सा काम करेगा। श्रम विभाजन की व्यवस्था स्थान की अवधारणा द्वारा की जाती है। प्रतीकात्मक संदर्भ में संगठन यह भी देखता है कि व्यवस्था के कौन से नियम उपयुक्त है और काम के लिये कितना धन देना चाहिये इत्यादि।

(3) समाज सम्बन्धी व्यवस्था (Societal System)

सामाजिक व्यवस्था एक वृहद् व्यवस्था है। इसके अन्तर्गत कई अन्तः क्रियाएं, संगठन और उप व्यवस्थाएं होती है। इस वृहद् व्यवस्था में कितनी ही छोटी-बड़ी व्यवस्थाएं होती है।

आज जब हम अन्तर्देशीय समाज की कल्पना करते हैं तो इसमें व्यवस्था की यह संरचना प्रासंगिक बन जाती है।

लूह्मान के प्रकार्यवादी सिद्धान्त की आलोचना

लूह्मान का प्रकार्यवादी सिद्धान्त व्यवस्था और पर्यावरण के अन्तर पर केन्द्रित है। उनके अनुसार व्यवस्था और पर्यावरण में जो भी जटिलता है उसे कम करना चाहिये। किसी भी संगठन में व्यक्ति की क्रियाएं काल (समय), स्थान और प्रतीकों के माध्यम से होती हैं। वे प्रक्रियाएं जो व्यवस्था और पर्यावरण की जटिलताओं को कम करती हैं उन्हें लूह्मान प्रकार्यात्मक कार्य-विधि कहते हैं। व्यवस्था की सभी प्रक्रियाएं संचार के माध्यम से चलती है। संक्षेप में, लूह्मान के सामान्य व्यवस्था उपागम का यह प्रकार्यात्मक विश्लेषण है।

जब हम लूह्मान के व्यवस्था या प्रकार्यात्मक सिद्धान्त की आलोचना करते हैं तो बकौल टर्नर यह प्रश्न उठता है कि परम्परागत प्रकार्यात्मक विश्लेषण में जो समस्याएं आती है क्या उनका निदान लूह्मान ने किया है? क्या लूह्मान का प्रकार्यवाद-व्यवस्था सिद्धान्त सामाजिक परिवर्तन पर कोई गहरी अन्तर्दृष्टि देता है?

टर्नर उपरोक्त दो प्रश्न खड़े तो करते हैं, पर उनके उत्तर में कहते हैं कि *पहला लूह्मान ने बहुत सहजात से प्रक्रियात्मक विश्लेषण की समस्या को टाल दिया है या उनकी उपेक्षा कर दी है।* उनका तो विचार है कि प्रकार्यात्मक आवश्यकताएं व्यवस्था की जटिलता को कम कर देगी और पर्यावरण के साथ अपना अनुकूलन कर देगी। दूसरा, टर्नर का कहना है कि व्यवस्थाओं की आवश्यकताओं की पूर्ति क्रिया-विधियां कर लेगी। इस तरह के तर्क पुनरूक्ति मात्र हैं।

टर्नर जब लूह्मान के प्रकार्यात्मक-व्यवस्था सिद्धान्त का मूल्यांकन करते हैं तो स्पष्ट रूप से कहते हैं कि *घटनाओं के विश्लेषण में यह सिद्धान्त किसी भी तरह उपयोगी नहीं है। लूह्मान जब यह दावा करते हैं कि वे समाज में अन्तर्दृष्टि पैदा करने के लिये एक वैकल्पिक सैद्धान्तिक उपागम दे रहे हैं तो उनका यह दावा खोखला सिद्ध होता है। सच में देखा जाये तो लूह्मान का व्यवस्था प्रकार्यात्मक सिद्धान्त अन्य प्रकार्यवादों की ही तरह है तथा किसी भी अर्थ में उनसे भिन्न नहीं है।*

अध्याय 5

सामाजिक क्रिया सिद्धान्त : पेरेटो, वेबर और पारसंस
(Social Action Theory : Pareto, Weber and Parsons)

सामाजिक क्रिया सिद्धान्त वस्तुत : प्रकार्यात्मक सिद्धान्त है। इस सिद्धान्त का सिलसिला विल्फ्रडो पेरेटो से प्रारम्भ होता है। पेरेटो दकियानुस किस्म के विचारक थे। उन्होंने सबसे पहली बार *सामाजिक क्रिया सिद्धान्त* की एक संक्षिप्त रूपरेखा प्रस्तुत की। इसके बाद मैक्स वेबर ने सामाजिक क्रिया सिद्धान्त को आदर्श - प्रारूप के रूप में और तत्पश्चात् टालकट पारसंस ने 1937 में *" द स्ट्रक्चर ऑफ सोशल एक्शन" को प्रस्तुत किया। पारसंस ने सामाजिक क्रिया सिद्धान्त को विश्लेषणात्मक रूप में विकसित किया। उनका सामाजिक क्रिया सिद्धान्त आगे चलकर सामाजिक व्यवस्था सिद्धान्त के रूप में हमारे सामने आया। दूसरे शब्दों में, सामाजिक क्रिया सिद्धान्त का विकास और परिवर्द्धन इस शताब्दी के तीसरे दशक से प्रारम्भ होकर पाँचवे दशक तक चला।*

सामाजिक विचारकों के सामने, और विशेषकर अगस्त काम्त से लेकर अब तक, बहुत बड़ी समस्या समाजशास्त्र को एक सैद्धान्तिक स्तर पर रखने की रही है। विचारकों का तर्क था कि सबसे पहले यह निश्चित हो जाना चाहिये कि समाजशास्त्र सामाजिक यथार्थता को जानने के लिये किन प्रघटनाओं का अध्ययन करेगा। इसी तरह के सोच व समझ के लिये विचारकों का ध्यान सामाजिक प्रघटनाओं के विश्लेषण की विधि के बारे में आकर्षित हुआ। विल्फ्रेडो पेरेटो ने जब सामाजिक क्रिया सिद्धान्त को प्रस्तुत किया तो वे अपने युग के समकालीन, और पूर्ववर्ती विचारकों द्वारा प्रस्तुत विधिशास्त्र को भी देख रहे थे। इस अध्याय में हम सामाजिक क्रिया क्षेत्र में पेरेटो मेक्स वेबर व पारसंस के योगदान का विश्लेषण करेंगे। यह निश्चित है कि सामाजिक क्रिया सिद्धान्त की वास्तविक समझ इन तीन विचारकों में से किसी एक को छोड़कर विकसित नहीं की जा सकती।

विल्फ्रेडो पेरेटो का सामाजिक क्रिया सिद्धान्त
(Social Action Theory of Vilfredo Pareto)

विल्फ्रेडो पेरेटो का जन्म पेरिस में 1848 में हुआ था। यहां से उनके पिता 18 वीं शताब्दी के अन्त में इटली आ गये। अपनी पढ़ाई के बाद पेरेटो ने निश्चित किया कि वे व्यापार में लग जायेंगे। वे लगे भी पर उन्होंने इसे छोड़ दिया। आगे चलकर उन्होंने शैक्षणिक कार्य को अपनाया। वास्तव में पेरेटो की रुचि गणित और भौतिकशास्त्र में थी। वे इंजिनीयर बन गये। यह काम भी उनकी अभिरुचि का नहीं था। अन्त में उन्हें एक समाजशास्त्री का व्यवसाय रास आया। लेकिन समाजशास्त्री बनने के बाद भी गणित व भौतिक विज्ञानों ने उन्हें नहीं छोड़ा। गणित के कारण ही उनकी रुचि अर्थशास्त्र में हुयी। वे अर्थशास्त्र के प्रोफेसर भी रहे। अपनी पीढ़ी के विचारकों में पेरेटो एक शीर्ष के सैद्धान्तिक अर्थशास्त्री थे। जब वे समाजशास्त्र को देखते हैं तो उसकी विधि में उन्हें परम्परागत अर्थशास्त्र की भूमिका दिखाई देती है। *अपने पूर्ववर्ती विचारकों के अनुसार पेरेटो ने भी यह स्थापित करने का प्रयत्न किया कि अर्थशास्त्र व समाज-शास्त्र भौतिक विज्ञानों की तरह निर्विवाद रूप से विज्ञान है।*

विल्फ्रेडो पेरेटो ने कई पुस्तकें लिखी है। इन पुस्तकों में "द माइण्ड एण्ड सोसायटी" (1935) के चारों खण्ड बड़े महत्वपूर्ण हैं। इस पुस्तक के पहले भाग की भूमिका में पेरेटो लिखते हैं कि इन चार खण्डों को पूरा करने में उन्होंने केवल दो जोड़ी जूतों और दो + जोड़ी कपड़ों से अपना जीवन चलाया है। समाजशास्त्र व अर्थशास्त्र के किसी भी विचारक के लिये इस तरह की त्रास्दी अभूतपूर्व है। पेरेटो के जमाने में सामान्य मान्यता यह थी कि अर्थशास्त्र में कोई सिद्धान्त नहीं होता। राष्ट्रीय स्तर की अर्थशास्त्रियों की एक गोष्ठी में पेरेटो ने तर्क एवं आग्रह पूर्वक कहा कि किसी भी प्राकृतिक विज्ञान की तरह अर्थशास्त्र का भी सिद्धान्त होता है। गोष्ठी ने इस तर्क को स्वीकार नहीं किया। गोष्ठी की अवधि में एक दिन शाम को शहर के किसी नुक्कड़ पर टहलते जा रहे थे। उन्होंने किसी अजनबी से पूछा : "यहां कोई ऐसी होटल है जहां मुफ्त में खाना मिल सके ?" अजनबी ने कहा : हां, होटलें तो बहुत हैं पर कोई भी बिना दाम के मुफ्त में खाना नहीं देगा। यह अजनबी गोष्टी का ही एक भागीदार था। पेरेटो ने प्रत्युत्तर में कहा : "यही अर्थशास्त्र का सिद्धान्त है।"

पेरेटो का सामाजिक क्रिया का सिद्धान्त अर्थशास्त्री *अल्फ्रेड मार्शल* से जुड़ा था। मार्शल का कहना था कि समाज का उद्‌विकास रेखीय होता है। मार्शल की पीढ़ी के सभी विचारक रेखीय उद्‌विकास को समाज विज्ञान का अग्रणी सिद्धान्त मानते थे। इंगलैण्ड में तो रेखीय उद्‌विकास का सिद्धान्त था। पेरेटो ने इस सिद्धान्त को स्वीकार नहीं किया। उन्होंने *चक्रीय सिद्धान्त* (Theory of Cycles) को प्रस्तावित किया। समाज रेखीय तरीके से नहीं बदलता। एक युग में समाज पहुंचता है, यह युग गुजर जाता है। नया युग आता है, यह बदल जाता है। एक ऐसी अवस्था आती है कि समाज जिस मुकाम से चला था, घुम-फिर कर

उसी मुकाम पर लौट आता है। पेरेटो के विधिशास्त्र की केन्द्रीयता में यही सिद्धान्त है।

विज्ञान किसे कहते हैं ? (What is Science ?)

पेरेटो का यह मानना था कि समाजशास्त्र किसी भी प्राकृतिक विज्ञान की तरह है। उनका, सम्पूर्ण विद्याशास्त्र इसी अवधारणा के इर्द-गिर्द घूमता है। सही अर्थों में पेरेटो का कहना है कि *विज्ञान वह है जो तार्किक और प्रयोगात्मक (Logico-experimental) हो। समाजशास्त्री सिद्धान्त को दो अनिवार्य गुणों के संदर्श में देखता है। पहला तो वह जिसमें तथ्यों के बारे में तार्किक कारण (Logical reasoning) देता है और दूसरा, इन तथ्यों का अवलोकन किया जा सकता है*

पेरेटो ने कहीं पर भी वैज्ञानिक तथ्यों के क्षेत्र को परिसीमित नहीं किया है। वे तो कहते हैं कि वह सब कुछ विज्ञान है जिसका व्यक्ति को *अनुभव* (experience) होता है। अनुभव ही अवलोकन है, अवलोकन ही अनुभव है। इस भांति अवलोकन व तर्क दोनों मिलकर समाजशास्त्र को एक विज्ञान का दर्जा देते हैं। वे तो यहां तक कहते हैं कि कोई भी *तथ्य* (Fact), या *घटना* (event) जिसका अवलोकन किया जा सके और अन्त में चलकर जिसका *सत्यापन* (verification) किया जा सके, विज्ञान है।

विज्ञान से जुड़े जो सिद्धान्त होते हैं, वस्तुतः वे तार्किक प्रयोगात्मक होते हैं, जिनमें तथ्यों से सम्बन्धित बयान तार्किक कार्य-कारण से बंधे होते हैं। वास्तविकता यह है कि हम तथ्यों को उनके मूर्त या निश्चित स्वरूप में नहीं देख सकते। ऐसी अवस्था में उन्हें अमूर्त रूप में रखना ही एक मात्र विकल्प लगता है। इसी कारण पेरेटो कहते हैं कि तथ्यों में जो समरूपता होती है, उसका ज्ञान हमें होना चाहिये। तथ्यों की यह समानता *प्रयोगात्मक अनुरूपता* (Experimental Uniformity) कहलाती है। जो भी तार्किक प्रयोगात्मक विज्ञान होते हैं, वे प्रयोगात्मक समरूपता द्वारा नियमों को बनाते हैं। ये नियम ही विज्ञान के सिद्धान्त होते हैं।

यह एक रुचिकर तथ्य है कि पेरेटो समाजशास्त्र को तार्किक - प्रयोगात्मक विज्ञान नहीं मानते। और यहीं पर पहुंचकर उन्होंने सामाजिक क्रिया को दो भागों में बांटा है :

(1) तार्किक क्रिया (Logical Action)

(2) अ-तार्किक क्रिया (Non-Logical Action)

तार्किक और अ-तार्किक क्रिया

अर्थशास्त्र में जो सिद्धान्त होते हैं, पेरेटो के हिसाब से वे तार्किक किया की श्रेणी में आते हैं। होता यह है कि तथ्यों के अन्दर कुछ ऐसे चर (Variables) और तत्व होते हैं, जिन्हें आर्थिक सिद्धान्त अमूर्त रूप में रखता है और यही उनके लिये *तार्किक क्रिया* (Logical Action) है। लेकिन जब पेरेटो सामाजिक प्रघटनाओं की अध्ययन विधियों का उल्लेख करते हैं तो कहते हैं कि आर्थिक प्रघटनाओं की तरह सामाजिक प्रघटनाओं का अध्ययन नहीं किया जा

सकता। सामाजिक प्रघटनाओं को दो विभिन्न दृष्टिओं से समझा जा सकता है। एक दृष्टिकोण तो *वस्तुपरक* (Objective) होता है और दूसरा इसके विपरीत *व्यक्तिपरक* (Subjective) होता है। वस्तुपरक दृष्टिकोण वह है जो सामाजिक प्रघटना को उसकी *वास्तविकता* (Reality) या यथार्थता में देखता है। व्यक्तिपरक दृष्टिकोण इसके विपरीत है। यह वह दृष्टिकोण है जो *किन्हीं व्यक्तियों के मस्तिष्क* (In the mind of certain persons) में होता है। यहां चलकर पेरेटो विस्तार से वस्तुपरक व व्यक्तिपरक सामाजिक प्रघटनाओं में अन्तर करते हैं। उनका कहना है कि वस्तुपरक सामाजिक प्रघटनाएं जब व्यक्तिपरक दृष्टिकाण से जुड़ जाती हैं तो यह वैज्ञानिक दृष्टिकोण है। दूसरे शब्दों में, व्यक्तिपरक दृष्टिकोण से सामाजिक प्रघटनाओं की यथार्थता यदि वस्तुपरक यथार्थता के अनुरूप हो जाती है तो यह वैज्ञानिक सिद्धान्त है। यहां चलकर वे तार्किक क्रिया को परिभाषित करते हैं ?

तार्किक क्रिया किसे कहते है ?

पेरेटो का कहना है कि किसी भी विशुद्ध विज्ञान के लिये यह आवश्यक है कि व्यक्ति किसी प्रघटना के बारे में अपने मस्तिष्क में जो कुछ सोचता है वह सामान्य सोच के अनुरूप बैठ जाता है तो यह तार्किक क्रिया है। उदाहरण के लिये यदि कोई व्यक्ति यानि *कर्त्ता* (Actor) यह सोचता है कि साइनाइड खाने से तुरन्त मृत्यु हो जाती है और वस्तुपरकता भी यही है तो यह वैज्ञानिक अवलोकन है। इसको पेरेटो तार्किक क्रिया कहेंगे। इसे परिभाषित करते हुये वे लिखते हैं :

तार्किक क्रियाएं वे हैं जिनमें वस्तुपरकता और व्यक्तिपरकता एक साथ होती हैं।

एक अन्य स्थान पर पेरेटो ने तार्किक क्रिया की परिभाषा देते हुये एक और बिन्दु पर वस्तुपरकता व व्यक्तिपरकता के अन्तर को स्पष्ट किया है। वे कहते हैं कि व्यक्ति अपने स्वयं के उद्देश्य की दृष्टि से लक्ष्य को निश्चित करता है। यह लक्ष्य उसके लिये वस्तुपरक है। उसने तो सामाजिक प्रघटना के बारे में पहले से ही अपने मस्तिष्क में एक निश्चित सोच या समझ बना रखी है। अब इस व्यक्तिपरक सोच के माध्यम से वह समझता है कि जो कुछ प्रयास उसके द्वारा किया जा रहा है वह वस्तुपरक है। अपने इस वस्तुपरक लक्ष्य को प्राप्त करने के लिये किन्हीं साधनों को काम में लेता है। उदाहरण के लिये व्यक्ति यानि कर्त्ता ऐसा सोचता है कि वह जीवन में डॉक्टर बनने के लिये कोचिंग कक्षाओं में जाता है, पुस्तकालय में बैठता है। यह सब क्रियाएं साधन हैं जिनके माध्यम से वह वस्तुपरक लक्ष्यों यानि डॉक्टर बनने के उद्देश्य को प्राप्त करना चाहता है। दूसरे शब्दों में, व्यक्तिपरकता द्वारा निर्धारित वस्तुपरक लक्ष्यों को प्राप्त करने के लिये वह कदम उठाता है। इस तरह का उसका प्रयास तब सही निकलेगा जब लक्ष्य को प्राप्त करने के लिये सही है। इस परिभाषा में पेरेटो ने व्यक्तिपरक और वस्तुपरक दोनों को अनुरूप बनाने के लिये तार्किक सम्बन्धों पर जोर दिया है। डॉक्टर बनने के लिये कर्त्ता जिन साधनों को काम में लेता है, क्या तार्किक रूप से ये

साधन डॉक्टर बनने के लक्ष्य के अनुरूप हैं, तो यह क्रिया तार्किक होगी।

इस दूसरी परिभाषा में पेरेटों ने तार्किक क्रिया के लिये एक ओर दिशा जोड़ दी है। पहले जब उन्होंने तार्किक क्रिया की परिभाषा दी तब कहा कि यह वह क्रिया है जहां व्यक्तिपरक साधन और वस्तुपरक साधन एक साथ होते हैं। पेरेटो के दृष्टिकोण को सूत्र रूप में इस प्रकार रखा जा सकता है :

तार्किक क्रिया = व्यक्तिपरकता + वस्तुपरकता

(Logical Action) = (Subjectivity + objectivity)

तार्किक क्रिया की दूसरी परिभाषा में पेरेटो ने वस्तुपरकता और व्यक्तिपरकता में तार्किक आधार को महत्वपूर्ण बताया है। इसके लिये वे कहते हैं कि लक्ष्य को प्राप्त करने के लिये साधन जिसने अधिक उचित व सही होंगे, उसी अनुपात में लक्ष्य प्राप्ति होगी। इस परिभाषा में महत्वपूर्ण दशा तर्क संगति (Logicality) है। इसे सूत्र रूप में निम्न प्रकार रख सकते हैं:

तार्किक क्रिया = व्यक्तिपरकता + वस्तुपरकता + तर्क संगति

(Logical Action) = (Subjectivity + Objectivity + Logicality)

अ-तार्किक क्रिया किसे कहते हैं ?

हमने कहा है कि पेरेटो की सैद्धान्तिक व्यवस्था में तार्किक क्रिया को कोई स्थान नहीं है। जब वे तार्किक क्रिया का उल्लेख करते हैं तो उनका उद्देश्य यह बताना है कि सामाजिक यथार्थता को जानने के लिये मनुष्य की सम्पूर्ण क्रियाओं में से पहले हम तार्किक क्रिया को निकाल लें। उनकी व्याख्या में तार्किक क्रिया वह है जिसमें वस्तु परक व व्यक्तिपरक दोनों उद्देश्य समान हो जायें।यही नहीं इन दोनों के सम्बन्ध भी तर्क पूर्ण होने चाहिये। यह कहने के बाद वह अतार्किक क्रिया को परिभाषित करते है। वास्तव में वे समाजशास्त्र की परिभाषा अतार्किक क्रिया द्वारा समझाते हैं। इसकी परिभाषा उन्होंने नकारात्मक रूप में दी है। वे अ-तार्किक *क्रिया उसे बताते हैं जो तार्किक नहीं है। मोटे रूप में सम्पूर्ण क्रिया में से वे तार्किक क्रिया को घटा देते हैं। जो शेष बचता है वह अ-तार्किक क्रिया है। सूत्र रूप में वे कहते हैं कि यदि सम्पूर्ण प्रकार की क्रिया में से तार्किक क्रिया को निकाल दिया जाये तो शेष जो भी बचेगा वह अ-तार्किक क्रिया होगी। उन्होंने गणितीय सूत्र में इसे इस तरह रखा है :*

अ-तार्किक क्रिया = सम्पूर्ण क्रिया − तार्किक क्रिया।

उन्होंने यद्यपि कहीं भी सम्पूर्ण क्रिया को परिभाषित नहीं किया है, फिर भी इसका अर्थ यही है कि समाज की मूर्त प्रघटनाओं के बारे में जो भी क्रियाएं हैं वे सभी सम्पूर्ण क्रिया की श्रेणी में आती हैं। इस सम्पूर्ण क्रिया में व्यक्तिपरक और वस्तुपरक दोनों प्रकार की क्रियाएं सम्मिलित हैं। प्राथमिक विश्लेषण के लिये तार्किक क्रियाओं से पेरेटो का कोई सरोकार नहीं है। वे तो अ-तार्किक क्रियाओं की पहचान करने के बाद अपना विश्लेषण कर देते हैं।

सिद्धान्त निर्माण की इस प्रक्रिया तक पहुंच कर वे अ-तार्किक क्रिया की परिभाषा इस तरह देते हैं :

> तार्किक क्रियाएं, कम से कम अपने मुख्य लक्षण में *तर्कता* (Reasoning) की प्रक्रिया के परिणाम स्वरूप पैदा होती हैं। अ-तार्किक क्रियाएं मस्तिष्क की किसी दशा-संवेग, अचेतन अवस्था से प्रारम्भ होती हैं। मस्तिष्क की इस दशा का सरोकार मनोवैज्ञानिकों से है।

पेरेटो ने तार्किक क्रियाओं को तो बड़े ही स्पष्ट और सुदृढ़ आधार पर रखा है। ये क्रियाएं तर्क पर खड़ी होती हैं। लेकिन जब वे अतार्किक क्रियाओं की परिभाषा देते हैं तब कहते हैं कि मनुष्य की जो भी मानसिक दशा होती है—भावात्मकता, संवेगात्मकता, हर्ष, क्रोध यह सभी अ-तार्किक क्रियाओं का अध्ययन मनोविज्ञान के क्षेत्र में आता है। इसका स्पष्ट अर्थ यह हुआ कि पेरेटो मनोविज्ञान व समाजशास्त्र में कोई अन्तर नहीं करते। टालकट पारसंस ने इस संदर्भ में पेरेटो के इस मनोविश्लेषण पर टिप्पणी की है। ऐसा लगता है कि वे केवल आर्थिक सिद्धान्त को ही तार्किक व वैज्ञानिक मानते हैं। अर्थशास्त्र के अतिरिक्त जो भी अन्य समाज विज्ञान हैं, पेरेटो की दृष्टि में एक ही कोटि में आते हैं। उनकी समाज के अनुसार आर्थिक सिद्धान्त एक तरफ हैं और शेष सिद्धान्त चाहे समाजशास्त्र, मनोविज्ञान या इतिहास के हों दूसरी श्रेणी में आते हैं। इस दृष्टि से यह विवाद उठाना कि अ-तार्किक क्रियाएं जब मनोविज्ञान का अध्ययन क्षेत्र हैं तो उन्हें समाजशास्त्र के साथ पेरेटो ने क्यों जोड़ा है। पेरेटो की दृष्टि में यही मानकर चलना चाहिये कि अ-तार्किक क्रिया का अध्ययन चाहे मनोविज्ञान ही क्यों न करता हो, समाजशास्त्रीय है।

अ-तार्किक क्रिया का उद्गम : मस्तिष्क की दशा (State of Mind)

जब पेरेटो को यह स्पष्ट हो गया कि अ-तार्किक क्रियाओं का सरोकार मस्तिष्क की दशाओं से है तो वे इन अ-तार्किक क्रियाओं का आगे चलकर दोहरा वर्गीकरण करते हैं। सबसे पहली बात तो यह है कि मनुष्य के मस्तिष्क में जो कुछ है घृणा, प्रेम, विवाद, संवेग उन्हें देखा नहीं जा सकता। यह मस्तिष्क की ही दशा है जो *अभिव्यक्तियों (expressions) को अपने अन्दर संजोये रखती है। अभिव्यक्तियों में संवेगों को विकसित किया जाता है। यह संवेग कई स्वरूप लेते हैं–नैतिक धार्मिक, आदि। जब व्यक्ति क्रियाओं को करता है तब उसमें मस्तिष्क की ये दशाएं अभिव्यक्त होती हैं। वे मस्तिष्क की दशा को एक कोटि में रखते हैं। दूसरी कोटि में तथ्य होते हैं। तथ्यों और अभिव्यक्तियों को देखा जा सकता है। लेकिन मस्तिष्क की दशाओं को देखा नहीं जा सकता। वे इन तीनों स्थितियों को एक त्रिभुज के रूप में रखते हैं :*

(क) *मस्तिष्क की दशा:* इसका अवलोकन नहीं किया जा सकता, यह अनिश्चित होता है,

(ख) मस्तिष्क का यह वह भाग है जो तथ्यों के साथ लगा होता है। इसका अवलोकन किया

जा सकता है, और

(ग) यह भाग अभिव्यक्तियों में दिखाई देता है। इसे भाषा और कला में परखा जा सकता है।

त्रिभुज में पेरेटो इसे इस तरह रखते हैं :

क-मस्तिष्क की दशा,

ख-तथ्य,

ग-अभिव्यक्तियां।

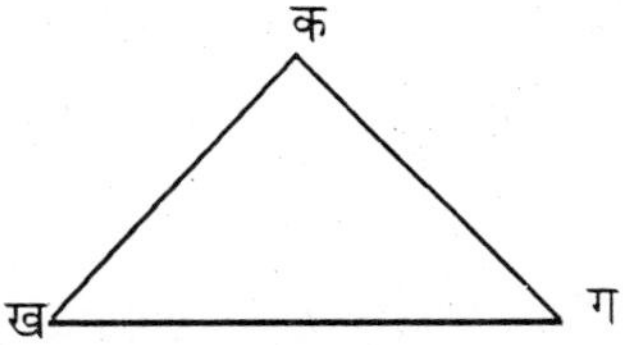

इस त्रिभुज में हम देखते हैं कि अतार्किक क्रिया सम्पूर्ण रूप से मस्तिष्क से जुड़ी हुयी है या इसके विश्लेषण का केन्द्रीय बिन्दु मस्तिष्क की दशा है। (ख) और (ग) दोनों ऐसी क्रियाएं हैं जिनका अवलोकन किया जा सकता·है। हमारी अ-तार्किक क्रिया की जो भी समझ है उसे हम (ख) व (ग) के माध्यम से जान सकते (क) को समझने का हमारा एक मात्र आधार (ख) व (ग) हैं। (ख) व (ग) का निर्वचन करके ही हम मस्तिष्क की दशा को जान सकते हैं। पेरेटो कहते हैं कि मानव मस्तिष्क के ये तीनों तत्व एक दूसरे के सम्पर्क में होते हैं। इसका एक निष्कर्ष यह भी है कि (ग) का कारण (ख) नही है। सचाई यह है कि त्रिभुज के तीनों कोण पारस्परिक रूप से जुड़े होते हैं। इस जोड़ में (ख) व (ग) का प्रत्यक्ष सम्बन्ध होता है। लेकिन जहां तक कोई क्रिया अ-तार्किक है (क) और (ग) तथा (क) व (ख) के सम्बन्ध अत्यन्त महत्वपूर्ण (ग) (ख) का कम महत्वपूर्ण कारण है। (ख), (ग) का कम महत्वपूर्ण कारण है, यह तो केवल (क) की अभिव्यक्त् मात्र है जिसे हम भावनाओं व संवेगों में देखते हैं। वास्तव में (क) ही मूल स्त्रोत है। जिससे (ख) व (ग) का उद्‌गम होता है। यह भी सही है कि (क) व (ग) हमेशा पारस्परिक रूप से अंतनिर्भर होते हैं। यह भी सही है कि इन दोनों का सम्बन्ध कारण=कार्य का नहीं है, ये फिर भी अ-तार्किक क्रिया के लिये (ग) अधिक महत्वपूर्ण है। व्याख्या करते हुये पारसंस कहते है कि मस्तिष्क की दशा जानने के लिये (ग) एक भरोसेमंद सूचकांक है। यह भी सही है कि (क) का अवलोकन नहीं किया जा सकता। उसका अध्ययन प्रत्यक्ष रूप से नहीं हो सकता फिर भी (ग) यानि अभिव्यक्तियों द्वारा इसे जान सकते हैं। इस सम्पूर्ण गणितीय व्याख्या के बाद पेरेटो कहते हैं कि अ-तार्किक क्रिया अपने आप में अविभाज्य नहीं है। इसमें भी दो कोटियां हैं।

पेरेटो ने अ-तार्किक क्रिया को निश्चत करने के बाद उसका पुन : वर्गीकरण किया है। इसमें वे *आगमनात्मक* विधि को अपनाते हैं। वे एक जैसी *तथ्य-सामग्री (Inductive)* को विश्लेषणात्मक रूप से देखते हैं। यह तथ्य-सामगी अ-तार्किक होती है। इस अ-तार्किक सामग्री में से वे ऐसे तत्वों को निकालते हैं जो *स्थिर* (Constant) होते हैं या *अस्थिर* (Variable)। अस्थिर तथ्य महत्वपूर्ण नहीं है क्योकि इनकी प्रकृति परिवर्तनशील होती है। अतः वे स्थिर तत्वों को लेकर उन्हें अ-तार्किक क्रिया की श्रेणी में रखते हैं। ये स्थिर तत्व पेरेटो की अवधारणा में *अवशिष्ट* (Residual) कहलाते हैं। ये *अवशिष्ट* तत्व ही अ-तार्किक

क्रिया के केन्द्रीय बिन्दु हैं। अस्थिर तत्वों में जो कुछ क्रियाए हैं उन्हें पेरेटो *डेरिवेटिव्ज (Derivatives) व्युत्पन्न कहते हैं। क्योंकि डेरिवेटिव* तत्व अस्थिर होते हैं, पेरेटो अ-तार्किक क्रिया में इन्हें सम्मिलित नहीं करते। वे तो जो भी अवशिष्ट यानि स्थिर तत्व हैं, उन्हें ही अ-तार्किक क्रिया के नाम से परिभाषित करते हैं। *इस तरह अन्तार्किक क्रिया वह है जो अवशिष्ट Residual कोटि में आती है।*

पारसंस ने पेरेटो के अ-तार्किक क्रिया की विशद् मीमांसा की है। अपनी उपसंहारात्मक टिप्पणी में पारसंस कहते है कि *कोई भी क्रिया उस सीमा तक अ-तार्किक है जहां तक यह तार्किक नहीं है।* पेरेटो अ-तार्किक क्रिया की परिभाषा केवल नकारात्मक रूप में करके कहते हैं कि *यह एक अवशिष्ट कोटि है।* इस *अवशिष्ट* कोटि में न तो वैज्ञानिक विधि काम में ली जाती है और न तर्क। इसका आधार तो विशुद्ध रूप से *मनोदशा* है। अब यह सब करने के बाद पेरेटो *अ-तार्किक क्रियाओं को अपने समाजशास्त्रीय सिद्धान्त का आधार बनाते है।* पेरेटो ने सामाजिक क्रिया का जो वर्गीकरण किया है उसे चित्र रूप में इस प्रकार रखेंगे।

सामाजिक क्रिया

- तार्किक क्रिया
- अ-तार्किक क्रिया
  - स्थिर तत्व (अवशिष्ट) (यही अ-तार्किक क्रियाएं हैं)
  - अस्थिर तत्व (डेरिवेटिव्ज)

अ-तार्किक क्रिया एक ऐसी कोटि है जिसे तत्वों के अध्ययन करते समय क्षेत्र में लागू किया जा सकता है। एक निश्चित प्रक्रिया के बाद सिद्धान्तवेत्ता इस स्तर तक पहुंचता है। जो प्रारम्भिक तथ्य सामग्री होती है, उसे पेरेटो सिद्धान्त कहते हैं: जिनका सम्बन्ध क्रिया के साथ जुड़ा होता है। इन सिद्धान्तों का तार्किक-प्रयोगात्मक-विज्ञान की कसौटी पर विश्लेषण किया जाता है। इस कसौटी में वे सिद्धान्त जो विज्ञान के नियमों के अनुसार सही बैठते हैं, एक तरफ कर दिये जाते हैं। इसके बाद स्थिर तत्वों को अस्थिर तत्वों से पृथक कर दिया जाता है। अस्थिर तत्व *डेरिवेटिव्ज* हैं। इनका पेरेटो के सिद्धान्तीकरण में कोई स्थान नहीं है। वे तो केवल अवशिष्ट तत्वों को ही अ-तार्किक क्रिया की कोटि में रखते हैं।

सामाजिक क्रिया सिद्धान्त को जिस तरह पेरेटो ने प्रस्तुत किया है, इससे बहुत स्पष्ट है कि वे तार्किक क्रियाओं को समाजशास्त्र की अध्ययन सामग्री नहीं मानते। उनका दृढ़ता पूर्वक कथन है कि आदमी अपने दिन-प्रतिदिन के व्यवहार या क्रियाओं में अ-तार्किक होता है। जब वह अपने परिवार का पालन-पोषण करता है, बच्चों को शिक्षा-दीक्षा देता है, आतिथ्य करता है या ऐसे ही ढेर सारे कार्यों में जिनमें वह रोता है, हंसता है, नाचता-गाता है, कभी-भी विज्ञान के तर्क प्रस्तुत नहीं करता। वह यह गणित नहीं लगाता कि बच्चों पर जो खर्च वह कर रहा है या माता-पिता को जो सेवा वह दे रहा है उसका भुगतान उसे कैसे

मिलेगा। वह यह अच्छी तरह जानता है कि मनुष्य मरणशील प्राणी है। फिर भी परिवार एवं नातेदारों की मृत्यु होने पर दुखी हो जाता है। इन सब क्रियाओं में वह विज्ञान और तर्क की कसौटी लागू नहीं करता। उसकी क्रियाएं तो मस्तिष्क की दशाओं द्वारा संचालित होती है, उसकी अभिव्यक्तियां एवं क्रिया कलाप इसी मनोदशा से जुड़े होते हैं। इन अ-तार्किक क्रियाओं का गणितशास्त्र की तरह दो और दो चार का सम्बन्ध नहीं होता। मनोदशा की अ-तार्किक क्रियाओं का मूल स्त्रोत है। कहीं भी पेरेटो ने अपने विश्लेषण में मनोविज्ञान को समाजशास्त्र से पृथक कर के नहीं देखा। अत: उनके सिद्धान्तीकरण में *अ-तार्किक क्रियाएं समाजशास्त्रीय और मनोवैज्ञानिक दोनों हैं।*

मैक्स वेबर का सामाजिक क्रिया सिद्धान्त

(Social Action Theory of Max Weber)

मैक्स वेबर एक जर्मन समाजशास्त्री थे। उनका जन्म अप्रेल 21, 1864 में हुआ था। सात भाई-बहिनों में सबसे बड़े थे जिन्होंने समाजशास्त्र पर जो कुछ लिखा है उसका केन्द्रीय लक्ष्य इस विषय को विज्ञान का दर्जा देना और इसकी विधियों का निश्चित करना था। वे जीवन-पर्यन्त यह प्रयास करते रहे कि समाजशास्त्रीय-ऐतिहासिक विज्ञानों के लिये सामान्य सैद्धान्तिक अवधारणाओं का निर्माण कर सकें। उनके कृतित्व में सबसे बड़ी उपलब्धि जो विधिशास्त्र में आती है, *सामान्य आदर्श प्रारूप* (General Ideal Type) है। आदर्श प्रारूप प्राक्कल्पनात्मक मूर्त प्रकार हैं और इनके माध्यम से क्रिया व्यवस्था को स्पष्ट रूप से समझा जा सकता है। क्रिया के आदर्श प्रारूप में मैक्स वेबर ने *निर्वचनात्मक समाजशास्त्र* (Interpretation Sociology) का निर्माण किया है। अपनी विधि में वेबर ने कई विषयों पर आदर्श प्रारूप बनाये हैं जिनमें सामाजिक क्रिया, अधिकारीतंत्र, प्रभुत्व तथा शक्ति आदि हैं।

रेमंड एरॉ ने वेबर की सामाजिक क्रिया के आदर्श प्रारूप को पेरेटो की तुलता में रखा है। जहां पेरेटो तार्किक क्रिया को एक तरफ रखकर अ-तार्किक क्रिया को समाजशास्त्र की अध्ययन सामग्री मानते हैं, वही मैक्स वेबर तार्किक और अ-तार्किक दोनों क्रियाओं को एक ही अवधारणात्मक बोध में प्रस्तुत करते हैं।

वास्तव में, वेबर की आदर्श प्रारूप की जो विश्लेषणात्मक संरचना है, उसका उद्देश्य *मूर्त घटनाओं में से आनुभविक समरूपताओं को मापने का प्रयास है। यह भी कहना चाहिये कि आदर्श प्रारूप यथार्थता नहीं है। यह तो निश्चित तुलना के लिये बनाये गये हैं। अनुसंधान कर्ता आदर्श प्रारूप की तुलना यथार्थता से नहीं करता। वह तो यथार्थता की तुलना के लिये आदर्श प्रारूप को एक माप या फीते की तरह काम में लेता है।* जब हम वेबर की सामाजिक क्रिया के प्रकारों को प्रयोग में लाते हैं तो इसकी उपयोगिता केवल तुलना के लिये ही है।

सामाजिक क्रिया की परिभाषा का अर्थ

मैक्स वेबर ने अपनी पुस्तक *द थ्योरी ऑफ सोशल एण्ड इकोनोमिक आर्गेनाइजेशन (The Theory of Social and Economic Organization)* में *सामाजिक क्रिया की अवधारणा को रखने से पहले समाजशास्त्र को परिभाषित किया था। वे कहते हैं कि समाजशास्त्र वह विज्ञान है जो सामाजिक व्यवहार का निर्वचनात्मक अध्ययन करता है और ऐसा करने में वह इस तथ्य की व्याख्या करता है कि सामाजिक क्रिया के कारण कौन से हैं और यह कैसे होती है और इसके परिणाम क्या निकलते हैं ?* जब वेबर समाजशासत्र की व्याख्या सामाजिक व्यवहार से करते हैं तो उनका तात्पर्य सामजिक क्रिया से है। सामाजिक क्रिया की परिभाषा अपनी पुस्तक में वे इस भांति करते हैं :

> वह सम्पूर्ण मानव व्यवहार जिसके साथ *व्यक्तिपरक* अर्थ (Subjective) लगाया जाता है, सामाजिक क्रिया है। इस अर्थ में क्रिया प्रत्यक्ष हो सकती है, विरोधी हो सकती है या व्यक्तिपरक हो सकती है। किसी भी दशा में क्रिया सकारात्मक निर्वचन कर सकती है, जानबूझ कर इस तरह के किसी निर्वचन को न करें लेकिन जब इसके साथ व्यक्तिपरक अर्थ लग जाता है तो यह हर प्रकार से सामाजिक क्रिया है।

पारसंस ने *द स्ट्रक्चर ऑफ सोशल एक्शन* (The Structure of Social Action) में वेबर की सामाजिक क्रिया की व्याख्या व्यवस्थित सिद्धान्त के संदर्भ में की है। जब वेबर समाजशास्त्र में सिद्धान्त निर्माण की चर्चा करते हैं तो उनका सामाजिक क्रिया की अवधारणा का प्रारम्भिक बिन्दु क्रिया है। यहां पर पारसंस वेबर द्वारा दी गयी सामाजिक क्रिया की निम्नलिखित परिभाषा को रखते हैं:

> हम किसी भी मानव अभिवृत्ति या गतिविधि को *क्रिया* (Action : Handeln) कहते हैं। जब तक इसमें कर्त्ता किसी तरह के व्यक्तिपरक *अर्थ* (Meaning : Sinn) को लगाता है।

वास्तव में सामाजिक क्रिया वह है जिसके साथ क्रिया को करने वाला कर्ता अपने किसी निजी अर्थ को लगाता है। एक स्थान पर क्रिया के व्यक्तिपरक अर्थ की व्याख्या करने के लिये पारसंस ने जो दृष्टान्त दिया है उसे हम यहां प्रस्तुत करते हैं : यह सामान्य बात है कि हम उर्दू साहित्य के लहजे में कहते हैं कि परवाना यानि शमा (दीपक) पर न्यौछावर होता है। इस तरह का अर्थ पारसंस के लिये बेमतलब है। यह हमारा सोच है या शायद शायर की कल्पना है कि परवाना शमा से इश्क करता है और वह इसलिये उस पर मर मिटता है। यह क्रिया नहीं है। यदि शायर परवाने से पूछ पाता कि वह दीपक पर क्यों न्यौछावर होता है और दीपक बता पाता कि वह प्रेम के अतिरेक में जल मरना चाहता है तो पतंगे का यह व्यवहार वेबर के अर्थ में क्रिया होता। महत्वपूर्ण बात यह है कि *जब कर्त्ता किसी गतिविधि को करता है और उसमें उसकी ऊर्जा खर्च होती है और इस गतिविधि का अर्थ स्वयं कर्ता*

लगाता है, तो यह सामाजिक क्रिया है।

सामाजिक क्रिया में व्यक्तिपरक *समझ* (Understanding) का होना आवश्यक है। व्यक्ति जो अर्थ लगाता है, उस अर्थ का निर्वचन समझ या *वस्टेहेन* (Verstehen) है। जब तक मानव व्यवहार को इस तरह के व्यक्तिपरक बिन्दु से देखा नहीं जाता, वह क्रिया की श्रेणी में नहीं आता और इसीलिये वेबर इसे व्यवस्थित समाजशास्त्रीय सिद्धान्त में सम्मिलित नहीं करते।

वेबर ने सामाजिक क्रिया के साथ में जिस व्यक्तिपरक अर्थ को जोड़ा है वह उन्हें तुरन्त आनुभविक बना देता है। इससे समाजशास्त्र भी आनुभविक बन जाता है। व्यक्तिपरक अर्थ के साथ वेबर ने *उद्देश्य* और मूल्यों को भी जोड़ा है। कोई भी क्रिया जिसे *कर्ता* सम्पन्न करता है *उद्देश्य* प्राप्ति के लिये होती है। यह उद्देश्य भी विवेकपूर्ण होता है। इसके साथ ही मूल्य भी जुड़े होते हैं। इस दृष्टि से *सामाजिक क्रिया वह है जिसका अर्थ कर्त्ता लगाता है, जिसे कर्ता द्वारा परिभाषित लक्ष्य प्राप्ति के लिये किया जाता है और जिसके साथ में मूल्य जुड़े होते हैं।* सामाजिक क्रिया का दूसरा अर्थ सामाजिक सम्बन्धों के साथ भी जोड़ा जाता है। वास्तव में वेबर ने सामाजिक क्रिया व सामाजिक सम्बन्ध इन दोनों अवधारणाओं को पर्यायवाची की तरह काम में लिया है।

सामाजिक क्रिया का आदर्श प्रारूप : क्रिया के प्रकार

(Ideal Type of Social Action : Types of Social Action)

वेबर समाजशास्त्र को एक समाज विज्ञान की तरह स्थापित करने के उपरान्त इसके आदर्श प्रारूप बनाते हैं। आदर्श प्रारूप वेबर का विधिशास्त्र है इसी के माध्यम से वे इतिहास के विभिन्न युगों और विभिन्न विषयों – कानून, धर्म, राजनीति, पूंजीवाद आदि का विश्लेषण करना चाहते हैं। वेबर ने सामाजिक क्रिया के चार प्रकार बताये हैं और यही उनका सामाजिक क्रिया का आदर्श प्रारूप है। इन प्रकारों को हम सिलसिले से प्रस्तुत करते हैं :

1. उद्देश्य से जुड़ी क्रिया

(Rational Action in Relation to a Goal : Zweek rational Action)

सामाजिक क्रिया का पहला प्रकार वह है जिसमें व्यक्ति का व्यवहार विवेकपूर्ण होता है। लेकिन यह विवेक लक्ष्य प्राप्ति के साधन के रूप में प्रयोग में आता है। व्यक्ति एक बार क्रिया करने से पहले अपना लक्ष्य निर्धारित कर लेता है। इसके बाद वह उन साधनों को निश्चित करता है जो तार्किक हैं और लक्ष्य प्राप्ति के लिये उपयुक्त हैं। इसे पेरेटो *तार्किक-प्रयोगात्मक* (Logico-experimental) कहते हैं। वस्तु स्थिति यह है कि लक्ष्य निर्धारित हो जाने के बाद कर्ता उपलब्ध साधनों में से तार्किक रूप से उन साधनों को अपनाता है जो लक्ष्य प्राप्ति के कारण हो सकते हैं।

वेबर की लक्ष्य अभिस्थापित तार्किक क्रिया इस श्रेणी में आती है। इसके लिये वे तीन

दृष्टान्त देते हैं। एक, इंजिनियर यह लक्ष्य निश्चित करता है कि वह नदी के ऊपर पुल बनायेगा और यह पुल ऐसा मजबूत होगा कि किसी भी हालत में बाढ़ आदि में बह न जाये। इसके निर्माण के लिये-इसकी ऊंचाई चौड़ाई, लम्बाई, सिमेन्ट का अनुपात, आदि साधन हैं। इन साधनों का प्रयोग इंजिनियर अपने सम्पूर्ण गणितीय व भौतिकी ज्ञान के आधार पर करता है। इस प्रकार की क्रिया तार्किक है। दूसरा दृष्टान्त सटौरिये का है। यह हमारी भूल होगी कि यदि हम समझें कि सटौरिया शेयर बाजार में जाता है तो भाग्य के भरोसे सट्टा करता है। निश्चित रूप से उसका उद्देश्य सट्टे द्वारा धन प्राप्त करना है, लेकिन धन लगाने से पहले वह बराबर विवेकपूर्ण दृष्टि से यह देखता है कि शेयर बाजार का रूख कैसा है। वास्तव में वह सट्टे बाज़ार का एक निश्चित अध्ययन करता है और फिर इसमें अपनी पूंजी का विनियोग करता है। वेबर ने तीसरा दृष्टान्त युद्ध में काम करने वाले मेजर का दिया है। मेजर मोर्चे पर विजय पाना चाहता है। यह उसका लक्ष्य है। इसे प्राप्त करने के लिये तार्किक आधार पर वह जिस रणनीति को बनाता है, *वह उद्देश्य प्राप्ति के लिये की गई तर्क पूर्ण या विवेकपूर्ण क्रिया है।* यदि यह मेजर अपने उद्देश्य प्राप्ति के लिये निश्चित सूचना और आंकड़ों के बिना कोई क्रिया करता है तो वह अ-तार्किक होगी।

2. *मूल्य से जुड़ी तार्किक क्रिया*
(Rational Action in Relation to a Value: Wertrational Action)

यह वह क्रिया है जिसमें व्यक्ति अपनी लक्ष्य प्राप्ति मूल्यों के आधार पर करता है। जब जहाज का कप्तान लक्ष्य प्राप्ति में मूल्यों को लगाता है और क्रिया तार्किक होती है तो वेबर इसे *मूल्य अभिस्थापित तार्किक क्रिया कहते हैं। यहां पर वेबर ने साध्य-साधन की चर्चा की है। वे कहते हैं कि कर्ता साध्य का निर्धारण विवेकपूर्ण तर्क से करता है। इस साध्य को प्राप्त करने के लिये जिन साधनों को कर्ता अपनाता है, वे भी निश्चित सामाजिक मूल्यों से जुड़े होते हैं।*

मध्य युग में जब किला दुश्मनों से घिर जाता था और महिलाएं सामूहिक रूप से जब जोहर करती थीं तो यह क्रिया मूल्य अभिस्थापित होती थी। जोहर करने वाली स्त्रियों के सामने मुख्य समस्या अपनी आन-बान-शान और गौरव को बनाये रखने की होती है। ऐसा करने में वे हर तरह के खतरे को उठा लेती हैं। यहां मूल्यों की प्रधानता है।

3. *अनुभावात्मक या संवेगात्मक क्रिया*
(Affective on Emotional Action)

अनुभावात्मक क्रिया सम्पूर्ण रूप से मनोदशा से जुड़ी होती है। इसमें मूल्य या लक्ष्य का निर्धारण कहीं नहीं होता। व्यक्ति ऐसी क्रिया करने में भावुक एवं संवेगात्मक हो जाता है। इसके पीछे कोई तर्क नहीं होता। स्कूल से लौटा बच्चा जब अपनी पेंसिल खो आता है, आवेश में आकर मां उसे एक थप्पड़ लगा देती है तो यह क्रिया अनुभावात्मक है। यह सभी जानते हैं कि मनुष्य मरणशील प्राणी है जो भी इस दुनिया में आया है, एक न एक दिन

मरेगा। लेकिन जब हमारे परिवार या नातेदारी का कोई व्यक्ति मर जाता है तो हम ढेरों आंसू बहाकर रोते हैं। इस तरह की क्रियाएं तर्क या विवेक की कसौटी पर नहीं रखी जाती। यह एक मनोदशा है जो आदमी को क्षण भर में क्रोधी बना देती है, हंसा देती है या रूला देती है। प्रत्येक व्यक्ति के जीवन में ऐसे अवसर आते ही रहते हैं, जब वह अनुभावात्मक बन जाता है।

4. परम्परागत क्रिया (Traditional Action)

इस क्रिया के पीछे परम्परा में रिवाज, विश्वास, आदि होते हैं। न तो इनमें उद्देश्य होते हैं और न ही इनके पीछे तर्क या मूल्य होते हैं। क्योंकि अपने समूह में ऐसे अवसर पर यही करने का रिवाज है। बिना किसी तर्क के व्यक्ति काम कर लेता है। इस क्रिया में जहां लक्ष्य और मूल्य नहीं होते, वहीं किसी प्रकार की भावुकता और संवेग भी नही होते। निश्चित अवसर के लिये जो रिवाज और विश्वास होते हैं उन्हीं के अनुरूप व्यक्ति की क्रिया हो जाती है।

सामाजिक क्रिया का इतना महत्त्व क्यों ?

सामाजिक क्रिया के प्रकारों पर पिछले 50 से अधिक वर्षो में सिद्धान्तवेत्ताओं में बराबर विवाद हुआ है। इस आदर्श प्रारूप में संशोधन व उलटफेर भी हुए हैं। वेबर को मरे हुए कोई 6-7 दशक हो गये हैं फिर भी सामाजिक क्रिया के प्रकारों पर आज भी विवाद क्यों हो रहा है ? निश्चित रूप से समाजशास्त्रीय सिद्धान्त निर्माण में सामाजिक क्रियाओं के आदर्श-प्रारूप की भूमिका आज भी महत्त्वपूर्ण है। वास्तव में रेमण्ड एरॉ ने इस प्रश्न को उठाया है। अपने उत्तर में वे चार बिन्दु रखते हैं :

1. मेक्स वेबर समाजशास्त्र को सामाजिक क्रिया का एक व्यापक विज्ञान मानते हैं। आज भी आनुभविक क्षेत्र में वेबर द्वारा संरचित क्रिया का आदर्श प्रारूप एक ऐसा अमूर्त स्तर है जिसे शीघ्रता से क्षेत्र में लागू किया जा सकता है। सामाजिक क्रिया के आदर्श प्रारूप की तरह वेबर ने प्रभुत्व (domination) का भी आदर्श प्रारूप बनाया है। अपनी अमूर्तता के कारण ही इन आदर्श प्रारूपों का महत्त्व आज भी समाजशास्त्र में बना हुआ है। इसीलिये इन्हें विस्तृत व संशोधित करने के लिये समाजशास्त्र में बहस बराबर जारी है।

2. जब वेबर ने यह स्वीकार किया कि समाजशास्त्र सामाजिक क्रिया का व्यापक विज्ञान है तो इसका अर्थ हुआ कि अर्थपूर्ण क्रिया करने वाले व्यक्ति के लिये यह समाज भी बहुत व्यापक है। व्यापक समाज में होने वाली क्रियाएं असीमित होती है। सामाजिक क्रिया की अमूर्त अवधारणाएं ही व्यापक समाज को समझने में सहयोगी होती हैं।

3. क्रिया के वर्गीकरण से ही हम वेबर के तत्कालीन समाज को समझ सकते हैं। वेबर ने क्रिया के आदर्श प्रारूप द्वारा अपने समय के यूरोप का अमूर्तीकरण किया है। वे विचारक जो आधुनिक यूरोप व अमेरिका को समझना चाहते हैं, उनके लिये वेबर द्वारा दिया गया सामाजिक क्रिया का वर्गीकरण आज भी प्रासंगिक है।

4. क्रिया के वर्गीकरण का सम्बन्ध वेबर के दार्शनिक विचारों से भी है। वेबर के सामने विज्ञान व राजनीति की स्वतंत्रता का प्रश्न था। वे जानना चाहते थे कि किस सीमा तक विज्ञान व राजनीति अपने-अपने क्षेत्र में स्वायत्त हैं। इनका विचार था कि एक ऐसा आदर्श प्रारूप बनाया जाये जिसका सम्बन्ध राजनीतिक व्यक्ति और वैज्ञानिक से हो। वे सोचते थे कि किस प्रकार एक व्यक्ति राजनीतिज्ञ व प्रोफेसर दोनों बना रह सकता है। यह प्रश्न वेबर के लिये व्यक्तिगत भी था और सार्वजिनक भी। यहां यह अवश्य कहना चाहिये कि वेबर स्वयं कभी भी राजनीतिज्ञ नहीं रहे। यद्यपि उनका सपना था कि वे प्रोफेसर भी बने रहें और राजनीतिज्ञ भी। वेबर अपने जीवनकाल में इस तरह के आदर्श प्रारूप को नहीं बना पाये। यह सब होने पर भी निश्चित रूप से वेबर ने सामाजिक क्रिया का जो आदर्श प्रारूप बनाया है, एक विधि के रूप में आज भी समाजशास्त्र ही नही समाज विज्ञानों में प्रांसगिक हैं।

टालकट पारसंस का सामाजिक क्रिया सिद्धान्त

(Social Action Theory of Talcott Parsons)

यद्यपि आज टालकट पारसंस नहीं रहे फिर भी वे समाजशास्त्र की विधा में एक उच्च कोटि कि सिद्धान्तवेत्ता माने जाते हैं। ऐसे सिद्धान्तवेत्ता जो पारसंस से सहमत नहीं है, उनकी कटुतम आलोचना करते हैं, वे भी उन्हें अव्वल दर्जे का सिद्धान्तवेत्ता मानते हैं। स्वंय पारसंस ने कहा है कि वे एक *असाध्य सिद्धान्तवेत्ता हैं।* वे न चाहें कि सिद्धान्तवेत्ता बने फिर भी उनकी लेखन की प्रकृति कुछ ऐसी है कि वे सिद्धान्तवेत्ता बन ही जाते हैं।

वे पाठक जो पारसंस को एक सिद्धान्तवेत्ता की तरह देखना चाहते हैं उन्हें पारसंस की *द स्ट्रक्चर ऑफ सोशल एक्शन* (The Structure of Social Action) पुस्तक के भागों को देखना चाहिये। जब 1937 में यह पुस्तक प्रकाशित हुयी थी तो अपने आप में उसका एक ही जिल्द था, बाद में इसे दो भागों में बांट दिया गया। जब पारसंस ने इस प्रकाशन को प्रस्तुत किया तो सिद्धान्त के क्षेत्र में मानों एक भूचाल आ गया। पारसंस के जीवन का यह एक भागीरथ प्रयास था जिसमें उन्होंने सामाजिक क्रिया के सिद्धान्त का प्रारम्भ से विश्लेषण किया। वे चाहते थे कि एक विश्लेषणात्मक यथार्थवाद से जुड़ा हुआ सिद्धान्त बनायें। उन्होंने जिस व्यवस्था सिद्धान्त का निर्माण किया है, उसका आधार सामाजिक क्रिया है। वे आग्रहपूर्वक कहते हैं कि सिद्धान्त में जो भी अवधारणायें बनती हैं उन्हें मूर्त रूप में नहीं देखा जा सकता। लेकिन यह प्रयत्न अवश्य होता है कि मूर्त घटनाओं के बुनियादी तत्व अवधारणाओं में अवश्य आ जायें। इन मूर्त तत्वों को विश्लेषणात्मक ढंग से पृथक किया जा सकता है। लेकिन अपने मूर्त रूप में वे इतने घुले मिले होते हैं कि उन्हे अनुभविक स्तर पर अलग करना कठिन होता है। *उनके सिद्धान्त निर्माण का उद्देश्य एक विश्लेषणात्मक यथार्थवाद (Analytical Realism) को जानना था*

पारसंस का सिद्धान्त निर्माण का तरीका सरल होते हुये भी जटिल था। वे कहते हैं कि हम आनुभविकता के पीछे जो यथार्थवाद है उसे जानना चाहते हैं। यह यथार्थता सजातीय

नहीं है–इसके विविधता है। वे इस विविध आनुभविकता से अवधारणायें बनाना चाहते थे। अवधारणाओं में अनुरूपता होती है और समान अनुरूपतायें यथार्थता को समझने में सहायक होती हैं। पारसंस के अनुसार सिद्धान्त निर्माण की यह प्रथम अवस्था है। इसका यह अर्थ हुआ कि इस अवस्था में हमारे पास विभिन्न आनुभविकताओं का प्रतिनिधित्व करने वाली कतिपय अवधारणायें होती हैं। ये अवधारणायें विभिन्न कोटियों में दख दी जाती हैं।

सिद्धान्त निर्माण का दूसरा स्तर वह होता है जिसमें आनुभविकता से बनायी गयी अवधारणायें *विश्लेषणात्मक व्यवस्थाओं* (Analytical Systems) में रखी दी जाती हैं। अब विश्लेषणात्मक व्यवस्थाओं को जोड़कर *लागू की जा सकने वाली परिभाषाओं* (Operational Definitions) में रख दिया जाता है। पारसंस की सामाजिक क्रिया की अवधारणा को इस विशाल संदर्भ में देखा जाना चाहिये। वास्तविकता यह है कि पारसंस कि सिद्धान्त निर्माण की विधि में सामाजिक क्रिया सिद्धान्त केन्द्रीय है। सामाजिक क्रिया सिद्धान्त का विश्लेषण करने के बाद पारसंस सामाजिक व्यवस्था सिद्धान्त की संरचना करते हैं। अतः उनके सिद्धान्त निर्माण का प्रारम्भ सामाजिक क्रिया से होता है और जिसकी पराकाष्ठा सामाजिक व्यवस्था में होती है। सामाजिक व्यवस्था सिद्धान्त का विश्लेषण हम अगले अध्याय में करेंगे।

सामाजिक क्रिया सिद्धान्त की बौद्धिक पृष्ठभूमि

द स्ट्रक्चर ऑफ सोशल एक्शन में पारसंस ने यह पाया कि चाहे अर्थशास्त्री मार्शल हों, या समाजशास्त्री पेरेटो, दुर्खीम और वेबर सभी का सरोकार सामाजिक यथार्थता को जानने का रहा है। इन सभी समाज वैज्ञानिकों को पारसंस ने विश्लेषण करके तीन अवधारणाओं में रखा है:

1. उपयोगितावाद
2. प्रत्यक्षवाद, और
3. आदर्शवाद।

उपयोगितावाद को उन्होंने क्लासिकल अर्थशास्त्रियों में पाया। इसमें वे अल्फ्रेड मार्शल, रिकार्डो और एडम स्मिथ को सम्मिलित करते हैं। उपयोगितावादियों का तर्क था कि व्यक्ति बाजार में वस्तुओं का मोल-तोल उसकी उपयोगिता पर करते हैं। व्यक्ति बाजार में जाता है और अपना पूरा तर्क लगाकर वस्तुओं को खरीदता है। ऐसा करने में वह अपने सौदे में, जो दूसरों के साथ बाजार में होता है, अधिकतम लाभ लेना चाहता है। पारसंस को अर्थशास्त्रियों की इस उपयोगितावादी अवधारणा से कई आपत्तियां थीं उन्होंने प्रश्न रखे : क्या आदमी हमेशा तार्किक रूप से सोचता है ? क्या वे वास्तव में खरीद-फरोख्त में स्वतंत्र और अनियमित हैं ? बाजार की ऐसी अनियमित और प्रतियोगी व्यवस्था में क्या समाज को सुचारू रूप से चलाना सम्भव है ? परिणामतः वरूप पारसंस को लगा कि उपयोगितावादी

अवधारणा द्वारा किसी सर्वसम्मत समाज की कल्पना नही की जा सकती। उपयोगितावाद के साथ इस कठिनाई के होते हुए भी, वे इस विचारधारा में महत्वपूर्ण बात यह पाते हैं कि *व्यक्ति अपने लक्ष्य को पाने के लिये विवेकपूर्ण होने का प्रयास तो करता है।* वह व्यवहार या सौदेबाजी में जो विकल्प उपलब्ध हैं उन पर निर्णय तो लेता है। उन्हें ऐसा भी लगा की समाजशास्त्रीय सिद्धान्तीकरण में उपयोगितावादी धरोहर में कुछ ऐसे तत्व हैं जो सामाजिक क्रिया निर्माण में उपयोगी हो सकते हैं।

विभिन्न विचारकों जैसे पेरेटो, दुर्खीम, मैक्स, वेबर, आदि की सैद्धान्तिक अवधारणाओं के विश्लेषण के बाद उन्होंने दूसरी अवधारणात्मक धारा *प्रत्यक्षवाद* (Positivism) की पायी। प्रत्यक्षवादियों में जो *अतिवादी* (Radical) हैं, उन्होंने तर्क दिया कि जिस तरह भौतिक प्रघटनाओं के कारण-कार्य सम्बन्ध होते हैं वैसे ही सम्बन्ध सामाजिक प्रघटनाओं में होते हैं। प्रत्यक्षवादियों ने इस बात को जोर देकर कहा कि जिस प्रकार हम भौतिक प्रघटनाओं के सम्बन्धों का *अवलोकन* कर सकते हैं ठ्ठीक वैसे ही सामाजिक प्रघटनाओं के सम्बन्धों को भी देख सकते हैं। लेकिन इस तरह का संदर्श पारसंस को स्वीकार नही था। उन्हें यह तो लगा कि भौतिक प्रघटनाओं में कार्य-कारण सम्बन्ध देखा जा सकता है, लेकिन सामाजिक क्षेत्र में यह सम्भव नहीं था। इस अभाव के होते हुये भी प्रत्यक्षवाद की अवधारणा उन्हें तार्किकता के कारण पसन्द आयी।

तत्पश्चात् पारसंस ने *आदर्शवाद* (Idealism) का मूल्यांकन भी किया। उन्हें लगा कि व्यक्ति और सामाजिक प्रक्रियाओं में *विचारों* की अवधारणा उपयोगी है। कहीं-कहीं यह भी ज्ञात हुआ कि विचार सामान्य सामाजिक जीवन को नियमित करते है। फिर भी उन्हें कठिनाई यह लगी कि व्यक्ति का सामाजिक जीवन कई बार विचारों की धारा से कट जाता है। इसी कठिनाई के कारण उन्होंने आदर्शवाद को भी समाजशास्त्रीय सिद्धान्त का निश्चित आधार नही माना।

जिस तरह तुलसीदास ने वेदों, पुराणों, उपनिषदों आदि से तथ्य सामग्री लेकर रामचरित मानस का निर्माण किया, कुछ इसी तरह समाजशास्त्रीय सिद्धान्त निर्माण की प्रक्रिया में पारसंस ने *संश्लेषण* या *एकीकरण* का कार्य किया है। उन्होंने *सामाजिक क्रिया सिद्धान्त* का निर्माण उपयोगितावाद, प्रत्यक्षवाद और आदर्शवाद आदि से बहुत कुछ ग्रहण करके किया है। वास्तव में उनका सामाजिक क्रिया सिद्धान्त उपयोगितावाद, प्रत्यक्षवाद और आदर्शवाद का *संश्लिष्ठ* (Synthesized) स्वरूप है।

सामाजिक क्रिया का अर्थ

पारसंस ने *द स्ट्रक्चर ऑफ सोशल एक्शन* तथा *शिल्स* (Shills) के साथ लिखी अपनी पुस्तक *टुवर्डर्स ए थ्योरी ऑफ सोशन एक्शन* में यह स्थापित किया है कि सामाजिक क्रिया सिद्धान्त वस्तुतः एक *स्वैच्छिक (Voluntaristic) क्रिया का सिद्धान्त है। स्वैच्छिक इसलिये कि कर्ता (Actor) अपने लक्ष्य (Goal) को प्राप्त करने के लिये उपलब्ध विकल्पों में से जो*

कुछ उसे सही दिखायी देता है, ग्रहण कर लेता है। इस तरह का सामाजिक क्रिया का स्वैच्छिक सिद्धान्त उपयोगितावाद, प्रत्यक्षवाद व आदर्शवाद को अपने अन्दर समेट लेता है। अपनी सभी पुस्तकों में पारसंस ने क्रिया सिद्धान्त में यही सब कुछ कहा है।

पारसंस इस सिद्धान्त निर्माण में वेबर से बहुत कुछ लेते हैं। वेबर का तर्क था कि लक्ष्य पाने के लिये कर्ता मूल्य और विवेक दोनों को काम में लेता है। उनके अनुसार *क्रिया वह है जिसके पीछे कर्ता स्वंय अपना अर्थ निहित करता है।* पारसंस ने तर्क पर अधिक जोर नहीं दिया है। फिर भी वे कहते हैं कि *एक सामाजिक क्रिया अर्थपूर्ण कोटि (Meaningful Category) है।* क्रिया के करने में जो अर्थ होता है उसे कर्त्ता स्वंय परिभाषित करता है। इसी कारण सामाजिक क्रिया की परिभाषा में पारसंस कहते हैं :

> सामाजिक क्रिया वह गतिविधि है जिसका उद्देश्य किसी न किसी लक्ष्य को प्राप्त करना होता है।

जब व्यक्ति किसी गतिविधि को करता है तो इसके लिये उसे शरीर की *ऊर्जा* (Energy) खर्च करनी पड़ती है। कर्त्ता हंसता है, गाता है, चलता है, इन सभी में कम या ज्यादा ऊर्जा तो खर्च होती ही है। लेकिन यदि यहीं पर गतिविधि समाप्त हो जाती है तो ऊर्जा के अतिरिक्त कर्ता को और कुछ खर्च नहीं करना पड़ता। लेकिन इस गतिविधि के पीछे लक्ष्यों की प्राप्ति होती है, तो ऐसी गतिविधि सामाजिक क्रिया कहलाती है। *गतिविधि में लक्ष्य प्राप्ति जोड़ दी जाती है तो यह सामाजिक क्रिया है।* बहुत ही सरलीकृत रूप में इसे निम्न प्रकार रखेंगे :

सामाजिक क्रिया = गतिविधि + लक्ष्य

सामाजिक क्रिया की इस तरह की व्याख्या जैसा कि हमने कहा है अत्यधिक सरल है। इसे पारसंस अधिक विस्तृत रूप में रखते हैं। उन्हीं के दृष्टान्त को हम लें: जॉन अपनी मोटर कार में बैठकर समुद्र में मछली पकड़ने जाते हैं। इस सामाजिक क्रिया का विश्लेषण करें तो इसमें कई अवधारणायें सम्मलित हैं। जॉन स्वंय एक *कर्ता* है। जॉन के साथ उनके दो-चार मित्र और मिल जायें तो *सामूहिकता* (Collectivity) कहलायेगी। अतः क्रिया को करनें वाला कर्ता कोई एक व्यक्ति या सामूहिकता हो सकती है।

जॉन जब घर से निकला है तथा उसके सामने *लक्ष्य निश्चित है। यह लक्ष्य मछली पकड़ना है। दूसरा, यह लक्ष्य भी हो सकता है कि वह समुद्र के किनारे सैर-सपाटा भी करेगा। उसके लिये यह अवसर मौज-मजे का भी हो सकता है अर्थात् सामाजिक क्रिया के लिये लक्ष्य का होना अनिवार्य है।*

जिन दशाओं में जॉन जा रहा है उसकी कुछ *स्थितियां* (Situation) हैं। एक तोर यह है कि उसके पास मोटर कार है, दिन या सुबह का समय है। कहीं को-हरा नहीं, सब कुछ साफ दिखायी देता है। यह जॉन की *भौतिक स्थितियां* (Physical Conditions) है। अब जॉन जब घर से निकलता है तब उसे सड़क के नियमों के अनुसार चलना है। रेड लाइट

आने पर उसे रूकना है। इसी भांति राहगीरों को देखकर हार्न बजाना है। ये सब स्थितियां *सामाजिक सांस्कृतिक स्थितियां हैं।*

जॉन लक्ष्य प्राप्ति की ओर पहुंचता है। जब जॉन ने यह तय किया कि वह मछली पकड़ने जायेगा तो यह निर्णय उसने बिना किसी सोचे-विचारे नहीं किया। उसने अपने मस्तिष्क में *अभिप्रेरण (Motivation)* देखे होंगे। *उसे लगा होगा कि उसके अन्य कई मित्र समुद्र में जाकर न केवल सारे-परिवार के लिये मछली लेकर आते हैं वरन् खूब सैर-सपाटा भी करते हैं। उसके इस निर्णय के पीछे अभिप्रेरक रहे होंगे, उसने अपनी इस क्रिया का मूल्यांकन* (Evaluation) किया होगा।

उत्प्रेरक कारकों के अतिरिक्त जॉन ने अपनी *सम्भावित क्रिया* के लिये यह भी सोचा होगा कि क्या उसकी स्थिति वाले व्यक्ति के लिये स्वंय मछली पकड़ने जाना उचित होगा या नहीं ? कई तरह के *सामाजिक मूल्यों* के संदर्भ में उसने अपनी सम्भावित क्रिया को तोला होगा। नैतिक दृष्टि से भी उसने इस पर विचार किया होगा। यह सब तार्किक रूप से सोच कर जॉन मछली पकड़ने गया होगा।

क्रिया के अभिप्रेरण के प्रकार

पारसंस का कहना है कि किसी भी सामाजिक क्रिया को करने के लिये कई कारकों पर विचार करना पड़ता है। मुख्य रूप से क्रिया के पीछे जो अभिप्रेरक होते हैं उन्हें वह देखता है। पारसंस ने इन अभिप्रेरकों के तीन प्रकार बताये हैं :

1. *संज्ञानात्मक अभिप्रेरण (Cognitive Motivation):* यह अभिप्रेरक केवल क्रिया से जुड़ी जो भी सूचनायें होती हैं उसे कर्त्ता को देता है।
2. *केथेटिक अभिप्रेरण* (Cathetic Motivation): ये वे अभिप्रेरक हैं जिनके साथ कर्त्ता का संवेगात्मक जुड़ाव होता है। हमारे दुष्टान्त में जॉन को मछली पकड़ने में बड़ा आनन्द मिलता है।
3. मूल्यांकनात्मक अभिप्रेरण (Evaluative Motivation): इन अभिप्रेरणाओं में कर्त्ता मूल्यांकनात्मक दृष्टि से यह देखता है कि उसे, जिन क्रियाओं को वह कर रहा है उनसे, कितना लाभ मिलेगा। मूल्यांकन द्वारा वह व्यक्तिगत लाभ-हानि को बराबर देख लेता है।

सामाजिक क्रिया करने से पहले कर्त्ता क्रिया से जुड़े *मूल्यों* (Values) को भी देखता है। वेबर ने सामाजिक क्रिया के प्रकारों में एक प्रकार मूल्यों से जुड़ी हुई तार्किक क्रियाएं भी बताया है। पारसंस कहते हैं कि कर्त्ता के ऊपर उसके *व्यक्तिगत और समूह के मूल्यों का दबाव रहता है। इन मूल्यों के तीन* प्रकार हैं :

1 संज्ञानात्मक : इसमें व्यक्ति क्रिया के स्तर का वस्तुनिष्ठा से मूल्यांकन करता है।

2. *प्रशंसात्मक* : ये मूल्य वे हैं जिनके लिये व्यक्ति, समूह व समाज प्रशंसा करते हैं।

3. *नैतिक* : इन मूल्यों का सम्बन्ध नैतिकता से जुड़ा होता है।

पारसंस ने सामाजिक क्रिया को अवधारणाओं के परिवेश में बांध दिया है। ऐसा करने में उन्होंने सिद्धान्तीकरण की तीनों मुख्य धाराओं–उपयोगितावाद, प्रत्यक्षवाद और आदर्शवाद का संश्लेषण किया है। वे कहते हैं कि क्रिया का उद्देश्य किन्हीं निश्चित अवस्थाओं या दशाओं में लक्ष्य प्राप्त करना है। इसमें अभिप्रेरण व मूल्य दोनों की भूमिका महत्त्वपूर्ण होती है। सामाजिक क्रिया की *सामान्य अवधारणात्मक व्यवस्था* (Generalised Conceptual System) का पारसंस ने निम्न रूपरेखा में रखा है :

सामाजिक क्रिया सिद्धान्त की रूपरेखा

(Outline of Social Action Theory)

(1) *कर्त्ता/सामूहिकता* (Actor/Collectivity)

(2) *लक्ष्य* (Goal)

(3) *स्थिति/दशा* (Situation) 1. भौतिक (Physical) और 2. अभौतिक (Non-Physical)

(4) *कर्त्ता का स्थिति के बारे में अभिस्थापन*

(Actor's Orientation to Situation) : *मानक एवं मूल्य* (Norms and Values)

(5) *कर्त्ता के अभिप्रेरक* (Actor's Motivation) :

1. संज्ञानात्मक (Cognitive) अभिप्रेरण,
2. संवेगात्मक (Cathetive) अभिप्रेरण,
3. मूल्यांकनात्मक (Evaluative) अभिप्रेरण,

(6) *मूल्य अभिस्थापन* (Value Orientation)

1. *संज्ञानात्मक* (Cognitive)
2. *प्रशंसात्मक* (Appreciative)
3. *नैतिक*(Moral)

जब *कर्त्ता* किसी क्रिया को करता है तो इसमें *अभिप्रेरक अभिस्थापना* (Motivational Orientation) तथा *मूल्य अभिस्थापना* (Value Orientation) दोनों होते हैं। इन दोनों के जोड़ से वह उद्देश्य प्राप्त होता है अर्थात् बिना अभिप्रेरण और मूल्यों के कर्त्त अपना लक्ष्य प्राप्त नहीं कर सकता और यह सब क्रिया किन्हीं निश्चित स्थितियों व दशाओं में होती हैं। इसे निम्न प्रकार रख सकते हैं :

यूनिट एक्ट्स = अभिप्रेरक अभिस्थापन + मूल्य अभिस्थापना (इकाई क्रिया)

पारसंस का क्रिया सिद्धान्त कई अवधारणाओं का संश्लेषण है। इसका मुख्य आधार

कर्त्ता या सामूहिकता है। क्रिया के पीछे *निश्चित अभिप्रेरण* व मूल्य होते हैं। कर्ता द्वारा की गई इन क्रियाओं को किसी भी व्यवस्था के संदर्भ में पारसंस *यूनिट एक्ट्स* कहते हैं। क्रियाओं की ये इकाईयां *सामाजिक व्यवस्था* को बनाती हैं। इस अर्थ में सामाजिक व्यवस्था का बुनियादी आधार यूनिट एक्ट्स होते हैं। जिनके पीछे *लक्ष्य* होते हैं, अभिप्रेरण होते हैं और *भौतिक तथा अभौतिक परिस्थितियां होती हैं।*

अध्याय 6

सामाजिक व्यवस्था सिद्धान्त
(Social System Theory)

सामाजिक व्यवस्था सिद्धान्त के प्रणेता टालकाट पारसंस हैं। उन्होंने अपने तात्विक दृढ़ विश्वास के साथ यह कहा है कि यह संसार है, पूर्ण है और इसे इसकी एकता में सुरक्षित रखने के लिये सभी प्रयास किये जाने चाहिये। वे आग्रहपूर्वक कहते हैं कि यह संसार अभिन्न है, इसमें एकत्व है और इसलिये इसकी अखण्डता को बनाये रखना अनिवार्य है। पारसंस का सम्पूर्ण सोच इस बात पर आधारित है कि सामाजिक व्यवस्था के विभिन्न भाग एक-दूसरे से जुड़े हुए हैं। उनमें *अन्तर्निर्भरता* (Interdependency) है। सिद्धान्तीकरण की दृष्टि से सामाजिक व्यवस्था समाजशास्त्रीय प्रत्यक्षवादी परम्परा में आता है। इस व्यवस्था की न्यूनतम इकाई *यूनिट एक्ट* (Unit Act) है। वास्तव में पारसंस जब सामाजिक क्रिया की चर्चा करते हैं, तो जैसा कि हमने ऊपर कहा है कि यह क्रिया लक्ष्य प्राप्ति की ओर अभिस्थापित होती है। सामाजिक क्रियाएं मिलकर तीन व्यवस्थाएं बनाती है : 1. सामाजिक व्यवस्था, 2. सांस्कृतिक व्यवस्था, और 3. व्यक्तित्व व्यवस्था।

समाजशास्त्र वस्तुतः *विभिन्न अन्तःक्रिया की भूमिकाओं की एक व्यवस्था है।* जब इन भूमिकाओं को व्यक्ति निबाहता है तो उसे मानक व मूल्यों के अनुसार कार्य करना पड़ता है। *अतः एक से अधिक कर्त्ता मानक व मूल्य के अनुसार परस्पर अन्तःक्रिया करते हैं और यह अन्तःक्रिया निरन्तर होती हैं तो इसे सामाजिक व्यवस्था कहते हैं।* सांस्कृतिक व्यवस्था में मूल्य प्रधान होते हैं। इस व्यवस्था में मूल्य, विश्वास, और प्रतीक इस तरह पारस्परिक रूप से जुड़े होते हैं कि यह अपने आप में व्यवस्था बन जाती है। व्यक्तित्व व्यवस्था और कुछ न होकर मनुष्य की मनोदशा को बनाने वाली अभिप्रेरणाओं, विचारों और संवेगों की व्यवस्था है। ये तीनों व्यवस्था विश्लेषण की दृष्टि से पृथक-पृथक हैं। उदाहरण के लिये *सामाजिक*

व्यवस्था में भूमिकाएं परस्पर जुड़ी होती हैं, सांस्कृतिक व्यवस्था में मूल्य, विश्वास व प्रतीक परस्पर जुड़े होते हैं और व्यक्तित्व व्यवस्था में विचार, संवेग व अभिप्रेरण होते हैं। ये तीनों व्यवस्थाएं अलग होकर भी एक-दूसरे से जुड़ी होती हैं।

पारसंस के सिद्धान्तीकरण की सामाजिक व्यवस्था ऐसी है जो किसी भी समाजशास्त्रीय जांच के लिये मुख्य स्थान ग्रहण करती है। लेकिन सामाजिक व्यवस्था का अध्ययन सांस्कृतिक व व्यक्तित्व व्यवस्था के बिना नहीं हो सकता। यहीं पर पारसंस *पेटर्न वेरायबल (Pattern Variable) की व्याख्या करते हैं। इस व्याख्या पर आने से पहले हम सामाजिक व्यवस्था का विश्लेषण करेंगे।*

सामाजिक व्यवस्था का अर्थ

(Meaning of Social System)

कर्त्ता जब किसी क्रिया को करता है तो उसका अभिस्थापन अभिप्रेरणा और मूल्यों द्वारा निर्धारित होता है, कर्त्ता जब एक दूसरे के सम्पर्क में आते हैं तब उनमें अन्तःक्रियाएं होती हैं। जब बार-बार अन्तःक्रिया होती है तो उनके बीच सहमति विकसित होती है और इस तरह अन्तःक्रियाओं के प्रतिमान बन जाते हैं। कालान्तर में ये प्रतिमान *संस्थात्मक रूप* (Institutionalized) ले लेते हैं। उदाहरण के लिये दो पूर्व परिचित व्यक्ति जब बार-बार मिलते हैं, आवभगत करते हैं और धीरे-धीरे अन्तःक्रियाओं का यह जाल अतिथि और मेजबान का रूप ले लेता है। बाद में यह सब आतिथ्य की संस्था बन जाता है। इसी संदर्भ में पारसंस सामाजिक व्यवस्था की व्याख्या करते हुए कहते हैं:

> इस प्रकार के संस्थागत प्रतिमानों को अवधारणात्मक स्तर पर सामाजिक व्यवस्था कहा जा सकता है।

वास्तव में, जब अन्तः क्रियाएं होती है तब ये अन्तः क्रियाएं प्रस्थिति, भूमिका व मानक के बीच होती है। और जब व्यक्ति अपनी भूमिकाओं के साथ परस्पर अन्तः क्रिया करते हैं, तब वे मूल्यों व अभिप्रेरणाओं से निरन्तर प्रभावित होते हैं। ये अन्तःक्रियाएं, यदि विस्तार से देखें तो, व्यक्तित्व व्यवस्था, सांस्कृतिक व्यवस्था और सामाजिक व्यवस्थाओं के बीच होती है। पारसंस की दृष्टि में संस्थाकरण एक प्रक्रिया भी है और संरचना भी। होता यह है कि जब कर्त्ता विभिन्न अभिस्थापनों के साथ एक-दूसरे के सामने आते हैं तो उनमें अन्तःक्रियाएं होती हैं। कर्त्ता के जो अभिस्थापन होते हैं वे उनकी आवश्यकताओं को बताते हैं। आवश्यकताओं को पूरा करने के लिये कर्त्ता बार-बार मिलते हैं और इस तरह से सामाजिक संरचना बनती है। इस प्रकार, सामाजिक व्यवस्था और कुछ न होकर व्यक्तियों के बीच होने वाली, बार-बार दोहरायी जाने वाली, अन्तःक्रियाएं हैं जो कालान्तर में संस्था का रूप ले लेती हैं। अतः अन्तःक्रियाओं का संस्थाकरण ही सामाजिक व्यवस्था है।

सामाजिक व्यवस्था के आवश्यक लक्षण

गुल्डनर (Gouldner. A. W.) ने अपनी कृति *द कमिंग क्राइसिस ऑफ वेस्टर्न सोशियोलाजी* (The Coming Crisis of Western Sociology) में पारसंस के व्यवस्था सिद्धान्त की कटु आलोचना की है। लेकिन ऐसा करने से पहले पूरी इमानदारी के साथ पारसंस की सामाजिक व्यवस्था की अवधारणा के तीन महत्वपूर्ण लक्षण प्रस्तुत किये हैं :

1. *विभिन्न भागों में पारस्परिक निर्भरता (Interdependence of Parts)*

व्यवस्था तो परिभाषित की जाती है। हम एक परिवार को व्यवस्था कह सकते हैं और चाहें तो अपने अध्ययन की समस्या कह सकते हैं और चाहें तो अपने अध्ययन की समस्या के आधार पर पति-पत्नी को भी व्यवस्था की तरह देख सकते हैं। जब हम किसी संस्था को व्यवस्था की तरह परिभाषित करते हैं तो यह मानकर चलते हैं कि इसमें विभिन्न *भाग* (Parts) हैं। ये भाग अपनी व्यक्तिगत पहचान रखते हैं। लेकिन एक भाग दूसरे भाग व भागों पर आश्रित होता है। यही भागों की अन्तर्निर्भरता है।

2. *व्यवस्था में एक सीमा तक स्थायित्वता (Stability in the Social System)*

यद्यपि व्यवस्था के भागों में बदलाव आता है, स्वयं संस्था भी बदलती है, फिर भी व्यवस्था का *संतुलन* (Equilibrium) बराबर बना रहता है। इसका तात्पर्य यह है कि प्रत्येक व्यवस्था अपनी पहचान को बनाये रखती है। वह यथास्थिति में परिवर्तन नहीं लाने देती । इसी कारण संतुलन किसी भी व्यवस्था की बहुत बड़ी पहचान है। एक प्रकार से यह इसका निर्णायक लक्षण है।

3. *व्यवस्था में परिवर्तन (Change in System)*

यद्यपि सामाजिक व्यवस्था यथास्थिति को बनाये रखती है, फिर भी पारसंस कहते हैं कि इसमें परिवर्तन आता है। जब पारसंस परिवर्तन की चर्चा करते हैं तो इससे उनका अर्थ यह है कि व्यवस्था जहाँ एक ओर यथास्थिति बनाये रखती है, वहीं लक्ष्य प्राप्ति के लिये अनुकूलन भी करती है। यह अनुकूलन ही व्यवस्था को बनाये रखता है।

पेटर्न वेरायबल (Pattern Variable)

जब कोई कर्त्ता दूसरे व्यक्ति के साथ अन्तःक्रिया करता है तो पारसंस अन्तःक्रिया करने वाले व्यक्ति को *ईगो* (Ego) कहते हैं और जिसके साथ अन्तःक्रिया की जाती है उसे *आल्टर* (Alter) कहते हैं। अन्तःक्रिया करने में *आल्टर* और *ईगो* दोनों की व्यक्तित्व, सामाजिक व सांस्कृतिक व्यवस्थाएं भिन्न-भिन्न होती हैं। ऐसी अवस्था में क्रिया करते समय व्यक्ति के सामने *दुविधा* या *असमजंस* (Dilemma) की स्थिति आती है। वास्तव में उसकी अन्तःक्रिया तीन व्यवस्थाओं के बीच उलझ जाती है। व्यवहार या अन्तःक्रिया की इस दुविधा को पारसंस *पेटर्न वेरायबल* कहते हैं। व्यवहार के दो विकल्प हो सकते हैं। इन दोनों

विकल्पों को दुविधा के रूप में पारसंस रखते हैं। इन पेटर्न-वेरायबल में कर्त्ता के सामने प्रायः दो विकल्प होते हैं और ये विकल्प ही अन्तःक्रिया को निश्चित करते हैं। होता यह है कि कर्त्ता का स्थिति व मूल्यों के प्रति एक निश्चित *अभिस्थापन* (Orientation) होता है। *इन अभिस्थापनों को पारसंस ध्रुवीय द्विभागीकरण (Polar Dichtomies) कहते हैं। कई बार पेटर्न वेरायबल को द्विभागीकरण के नाम से भी जाना जाता है, यह द्विभागीकरण संस्कृति, मानक और भूमिका व्यवस्था के अभिस्थापनों पर निर्भर है।* उदाहरण के लिये जब कर्त्ता सामने वाले व्यक्ति यानि *आल्टर* के साथ अन्तःक्रिया करता है और उसे मांसाहारी भोजन के लिये आमंत्रित करता है, तब आल्टर यह सोचता है कि उसकी जाति में मांस खाने पर निषेध है। वह स्वंय भी मांस खाना पसन्द नहीं करता तो यह *आल्टर* का मांसाहारी भोजन के प्रति दुराव है। यह हो सकता है कि आल्टर की मांसाहारी भोजन के प्रति निकटता भी हो सकती है। तात्पर्य यह है कि अन्तःक्रिया में जो अभिस्थापन होते हैं उनका आधार संस्कृति, मानक, मूल्य और भूमिकाएं होती हैं। इसी भांति किसी भी अन्तःक्रिया में पारसंस का कहना है, एक प्रकार का मूल्य और संस्कृति का द्विभागीकरण होता है।

पेटर्न वेरायबल को यदि सिद्धान्तीकरण की परम्परा में देखें तो कहना होगा कि यह द्विभागीकरण वस्तुतः वेबर के आदर्श प्रारूप प्रणाली का एक प्रकार है। जिस प्रकार की वेबर सामाजिक क्रिया, अधिकारी तंत्र, या प्रभुत्व के आदर्श प्रारूप बनाते हैं, वैसे ही पारसंस ने व्यक्ति के यूनिट एक्ट को इन पेटर्न वेरायबल्स में रखा है। द्विभागीकरण या पेटर्न बेरायबल के निम्न पांच *जोड़े* (Set) हैं:

1. भावात्मकता/भावात्मक तटस्थता या उदासीनता (Affectivity/Affective Neutrality)

एक परिस्थिति होती है: एक निश्चित दशा होती है। इस दशा में कर्त्ताओं के बीच में अन्तःक्रिया होती है। इस अन्तः क्रिया में परिस्थिति या दशा को देखकर कर्त्ता भावात्मक हो सकता है। वह आवेश में आकर चिल्ला सकता है, हंस सकता है, रो सकता है और कई तरह की संवेगात्मक गतिविधियां कर सकता है। इसके विपरीत यह भी हो सकता है कि कर्त्ता किसी तरह के संवेग में न आये, अपनी भावुकता को दबा दे और विवेकपूर्ण व्यवहार करे। कहते हैं, जब सरदार पटेल किसी राष्ट्रीय मुद्दे पर अदालत में बहस कर रहे थे तब उन्हें वहीं पर तार द्वारा यह सूचना मिली की उनकी पत्नी का देहान्त हो गया है। दुखदायी सूचना थी। पर वे इस घटना के प्रति उदासीन हो गये। अतः किसी भी एक निश्चित दशा में *कर्त्ता का व्यवहार संवेगात्मक या उदासीनतापूर्ण हो सकता है।*

2. विसरणता/विशिष्टता (Diffuseness/Specificity)

जब कर्त्ता किसी मुद्दे या विषय पर अन्तः क्रिया करता है तो वह यह देखता है कि *यह मुद्दा या घटना विशिष्टता* लिये हुए है या इसका आकार वृहद है। विसरण का अर्थ कई आयामों

में बिखरा हुआ होता है। जबकि विशिष्टता का तात्पर्य किसी एक मुद्दे में कुशलता से होता है। हम प्रायः चिकित्सा विज्ञान में कहते हैं कि यह व्यक्ति हृदय के आपरेशन का विशेषज्ञ है या आँख, कान, गले का विशेषज्ञ है। दूसरे शब्दों में जब कर्त्ता का अभिस्थापन उसके क्षेत्र में विशिष्टता युक्त होता है, तब वह उसी के अनुरूप काम करता है या उसी क्षेत्र में अपने आपको केन्द्रित रखता है।

विकासवादी देशों में विसरणवाद बहुतायत में देखने को मिलता है। लोग हरफन मौला होते हैं। एक ही दुकान पर दवाईयां बिकती हैं, और इनके साथ-साथ कास्मेटिक्स भी बिकते हैं। यह विसरण प्रधान क्रिया है। विकसित देशों में अत्यधिक विशिष्टीकरण होता है। वहां यदि कपड़े का बाजार है तो लोहे की वस्तुएं नहीं मिलेगी। *अतः कर्त्ता जब* अन्तः क्रिया करते हैं तो या तो उनका रूझान विसरणवादी होता है या उसमें विशिष्टता होती है।

3. सर्व व्यापकता/पृथगात्मकता (Universalistic/Paricularistic)

कर्त्ता जब अन्तः क्रिया की प्रक्रिया में सम्मिलित होता है तो उसके सामने दुविधा आती है। उसकी क्रिया का एक अभिस्थापन तो यह हो सकता है कि वह सर्वव्यापकता के मूल्यों पर अपने व्यवहार को लागू करे या वह व्यक्ति को देखकर अपनी क्रियाओं को निश्चित करे। हम बोलचाल में कहते हैं कि जिसका मस्तिष्क जितना चौड़ा, उतना चौड़ा उसका तिलक। इसका अर्थ हुआ कि तिलक लगाने का सर्वव्यापी आकार है, उसे हम बदल देते हैं। होता यह है कि अन्तः क्रिया की प्रक्रिया में स्थिति या दशा होती है। दूसरा तरीका यह है कि हम निश्चित नियमों के आधार पर जो सर्वव्यापी होते हैं, प्रजातांत्रिक होते हैं, स्थिति पर लागू कर देते हैं।

सामंती युग में प्रत्येक लब्ध प्रतिष्ठित व्यक्ति भद्र कोटि का था। उसमें सभी गुण थे। इसके विपरीत सभी दलित भ्रष्ट और नीच माने जाते थे। इस तरह की अन्तः क्रिया सर्वव्यापकता को नकारती है और पृथगात्मकता को स्वीकार करती है। आधुनिक राष्ट्रों में इस तरह के मूल्यों की अवधारणा जो पृथगात्मकता पर आधारित होती है, स्वीकार नहीं की जाती। रंग-भेद की विचारधारा को या जातीय स्तरीकरण को इसी कारण व्यापकता के मूल्यों के आधार पर अस्वीकार किया जाता है।

4. उपलब्धि/आरोपण (Achievement/Ascription)

इस तरह के द्विभागीकरण में समस्या यह उठती है कि अन्तः क्रिया करने वाले कर्त्ता का मूल्यांकन किस पैमाने से करें। पैमाना दो तरह का हो सकता है: कर्त्ता के जन्मजात लक्षण, उसका रंग, उसकी जाति, उसका-लिंग या परिवार की प्रतिष्ठा, दूसरा, कर्त्ता की स्वंय की उपलब्धि, उसकी योग्यता, उसका भुजबल, उसकी नैतिकता या कार्य करने की क्षमता। इस तरह के पैमाने में पहला पैमाना, *प्रदत्त* (Ascription) है। उसे यह धरोहर के रूप में प्राप्त

हुआ है। दूसरा पैमाना, कर्त्ता की स्वंय की उपलब्धि है। अपनी क्षमता व योग्यता को बढ़ाने के लिये रात-दिन एक कर दिया है। उसकी क्षमता थोपी हुई नहीं है। उसने स्वयं इसे अर्जित किया है। *अतः कर्ता के मूल्यांकन का यह द्विभागी विकल्प या तो उपलब्धि पर निर्भर है या आरोपण पर।*

हमारे यहां महाभारत का कर्ण उपलब्धि का अच्छा दृष्टान्त है। अपनी उपलब्धि के मूल्यांकन में वह कुछ इस तरह कहता है : "मैं सूत हूँ, सूत पुत्र हूँ। या ऐसा ही कुछ हूँ। देव ने तो मुझे एक कुल में जन्म दिया है लेकिन मुझ में जो कुल पुरूषार्थ है, वह मेरी अपनी उपलब्धि है।" तत्कालीन समाज ने कर्ण को क्षत्रीय नही माना और क्षत्रीय के लिये जो भी शिक्षा-दीक्षा थी, उससे वह जीवन भर वंचित रहा। एक और दृष्टान्त है। एकलव्य का/द्रोणाचार्य ने उसे इसी कारण धनुर्विधा नहीं दी क्योंकि वह क्षत्रीय नहीं था, केवल एक आदिवासी था।

5. *स्व/सामूहिकता* *(Self/Collectivity)*

अन्तः क्रिया की प्रक्रिया में एक और समस्या स्वयं के हित और समाज के हित से जुड़ी हुयी है। जब व्यक्ति को क्रिया करनी होती है तो वह इस क्रिया को मूल्यांकन की कसौटी पर रखता है। क्रिया के करने से, उसे लगता है, उसका स्वंय का लाभ होगा या अधिक लोगों को लाभ होगा या उसके इर्द-गिर्द के वृहद् समुदाय का हित होगा। पहली क्रिया का आधार *स्व* (Self) या खुद का लाभ है और दूसरी क्रिया का आधार *सामूहिकता* (Collectivity) का लाभ है। कर्त्ता इन दोनों मूल्यों के बीच में अपनी क्रिया को तोलता है। उसके सामने दोनों विकल्प हैं। या तो वह स्वंय के हित के लिये काम करे या समुदाय या समाज के हित के लिये।

भारतीय समाज में कुछ नीति वाक्य हैं। एक वाक्य का अर्थ कुछ इस तरह है कि व्यक्ति को परिवार के हित के लिये स्वंय के हित को त्याग देना चाहिये। यदि किसी क्रिया से सम्पूर्ण गांव को लाभ होता हो, तो ऐसी स्थिति में परिवार के लाभ को छोड़ देना चाहिये। और इससे आगे यदि किसी क्रिया से वृहद समाज का हित होता हो, तो गांव को अपने आपको न्योछावर कर देना चाहिये। वास्तव में इस तरह के नीति वाक्य या श्लोक पेटर्न वेरायबल के विभिन्न स्तरों को बताते हैं। मूल्य और मानक समान नहीं होते। इनके विभिन्न स्तर होते है और अन्तः क्रियाओं में कर्त्त इन सब स्तरों को देखता है।

पारसंस ने मूल्यों का जो द्विभागीकरण ऊपर प्रस्तुत किया है वह उनके सामाजिक क्रिया सिद्धान्त का आधार स्तंभ है। आगे चलकर उन्होंने *स्व/सामूहिकता* की अवधारणा को छोड़ दिया। सिद्धान्तीकरण में इन द्विभागी मूल्यों में *सर्वव्यापकता और पृथगात्मकता* के मूल्य बहुत महत्वपूर्ण हो गये हैं। जोनाथन टर्नर ने पेटर्न वेरायबल पर टिप्पणी करते हुये कहा है कि यदि कुछ मूल्य महत्त्वपूर्ण हो जाते हैं या कुछ को हटाया जाता है, फिर भी क्रिया के

विश्लेषण में इनका महत्त्व आज भी बना हुआ है। यह भी सत्य है कि मूल्यों का यह मापदण्ड ध्रुवीय है। इसका अर्थ यह है कि एक मूल्य दूसरे मूल्य से सर्वथा विपरीत है। वास्तव में द्विभागी मूल्यों का यह कोटिकरण कर्त्ता को इस निर्णय में सहायता देता है कि किसी भी परिस्थिति में उसे *कर्त्ता* या *आल्टर* को किस भांति समझना चाहिये। यह मूल्य समाज के मानक सम्बन्धी आवश्यकताओं की पूर्ति करते हैं और इनका सम्पूर्ण अभिस्थापन मूल्यों की ओर होता है। पारसंस पेटर्न वेरायबल का प्रयोग सामाजिक व्यवस्था के सिद्धान्त में करते हैं। सामाजिक व्यवस्था में दोनों प्रकार के कर्त्ता के अभिस्थापन या रूझान सम्मिलित हैं। एक रूझान व्यक्ति का है जिसे पारसंस *व्यक्ति व्यवस्था* कहते है और जिसमें व्यक्ति की अभिप्रेरण, संवेग और भावनाएं आ आती हैं। व्यक्ति का दूसरा रूझान *सांस्कृतिक व्यवस्था* के प्रति होता है। इसमें संस्कृति और मूल्यों का समावेश होता है। *इस भांति सांस्कृतिक अभिस्थापन में जो मूल्य होते हैं उनकी अभिव्यक्ति व्यक्तित्व व्यवस्था और सामाजिक व्यवस्था में देखने को मिलती है।* सचाई यह है कि *सांस्कृतिक प्रतिमान व्यक्तित्व व्यवस्था और सामाजिक व्यवस्था दोनों को अपने नियंत्रण में रखती है।*

प्रकार्यात्मक पूर्व आवश्यकताएं
(Functional Pre-requisites)

1953 में पारसंस ने *रोबर्ट बेल्स और एडवर्ड शिल्स* (Robert Bels and Edward Shils) के सहयोग से अपनी पुस्तक *वर्किंग पेपर्स इन द थ्योरी ऑफ एक्शन* (Working Papers in the Theory of Action, 1953) प्रस्तुत की। इस पुस्तक से पहले पारसंस की *द सोशनल सिस्टम* प्रकाशित हो चुकी थी। 1956 तक पहुंचकर प्रकार्यात्मक पूर्व आवश्यकतायें सिद्धान्तवेताओं में चर्चा का विषय बन गई। पूर्व आवश्यकताओं को प्रकार्यात्मक पूर्व आवश्यकताओं (Functional Imperatives) के रूप में भी जाना गया। अत्यावश्यकताओं को पारसंस ने *नेल्स स्मेल्सर* (Nels Smelser) के साथ लिखी गई पुस्तक *इकोनामी एण्ड सोसायटी* (Economy and Society, 1956) में प्रस्तुत किया था।

इस पुस्तकों में पारसंस ने इस तर्क को रखा है कि क्रियाओं की सामाजिक व्यवस्था को जीवित रखने में चार प्रमुख समस्याएं सामने आती हैं। इन समस्याओं को पारसंस प्रकार्यात्मक पूर्व आवश्यकतायें इसलिये कहते हैं क्योंकि इन आवश्यकताओं की पूर्ति न होने पर व्यवस्था का जीवन संकट में पड़ सकता है। अतः यदि ये चार पूर्व आवश्यकतायें पूरी नहीं हुई तो व्यवस्था के प्रकार्य रूक जायेंगे। ये पूर्व-आवश्यकतायें व्यवस्था के लिये प्रकार्यात्मक हैं और व्यवस्था के अस्तित्व को बनाये रखने वाली हैं, निम्न प्रकार हैं :

1. लक्ष्य प्राप्ति (Goal Attainment)
2. अनुकूलन (Adaptation)
3. लेटेन्सी (Latency) यानि यथास्थिति, और

4. एकीकरण (Integration)

1. लक्ष्य प्राप्ति

सामाजिक व्यवस्था का निर्माण *इकाई क्रिया* (Unit Action) द्वारा बना होता है। इस तरह की सामाजिक व्यवस्था का अस्तित्व इसी बात पर है कि इसकी उपरोक्त चार पूर्व आवश्यकताओं की पूर्ति हो। किसी भी व्यवस्था के लक्ष्य, व्यवस्था में निहित नहीं होते। वे अनिवार्य रूप से व्यवस्था के बाहर होते हैं। यह व्यवस्था का प्रयास होता है, उसकी प्रक्रियाएं होती हैं, जिनके माध्यम से इन लक्ष्यों को प्राप्त करना होता है। एक बार लक्ष्यों की शिनाख्त हो जाने के पश्चात् व्यवस्था के एकाधिक कर्त्ता लक्ष्यों को वरीयता के आधार पर प्राप्त करने का प्रयत्न करते हैं। इसके लिये व्यवस्था के पास जो भी सुविधायें या संसाधन होते हैं, उनका प्रयोग कर लक्ष्य प्राप्त किये जाते हैं। संक्षेप में *व्यवस्था के लक्ष्यों* पर टिप्पणी करते हुये जोनाथन टर्नर कहते हैं–

> लक्ष्य प्राप्ति का सम्बन्ध व्यवस्था के लक्ष्यों को वरीयता के आधार पर स्थापित करने की समस्या से जुड़ा है। इसके उपरान्त इसका सम्बन्ध व्यवस्था के संसाधनों को गतिशील कर लक्ष्यों को प्राप्त करना होता है।

भारतीय संदर्भ में यह कहा जाना चाहिये कि यदि हम हमारे राष्ट्र को एक व्यवस्था कहते हैं तो संविधान में निहित जो भी दस्तावेज हैं उसमें राष्ट्र निर्माण के लक्ष्यों का विस्तृत लेखा जोखा है। ये लक्ष्य अगणित हैं। राज्य के नीति निर्देशक तत्वों में यह कहा गया है कि हम प्राथमिक शिक्षा को अनिवार्य का दर्जा देंगे, गरीबी का उन्मूलन करेंगे। और इसी तरह के कई लक्ष्य नीति-निर्देशक तत्वों में निहित हैं। अपने उपलब्ध संसाधनों के आधार पर संसद इन लक्ष्यों को एक वरीयता के क्रम में रखता है और इसके बाद जो भी हमारे पास मानव, प्राकृतिक तथा आर्थिक संसाधन हैं उनकी परिधि में इन लक्ष्यों को प्राप्त करने का प्रयास विभिन्न योजनाओं द्वारा किया जाता है। वास्तव में व्यवस्था एक विधि है जिसके माध्यम से हम किसी भी घटना या संरचना का अध्ययन के लिये परिभाषित करते हैं। जहाँ एक ओर सम्पूर्ण राष्ट्र एक सामाजिक व्यवस्था की तरह परिभाषित किया जाता है, वही हम किसी भी राज्य, ग्राम पंचायत, राजनीतिक दल या परिवार को भी सामाजिक व्यवस्था की तरह परिभाषित कर सकते हैं। वस्तुतः सामाजिक व्यवस्था एक सैद्धान्तिक संरचना है, जिसके माध्यम से हम आनुभविकता का अध्ययन करते हैं।

2. अनुकूलन

व्यवस्था को जीवित रखने के लिये, अनुकूलन की प्रक्रिया निरन्तर चलती रहती है। अनुकूलन का मतलब है *सामाजिक, सांस्कृतिक तथा भौतिक पर्यावरण में जो भी सुविधा उपलब्ध है, उनका संग्रहण किया जाये। इस संग्रहण के बाद इन सुविधाओं को इस भांति सम्पूर्ण व्यवस्था पर फैला दिया जाये कि व्यवस्था अपने लक्ष्य प्राप्ति में सक्षम हो जाये*

सामाजिक व्यवस्था की अनुकूलन की प्रवृति व्यवस्था की जीवतंता को बताती है। यदि व्यवस्था पर्यावरण में निहित सुविधाओं का उपयोग नहीं करती तो न तो व्यवस्था अपने लक्ष्य प्राप्ति में सफल होगी और न यह जीवित रह सकेगी। एक तरह से व्यवस्था की अनुकूलन की प्रक्रिया चरेवेति के मुहावरे में बंधी होती है।

सामान्यतया भारतीय समाज में *लिंग सम्बन्ध* (Gender Relation) जटिल समस्या के रूप में सामाजिक व्यवस्था को ऊंचा नीचा करते रहे हैं। भारतीय नारी को एक ऐसी छवि के रूप में रखा गया है जो असहाय, पीढ़ित और शोषित है। वह बेसहारा है जिसके आंचल में दूध है और आंखों में पानी। स्त्रियों की इस सामाजिक स्थिति में यदि क्रांतिकारी बदलाव नही आता तो भारतीय सामाजिक व्यवस्था संविधान में नीहित अपने लक्ष्यों को प्राप्त नहीं कर सकती। आज जो नारी मुक्ति आंदोलन चल रहा है, वह और कुछ न होकर व्यवस्था द्वारा अपनायी गयी अनुकूलन की प्रक्रिया है। वास्तव में, विकसित देशों की सामाजिक व्यवस्थाओं में इस प्रकार का अनुकूलन विभिन्न क्षेत्रों में देखने को मिलता है। जिस दिन किसी व्यवस्था ने अनुकूलन पर अंकुश लगा दिया, समझिये उसी दिन व्यवस्था का पतन प्रारम्भ हो जायेगा, उसका अस्तित्व ही खतरे में पड़ जायेगा। इसी कारण पारसंस सामाजिक व्यवस्था की अनुकूलन प्रकिया को व्यवस्था की जीवन रेखा कहते हैं।

3. लेटेन्सी

लेटेन्सी का तात्पर्य, व्यवस्था की यथास्थिति को बनाये रखना होता है। किसी भी व्यवस्था के लिये ऐसी दशा बड़ी विचित्र होती है। जहां एक ओर व्यवस्था से यह आशा की जाती है कि वह अपनी शिनाख्त या पहचान बनाये रखे, वही उससे यह अपेक्षा भी की जाती है कि वह बराबर अनुकूलन भी करती रहे। पारसंस की सामाजिक व्यवस्था की अवधारणा अपने मौलिक रूप में प्रकार्यात्मक अवधारणा है। यह अवधारणा जहां व्यवस्था की निरन्तरता को बनाये रखना चाहती है, वहीं इसमें सामाजिक परिवर्तन भी चाहती है। मिल्टन सिंगर और बर्नार्ड कोहन ने जब भारतीय समाज की संरचना और उसमें होने वाले परिवर्तनों पर पुस्तक सम्पादित की तब उन्होंने आग्रहपूर्वक यही थीसिस दिया कि जहां भारतीय समाज में नेरेंतर्य है, वहीं इसमें बदलाव भी है।

पारसंस जब लेटेन्सी या यथास्थिति का उल्लेख करते हैं तो कहते हैं कि इस प्रकार्यात्मक पूर्व-आवश्यकता के साथ दो समस्याऐं जुड़ी हुयी हैं:

पहली समस्या तो *व्यवस्था के प्रतिमान को बनाये रखने* (Pattern maintenance) की हैं, और दूसरी *संघर्ष के निराकरण (Tension management) की है। पहली समस्या का सम्बन्ध इस तथ्य में निहित है कि सामाजिक व्यवस्था में काम करने वाले कर्त्ता किस भांति अपने कार्यों का सम्पादन करते हैं। कर्त्ता के स्वंय के अभिप्रेरण होते हैं। उनकी आवश्यकतायें व भूमिकायें होती हैं, उनकी कुशलता व कारीगरी होती हैं। इन सबका निष्पादन जिस भांति कर्त्ता करता है, उसी पर व्यवस्था का स्वास्थ्य निर्भर रहता है। व्यवस्था*

की दूसरी समस्या संघर्ष तथा तनाव का निराकरण करना होता है। यह सामान्यतया देखा गया है कि जब व्यक्ति किसी व्यवस्था में काम करता है तो उसके स्वयं के या परिवार के कुछ तनाव होते हैं। यह भी संभव है कि स्वयं व्यवस्था भी तनाव के किसी दौन से गुजर रही हो। इन दोनों स्थितियों में व्यवस्था को संतुलन बनाये रखना होता है। जब पारसंस तनाव के प्रबन्ध की बात करते हैं तो उनका आग्रह है कि व्यवस्था की पहचान तभी बनी रह सकती है जबकि व्यवस्था के रिवाज, परपंरा, प्रभा, आदि का हस्तान्तरण पीढ़ी-दर पीढ़ी चलता रहे। इसके लिये व्यवस्था के भागीदारों में पर्याप्त समाजीकरण होना चाहिये। छोटी अवस्था में ही बच्चों को बता दिया जाये कि उनकी सामाजिक व्यवस्था एक निरन्तर चलने वाली प्रक्रिया है जिसे बनाये रखने का उत्तरदायित्व उनका है। लेटैन्सी के लिये दूसरी आवश्यकता व्यवस्था के भागीदारों को नियंत्रण में रखना है।

भारतीय समाज की जाति व्यवस्था लेटेन्सी का बहुत अच्छा दृष्टान्त है। जाति व्यवस्था ने इतिहास के कई उतार-चढाव देखें हैं। बहुत बड़े परिवर्तन के बाद भी, जबकि आज संविधान भी इसके अस्तित्व को नकारता है, जाति व्यवस्था अपनी पहचान बनाये रखे है। इसके अस्तित्व के दो बहुत बड़े कारण यह है कि जहां एक ओर जन्म के बाद ही व्यक्ति का समाजीकरण जाति की पृष्ठभूमि में होता है, वही दूसरी और किसी भी सदस्य को जाति के मानक तोड़ने पर किसी न किसी तरह दण्ड को झेलना ही पड़ता है।

4. एकीकरण

किसी भी व्यवस्था की कई इकाईयां होती हैं। यदि विश्वविद्यालय एक व्यवस्था है तो परीक्षा विभाग, प्रशासन, अध्यापन, अनुसंधान आदि कई इकाईयां हैं। यद्यपि प्रत्येक इकाई अपने आप में स्वायत्त होती हैं, उसकी एक पृथक पहचान होती है फिर भी इन इकाईयों की प्रक्रियाओं द्वारा ही व्यवस्था के लक्ष्य प्राप्त किये जाते हैं। अतः बहुत बड़ी आवश्यकता इन इकाईयों में तालमेल बैठाये रखने की होती है। यदि लक्ष्य प्राप्ति के अनुकूल अनुकूलन नहीं होता तो व्यवस्था कमजोर हो जायेगी। *अतः एकीकरण* का बहुत बड़ा लक्ष्य विभिन्न इकाईयों में *समन्वयन* (Coordination) बनाये रखने का होता है। समन्वयन की यह स्थिति व्यवस्था में संतुलन स्थापित करती है। इसमें यह भी देखा जाता है कि अपनी प्रक्रियाओं में व्यवस्था की इकाईयां कहीं परस्पर विरोधी न हो जायें। एकीकरण का उद्देश्य व्यवस्था की सम्पूर्ण इकाईयों को एक सुर में बांधने का होता है।

संक्षेप में उपरोक्त प्रकार्यात्मक पूर्व-आवश्यकताओं को हम इस भांति रखेंगे :

लक्ष्य प्राप्ति	व्यवस्था के संसाधनों को लक्ष्य प्राप्ति हेतु गतिशील बनाना और लक्ष्यों को वरीयता में स्थापित करना,
अनुकूलन	पर्यावरण से पर्याप्त सुविधायें प्राप्त करना,
लेटेन्सी	व्यवस्था के प्रतिमान को बनाये रखना व तनाव दूर करना, और

एकीकरण	व्यवस्था की विभिन्न इकाईयों में समन्वयन स्थापित करना

पारसंस द्वारा दी गई प्रकार्यात्मक पूर्व-आवश्यकताओं को हम सुविधा के लिये "गली" (GALI) के रूप में रखेंगे।

G	L
लक्ष्य प्राप्ति	लेटैन्सी
A	I
अनुकूलन	एकीकरण

यदि हम पारसंस की *गली* (GALI) की अवधारणा को विश्लेषणात्मक दृष्टि से देखें तो हमें पारसंस के सिद्धान्तीकरण में एक स्पष्ट झुकाव देखने मिलता है। अब उनका ध्यान *संरचना* से हटकर *प्रकार्यात्मक विश्लेषण* की ओर होता है। दूसरे शब्दों में पारसंस सामाजिक संरचना को प्रकार्यात्मक परिणामों के संदर्भ में देखते हैं। ये प्रकार्यात्मक कार्य व्यवस्था की चार मूल-भूत आवश्यकताओं को पूरा करते हैं। अब पारसंस यह देखते हैं कि व्यवस्था की इकाईयां किस भाँति अपने प्रकार्यो द्वारा (संरचनाओं द्वारा नहीं) सम्पूर्ण व्यवस्था को एक समन्वित रूप में रखते हैं और इसी कारण व्यवस्था की पहचान बनी रहती है।

इस दृष्टि से सामाजिक व्यवस्था सिद्धान्त वस्तुत : प्रकार्यात्मक सिद्धान्त है।

सामाजिक व्यवस्था सिद्धान्त की आलोचना

(Criticism of Social System Theory)

1960 के प्रारम्भिक वर्षों में पारसंस के व्यवस्था सिद्धान्त की कई आलोचनाएं हुई। वास्तव में सामाजिक व्यवस्था सिद्धान्त एक तरह से अवधारणाओं की व्यवस्था (System of Concepts) है। यह सिद्धान्त आलोचकों की कटु टीकाओं का शिकार रहा है। बाद में राल्फ डेहरेन्डार्फ ने तो यहां तक कहा कि पारसंस की सामाजिक व्यवस्था की अवधारणा एक मात्र यूटोपिया यानि कि *आदर्श-लोक* है जिसमें नाम मात्र की आनुभविक यथार्थता भी नहीं हैं। डेहरेन्डार्फ कहते हैं कि (1) यह सिद्धान्त किसी भी तरह के विकास सम्बन्धी इतिहास को उजागर नहीं करता, (2) यह मानकर चलता है कि सम्पूर्ण समाज मूल्यों व मानकों के प्रति सर्वसम्मत विचारधारा रखता है, (3) यह सिद्धान्त इस तथ्य को स्वीकार करता है कि व्यवस्था की सभी इकाईयों में उच्च स्तर का एकीकरण होता है, और (4) यह मानता है कि समाज में ऐसी विधियां हैं जिनके माध्यम से व्यवस्था की *यथास्थिति* (Latency) को बनाये रखा जाता है।

डेहरेन्डार्फ ने पारसंस के सामाजिक व्यवस्था की आलोचना उपरोक्त चार बिन्दुओं पर की है। इस आलोचना के अतिरिक्त उनका बहुत बड़ा आरोप (पारसंस पर) यह है कि जैसे सम्पूर्ण सामाजिक व्यवस्था कोई स्वप्न लोक है। जहां किसी तरह का तनाव नहीं, व्याधिकी नहीं है और सभी इकाईयां किसी संग्रहालय में सजायी गयी मूर्तियों की तरह अपने स्थान पर

हैं। इन्हीं कुछ कारणों से डेहरेन्डार्फ पारसंस के सामाजिक व्यवस्था सिद्धान्त को केवल एक कागजी कलाबाजी मानतें हैं। यह सिद्धान्त दिन-प्रतिदिन की यथार्थथा से दूर से भी जुड़ा हुआ नहीं है।

जोनाथन टर्नर, गुल्डनर और सी. राइट मिल्स, आदि सिद्धान्तवेत्ताओं का कहना है कि पारसंस के सामाजिक व्यवस्था सिद्धान्त में *उद्देश्यवाद (Teleology) और पुनरूक्ति (Tautology) का प्रयोग भरपुर रूप से हुआ है। एक बहुत बड़ा साहित्य समाजशास्त्र में उद्देश्यवाद और पुनरूक्ति से जुड़ा हुआ उपलब्ध है। इन आलोचकों का कहना है कि प्रकार्यवादी सिद्धान्तीकरण में आवश्यकतायें और पूर्व आवश्यताओं की प्रमुखता इतनी अधिक है कि इसके परिणाम स्वरूप इस सिद्धान्त में पुनरूक्ति के अतिरिक्त और कुछ नजर नहीं आता। सी-राइट मिल्स का तो मानना है कि सामाजिक व्यवस्था सिद्धान्त में लफ्फाजी इस तरह भरी पड़ी है कि जिस बात को पारसंस दस पृष्ठों में रखते हैं, उन्हें आधे पृष्ठ में भी रखा जा सकता है।*

जोनाथन टर्नर व्यवस्था सिद्धान्त की आलोचना करते हुये कहते हैं कि पारसंस सदैव यह स्वीकार करके चलते हैं कि व्यक्ति की सभी क्रियाएं उद्देश्यपरक होती हैं। जब पारसंस उद्देश्य प्राप्त की पूर्व-आवश्यकता को प्रस्तुत करते हैं तो यह केवल उद्देश्यवाद ही रह जाता है। टर्नर कहते हैं कि पारसंस का इस तरह का अवलोकन अस्पष्ट हो जाता है। उनका यह भी कहना है कि पारसंस की अनुकूलन, एकीकरण और लेटेन्सी जैसी पूर्व आवश्यकतायें भी पुनरूक्ति से ग्रसित है। जोनाथन टर्नर ने पारसंस के व्यवस्था सिद्धान्त की आलोचना निम्न बिन्दुओं में रखी है :

1. सामाजिक व्यवस्था का सिद्धान्त प्रारम्भ से अन्त तक उद्देश्यवाद से परिपूर्ण है। जहां एक ओर कर्त्ता की गतिविधियां उद्देश्यों की प्राप्ति की ओर अभिस्थापित होती है, वही व्यवस्था की प्रत्येक इकाई उद्देश्य प्राप्ति में भी जुटी होती है, और इससे आगे सम्पूर्ण सामाजिक व्यवस्था भी उद्देश्यपरक है। उद्देश्यवाद (Teleolgy) पारसंस के सामाजिक व्यवस्था सिद्धान्त पर इस प्रकार हावी है कि पारसंस इससे हठकर कुछ सोच नहीं पाते।

2. पारसंस की बहुत बड़ी समस्या *पुनरूक्त* (Tautology) की है। वे कहते हैं कि जब चार प्रकार्यात्मक पूर्व-आवश्यकतायें पूरी नहीं होती तो व्यवस्था का अस्तित्व खतरे में पड़ जाता है। जब पारसंस व्यवस्था के बारे में इस तरह की मान्यता लेकर चलते है तो प्रश्न उठता है कि किस सीमा तक इन आवश्यकताओं को पूरा किया जाये कि व्यवस्था जीवित रह सकती है।

पारसंस के सिद्धान्तों की आलोचना में एक वृहद् साहित्य उपलब्ध है। यह इस तथ्य को बताता है कि पारसंस एक चोटि के सिद्धान्तवेत्ता थे। उनकी मृत्यु के बाद पारसंस का युग आज भी समाजशास्त्र में अपनी छाप रखता है। यह ठीक है कि कोई भी समाजशास्त्रीय सिद्धान्त और इस अर्थ में समाजविज्ञान सिद्धान्त अपने आप में पूर्ण नहीं होता। प्रत्येक

सिद्धान्त की अपनी एक ताकत होती है और इसी तरह अपनी एक कमजोरी भी। पारसंस के सामाजिक व्यवस्था सिद्धान्त ने एक नये क्षितिज को खोला था तो इसी की होड़ में सामाजिक संघर्ष सिद्धान्त ने भी कुछ नये आयाम सिद्धान्त निर्माण में प्रस्तुत किये हैं।

अध्याय 7

संदर्भ समूह सिद्धान्त
(Theory of Reference Group)

रोबर्ट मर्टन ने सिद्धान्त के क्षेत्र में यह स्थापित करने का प्रयास किया है कि समाजशास्त्रीय सिद्धान्त का प्रभाव आनुभविक अध्ययनों पर देखने मिलता है और इसी तरह आनुभविक अध्ययन समाजशास्त्रीय सिद्धान्त को प्रभावित करते हैं। *स्टाऊफर* (Stouffer), *सूचमेन* (Suchman) तथा अन्य समाजशास्त्रियों ने द *अमेरीकन सोल्जर* (The American Soldier) में पर्याप्त आनुभविक सामग्री को रखा है। यह पुस्तक आनुभविक सामग्री का बेजोड़ भंडार है। इस पुस्तक में उपलब्ध सामग्री के आधार पर मर्टन ने कतिपय *मिडिल रेंज सिद्धान्त* प्रस्तुत किये हैं। इसी पुस्तक में उपलब्ध तथ्य सामग्री के आधार पर मर्टन ने *सापेक्षिक वंचितता* (Relative deprivation) की अवधारणा को रखा है। "द अमेरीकन सोल्जर" में उपलब्ध सामग्री पर ही उन्होंने *संदर्भ समूह सिद्धान्त* का निर्माण किया है। इस भांति इस सिद्धान्त का आधार आनुभविकता की ओर से सिद्धान्तीकरण की ओर मुड़ता है।

वैसे द *अमेरीकन सोल्जर* और मर्टन की पुस्तक : *सामाजिक सिद्धान्त और सामाजिक संरचना* के प्रकाशित होने से पहले संदर्भ समूह की अवधारणा सामाजिक मनोविज्ञान में प्रचिलित थी। सामाजिक मनोवैज्ञानिकों के अनुसार यह वह क्षेत्र है जिसमें व्यक्ति के सम्बन्ध अन्य व्यक्तियों तथा सामाजिक पर्यावरण के साथ होते हैं। जब मनोवैज्ञानिक संदर्भ में इस तरह का विश्लेषण चल रहा था, तब समाजशास्त्र में संदर्भ समूह का सूत्रपात हुआ। *समाजशास्त्र में संदर्भ समूह को सामाजिक संरचना और प्रकार्यों के परिवेश में व्यक्ति को देखने का है। दूसरे शब्दों में, संदर्भ समूह किसी भी व्यक्ति की अन्तः क्रियाओं का वृहद सामाजिक संरचना और सामाजिक पर्यावरण के संदर्भ में अध्ययन का एक उपागम है। वस्ततः व्यक्ति का व्यवहार किसी न किसी तरह से उन समूहों के साथ होता है जिसका वह*

सदस्य है या उन समूहों के साथ भी जिनका वह सदस्य नहीं है। व्यक्ति का व्यवहार, जिन समूहों का वह सदस्य है, उनके प्रति अनुकरण करने या आलोचना करने का हो सकता है। जिन समूहों का वह सदस्य नहीं है उनकी भी वह प्रशंसा व आलोचना दोनों ही कर सकता है। सामाजिक मनोविज्ञान में संदर्भ समूह का जो अर्थ है वह समाजशास्त्र के अर्थ से पृथक भी है। लेकिन वास्तव में इस अवधारणात्मक अंतर को अलग करना कठिन है। जहां संदर्भ समूह की सामाजिक मनोवैज्ञानिक अवधारणा समाजशास्त्रीय अवधारणा की पूरक है, वहीं समाजशास्त्रीय अवधारणा सामाजिक मनोवैज्ञानिक अवधारणा की पूरक है। दोनों एक-दूसरे से अवधारणात्मक स्तर पर पृथक होते हुये भी जुड़े हुये हैं।

संदर्भ समूह में बहुत बड़ी समस्या यह है कि कोई भी एक व्यक्ति किसी समूह को अपने संदर्भ के लिये पसंद करता है। उदाहरण के लिये यदि राज्य कर्मचारियों का समूह केन्द्रीय कर्मचारी के समूह को अपना संदर्भ स्वीकार करता है तो उसका ऐसा करने के क्या कारण है ? शायद इस प्रश्न की गुरूता संदर्भ समूह को *मिडिल रेंज सिद्धान्त* में महत्वपूर्ण बना देती है। संदर्भ समूह को समाजशास्त्रीय सिद्धान्त का दर्जा देने का दूसरा कारण यह है कि सर्वप्रथम संदर्भ समूह का महत्त्व समाजशास्त्रीय दृष्टि से मर्टन ने देखा है। अब तक यह समझा जाता था कि जब कोई व्यक्ति किसी समूह को अपने अनुकरण या आलोचना के लिये ग्रहण करता था, तो उसका कारण केवल मनोवैज्ञानिक था। अब संदर्भ समूह को समाजशास्त्रीय दृष्टि से भी देखा जाने लगा है।

संदर्भ समूह की अवधारणा

(Concept of Reference Group)

यह सामान्य बात है कि जब कभी कोई व्यक्ति दूसरे व्यक्तियों या समूहों के साथ अन्तः क्रिया करता है तो ये क्रियाएं शून्य में नहीं होती। क्रियाओं को घेरे हुए एक प्रकार से सम्पूर्ण सामाजिक पर्यावरण होता है। बिना किसी संदर्भ के न तो क्रियाएं हो सकती हैं, न हीं उन्हें समझा जा सकता है। व्यक्तियों के इर्दगिर्द जो सामाजिक पर्यावरण होता है, समूह होते हैं, उनमें वह कुछ का सदस्य होता है और कुछ का नहीं।

मर्टन ने संदर्भ समूह की विस्तृत व्याख्या की है। उनका कहना है कि *किसी समूह में रहकर व्यक्ति दूसरे समूह में रहने की अभिलाषा करता है। उस समूह का या उनके सदस्यों के व्यवहारों का अनुकरण करता है तो यह उसका संदर्भ समूह व्यवहार है।* व्यक्ति को ऐसा लगता है कि जिस वर्ग या समूह का वह सदस्य नहीं होता उसमें कुछ ऐसी सुविधाएं दिखायी देती हैं, जो उसके समूह में नहीं होतीं, वह दूसरे समूह के मानक व मूल्यों का अपना लेता है। यह वह स्थिति है जिसमें वह गैर-सदस्य समूह के संदर्भ को अपने व्यवहार का आधार बनाता है। मर्टन ने संदर्भ समूह की परिभाषा इस भांति की है।

> सामान्यतः संदर्भ समूह सिद्धान्त का उद्देश्य मूल्यांकन तथा आलोचना की उन प्रक्रियाओं के निर्धारकों को व्यवस्थित करना है जिनके द्वारा व्यक्ति दूसरे व्यक्तियों या समूहों के

मूल्यों या मानदण्डों को तुलनात्मक संदर्भ के रूप में स्वीकार या ग्रहण करता है।

संदर्भ समूह सिद्धान्त के तत्त्व

संदर्भ समूह की अवधारण पर पिछले कुछ दशकों में काफी अनुसंधान कार्य हुआ है। इसके परिणाम स्वरूप इस सिद्धान्त से जुड़ी हुयी कुछ अवधारणाएं स्पष्ट हुयी है। उदाहरण के लिये टर्नर ने यह कहा है कि यद्यपि आज समाजशास्त्रीय सिद्धान्तों की वीथिका में संदर्भ समूह का एक निश्चित नाम हो गया है फिर भी यह नाम मिथ्या है। इसका कारण यह है कि यह अवधारणा केवल समूहों पर ही लागू नहीं होती, व्यक्तियों पर भी लागू होती है। जिस तरह संदर्भ समूह होते हैं, ठीक उसी तरह *संदर्भ व्यक्ति* (Reference Individual) भी हो सकते है। उदाहरण के लिये हमारे देश में गांधी जी, रविन्द्रनाथ टैगोर या प्रेमचन्द संदर्भ व्यक्ति हो सकते हैं। दूसरी ओर, कलाकारों या साहित्यकारों का एक अमुक समूह संदर्भ समूह हो सकता है। यह सब यहां कहना प्रांसगिक इसलिये है कि समाजशास्त्र में संदर्भ-व्यक्तयों को भी संदर्भ समूहों की श्रेणी में डाल दिया जाता है।

मर्टन ने संदर्भ समूह की अवधारणा के दो केन्द्रीय लक्षण बताये हैं। एक व्यक्ति द्वारा दूसरे व्यक्तियों या समूहों के मूल्यों को ग्रहण करना, और 2. संदर्भ समूह का महत्त्व इसी में है कि यह तुलनात्मक अध्ययन को महत्त्व देता है।

मर्टन जब व्यक्तियों के किसी जोड़ को समूह कहते हैं तो उनका मतलब ऐसे समूह है जिसके सदस्य स्थापित प्रतिमानों द्वारा परस्पर अन्तःक्रियाएं करते हैं। इसे कई बार लोगों के सामाजिक सम्बन्धों के रूप में जाना जाता है। सामाजिक सम्बन्ध भी निश्चित व स्थापित मानव व मूल्यों की परिधि में होते हैं। जब व्यक्ति समूहों में अन्तःक्रिया करते हैं तो अप्रत्यक्ष रूप से वे यह मानकर चलते हैं कि जिस समूह में अन्तःक्रियाएं होती हैं उस समूह का सदस्य होने के नाते सामान्य व्यवहार के प्रतिमानों से परिचित होते हैं। यहां यह भी कहना चाहिये कि दूसर समूह के सदस्य यह अच्छी तरह से जानतें हैं कि अमुक व्यक्ति अमुक समूह का सदस्य है। ब्राह्मण जाति का सदस्य यह भली प्रकार जानता है कि वह विशिष्ट जाति का सदस्य है। साथ में वह यह भी जानता है कि एक दलित व्यक्ति दलित समूह का सदस्य है। यहां यह ध्यान में रखने की बात है कि कई बार समूहों की सीमाएं या उसकी परिधियां निश्चित रूप से बंधी नहीं होती। सीमा के क्षेत्र में समूहों में परिवर्तन भी आता है। जैसे ही यह परिवर्तन आता है, अतः क्रिया के आयाम भी बदल जाते हैं। यहाँ हम यही कहना चाहते हैं कि *जब व्यक्ति किसी समूह का सदस्य होता है तो वह अव्यक्त रूप से यह जानता है कि वह इस समूह का सदस्य है और अपने समूह के सदस्यों के साथ कैसा व्यवहार करना है।* उदाहरण के लिये रोटरी क्लब का सदस्य भली प्रकार जानता है कि वह रोटरी क्लब का सदस्य है और क्लब के सदस्यों के साथ उसे कैसा व्यवहार करना है।

गैर-सदस्यता की अवधारणा

(Concept of Non-membership)

गैर-सदस्य अपने व्यवहार व अन्तःक्रिया में समूह के अन्य सदस्यों से भिन्न होते हैं। गैर-सदस्यों की परिभाषा यही हो सकती है कि कोई भी व्यक्ति समूह की गैर सदस्यता के जो नियम-उपनियम होते हैं उनसे मुक्त होते हैं। उदाहरण के लिये किसी राजनैतिक दल के सदस्य गैर-राजनीतिक दल के सदस्यों से भिन्न इसलिये हैं क्योंकि उन पर दूसरे समूहों के नियम लागू नहीं होते। लेकिन संदर्भ समूह में मर्टन का कहना है कि गैर-सदस्य समूहों के मूल्यों, मानकों तथा उद्देश्यों को व्यक्ति अपने अनुकरण व अन्तःक्रियाओं के लिये अपनाता है, उन्हें व्यवहार के लिये संदर्भ बनाता है।

गैर-सदस्य की यह अभिलाषा हो सकती है कि वह इस समूह की सदस्यता को ग्रहण करे। यह भी सम्भावना है कि दूसरा समूह गैर-सदस्य को अपनाने के लिये तैयार न हो। टर्नर ने मर्टन की संदर्भ समूह की व्याख्या में कहा है कि :

1. यह सम्भावना बराबर बनी रहती है कि समूह का सदस्य संदर्भ समूह के सम्पर्क में आये,
2. यह भी सम्भव है कि वैकल्पिक समूह के सदस्यों के प्रति असंतोष उत्पन्न हो,
3. सदस्य को यह भी अपेक्षा होती है कि वह जिस गैर समूह का सदस्य बनना चाहता है, उससे उसे कुछ लाभ भी मिले, और
4. गैर-समूह की जीवन-पद्धति को अपनाना सम्भव हो।

ये कुछ समस्याएं अवधाणात्मक हैं और सिद्धान्तीकरण में इनकी खोज की जा सकती है। वास्तव में, स्टाऊफर की आनुभविक सामग्री के बाद समाजशास्त्र में ऐसी पर्याप्त तथ्य सामग्री नहीं आ पायी है, जिसके आधार पर संदर्भ समूह को आगे बढ़ाया जा सके। संदर्भ समूह, यह आग्रह पूर्वक कहा जाना चाहिये कि, वस्तुतः प्रकार्यात्मक सिद्धान्त का एक अंग मात्र है। मर्टन स्वयं प्रकार्यवादी थे और उन्होंने संदर्भ समूह का प्रयोग सामाजिक परिवर्तन के अध्ययन के लिये किया है।

संदर्भ समूहों के प्रकार्यात्मक प्रकार

(Functional Type of Reference Groups)

मर्टन कहते हैं संदर्भ समूहों के कई प्रकार्यात्मक स्वरूप हैं। इन समूहों की सिद्धान्त में सबसे उपयोगिता यह है कि ये आत्म-मूल्यांकन एवं अभिवृतियों के निर्माण में सहायता देते हैं। यह संदर्भ समूहों के माध्यम से ही है कि व्यक्ति दूसरे समूहों के मूल्यों का सामान्यीकरण करते है।

संदर्भ समूहों की सैद्धान्तिक उपयोगिता के होते हुये भी सबसे बड़ी समस्या यह है कि अब तक हम संदर्भ समूहों के मुख्य प्रकारों को पहचान नहीं पाये हैं। यह भी हम नही जान

पाये हैं कि इन संदर्भ समूहों के प्रकार्यात्मक लक्षण कौन-से हैं जिन्हें व्यक्ति अनुकूलन के लिये अपनाते हैं। इस कठिनाई के होते हुये भी मर्टन कहते हैं कि अब हम निश्चित रूप से संदर्भ समूहों के दो प्रकार पहचान पाये हैंः

1. आदर्शक संदर्भ समूह (Normative Groups)
2 तुलनात्मक संदर्भ समूह (Comparative Reference Groups)

1. आदर्शक समूह

समाज में जितने भी संदर्भ समूह हैं, उनमें एक प्रकार *आदर्शक समूहों* का है। ये वे समूह हैं जो अपने सदस्यों के लिये मानक, मूल्य और व्यवहार के प्रतिमान निश्चित करते हैं। भारतीय संदर्भ में द्विज जातियों के लिये कई समूह हैं जो मद्यनिषेध, मांसाहारी भोजन आदि के प्रतिबंध पर जोर देते हैं। इन समूहों के व्यवहार के अपने स्टेंडर्ड हैं। यदि समूह द्वारा निर्धारित आदर्शो का परिपालन सदस्य नहीं करते तो इसके लिये दण्ड का प्रावधान भी होता है।

2. तुलनात्मक समूह

मर्टन ने संदर्भ समूहों का दूसरा प्रकार तुलनात्मक समूहों का बताया है। तुलनात्मक संदर्भ समूह वे हैं जिनको व्यक्ति अपने या दूसरों के व्यवहार का तुलनात्मक आधार मानता है। इस तरह के समूह व्यक्ति के अपने स्वंय या दूसरों के व्यवहार के मूल्यांकन के लिये सहायक होते हैं। ग्रामीण समूह जब शहरी समूह द्वारा निर्धारित व्यवहार के प्रतिमानों से अपने समूह की तुलना करते हैं तो वस्तुतः यह तुलनात्मक मूल्यांकन है।

इस भांति जहां *आदर्शक संदर्भ समूह* व्यक्तियों को इस बात के लिये अभिप्रेरित करते हैं कि वे अपने समूहों के मूल्यों व मानकों को स्वीकार करें, उनका सात्मीकरण करें। वहीं *तुलनात्मक संदर्भ समूह* व्यक्तियों के व्यवहारों का तुलनात्मक मूल्यांकन करने में सहायक होते हैं।

मर्टन के इन दो प्रकार के संदर्भ समूह के वर्गीकरण को ध्यान में रखते हुये हाल में टर्नर ने एक तीसरे प्रकार के संदर्भ समूह की चर्चा भी की है। इस प्रकार के समूहों को टर्नर ने *अन्तःक्रिया समूह* (Interactional Group) कहा है। ये व्यक्तियों के वे समूह हैं जिनके वह सदस्य होते है, दूसरे शब्दों में ये समूह न तो आदर्शक समूह हैं जो अपने ही सदस्यों की अन्तःक्रियाओं के लिये व्यवहार के स्टेंडर्ड स्थापित करते हैं और न ही अन्तः क्रिया समूह संदर्भ समूह हैं, जिनका प्रयोग मूल्यांकन व तुलना के लिये किया जाये। वास्तव में *ये वे समूह हैं जो न तो आदर्शक हैं और न ही तुलनाप्रधान। ये वे समूह हैं जो सम्पूर्ण सामाजिक पर्यावरण के भाग मात्र हैं। इन अन्तः क्रियात्मक समूहों के साथ में व्यक्ति सामाजिक सम्बन्ध मात्र रखता है। बम्बई जैसे महानगर में कई व्यावसायिक, शैक्षणिक और फिल्मी सितारों के समूह हैं। जब इन समूहों के साथ व्यक्ति सम्बन्ध रखता है, अन्तः क्रिया करता है। ऐसे समूह*

केवल अन्तः क्रिया के लिये ही होते हैं। न तो वे आदर्शक होते हैं और न स्वमूल्यांकन के लिये तुलनात्मक। टर्नर के अन्तः क्रिया समूह की व्याख्या यदि नकारात्मक रूप में करें तो यही कहेंगे कि जो समूह आदर्शक नही है और तुलनात्मक भी नही है, वे अन्तः क्रिया समूह हैं।

सकारात्मक तथा नकारात्मक संदर्भ समूह

(Positive and Negative Reference Group)

विभिन्न प्रकार के सदंर्भ समूहों को दो कोटियों में रखने के बाद मर्टन इस निष्कर्ष पर पहुंचे कि सदस्य समूह और गैर-सदस्य समूह (Membership and Non-membership Group) का मूल्यांकन सकारात्मक और नकारात्मक दृष्टि से किया जाता है। वास्तव में संदर्भ समूह वे हैं जिनके साथ व्यक्ति अपनी तुलना करता है। इस तुलना का उद्देश्य स्वंय के अनुकूलन के लिये होता है। किसी भी स्थिति में संदर्भ समूह उन समूहों के बराबर नहीं होते जिनका व्यक्ति सदस्य है। यहां महत्त्वपूर्ण बात यह है कि सदस्य समूह की आलोचना सकारात्मक व नकारात्मक दोनों दृष्टियों से की जा सकती है। यह कहा जा सकता है कि हमारी राजनीतिक पार्टी एकदम वाहियात है। इसमें सदस्यों का कोई चरित्र नहीं है। यदि हम अमुक पार्टी की तरह स्वंय को संगठित करलें तो हमारे लिये चुनाव जीतना आसान होगा। यह सदस्य समूह की नकारात्मक आलोचना है। इसके विपरीत इसकी सकारात्मक आलोचना भी की जा सकती है।

इसी प्रकार गैर-सदस्य समूहों की भी नकारात्मक आलोचना हो सकती है। यह कहा जा सकता है कि अमुक विश्वविद्यालय का स्तर बहुत खराब है वहां तो परीक्षाओं में धांधली होती है। कुछ दूसरी तरह गैर-सदस्य समूहों की सकारात्मक आलोचना भी की जाती है।

अमेरीकन सोल्जर : सापेक्षिक वंचितता तथा संदर्भ समूह

(American Soldier : Relative Deprivation and Reference Groups)

यहां हम फिर दोहरायेंगे की मर्टन की संदर्भ समूह की अवधारणा का मूल स्त्रोत अमेरिकन सोल्जर है। अमेरिकन सोल्जर पुस्तक चार खण्डों में प्रकाशित हुयी है। ये चार खण्ड *सेम्यूअल स्टारऊफर (Samuel Stouffer)* तथा अन्य समाजशास्त्रियों ने प्रस्तुत किये हैं। जब मर्टन ने अमेरिकन सोल्जर में पर्याप्त आनुभविक सामग्री को देखा तो 1957 में इस सामग्री का प्रयोग संदर्भ समूह से जुड़े व्यवहार के लिये किया है। स्टाऊफर ने अमेरिकन सोल्जर की तथ्य सामग्री के आधार पर एक विश्लेषणात्मक अवधारणा रखी। इसे वे *सापेक्षिक वंचितता* (Relative Deprivation) का नाम देते हैं। स्टाऊफर कहते हैं कि एक ही समूह का सदस्य जब यह पाता है कि उसके समूह के अन्य व्यक्तियों को तो लाभ मिलता है पर उसे नहीं मिलता तब उसकी समझ में आता है कि वह ठगा जाता है। अपने ही समूह में वह एक वंचित व्यक्ति का जीवन बिताता है। अमेरिकन सोल्जर की यह कहानी दूसरे

विश्व युद्ध से जुड़ी है।

इसी सामग्री के आधार पर *मर्टन* व *किट* (Merton and Kitt) ने संदर्भ समूह व्यवहार पर एक लेख लिखा जो *मर्टन (R. Merton) तथा पाल लेजार्सफेल्ड (Paul Lazarsfeld)* द्वारा सम्पादित पुस्तक *कन्टीन्यूटीज इन सोशल रीसर्च* (Continuities in Social Research, 1950) में प्रकाशित हुआ है।

अमेरिकन सोल्ज़र की तथ्य सामग्री जटिल सांख्यिकी में रखी गयी है। इस सांख्यकी के आधार पर मर्टन व किट ने कई सैद्धान्तिक उपलब्धियों का उल्लेख किया है। उदाहरण के लिये अमेरिकन सोल्जर में पाया गया कि *फौज में अधिक पढ़े हुए जवानों की पदोन्नति के अवसर कम होते हैं।* यह भी देखा गया कि फौज में जिन व्यक्तियों के बारे में प्रतिकूल राय होती है उसकी पदोन्नति के अवसर अधिक होते हैं। सापेक्षिक वांचितता से जुड़े इस तरह के कुछ निष्कर्ष जो दुर्भाग्यपूर्ण होते हैं, इस पुस्तक में देखने को मिलते हैं। हमें अमेरिकन सोल्जर में ही यह परिणाम देखने मिलता है कि सेना का विवाहित जवान जब अपनी तुलना अपने अविवाहित जवानों से करता है तो उसे अनुभव होता है की उसकी भर्ती उससे अधिक त्याग की अपेक्षा करती है। जब कि अपनी तुलना विवाहित असैनिक मित्रों से करने पर पाता है कि ये असैनिक मित्र अपने परिवार के सदस्यों के साथ चैन से रहते हैं। इधर विवाहित जवान मोर्चे पर अपने परिवार से दूर रहकर संघर्षो से जूझते रहते हैं।

सापेक्षिक वंचितता के सिद्धान्त का मूल स्त्रोत मर्टन व किट के लिये अमेरिकन सोल्जर है। एक और निष्कर्ष में मर्टन व किट बताते हैं कि फौज का एक जवान जब अपनी तुलना फौज के अफसरों से करता है तो पाता है कि जहां अफसर का जीवन सुख व सुविधा का जीवन है, वहीं वह खतरों से भी दूर रहता है। अफसर की तुलना में जवान को सुख सुविधाएं कम होती हैं, और सिर पर मौत की तलवार बराबर लटकती रहती है। इस तरह के दृष्टान्त मर्टन और किट को अमेरिकन सोल्जर में मिलते हैं। आगे चलकर ये दोनों लेखक *सापेक्षिक वंचितता* के निष्कर्षो को व्यापक रूप से संदर्भ समूह के सिद्धान्त में प्रयोग में लाते हैं।

संदर्भ समूह की अवधारणा हर तरह से सापेक्षिक वंचितता की तुलना में अधिक व्यापक है। इसकी *पहली व्यापकता* यह है कि इसमें व्यक्ति अपनी स्वंय की प्राप्तियों या अपना स्वयं का मूल्यांकन केवल अपने समूह से ही नहीं करता वह अपने आपको उन दूसरे समूहों के सदस्यों के साथ भी देखता है जिनसे उसके प्रत्यक्ष सम्बन्ध हैं। *दूसरी व्यापकता* यह है कि सापेक्षिक वंचितता में व्यक्ति अपने ही समूह द्वारा ठगा हुआ मानता है। उसकी मनः स्थिति बिगड़ जाती है। उसे लगता है, जैसे उसके साथ अन्याय हुआ है। लेकिन संदर्भ समूह में एक सकारात्मक परिणाम देखने को मिलता है। जब वह अपनी तुलना अन्य संदर्भ समूहों से करता है, तब उसे लगता है कि क्यों न वह अपने समूह की सदस्यता छोड़कर दूसरे की ग्रहण कर ले।

सदंर्भ समूह का सबसे बड़ा महत्व यह है कि वह व्यक्ति को अपने समूह से बाहर

अन्य समूहों के संदर्भ में देखने का अवसर देता है। यही संदर्भ समूह सिद्धान्त की उपलब्धि है। यद्यपि मर्टन अपने जीवन काल में संदर्भ समूह पर कोई व्यापक सिद्धान्त नही बना पाये, फिर भी यह आशा की जाती है कि समाज वैज्ञानिकों की आने वाली पीढ़ी शायद इस दिशा में कुछ काम कर सके।

संदर्भ समूह, संस्कृतिकरण व पाश्चात्यीकरण: भारतीय संदर्श में
(Reference Group, Sanskritization and Westernisation: In Indian Perspective)

रोबर्ट मर्टन ने संदर्भ समूह की चर्चा विस्तार के साथ इस शताब्दी के 5 वें दशक के अन्त में की थी। उन्होंने इस सिद्धान्त में जो कुछ रखा उसका सार यह है: मनुष्य जब कभी किसी क्रिया को करता है तो उसकी यह क्रिया किसी समूह में होती है। क्रिया करते सयम मनुष्य का संदर्भ या तो अपने स्वंय के समूह से होता है या उन दूसरे समूहों से, जिनका वह सदस्य तो नहीं है, अपने व दूसरे समूहों के संदर्भ में वह स्वंय का मूल्यांकन करता है। संदर्भ समूह की इस अवधारणा को भारत में भी कुछ समाजशास्त्रियों ने लागू किया है। वाई. बी. दामले ने भारत में होने वाले जाति व्यवस्था में परिवर्तन को संदर्भ समूह के संदर्भ में देखा है। लेकिन उन्होंने फुटकर रूप से ही संदर्भ समूह सिद्धान्त को भारतीय परिप्रेक्ष्य में जांचा है।

लेकिन शायद ओवेन लिंच (Owen M. Lynch) ऐसे अमरीकी मानवशास्त्री हैं जिन्होंने अपनी पुस्तक "द पोलिटिक्स आफ अनटचेबिलिटी" (The Politics of Untouchability) यानि अस्पृश्यता की राजनीति के विश्लेषण में संदर्भ समूह सिद्धान्त को प्रयोग किया है। लींच ने अपने इस अनुसंधान में आगरा के जाटवों (चमार) की अस्पृश्यता का उल्लेख सामाजिक परिवर्तन के संदर्भ में किया है। वे संस्कृतिकरण और पाश्चात्यीकरण की अवधारणाओं को जाटवों में होने वाले परिवर्तन के विश्लेषण में अपर्याप्त मानते है। वे कहते हैं कि जब मर्टन के संदर्भ समूह सिद्धान्त को आगरा के जाटवों पर लगाते है तो स्पष्ट रूप से हमें जाटवों के लिये तीन संदर्भ समूह दिखायी देते हैं:

1. ऐसे संदर्भ समूह जिनका अनुकरण (Imitation) किया जा सके:

ये वे समूह हैं जिनके मूल्यों, मानकों और व्यवहार के तरीकों को अच्छा व प्रतिष्ठा के योग्य समझा जाता है और इसलिये इन संदर्भ समूहों के व्यवहार प्रतिमानों को अनुकरणीय माना जाता है।

2. ऐसे संदर्भ समूह जिनके साथ अपनी पहचान (Identity) की जा सके :

जब व्यक्ति अपनी पहचान को किसी समूह के साथ जोड़ता है, जिसका सामान्यतया वह सदस्य नहीं होता, तो इसे पहचान का संदर्भ समूह कहा जाता है। जब जाटव अपने आपको बौद्ध कहता है तो उसके लिये बौद्ध समूह संदर्भ समूह है।

3. नकारात्मक (Negative) संदर्भ समूह :

यह वह समूह है जिसे व्यक्ति अपना विरोधी या दुश्मन समूह मानता है। जाटवों के संदर्भ में ब्राह्मण नकारात्मक संदर्भ समूह है।

आगरा के जाटवों के अध्ययन में लींच ने संस्कृतिकरण व पाश्चात्यीकरण की अवधारणाओं को अस्वीकार किया है। श्रीनिवास की इन अवधारणाओं में लींच में बहुत बड़ा दोष यह पाया कि वे अवधारणायें केवल जाति व्यवस्था में होने वाले परिवर्तनों को ही बताती है। दूसरा, जाटव जाति अपना संदर्भ समूह जाति व्यवस्था के बाहर भी मानती है। वह अम्बेडकरवादी है। बाबा साहब के अतिरिक्त बौद्ध को भी अपना आदर्श मानता है। इन कठिनाइयों को देखते हुये लींच ने हमारे देश में पहली बार मर्टन के संदर्भ समूह का एक आनुभविक परीक्षण किया।

लींच की संदर्भ समूह के क्षेत्र में उपलब्धियां

जाटवों के आनुभविक अध्ययन में लींच को जो कुछ मिला उसे वे निम्न बिन्दुओं में रखते हैं :

1. जब संस्कृतिकरण की अवधारणा को वे संदर्भ समूह के परिप्रेक्ष्य में देखते हैं तो लगता है कि संस्कृतिकरण की परिभाषा केवल संस्कृति ही नहीं संरचना के संदर्भ में भी की जानी चाहिये। संस्कृतिकरण की इस कमजोरी के कारण संदर्भ समूह की अवधारणा अधिक उपयोगी है।
2. जब संस्कृतिकरण का संरचनात्मक विश्लेषण करते हैं तो हमारे सामने कठिनाई आती है। संस्कृतिकरण अनिवार्यरूप से संस्कृति के घेरे में बंधा (Culture Bound) है। इसी कारण चाहने पर भी इस अवधारणा द्वारा संरचनात्मक विश्लेषण नहीं किया जा सकता। ऐसे विश्लेषण के लिये संदर्भ समूह का सिद्धान्त अधिक उपयोगी है।
3. लींच ने यह पाया कि संस्कृतिकरण का एक प्रकिया के रूप में (सामाजिक गतिशीलता के आन्दोलन में) जो आजादी के बाद देश में चल रहा है, प्रयोग नहीं किया जा सकता। उदाहरण के लिये: जब एक जाटव राजनैतिक गतिविधियों में भाग लेता है तब उसकी यह गतिशीलता संस्कृतिकरण की अवधारणा द्वारा नहीं समझी जा सकती। उसकी राजनैतिक गतिविधियां केवल संदर्भ समूह द्वारा ही समझी जा सकती है। लींच कहते हैं कि जाटव की राजनैतिक भागेदारी पाश्चात्यीकरण की अवधारणा से भी नहीं समझी जा सकती। राजनीति में भाग लेकर जाटव पाश्चात्य देशों की संस्कृति या जीवन शैली को अनुकरणीय नहीं मानता। जहां श्रीनिवास सामाजिक गतिशीलता में संस्कृतिकरण को एक साधन (Means) मानते हैं, वही राजनैतिक गतिशीलता के अध्ययन में संस्कृतिकरण की कोई उपयोगिता नहीं है।

लींच ने आनुभविक सामग्री के आधार पर इस तथ्य का खुलासा भी किया है कि जाटवों के लिये ऐसे कौनसे संदर्भ समूह हैं जिनके साथ वे अपना मूल्यांकन करते हैं।

(1) 1944-45 में देश में अछूतों में क्रातिकारी परिवर्तन आया। आगरा में *अनुसूचित जाति फेडरेशन* (Scheduled Castes Federation) की स्थापना हुयी। इसे अम्बेडकर द्वारा संचालित अखिल भारतीय अनुसूचित जाति फैडरेशन (All India Scheduled Castes Federation) के साथ जोड़ दिया गया। अब इस फैडरेशन के बन जाने से अछूत अपनी पहचान *दलित जातियों* के साथ करने लगे। जाटवों ने इस तरह अपनी *पहचान* (Identification) सम्पूर्ण अछूत जातियों के साथ कर ली।

(2) जहां तक अनुकरण का सवाल है जाटव आजादी की लड़ाई के उदार नेताओं के व्यवहार, जीवन-पद्धति का अनुकरण करने लगे। अब गांधी, अम्बेडकर, नेहरू आदि व्यक्तित्व जाटवों के लिये *अनुकरणीय* (Imitation) बन गये।

(3) जाटवों के लिये द्विज जातियां और विशेषकर ब्राह्मण ऐसे समूह बन गये जिन्हें वे बराबर अपना विरोधी मानते रहे। जाटवों का यह विश्वास था कि उनके शोषण और उनकी दयनीय दशा के लिये ब्राह्मण ही उत्तरदायी थे।

हमारा यह आग्रह नहीं है कि संस्कृतिकरण और पाश्चात्यीकरण की तुलना में संदर्भ समूह का सिद्धान्त सामाजिक गतिशीलता के विश्लेषण में कम या अधिक कारगर है। हमारा तर्क यह है कि जहां "अमेरिकन सोल्जर" की तथ्य सामग्री के आधार पर मर्टन ने *सापेक्षिक वंचितता* और *संदर्भ समूह* का सिद्धान्तीकरण किया है, वहीं ओवेन लींच ने भारतीय आनुभविक स्थिति में संदर्भ समूह की अवधारणा को एक ईमानदार परीक्षण तो दिया। किसी भी सैद्धान्तिक अवधारणा को जब तक विभिन्न आनुभविक स्थिति में परीक्षण नहीं किया जाता, सिद्धान्त और अवधारणाएं विश्वसनीय नहीं बनती।

अध्याय 8

विसंगति
(Anomie)

फ्रांसीसी विचारक दुर्खीम ने अपनी आत्महत्या पुस्तक में एनोमिक आत्महत्या का वर्गीकरण दिया है। आधुनिक समाजशास्त्र में मर्टन ने एनोमी का सम्बन्ध विचलन (Deviance) के सिद्धान्त के साथ जोड़ा है। जब मर्टन विचलन के सिद्धान्त को विकसित करते हैं तब इसके विश्लेषण के कारकों में एनोमी की चर्चा करते हैं। इनकी दृष्टि से एनोमी एक मुख्य स्वतन्त्र चर है। दुर्खीम व मर्टन की *एनोमी* (Anomie) की अवधारण के प्रयोग में अन्तर है। दुर्खीम की एनोमी की सामान्य परिभाषा में : *यह वह स्थिति है जिसमें व्यक्ति पर सामाजिक नियंत्रण का अभाव हो जाता है।* इसका यह अर्थ हुआ कि जब व्यक्ति पर समाज का नियंत्रण कम हो जाता है तो वह आत्महत्या कर लेता है। एनोमी की दुर्खीम द्वारा दी गई इस अवधारणा से मर्टन की अवधारणा थोड़ी भिन्न है। उनके अनुसार *जब सांस्कृतिक लक्ष्यों (Cultural Goals) को प्राप्त करने के लिये वैध साधनों में निरंतरता नहीं रहती यानि दोनों में अन्तर बढ़ जाता है तो यह एनोमी की स्थिति है।* उदाहरण के लिये मर्टन कहते हैं कि कि अमेरिका में आर्थिक सफलता को लक्ष्य समझा जाता है। इस उपलब्धि पर अत्यधिक जोर भी दिया जाता है। लेकिन इस तथ्य को प्राप्त करने के लिये समाज द्वारा स्वीकृत साधनों को स्वीकार करना चाहिये।

हमारे देश में भी आजादी से पूर्व गांधी जी ने इस सिद्धान्त को प्रतिपादित किया था कि *यदि हम अपने साध्य (Goal) को प्राप्त करना चाहते हैं तो हमें समाज द्वारा स्वीकृत साधनों (Means) का ही प्रयोग करना चाहिये।* दूसरे शब्दों में, भ्रष्ट साधनों को अपना कर अपने लक्ष्य को प्राप्त करना अनुचित है। किसी भी समाज में सम्पन्नता प्राप्त करना अनुचित नहीं है लेकिन अगर इसे तस्करी, भ्रष्टाचार आदि अपराधिक क्रियाओं द्वारा प्राप्त किया जाता है तो

गांधी जी की दृष्टि में यह अनुचित है।

मर्टन ने एनोमी की अवधारणा को सबसे पहले अपनी पुस्तक *सामाजिक सिद्धान्त और सामाजिक संरचना* में रखा था। लेकिन इससे भी पहले उन्होंने 1938 में *अमेरिकन सोशियोलाजिकल रिव्यू* में इसका सम्बन्ध विचलन के साथ जोड़ा था। यद्यपि उन्होंने विचलन के अपने लोकप्रिय सिद्धान्त में कहीं भी स्वयं द्वारा प्रस्तुत प्राक्कल्पनाओं का परीक्षण नहीं किया था फिर भी एनोमी की अवधारणा में जिसका प्रयोग उन्होंने विचलन में किया था, अनुसंधानकर्ताओं के लिये महत्त्वपूर्ण मार्गदर्शन था। उनके इस लेख का अनुवाद कई भाषाओं में हुआ और *हंट*(Hunt) जैसे समाजशास्त्रियों ने कहा कि मर्टन द्वारा दी गयी एनोमी की अवधारणा ने उन्हें आने वाले समय में समाजशास्त्र में एक मुख्य स्थान दे दिया है।

एनोमी की अवधारणा की पृष्ठभूमि

पारसंस और मार्टिन्डेल ने जहां कहीं मर्टन की एनोमी की अवधारणा का उल्लेख किया है, वहां वे बिना किसी अपवाद के इस अवधारणा का सम्बन्ध दुर्खीम से करते हैं। ऊपर हमने मर्टन की एनोमी की परिभाषा को दुर्खीम के संदर्भ में देखा है। दुर्खीम ने समाज की सुदृढ़ता की व्याख्या की है। इस सुदृढ़ता को उन्होंने मैन (Maine) और टॉनिज (Tonnies) के कानून सम्बन्धी विचारों से उधार लिया है। दुर्खीम का विश्वास था कि आदिम समाज में सुदृढ़ता यांत्रिक होती है। इस समाज में लोग मित्रता, पड़ौसी और नातेदारी सम्बन्धों से आपस में जुड़े होते हैं। जब यह यांत्रिक समाज सावयवी समाज बनता है तो ऐसे समाज पर नियंत्रण पाना कठिन हो जाता है। इस समाज में विचलन की समस्या उभर कर आती है। अब व्यक्ति क्योंकि विशाल समाज में आ जाता है विचलित व्यवहार करने लगता है। अपनी बाद की पुस्तक "आत्महत्या" में जब दुर्खीम आत्महत्या का वर्गीकरण करते है तो कहते है कि इसका एक प्रकार "एनोमिक आत्महत्या" होता है। दुर्खीम की दृष्टि में *एनोमी का विचार सामाजिक सुदृढ़ता के ठीक विपरीत है। जिस तरह सामाजिक सुदृढ़ता ऐसी अवस्था है जिसमें वैचारिक एकीकरण देखने मिलता है, वहीं एनोमी एक ऐसी दशा है जिससे समाज में भ्रम, असुरक्षा और मानकहीनता (Normlessness) आ जाती है।* यांत्रिक समाज में *सामूहिक प्रतिनिधित्व* (Collective Representation) समूह की सुदृढ़ता को बांधे रखते हैं, वहीं सावयवी समाज में यह सुदृढ़ता ढीली पड़ जाती है और व्यक्ति का व्यवहार "एनोमिक" हो जाता है।

मर्टन विचलन के सिद्धान्त में सावयवी समाज की चर्चा करते हैं

एनोमी और अनुकूलन

मर्टन कहते हैं कि आधुनिक समाज में जिसे दुर्खीम सावयवी समाज कहते हैं व्यक्ति के व्यवहार में परिवर्तन आ जाता है। व्यक्ति जब किसी व्यवहार को करता है तो उसे अपने

इर्द-गिर्द के समाज के साथ *अनुकूलन* (Adaptation) करना पड़ता है। अनुकूलन करने के लिये मर्टन कहते हैं व्यक्ति के लिये सामान्यतया पांच विकल्प होते हैं। यह अनुकूलन दो स्तरों पर होता है:

1. समाज या समूह के सांस्कृतिक लक्ष्य या साध्य, और
2. संस्थागत साधन।

सांस्कृतिक लक्ष्य और संस्थागत साधन

(Cultural Goals and Institutional Means)

किसी भी सामाजिक संरचना में कुछ निर्धारित लक्ष्य होते हैं और उन लक्ष्यों को प्राप्त करने के लिये संस्थागत साधन या मानक होते हैं। हांलाकि लक्ष्य और साधन को विश्लेषण के लिये पृथक किया जा सकता है, लेकिन किसी निश्चित स्थिति में इन्हें अलग करना बहुत कठिन है। लक्ष्य वे हैं जिन्हें समाज या समूह की संस्कृति वैध समझती है। समाज के कई लक्ष्य हो सकते हैं लेकिन ये सभी लगभग मिले-जुले होते हैं। इन लक्ष्यों के साथ में कई तरह के मूल्य भी जुड़े होते हैं। सांस्कृतिक लक्ष्य जहाँ एक ओर संवेगात्मक होते हैं वहीं वे लोगों की महत्त्वाकांक्षाओं को भी बताते हैं। लक्ष्य ऐसे होते हैं जिन्हें सामान्यतया प्राप्त करने का प्रयास समूह के सभी सदस्य करते हैं। समूह के लिये ये लक्ष्यों का सीधा सम्बन्ध जैविकीय आवश्यकताओं से बंधा होता है।

उदाहरण के लिये किसी भी विश्वविद्यालय का लक्ष्य यह है कि वह विद्यार्थियों को अधिकतम व नवीनतम ज्ञान को प्रदान करे। विश्वविद्यालय यह मानकर चलता है कि उसके लक्ष्यों को प्राप्त करके वह समाज को एक दिशा देगा, लोगों में खुशहाली लायेगा। विश्वविद्यालय में पढ़ने वाले विद्यार्थी, उनके अभिभावक और विशाल समाज भी इन लक्ष्यों को वेद मानता है। ये सब विश्वविद्यालय के सांस्कृतिक लक्ष्यों को प्राप्त करने का भरसक प्रयास करते है। विश्वविद्यालय की तरह ही परिवार विभिन्न व्यावसायिक प्रतिष्ठान, सांस्कृतिक प्रतिष्ठान आदि सभी के आपैचारिक या अनौपचारिक लक्ष्य होते हैं। हमारी पंचवर्षीय योजनाएं तो प्रत्येक पांच वर्ष के लिये लक्ष्यों को निर्धारित करती है। विकास योजनाओं के प्रशासक तो अपना पूरा प्रयास करते हैं कि इन लक्ष्यों की पूर्ति योजना के अन्त तक भी प्राप्त हो जाये।

भारतीय समाज के लक्ष्यों को हम हमारे संविधान में देख सकते हैं। संविधान के *मौलिक अधिकार* और राज्य के *नीति निर्धारक तत्त्व* सम्पूर्ण भारतीय समाज के लिये लक्ष्यों को निर्धारित करते हैं। यह कहना अनुचित नहीं होगा कि हमारा संविधान एक ऐसा दस्तावेज है जो सांस्कृतिक लक्ष्यों के एजेंडा को सभी नागरिकों के लिये निर्धारित करता है।

प्रत्येक समाज में जहां सांस्कृतिक लक्ष्य होते हैं, वहीं उन्हें प्राप्त करने के लिये वैध साधन होते हैं। यह भी प्रयास किया जाता है कि समूहों के सदस्य सांस्कृतिक साध्य और

संस्थागत साधनों को व्यवहार का मानक समझते हैं। जब गांधी जी ने यह कहा था कि हमें स्वराज्य प्राप्त करना है तब उन्होंने इस बात पर अत्यधिक जोर दिया था कि यह स्वराज्य येन-केन प्रकारेण प्राप्त नहीं करना चाहिये। इसे प्राप्त करने का साधन सत्याग्रह, अहिंसा एवं असहयोग है और ऐसे ही कई साधन हैं जिन्हें भारतीय संस्कृति पवित्र समझती है।

वास्तव में साधन वे हैं जो व्यक्ति के अनुकूलन को नियंत्रित करते हैं। किसी भी समाज में जिसमें विचलन की आवृत्ति न्यूनतम होती है, लोग सांस्कृतिक लक्ष्यों और संस्थागत साधनों को एक साथ लेकर चलते हैं। लेकिन सदैव ऐसा ही होता हो, यह देखने में नहीं आता। कभी तो समाज सांस्कृतिक लक्ष्यों की प्राप्ति पर अधिकतम जोर देता है और कभी संस्थागत साधनों पर। कभी-कभी ऐसा भी होता है कि समूह का झुकाव सांस्कृतिक लक्ष्यों की तरफ हो जाता है और संस्थागत साधन उपेक्षित रह जाते हैं।

भारतीय समाज में, विकास के दौर में एक ऐसी दौड़ चली है जिसमें अधिकतर लोग सांस्कृतिक लक्ष्यों का अपने व्यवहार में अनुकूलन करते हैं, उन्हें प्राप्त करने के लिये अधिकतम प्रयास भी करते है। लेकिन जब समाज द्वारा स्वीकृत लक्ष्य प्राप्ति के साधनों पर जोर दिया जाता है तो अधिकांश लोगों में विचलन आ जाता हैं। विश्वविद्यालय के इस लक्ष्य से सभी सहमत हैं कि यह ज्ञान का मंदिर है, इसके माध्यम से कला और विज्ञान का भण्डार भरा जा सकता है। लेकिन जब इस ज्ञान को प्राप्त करने के लिये जो वैध मानते व नियमों की उपेक्षा की जाती है। जब एक विद्यार्थी भ्रष्ट साधनों से विश्वविद्यालय के लक्ष्यों को प्राप्त करता है, तो यह विचलन की स्थिति है। इसी तरह संविधान ने जो मौलिक अधिकार दिये हैं, उन्हें प्राप्त करने के लिये भ्रष्ट साधनों को अपनाया जाता है, तो यह भी विचलन है।

जब समूह के सांस्कृतिक मूल्यों यानि साध्यों में और संस्थागत साधनों यानि मानकों में मधुर ताल-मेल रहता है तो यह समाज की *संतुलन* (Equilibrium) की अवस्था है। वैध साधनों द्वारा अर्थात् परिश्रम व मेहनत से जब साध्य प्राप्त होता है तो सभी के लिये यह संतोष का विषय होता है, लेकिन जब वैध साधनों को ताक में रखकर लक्ष्य प्राप्ति की जाती है तो इसका परिणाम, मर्टन कहते हैं एनोमी है।

व्यक्तिगत अनुकूलन के प्रकार

(Types of Individual Adaptation)

सांस्कृतिक लक्ष्य और संस्थागत साधन के विश्लेषण के बाद अब हम यह देखेगें कि जब साध्य-साधन के प्रतिमान व्यक्ति के सामने आते हैं, तब उसके व्यवहार का प्रतिमान किस विकल्प को स्वीकार करता है। अपने व्यवहार को करते समय व्यक्ति समूह के लक्ष्यों को स्वीकार करता है और साथ ही लक्ष्यों के अनुरूप साधनों को भी अपनाता है। उसके व्यवहार में वह ऐसा भी कर सकता है कि समूह के लक्ष्यों को तो प्राप्त करने का प्रयास करे लेकिन ऐसे साधनों को काम में लाये जो समाज द्वारा स्वीकृत या मान्य नहीं है। मर्टन कहते

हैं कि मनुष्य के व्यवहार का अनुकूलन विभिन्न स्थितियों में पांच प्रतिमानों को अपना सकता है, अर्थात् किसी भी क्रिया को करने के लिऐ व्यक्ति व्यवहार का पांच प्रकारों से अनुकूलन कर सकता है। मर्टन द्वारा दिये गये अनुकूलन के तरीकों के पांच प्रकारों को निम्न तालिका में रखा गया है। इसमें (+) का चिन्ह व्यक्ति की स्वीकृति को बताता है जबकि (-) का चिन्ह व्यक्ति की अस्वीकृति को दर्शाता है :

	अनुकूलन के तरीके	सांस्कृतिक लक्ष्य (साध्य)	संस्थागत साधन
1.	अनुरूपता (Conformity)	+	+
2.	नवाचार (Innovation)	+	−
3.	विधिवाद (Ritualism)	−	+
4.	रीट्रीटिज्म (वापसी)(Retreatism)	−	−
5.	विद्रोही (Rebellion)	±	±

1. अनुरूपता

जहां तक समाज में स्थयित्व होता है, किसी तरह के युद्ध या आन्तरिक कलह नहीं होते। ऐसे समाज में अनुरूपता अनुकूलन सामान्य रूप से देखने मिलता है। समूह के सदस्य सांस्कृतिक लक्ष्यों और संस्थागत साधनों को समान रूप से मानते हैं। लेकिन जब समाज में साध्य व साधन में फासला बढ़ता जाता है, एक चूहा दौड़ में अधिकांश लोग किसी तरह अपने साध्य प्राप्त करना चाहते हैं, और इसमें साधनों की बलि हो जाती है। यदि समूहों के सदस्य, अपनी परम्पराओं और मूल्यों को बनाये रखते हैं तो समूहों की प्रतिबद्धता, उनके समाज के मूल्यों के अनुरूपता रहती है, तो समाज में संतुलन बना रहता है।

दक्षिणी एशिया के देशों में, चाहे भारत हो, बंगलादेश, पाकिस्तान या श्रीलंका हो, सभी में समाज की निरंतरता और उसके स्थायित्व के आगे कई प्रश्न चिन्ह खड़े हो गये हैं। भ्रष्टाचार, राजनीति में अपराधिकरण और तस्करी, जैसे साधनों ने एक सीमा तक राष्ट्रीय साध्यों को प्राप्त तो कर लिया है, लेकिन इसमें परम्परागत मूल्यों का तेजी से पतन हुआ है। मध्यम वर्ग चाहता है कि वह रातों-रात अमीर हो जाये और अमीर चाहता है कि नव-धनाढ्यों की श्रेणी में उसे शीर्ष स्थान मिल जाये। वास्तव में देखा जाये तो एशिया के इन देशों में साधन-साध्य की पद्धति की सांस फूल रही है।

व्यक्ति के अनुकूलन के व्यवहार की इस किस्म में व्यक्ति समाज के लक्ष्यों को भी स्वीकार करता है और इन्हें प्राप्त करने के लिये वैध साधनों को भी काम मे लेता है। दोनों प्रकार के संतुलन के लिये मर्टन ने सकारात्मकता (+) का चिन्ह रखा है।

2. नवाचार

नवाचार व्यवहार ऐसा है जिसमें व्यक्ति आधुनिकता और उत्तर-आधुनिकता द्वारा निर्धारित लक्ष्यों को प्राप्त करने के लिये तो भरसक प्रयास करता है, लेकिन इन लक्ष्यों को प्राप्त करने

के लिये समाज द्वारा अनुमोदित साधनों को अपर्याप्त समझता है। उसको यह विश्वास हो जाता है कि उपलब्ध वैध साधनों द्वारा वह नव निर्धारित लक्ष्यों को प्राप्त नहीं कर सकता। अतः उसके लिये यह आवश्यक हो जाता है कि वह लक्ष्यों को प्राप्त करने के लिये नये साधनों की खोज करे। वस्तुतः यह साधनों का नवीनीकरण है, व्यवहार के इस प्रतिमान में मर्टन सांस्कृतिक लक्षणों को (+) का चिन्ह देता है, और क्योंकि वह उपलब्ध साधनों को नहीं मानता, उसे मर्टन नकारात्मक (-) चिन्ह देते हैं। इस व्यवहार की विशेषता यह है कि इसमें व्यक्ति साध्य स्वीकार करता है लेकिन इसे प्राप्त करने के लिये नये साधनों को अपनाता है, परम्परागत साधनों को नहीं।

विकासशील देशों में कई नए राष्ट्रीय लक्ष्य विकसित हुये हैं। सभी गरीबी का उन्मूलन करना चाहते हैं, शिक्षा का विस्तार करना चाहते हैं, पिछड़ेपन को दूर करना चाहते हैं और इसके अतिरिक्त इन राष्ट्रों में आये दिन नए लक्ष्यों का सृजन किया जाता है। इन लक्ष्यों की प्राप्ति के लिये परम्परागत व वैध साधन अपर्याप्त सिद्ध हुए हैं। व्यवसाय में महिलाएं भी उद्यमी हो गई है। स्त्रियों के लिये शिक्षण आवश्यक हो गया है। धनोपार्जन के लिये व्यक्ति घर-बार छोड़कर स्थानान्तरण के लिये राजी हो जाता है जब एक बार साध्य निश्चित हो जाते हैं तो उन नवीन साधनों की खोज प्रारम्भ हो जाती है जिनके माध्यम से लक्ष्यों को प्राप्त किया जा सके।

3. विधिवाद

विवाह मण्डप में, दुल्हा व दुल्हन अग्नि के सामने सात फैरे लेते हैं। सभी ओर विवाह का माहोल हर्षोउल्लास से भर जाता है। विवाह में सभी तरह की तड़क-भड़क अपनायी जाती है। इस वातावरण में न तो दुल्हा-दुल्हन और न उनके नातेदार स्पष्ट रूप से यह जानते हैं कि अग्नि के चारों ओर फेरे लेने का क्या उद्देश्य है। इसी प्रकार यह बहुत कम लोग जानते है कि ग्यारस या पूर्णिमा पर वृत रखने का क्या उद्देश्य है। यह सम्पूर्ण स्थिति विधिवाद को बताती है। धार्मिक क्रिया-कलापों को लोग आंख मूंदकर इसलिये पूर्ण करते हैं क्योंकि इन्हें सम्पन्न कराने की परम्परा है।

मर्टन कहते हैं कि *विधिवाद में व्यक्ति द्वारा विधियों को पूर्ण करने के पीछे निर्धारित कौन से लक्ष्य हैं, इन्हें वे नहीं जानते। क्योंकि विधि तो परम्परागत रूप से अपनायी जाती रही है इस प्रकार के व्यवहारों में व्यक्ति साध्यों या सांस्कृतिक लक्ष्यों के प्रति उदासीन होता है। व्यवहार के इस प्रकार में मर्टन ने साध्यों की प्राप्ति को नकारात्मक (–) चिन्ह दिया है और क्योंकि संस्थागत साधनों को पूरे जोर-शोर से अपनाया जाता है, अतः इसे सकारात्मक (+) चिन्ह दिया है।*

4. वापसी

यह व्यवहार का वह प्रकार है जिसमें व्यक्ति न तो साध्यों को स्वीकार करता है और न उन्हें प्राप्त करने के लिये स्वीकृत संस्थागत साधनों को मानता है। जिन परिवारों को हम विघटित

मानते हैं, जिनमें माता-पिता और बच्चों में परिवार के लक्ष्यों व साधनों के प्रति कोई रूझान नहीं होता, वे वापसी यानि रिट्रीटिज्य की श्रेणी में आते है। ऐसे व्यक्ति समूह के लक्ष्यों और उसके साधनों—दोनों से वापस मुड़ जाते हैं। दोनों की चिंता नहीं करते। मर्टन ने व्यवहार के इन दोनों प्रकारों-साध्य व साधन को नकारात्मक (–) चिन्ह दिया है।

जिन्हें हम अपराधी कहते हैं, शराबी कहते हैं वे सब व्यक्ति अपने समूह द्वारा या वृहद् समाज द्वारा निर्धारित लक्ष्यों की अवहेलना करते है। किसी भी एक व्यक्ति के लिये, यह हमारी राष्ट्रीय नीति है कि उसे मद्यपान नहीं करना चाहिये। यह राष्ट्र का नीति-निर्धारक तत्व है। दूसरा, भारतीय दंड संहिता के विपरीत अपराध नहीं करना चाहिये। इसलिये वे व्यक्ति या समूह अपराधी या शराबी हो सकते हैं जो राष्ट्रीय व सामाजिक लक्ष्यों से हट जाते हैं और इसी तरह संस्थागत साधनों से मुक्त हो जाते हैं। यह सम्पूर्ण स्थिति समाज के लक्ष्यों और साधनों से वापस लौटने की है।

5. *विद्रोह*

व्यक्ति के व्यवहार के उपरोक्त विश्लेषण से यह स्पष्ट हो जाता है कि *जब सांस्कृतिक साध्यों और संस्थागत साधनों में संघर्ष हो जाता है, तो मर्टन के अनुसार यह स्थिति एनामी की है।* जब व्यक्ति साध्य व साधन दोनो को ही नहीं मानता, दोनों के प्रति विद्रोह करता है तब अपने आप समूह बंटकर उप समूह का रूप ले लेता है। जब किशोर साध्य व साधन को स्वीकार नहीं करते तो अपने आप उनका एक पृथक गेंग (Gang) बन जाता है। हर छोटे-बड़े नुक्कड़ पर ऐसे अपराधी गेंग हमें देखने मिलते हैं। गेंग की तरह के समूह एक तरफ तो समाज के साध्यों को स्वीकार नहीं करते और दूसरी ओर साधनों का भी तिरस्कार करते हैं। व्यवहार का यह प्रतिमान यहीं समाप्त नहीं होता। यह समूह नये साध्यों का निर्माण करता है और उनकी प्राप्ति के लिये नये साधनों का सृजन करता है।

जब साध्य व साधन का यह संघर्ष वृहद् रूप ले लेता है तो सम्पूर्ण समाज में नये उप-समूह पैदा हो जाते हैं। जब हम स्वतंत्रता के लिये राष्ट्रीय संघर्ष में जूझ रहे थे तो गांधी जी के नेतृत्व में एक समूह का कहना था कि यह सम्पूर्ण लड़ाई अहिंसा व सत्याग्रह के साधनों द्वारा लड़ी जानी चाहिये। दूसरी ओर, ऐसे क्रांतिकारी भी थे जिनमें सुभाष चन्द्र बोस, भगत सिंह, राजदेव, आदि आजादी की लड़ाई को हिंसात्मक तरीके से लड़ना चाहते थे। महत्त्वपूर्ण बात यह है कि समाज में कई ऐसे व्यक्ति होते हैं जो उपलब्ध साध्य व साधनों का तिरस्कार करते हैं और नये साध्यों व साधनों का निर्माण करते हैं। यह स्थिति विद्रोह की स्थिति है।

उपसंहार

भारतीय समाज आज ऐसे मोड़ पर खड़ा है, जहां बहुत बड़ा सांस्कृतिक भ्रम है। समाज के परम्परागत मूल्य, सभ्यता की विरासत, और सांस्कृतिक आचार-संहिता तीव्रतम परिवर्तन के

दौर में है। इधर जो नये मूल्य सामने आये हैं, उनका भी विवेकपूर्ण अनुकूलन नहीं हो रहा है। होमन्स ने अमेरीका समाज के बारे में जो यह कहा था कि यह कूड़े का एक ऐसा ढेर है जहां व्यक्ति एक दूसरे से छुटे हुये हैं, हमारे देश पर भी लागू होता है। यहां पिछले कुछ दशकों में व्यवस्थित रूप से लोगों के प्राथमिक सम्बन्धों में दरार आ गयी है। उच्च जातियों व दलितों में तलवारें खिंच गयी है। पूरे के पूरे समूह विभिन्न साम्प्रदायिक तनावों में आ गये हैं। अधिकारीतंत्र से विश्वास हट रहा है। यदि रोबर्ट मर्टन के सैद्धान्तिक पद से कहा जाये तो कहना होगा कि हम लोग तेजी से एक एनोमिक समाज की ओर दौड़ लगा रहे हैं। ऐसी स्थिति में जब हम मानकहीनता की कगार पर खड़े हैं, एनोमी सिद्धान्त का विश्लेषण हमारे लिये महत्वपूर्ण हो जाता है।

जब दुर्खीम ने एनोमी के सिद्धान्त को रखा था तो मुख्य रूप से उनका कहना था कि व्यक्तियों में असीमित महत्त्वाकांक्षाएं बढ़ जाती हैं, और ऐसे व्यक्तियों को नियंत्रण में रखने के सम्पूर्ण मेकेनिज्म तहस-नहस हो जाते हैं। मार्टिन्डेल ने सामाजिक संरचना के विश्लेषण में दुर्खीम के एनोमी के सिद्धान्त को अधिक विस्तृत रूप में रखा है। एनोमी सिद्धान्त का बहुत बड़ा आधार साध्य-साधन के ताल-मेल का है। जब यह ताल-मेल टूट जाता है तो इसका परिणाम एनोमी में देखने को मिलता है। वास्तव में मर्टन का एनोमी सिद्धान्त एक मिडिल रेंज सिद्धान्त है, जिसका सम्बन्ध विचलन के सिद्धान्त से है। विचलन व एनोमी सिद्धान्तों पर आलोचनात्मक टिप्पणी की जा सकती है। लेकिन यह निश्चित है कि इन सिद्धान्तों ने मर्टन को सिद्धान्तवेत्ताओं की श्रेणी में बहुत ऊंचे स्तर पर रख दिया है।

अध्याय 9

मिडिल रेंज सिद्धान्त
(Middle Range Theory)

घटना 20 वीं शताब्दी के चौथे दशक के अन्त की है। टालकट पारसंस ने यह सोचना प्रारम्भ कर दिया था कि प्रकार्यात्मक सिद्धान्त एक ऐसा सिद्धान्त हो सकता है जो सम्पूर्ण सामाजिक परिवेश का समावेश कर सके। वृहद् समाजशास्त्रीय सिद्धान्त की इस संरचना को पारंसस ने सबसे पहली बार *एसेज इन सोशियोलोजिकल थ्योरी* (Essays in Sociological Theory, 1949) में रखा था। सम्पूर्ण सामाजिक व्यवस्था को प्रकार्यात्मक रूप से समझने का प्रयास पारसंस ने पहली बार किया था। उनका आग्रह था कि एक ऐसे भव्य और वृहद् सिद्धान्त का निर्माण होना चाहिये जो समाज की सम्पूर्ण विविधता को अपने में समेट ले। पारसंस के इस सिद्धान्त को आलोचकों ने *विशाल या मुख्य समाजशास्त्रीय सिद्धान्त* (Grand Sociological Theory) के नाम से प्रस्तुत किया।

पारसंस के इस विशाल सिद्धान्त के प्रकाशन के बाद इसकी कई आलोचनाएं हुयी। *सी. राइट. मिल्स* (C. Wright Mills) ने कहा कि पारसंस का सम्पूर्ण समाज को सम्मिलित करने वाला यह सिद्धान्त लफ्फाजी के अतिरिक्त और कुछ नहीं है। इस सिद्धान्त में जो बातें दो पंक्तियों में लिखनी चाहिये उन्हें पारसंस ने दो पृष्ठो में लिखा है। यह सिद्धान्त मिल्स के अनुसार वाक-जाल के अतिरिक्त और कुछ भी नहीं है। सम्पूर्ण समाज का जो दृष्टिकोण पारसंस ने बनाया था वह केवल एक तरफा था। पारसंस यह भूल गये कि जहां मतैक्य होता है, वहीं समाज के कुछ भाग ऐसे हैं या कि समाज में ऐसे अवसर आते हैं जब लोग या समुदाय एक-दूसरे का सिर फ़ोड़ने के लिये तैयार हो जाते हैं। जब समाज में मतैक्य होता है तब इसी समाज में संघर्ष भी होता है।

मिडिल रेंज सिद्धान्त का अर्थ

जब पारसंस ने 1949 में वृहद् समाजशास्त्रीय सिद्धान्त की पेशकश की, तभी 1959 में रोबर्ट मर्टन ने मिडिल रेंज सिद्धान्तों की बात उठाई। मिडिल रेंज सिद्धान्त (Middle Range Theory) को पहली बार अपनी पुस्तक *सोशल थ्योरी एण्ड सोशल स्ट्रक्चर* (Social Theory and Social Structure,1957) में रखा। वस्तुतः यह पुस्तक समाजशास्त्रीय सिद्धान्त पर है। इसके प्रारम्भिक अध्याय में ही मर्टन सिद्धान्त की परिभाषा देते है:

> इस पुस्तक में सभी जगह हमने समाजशास्त्रीय सिद्धान्त उसे कहा है जिसका तात्पर्य तार्किक रूप से जुड़े हुये *प्रस्तावों* (Propositions) से है, जिनसे आनुभविक एकरूपता का निर्माण किया जाता है। *सम्पूर्ण पुस्तक में जिसे मैं मिडिल रेंज सिद्धान्त कहता हूँ उन पर अपने आपको केन्द्रित किया है। मिडिल रेंज सिद्धान्त वे हैं जो अनिवार्य रूप से कामकाजी प्राक्कल्पनाओं और विशाल तथा सम्पूर्ण समाज को सम्मिलित करने वाले सिद्धान्त के बीच होता है।*

मर्टन के अनुसार मिडिल रेंज सिद्धान्त के निम्न स्थान पर छोटी-छोटी प्राक्कल्पनाएं होती हैं। इन प्राक्कल्पनाओं में समान रूप से पायी जाने वाली अवधारणाओं को लेकर जो सिद्धान्त बनाये जाते हैं, वे मिडिल रेंज सिद्धान्त हैं। मिडिल रेंज इसलिये कि इनसे ऊपर वृहद् सिद्धान्त होता है, जो समाज की सम्पूर्ण विविधता को अपने अन्दर समाहित कर लेता है।

अब प्रश्न उठता है : मर्टन पारसंस के बृहद सिद्धान्त को स्वीकार क्यों नहीं करते? इसका उत्तर मर्टन ने दिया है। वे कहते हैं कि जिस प्रकार प्राकृतिक सिद्धान्तों के पीछे प्रयोग व अवलोकन की भूमिका होती है, वैसे ही समाजशास्त्र में भी प्रयोग किये जाते हैं, अनुभव की आग से गुजरना पड़ता है और सामाजिक व्यवहार का गहन अनुभव करना पड़ता है और सामाजिक व्यवहार का गहन अनुभव करना पड़ता है। प्राकृतिक विज्ञानों में भरोसेमंद सिद्धान्त इसलिये बन पाये हैं क्योंकि उनमें बड़े-बड़े सिद्धान्त वेत्ताओं ने हजारों-लाखों घंटे प्रयोगशाला में काम किया है। जब आइंसटीन ने रिलेटिविटि का सिद्धान्त बनाया तब उन्होंने कई महिनों, वर्षो तक प्रयोगशाला में कार्य किया था। आइंसटीन ही क्यों पूर्ववर्ती वैज्ञानिकों ने जो अनुसंधान किया है उसके धरातल पर ही आइंसटीन खड़े हैं। आइंसटीन के बाद केपलर आये, फिर न्यूटन आये। आगे चलकर लारेलेस व गिब्स आये। वैज्ञानिक अनुसंधान का यह सिलसिला किसी धारावाही निर्झर की तरह चलता रहा। तब कहीं जाकर प्राकृतिक विज्ञानों में आज कुछ विश्वसनीय सिद्धान्त हैं। इधर समाजशास्त्र में आनुभविक तथ्य मात्र मुट्ठीभर हैं। यहां तो प्राकृतिक विज्ञानों का न्यूटन ही नहीं आया। सम्पूर्ण समाज को अपने परिवेश में संभाले ऐसे सिद्धान्त का निर्माण, समाजशास्त्र में अभी नहीं हो सकता। जब हमारे पास ढेरों आनुभविक अवलोकन होंगे तब कहीं जाकर जिस विशाल सिद्धान्त की बात पारसंस कहते हैं, शायद उसके इर्द-गिर्द हम पहुंच सकें। हमें सिद्धान्त निर्माण का इंतजार

अभी कुछ समय ओर भी करना है सम्पूर्ण समाज को सम्मिलित करने वाला गुरुत्वाकर्षण जैसा सामान्य सिद्धान्त की फिलहाल समाजशास्त्र को इंतजार है।

सिद्धान्त निर्माण के क्षेत्र में पारसंस व मर्टन का यह विवाद उन दोनों तक ही सीमित नहीं है। सच में देखा जाये तो समाजशास्त्र के लगभग सभी सिद्धान्तवेत्ता दो खेमों में बंट गये हैं। एक खेमा जिसके अग्रणी पारसंस हैं उनका आग्रह है कि तार्किक आधार पर सम्पूर्ण समाज को सम्मिलित करने वाला समाजशास्त्रीय सिद्धान्त बन सकता है। दूसरा खेमा रोबर्ट मर्टन और उनके अनुयायियों का है जो जोर देकर कहते हैं कि फिलहाल समाजशास्त्रीय सिद्धान्त के विकास को सामान्य स्तर पर लाने में हमें केवल मिडिल रेंज सिद्धान्त बनाकर ही संतोष करना पड़ेगा। सिद्धान्त निर्माण के स्तर होते हैं। सबसे पहले हमें सिद्धान्त में सामान्य तथ्यों के आधार पर चरों को एकत्र करके मध्य स्तरीय सिद्धान्त बनाने चाहिये। इसमें पहले प्राक्कल्पनायें बनती हैं, फिर आनुभविकता के आधार पर मिडिल रेंज सिद्धान्त बनते हैं। और फिर तीसरे स्तर पर जाकर विशाल या वृहद् सिद्धान्त बनाये जा सकते हैं।

मिडिल रेंज सिद्धान्त की परिभाषा

ऊपर के विवरण में हम यह नहीं कहना चाहते हैं कि जब मर्टन ने पारसंस के प्रकार्यवादी वृहद् सिद्धान्त की आलोचना की तो इसलिये नहीं कि वे प्रकार्यवाद के विरोधी हैं। मर्टन पारसंस की तरह ही प्रकार्यवादी हैं। उन दोनों में विवाद तो इस तथ्य पर है कि वृहद् समाजशास्त्रीय सिद्धान्त निर्माण का कार्य अभी ही शुरू हो जाये या जब तक आनुभविकता पर आधारित मध्य-स्तरीय सिद्धान्त न बने, उसे स्थगित किया जाये। आज समाजशास्त्रीय सिद्धान्तीकरण की बहुत बड़ी चुनौती यह है कि हमें जो कुछ सीमित तथ्य सामग्री उपलब्ध है उस पर मध्य स्तरीय सिद्धान्त बनाने चाहिये। मर्टन स्वंय विश्लेषण करते हुए लिखते हैं कि—

> मानवीय विचारों के शीर्ष पर, कुछ समाजशास्त्री *एक ऐसा एकीकृत सिद्धान्त* (Single Unified Theory) बनाना चाहते हैं जो सामान्य स्पष्टीकरणों को आपस में जोड़कर बना हो। मेरे मित्र और कभी-कभी सहयोगी रहे टालकट पारसंस कुछ ऐसा ही करने जा रहे हैं और उन्हें सफलता भी मिल रही है। लेकिन इस तरह तो निश्चित रूप से हमारी शक्ति ही खराब होगी। आज हमारा मुख्य कार्य यह है कि हम *विशिष्ट सिद्धान्तों* (Special Theories) का निर्माण करें, जिन्हें सीमित तथ्य सामग्री पर लागू किया जा सके। ऐसे सिद्धान्तों के दृष्टान्तों के दृष्टान्त *विचलित व्यवहार* (Deviant Behaviour) या *शक्ति का पीढ़ी दर पीढ़ी हस्तान्तरण होने वाले* मिडिल रेंज सिद्धान्त हैं।

मर्टन द्वारा दी गयी मिडिल रेंज सिद्धान्त के उपरोक्त कथन से यह स्पष्ट है कि सिद्धान्त *प्रघटना का केवल विवरण नहीं देता। यह इससे आगे है और कुछ पूर्वधारणाओं*

(Assumptions) *को प्रस्तुत करता है। इन पूर्वधारणाओं के आधार पर ही कुछ प्राक्कल्पनाएं बनायी जा सकती हैं। और उनका आनुभविक परिक्षण भी हो सकता है। मर्टन का अनुमान है कि धीरे-धीरे ये मिडिल रेंज सिद्धान्त सामान्य सिद्धान्त के रूप में सुदृढ़ हो जायेगें।* मर्टन का यह मानना है कि कच्ची पक्की आनुभविकता और सब कुछ सम्मिलित करने वाले सिद्धान्त के बीच जो फासला है उसकी खाना पूर्ति हो जायेगी।

मिडिल रेंज सिद्धान्त के निर्माण में मर्टन वस्तुतः अपने पूर्ववर्ती समाजशास्त्रियों जैसे दुर्खीम और वेबर के मजबूत कंधों पर खड़े हैं। वेलेस रूथ और रोल्फ एलिसन (Wallace Ruth and Rolf Allison) मर्टन द्वारा परिभाषित मिडिल रेंज सिद्धान्तों की श्रेणी में दुर्खीम के आत्महत्या और वेबर के प्रोटेस्टेट आचार तथा पूंजीवादी भावना को सम्मिलित करते हैं। मिडिल रेंज सिद्धान्तों का एक और दृष्टान्त स्वंय मर्टन द्वारा किया गया चिकित्सा विद्यार्थियों का अध्ययन है।

यह प्रश्न उठाया जा सकता है कि मर्टन दुर्खीम की *आत्महत्या* को मिडिल रेंज सिद्धान्त किस कारण कहते हैं। दुर्खीम के आत्महत्या के अध्ययन को गहनता से देखें तो मालूम होगा कि दुर्खीम केवल यह सामान्य बात नहीं कहते कि 19 वीं शताब्दी के यूरोप में आत्महत्या का विश्लेषण इस बुनियादी पूर्वधारणा के साथ करते हैं कि किसी भी समाज पर बहुत अधिक नियंत्रण या बहुत कम नियंत्रण का स्वास्थ्य के लिये उचित नहीं है। बस, इसी पूर्वधारणा पर दुर्खीम ने कुछ विशेष प्राक्कल्पानाएं रखी हैं। मर्टन ने आत्महत्या को मिडिल रेंज सिद्धान्त के साथ जोड़ते हुए निम्न प्रस्ताव रखे हैं

1. सामाजिक सम्बद्धता (Social Cohesion) समूह के सदस्यों को उनकी विपदा में मनोवैज्ञानिक सहायता देती है।
2. आत्महत्या की दर केवल यही बताती है कि व्यक्तियों की चितांएं किस सीमा तक दबी रहती हैं और उन पर कितना दबाव होता है।
3. प्रोटेस्टेंट धर्मावलम्बियों में केथोलिक धर्मावलम्बियों की तुलना में कम सम्बद्धता होती है।
4. इसलिये *केथोलिक धर्मावलम्बियों में प्रोटेस्टेंट धर्मावलम्बियों की तुलना में आत्महत्या की दर निम्न होती है।*

जैसा की प्रकार्यवादियों में फैशन है, दुर्खीम अपने सिद्धान्त को सामाजिक सम्बन्द्धता या सुदृढ़ता पर प्रतिष्ठित करते हैं। उनकी मुख्य प्राक्कल्पना यह है कि *जिन समाजों में बहुत अधिक या बहुत कम नियंत्रण या एकीकरण होता है, उनमें आत्महत्या की दर अधिक होगी।*

दुर्खीम द्वारा आत्महत्या का अध्ययन वास्तव में मर्टन द्वारा प्रस्तावित मिडिल रेंज सिद्धान्त का बहुत अच्छा दृष्टान्त है। यदि पारसंस ने सामाजिक क्रिया के सामान्य सिद्धान्त को प्रतिपादित किया है तो मर्टन ने प्रकार्यात्मक स्वरूप में ही मिडिल रेंज सिद्धान्त को रखा है।

मिडिल रेंज सिद्धान्त : आनुभविक सामान्यीकरण

जोनाथन टर्नर ने मिडिल रेंज सिद्धान्त की व्याख्या अलग तरह से की है। वे कहते हैं कि जब हम फोर्मल सिद्धान्त बनाते हैं तो इसमें हमारा सम्पूर्ण प्रयास यह रहता है कि हम कुछ अमूर्त नियमों को बनायें। इन नियमों को प्रायः एक कोटि में रख देते हैं और फिर इन्हें आनुभविक घटनाओं पर लागू करते हैं। लेकिन किसी भी अर्थ में मिडिल रेंज सिद्धान्त इस श्रेणी में नहीं आते। मिडिल रेंज सिद्धान्त को टर्नर ने एक ओर दृष्टान्त की सहायता से समझाया है। वे यह मानकर चलते हैं कि समाजशास्त्र के सिद्धान्त में आनुभविकता अधिक होती है। इन आनुभविक सिद्धान्तों में विशेष घटनाओं से सम्बन्धित आनुभविक संदर्भ होते हैं। इसका एक दृष्टान्त लीजिये। *गोल्डन* (Golden) का एक नियम है कि *जैसे ही औद्योगीकरण में वृद्धि होती है, जनसंख्या की साक्षरता दर में भी वृद्धि होती है।* गोल्डन के इस तरह के प्रस्ताव में कहीं भी अमूर्तिकरण नहीं है। इसमें तो केवल आनुभविकता ही है एक और औद्योगिकरण है और दूसरी ओर साक्षरता। और रूचिकर बात यह है कि यह नियम *समयहीन प्रक्रिया* के बारे में नहीं है। यह इसलिये की औद्योगीकरण का सूत्रपात तो बहुत थोड़े वर्षों में हुआ है जबकि साक्षरता कोई 5-6000 वर्ष पुरानी है। समाजशास्त्र में ऐसे कई सामान्यीकरण है। जिन्हें सैद्धान्तिक समझा जाता है। ये तथा कथित सिद्धान्त केवल *आनुभविक नियमितता* को ही बताते हैं। टर्नर कहते हैं कि वास्तव में देखा जाये तो इस तरह के कथन किसी भी अर्थ में सिद्धान्त नहीं है। यह कथन तो आनुभविक संदर्भों से पूरी तरह बंधे हैं। अधिक से अधिक इन्हें (मिडल रेंज) सिद्धान्त कहा जा सकता है। मिडल रेंज इसलिये कि *ये एकदम मूर्त* हैं। टर्नर की दृष्टि में मिडिल रेंज सिद्धान्त हर अर्थ में केवल आनुभविक सामान्यीकरण हैं।

समाजशास्त्र में मर्टन का प्रकार्यवाद उतना अधिक प्रभावपूर्ण नहीं रहा है, जितना पारसंस का प्रकार्यवाद। फिर भी प्रकार्यवादी सिद्धान्तीकरण में मिडिल रेंज सिद्धान्तीकरण का स्थान महत्त्वपूर्ण है। सच में देखा जाये तो जिसे हम *आनुभविक सामान्यीकरण कहते हैं, उसे ही अधिकांश समाजशास्त्री सिद्धान्त* कहते हैं। यद्यपि *मिडिल रेंज में पर्याप्त अमूर्तीकरण नहीं है, फिर भी इसे सिद्धान्त का दर्जा दिया जाता है।* इसी कारण समाजशास्त्र में बाल अपराध, पारिवारिक संघर्ष, प्रजातीय सम्बन्ध सामाजिक गतिशीलता, नगरीकरण और ऐसी ही अनेकानेक आनुभविक घटनाओं को मिडिल रेंज सिद्धान्त कहा जाने लगा है। यह कहना कठिन है कि कहां तक मर्टन इस तरह आनुभविकता में बंधे हुये सामान्यीकरणों को मिडिल रेंज सिद्धान्त कहना पसन्द करते थे। सचाई यह है कि मिडिल रेंज सिद्धान्तों में कोई भी सिद्धान्त ऐसा नहीं है जिसे सही अर्थों में सिद्धान्त कहा जाये। तथाकथित मिडिल रेंज सिद्धान्त निश्चित समय और स्थान के संदर्भों में बंटे हुये हैं। इस तरह जहां मर्टन का प्रकार्यवाद समाजशास्त्र में नहीं चला, वहां मिडिल रेंज सिद्धान्तों को स्वीकारोक्ति अवश्य मिली।

जिन्हें हम समाजशास्त्रीय सिद्धान्तों के निष्णात विद्वान समझते है, उन्होंने मर्टन के

मिडिल रेज सिद्धान्त का विश्लेषण पर्याप्त रूप से तो किया है, लेकिन वे मर्टन के प्रकार्यवाद के प्रति उदासीन दिखायी देते हैं। सिद्धान्तवेताओं का ऐसा विचार है कि पारसंस के *विशाल सिद्धान्त* (Grand Theory) की अपेक्षा मर्टन के *मिडिल रेंज सिद्धान्त* के विकास की सम्भावना अधिक है। मिडिल रेंज सिद्धान्तों की विशिष्टता यह है कि ये निम्न स्तर की आनुभविकताओं का बहुत अच्छा अमूर्तीकरण प्रस्तुत करते हैं। यद्यपि मिडिल रेंज सिद्धान्त अमूर्त हैं फिर भी उनका आनुभविकता से गहन सम्बन्ध है। इन सिद्धान्तों के जड़ से जुड़े रहने के कारण अवधारणाओं की स्पष्टता बहुत अधिक है। वास्तविकता यह है कि जहां एक ओर हमें मिडिल रेंज सिद्धान्तों को अधिक से अधिक आनुभविकता से जोड़ना है वहीं हमें विशाल सिद्धान्त बनाने के लिये मिडिल रेंज सिद्धान्तों में जो सामान्यीकरण हैं उन्हें एक सूत्र में अवश्य बांधना चाहिये। सिद्धान्त निर्माण की वर्तमान की परिस्थितियों को देखते हुये यह निश्चित रूप से कहा जा सकता है कि इसका भविष्य सुनहरा है।

अध्याय 10

संघर्ष सिद्धान्त का उद्‌गम : कार्ल मार्क्स
(Origin of Conflict Theory : Karl Marx)

सड़क के बीचों बीच भरे बाजार में दो व्यक्ति अपना स्कूटर भिड़ा देते हैं। थोड़ी बहुत चोट दोनों को आ जाती है और अब उनमें संघर्ष शुरू होता है। पहला दूसरे पर आरोप लगाता है और दूसरा पहले से कहता है कि वह सड़क के बाई ओर नहीं था। दो या दो से अधिक व्यक्तियों के बीच का यह हादसा जिसमें विरोध है, मारपीट की चुनौती है, आपस में भिड़न्त है, संघर्ष है। संघर्ष का दूसरा दृष्टान्त भाषायी या साम्प्रदायिक दंगे हैं जिनमें एक समूह दूसरे समूह के साथ हिंसात्मक व्यवहार करता है, खून खराबा करता है और मार देने की धमकी देता है। यह संघर्ष दो या अधिक व्यक्तियों के बीच का है। जब एक देश दूसरे देश पर आक्रमण करता है तो युद्ध क्षेत्रीय संघर्ष है, दो या दो से अधिक राष्ट्रों के बीच का संघर्ष है। संघर्ष के कई प्रकार होते हैं। समाजशास्त्र के साहित्य में प्रकार्यवाद पर जितना लिखा गया है, उसकी तुलना में शायद संघर्ष पर उतना अधिक नहीं लिखा गया। फिर भी संघर्ष सिद्धान्त पर जितना भी साहित्य है वह बहुत महत्वपूर्ण है।

1950 और 1960 के दशक में समाजशास्त्र में और विशेषकर पारसंस ने सामाजिक यथार्थता में संघर्ष के अस्तित्व को अनदेखा कर दिया। जब पारसंस का प्रभाव थोड़ा कम हुआ तो *समाजशास्त्रियों ने प्रकार्यवाद के विकल्प रूप में संघर्ष सिद्धान्त में जो समाजशास्त्र में पुरानी परम्परा थी, नयी जान फूंकने का प्रयास किया।* प्रकार्यवादियों के प्रभुत्व के समय में समाजशास्त्रीय सिद्धान्तों में एक सड़ांध आ गयी थी। इस सड़ांध से संघर्ष सिद्धान्त के विकल्प ने मुक्ति दिलाई।

पांचवें दशक में *डेविड लोकवुड* (David Lockwood) ने सबसे पहले, लेकिन बड़ी बुलंदी से, पारसंस के व्यवस्था संतुलन का डट कर विरोध किया। पारसंस ने तो यह स्थापित

करने में कोई कोर कसर नहीं रखी कि आधुनिक समाज पूरी तरह से व्यवस्थित (Orderly) है, और इसमें सभी की *सर्वसम्मति* (Consensus) है। पारसंस की यह स्थापना एक प्रकार से एक फंतासी समाज की कल्पना थी। लोकवुड का तर्क है कि अर्वाचीन समाज में सर्वसम्मति तो दूर की बात है ही, यहां तो आये दिन हिंसा, संघर्ष, मार-पीट, वैमनस्य और तनाव चलते रहते हैं। परिवार में पति-पत्नी में तनाव, सास-बहू में दुराव, जाति व्यवस्था में अलग-अलग धड़े, धार्मिक सम्प्रदायायों में तनाव व दंगे और इन सबसे ऊपर कहीं शीत युद्ध तो कहीं हथियारों का जखीरा वर्तमान समाज की सचाई है। लोकवुड अपने तर्क में कहते हैं कि समाज में व्यक्ति और समूहों के भिन्न-भिन्न हित है, स्वार्थ है और उपलब्ध संसाधन बहुत थोड़े हैं। प्रत्येक व्यक्ति और समूह इन सीमित संसाधनों का अधिकतम भाग अपने हिस्से में करना चाहते हैं। अतएव समाज में संघर्ष अपरिहार्य है।

लोकवुड की तरह पांचवें दशक के अन्त में राल्फ डेहरेन्डॉर्फ ने भी प्रकार्यवाद का जबर्दस्त विरोध किया। उन्होंने तो यहां तक कह दिया कि प्रकार्यवाद चाहे मर्टन का हो या पारसंस का किसी भी तरह यूटोपिया से कम नहीं है। एक तरह का आदर्शलोक है। यदि हम संघर्ष सिद्धान्त के पिछले चार दशकों के विकास को देखे तो यह स्पष्ट हो जायेगा कि इस सिद्धान्त की स्थापना प्रकार्यवाद के विरोध में हुई है। यहाँ यह अवश्य उल्लेख है कि सिद्धान्तवेत्ता संघर्ष के प्रति एकदम उदासीन थे। इन प्रकार्यवादियों ने यह स्वीकार किया कि समाज में कई धार्मिक व सांस्कृतिक समूह होते हैं। उनके बीच में तनाव होना स्वाभाविक है। इसलिये पारसंस ने उदाहरण के लिये व्यवस्था की आवश्यकताओं या समस्याओं के मॉडल में *लेटेन्सी* को स्थान दिया है। वे यह मानकर चलते हैं कि व्यवस्था में संघर्ष तो अवश्य आयेगा, लेकिन इसका निदान खोजना व्यवस्था का अपना कार्य है। व्यवस्था अपराधी और विचलित व्यक्तियों को दण्ड देती है और इस तरह व्यवस्था का अस्तित्व बना रहता है। यदि हम जाति को एक व्यवस्था मान कर चलें तो जाति के नियमों को तोड़ने वाले सदस्य को दंडित किया जाता है। आदिवासी समाज में अपराधी या विचलित व्यक्ति को जाति के सदस्यों को भोज देना पड़ता है, शराब और मांस का आयोजन करना पड़ता है। प्रत्येक जाति के इतिहास में साल-दर-साल व्यवस्था सम्बन्धी कोई न कोई तनाव अवश्य आता है। जाति इन संघर्षों का निदान खोजती है और अब तक जाति ने विकट तनावों के होते हुए भी अपने *प्रतिरूप* (Pattern) को बराबर बनाये रखा है। इससे कड़ा संघर्ष क्या हो सकता है कि जहां राज्य के नीति निर्देशक तत्वों में जाति व्यवस्था को कोई स्थान नहीं है, वहीं जाति आधुनिक भारत में अब भी अपने अस्तित्व को बनाये रख रही है।

संघर्ष के विषय में प्रकार्यवादियों की जो भी विचारधारा है वह हाशिये की विचारधारा है। इन लेखकों ने कभी भी प्रकार्यात्मक व्यवस्था की तरह संघर्ष सिद्धान्त को महत्वपूर्ण भूमिका नहीं दी। इसी के परिणामस्वरूप संघर्ष सिद्धान्त में सुदृढ़ता आयी।

वास्तव में, प्रकार्यवादी और संघर्ष सिद्धान्तवेत्ता अलग-अलग संदर्श या नजरिये से

समाज को देखते हैं। उदाहरण के लिये जब प्रकार्यवादी किसी अड्डे को देखते हैं तो उनका विश्लेषण होता है कि सम्पूर्ण अड्डा कितना साफ सुथरा है। कर्मचारी अपनी भूमिका को मिल-जुलकर चलाते हैं। हवाई पट्टी का रख रखाव ठीक समय पर हो जाता है। हवाई जहाज समय सारिणी के अनुसार उड़ते-उतरते हैं। प्रकार्यवादी को लगता है कि हवाई अड्डे की सभी गतिविधियां ऐसी मिली-जुली है कि यात्रियों का मन खुश हो जाता है। इसी हवाई अड्डे को जब संघर्ष सिद्धान्तवेत्ता देखता है तो उसे लगता है कि हवाई अड्डे का यह सागर ऊपर से तो शांत व गम्भीर है, सभी चीजें अपनी जगह पर हैं, कहीं कोई बेतरतीबी नहीं, लेकिन वह आगे कहता है कि इस शांत व गम्भीर वातावरण की तह में आग उगलता लावा है जो कभी भी हड़ताल, घेराव, आदि के रूप में परिवर्तित हो सकता है। उसे लगता है कि लड़ाकू श्रम संघ कभी भी हड़ताल कर अराजकता पैदा कर सकते हैं। पायलट और अभियंता अधिक वेतन और महंगाई के लिये कभी भी हड़ताल पर जा सकते हैं या उच्च अधिकारी का घेराव कर सकते हैं। सत्य तो यह है कि संघर्षवेत्ता विद्धानों को समाज में हर जगह अव्यवस्था, हिंसा या हिंसा की चुनौती देखने को मिलती है। इसके विपरीत प्रकार्यवादियों को समाज आपस में मिला जुला और साम्यानुकूल दिखाई देता है, जैसे अर्जुन को चिड़िया की आंख के अतिरिक्त कुछ नहीं दिखायी देता था, वैसे ही प्रकार्यवादी सिद्धान्तवेत्ताओं को व्यवस्था या सर्वसम्मति और संघर्षवेताओं को संघर्ष के अतिरिक्त और कुछ नहीं दिखायी देता।

संघर्ष का सामान्य *अभिमुख* न (Orientation) तीन केन्द्रीय मान्यताओं को लेकर चलता है। *पहली मान्यता* तो यह है कि व्यक्तियों में कई तरह के बुनियादी स्वार्थ होते हैं। लोग इनको किसी न किसी तरह अवश्य साधना चाहते हैं। यद्यपि सिद्धान्तवेत्ता प्रत्यक्ष रूप से मनुष्य के इस सामान्य चरित्र का खुलासा नहीं करते, लेकिन उनके सिद्धान्त में इस मान्यता को निर्णायक स्थान दिया जाता है।

दूसरी मान्यता यह है कि संघर्ष सिद्धान्त का केन्द्रीय संदर्श यह है कि किसी भी संघर्ष के पीछे अधिकतम शक्ति (Power) को प्राप्त करने का प्रयास अवश्य होता है। इन सिद्धान्तवेत्ताओं की यह मान्यता है कि शक्ति के स्त्रोत तो बहुत कम हैं और उन्हें प्राप्त करने वाले बहुत अधिक। दूसरी बात यह है कि कभी भी शक्ति या सत्ता समाज रूप से बंटे नहीं होते। किसी के पास बहुत अधिक शक्ति केन्द्रित होती है और किसी के पास बहुत कम। हर व्यक्ति या समूह शक्ति में अधिकतम हिस्सा चाहता है और इसी कारण संघर्ष टल नहीं सकता, यह अवश्यम्भावी है। प्रत्येक संघर्ष सिद्धान्तवेत्ता यह जानता है कि अन्तर्राष्ट्रीय सम्बन्धों में हरेक राष्ट्र अन्तर्राष्ट्रीय बाजार या राजनैतिक हितों के बंटवारे में अधिक से अधिक शक्ति चाहता है और इसी कारण दुनिया में *शक्ति के ब्लाक्स* (Power Blocks) बन जाते हैं।

संघर्ष सिद्धान्तवेत्ताओं की *तीसरी मान्यता* यह है कि संघर्ष का प्रत्येक पहलू मूल्यों व विचारधारों से युक्त होता है। ये समूह वास्तव में मूल्य व विचारधारा को एक हथियार की

तरह कात में लेते हैं और इससे संघर्ष अपरिहार्य हो जाता है। विकसित देशों के लिये पूंजीवाद या साम्यवाद, प्रेरक हथियार होते हैं, जिनके आधार पर वे अधिक से अधिक प्रभावशाली बनना चाहते हैं। संघर्ष सिद्धान्तवेत्ता इन तीन मान्यताओं को 1. व्यक्तिगत हित और स्वार्थ, 2. शक्ति का बंटवारा और 3. मूल्य और विचारधारा अपने सिद्धान्त का केन्द्रीय आधार स्वीकार करते हैं।

संघर्ष किसे कहते हैं?

इर्विंग जैटलिन (Irving M.Zeitlin) ने सामाजिक संघर्ष की व्याख्या करते हुए कहा है कि *सामान्यतया संघर्ष अन्तर्वेयक्तिक, असहमति और झगड़ों के कारण होता है। ये ही अन्तःवैयक्तिक झगड़े वर्ग-संघर्ष का रूप लेते हैं और इन्हें ही अन्तर्राष्ट्रीय स्पर्धा और युद्ध में देखा जा सकता है।*

लेविस कोजर (Lewis Coser) जो प्रकार्यवादी संघर्षवेत्ता हैं, अपनी पुस्तक द *फक्शनस ऑफ सोशल कान्फिलक्ट* (The Functions of Social Conflict) में सामाजिक संघर्ष की अवधारणा को अधिक से अधिक स्पष्टता देना चाहते हैं। वे *जार्ज सिमेल* (George Simmel) की *कृतियों से संघर्ष की अवधारणा को अधिक पैना बनाते हैं।*

कोजर संघर्ष को *एक ऐसा प्रयास मानते हैं जिसमें व्यक्ति, मूल्यों, सीमित साधनों और शक्ति को प्राप्त करने के लिये विरोधी पर अपना दावा प्रस्तुत करता है और इस प्रयास में प्रतिद्वन्द्वियों को चोट पहुंचाता है या उन्हें समाप्त कर देता है।* कोजर की इस परिभाषा से कोई असहमति नहीं हो सकती। लेकिन कोजर का उद्देश्य संघर्ष की परिभाषा देने में कुछ और ही है। *वे संघर्ष के दुष्परिणामों पर जोर देने की अपेक्षा संघर्ष के प्रकार्यों या उससे होने वाले लाभ पर अपना ध्यान अधिक केन्द्रित करते हैं।* दूसरे शब्दों में *कोजर का तर्क है कि संघर्ष हमेशा हानिकारक नहीं होता।* यदि हमारे देश को चीन या पाकिस्तान के साथ युद्ध करने में जन-धन की हानि हुयी है, तो एक बड़ी उपलब्धि भी हुयी है। इन युद्धों ने देश की एकता को सुदृढ़ किया है, विभिन्न संस्कृतियों के समूहों को एक श्रृंखला में बांधा है। संघर्ष की इस प्रकार्यात्मक गतिविधि को उपेक्षा की दृष्टि से नहीं देखा जा सकता और सार रूप से कोजर की परिभाषा का यही अर्थ है। रूचिकर बात यह है कि कोजर ने संघर्ष के विश्लेषण में प्रकार्यवाद की भाषा का ही प्रयोग किया है। इसी कारण वे संघर्ष के साथ में सामाजिक शब्द को जोड़ देते हैं और इसकी व्याख्या 'सामाजिक संघर्ष' की तरह करते हैं।

समाजशास्त्रीय साहित्य में संघर्ष की अवधारणा को किसी तरह परिष्कृत करने की आवश्यकता नहीं पड़ी है। इसका कारण यह है कि इसकी परिभाषा और अर्थ में कोई विवाद नहीं है। सचाई यह है कि संघर्ष समाज की एक वास्तविकता है जिसे कोई भी नकार नहीं सकता। हर समाज के अपने-अपने संघर्ष होते हैं, हर समाज में व्यक्ति किसी न किसी तरह संघर्ष से कभी-कभार जूझता रहता है। प्राचीन यूनान के विख्यात दार्शनिकों ने उदाहरण के

लिये *हीरेक्लटरस* (Heraclitus) से बाद के सूफियों में संघर्ष को किसी भी समाज की प्राथमिक और शायद सबसे महत्वपूर्ण सचाई माना है। *पोलिबियस* (Polybius) ने बहुत पहले यूनान के सभ्यता काल में संघर्ष सिद्धान्त का विकास किया था। उन्होंने ही कहा था कि राज्य सम्पूर्ण शक्ति का केन्द्र होता है। मध्यकालीन अरब में *हब्स खाल्दून* (Ibn Khaldun) ने समाज में संघर्ष सिद्धान्त का विकास किया था। उनका कहना था कि सभ्यता के उद्विकास में फिरंदरी कबीलों और खेतिहरों के संघर्ष बहुत बड़ी भूमिका है। बिना किसी संघर्ष के सभ्यता का विकास थम जाता है।

अर्नाल्ड टायन्बी (Arnold Toynbee) ने *ए स्टडी ऑफ हिस्ट्री* में सभ्यताओं के विकास पर टिप्पणी करते हुये कहा है कि सिंधु नदी की घाटी सभ्यता का विकास इसलिये हुआ कि घाटी के लोगों ने, प्रकृति को जो चुनौती दी, उसका सम्यक रूप से सामना किया और फलतः सभ्यता विकसित हुई। गंगा नदी की घाटी अधिक उपजाऊ थी, पर इसी चुनौती का मुकाबला यहां के वाशिंदे नहीं कर पाये और गंगा नदी की सभ्यता विकसित नहीं हो पायी। *संघर्ष का मुकाबला जब तीव्रता के साथ किया जाता है और यह तीव्रता जब आगे और संघर्ष को तैयार करती है, तभी सभ्यता का विकास होता है।* इसी निष्कर्ष के आधार पर टायन्बी कहते हैं कि सभ्यताओं का विकास *चुनौती और प्रत्युत्तर* (Challenge and Response) सिद्धान्त द्वारा ही हुआ है।

इब्न हवाल्दून अरब देशों में संघर्ष सिद्धान्त के विकास में एक महत्वपूर्ण हस्ताक्षर है। खाल्इन का तो नहीं पोलिबियस की संघर्ष सम्बन्धी विचारधारा का सीधा प्रभाव *निक्कोलो मेकीएबेली* (Niccolo Machiabelli) पर पड़ा। ये निक्कोलो मेकीएबेली ही थे जिन्होंने इस सिद्धान्त से प्रभावित होकर राज्य और उनसे सम्बन्धित अन्य संस्थाओं के विकास के सिद्धान्त को प्रस्तुत किया। इनकी विचारधारा को *जीन बोडिन* (Jean Bodin) और थॉमस हॉब्स (Thomas Hobbes) ने आगे बढ़ाया। किसी भी तरह से देखे सामाजिक संघर्ष सिद्धान्त के इतिहास ने कई उतार-चढ़ाव देखे हैं और इसके अर्थ में कोई विशेष फेर-फेर इतनी लम्बी अवधि में नहीं हुआ है।

संघर्ष सिद्धान्त की विशेषताएं

(Characteristics of Conflict Theory)

संघर्ष सिद्धान्तवेत्ताओं ने इस सिद्धान्त की व्याख्या कई तरह से की है। कुछ सिद्धान्तवेता कहते हैं कि संघर्ष वर्ग के कारण होता है। वर्ग समाज में उत्पादन सम्बन्ध और उत्पादन शक्तियों के बीच जब दरार पड़ जाती है तब संघर्ष होंगे। कुछ ने संघर्ष के कारण समूह की व्यवस्था के बाहर खोजे हैं। संघर्ष सिद्धान्त के प्रणेताओं के विभिन्न विचारधाराओं के होने के कारण संघर्ष के लक्ष्यों में भी परिवर्तन देखने को मिलता है। कार्ल मार्क्स, जार्ज सिमेल, मैक्स वेबर, कोजर और डेहरेन्डॉर्फ आदि सिद्धान्तवेताओं ने कुछ निश्चित आधारों पर संघर्ष की व्याख्या की है। हम इन व्याख्याओं को अपना आधार बनाकर संघर्ष के कतिपय

सिद्धान्तों का यहाँ वर्णन करेंगे।

(1) समाज केवल साम्यावस्था नहीं है :

संघर्ष सिद्धान्तवेत्ता इस तथ्य को अस्वीकार करते हैं कि समाज सर्वसम्मत, एकीकृत और सजातीय (Homogeneous) है। समाज में संघर्ष और दबाव भी होते हैं, तनाव और विद्रोह भी होते है। अतः यदि कोई समाज है, तो उसमें संघर्ष होगा ही।

(2) समाज और उसके विभिन्न अंगों में बराबर परिवर्तन होता रहता है :

समाज जड़ नहीं है। इसकी सदस्यता जीवित व्यक्तियों की होती है। इससे आगे समाज के कई भाग होते हैं अर्थव्यवस्था, राजनीति, कानून, शिक्षा आदि। ये सब भाग किसी न किसी तरह बदलते रहते हैं। एक भाग में जब परिवर्तन होता है तो दूसरे भाग भी इससे प्रभावित होते हैं और यही संघर्ष का उद्‌गत है। इसलिये हम कहते हैं कि *सामाजिक परिवर्तन व संघर्ष की एक जोड़ी है जो कदम मिलाकर चलती है।*

(3) समाज की रचना में संघर्ष अन्तर्निहित है :

समाज की संरचना ही ऐसी होती है जिसमें व्यक्तियों और समूहों में विभिन्न स्वार्थ और हित होते हैं। व्यक्ति और समूह अपने हितों की पूर्ति के लिये प्रत्यक्ष या अप्रत्यक्ष रूप से संघर्ष करते रहते हैं।

(4) संघर्ष समाज आंतरिक या बाह्य प्रक्रियाओं के कारण होता है :

सामान्यतया संघर्ष सिद्धान्तवेत्ता जब संघर्षों के प्रकारों का वर्णन करते हैं तो उनका मानना है कि कुछ संघर्ष इसलिये होते हैं कि समाज के आन्तरिक भागों में विरोध या विवाद हो जाता है। जब स्त्रियों में शिक्षा ने प्रवेश किया तो वे आर्थिक रूप से स्वतन्त्र हो गई और फिर उन्होंने अपने अधिकारों की मांग रख दी। आज नारी आन्दोलन का जो स्वरूप देखते हैं वह व्यवस्था या समाज का आन्तरिक संघर्ष है। ऐसे आन्तरिक संघर्ष हमें देश में सैकड़ों की तादाद में देखने को मिलेंगे। साम्प्रदायिक दंगे, आतंकवाद, भ्रष्टाचार, विद्यार्थी और श्रमसंघ आन्दोलन आदि आंतरिक संघर्ष के दृष्टान्त हैं।

संघर्ष बाह्य भी होता है। कई बार एक समाज या राष्ट्र दूसरे समाज या राष्ट्र के साथ युद्धरत हो जाता है। युद्ध के अतिरिक्त अन्तर्राष्ट्रीय बाजार या मंडी में भी इस तरह का संघर्ष देखने को मिलता है। तकनीकी साधनों के उत्पादन में जापान व अमेरिका में जो होड़ है, वह भी बाह्य संघर्ष का दृष्टान्त है।

(5) विकास जनित संघर्ष

एक नये प्रकार का संघर्ष तीसरी दुनिया के देशों में देखने को मिलता है। जब किसी परम्परागत देश में विकास कार्यक्रम पैदा होते है, तब मूल्य और तकनीकी का संघर्ष उत्पन्न होता है। हमारे देश में तो पर्यावरण और विकास कार्यक्रमों की प्रक्रिया के बारे में एक विवाद चल रहा है। पर्यावरणविदों का कहना है कि विकास के कारण वन नष्ट हुए हैं।

दस्तकारी, घरेलू कारीगरी और स्थानीय धंधे चौपट हो गये। ऐसे कई दृष्टान्त हैं जो इस तथ्य को उजागर करते हैं कि तकनीकी विकास ने स्थानीय बाजारों को समाप्त कर दिया है। परम्परा और आधुनिकता का यह संघर्ष तीसरी दुनिया की विशेषता है।

(6) संघर्ष लाभदायक भी होता है

कोजर और उसकी परम्परा के विचारकों का आग्रह है कि संघर्ष हमेशा समाज के लिये हानिकारक नहीं होता। जब एक समाज दूसरे समाज के साथ संघर्ष में होता है तो समाज की सुदृढ़ता बढ़ती है। दूसरा, कोई एक तकनीकी, समाज के कुछ वर्गों के लिये संघर्षपूर्ण होती है जबकि दूसरों के लिये हानिकारक। जब कम्प्यूटर व्यवस्था व्यापार व सरकारी कार्यालयों में आने लगी तो इसके परिणामस्वरूप कर्मचारियों में बेरोजगारी को लेकर संघर्ष की प्रक्रिया प्रारंभ हो गयी।

(7) संघर्ष न्यूनतम शक्ति के बंटवारे में नीहित है

कुछ सिद्धान्तवेत्ता संघर्ष का प्रभावी लक्षण शक्ति के बंटवारे को बताते हैं। शक्ति वह प्रभाव है, जिसके कारण दूसरों के व्यवहार को बदला जाता है। शक्ति के कई स्वरूप- आर्थिक, राजनैतिक, शैक्षणिक, क्षेत्रीय आदि। हर व्यक्ति चाहता है कि उसके पास अधिकतम शक्ति हो। शक्ति का केन्द्रीकरण संघर्ष को जन्म देता है। प्रबन्ध यह चाहता है कि अधिकतम शक्ति उसके हाथों में रहे जबकि श्रमिक संघ अधिकतम शक्ति अपनी झोली में चाहते हैं। इस तरह का शक्ति संघर्ष औद्योगिक और आधुनिक समाजों में सामान्य हैं।

(8) प्राधिकार सम्बन्धों को लेकर भी संघर्ष

डेहरेन्डॉर्फ जैसे संघर्ष सिद्धान्तवेत्ताओं ने परम्परागत वर्ग संघर्ष के सिद्धान्त को संशोधित किया है। उनका तर्क है कि आजकल की पूंजीवादी व्यवस्था वास्तव में कोरपोरेट (समष्टिगत) अर्थ व्यवस्था है। समष्टिगत समाजों में व्यक्तियों के सम्बन्ध *प्राधिकार सम्बन्ध* (Authority Relations) होते हैं। इन समाजों में संघर्ष का लक्षण शक्ति और प्राधिकार पर आधारित होता है।

सभी संघर्ष एक जैसे नहीं होते। परिवार के स्तर पर सम्पत्ति के बंटवारे को लेकर संघर्ष होता है। कारखानों में मालिक - मजदूर का संघर्ष होता है। समाज में विभिन्न धर्मावलम्बियों में संघर्ष होता है। राजनीति में विभिन्न दलों में संघर्ष होता है। प्रत्येक स्थिति में संघर्ष का स्वरूप भिन्न होता है। यह भिन्नता ही संघर्ष के लक्षणों को बताती हैं। आखिर संघर्ष है - चाहे इसका कोई भी स्वरूप हो। लेकिन जब संघर्ष होता है तब प्रतिद्वन्द्वी व्यक्तियों या समूहों के सिर फटते हैं,खून बहता है, दुराव व तनाव बढ़ते हैं। संघर्ष का यदि एक पहलू भयावह और हिंसात्मक है तो कोजर जैसे विद्वान'कहते हैं कि उसके दूसरे पहलू में संघर्ष की प्रक्रिया सकारात्मक भी होती है, समाज को एक सूत्र में जोड़ने वाली भी है।

संघर्ष सिद्धान्त का उद्‌गम

(Origin of Conflict Theory)

19 वीं शताब्दी के यूरोप की कई समस्याएँ थीं। वहां औद्योगिक क्रांति स्थापित हो चुकी थी और इसके साथ ही विज्ञान और तकनीकी के पांव भी जम गये थे। एक तरफ तो यूरोपीय समाज की रूढ़िवादिता थी और दूसरी ओर इस समाज की यह कामना थी कि विज्ञान व तकनीकी के सभी लाभ उसे प्राप्त हो जाये। इन दो आवश्यकताओं को किसी तरह टाला नहीं जा सकता था। ये दोनों आवश्यकताएं एक-दूसरे के विपरीत थी। यदि वास्तव में समाज में विज्ञान को अपना लिया जाता तो वर्षों पुरानी परम्परा बिखर जाती। इस उहापोह में यूरोप ने अपने समाज की दिशा को विज्ञान व तकनीकी की ओर मोड़ा। इस शताब्दी में यह समझा जाने लगा कि यदि विज्ञान को अपनाया जाता है तो समाज विज्ञान के अध्ययन की विधियाँ वैज्ञानिक होगी और उन्हें हर तरफ से भरोसेमन्द होना चाहिए। इस युग के समाज वैज्ञानिकों में जिनमें टॉनीज, दुर्खाइम, पेरेटो आदि है, सभी ने वैज्ञानिक पद्धतियों को अपनाया।

बाद में चलकर पता लगा कि उस समय में प्रचलित *प्रत्यक्षवादी सावयववाद* (Positivistic Organicism) में इतनी क्षमता नहीं थी कि वह व्यक्तियों के बीच होने वाले संघर्ष का वैज्ञानिक विधि से अध्ययन कर सके। अब यह स्पष्ट हो गया कि यदि संघर्ष जैसी घटना का वैज्ञानिक अध्ययन करना है तो वैज्ञानिक विधियों की पुनर्सरंचना होनी चाहिये। एक बार यह स्थापित हो जाने के बाद कि मानव समाज में संघर्ष की केन्द्रीय भूमिका है, यह प्रयास किया जाने लगा कि संघर्ष को प्रत्यक्षवादी (प्रोजिटिविस्टिक) दृष्टि से देखना चाहिये। जैसा कि हमने प्रारम्भ में कहा यूनान में हेवेक्लिटस और उनकी विचारधारा के विद्वानों ने संघर्ष को एक बुनियादी तथ्य समझकर इसका अध्ययन किया। पोलिवियस ने यह स्थापित किया कि *राजनीतिक संस्थाओं के उद्विकास में संघर्ष का बुनियादी स्थान है। पोलिबियस की विचारधार में राज शक्ति की एक निश्चित व्यवस्था थी।* हब्न खाल्दून ने सभ्यता के उद्विकास में संघर्ष की भूमिका को अधिक निश्चित व स्पष्ट रूप से रखा। आज जिसे हम संघर्ष सिद्धान्त कहते हैं उसका विकास आनुभविक धरातल पर हुआ है। संघर्ष को आनुभविक धरातल देने का श्रेय *डेविड ह्यूम* (David Hume) और *एडम फरग्यूसन* (Adam Fergusson) को हैं। आर्थिक व्यवहार में *थॉमस माल्थस* (Thomas Malthus) ने यह स्थापित किया कि जीवित रहने के लिये आदमी कभी भी प्रतियोगिता से मुंह नहीं मोड़ सकता। डार्विन ने संघर्ष सिद्धान्त को जीव विज्ञान की ओर बढ़ाया।

यदि हम पश्चिमी देशों में देखे तो वहां संघर्ष सिद्धान्त का इतिहास बड़ा रंगीन दिलचस्प है। कहीं तो संघर्ष द्वारा विशेष घटनाओं का निवर्चन किया गया है और कहीं सम्पूर्ण मानवीय व्यवहार का अध्ययन संघर्ष द्वारा किया गया है। आज तो संघर्ष के क्षेत्र में कई क्रांतिकारी निर्वचन और संशोधन हुए हैं। आज जब हम संघर्ष सिद्धान्त की विवेचना

करते हैं तो लगता है कि हम कई पूर्वाग्रहों से ग्रसित हैं। सामान्यतया यह समझा जाता है कि कार्ल मार्क्स ने जो कुछ लिखा है वही संघर्ष है। संघर्ष का अर्थ वर्ग-संघर्ष से लिया जाता है। साथ ही हम यह समझते हैं कि युद्ध, साम्प्रदायिक दंगा, आंतकवाद, मुठभेड़, यही सब कुछ संघर्ष है। वास्तविकता यह है कि प्रतियोगिता, प्रतिरोध, शत्रुता आदि भी संघर्ष के जनक है। हमारे देश में जब हम संघर्ष सिद्धान्त की व्याख्या करते हैं तो *शायद ही यह स्वीकार करें कि मैक्स वेबर भी अपनी किस्म के संघर्ष सिद्धान्तवेत्ता थे*। हाल में यूरोप व अमेरिका में संघर्ष सिद्धान्त क्षेत्र में जो साहित्य आ रहा है उसका एकमात्र उद्देश्य एक ऐसे सिद्धान्त का निर्माण करना है जो संघर्ष सिद्धान्त का विकल्प हो सके।

यहां यह दृढ़तापूर्वक कहना चाहिये कि एक विकल्प के रूप में जिस संघर्ष सिद्धान्त का प्रतिपादन मार्क्स ने किया है, वही एकमात्र विकल्प नहीं है। 19वीं व 20 वीं शताब्दी में कम से कम दो ऐसे प्रमुख जर्मन समाजशास्त्री हुए हैं - मैक्स वेबर और जार्ज सिमेल जिन्होंने मार्क्स के अतिरिक्त संघर्ष सिद्धान्त के विभिन्न प्रकार रखे हैं। सिमेल ने *संघर्ष को प्रत्यक्षवादी यानि पोज़िटिविस्टिक और प्रकार्यात्मक दृष्टि से देखा है। यहां मार्क्स से जुदा हैं। मार्क्स का सैद्धान्तिक रूझान पोजिटिविस्टिक था*। जब सिमेल ने मार्क्स के पोजिटिविस्टिक की कटु आलोचना की और सामाजिक सिद्धान्त को अपनी प्रकृति में *मुक्तिपरक* (Emancipatory) माना तो *वेबर इससे बहुत प्रभावित हुए*। वेबर ने *पोजिटिविज़म और विश्लेषणात्मक* संघर्ष सिद्धान्त को रखा। जब वेबर ने स्तरीकरण के विश्लेषण को पोजिटिविज्म के आधार पर रखा तो उस युग के सिद्धान्तवेत्ताओं ने इस उपागम को पसन्द किया। सच में देखा जाये तो वेबर ने आलोचनात्मक पद्धति से पूंजीवाद के उद्विकास को रखा है। इसका परिणाम यह हुआ कि अमेरिका जैसे पूंजीवादी देश में वेबर की व्याख्या को युक्तिसंगत समझा गया। रूचिकर बात यह है कि जर्मनी के तीनों समाजशास्त्रियों -मार्क्स, वेबर और सिमेल ने - संघर्ष सिद्धान्त के संशोधन में महत्वपूर्ण योगदान दिया है, *लेकिन तीनो के ही संदर्श व उपागम एक दम भिन्न हैं। इस भिन्नता के होते हुए भी जो इन तीनों सिद्धान्तवेत्ताओं में समान है वह उसके विश्लेषण के तत्व हैं, अवधारणाएं हैं। तीनों ही सिद्धान्तवेत्ता किसी न किसी संदर्भ में गैर-बराबरी, शक्ति, प्रभुत्व (Domination) और संघर्ष की अवधारणाओं का प्रयोग करते हैं*। संघर्ष के जो स्वरूप इन्होंने रखे हैं वे द्वन्द्वात्मकता से लेकर *प्रकार्यात्मक संघर्ष* (Functional Conflict) की सीमा तक पहुंचते हैं।

यहां हम प्रमुख संघर्ष सिद्धान्तवेत्ताओं के सिद्धान्तों की व्याख्या करेंगे।

कार्ल मार्क्स (1818-1883)

मार्क्स का जन्म जर्मनी के *ट्रिएर* (Trier) में 1818 में हुआ था। मूल में उसके माता-पिता यहूदी थे जिन्होंने ईसाईयों के हाथ भेदभाव से मुक्ति लेने के लिये प्रोटेस्टेंट धर्म को अपना लिया। मार्क्स के पिता वकील थे और इसलिये आगे चलकर मार्क्स ने भी कानून

का अध्ययन प्रारंभ कर दिया। हुआ कुछ इस तरह कि कानून पढ़ते-पढ़ते बर्लिन विश्वविद्यालय में मार्क्स हीगल के दर्शन की ओर आकृष्ट हुए। *हीगल ने सम्पूर्ण इतिहास का निवर्चन एक ऐसी प्रक्रिया द्वारा किया जिससे मनुष्य में मानवता का विकास एक ऐसे समाज की ओर हुआ जो विवेकी और मुक्त था।* प्रारम्भिक वर्षों में मार्क्स अपने आपको एक युवा- हीगलवादी कहते थे। वास्तव में युवाओं का एक ऐसा समूह बर्लिन में बन गया जो हीगल का अनुयायी तो था लेकिन हीगल की निरन्तर आलोचना भी करता था। बाद के वर्षों में मार्क्स ने हीगल के सिद्धान्त को अस्वीकार किया और कहा कि *इतिहास का महत्वपूर्ण निर्णायक मस्तिष्क तो नहीं है। उन्होंने दृढ़तापूर्वक कहा कि समाज की संरचना भौतिक कारक करते हैं।* इस अवस्था में आकर मार्क्स धर्म विरोधी हो गये। विश्वविद्यालय छोड़ देने के बाद मार्क्स एक लेखक बन गये।

जैसा कि किसी भी विचारक के साथ होता है, मार्क्स के साथ भी हुआ। यद्दि उनके सम्पूर्ण विचारों का कोई युक्तिसंगत विश्लेषण किया जाये तो एकदम मालूम हो जायेगा कि कई जगह उनके कथन परस्पर विरोधी हैं, उनमें ताल-मेल नहीं बैठता और इससे अधिक उनमें विसंगतियां हैं। ऐसी विसंगतियों के लिये कई विचारकों ने मार्क्स को आड़े हाथों भी लिया है। लेकिन हमें इसमें मार्क्स का कोई दोष दिखाई नहीं देता। सचाई तो यह है कि कोई भी सृजनकर्ता जब अपने विचारों को रखता है तो समय-समय पर ये विचार बदलते रहते हैं, उनमें परिवर्तन आता है।

मार्क्स के विचार इस तरह के परिवर्तन के अपवाद नहीं थे। मार्क्स और उनके मित्र फ्रेड्रिक एंजिल्स (Friedrich Engels) की प्रथम कृति द *जर्मन आइडियोलोजी* (The German Ideology, 1867) है। यह पुस्तक उनकी बाद की कृति *केपिटल* (Capital 1867) से बहुत भिन्‌ है। पहली व बाद की कृतियों के बीच में मार्क्स व एंजिल्स का *कम्युनिष्ट मेनिफेस्टो* (Communist Manifesto, 1848) है। इन तीनों कृतियों के अतिरिक्त मार्क्स ने कई और महत्वपूर्ण कृतियों की रचना की है। इनका मूल्यवान कार्य उनका समाज को मुक्ति देने का प्रसंग है। मार्क्स ने पुस्तक और फुटकर रूप में लगभग 3000 पृष्ठ लिखे हैं। इन्हीं पृष्ठों में से उनका संघर्ष सिद्धान्त बनता है। इस सिद्धान्त में पोजिटिविस्टिक विधि है।

पोजिटिविज्म के अतिरिक्त संघर्ष सिद्धान्त की प्रस्तुति में मार्क्स ने हीगल के सिद्धान्त की जमकर आलोचना की है। वे हीगल को निराशाजनक सिद्धान्तवेत्ता मानते हैं। मार्क्स का संघर्ष सिद्धान्त जो क्रान्तिकारी वर्ग संघर्ष की रूपरेखा को प्रस्तुत करता है, वस्तुतः सामाजिक परिवर्तन का सिद्धान्त भी है। मार्क्स के सिद्धान्त में *आदमी* (Man) सबसे महत्वपूर्ण प्राणी है : उससे ऊंचा कोई नहीं और वह किसी से नीचा नहीं। इस आदमी की गरिमा अद्वितीय है। आज यह आदमी किसी गुलाम की तरह जंजीर में जकड़ा हुआ है। उसके हाथ-पांव लहुलुहान है और शोषण तथा दमन से वह कराह रहा है। इस आदमी को मुक्ति देना किसी

भी सिद्धान्त का पहला व अन्तिम उद्देश्य होना चाहिये। इसी विचारधारा से प्रेरित होकर मार्क्स ने जिस सिद्धान्त को रखा है, वह प्रायः उद्धारक (Emancipatory) सिद्धान्त कहा जाता है। मार्क्स के लिये तो संघर्ष सिद्धान्त और कुछ न होकर आदमी की मुक्ति का एक अजेण्डा है, योजना है।

मार्क्स ने अपने सिद्धान्त निरूपण में यह स्थापित किया है कि किसी भी समाज का बुनियादी आधार उसकी अर्थव्यवस्था होती है। दूसरा, इस अर्थव्यवस्था के कारण वर्ग-संघर्ष पैदा होता है। इस वर्ग-संघर्ष के पीछे कोई न कोई वैचारिकी अवश्य होती है। यह वैचारिकी ही वर्ग संघर्ष को सुदृढ़ करती है। तीसरा, संघर्ष और वैचारिकी को ध्यान में रखकर मार्क्स ने सामाजिक उद्विकास के वृहद् सिद्धान्त का निर्माण किया है। चौथा, और अन्त में, मार्क्स भविष्य के एक ऐसे आदर्श समाज की कल्पना करते हैं जो वर्ग एवं राज्य विहीन है। यहां हम मार्क्स द्वारा दी गयी संघर्ष सिद्धान्त की इन चार अभिधारणाओं का विश्लेषण करेंगे।

समाज का आर्थिक आधार

(The Economic Basis of Society)

मार्क्स के विश्लेषण की विशेषता यह है कि वे समाज की पहचान को निश्चित करने में आर्थिक कारणों को निर्णायक कारक मानते हैं। इस अर्थ में सामाजिक परिवर्तन भी आर्थिक कारणों के परिणामस्वरूप होता है। सामाजिक जीवन, विचार, मूल्य, राजनैतिक व्यवस्था, साहित्य, कला आदि का निर्धारण आर्थिक उत्पादन पर निर्भर करता है। *शुम्पीटर* (Schumpeter) एक दृष्टान्त् देते हैं और कहते हैं कि जिस प्रकार *ट्रांसमिशन बेल्ट* (Transmission Belt) अपने पर रखे सामान को आगे ढकेलता है उसी तरह *उत्पादन पद्धतियां* (Mode of Production) सामाजिक जीवन, मूल्य, विचार आदि को आगे बढ़ाती हैं। अर्थात् समाज की *बुनियादी संरचना* (Basic Structure) का आधार आर्थिक है और *अधि संरचना* (Super Structure) का निर्माण आर्थिक बुनियादी संरचना पर निर्भर है।

मार्क्स सामाजिक संगठन को तीन स्तरों में देखते हैं। इस संगठन का पहला स्तर *उत्पादन की भौतिक शक्तियां* (Material Forces of Production) है। वास्तव में उत्पादन विधियां (Method of Production) वे विधियां है जिनके द्वारा मनुष्य अपना जीवन-निर्वाह करता है। सामाजिक संगठन का *दूसरा स्तर उत्पादन शक्तियां* (Production Forces) है। *उत्पादन शक्तियों का आदमी की प्रकृति के साथ सम्बन्ध* (Man's Relation to Nature) है। वास्तव में जिन्हें मार्क्स उत्पादन शक्तियां कहते हैं उसे आज हम तकनीकी और वैज्ञानिक जानकारी कहते हैं।

सामाजिक संगठन का तीसरा स्तर *उत्पादन सम्बन्ध* है। उत्पादन सम्बन्ध वास्तव में *आदमी का आदमी के साथ सम्बन्ध है* (Man's Relation to Men) जिसे हम सामाजिक सम्बन्ध कहते हैं वह सब उत्पादन सम्बन्धों पर आधारित है। मार्क्स के इस सम्पूर्ण

प्रस्तुतिकरण का आज के संदर्श में यह अर्थ हुआ कि *प्रत्येक सामाजिक आर्थिक व्यवस्था में ज्ञान और सामाजिक संगठन में एक संतुलन होता है। लेकिन धीरे-धीरे असंतुलन पैदा होता है, जिसमें वैज्ञानिक ज्ञान तो बढ़ जाता है लेकिन उसी अनुपात में उत्पादन सम्बन्ध नहीं बढ़ते।* संयुक्त राष्ट्र संघ के एक अनुभव के अनुसार तकनीकी ज्ञान दो वर्ष में दुगुना हो जाता है। दुर्भाग्य यह है कि तकनीकी ज्ञान की वृद्धि की दर से सामाजिक संस्थाओं में वृद्धि नहीं होती अर्थात् परिवर्तन नहीं आता। विकास की दौड़ का यह असंतुलन खाई खड़ी कर देता है और परिणामस्वरूप समाज में संघर्ष पैदा होता है।

मार्क्स द्वारा दिये गये दृष्टान्त को लें। जब नई उत्पादन शक्तियां सामन्तवादी व्यवस्था में विकसित हुई और इन शक्तियों के बराबर उत्पादन सम्बन्ध विकसित नहीं हुए तब सामन्तवाद का संघर्ष पूंजीवाद से हुआ। सामन्तवाद में सम्पत्ति सम्बन्ध, बाजार नियन्त्रण, कर व्यवस्था और मुद्रा का अस्थायीतत्व इस हद तक बढ़ गया कि औद्योगिक पूंजीवाद इसे सहन नहीं कर पाया और परिणामस्वरूप सामन्तवाद को कफन ओढ़ा दिया गया। मार्क्स कहते हैं कि आज पूंजीवादी व्यवस्था भी सामन्तवाद की तरह कठोरता बरत रही है। वे कहते हैं कि कालान्तर में चलकर पूंजीवाद का भाग्य भी वही होगा जो सामन्तवाद का हुआ। वास्तविकता यह है कि त्वरित गति से बढ़ती उत्पादन शक्तियां उत्पादन सम्बन्धों को पीछे रखती आ रही है। पूंजीवादी व्यवस्था में जो कुछ उत्पादन हो रहा है वह वैयक्तिक सम्पत्ति के लिये है। यह सब निजी मुनाफे के लिये है और इसी कारण पूंजीवाद का अन्त निश्चित है।

वास्तव में, मार्क्स की विचारधारा में प्रत्यक्षवादी यानि पोजिटिविस्टिक उपागम का प्रभाव बहुत अधिक है। उन्होंने जिस सिद्धान्त को प्रतिपादित किया वस्तुतः वह संघर्ष और परिवर्तन का सिद्धान्त है। उन्होंने एक क्रांतिकारी वर्ग-संघर्ष और सामाजिक परिवर्तन के मॉडल को त्रस्तुत किया। उन्होंने सामाजिक संगठन की एक ऐसी छवि रखी है जो आज तक अर्वाचीन समाजशास्त्रीय सिद्धान्त को प्रभावित करती रही है। मार्क्स ने अपने सिद्धान्त को एकदम सीधे रूप में रखा है। उन्होंने प्रस्तावित किया : *आर्थिक संगठन और विशेषकर सम्पत्ति का स्वामित्व शेष समाज के संगठन को निश्चित करता है। वर्ग संरचना, संस्थागत व्यवस्थाएं और इसी तरह सांस्कृतिक मूल्य, विश्वास, धार्मिक सम्प्रदाय और विभिन्न विचारधाराएं अन्ततोगत्वा समाज के आर्थिक आधार का प्रतिनिधित्व करते हैं।* इन मान्यताओं के आधार पर आगे चलकर हम देखेंगे कि कुछ ऐसी अपरिहार्य शक्तियां पैदा हो जाती है जिनका अन्त क्रांतिकारी वर्ग-संघर्ष में होता है। इस तरह का क्रांतिकारी वर्ग-संघर्ष हर युग में देखने को मिलता है। इसे मार्क्स द्वन्द्वात्मक प्रक्रिया के नाम से पुकारते हैं।

मार्क्स ने हीगल के सिद्धान्त को पूरी तरह से अस्वीकार कर दिया। *जहां हीगल कहते हैं कि विचारों में परिवर्तन आने से समाज के भौतिक स्वरूप में अन्तर आता है। वहीं मार्क्स ने कहा कि भौतिक परिवर्तन के कारण समाज की आर्थिक संरचना बनती है और यह*

आर्थिक संरचना अन्ततोगत्वा चलकर अधिसंरचना अर्थात् विचारों में परिवर्तन लाती है। मार्क्स के इसी उपागम के काल के कुछ आलोचकों का कहना है कि हीगल अपने सिर के बल खड़े थे, मार्क्स ने इन्हें पांवों के बल खड़ा किया। मार्क्स की अध्ययन विधि ऐतिहासिक थी। इस विधि को ऐतिहासिक भौतिकतावाद (Historical Materialism) कहते हैं। मार्क्स इतिहास की नयी परिभाषा देते हैं : राजाओं-महाराजाओं का इतिहास वंशावली मात्र है। सभी इतिहास तो उत्पादन-पद्धतियों में आने वाला परिवर्तन है। जब-जब उत्पादन की पद्धतियां बदली है, तब-तब उत्पादन शक्तियां व उत्पादन सम्बन्ध भी बदले हैं। मार्क्स के संघर्ष सिद्धान्त का बुनियादी तौर पर एक मात्र आधार उत्पादन पद्धतियां है। उत्पादन पद्धति के दो उप भाग है। उत्पादन शक्तियां और उत्पादन सम्बन्ध। चित्र में इसे इस भांति देखेंगे :

समाज की आर्थिक संरचना का बुनियादी आधार

उत्पादन पद्धतियां

(Methods of Production)

उत्पादन शक्तियां (Production Forces)	उत्पादन सम्बन्ध (Production Relation)

वर्ग और संघर्ष का आर्थिक आधार

(Class and the Economic Base of Conflict)

मार्क्स ने दुनियाभर के इतिहास को देखा। जहां कहीं उन्हें आर्थिक संगठन के विभिन्न प्रकार मिले सब में उन्होंने एक समान संदेश पाया। और वह यह कि *आर्थिक संगठन दो वर्गों के बीच में संघर्ष पैदा करता है*। इस तरह के वर्ग-संघर्ष की व्याख्या सामान्य आर्थिक स्थिति द्वारा जो इन संगठनों में पायी जाती है, की जा सकती है। कम्युनिस्ट पार्टी के घोषणा पत्र में मार्क्स व एंजिल्स ने अपनी प्रारम्भिक घोषणा में इस प्रकार कहा जो आज दुनियाभर में लोकप्रिय है :

> "अब तक अस्तित्व रखने वाले *सभी समाजों का इतिहास वर्ग संघर्ष का इतिहास है*" (The History of all hitherto existing society is the history of class struggle).

कम्युनिस्ट घोषणा पत्र के इस बयान का यदि हम विश्लेषण करें तो इसमें हमें तीन प्रस्ताव स्पष्ट रूप से देखने को मिलते हैं। *पहला प्रस्ताव तो यह कि जिन लोगों की आर्थिक स्थिति या वर्ग स्थिति एक जैसी ही है वे सामान्यतया एक समूह की तरह काम करते हैं। दूसरा प्रस्ताव, यह कि समाज में आर्थिक वर्ग सबसे महत्वपूर्ण समूह है।* इन आर्थिक वर्गों या समूहों का इतिहास वस्तुतः मानक समाज का इतिहास है। मेनिफेस्टो के बयान का *तीसरा प्रस्ताव यह है कि समाज के वर्गों में पारस्परिक प्रतिरोध (Antagonism)* होता है। *इस प्रकार मार्क्स के वर्ग का सिद्धान्त केवल* सामाजिक संरचना का सिद्धान्त नहीं है, बल्कि यह

सामाजिक परिवर्तन का सिद्धान्त भी है।

(अ) सम्पत्ति और वर्ग *(Property and Class)*

यद्यपि हमने ऊपर मार्क्स की वर्ग अवधारणा को आर्थिक (Economic) कहा है पर मार्क्स ने वास्तव में वर्ग की अवधारणा की परिभाषा निश्चित व सीमित अर्थों में दी है। *वर्ग में वे लोग होते हैं जिनका सम्पत्ति के साथ सम्बन्ध एक समान होता है या तो इन लोगों के पास कोई सम्पत्ति नहीं है या ये वे लोग हैं जिनके पास सम्पत्ति एक ही प्रकार की है।* अन्त में चलकर लोग किस तरह का व्यवसाय या धन्धा करते हैं, यह तथ्य महत्वपूर्ण नहीं है। तथ्यपूर्ण बात तो एक जैसी आय प्राप्त करना है। शारीरिक श्रम करने वाले कामगार, दफ्तरों के बाबू लोग, तकनीशियन आदि एक ही वर्ग के हैं, क्योंकि इनकी जो कुछ आय है वह इनके परिश्रम के कारण है। श्रम बेचने वाले लोगों का यह समूह पूंजीपतियों और भू-स्वामियों (जो उत्पादन के साधनों के स्वामी हैं) से भिन्न है। मार्क्स के तत्कालीन समाज में एक ओर भूस्वामी, जमींदार और जागीरदार थे, जो किसी दूसरे की भूमि पर काम करने नहीं जाते थे, और दूसरी ओर उन गुलामों का वर्ग था जिनके पास कोई सम्पत्ति नहीं थी।

वर्ग का सम्बन्ध सम्पत्ति से है। जिस समूह के पास उत्पादन के साधन हैं - व्यापार धन्धा है, कल कारखाना है वे पूंजीपति वर्ग में आते हैं। दूसरी ओर वे समूह है जिनके पास उत्पादन के साधन न्यूनतम हैं और जो अपने श्रम को बेचते हैं, सर्वहारा वर्ग में आते हैं। इसका दृष्टान्त एक छोटा-मोटा कारखाना है। इस कारखाने में निदेशकों का एक बोर्ड है। इस बोर्ड के कारखाने के मालिक का वर्चस्व है। इस बोर्ड के नीचे अभियन्ता व तकनीशियन है। इन सबके पास अगर अपने श्रम बेचने के अतिरिक्त बाजार में शेयर, जमीन और अन्य साधन होते हैं तो उन लोगों को भी छोटे पूंजीपतियों के वर्ग में रखा जा सकता है। कारखाने में सबसे नीचे मजदूर व फोरमेन होते हैं। श्रम के अतिरिक्त इनके पास कोई सम्पत्ति नहीं होती। अतएव किसी भी दृष्टि से देखें तो *वर्ग की संरचना में सम्पत्ति - सम्बन्ध सबसे अधिक महत्वपूर्ण हैं।*

मार्क्स के सिद्धान्त का तर्क है कि विभिन्न वर्गों के हित परस्पर विरोधी होते हैं। यह विरोध सम्पत्ति के स्वामित्व की व्यवस्था के कारण होता है। यदि एक वर्ग मुनाफा कमाता है तो वह मुनाफा दूसरे वर्ग के कंधों पर होता है। मार्क्स के अनुसार अतीत में जो भी प्रमुख आर्थिक व्यवस्थाएं थी उन्होंने एक विशेष वर्ग को सुदृढ़ किया और यह सुदृढ़ वर्ग दूसरे वर्गों का शोषण करता रहा। कम्युनिस्ट मेनिफेस्टो में एक स्थान पर मार्क्स व एंजिल्स ने लिखा है—

> मालिक और गुलाम, कुलीन और सामान्यजन, भूस्वामी और खेतिहर, एक शब्द में अत्याचारी और उत्पीड़ित बराबर एक-दूसरे के प्रतिरोध में खड़े होते हैं और ये दोनों कभी छिपकर या कभी खुलकर अपनी लड़ाई लड़ते हैं।

इससे आगे मार्क्स कहते हैं कि वर्ग समाज में उत्पीड़ित वर्ग एक अनिवार्य दशा है और

इसमें पूंजीपति अत्याचारी होता है और सर्वहारा उत्पीड़ित। यहां इस कथन से मार्क्स का तात्पर्य यह है कि प्रत्येक वर्ग समाज में शोषण (Exploitation) अनिवार्यतः होता है। अपनी इस अवस्था में मार्क्स हमें एक विश्लेषक अर्थशास्त्री दिखाई देते हैं। जब वे शोषण की चर्चा करते हैं तो इनका आर्थिक सिद्धान्त मूल्य केन्द्रित होता है। और यह एक महत्वपूर्ण बात है कि अनिवार्य रूप से मार्क्स अपने मूल्य सिद्धान्त का विश्लेषण करते हैं तो वे क्लासिकल अर्थशास्त्री *रिकार्डो* (Recardo) के समकक्ष आते हैं। आजकल मार्क्सवाद के *मूल्य के श्रम सिद्धान्त* (Labour Theory of Values) को महत्वपूर्ण माना जाता है। मार्क्स के समय में भी मूल्य सिद्धान्त को एक आदर्श सिद्धान्त समझा जाता था।

इस सिद्धान्त को परिभाषित करते हुए मार्क्स कहते हैं कि किसी भी *पण्य* (Commodity) या वस्तु का मूल्य वस्तु के उत्पादन में लगाये गये श्रम की परिभाषा में होता है। दूसरे शब्दों में एक मेज या कुर्सी के बनाने में जो श्रम लगा है - पांच घंटे, दस घंटे —, यह श्रम की कुर्सी या मेज का मूल्य है। आर्थिक बाजार में जहां श्रमिक अपने श्रम को बेचने जाते हैं, उन्हें उनके श्रम की कीमत मिलती है। वास्तव में जो कुछ श्रम मजदूर ने लगाया है उससे अधिक कीमत वस्तु की बाजार में मिलती है। यह अतिरिक्त कीमत या मूल्य श्रमिक को नहीं मिलता पूंजीपति को मिलता है, यानि पूंजीपति श्रमिक ने जो श्रम बेचा है, उसके मूल्य से अधिक कीमत में जो वस्तु को बेचता है और यह इसका मुनाफा है श्रमिक का शोषण। इसका मुख्य कारण यह है कि वस्तु का उत्पादन मूल्य श्रम निश्चित करता है और कीमत पूंजीपति। इस तरह सम्पति की सभी व्यवस्थाओं में हेतुओं (हितों) का बुनियादी संघर्ष होता है। मार्क्स के संघर्ष सिद्धान्त में पूंजीवाद की व्याख्या मुनाफाखोरी के माध्यम से दी गई है और यह ओर कुछ न होकर पूंजीपति द्वारा अतिरिक्त मूल्य प्राप्त करना है।

आज जिसे हम आधुनिक मार्क्सवाद करते हैं उसमें मार्क्सवादी समाजशास्त्रियों ने बहुत अच्छा कार्य किया है। मार्क्स के सिद्धान्तों में फेर फार भी हुआ है। उदाहरण के लिये डेहरेन्डॉर्फ ने मार्क्स के पूंजीवाद में संशोधन करके यह कहा है कि आज पूंजीवाद के स्थान पर 'कोरपोरेट पूंजीवाद' उभरकर आया है। इस नयी व्यवस्था के उत्पादन के साधनों का मालिक एक व्यक्ति या उसका परिवार नहीं होता। अब यह मालिकाना अधिकार एक 'एक कोरेपोरेट ग्रुप' के हाथ में रहता है। मार्क्सवाद में इस तरह के दूरगामी परिवर्तनों के होते हुए अब भी सभी मार्क्सवादी जिनमें मार्क्सवादी समाजशास्त्री भी है, इस बात पर बराबर जोर देते हैं कि *वर्ग समाज का बुनियादी ढांचा सम्पत्ति सम्बन्ध है।* उदाहरण के लिये अक्षय देसाई, भारतीय समाज का विश्लेषण सम्पत्ति के आधार पर करते हैं। इस सम्बन्ध में उनकी पुस्तक *सोशल बेकग्राउण्ड ऑफ इण्डियन नेशनलिज्म* (Social Background of Indian Nationalism, 1966) प्रमुख है जिसमें उन्होंने भारतीय समाज के सामाजिक इतिहास को सम्पत्ति-सम्बन्धों के संदर्श में रखा है। यही उपागम उनकी पुस्तक *स्टेट एण्ड सोसायटी इन इंडिया : ऐसेज इन डिसेंट* (State and Society in India : Essays in Dissent,

1975) में देखने को मिलता है। देसाई के अतिरिक्त *डी.एन. धनागरे, (D.N. Dhanagare) केथलीन ग़फ (Kathleen Gough)* आदि ने भी मार्क्सवादी चिन्तन में सम्पत्ति सम्बन्धों पर अपने विश्लेषण को केन्द्रित किया है।

(ब) वर्ग निर्माण (Class Formation)

मार्क्स का यह तर्क रहा है कि वर्ग-संघर्ष ही समाज का अनिवार्य चरित्र है। संघर्ष और कुछ न होकर वर्गों के बीच में अपने हितों की पूर्ति की लड़ाई है। वास्तविकता यह है कि वर्ग के हित, लाभ और स्वार्थ इतने सुदृढ़ होते हैं कि वर्ग का प्रत्येक व्यक्ति अपने वर्ग के हितों की पूर्ति के लिये संगठित होकर किसी भी संघर्ष के लिये कमर कस लेता है। यह ठीक है कि एक वर्ग दूसरे वर्ग का दुश्मन होता है, लेकिन संघर्ष के लिये वर्ग के सदस्यों में *वर्ग चेतना* (Class Consciousness) आवश्यक है।

रेमण्ड एरां (Raymond Aron) ने अपनी पुस्तक *'मेन करेंट्स इन सोशियालोजिकत थाट'* (Main Currents in Sociological Thought, 1965) में वर्ग और वर्ग-संघर्ष की व्याख्या गहराई से की है। उन्होंने मार्क्स की वर्ग की अवधारणा के तीन मुख्य प्रस्ताव (Propositions) निकाले हैं :

(1) वर्गों का अस्तित्व उत्पादन पद्धतियों के विकास के साथ इतिहास की विविध दशाओं से जुड़ा हुआ है,

(2) वर्ग-संघर्ष अनिवार्य रूप से सर्वहारा को अधिनायकवाद की ओर ले जाता है, और

(3) यह अधिनायकवाद जो कि केवल संक्रमण काल होता है, वर्गों का उन्मूलन करता है और वर्गहीन समाज की स्थापना की ओर ले जाता है।

स्वयं मार्क्स ने वर्ग पर अपनी कृतियों में थोड़ा बहुत अवश्य लिखा है। उनकी *पुस्तक केपिटल* (Capital) के अंतिम पृष्ठों में वर्ग का विवेचन विस्तारपूर्वक है। मार्क्स की यह एक सम्मानित और बहुचर्चित वैज्ञानिक कृति है। इसमें उन्होंने वर्ग को इस तरह परिभाषित किया है :

> जब लाखों परिवार ऐसी आर्थिक दशा में जीवनयापन करते हों जो उन्हें उनकी जीवन पद्धति, उनके हेतुओं और उनकी संस्कृति से, अन्य वर्गों से विमुख कर देती हो और उन्हें शत्रुतापूर्ण विरोधी खेमें में खड़ा कर देती हो, वर्ग कहलाती है।

मार्क्स की वर्ग की यह अवधारणा निषेधात्मक है। इसका बहुत बड़ा लक्षण *प्रतिरोध* (Antagonism) है। अपनी अन्य पुस्तक *द पावर्टी ऑफ फिलोसोफी* (The Poverty of Philosophy, 1847) में मार्क्स ने सामाजिक वर्ग की परिभाषा निम्न प्रकार रखी है :

> पहला तो यह कि आर्थिक दशाएं आम जनता को कामगारों की श्रेणी में रख देती हैं। दूसरा, इस वर्ग के लिये पूंजीपति अपने प्रभुत्व के कारण काम करने की ऐसी परिस्थितियाँ और हेतु उत्पन्न कर देते हैं। इस तरह यह गरीब-गुर्बों का समूह, जहां तक

पूंजीपतियों के प्रति उनके सम्बन्धों का सवाल है, पृथक वर्ग बन जाता है।

जर्मन आइडियोलॉजी में एक जगह पर मार्क्स व एंजिल्स ने एक स्थान पर वर्ग की विशद व्याख्या की है। उनकी यह निश्चित धारणा है कि पूंजीवादी समाज की बहुत बड़ी विशेषता वर्ग है। एक ही धंधे को करने वाले लोग जिनकी आर्थिक अवस्था और काम की दशाएं और इसी तरह के शोषण के तरीके समान होते हैं, वे वर्ग नहीं बनातें।

वर्ग के लिये बहुत बड़ी आवश्यकता वर्ग-चेतना और वर्ग-संगठन है। काम की दशाएं कितनी ही अमानवीय हों, मजदूर का जीवन कितना ही नारकीय हो, जब तक उसमें वर्ग-चेतना नहीं आती कि इस त्रासदी में वह अकेला ही नहीं है, उसके गांव व कस्बे के लोग ही नहीं है, प्रान्त व देश के अन्य कामगार ही नहीं है, वरन् सारी दुनिया के मजदूरों की चाहे वे किसी भी देश के हों, यही हालत है तब तक वे वर्ग नहीं है। *अतः वर्ग-चेतना व वर्ग-संगठन ऐसे दो खम्भे हैं जिन पर वर्ग का ढांचा खड़ा हुआ है।*

'जर्मन आइडियोलॉजी' पुस्तक में ही मार्क्स व एंजिल्स ने वर्ग सम्बन्धी दो और अवधारणाएं रखी है : *क्लास इन इट सेल्फ* (Class in itself) और *क्लास फोर इट सेल्फ* (Class for itself) मार्क्स ने वर्ग की इन दो अवधारणाओं : वर्ग-चेतना और वर्ग संगठन की व्याख्या निम्न टिप्पणी में रखी है ।

> आम जनता का एक समूह जहां तक उसके पूंजीवादी सम्बन्धों का सरोकार है, एक पृथक वर्ग है। *लेकिन यह वर्ग अब भी अपने आप में वर्ग नहीं है। जब यह वर्ग संगठित हो जाता है, इसमें पारस्परिकता आ जाती है तब यह अपने आप में वर्ग (Class in itself) बन जाता है। इससे आगे एक दूसरी और एक ऐसी अवस्था आती है जब वर्ग अपने वर्ग के सभी लोगों के लिये संगठित हो जाता है (Class for itself) इसका मुहावरा होता है : दुनिया भर के मजदूर भाई-भाई।*

उत्तरवर्ती मार्क्सवादियों ने मार्क्स की अपने आप में वर्ग तथा *वर्ग के लिये वर्ग* की अवधारणाओं को स्वीकार नहीं किया है। इनका मत यह है कि किसी भी वर्ग बनने के लिये *वर्ग-चेतना* का होना आवश्यक है। इस अस्वीकृति के होते हुए भी वर्ग के सम्बन्ध में कुछ बातें बहुत स्पष्ट है : (1) वर्ग का सम्बन्ध उत्पादन साधनों, उनके सम्बन्धों और शक्तियों से जुड़ा है, (2) किसी भी वर्ग के लिये वर्ग-चेतना आवश्यक है कि हमारे काम की दशायें, दिहाड़ी या पगार और शोषण एक समान है, (3) वर्ग तभी बनता है जब वह दूसरे वर्गों को अपना दुश्मन समझता है। वर्ग निर्माण का आधार *प्रतिरोध* (Antagonism) है, (4) वर्गों की व्याख्या हर तरह से इतिहास की विभिन्न अवस्थाओं से जुड़ी हुयी है।

(स) वर्ग-चेतना (Class Consciousness)

समाजशास्त्र की एक विशिष्ट शाखा है जो *ज्ञान-मीमांसा* (Epistemology) के नाम से जानी जाती है। ज्ञान मीमांसा के प्रणेताओं में हीगल, मार्क्स और कार्ल मेनहीम का योगदान

महत्वपूर्ण समझा जाता है। इन विचारकों का तर्क है कि *आदमी में जो कुछ भी ज्ञान है वह उन भौतिक परिस्थितियों की उपज है जिनमें वह अपना जीवन-यापन करता है।* ज्ञान की उपज में मार्क्स का उत्पादन सम्बन्धी ऐतिहासिक विश्लेषण यह बताता है कि *कामगार या पूंजीपति की उत्पादन सम्बन्धों के प्रति जो प्रतिक्रिया होती है, वही नवीन ज्ञान पैदा करती है। जैसी उत्पादन शक्तियां और उत्पादन सम्बन्ध होंगे उन्हीं के अनुवर्ती इन वर्गों का ज्ञान भी होगा।*

मार्क्स ने बहुत स्पष्ट शब्दों में कहा है कि व्यक्ति की सामाजिक चेतना उस वर्ग में पैदा होती है जिसका कि वह सदस्य है। जिस तरह हम अपने देश में व्यक्ति की जाति को पहचान कर उसके व्यवहार को समझ जाते हैं या व्यक्ति के व्यवहार को देखकर अपने आप उसकी जाति पहचान में आ जाती है, वैसे ही एक विशिष्ट वर्ग का व्यवहार वर्ग की प्रकृति के अनुसार होता है। वर्ग ही अपने सदस्यों को जीवन-पद्धति और उसकी वैचारिकी को निश्चित करता है। वैसे हीगल ने भी *सामाजिक चेतना* (Social Consciousness) की चर्चा की है। उनका तर्क है कि *आदमी में चेतना उसकी वैचारिकी के अनुसार आती है। मार्क्स ने इसे नकारा है। उनका थीसिस है कि आदमी की चेतना उसकी भौतिक वस्तुओं यानि उत्पादन पद्धतियों और उत्पादन शक्तियों के सम्बन्धों के अनुसार होती है। दोनों में अन्तर यह है कि हीगल चेतना का आधार वैचारिकी को मानते हैं और मार्क्स चेतना का आधार उत्पादन शक्तियों से जोड़ते हैं।*

मार्क्स ने एक स्थान पर कहा है कि *सत्तारुढ़ वर्ग के जो विचार होते हैं वे ही विचार सम्पूर्ण युग में प्रभावशाली होते हैं।* उदाहरण के लिये राजस्थान में देशी रियासतें थी। उनमे सामन्तवाद था। सामन्तवादी विचारधारा रियासत में भी थी। बुर्जुआ और सर्वहारा वर्गों में अपने आप वर्ग के अनुसार वर्ग चेतना होती है। यह वर्ग चेतना ही लोगों को एक सूत्र में बांधती है।

(द) ***वर्ग-संघर्ष (Class Conflict)***

वर्गों की उत्पत्ति के साथ ही वर्ग-संघर्ष भी शुरू हो गया । मार्क्स व एंजिल्स ने 'कम्युनिस्ट मेनिफेस्टो' में लिखा है :

> "अब तक आविर्भूत सभी वैर-भावपूर्ण समाजों का इतिहास वर्ग संघर्ष का इतिहास रहा है। स्वतन्त्र मनुष्य और दास, पेडीसियन और प्लेबियन, सामन्त और भूदास, शिल्प संघ का उस्ताद व कारीगर और मजदूर तथा कारीगर - संक्षेप में, शोषक व शोषित बराबर एक-दूसरे का विरोध करते आये है, कभी छिपकर और कभी प्रकट रूप से लगातार एक-दूसरे से लड़ते रहे हैं। इस लड़ाई का अन्त हर बार या तो पूरे समाज के क्रांतिकारी पुनर्गठन में या संघर्षरत दोनों ही वर्गों की बरबादी में हुआ है।"

तात्विक रूप से वर्ग-संघर्ष का स्त्रोत वर्ग हितों का प्रतिरोध है। *जो एक वर्ग का हेतु है, वह दूसरे का प्रतिरोध है।* समाज में मजदूर व पूंजीपति के हित एक-दूसरे के विपरीत होते

हैं। एक वर्ग के रूप में बुर्जुआ वर्ग शोषण बढ़ाने, पूंजीवादी प्रणाली को बनाये रखने और अपने राजनैतिक व आर्थिक प्रभुत्व को सुदृढ़ करने में दिलचस्पी रखता है और दूसरी ओर मजदूर वर्ग पूंजीवादी व्यवस्था में अपनी वस्तुगत स्थिति के कारण शोषण का उन्मूलन करने, निजी स्वामित्व और उस पर आधारित सामाजिक उत्पीड़न का खात्मा करने तथा शोषक राज्य को नष्ट करने में दिलचस्पी रखता है।

मार्क्स और एंजिल्स ने सिद्ध किया है कि वर्ग-संघर्ष वैर-भावपूर्ण संरचनाओं में सामाजिक विकास की प्रेरक शक्ति है। सामाजिक विकास की एक निश्चित अवधि में वर्ग संघर्ष अनिवार्यतः समाज को सामाजिक क्रांति को ओर ले जाता है। *वर्ग संघर्ष की परम अभिव्यक्ति स्वयं क्रांति है। जब क्रांतिकारी वर्ग सत्ता को अपने हाथों में ले लेता है तब उसका प्रयास सामाजिक सम्बन्धों में आमूल-चूल परिवर्तन लाने के लिये होता है। क्रांतिकारी वर्ग के लिये संघर्ष* ही एक मात्र वह साधन है जिसकी सहायता से सामाजिक विकास के तत्कालिक कार्य पूरे किये जाते हैं।

पूंजीवादी समाज गहनतम सामाजिक गैर-बराबरी और प्रतिरोध का समाज है। पूंजीवाद के विकास के साथ समाज में बुर्जुआ व सर्वहारा वर्ग में अधिकाधिक *ध्रुवीकरण* (Polarization) होता है। पूर्ववर्ती संरचनाओं में वर्ग-संघर्ष की तुलना में सर्वहारा वर्ग का संघर्ष अधिक संगठित व विकसित हो जाता है।

ऐतिहासिक रूप से वर्ग-संघर्ष का पहला रूप सर्वहारा वर्ग के आर्थिक हितों की रक्षा करना है। सामान्यरूप से सर्वहारा के आर्थिक हित दिहाड़ी में वृद्धि, काम की अनुकूलन दशाएं, छंटनी, बेरोजगारी के विरूद्ध संघर्ष आदि में निहित है। इसी संघर्ष के दौरान श्रमिक संगठन पैदा होते हैं। आर्थिक संगठन अपना अनिवार्य महत्व रखता है। उसके सकारात्मक परिणाम संदिग्ध होते हैं। फिर भी वह मूल प्रश्नों को हल नहीं कर सकता, वह मजदूर वर्ग को एक समष्टि में संगठित नहीं करता। इस संघर्ष के दौरान न तो राजनैतिक दल बनते हैं और न ही वर्ग-चेतना में तेजी आती है।

वर्ग निर्माण और वर्ग-संघर्ष की शक्तियां इतनी तीव्र होती हैं कि वे इस सिद्धान्त को सशक्त बनाती है कि किसी भी समाज में विभिन्न प्रकार के समूह किस तरह एक संरचना को पैदा करते हैं। कई विचारकों ने मार्क्स के वर्ग और वर्ग-संघर्ष के सिद्धान्त की आलोचना की है। औद्योगिक समाज में वर्ग-संघर्ष का होना आवश्यक है। इन वर्गों का आधार समाज की बुनियादी अर्थव्यवस्था है और यही कार्ल मार्क्स के संघर्ष का सिद्धान्त का ताकतवर पहलू हैं।

संस्कृति, वैचारिकी और अलगाव

(Culture, Ideology and Alienation)

मार्क्स के संघर्ष सिद्धान्त के साथ संस्कृति, वैचारिकी और अलगाव से जुड़े हुए हैं। मार्क्स ने इस बात पर जोर दिया कि वे लोग जो सत्ता में है, जिनके पास अधिकार और शक्ति है, उनके बारे में लोगों की जो आम धारणा है, उसका संघर्ष के साथ घनिष्ठ सम्बन्ध है। मार्क्स कहते हैं कि वे लोग जो सत्ता में है उनके बारे में जनता क्या यह सोचती है कि वे जो कुछ करते हैं वह सही है या वे ऐसा सोचते हैं कि सत्तारूढ़ दल लोगों का शोषण और दमन करते हैं? इस तरह की विचारधारा ने संघर्ष सिद्धान्त को नये आयाम दिये। मार्क्स ने उन विचारों की भूमिका को निश्चित किया जो लम्बे समय से लोगों के दिमाग में घर कर गये थे। *उनका तर्क था कि कानून, राजनीति, संस्कृति, साहित्य, कला आदि समाज की अधिसंरचना (Super Structure) को बनाते हैं। यह अधिसंरचना यानि साहित्य, कला, राजनीति आदि और कुछ न होकर अन्ततोगत्वा समाज के अन्दर जो आर्थिक सम्बन्ध है उनकी अभिव्यक्ति मात्र है।* सामान्य शब्दों में जिस तरह के आर्थिक सम्बन्ध होंगे वैसे ही कानून, संस्कृति, मनोरंजन आदि होंगे। मार्क्स ने तर्क दिया कि *वर्ग समाज में* आम जनता कई चीजों में विश्वास रखती है। साधारणतया ये विश्वास सही नहीं होते, मिथ्या होते हैं। मिथ्या होने पर भी ये विचार वैचारिकी का रूप धारण कर लेते हैं। इनका मुख्य उद्देश्य सत्तारूढ़ व्यक्तियों की नियंत्रण शक्ति को वैधता देना है। इस तरह की वैचारिकी आम लोगों को यह समझने नहीं देती है कि उनके हित और स्वार्थ क्या है। मार्क्सवादी तर्क देते हैं कि *आम जनता की इस तरह की वैचारिकी झूठी चेतना (False Consciousness) है।* झूठी चेतना का बहुत अच्छा दृष्टान्त धर्म में विश्वास है।

हमारे देश में सैकड़ों वर्षों तक गरीब लोग यह सोचते रहे कि उनकी गरीबी का कारण उनके पिछले जन्म के पाप हैं। यदि वे इस जन्म में पूरी लगन से अपने कार्य करेंगें तो अगले जन्म में उनकी गरीबी दूर हो जायेगी। कुछ इसी तरह अछूत यह समझते रहे कि समाज में उन्हें निम्न स्थान इसलिये मिला है क्योंकि उनका जन्म ब्रह्मा के चरणों से हुआ है। मार्क्स की भाषा में इस तरह की वैचारिकी झूठी चेतना है। यह चेतना तो एक तरह से सत्तारूढ़ लोगों द्वारा थोपी हुयी चेतना है।

मार्क्स के उत्तरवर्ती समाज वैज्ञानिकों में जिनमें प्रतीकात्मक *अन्तक्रियावादी* (Symbolic Interactionists) सम्मिलित हैं, *परिमाणात्मक अनुसंधान* (Quantitative Research) को वैधता नहीं देते। मार्क्स के साथ ऐसा नहीं था। उनका दृढ़ विश्वास था कि परिमाणात्मक अनुसंधान वैज्ञानिक दृष्टि से सही है। कामगारों के श्रम करने की दशाओं का पर्याप्त ज्ञान लेने के लिये मार्क्स ने एक लम्बी प्रश्नावली बनायी। इसे उन्होंने कामगारों की समितियों और समूहों को, जो फ्रांस के निवासी थे, दिया। उनके प्रश्न कुछ इस तरह थे : क्या तुम अपने काम को किसी मशीन की सहायता से करते हो या अपने हाथ से? क्या

आपको कुछ ऐसी घटनायें मालूम हैं जिनमें सरकार ने आपकी यानि कामगारों की दशाओं को सुधारने के लिये दखलअन्दाजी की हैं?

इस तरह की प्रश्नावली कामगारों को भेजने के पीछे मार्क्स का उद्देश्य मजदूरों के काम करने की वास्तविक दशाओं का पता लगाना था। मार्क्स इस निष्कर्ष पर पहुंचे कि मजदूरों में झूठी चेतना पैदा करने का काम *वर्ग समाज* ही करता है। इस तरह की चेतना से मजदूरों का शोषण व दमन सरल हो जाता है।

मार्क्स ने देखा कि कारखानों में मजदूरों के काम करने की दशाएं ऐसी है जिनके परिणामस्वरूप मजदूर अपने आपको कारखाने से जुदा करने लगता है। यह वर्ग समाज की अर्थव्यवस्था है जो मजदूर के इस *अलगाव* (Alienation) को न केवल बनाती है, उसे सुदृढ़ भी करती है। *मार्क्स का यह विश्वास था कि मनुष्य की अनिवार्य प्रकृति यह है कि वह रचनात्मक कार्य द्वारा संतोष पाना चाहता है।* दुर्खाइम की इस सम्बन्ध में विचारधारा भिन्न थी। उनके अनुसार मनुष्य समाज की परम्पराओं का पालन करके अपने आपको संतुष्ट समझता है। मार्क्स के लिये ऐसा कुछ नहीं था। उनका निष्कर्ष था कि *श्रम विभाजन, निजी सम्पत्ति तथा सम्पूर्ण बाजार व्यवहार जो मनुष्य के सम्बन्धों को व्यापारिक स्तर पर खड़ा कर देता है, अलगाव का कारण है।*

मार्क्स की अलगाव के बारे में विचारधारा बहुत सहज व सुस्पष्ट थी। उन्होंने कहा कि पूंजीवादी व्यवस्था में, चाहे वह दुनिया के किसी भी कोने में हो, कामगार की स्थिति किसी भवन में लगाये गये पत्थर के उन चौखटों की तरह है जिन्हें कारीगर चाहे तो फर्श पर लगा दे और चाहे तो फूलदान के स्टेण्ड पर जड़ दे। पत्थर की ये चौखटें बेजान हैं, उन्हें तो गढ़ा और तराशा ही इसलिये गया है कि कारीगर अपनी मन मर्जी से कहीं भी लगा दे। मार्क्स ने *केपिटल* की पहली जिल्द में अलगाववादी श्रमिकों (Alienated Labour) की विस्तृत चर्चा की है। *इर्विंग जैटलीन* (Erving M.Zeitlin) जैसे सिद्धान्तवेताओं का तो यहां तक कहना है कि मार्क्स ने अपने केपिटल पुस्तक का शीर्षक अलगाव भी रखा होता तो अनुचित नहीं था। मार्क्स ने अपनी इस कृति में यह स्थापित किया कि पूंजीवाद के विकास के साथ जीवन की दशाओं में भी तेजी से परिवर्तन आता है। ज्यों-ज्यों पूंजीवाद का विकास होता है, श्रमिकों का अलगाव बढ़ता जाता है। मिलों के धुओं के गुबार के नीचे कामगार बराबर सोचता है, इस सम्पूर्ण व्यवस्था में मैं तो बराबर घूमने वाला एक दांता मात्र हूँ, जिसका होना न होना बराबर है। मैं एकमात्र चना हूँ जो भाड़ नहीं फोड़ सकता। अलगाव की समस्या इस भांति वर्ग व्यवस्था से जुड़ी हुई है, वर्ग से पृथक करके अलगाव को नहीं समझा जा सकता।

अलगाव की अवधारणा में विविधता बराबर रही है। इस विविधता के होते हुए भी, किसी भी अंतिम विश्लेषण में *अलगाव एक अवस्था है जिसमें व्यक्ति स्वयं से ही विमुख हो जाता है। मनुष्य में जो सार (Essence) है या जो उसकी मूलभूत प्रकृति है, उससे जब वह अलग हो जाता है तो वही अलगाव की अवस्था है।* दूसरे शब्दों में जब व्यक्ति अपने

स्वयं के अलगाव (Self Alienation) की अवस्था में होता है, तब वह निम्न प्रकार की गतिविधियां करता है।

1. ऐसे व्यक्ति अपनी मानवीय प्रकृति से दूर हो जाते हैं।
2. ये व्यक्ति स्वंय अपने से, अपनी कार्य प्रणाली से, अपने जीवन की गतिविधि से, दूर हो जाते हैं। जीवित रहते हुए भी ये व्यक्ति अपने सामाजिक व आर्थिक जीवन के प्रति उदासीन रहते हैं।
3. यह उदासीनता इस हद तक पहुंच जाती है कि वे अपने शरीर को भी अपने आप से नहीं जोड़ते, एक तरह से उनका सम्पूर्ण मानस ही सुन्न हो जाता है।
4. अलगाव एक ऐसी विनाशकारी स्थिति है जिसमें एक व्यक्ति दूसरे व अन्य व्यक्तियों से एकदम दूर हो जाता है, उसके इर्द-गिर्द क्या हो रहा होता है, इसका उसे ज्ञान नहीं रहता। उसके स्वयं के शरीर का हर जोड़ और अंग टूटने लगता है, फ़िर भी वह इससे सरोकार नहीं रखता। पूंजीवादी व्यवस्था में कामगार कभी भी अपने आपको उत्पादन और उससे होने वाले लाभ के साथ नहीं जोड़ता है। लाभ व उत्पादन से उसका कोई मतलब नहीं क्योंकि इसमें उसकी कोई भागीदारी नहीं है। लाभ कितना ही हो कामगार तो केवल अपनी दिहाड़ी या वेतन का ही हकदार है।
5. अलगाव श्रमिक का अवमानवीकरण (De-humanisation) करता है।

मार्क्स के अनुसार *अलगाव वह अवस्था है जिसमें कामगार उसके स्वयं के श्रम से उत्पादित वस्तुओं से अपने आपको अलग कर देता है। वह तो अपने आपको गुलाम और शक्तिहीन मानता है और स्वयं को बेखबर रखकर अपने आपको उत्पादन प्रक्रिया में जुटाये रखता है।*

उद्‌विकास और वर्गहीन समाज

(Evolution and the Classless Society)

मार्क्स का सामाजिक सिद्धान्त अनिवार्य रूप से परिवर्तन और उद्‌विकास का सिद्धान्त है। यह सिद्धान्त पीछे मुड़कर सम्पूर्ण इतिहास को देखता है, आगे की ओर मुंह करके भविष्य को देखता है और यह दावा करता है कि वह अतीत और भविष्य दोनों का विश्लेषण करता है। किसी भी अर्थव्यवस्था की कोख में, मार्क्स का तर्क है, परिवर्तन के बीज होते हैं। इसका अपना एक तर्क है और इस तर्क के अनुसार ये बीज भविष्य के समाज को जन्म देते हैं।

इस प्रक्रिया को मार्क्स समाज में अन्तर्निहित प्रतिरोध (Contradiction) कहते हैं। यह प्रतिरोध एक लम्बी अवधि में विकसित होते हैं और तब एक ऐसी अवस्था आती है जब सम्पूर्ण सामाजिक व्यवस्था काम करना बन्द कर देती है। परिणामस्वरूप समाज में हिंसा और क्रांति का उद्‌भव होता है और सम्पूर्ण व्यवस्था बदल जाती है। यह जो नयी व्यवस्था आती है वह पूर्ववर्ती व्यवस्था का निषेध है। विकास और परिवर्तन का यह प्रतिमान जो किसी भी

व्यवस्था में निहित है, द्वन्द्व (Dialectics) कहलाता है। मार्क्स के सिद्धान्त के कई तत्वों में जिनमें वर्ग-चेतना और अलगाव भी सम्मिलित है। द्वन्द्व की विचारधारा का भी केन्द्रीय स्थान है। द्वन्द्व की अवधारणा मार्क्स ने हीगल से ली है। हीगल का यह कहना था कि मनुष्य में *स्व-चेतना* (Self Awareness) और *आत्मा* (Spirit) का द्वन्द्व होता है और इसके परिणामस्वरूप समाज आगे बढ़ता है। मार्क्स का सरोकार यह था कि मानव समाज का उद्‌विकास आर्थिक अवस्थाओं से होता है।

इतिहास के अवलोकन के बाद मार्क्स ने चार प्रकार के मुख्य *वर्ग समाजों* की पहचान की : *एशिया का वर्ग समाज, प्राचीन वर्ग समाज, सामन्तवादी व्यवस्था* और बुर्जुआ व्यवस्था। इन चार वर्ग समाजों का विवरण इस प्रकार है :

(अ) एशिया के वर्ग समाज की उत्पादन पद्धति
(Asian Mode of Production : AMP)

मार्क्स ने एशिया के देशों और विशेषकर 18 वीं शताब्दी के भारत में व्यक्तिगत सम्पत्ति की कोई अवधारणा नहीं पायी। दूसरे शब्दों में यहां का किसान भूमि को जोतता तो था लेकिन वह उसका मालिक नहीं था। भूमि का मालिक तो सम्पूर्ण समुदाय था। मालिकाना हक के अभाव में वह उतना ही पैदा करता था जिससे वह अपना पेट भर सके और जागीरदार-जमींदार को राजस्व दे सके। उसे खेती को विकसित करने की कोई प्रेरणा नहीं थी क्योंकि जमीन उसकी नहीं थी। वह उसका मालिक था। जमीन के किरायेदार की हैसियत से उसे जमीन सुधारने, सिचांई व्यवस्था करने और समुचित खाद देने की भी कोई चिन्ता नहीं थी। इसका परिणाम यह हुआ कि खेती में एक प्रकार का ठहराव आ गया। खेती में यह ठहराव ही यानि रूढिगत उत्पादन पद्धति-सामन्तवाद के जन्म के लिये उत्तरदायी था। सामन्तवाद के आने से शोषण बढ़ गया और सम्पूर्ण सामाजिक संगठन सामन्तवादी बन गया।

राजवंशों के बदलाव के साथ कृषि भूमि के स्वामित्व में खेती करने के तौर-तरीकों में और उत्पादन पद्धतियों में कोई परिवर्तन नहीं आया। मतलब हुआ भारत और एशिया के अन्य देशों में राजवंश तो बदले लेकिन कृषि उत्पादन पद्धति ज्यों की त्यों बनी रही। अब भी राजवंशों के बदलने पर राजा भूमि के स्वामी थे। इन्हीं कुछ ऐतिहासिक कारणों से मार्क्स का निष्कर्ष है कि एशिया के समाज में गतिहीन थे, उनमें शून्यता थी।

(ब) प्राचीन वर्ग समाज (Ancient Class Society)

वास्तव में मार्क्स ने एशिया के देशों की उत्पादन पद्धति (AMP) पर कोई विस्तृत टिप्पणी नहीं लिखी। उन्होंने यूरोप के प्राचीन वर्ग समाज का उल्लेख विस्तार से किया है। प्राचीन वर्ग समाज जिस तरह से उभरे हैं उनके पीछे द्वन्द्व मुख्य कारण है। जैसे ही समाज में परिवर्तन आता है, नये वर्ग पैदा होते हैं। ये नये वर्ग पुरानी वर्ग व्यवस्था का निषेध करते हैं और समाज का उद्‌विकास आगे बढ़ता है। उदाहरण के लिये रोम का साम्राज्य जहां असभ्य

सेनापति अपने वहशीपन से लोगों का दमन करते थे, उनके स्थान पर नये सामन्त आये।

(स) सामन्तवाद (Feudalism)

सामन्तवाद में जागीरदार - जमींदार खेतिहरों पर जुल्म करते थे, उनका शोषण करते थे। सामन्तवाद एक तरह से जमींदार और किसान के सम्बन्ध थे। यूरोप के सामन्तवाद में सम्पूर्ण भूमि का मालिक राजा होता था। वे किसान जो जमीन को जोतते थे, उनसे राजा भूमिकर लेता था। ऐसी वर्ग व्यवस्था में राजा और उसके राजवंश उच्च वर्ग में आते थे और किसान निम्न वर्ग में।

(द) बुर्जुआ व्यवस्था (Bourgeoies System)

चौथे प्रकार के वर्ग समाज वे थे जिनमें औद्योगीकरण के परिणामस्वरूप पूंजीवाद आ गया था। मार्क्स की परिभाषा में बुर्जुआ वर्ग वह है जो उत्पादन के साधनों का मालिक है। ऐसे वर्ग में समाज में पूंजीपति और मजदूर में वर्ग-संघर्ष होता है। जैसे सामन्तवादी व्यवस्था का निषेध हुआ वैसे ही बुर्जुआ समाज का भी निषेध होगा। यही इतिहास की नियति है।

(य) पूंजीवाद का अन्त (End of Capitalism)

मार्क्स जब भविष्य के समाज की कल्पना करते हैं और उसे अपने सिद्धान्त में रखते हैं तो उनका तर्क है कि धीरे-धीरे वर्गों का *ध्रुवीकरण* (Polarisation) होगा। हो सकता है इस प्रक्रिया में लम्बा समय लग जाये। उनका कहना है कि कई छोटे पूंजीपति, छोटे व्यापारी, किसान, दस्तकार और ऐसे ही मध्यम स्तर के समूह सर्वहारा वर्ग में सम्मिलित हो जायेंगे। इनकी जो भी छोटी-मोटी कुशलता है, धीरे-धीरे समाप्त हो जायेगी। यह ध्रुवीकरण की प्रक्रिया है। इसके पूरा होने के बाद केवल दो वर्ग रह जायेंगे। इसी अवधि में पूंजीपति कामगारों और गरीब गुर्बों का शोषण करके अपने आपको अधिक सुदृढ़ कर लेंगे। पूंजीपति प्रतियोगिता के बाजार में आकर कामगारों के वेतन में कमी कर देंगे। वस्तुओं के दाम घटा देंगे और यह गला काटने वाली प्रतियोगिता ऐसी प्रभावपूर्ण हो जायेगी कि इन पूंजीपतियों का मुनाफा नाम मात्र को रह जायेगा। ऐसी स्थिति के परिणामस्वरूप आम जनता के दुख दर्द बढ़ जायेंगे और यह एक प्रकार से पूंजीवाद की मृत्यु का पैगाम होगा। इस सम्बन्ध में कार्ल मार्क्स *केपिटल* में लिखते हैं :

> धनी-मानी व्यक्तियों की संख्या लगातार घटती जायेगी। इधर जनता की तकलीफें बढ़ जायेगी। उनका दमन तीव्र हो जायेगा, उनका जीवन गुलामी का हो जायेगा और शोषण पराकाष्ठा को पहुंच जायेगा। लेकिन इन दो चीजों के अतिरिक्त मजदूर वर्ग भी विद्रोह करेगा। यह ऐसा वर्ग है जिसकी संख्या बराबर बढ़ती रहती है। यह ऐसा वर्ग है जो अनुशासित है संगठित है, और एकता के सूत्र में बंधा है। अब वह समय है जब पूंजीपतियों की मौत का घंटा बजने लगता है।

मार्क्स ने जो पुर्वानुमान किया था, वह सही नहीं निकला। पश्चिमी देशों में न तो आम

जनता के दुख दर्द बढ़ हैं और न मुनाफे की दर में कमी आयी है। यद्यपि उत्पादन अधिक केन्द्रित हो गया है, पर कारखानों का स्वामित्व केन्द्रित नहीं है। शेयर होल्डर ज्यादा से ज्यादा अपनी पूंजी कारखानों में लगा रहे हैं। श्रमिक संगठन अधिकतम सुविधाएं प्राप्त कर रहे हैं और ऐसा कुछ नहीं हो रहा है जो पूंजीवाद की मौत का संकेत दे।

हाल में पूर्वी यूरोप के देशों में जो विघटन आया है इससे काल मार्क्स के सिद्धान्त की असफलता दिखाई देती है। सोवियत संघ में अगस्त 1991 में जो विघटन हुआ है उससे स्पष्ट है कि इन देशों ने प्रजातांत्रिक और खुले बाजार की व्यवस्था को अपना लिया है। इसका मतलब हुआ कि मार्क्स इतिहास के अन्त का जो सपना देखते थे वह केवल यूटोपिया था। वहां वर्ग-संघर्ष समाप्त नहीं हुआ। पूर्वी यूरोप के समाजवादी देशों के विघटन का क्रांतिकारी हादसा इस बात को बताता है कि मार्क्स का सिद्धान्त व्यावहारिक नहीं था। लेकिन यह चित्र का एक पहलू है। दूसरे विचारकों का कहना है कि मार्क्स के सिद्धान्त को सोवियत संघ के नेताओं ने सही अर्थों में लागू नहीं किया। वहां हुआ यह है बोल्शेविक पार्टी के नेता ही और उनके साथ-साथ अधिकार तन्त्र में काम आने वाले कर्मचारी भी एक वर्ग में बंध गये। यह वर्ग पूंजीपति वर्ग ही बन गया। जिन मजदूरों के अधिनायकवाद की कल्पना मार्क्स करते थे उनका गला तो स्वयं राजनैतिक दल ने दबा दिया। सच में, सोवियत संघ के पतन के कारण विवादास्पद है। लेकिन यह निर्विवाद है कि कार्ल मार्क्स ने संघर्ष का जो सिद्धान्त प्रतिपादित किया है, वह आज भी प्रासंगिक है। इतिहास का भौतिकवादी निवर्चन, उत्पादन पद्धतियां, वर्ग-चेतना, वर्ग-संघर्ष, आदि ऐसी अवधारणाएं हैं जो आज भी जीवंत है और यही मार्क्स का महत्वपूर्ण सैद्धान्तिक योगदान था।

जोनाथन टर्नर मार्क्स के संघर्ष सिद्धान्त के संदर्भ में जो बहुत बड़ी टिप्पणी करते हैं वह यह है कि मार्क्स ने बराबर *पोजिटिविस्टिक* (Positivistic) उपागम को अपने सिद्धान्त निर्माण में काम में लिया। आज स्थिति दूसरी है। टर्नर कहते हैं कि अर्वाचीन मार्क्सवादी पोजिटिविज्म का विरोध करते हैं। वे यह कभी नहीं चाहते कि मार्क्स का विश्लेषण पोजिटिविज्म के संदर्भ में किया जाये। फिर भी यह स्वीकार करना चाहिये कि *जुर्गेन हेबरमास* (Jurgen Habermas) जैसे भी समाजशास्त्री है जो मार्क्स की तरह संघर्ष सिद्धान्त को अधिक से अधिक वस्तुनिष्ठ बनाने का प्रयास कर रहे हैं।

अध्याय 11

संघर्ष सिद्धान्त और विश्लेषणात्मक समाजशास्त्र
(Conflict Theory and Analytic Sociology)

राल्फ डेहरेन्डॉर्फ (Ralf Dahrendorf), *लेविस कोजर* (Lewis Coser) और *रेन्डाल कोलिन्स* (Randall Collins) विश्लेषणात्मक संघर्ष सिद्धान्तवेत्ताओं की कोटि के समाजशास्त्री हैं। क्योंकि इन तीनों विचारकों का मत है कि संघर्ष सिद्धान्त एक वैज्ञानिक समाजशास्त्र के विकास में केन्द्रीय संदर्श है। इतना होते हुये भी ये तीनों विचारक *विवेचनात्मक सिद्धान्तवेत्ताओं* (Critical Theorists) से भिन्न है। पहला कारण तो यह है कि *विवेचनात्मक सिद्धान्तवेता* समाज विज्ञान को तात्विक रूप से राजनीतिक गतिविधि का एक हिस्सा मानते हैं और इस बात को अस्वीकार करते हैं कि तथ्यों और मूल्यों को समाज विज्ञान से पृथक किया जाना चाहिये।

दूसरी ओर विश्लेषणात्मक सिद्धान्तवेत्ता (Analytic Theorists) यह मानते हैं, कि तथ्य व मूल्यों को समाज विज्ञान से पृथक करना अनिवार्य है। यह अवश्य है कि किसी भी विश्लेषण करने वाले सिद्धान्तवेत्ता के लिये ऐसी प्राक्कल्पनाएं बनाना बहुत कठिन या लगभग असम्भव है जो उनके स्वंय के विचारों या सरोकारों से जुड़ी न हो। यह होते हुये भी कम से कम जो भी प्राक्कल्पनाएं हैं वे ऐसी होनी चाहिये जिनका विश्लेषण वस्तुपरक और आनुभविक हो।

दूसरा विश्लेषण विचारवेत्ता विवेचनात्मक विचारवेत्ताओं से एक और स्तर पर भिन्न है। विश्लेषणात्मक सिद्धान्तवेत्ता सभी समाजों को एक ही दिशा में स्तरीकृत नहीं मानते। दूसरे शब्दों में वे यह स्वीकार नहीं करते कि सत्तारूढ़ दल हमेशा जनता का विरोधी होता है। विश्लेषणात्मक सिद्धान्तवेत्ता इस बात से सहमत होंगें कि कुछ समाज इस प्रकार के हैं, लेकिन उनका मानना है कि कई समाज ऐसे भी हैं जो शक्ति और स्थिति के बंटवारे की दृष्टि से

बहुत जटिल हैं। इनका यह सोचना सही भी है कि स्तरीकरण के कई प्रतिमान एक-दूसरे से जुड़े होते हैं और उन्हें साफ-सुथरे रूप में नहीं समझा जा सकता। उदाहरण के लिये हमारे देश में जाति व्यवस्था जन्म के आधार पर बनी हुई है और जो जिस जाति में पैदा होता है, वह उसी जाति का सदस्य बन जाता है। इस तरह का स्तरीकरण सीधा है। लेकिन जब एक ही जाति में विभिन्न वर्ग देखने को मिलते हैं तो वह स्तरीकरण जटिल बन जाता है। सही बात यह है कि शक्ति, और स्थिति के स्रोत कई तरह के होने के कारण सम्पूर्ण समाज को विश्लेषणात्मक दृष्टि से देखना होगा।

तीसरा, विश्लेषणात्मक सिद्धान्तवेत्ता ऐसे किसी आदर्श समाज की कल्पना नहीं करते तो विवेकपूर्ण और संघर्ष मुक्त हो। दूसरी और ये विश्लेषणात्मक सिद्धान्तवेता इस तथ्य में विश्वास करते हैं और इस पर जोर भी देते हैं कि संघर्ष की जड़ें समाज में गहराई तक होती हैं और इसलिये किसी भी स्थिति में हेतुओं के संघर्ष को टाला नहीं जा सकता।

उपरोक्त सभी कारणों से यह स्पष्ट है कि आधुनिक विश्लेषणात्मक सिद्धान्तवेत्ता मैक्स वेबर के उपागम को स्वीकार करते हैं। मार्क्स का उपागम भी वस्तुतः विश्लेषणात्मक था। वेबर का विश्वास था कि हम एक वस्तुपरक समाज विज्ञान का निर्माण कर सकते हैं। उन्होंने *वर्ग, स्थिति और दल* (Class, Status and Party) की एक कोटि बनायी थी। उन्होंने मार्क्स का विरोध *केवल सम्पत्ति के आधार पर बने वर्गों के कारण किया था। सामान्यतः संघर्ष सिद्धान्त एक ओर इन समाजशास्त्रियों को पसन्द करता है जिनके विचार मुख्य रूप से राजनीतिक हैं तथा दूसरी ओर उन्हें पसन्द आता है जो उसे एक अकादमिक विचारधारा मात्र समझते हैं।*

डेहरेन्डार्फ, कोजर और कोलिन्स ऐसे सिद्धान्तवेत्ता है जिनका उपागम *विश्लेषणात्मक समाजशास्त्र* (Analytic Sociology) है। यहां हम इन संघर्ष सिद्धान्तवेत्ताओं का सिलसिलेवार से विवेचन प्रस्तुत करेंगे।

राल्फ डेहरेन्डॉर्फ का द्वन्द्वात्मक संघर्ष सिद्धान्त

(Ralf Dahrendorf: Dialectical Conflict Theory)

राल्फ डेहरेन्डॉर्फ का जन्म जर्मनी में 1929 में हुआ था। यूरोप के आधुनिक समाजशास्त्रियों में डेहरेन्डॉर्फ की प्रतिष्ठा बहुत अच्छी है। वे एक ऐसे हस्ताक्षर हैं जिन्हें यूरोप ही नहीं उत्तरी अमेरीका में भी आदर की दृष्टि से देखा जाता है। उनका युवाकाल राजनीति के घेरे में कटा। वे पश्चिमी जर्मनी में वहां की पार्लियामेन्ट के सदस्य भी रहे। इन राजनैतिक गतिविधियों से हटकर उन्होंने अपनी प्रतिष्ठा एक शिक्षाविद्, वैज्ञानिक और अनुसंधान कर्ता के रूप में भी स्थापित की है। उनके शैक्षणिक जीवन का बहुत बड़ा भाग जर्मनी के विश्वविद्यालयों में गुजरा। 1984 में वे कान्सटेंस विश्वविद्यालय में प्रोफेसर बन गये थे। जर्मनी के अतिरिक्त डेहरेन्डॉर्फ ने ब्रिटेन व अमेरीका में भी काम किया है। ब्रिटेन में वे *लंदन स्कूल ऑफ इकोनिमिक्स* (London School of Economics: LSE) में जो कि ब्रिटेन में उच्च

शिक्षा की एक बहुत बड़ी प्रतिष्ठित संस्था है, के निदेशक रहे हैं। यूरोप और अमेरीका में डेहरेन्डॉर्फ का स्थान शिक्षा जगत में सम्मानीय रहा है।

डेहरेन्डॉर्फ को प्रतिष्ठा दिलाने वाली उनकी पुस्तक *क्लास एण्ड क्लास कन्फिलट इन इण्डस्ट्रीयल सोसायटी* (Class and Class Society in Industrial Conflict 1959) है। इस पुस्तक में उन्होंने संघर्ष सिद्धान्त को प्रतिपादित किया है। संघर्ष सिद्धान्त के बारे में डेहरेन्डॉर्फ के दो बहुत बड़े सरोकार है। पहला तो यह कि उन्होंने समाज की यथार्थता के विश्लेषण के बारे में सामान्य सिद्धान्त रखे हैं। इस सामाजिक विश्लेषण में उनका बहुत बड़ा तर्क यह है कि समाज में शक्ति का बहुत बड़ा महत्व है। इस शक्ति से उत्पन्न संघर्ष को कोई नहीं टाल सकता, संघर्ष अपरिहार्य है। दूसरा, मार्क्स की तरह के एक बुनियादी प्रश्न रखते हैं कि संघर्ष को निश्चित करने वाले कौन से कारक हैं? इस सम्बन्ध में उनका कहना है कि समाज में कुछ ऐसी संस्थाएं हैं जो व्यवस्थित रूप से ऐसे समूह को पैदा करती है जिनके हित या स्वार्थ संघर्ष की अवस्था को बढ़ाते हैं। अपने निजी या जातीय हितों वाले ये समूह बराबर इस बात के लिये संघर्ष करते हैं कि शक्ति का फिर से बंटवारा होना चाहिये। शक्ति किसी एक समूह की बपौती नहीं है कि वह समूह को उसकी यथास्थिति बनाये रखने में बराबर योगदान करती रहे। यह स्मरणीय है कि डेहरेन्डॉर्फ ने अपने संघर्ष सिद्धान्त को यूरोप और अमेरिका के औद्योगिक समाजों के संदर्भ में प्रस्तुत किया है। मार्क्स के लेखन के समय यूरोप में पूंजीवाद अपनी प्रारम्भिक अवस्था में था। तब कारखानों के मालिक सामान्यतया पूंजीपति थे। डेहरेन्डॉर्फ जिस औद्योगिक समाज की कल्पना करते हैं उसमें पूंजीवाद का स्वरूप *कोरपोरेट* (Corporate) व्यवस्था पर आधारित है। अब निजी स्वामित्व का स्थान शेयर होल्डर्स और कोरपोरेट समूह ले लेते हैं। इस तरह मार्क्स और डेहरेन्डॉर्फ दोनों ही पूंजीवादी व्यवस्था पर प्रहार करते हैं, पर दोनों के लिये पूंजीवादी व्यवस्था भिन्न है।

डेहरेन्डॉर्फ का सैद्धान्तिक उपागम

(Dahrendorf's Theoretical Approach)

टर्नर ने डेहरेन्डॉर्फ के सिद्धान्त का *द्वन्द्वात्मक संघर्ष सिद्धान्त* (Dialectical Conflict Theory) का नाम दिया है। द्वन्द्वात्मक इसलिये कि किसी भी समाज में दो समूहों में संघर्ष निरन्तर चलता रहता है। एक समूह वह है जिसके पास अधिकतम शक्ति है और दूसरा समूह वह है जिसके पास न्यूनतम शक्ति है। किसी भी समूह के हितों की पूर्ति शक्ति से होती है। इसी कारण विभिन्न समूहों में शक्ति के पुनर्बटवारे के लिये संघर्ष चलता रहता है। डेहरेन्डॉर्फ के अनुसार यह द्वन्द्व (dialectics) अधिक से अधिक शक्ति प्राप्त करने के लिये होता है।

1950 के अन्त में *जब पारसंस ने प्रकार्यवादी सिद्धान्त को रखा, तब उन्होंने कहा था कि समाज सर्वसम्मत (Consensual), एकीकृत (Integrated) और स्थैतिक (Static)* है।

डेहरेन्डॉर्फ ने पारसंस की आलोचना में यह कहा कि समाज की प्रकृति ऐसी नहीं है। पारसंस की मान्यता अतिरंजित है, मात्र यूटोपिया है। डेहरेन्डॉर्फ का तर्क था कि समाज के दो चेहरे हैं, एक, सर्वसम्मत और दूसरा, संघर्ष। उनका कहना है कि *समाज के सदस्यों पर बराबर दबाव रहता है, संघर्ष होता है और परिवर्तन की दिशायें खुली रहती है। इस तरह सैद्धान्तिक रूप से जहां पारसंस समाज को सर्वसम्मत, एकीकृत और स्थैतिक मानते हैं, वहीं डेहरेन्डॉर्फ समाज को तनाव, संघर्ष और परिवर्तन के रूप में देखते हैं*।

संघर्ष सिद्धान्तवेताओं का यह विचार था कि एक तरफा प्रकार्यवादी सिद्धान्त का विकल्प, एकतरफा संघर्ष सिद्धान्त से देना चाहिये। यह विकल्प भी डेहरेनडॉफ को पूरी तरह स्वीकार नहीं था। उनका तो एकमात्र यही कहना है कि *संघर्ष सिद्धान्त प्रकार्यात्मक सिद्धान्त की कमियों, अभावों का पूरक है*। समाजशास्त्रीय सिद्धान्त में हमें समाज के उजले चेहरे के साथ-साथ भद्दे चेहरे को भी देखना चाहिये। सर्वसम्मति और संघर्ष दोनों ही समाज के सिक्के के दो पहलू हैं।

सिद्धान्त निर्माण के क्षेत्र में डेहरन्डॉर्फ ने मार्क्स को नकारा नहीं है। बाद में चलकर हम देखेंगे कि डेहरेन्डॉर्फ का संघर्ष सिद्धान्त मार्क्स के संघर्ष सिद्धान्त के विश्लेषण को अन्तर्दृष्टि देता है। मार्क्स ही क्यों, डेहरेन्डॉर्फ ने थोड़ा बहुत वेबर से भी उधार लिया है। डेहरेन्डॉर्फ द्वारा प्रयुक्त शक्ति और *प्राधिकार* (Authority) की अवधारणाएं वस्तुतः वेबर से ली गई हैं।

डेहरेन्डॉर्फ का द्वन्द्वात्मक संघर्ष सिद्धान्त

वास्तव में, न डेहरेन्डॉर्फ का द्वन्द्वात्मक सिद्धान्त *शक्ति* (Power) पर आधारित है। इसी कारण वे सामाजिक यथार्थता का *विश्लेषण* (Explanation) शक्ति के संदर्भ में करते हैं। उनका तर्क है कि प्रत्येक समाज की एक अन्तर्निहित प्रवृति संघर्ष की होती है। *वे समूह जिनके पास शक्ति है अपने हितों की पूर्ति करते हैं और वे समूह जिनके पास शक्ति नहीं है वे भी अपने हितों की पूर्ति के लिये भाग-दौड़ करते हैं। इस भाग-दौड़ या संघर्ष में जिनके पास अधिकतम शक्ति है वे अपनी यथास्थिति बनाये रखने में सफल होते हैं। लेकिन देर-सबेर ऐसा अवसर भी आता है* जब न्यूनतम शक्ति वाला समूह शक्तिशाली समूह को उसके खंदक में गिरा देता है और सामाजिक परिवर्तन के रथ के पहिये, डेहरेन्डॉर्फ के अनुसार आगे बढ़ते रहते हैं। संघर्ष की कोख में ही सामाजिक परिवर्तन के बीच रहते हैं। इसी कारण डेहरेन्डॉर्फ मानते हैं कि *मानव इतिहास में संघर्ष एक बहुत बड़ी सृजनात्मक शक्ति है।*

डेहरेन्डॉर्फ की कल्पना में समाज

आधुनिक समाज के बारे में डेहरेन्डॉर्फ के कुछ निश्चित विचार हैं–एक कल्पना है। लेकिन यह कल्पना ठोस आधारों पर अवस्थित है। समाज में कई संस्थागत ढांचे हैं, यथा

परिवार जाति, धार्मिक सम्प्रदाय, राजनैतिक दल और आर्थिक समूह। इन संस्थागत ढांचों में एकाधिक सदस्य होते हैं। प्रत्येक सदस्य की कई भूमिकाएं (Roles) होती है। वास्तव में परिवार में माता की भूमिका निश्चित है–वह गृह कार्य करती है, बच्चों का पालन पोषण करती है और ऐसी ही अनेक भूमिकाएं निभाती है। पिता और बच्चों की भी अपनी-अपनी भूमिकाएं हैं। यदि हम इस दृष्टान्त को आगे बढ़ायें तो धार्मिक सम्प्रदायों, राजनैतिक दलों, ग्रामीण विकास, आर्थिक समूहों आदि में सदस्यों की भूमिकाएं निश्चित होती हैं। ये संस्थायें और अन्ततोगत्वा सम्पूर्ण समाज सदस्यों की इन भूमिकाओं को *वैधता* (Legitimacy) देते हैं। वैधता का एक कारण और भी है कि प्रत्येक संस्था में कुछ निश्चित शक्ति होती है। इन्हीं सब तत्वों के आधार पर सामाजिक व्यवस्था चलती है। समाज की इस कल्पना को डेहरेन्डॉर्फ अवधारणात्मक रूप में रखते हैं।

डेहरेन्डॉर्फ कहते हैं कि समाज में कुछ प्रक्रियाएं होती है, जो इन संस्थाओं को उनकी निरन्तरता को बांधे रखती है। इसे वे संस्था का रूप देना (Institutionalization) कहते हैं और इसकी प्रक्रियाओं में कुछ *आदेशसूचक* (Imperative) प्रक्रियाएं होती है जिन्हें समन्वित करके समाज का ढांचा बनाया जाता है। इसे डेहरेन्डॉर्फ *आदेश सूचक-समन्वित समाज या आसस* (Imperatively Coordinated Associations-ICA) कहते हैं। आखिर, डेहरेन्डॉर्फ के अनुसार सामाजिक व्यवस्था है क्या? इसके उत्तर में वे कहते हैं कि प्रत्येक समाज में कुछ ऐसे आदेश सूचक यानि कुछ ऐसे दबाव डालने वाले मानक व मूल्य हैं जिन्हें समन्वित करके ही समाज बनता है। वास्तव में, समाज या संस्था के सदस्य जो भी भूमिका अदा करते हैं उसके पीछे समाज का आदेश है और इन भूमिकाओं का ताल-मेल ही *आसस* (ICA) को बनाता है। दूसरे शब्दों में आसस और कुछ न होकर संस्था के विभिन्न सदस्यों की एक गठरी मात्र है।

सदस्यों की ये भूमिकाएं ही वस्तुतः *शक्ति सम्बन्ध* (Power Relations) हैं। इस दृष्टि से *समाज की किसी भी छोटी से छोटी इकाई से लेकर*, छोटे समूह और औपचारिक संगठन तक *आसस* कहलायेंगे। "आसस" की यह अवधारणा केवल विश्लेषण के लिये है। दूसरी महत्वपूर्ण बात यह है कि संस्था में सदस्यों की भूमिकाएं शक्ति से बंधी हुई है और इसलिये वे कभी भी समान नहीं हो सकती। क्योंकि प्रत्येक भूमिका के साथ जो शक्ति है उसका बंटवारा असमान है। बात यह है कि शक्ति हमेशा अपर्याप्त होती है और उसे पाने के लिये कई दावेदार दौड़ में होते हैं। कुछ ऐसे जैसे एक अनार और और सौ बीमार। यहां तक यह स्पष्ट है कि *प्रत्येक समाज में कई संस्थाएं व सामाजिक इकाईयां (परिवार, जाति, वर्ग, धार्मिक सम्प्रदाय आदि) होती हैं। इन इकाईयों में सदस्यों की विभिन्न भूमिकाएं होती हैं। ये भूमिकाएं सार में शक्ति-सम्बन्ध पर आधारित होती हैं और क्योंकि शक्ति अपर्याप्त है, अतः शक्ति सम्बन्धों में अनिवार्य रूप से असमानता रहेगी ही।*

आखिर, प्रश्न है, शक्ति किसे कहते हैं? डेहरेन्डॉर्फ ने शक्ति की अवधारणा को मैक्स

वेबर से विकसित किया है। उनका कहना है कि सामाजिक संरचना का निर्धारण शक्ति के बंटवारे से होता है। वेबर ने इसकी परिभाषा में लिखा है कि *किसी भी सामाजिक समूह में कर्त्ता दूसरों के विरोध के होते रहते भी अपनी इच्छाओं को पूरी कर लेता है।* इस तरह की परिभाषा में महत्वपूर्ण तथ्य यह है कि जब किसी भूमिका के साथ में शक्ति जुड़ी हुई होती है तो ऐसी सम्भावना है कि समाज इसे वैधता (Legitimacy) देगा। इस भूमिका को समाज स्वीकृत करता है, मान्यता देता है। यदि कोई जिलाधीश दंगाग्रस्त किसी शहर या कस्बे में कर्फ्यू लगाता है तो उसके इस भूमिका की वैधता कानून सम्मत हैं और यदि लोग कफ्यू का पालन नहीं करते तो जिलाधीश उन्हें जेल भी, यानि दण्ड भी दे सकता है। *शक्ति तब तक शक्ति है जब तक उसकी समूह द्वारा वैधता है। यदि वैधता नहीं तो शक्ति नहीं।* इसी कारण डेहरेन्डॉर्फ का तर्क है कि हितों को लेकर संस्था में संघर्ष होता है। शक्तिशाली शक्तिहीनों के संघर्ष में आते हैं। डेहरेन्डॉर्फ ठीक ही कहते हैं कि शक्ति *वैमनस्य का चिरस्थायी स्रोत* (Power is a lasting source of friction) हैं।

डेहरनडॉर्फ जब समाज के *आदेशसूचक* (Imperative) तत्वों की चर्चा करते हैं तो वस्तुतः उनका मानना यह है कि शक्ति अनिवार्य रूप से *अवपीड़क* (Coercive) यानि मजबूर करने वाली होती है। शक्ति में जब वैधता आ जाती है तब उसे वेबर और डेहरेन्डॉर्फ दोनों ही *प्राधिकार* (Authority) मानते हैं। तात्विक रूप से शक्ति में *प्रभाव* (Influence) होता है। इस प्रभाव को मानना न मानना संस्था या समाज के सदस्यों पर निर्भर है। *जब यह शक्ति किसी व्यक्ति या समूह को विधिवत् संस्था से प्राप्त होती है, तो यह प्राधिकार का रूप ग्रहण कर लेती है।* विश्वविद्यालय में किसी विद्यार्थी को प्रवेश देना, नहीं देना, निष्कासित करना, ये सारे प्राधिकार कुलपति को हैं। उन्हें यह शक्ति विश्वविद्यालय के अधिनियम से प्राप्त है और इसलिये यह उनका प्राधिकार है, और समाज इसे वैधता भी देता है। *शक्ति को जब वैधता मिलती है तो वह प्राधिकार बन जाता है और प्राधिकार में से जब वैधता निकाल ली जाती है तो वह केवल शक्ति रह जाती है।* एक दृष्टान्त लीजिये। किसी बड़े शहर में चोटी का कोई अभिनेता जब अपना शो देने आता है तो लोग हजारों की संख्या में शो देखने आते हैं। यह अभिनेता का प्रभाव है, लोगों की मजबूरी नहीं। लेकिन जब जिलाधीश कर्फ्यू लगाता है तो इसका परिपालन जनता की अवपीड़न या मजबूरी है। कर्फ्यू के आदेश में वैधता है, अभिनेता के शो में केवल प्रभाव।

अब हम डेहरेन्डॉर्फ के द्वन्द्वात्मक संघर्ष सिद्धान्त को सहज रूप में रख सकते हैं। डेहरेन्डॉर्फ सामाजिक व्यवस्था की कल्पना एक ऐसे ढांचे के रूप में करते हैं जिसे विभिन्न प्रकार के प्राधिकार सम्बन्धों द्वारा एक सूत्र में बांधे रखा जाता है। किसी भी संस्था या समाज में जो भी भूमिकाएं की जाती है वस्तुतः वे शक्ति व प्राधिकार से बंधी होती है। लेकिन शक्ति, बराबर अपर्याप्त होती है। यथा किसी विश्वविद्यालय में दो-चार कुलपति तो हो नही सकते। एक ही विषय में 10-20 प्रोफेसर भी नहीं हो सकते। कुलपति और प्रोफेसर शक्ति के

स्रोत हैं और इनकी संख्या सीमित होती है। इसका मतलब हुआ कि शक्ति व प्राधिकार बराबर अपर्याप्त होते हैं। किसी भूमिका में प्राधिकार अधिक होते हैं और किसी में कम। इसलिये यह भी निश्चित है कि किसी भी संस्था में जो भूमिकाएं होती हैं वे प्राधिकार की शक्ति से गैर बराबर होती हैं। इस गैर-बराबरी के रहते हुये भी डेहरेन्डॉर्फ कहते हैं कि *प्रत्येक संस्था की भूमिकाओं को दो भागों में बांटा जा सकता है, एक सत्ताधारी भूमिका समूह (Ruling cluster of Roles) और दूसरा शासित भूमिका समूह (Ruled Cluster of Roles)। अब होता यह है कि वह समूह जो सत्तारूढ़ है, जिसके पास अधिक मात्रा में प्राधिकार हैं उसकी बराबर यही कोशिश होती है कि यथास्थिति (Status quo) बनी रहे। दूसरी और भूमिकाओं का वह समूह जो शासित है, बराबर इस बात के लिये जूझता रहता है कि संस्था की सम्पूर्ण शक्ति या प्राधिकार का नये सिरे से वितरण होना चाहिये।* धीरे-धीरे शासक व शासित (Ruler and Ruled) के समूहों में ध्रुवीकरण होता है। यह दोनों समूह अपने वस्तुगत हितों की पूर्ति के लिये परस्पर टकराते हैं। *इस संघर्ष का निदान यह होता है कि संस्था में निहित प्राधिकारों का पुनर्वितरण होता है।* अब संस्था पर नये लोग काबिज होते हैं और नये शासित समूह आते हैं प्रत्येक संस्था में परिवर्तन का यह सिलसिला या चक्र बराबर चलता रहता है। पहले भी हमने कहा है कि जब किसी समाज में संघर्ष होता है तो इसका परिणाम अनिवार्य रूप से परिवर्तन होता है।

डेहरेन्डॉर्फ और मार्क्स

ऊपर हमने डेहरेनडॉर्फ के द्वन्द्वात्मक संघर्ष सिद्धान्त को रखा है। हमने यह भी दोहराया है कि डेरेन्डॉर्फ का सिद्धान्त इस अर्थ में मौलिक नहीं है कि उन्होंने कोई नया तथ्य प्रस्तुत किया है। उनके सिद्धान्त की आधार भूमि मार्क्स और वेबर से उधार ली हुई है। यदि *मार्क्स सम्पत्ति सम्बन्धों (Property Relations) की बात करते हैं तो डेहरेन्डॉर्फ प्राधिकार सम्बन्धों (Authority Relations) को अपने सिद्धान्त को केन्द्र बनाते हैं, एक और विशेषता भी डेहरेन्डॉर्फ की है कि जहां मार्क्स वर्ग समाज* (Class Society) की चर्चा करते हैं, उसका विश्लेषण देते हैं, वहां डेहरेन्डॉर्फ औद्योगिक समाज के पूंजीवाद की व्याख्या करते हैं। इन दो संघर्ष सिद्धान्त वेत्ताओं के सैद्धान्तिक उपागमों में कुछ और अन्तर भी देखे जा सकते हैं। मार्क्स अपने सिद्धान्त का आधार उत्पादन पद्धति (Mode of Production) को मानते हैं, जबकि डेहरेन्डॉर्फ औद्योगिक समाज की सम्पूर्ण गतिविधियों (जिनमें उत्पादन विधि भी है) को अपने अध्ययन के लिये लेते हैं। मार्क्स की विधि ऐतिहासिक भौतिकवाद है, डेहरेन्डॉर्फ की आनुभविक। उन्होंने इतिहास का विधि के रूप में न्यूनतम उपयोग किया है। यह सब अन्तर है जिन्हें इन दोनों विचारकों के सिद्धान्तों में देखा जा सकता है। फिर भी दोनों के उपागमों और निष्कर्षों में कोई मौलिक अन्तर नहीं है।

मार्क्स ने सामाजिक संगठन की जो *कल्पना* (Image) की थी, उसमें डेहरेन्डॉर्फ ने संशोधन किया है। नीचे हम मार्क्स की समाज सम्बन्धी कल्पना का संशोधित रूप, जो

डेहरेन्डॉर्फ ने दिया है, प्रस्तुत करते हैं :

(1) डेहरेन्डॉर्फ और मार्क्स दोनों यह मानकर चलते हैं कि सामाजिक व्यवस्था में संघर्ष की निरन्तरता बराबर बनी रहती है। समाज में संघर्ष अपरिहार्य है, उससे कभी भी मुक्ति नहीं मिल सकती।

(2) परस्पर विरोधी हितों के कारण पैदा होने वाले संघर्ष को दोनों ही विचारक स्वीकारते हैं। दोनों ही यह स्वीकार करते हैं कि जातीय और निजी हितों को लेकर समाज में विरोधी समूह बन जाते हैं, चाहे यह विरोधी समूह डेहरेन्डॉर्फ के अनुसार शक्ति के बंटवारे को लेकर हो या मार्क्स के अनुसार सम्पत्ति के बंटवारे को लेकर।

(3) विरोधी हितों का कारण शक्ति या सम्पत्ति का असमान बंटवारा है। दोनों ही विचारक इसे स्वीकार करते हैं। यह असमान बंटवारा ही एक समूह को प्रभुत्वशाली और दूसरे को अधीन समूह बना देता है।

(4) अपने हितों के कारण ही, अन्ततोगत्वा समाज के विभिन्न समूहों का दो संघर्ष समूहों में ध्रुवीकरण हो जाता है।

(5) दोनों के लिये संघर्ष द्वन्द्वात्मक है। जब एक संघर्ष सुलझ जाता है तो विरोधी हितों वाला नया समूह तैयार हो जाता है और फिर संघर्ष का नया रूप सामने आता है। यहां नया समूह आगे चलकर फिर संघर्ष को नया ईंधन देता है।

(6) इस तरह दोनों विचारक इस तथ्य को स्वीकार करते हैं कि किसी भी समाज की नियति या भविष्य सामाजिक परिवर्तन है। इस तरह सभी समाजों में पाया जाने वाला सामाजिक परिवर्तन का द्वन्द्वात्मक संघर्ष परिणाम है।

डेहरेन्डॉर्फ के कुछ अमूर्त प्रस्ताव (Propositions)

डेहरेन्डॉर्फ की बहुत बड़ी समस्या यह जानने की थी कि आखिर *कौन से समूह संघर्ष में भाग लेते हैं* और इससे अधिक महत्वपूर्ण यह है कि *संघर्ष के निर्णायक कारक कौन से हैं*? पहले प्रश्न के उत्तर में उनका कहना है कि संघर्ष उन दो समूहों में होता है जिनमें एक के पास पर्याप्त शक्ति व प्राधिकार होते हैं और दूसरा वह जिसके पास न्यूनतम शक्ति व अधिकार होते हैं। इनमें पहले समूह को वे *अधिकोटि समूह* (Super ordinate group) और दूसरे को *अधिनस्थ समूह* (Subordinate group) के नाम से पुकारते हैं। वे मार्क्स की तरह इन समूहों को आर्थिक व व्यवसाय के आधार पर वर्ग नहीं कहते, बल्कि शक्ति के संदर्भ में इन दोनों समूहों को वर्ग से परिभाषित करते हैं। अधिकोटी समूह आदेश देता है और अधिनस्थ समूह इन आदेशों का परिपालन करता है।

संघर्ष के निर्णायक कारकों की व्याख्या डेहरेन्डॉर्फ शक्ति के पुनर्वितरण से करते हैं। वास्तव में, डेहरेनडॉर्फ के अनुसार प्राधिकार *द्विभागी* (dichotomous) होता है। शक्ति को पाने के लिये सबसे बड़ी आवश्यकता जनता या वर्गों को संगठित करने की है। जनता हेतु

समूहों (Interest groups) में बंटी होती है। *मार्क्स के अनुसार हेतु समूह तकनीकी (Technical), राजनैतिक (Political) और सामाजिक (Social) होते हैं। राजनीति के क्षेत्र में उनका कहना है कि राज्य (State) जितना अधिक उदार* होगा उतने ही अधिक लोग संघर्ष करने के लिये संगठित होंगे। दूसरी ओर, राज्य जितना अधिक अधिनायकवादी होगा उतने ही संगठित होने की सम्भावना कम है। डेहरेन्डॉर्फ ने तकनीकी व सामाजिक हेतु समूहों के लिये भी कुछ प्राक्कल्पानाएं बनायी हैं। यहां हम उनके द्वारा दिये गये कतिपय अमूर्त प्रस्तावों को जो उन्होंने "*क्लास एण्ड क्लास कनफ्लिक्ट*" में रखे हैं, यहां प्रस्तुत करेंगे :

1. किसी भी *आदेश सूचक समन्वित समाज* (ICA) के लोगों में वास्तविक समाज के बारे में जितनी अधिक चेतना होगी, उतनी ही अधिक उनकी संघर्ष करने की सम्भावना होगी: अधिक जानकारी व जागृति के परिणामस्वरूप अधिक संघर्ष।
2. जितनी अधिक तकनीकी, राजनैतिक और सामाजिक दशाओं की आवश्यकताओं की पूर्ति संगठन में होगी, उतना ही संघर्ष अधिक तीव्र होगा।
3. अधि-कोटि (Super ordinate) और अधीनस्थ (Subordinate) समूहों में जितनी कम गतिशीलता होगी संघर्ष उतना ही अधिक होगा।
4. संघर्ष जितना अधिक गहरा, सघन और हिंसात्मक होगा, उतना ही अधिक सामाजिक परिवर्तन होगा।

डेहरेन्डॉर्फ के द्वन्द्वात्मक संघर्ष सिद्धान्त की आलोचना

(Criticism of Dahrendorf's Dialectical Conflict Theory)

शायद डेहरेन्डॉर्फ के द्वन्द्वात्मक संघर्ष सिद्धान्त की तीखी आलोचना *पीटर वेनगार्ट* (Peter Weingart) ने की है। उनका तर्क है कि डेहरेन्डॉर्फ ने मार्क्स से हटकर द्वन्द्वात्मक संघर्ष का जो सिद्धान्त रखा है, यद्यपि उसकी बहुत बड़ी उपयोगिता है पर डेहरेन्डॉर्फ कारणात्मक विश्लेषण की विधि में कमजोर हैं। डेहरेन्डॉर्फ मार्क्स के सिद्धान्त को बुनियादी रूप से तो चुनौती नही देते, पर सिद्धान्त निर्माण का उनका उपागम मार्क्स से भिन्न है। मार्क्स की विशिष्टता यह है कि उन्होंने अपने सिद्धान्त को *कारणात्मक विश्लेषण* (Causal Analysis) के स्तर पर प्रस्तुत किया है। इस कारणात्मक विश्लेषण में टर्नर कुछ आपत्तियां रखते हैं। उनका कहना है कि डेहरेन्डॉर्फ यह भूल जाते हैं कि संघर्ष जहां सामाजिक संरचना में परिवर्तन लाता है, वहां यह परिवर्तन भी संघर्ष का एक कारण होता है। दूसरे शब्दों में संघर्ष से सामाजिक परिवर्तन तो होता है, लेकिन सामाजिक परिवर्तन भी संघर्ष लाता है। ऐसी ही कुछ और कठिनाइयां जो आनुभविकता से जुड़ी हुयी है, कारणात्मक विश्लेषण को कठिन बना देती हैं। इसी कारण टर्नर की दृष्टि में डेहरेन्डॉर्फ का कारणात्मक विश्लेषण कमजोर हो जाता है। यहां हम डेहरेन्डॉर्फ के संघर्ष सिद्धान्त की कुछ मुख्य आलोचनाओं को प्रस्तुत करेंगें :

1. डेहरेन्डॉर्फ के द्वन्द्वात्मक संघर्ष सिद्धान्त की सबसे बड़ी कमजोरी जिसका उल्लेख टर्नर ने किया है, वह यह है कि उन्होंने जिन अवधारणाओं को प्रयुक्त किया है *उन्हें चरों* (Variables) की तरह कहीं भी परिभाषित नहीं किया है। उदाहरण के लिये डेहरेन्डॉर्फ की केन्द्रीय अवधारणाएं–प्राधिकरण, प्रभुत्व/अधीनता (Domination/Subjugation) और हेतु चर की तरह कहीं भी प्रयुक्त नहीं हुयी है। यह ठीक है कि जब शक्ति को समाज वैधता देता है, तो वह प्राधिकार बन जाता है। लेकिन यह प्राधिकार चर भी है। कहीं पर प्राधिकार अधिक है और कहीं कम। प्राधिकार की तरह की प्रभुत्व अधीनता, हेतु आदि अवधारणाएं भी चर की तरह परिभाषित नहीं है। यह इसी कारण कि डेहरेन्डॉर्फ के अमूर्त प्रस्ताव बराबर अस्पष्ट बने रहते हैं। डेहरेन्डॉर्फ को करना तो यह था कि वे इन अवधारणाओं को स्पष्ट रूप से परिभाषित करके चर के रूप में इन्हें *वर्गीकृत* (Typology) करते।
2. विधि के संदर्भ में भी डेहरेन्डॉर्फ के संघर्ष सिद्धान्त की आलोचना हुई है। इन्होंने जहां तक सम्भव हुआ है अवधारणाओं को सामान्य रूप से परिभाषित किया है। ये परिभाषाएं इतनी सामान्य हैं कि इन्हें केवल अस्थाई (Ad hoc) ही कहा जा सकता है। उदाहरण के लिये डेहरेन्डॉर्फ शक्ति, वैधता, प्राधिकार, हित, प्रभुत्व और यहां तक कि संघर्ष को सामान्य रूप से ही परिभाषित करते हैं। यह कहना बहुत सरल है कि मनुष्य जीवन में संघर्ष होता है, लेकिन इस संघर्ष को विश्व स्तर पर कैसे मापा जा सकता है, यह स्पष्ट करना अथवा परिभाषित करना भी आवश्यक है। वैमनस्य भी संघर्ष है और युद्ध भी संघर्ष है। संघर्ष होते हुये भी अपनी गहराई में दोनों प्रकार के संघर्ष के स्वरूप भिन्न है। डेहरेन्डॉर्फ के पास संघर्ष के इस परिमाण के मूल्यांकन का कोई वैज्ञानिक पैमाना नहीं है।
3. डेहरेन्डॉर्फ के सिद्धान्त में बहुत बड़ी कठिनाई तब आती है जब हम आनुभविक क्षेत्र में इसका परीक्षण करते हैं। लेकिन यह कमजोरी केवल डेहरेन्डॉर्फ के सिद्धान्त की ही नही है, वरन् सामान्यतया इस तरह कि विधि सम्बन्धी समस्याएं हर सिद्धान्त के साथ आती है। इसमें डेहरेन्डॉर्फ भी अपवाद नही है।

सारांश

डेहरेन्डॉर्फ ने पारसंस के प्रकार्यवाद की आलोचना करने में कोई कोताही नहीं बरती है। किसी भी आलोचना का यदि कोई कटु रूप होता है तो वह हमें पारसंस की प्रकार्यवाद की आलोचना में देखने को मिलता है। डेहरेन्डॉर्फ ने प्रकार्यवाद की कटु आलोचना करते हुये कहा कि *प्रकार्यवाद तो केवल एक यूटोपिया यानि आदर्शलोक है*। यह लोक रामराज्य है। जिसकी इच्छा में जो आये, प्रकार्यवाद के बारे में लिखे, ठीक है। डेहरेन्डॉर्फ का द्वन्द्वात्मक संघर्ष सिद्धान्त, क्या आदर्श लोक से आगे बढ़ा है? क्या वास्तविक धरती से जुड़ा हुआ है? इसका उत्तर हमें टर्नर की कतिपय स्थापनाओं में मिलेगा। डेहरेन्डॉर्फ जब अपना

शब्दाडम्बर अपनी बहु प्रयुक्त अवधारणाओं द्वन्द्व, प्रभुत्व, अधीनता, और संघर्ष के मुखौटे को अपने सिद्धान्त के काम में लाते है तब वे भी पारसंस के *आदर्शलोक* (Utopia) के समकक्ष आ जाते हैं। *डेहरेन्डॉर्फ का आदर्श सूचक समन्वित समाज (आसस : ICA) और कुछ ने होकर पारसंस की सामाजिक व्यवस्था (Social Systems) ही है, जिसे डेहरेन्डॉर्फ भूमिका व प्राधिकार कहते हैं। यह पारसंस का सामाजिक नियंत्रण है। जिस प्रकार पारसंस अपनी कृतियों में बेशुमार लफ्फाजी करते हैं, वैसे ही डेहरेन्डॉर्फ की संघर्ष की अवधारणा भी एकदम अस्पष्ट व धुंधली है। जिस तरह पारसंस सामाजिक परिवर्तन के लिये प्रकार्यात्मक आवश्यकताओं (Functional Needs) को आवश्यक समझते हैं, वैसे ही सामाजिक परिवर्तन के विश्लेषण में डेहरेन्डॉर्फ संघर्ष को आवश्यक समझते हैं।* इस तरह जब डेहरेनडॉर्फ यह दावा करते हैं कि उनका सिद्धान्त आदर्शलोक के सुनहरे राजपथ को छोडकर धरती से जुड़े जनपथ पर आ गया है तो हमें डेहरेन्डॉर्फ पर संदेह होने लगता है। शायद डेहरेन्डॉर्फ की यह आलोचना जहर से भी अधिक कड़वी है, फिर भी डेहरेन्डॉर्फ का द्वन्द्वात्मक संघर्ष सिद्धान्त सामाजिक व्यवस्था की संघर्ष प्रकियाओं के विश्लेषण में बहुत आवश्यक व उपयोगी है। सामाजिक यथार्थता द्वन्द्वात्मक संघर्ष के अतिरिक्त भी बहुत कुछ है और यहीं पर डेहरेन्डॉर्फ और अधिकांश संघर्ष सिद्धान्तवेत्ता गलत हो जाते हैं। इन सिद्धान्तवेत्ताओं को संघर्ष की प्रक्रियाओं का विश्लेषण अधिक गहराई से करना चाहिये था।

लेविस कोजर

(Lewis A. Coser)

1960-70 में प्रकार्यवाद की जो भी आलोचना हुयी है, वे सब मिलाकर एक जैसी हैं। संघर्ष सिद्धान्तवेत्ताओं ने प्रकार्यवाद पर यही आरोप दोहराया है कि उसकी समाज की कल्पना दोषपूर्ण है। सर्वसम्मति, एकता और एकीकरण-यह सब समाज में व्याप्त नहीं है। समाज का एक पहलू संघर्ष का भी है। पूरे दो दशकों तक इसी तरह के आरोप संघर्ष सिद्धान्तवेत्ता समाज व्यवस्था पर लगाते रहे हैं। इन आरोपों को रस्मी या मानक आरोप भी कहा जा सकता है। दूसरी ओर प्रकार्यवाद का जो विकल्प संघर्ष सिद्धान्तवेत्ताओं ने दिया है उस प्रकार्यवाद के भी कई प्रकार है। निश्चित रूप से मार्क्स के संघर्ष का विकल्प डेहरेन्डॉर्फ से भिन्न है, और डेहरेन्डॉर्फ का संघर्ष कोजर से भिन्न है। यद्यपि कोजर ने पारसंस के प्रकार्यवाद की आलोचना में बराबर कहा है कि यह प्रकार्यवाद समाज में संघर्ष की गुत्थी को नहीं सुलझा पाया। कोजर ने डेहरेन्डॉर्फ के द्वन्द्वात्मक सिद्धान्त की आलोचना भी इसी मुद्दे पर की। फिर भी कोजर अपने विश्लेषण में संघर्ष सिद्धान्त को कोई अर्थपूर्ण संशोधन दे पाये हो, ऐसा नही है। कोजर का संघर्ष सिद्धान्त इनकी पुस्तक *"द फंक्शन ऑफ सोशल कन्फ्लिक्ट"* (The Functions of Social Conflict, 1956) में सबसे पहली बार देखने में आया। टर्नर कोजर के सिद्धान्त को *संघर्ष प्रकार्यवाद* (Conflict Functionalism) कहते हैं।

संघर्ष की प्रक्रिया को टर्नर प्रकार्यवाद इसलिये कहते हैं क्योंकि कोजर यह मानकर चलते हैं कि संघर्ष व्यवस्था के एकीकरण और अनुकूलन को बनाये रखता है। *वस्तुतः उनका यह अभिमत है कि प्रत्येक सामाजिक व्यवस्था की अपनी आवश्यकताएं (Needs) होती हैं। इन आवश्यकताओं की पूर्ति संघर्ष द्वारा ही होती है यानि कोजर व्यवस्था को तो बनाये रखना चाहते हैं लेकिन व्यवस्था की इस निरन्तरता में संघर्ष प्रकार्यात्मक भूमिका अदा करता है।* इसी कारण टर्नर कोजर के संघर्ष को प्रकार्यवादी मानते हैं। इधर मार्क्स व डेहरेन्डॉर्फ व्यवस्था को बनाये रखने का तर्क नहीं देते। वे तो कहते हैं कि व्यवस्था सड़-गल गई है और इसके स्थान पर नयी व्यवस्था का निर्माण करना चाहिये।

कोजर का जन्म जर्मनी के बर्लिन शहर में 1913 में हुआ था। वे अपने शैक्षणिक जीवन में सामाजिक नीति और राजनीति में रूचि रखते थे। दूसरे विश्वयुद्ध के दौरान कोजर ने अमेरिका के शिकागो और ब्रांडीज विश्वविद्यालयों में अध्यापन किया। उन्होंने अपनी डॉक्टरेट की उपाधि को अमेरिका के कोलम्बिया विश्वविद्यालय से प्राप्त किया। उन्होंने अपने शैक्षणिक जीवन का बहुत बड़ा भाग ब्रांडीज में बिताया। यहीं पर वे व्याख्याता के पद से प्रोफेसर के पद तक पहुँचे। 1968 के बाद न्यूयार्क विश्वविद्यालय में उन्होंने समाजशास्त्र के प्रोफेसर की तरह विशिष्टता प्राप्त की। अमेरिकी समाजशास्त्र परिषद् के 1975 में वे अध्यक्ष थे।

कोजर की कृतियों में हमें दो बातें बहुत स्पष्ट रूप में देखने को मिलती है। पहली बात तो यह कि उनकी राजनीति में गहनरूचि थी। दूसरी यह कि वे तत्कालीन समाज की प्रकृति के साथ अपने विचारों को बराबर जोड़ते थे। उन्होंने पाया कि अमेरिकन समाज में मिलने वाला विभेदीकरण और सामाजिक टूटन है। फिर भी उनका दृढ़ विचार था कि किसी भी अमेरिका जैसे खुले समाज को हर हालत में खुला ही रहने देना चाहिये। कोजर दृढ़तापूर्वक इस तर्क को रखते हैं कि अब सामाजिक विश्लेषण में संघर्ष को सर्वोच्च प्राथमिकता देनी चाहिये। हुआ यह है कि अब तक प्रकार्यात्मक सैद्धान्तिकरण ने शक्ति और हेतु के क्षितिजों को एकदम अनछुआ रखा है। मजेदार बात यह है कि *कोजर संघर्ष के विश्लेषण में न तो मार्क्स के अनुयायी हैं और न डेहरेन्डॉर्फ को स्वीकारते हैं। उनके सिद्धान्त का दबाव या जो कुछ और है। वे डेहरेन्डॉर्फ के सिद्धान्त में संशोधन करना चाहते हैं और कहते हैं संघर्ष का परिणाम अनिवार्य रूप से हिंसात्मक होता हो, ऐसा नहीं है। डेहरेन्डॉर्फ तो तर्क देते हैं कि संघर्ष द्वारा ही सामाजिक व्यवस्था में अनुकूलन और एकीकरण आते हैं। कोजर के अनुसार, इसलिये, संघर्ष की बहुत बड़ी भूमिका व्यवस्था में अनुकूलन और एकीकरण बनाये रखना है। यदि संघर्ष नहीं हुआ तो व्यवस्था स्वयं बेतरतीब हो जायेगी। इसी कारण संघर्ष व्यवस्था के लिये सकारात्मक प्रकार्य है। अतः कोजर प्रकार्यवाद की आलोचना में कहते हैं कि इसका उपागम प्रत्येक स्थिति में संघर्ष की उपेक्षा करना है।*

कोजर की सामाजिक संगठन की कल्पना

(Coser's Image of Social Organisation)

कोजर के बारे में बहुत विचित्र बात यह है कि वे एक तरफ तो संघर्ष की भूमिका व्यवस्था को बनाये रखने में देखते हैं, वहीं दूसरी ओर वे दुर्खाइम की आलोचना भी करते हैं। दुर्खाइम को प्रकार्यवाद का जनक कहा जा सकता हे। इसी दुर्खाइम के सिद्धान्त को कोजर दकियानूस और रूढ़िवादी मानते हैं। कोजर का आरोप है कि दर्खाइम ने हमेशा हिंसा और असहमति को विघटनकारी प्रक्रिया बताया है। मजेदार बात यह है कि कोजर एक ओर तो दुर्खाइम को नकारते हैं तथा दूसरी ओर उनके पद चिन्हों पर चलते हैं। जिस प्रकार दुर्खाइम समाज की तुलना सावयव (Organism) से करते हैं, उसी तरह कोजर भी हिंसा को शरीर पर होने वाले दर्द की तरह मानते हैं। जैसे शरीर को कोई घाव शरीर को दर्द देता है, वैसे ही कोजर के तर्क में हिंसा समाज रूप शरीर को दर्द देती है। एक और दृष्टांन्त है जिसमें कोजर असहमति को सामाजिक शरीर की बीमारी मानते हैं। इन सब मान्यताओं से स्पष्ट है कि दुर्खाइम का विरोध करते हुये भी कोजर सावयवाद को नकारते नहीं है।

अपनी पुस्तक "*द फंक्शन्स ऑफ सोशल कन्फ्लिक्ट*" में कोजर ने समाज की एक कल्पना भी की है। उसकी एक प्रतिमा बनाई है। इसे हम निम्न बिन्दुओं में रखेंगे।

1. सामाजिक दुनिया को हम पारस्परिक रूप से जुड़े हुए विभिन्न भागों की एक व्यवस्था की तरह देख सकते हैं। इस व्यवस्था में आर्थिक क्रियाएं, राजनीतिक दल, शिक्षा पद्धति, विभिन्न व्यवसाय नगर-शहर समुदाय आदि परस्पर रूप से जुड़े हुए हैं। यही सामाजिक दुनिया है।
2. सभी सामाजिक व्यवस्थाएं किसी न किसी तरह असाम्यानुकूलन, तनाव और संघर्ष के शिकार हैं। ये तनाव व संघर्ष, सामाजिक व्यवस्था के विभिन्न भागों में देखने को मिलते हैं।
3. सामाजिक व्यवस्थाओं में ऐसी प्रक्रियाएं काम करती हैं जो एकीकरण व अनूकूलन को बढ़ाने के लिये सामाजिक परिवर्तन का प्रयास करती हैं।
4. सामाजिक व्यवस्था में काम करने वाली कई प्रक्रियाएं हिंसा, असहमति, विचलन, और संघर्ष जो समाज को विघटनकारी बनाती हैं, उन्हें समाज की बुनियाद को सुदृढ़ करने वाली अनुकूलन और एकीकरण प्रक्रियाओं के रूप में देखा जाना चाहिये। मतलब हुआ कि हिंसा, असहमति, संघर्ष आदि व्यवस्था के लिये केवल टूटन पैदा करने वाली प्रक्रियाएं ही नहीं है, बल्कि कुछ निश्चित दशाओं में ये प्रकियाएं व्यवस्था में अनुकूलन व एकीकरण लाने वाली भी हो सकती हैं।

इस भांति कोजर समाज में संघर्ष का होना अपरिहार्य तो मानते हैं, लेकिन साथ में उनका यह तर्क भी है कि संघर्ष की इन प्रक्रियाओं द्वारा व्यवस्था के साथ ताल-मेल बिठाया जा सकता है। ताल-मेल बिठाने वाली ये प्रक्रियाएं अनिवार्य रूप से अनुकूलन व एकीकरण

है। समाज या सामाजिक व्यवस्था की इस स्थिति को स्वीकार करते हुए कोजर ठीक डेहरेन्डॉर्फ की तरह कुछ प्रस्ताव रखते हैं। इस प्रस्तावों में वे यह बताते हैं कि *किन्हीं विशेष दशाओं में संघर्ष समाज में असहमति और विघटन पैदा करता है।* उदाहरण के लिये यह सही है कि गाँवों के लोग जब रोजगार के लिये शहर में आते हैं तो उनके पारम्परिक परिवार टूट जाते हैं। यह भी सही है कि आज समाज की जो दशाएं हैं उनमें जाति व्यवस्था टूट रही है, यानि संघर्ष व तनाव से परिवार व जाति में विघटन हो रहा है। लेकिन कोजर के संघर्ष सिद्वान्त का दूसरा क्षितिज यह है कि कुछ खास परिस्थितयों में संघर्ष के कारण सामाजिक संस्थाओं में एकीकरण व अनुकूलन भी आये हैं। एम. एस. गोटे कहते हैं कि शहरों के संयुक्त परिवारों में व्यावसायिक दृष्टि से संघर्ष ने परिवारों को विघटित नहीं किया है। इसी भांति जाति व्यवस्था को कुछ खास दशाओं में यदि संघर्ष ने कमजोर किया है तो आवागमन, संचार, शिक्षा आदि दशाओं में जाति व्यवस्था में सुदृढ़ता भी आयी है।

कोजर के विश्लेषण को हम कुछ इस तरह देख सकते हैं : (1) व्यवस्था के विभिन्न भागों में जब असंतुलन आता है, एकीकरण टूटता है, तब (2) व्यवस्था के विभिन्न भागों में कई तरह के संघर्ष देखने को मिलते हैं, (3) इसके परिणामस्वरूप व्यवस्था में एक प्रकार का एकीकरण लाया जाता है, जिससे (4) व्यवस्था की संरचना में लचीलापन आ जाता है। कोजर की समाज के सम्बन्ध में इस प्रकार की कल्पना दिखने में बहुत साफ-सुथरी है, लेकिन जब खुलासे से इस व्यवस्था का निर्वचन होता है तो हमारे सामने व्यवस्था के विश्लेषण की समस्याएं आती हैं। जिसे कोजर अनुकूलन व एकीकरण कहते हैं, वास्तव में वे व्यवस्था की आवश्यकताएं हैं। सच में देखा जाये तो यह व्यवस्था की स्वाभाविक प्रकृति है कि वह साम्यानुकूलन की अवस्था में आ जाये। किसी भाग दौड़ में यह मर्टन का दृष्टान्त है, छिपकली पीठ के बल उल्टी हो जाती है। यह संघर्ष की अवस्था है। लेकिन बिना किसी सहारे के छिपकली पेट के बल होने के लिये हर से जूझती है। इस तरह के संघर्ष तो व्यवस्था में अपने आप जुड़े होते हैं। और हर व्यवस्था की यह क्षमता होती है कि वह व्यवस्था को अपनी यथास्थिति में बनाये रखें। लेकिन यहां हम रूकेंगे। आगे चलकर हम कोजर के सिद्वान्त पर खुलकर विचार करेंगे। यहां इतना ही पर्याप्त है कि संघर्ष की उपयोगिता कोजर के लिये, व्यवस्था में एकीकरण और अनुकूल लाने की है।

सामाजिक संघर्ष और उद्‌गम और उसके प्रकार

(Origin and Types of Social Conflict)

कोजर की एक विशेषता है कि जब वे संघर्ष के उद्‌गम की चर्चा करते हैं तो इस तथ्य पर अधिक जोर देते हैं कि संघर्ष का मूल कारण लोगों के संवेग हैं। इस बारे में वे सीमेल से सहमत है कि लोगों में *आक्रामणशील* (Aggressive) या *शत्रुतापूर्ण* (Hostile) आवेग होते हैं। और इस तरह जिन व्यक्तियों के साथ लोगों के निकट सम्बन्ध होते हैं उन्हें वे प्यार व घृणा की दृष्टि से देखते हैं। बात यह है कि वे लोग जो हमारे बहुत नजदीकी होते हैं उनसे

असहमति, संघर्ष या स्नेह के सम्बन्ध विकसित करना बहुत स्वाभाविक है। इस प्रकार के घृणा और प्रेम के आवेग किसी तरह यह नहीं बताते कि हमारे अपने नजदीकी लोगों के साथ सम्बन्ध टूट गये हैं। इस कारण सीमेल और संघर्ष से स्वरूपों को उनकी आवृति को सामाजिक संस्थाओं और सामाजिक भूमिकाओं के संदर्भ में देखना चाहिये। इसका बहुत अच्छा दृष्टान्त देते हुये कोजर कहते हैं कि विभिन्न देशों में बच्चे अपने माता-पिता से विभिन्न प्रकरणों व प्रसंगों में लड़ते हैं। माता-पिता व बच्चों के बीच की यह आक्रमणशीलता टाली नहीं जा सकती। बच्चे घड़ी में मां-बाप से लड़ते हैं और घड़ी में स्नेह से निपट जाते हैं। भाई-बहिन भी इसी तरह नोक-झोंक करते रहते हैं। इस तरह की आक्रमणशीलता को परिवार यानि माता-पिता और बच्चों के संदर्भ में देखा जाना चाहिये।

कोजर ने बुनियादी रूप में संघर्ष के दो प्रकार बताये हैं : (1) *वास्तविक* (Realistic) *और अवास्तविक (Non-realistic)। वास्तविक संघर्ष में, प्रायः लोग संघर्ष को अपनी इच्छाशक्ति का सशक्त साधन मानते हैं। यदि उनकी इच्छा बिना संघर्ष किये पूरी हो जाये तो वे तुरन्त संघर्ष छोड़ देंगे। इस दृष्टि से संघर्ष को अपनाने का कारण तार्किक है–कोई आवेग या संवेग नहीं। जब श्रमिक संगठन या छात्र संघ किसी संघर्ष का आह्वान करते हैं तो उसके पीछे निश्चित मांगें होती है। इन मांगों के पीछे तर्क होते हैं और इसी कारण इस प्रकार के संघर्ष को कोजर वास्तविक संघर्ष कहते हैं। इस संघर्ष का संदर्भ संस्थागत होता है।*

अवास्तविक संघर्ष किसी मांग या इच्छा की पूर्ति का साधन न होकर केवल यही बताता है कि लोग तोड़-फोड़ कर सकते हैं। इस तरह के अवास्तविक संघर्ष में प्रायः लोग अपनी दबी हुई भावनाओं को अभिव्यक्ति देते हैं। ये एक तरह के लोगों के मन का रोष है। साम्प्रदायिक दंगें, प्रदर्शन आदि अवास्तविक संघर्ष के दृष्टान्त हैं।

कोजर जब सामाजिक संघर्ष का विश्लेषण करते हैं तब बार-बार कहते हैं–तर्क देते हैं कि *संघर्ष का परिणाम अन्ततोगत्वा सामाजिक परिवर्तन होता है*। संघर्ष के कारण नवीनीकरण भी आता है। नये-नये हथियारों का आविष्कार संघर्ष की तैयारी के कारण ही होता है। हमारे देश में जमीन से जमीन पर मार करने वाले "अग्नि" प्रक्षेपास्त्र आविष्कार को इसी संदर्भ में देखा जाना चाहिये। कोजर ने संघर्ष के सिद्धान्त को बराबर इस तरह विकसित किया है कि इसकी भूमिका समाज की सुदृढ़ता को बनाये रखने में है। इससे कोजर का यह मतलब नहीं है कि किसी भी समूह के जीवित रहने के लिये संघर्ष का होना अनिवार्य है। वे दृढ़तापूर्वक केवल यही कहना चाहते हैं कि यदि संघर्ष की विघटनकारी भूमिका है तो निश्चित रूप से इसकी एक सशक्त सकारात्मक भूमिका समाज या समूह के सदस्यों को एक सूत्र में बांधे रखना भी है।

कोजर ने संघर्ष का दोहरा वर्गीकरण एक दूसरे संदर्भ में भी किया है। इसमें पहला प्रकार *बाहरी संघर्ष* (External Conflict) का और दूसरा *आंतरिक संघर्ष* (Internal

Conflict) का है। बाहरी संघर्ष वह है जो समाज या समूह के बाहर से आता है। यदि हमारा देश किसी दूसरे देश के आक्रमण को झेलता है, जूझता है तो यह देश यानि समाज या समूह के बाहर का संघर्ष है। *बाहरी संघर्ष समूह को सुदृढ़ करता है, समूह की शिनाख्त बनाये रखता है*। कोजर का इस प्रकार का कथन न केवल सीमेल के साथ जुड़ा है, बल्कि मार्क्स से भी जुड़ा हुआ है। मार्क्स भी कहते हैं कि संघर्ष वर्ग के लोगों को सामाजिक चेतना देता है। यह संघर्ष ही है जो एक वर्ग को दूसरे वर्ग से अलग कर देता है। सीमेल और मार्क्स की तरह कोजर का भी तर्क है कि बाहरी संघर्ष प्रायः समूह को सुदृढ़ता देता है। यह समूह के सदस्यों में इस बात की चेतना देता है कि उनके समूह की अपनी एक विशेष पहचान है, और वह बनी रहनी चाहिये।

जब कोजर आंतरिक संघर्ष की चर्चा करते हैं तब वे दुखाईम, मीड़ और यहां तक कि मार्क्स का अनुसरण करते हैं। जब समूह का कोई सदस्य बुरी संगत में पड़ जाता है, समूह के मानक व मूल्यों को नहीं मानता, इस तरह से जब विचलन (Deviance) हो जाता है तो सम्पूर्ण समूह को यह स्पष्ट हो जाता है कि समूह के मानकों की अवहेलना करना जोखिम से खाली नहीं है। जाति व्यवस्था में कुछ ऐसे विचलन होते हैं, जिनके करने पर सदस्य को बहिष्कार या दण्ड भुगतना होता है। हुक्का-पानी बन्द कर देना, जाति से निकाल देना, यह सब जाति द्वारा दिये गये दण्ड हैं। कोजर की मान्यता है कि आतंरिक संघर्ष समूह के जीवित रहने की शक्ति को बढ़ा देता है। यही आतंरिक संघर्ष समूह को सुदृढ़ता व स्थायित्व देता है। यहां भी कोजर सीमेल के तर्क से सहमत हैं कि आतंरिक संघर्ष एक तरह का *सेफ्टी वाल्व* (Safety Valve) है जो सदस्य को दंड़ित करके व्यवस्था के प्रतिरूप को बनाता रखता है। सब मिलाकर आतंरिक संघर्ष की भूमिका को समूह की सुदृढ़ता के लिये आवश्यक बनाते हुये कोजर कहते हैं कि जितना अधिक आतंरिक संघर्ष होगा, समूह में उतनी ही अधिक मजबूती व सजातीयता आयेगी।

संघर्ष के कारणों से सम्बद्ध कोजर के प्रस्ताव

(Coser's Propositions on the Causes of Conflict)

कोजर ने जो प्रस्ताव रखे हैं, जिनका उल्लेख हम नीचे करेंगे, उनके निर्माण में वे जार्ज सिमेल (George Simmel) से अधिक प्रभावित दिखते हैं। सिमेल का सामाजिक व्यवस्था का विश्लेषण जहां पैना है, वहीं विचारोत्तेजक भी है। सिमेल की जो प्रारम्भिक *अन्तर्दृष्टि* (Insight) थी, उसी को कोजर ने विस्तृत किया है। कोजर के प्रस्ताव जहां संघर्ष के विभिन्न प्रकार्यों से सरोकार रखते हैं, वहीं ये प्रस्ताव विश्लेषण की समस्याएं भी प्रदान करते हैं। कोजर ने, यह मानना पड़ेगा संघर्ष के संदर्श को अधिक विस्तृत किया है। जो कुछ प्रस्ताव कोजर ने रखे हैं, उसमें वे अपने आपको इन बिन्दुओं पर केन्द्रित करते हैं : (1) संघर्ष के कारण, (2) संघर्ष से हिंसा, (3) संघर्ष की अवधि और (4) संघर्ष के प्रकार्य।

संघर्ष के कारणों से सम्बद्ध कोजर के प्रस्ताव

(Coser's Propositions on the Causes of Conflict)

कोजर ने अपनी पुस्तक द फंक्शन ऑफ सोशल कंफ्लिक्ट (The Functions of Social Conflict, 1956) में संघर्ष के विभिन्न पहलुओं पर कुछ प्रस्ताव (Propositions) रखे हैं। वस्तुतः इन प्रस्तावों की प्रकृति प्राक्कल्पनात्मक है। उन्होंने अपने प्रस्तावों को संघर्ष के पांच पहलुओं पर केन्द्रित किया है :

(1) संघर्ष के कारणों से सम्बन्धित प्रस्ताव

आखिर संघर्ष क्यों होता है? इसके उत्तर में कोजर ने मुख्य रूप से दो प्रस्ताव रखे हैं। पहला तो यह है कि *गैर-बराबरी के प्रश्न पर जब अधिक संख्या में अधीनस्थ सदस्य विरोध करते हैं, गैर-बराबरी को वैधता नहीं देते तो इससे संघर्ष प्रारम्भ होता है।*

दूसरा, *जब अधीनस्थ लोगों के सीमित अभाव अभियोग सामान्य अधीनस्थों के अभाव अभियोग बन जाते हैं, तब संघर्ष व्यापक हो जाता है।*

मतलब हुआ जब कुछ लोगों की गरीबी व त्रासदी सामान्य जन जीवन की त्रासदी बन जाती है, संघर्ष *सापेक्षिक* (Relative) हो जाता है।

(2) हिंसात्मक संघर्ष से सम्बन्धित प्रस्ताव

जब समूह के सदस्य *वास्तविक मुद्दों के निदान के लिये किसी तरह का समझौता करना चाहते हैं, बातचीत द्वारा किसी हल को निकालने की बात करते हैं, तब हिंसात्मक संघर्ष कमजोर हो जाता है।* लेकिन *जब अवास्तविक मुद्दों पर संघर्ष होता है और लोगों के आवेग बढ़ जाते हैं तब संघर्ष के अधिक हिंसात्मक होने की सम्भावना बढ़ जाती है।*

(3) संघर्ष की अवधि से सम्बन्धित प्रस्ताव

संघर्ष कितने समय चलेगा, उसकी अवधि कितनी होगी, इन प्रश्नों पर भी कोजर ने कतिपय प्रस्ताव रखे हैं : उदाहरण के लिये उनका प्रस्ताव है कि (1) *जिन लक्ष्यों की प्राप्ति के लिये संघर्ष होता है, यदि उन लक्ष्यों के प्रति सर्वसम्मति कम होती है, तो ऐसे संघर्ष की अवधि लम्बी होगी।* कोजर का दूसरा प्रस्ताव यह है कि (2) *विरोधी दलों के संघर्ष सम्बन्धी लक्ष्य अगर थोड़े होते हैं, तो यह सम्भावना है कि ऐसा संघर्ष लम्बी अवधि तक चलेगा,* लेकिन दूसरी ओर (3) *यदि संघर्षरत समूह का नेतृत्व इस क्षमता का है कि वह आन्दोलन को वापस ले लें, तब आन्दोलन की अवधि स्वतः छोटी हो जायेगी।*

(4) समूह के लिये संघर्ष की उपादेयता सम्बन्धी प्रस्ताव

इस प्रस्ताव में कोजर का कहना है कि *संघर्ष समूह की शिनाख्त को बनाये रखने में महत्वपूर्ण भूमिका अदा करता है।* उदाहरण के लिये (1) *जब कोई संघर्ष अधिक हिंसात्मक होता है, तो ऐसे संघर्ष में विभिन्न समूहों की पहचान बहुत स्पष्ट हो जाती है।* इसी तरह (2) *जब समूह*

के अधिकांश लोग यह विश्वास करने लगते हैं कि अमुक जन कल्याण योजना जिसे वापस से लिया गया है, सभी समूहों को प्रभावित करती है, ऐसी अवस्था में संघर्ष समूह के लोगों में संरचनात्मक और विचारात्मक एकता स्थापित करता है।

(5) संघर्ष के सम्पूर्ण समाज को प्रभावित करने वाले प्रकार्यों से सम्बन्धित प्रस्ताव

समाज में (1) *जितनी अधिक गैर-बराबरी होगी और इसी तरह प्रकार्यों के क्षेत्र में अन्तर्निभरता होगी, व्यवस्था में उतने ही अधिक संघर्ष होंगे। लेकिन ऐसे संघर्षों की तीव्रता कम होगी*। और इससे अधिक आगे (2) *संघर्षों की आवृति जितनी अधिक होगी उतनी ही कम उनकी गहनता होगी, उतनी ही कम हिंसा होगी*।

कोजर के सिद्धान्त का मूल्यांकन

यह बात निश्चित है कि डेहरेन्डॉर्फ का संघर्ष सम्बन्धी एक तरफा विश्लेषण था, उसमें कोजर ने संशोधन किया है। दूसरी ओर यह भी निश्चित रूप से कहा जा सकता है कि कोजर ने अपने सिद्धांन्त में सीमेल को पुनः स्थापित किया है। यह सब होते हुये भी कहना चाहिये कि कोजर का सिद्धान्त भी परिणाम में एक तरफा सिद्धान्त ही सिद्ध होता है। वे अपने सिद्धान्त के प्रारम्भ में पूरी शक्ति से यह तो कहते हैं कि किसी भी समाज में अवपीड़न, ताकत, दबाव और संघर्ष अनिवार्य रूप से होते हैं। इस तरह के बयानों के बाद वे दूसरी सांस में यह भी कहते हैं कि समाज के लिये संघर्ष की भूमिका अनुकूलन और एकीकरण की है। एक तरह से पारसंस व डेहरेन्डॉर्फ की तरह कोजर भी शब्दाडंबर का एक जाल अपने सिद्धान्त के ताने-बारे में रखते हैं। वास्तव में कोजर का शब्दाडंबर सीमेल की कृतियों से आया है। बहुत कुछ कोजर ने मार्क्स की द्वन्द्वात्मकतावाद से उधार लिया है। यद्यपि कोजर सामाजिक परिवर्तन के लिये संघर्ष को आवश्यक समझते हैं, फिर भी संघर्ष की बहुत बड़ी भूमिका व्यवस्था में एकीकरण और अनुकूलन लाने की है। ऐसे दृष्टिकोण में सामाजिक परिवर्तन की केन्द्रीयता द्वैतियक हो जाती है और प्राथमिक रह जाता है एकीकरण व अनुकूलन।

कोजर के सैद्धान्तिक तर्क को यदि सम्पूर्ण रूप में देखा जाये तो इसका बहुत बड़ा आधार प्रकार्यवाद है। कोजर का सम्पूर्ण ध्यान इस बात पर केन्द्रित है कि किसी तरह व्यवस्था का प्रतिमान या उसकी यथास्थिति बराबर बनी रहे। संघर्ष से होने वाले लाभ या नुकसान को वे व्यवस्था की यथास्थिति के रूप में देखते हैं। इसी कारण टर्नर कोजर के संघर्ष को *प्रकार्यवादी संघर्ष* (Conflict Functionalism) के नाम से पुकारते हैं। इसका मतलब हुआ संघर्ष का प्रकार्य व्यवस्था को बनाये रखना है। वेलेस रूथ और तुल्फ ऐलिसन कोजर को और इसी तरह डेहरेन्डॉर्फ तथा रेण्डाल कोलिंस को *विश्लेषणात्मक संघर्ष सिद्धान्तवेत्ताओं* (Analytic Conflict Theorists) की श्रेणी में डालते हैं। इन विचारकों के सिद्धान्त विश्लेषणात्मक इसलिये कहे जाते हैं क्योंकि इनमें वस्तुगत या वैज्ञानिक समाजशास्त्र का विकास हुआ है।

कोजर के संघर्ष सिद्धान्त का बहुत बड़ा योगदान यह है कि वे इस तथ्य को स्थापित करते हैं कि प्रत्येक समाज में संघर्ष अनिवार्य है। लेकिन यह संघर्ष व्यवस्था में एकीकरण व अनुकूलन लाने के लिये उपयोगी है। इससे व्यवस्था में स्थायित्व आता है, निरन्तरता आती है और सदस्यों का विचलन अन्य सदस्यों के लिये सुदृढ़ता का कारण बनता है। यह संघर्ष ही है जो किसी भी सामाजिक व्यवस्था को उसकी पहचान देता है और इससे आगे प्रत्येक सामाजिक परिवर्तन संघर्ष जनित होता है।

रेन्डाल कोलिन्स (Randall Collins)

कोलिन्स एक युवा संघर्ष सिद्धान्तवेता हैं जिनका जन्म अमेरिका में 1941 में हुआ। ये संघर्ष सिद्धान्तवेताओं की श्रृंखला में आधुनिकतम हैं। इनकी पुस्तक *"कानफ्लिक्ट सोशियालॉजी : टुवर्ड एन एक्सप्लनेटरी साइंस"* (Conflict Sociology: Toward an Explanatory Science, 1975) इस सम्बन्ध में एक उल्लेखनीय ग्रन्थ है। वास्तव में कोलिन्स फ्रेंकफुर्त सम्प्रदाय (Frankfurt School) के युवा वामपंथी समाजशास्त्रियों में से हैं। इसकी दृष्टि में समाजशास्त्र एक ऐसा हथियार है जिसके माध्यम से सामाजिक परिवर्तन लाया जा सकता है। कोलिन्स ने यह स्थापित करने का प्रयास किया कि समाजशास्त्र सामाजिक प्रघटनाओं का वैज्ञानिक विश्लेषण करने की क्षमता रखता है और इस कारण उन्होंने राजनीतिक क्रियाओं को अपने सिद्धान्त में कहीं घुसने नहीं दिया। कोलिन्स का तो दृढ़ विचार है कि संघर्ष संदर्श द्वारा हम सफलतापूर्वक समाजशास्त्रीय विश्लेषण कर सकते हैं।

कोलिन्स की अकादमिक पृष्ठभूमि

कोलिन्स ने हार्वर्ड विश्वविद्यालय से स्नातक परीक्षा उत्तीण की। उन्होंने स्नातकोत्तर स्टेनफोर्ड विश्वविद्यालय से किया और पी.एच.डी. की उपाधि केलिफोर्निया विश्वविद्यालय से ली। जब कोलिन्स केवल अनुसंधान सहायक थे, तभी से उन्होंने अपना प्रकाशन प्रारम्भ कर दिया। उन्होंने कई विश्वविद्यालयों में–सेंडिएगो, वर्जिनिया आदि में अध्यापन कार्य किया। सम्प्रति केलिफोर्निया विश्वविद्यालय में अध्यापन कार्य कर रहे हैं।

कोलिन्स की बहुत बड़ी विशेषता यह है कि उन्होंने *संघर्ष सिद्धान्त के सभी महत्वपूर्ण तत्वों को, चाहे वे मार्क्स में हो, सीमेल या डेहरेन्डॉर्फ में, या कोजर में, एकीकृत करके अपने संघर्ष सिद्धान्त को प्रेषित किया है। कोलिन्स का समाज को देखने का अपना एक नजरिया है–संदर्श है*। होता यह है कि समाज में कई समूहों के बीच में प्रतियोगिता होती है। प्रत्येक व्यक्ति या समूह के पास अपने-अपने शक्ति के स्त्रोत होते हैं। किसी व्यक्ति की जान-पहचान, नातेदारी आदि इतने विस्तृत होते हैं कि उसका काम कहीं रुकता नहीं। सामान्य समीकरण यह हुआ कि कुछ के पास स्त्रोत ज्यादा है और कुछ के पास अपेक्षित रूप से कम। जितने ज्यादा और सुदृढ़ स्त्रोत उतनी ही अधिक शक्ति विश्वसनीयता। जहां डेहरेन्डॉर्फ शक्ति और प्राधिकार को सामाजिक सम्बन्धों का आधार बताते हैं, वहां कोलिन्स

स्त्रोतों (Resources) को शक्ति का मूल आधार मानते हैं। अतः जब हम कोलिन्स के संघर्ष सिद्धान्त की व्याख्या करते हैं तो अनिवार्य रूप से यह कहना होगा कि संघर्ष के कारण व्यक्ति और समूहों के स्त्रोत हैं। ये स्त्रोत विभिन्न प्रकार की शक्तियों को देते हैं।

स्वयं कोलिन्स ने कृतज्ञतापूर्वक कहा है कि उनका बहुत बड़ा कर्ज मार्क्स का है। उनकी दृष्टि में मार्क्स संघर्ष सिद्धान्त के जनक थे। मार्क्स की तरह कोलिन्स वेबर का भी कर्ज स्वीकार करते हैं। वेबर का विश्लेषणात्मक दृष्टिकोण और उनका तुलनात्मक ऐतिहासिक उपागम, कोलिन्स को भी गया था। इस उपागम को उन्होंने सफलतापूर्वक लागू किया है। वेबर की तरह ही कोलिन्स *आदर्श-लोक* (Utopia) की विचारधारा से सहमत नहीं हैं।

मार्क्स और वेबर की तरह दुर्खाइम ने भी कोलिन्स को बहुत अधिक प्रभावित किया है। यह एक रूचिकर बात है कि लगभग सभी संघर्ष सिद्धान्तवेत्ता दुर्खाइम से प्रभावित थे और दुर्खाइम अपने आप में प्रकार्यवादी समाजशास्त्र के जनक थे। अतः अर्वाचीन संघर्ष सिद्धान्त के जो भी स्वरूप हम यूरोप व अमेरिका में देखते हैं या एशिया महाद्वीप में देखते हैं, उन सब पर प्रत्यक्ष या परोक्ष रूप से दुर्खाइम के प्रकार्यवाद का प्रभाव अवश्य है। कोलिन्स कहीं भी और भूलकर भी प्रकार्यवाद की चर्चा नहीं करते। लेकिन वे बराबर दुर्खाइम के इस कथन को स्वीकार करते हैं कि समाज के सदस्य संवेगात्मक रूप से अन्य सदस्यों के साथ जुड़े होते हैं। *कोलिन्स का संघर्ष सिद्धान्त के क्षेत्र में बहुत बड़ा और मौलिक योगदान यह है कि वे बड़ी सफाई व बारीकी से यह बताते हैं कि किस प्रकार संघर्ष का उपागम सामाजिक एकीकरण की प्राप्ति में सहायक है।*

जहां तक विभिन्न सिद्धान्तवेताओं से कुछ सीखने की बात है, लेन-देन की बात है तो इसमें निश्चित रूप से कोलिन्स अद्वितीय है। जब वे संघर्ष सिद्धान्त को *वृहद् स्तर* (Macro level) पर देखते हैं जो उन पर दुर्खाइम, मार्क्स और वेबर का अभूतपूर्व प्रभाव है। जब वे संघर्ष सिद्धान्त को *सूक्ष्म स्तर* (Micro level) पर देखते हैं तो उन पर सूक्ष्म सिद्धान्तवेत्ताओं जैसे गोफमेन, गारफिंकल और अन्य सूक्ष्म स्तर सिद्धान्तवेत्ताओं का प्रभाव स्पष्टतः दिखता है। ऊपर हमने कहा है कि कोलिन्स के सिद्धान्त का आधार *स्त्रोत* (Resource) है और ये स्त्रोत सामाजिक, आर्थिक और राजनैतिक हो सकते हैं। इन स्त्रोतों में विनिमय (exchange) होता है। होता यह है कि गैर-बराबरी वाले समूहों में स्त्रतों का विनिमय (Exchange of resources) होता है और इस गैर-बराबरी को दूर करने के लिये तनाव व संघर्ष होता है। आगे के भाग में हम कोलिन्स के संघर्ष सिद्धान्त की प्रकृति को रखेंगे।

संघर्ष सिद्धान्त की प्रकृति

(Nature of Conflict Theory)

जब 1975 में रेण्डाल कोलिन्स की पहली पुस्तक प्रकाशित हुयी तब उन्होंने संघर्ष के मौलिक तत्वों को रखा। वे बुनियादी रूप से तीन मान्यताओं को लेकर चलते हैं: *धन,* **सम्पत्ति** (Wealth,. शक्ति (Power) और प्रतिष्ठा (Prestige)। प्रत्येक समाज में लोग यह चाहते

हैं कि इन वस्तुओं में से जितनी अधिक वस्तुएं उन्हें मिल सके लेने की कोशिश करनी चाहिये। यह भी होता है कि सम्पत्ति मिलने पर प्रतिष्ठा और शक्ति भी अपने आप मिल जाते हैं या शक्ति मिलने पर, जैसा प्रायः राजनीति में होता है, धन-दौलत और प्रतिष्ठा अपने-आप मिल जाते हैं। अतः इन वस्तुओं को प्राप्त करके हर व्यक्ति यह चाहता है कि वह किसी का अधीनस्थ न रहे, वह स्वंय आदेश देने वाला बन जाये। मतलब यह हुआ कि प्रत्येक समाज में लोगों के अपने हेतु होते हैं, स्वार्थ और निजी लालसा होती है। इन सब की पूर्ति धन-दौलत, शक्ति और प्रतिष्ठा के हथियाने से हो जाती है।

जब समाज का प्रत्येक सदस्य धन, शक्ति व प्रतिष्ठा के लिये पूरी भाग-दौड़ करता है तो परिणामस्वरूप सामाजिक संघर्ष होगा ही। कोलिन्स यह स्वीकार करते हैं कि समाज का प्रत्येक व्यक्ति लालची नहीं होता। ऐसा भी नहीं होता कि हरेक व्यक्ति समान रूप से शक्ति के बंटवारे में भाग-दौड़ करता हो। सभी राजनैतिक दलों द्वारा प्रायोजित चुनावों में भाग-दौड़ नहीं करते। यह भी सत्य है कि शक्ति व प्रतिष्ठा अपने आप में अपर्याप्त होते हैं। इस कारण समाज में संघर्ष तो होना ही है। कोलिन्स संघर्ष सिद्धान्त को प्रस्तावित करते हुये कहते हैं कि हम चाहें या न चाहें संघर्ष तो होगा ही। वे यह अवश्य स्वीकार करते हैं कि कई बार खुली आंखों से हमें संघर्ष होता दिखायी नहीं देता। ऊपर से लोग बड़े मृदुभाषी दिखायी देते हैं। उनके व्यवहार में क्षण-क्षण में चापलूसी झलकती है। लगता है जैसे सब ठीक-ठाक व बढ़िया है। लेकिन अन्दर से कोई देखें, और वास्तव में इस तरह देखना असम्भव है, तो हमें आग व ईर्ष्या सुलगती दिखायी देगी। शायद इसी कारण कोलिन्स वास्तव में होने वाले संघर्ष-दंगा-फसाद और खून खराबा पर अधिक नहीं लिखते। वे कई स्थितियों में कहते हैं कि ऊपर से कोई संघर्ष नहीं लेकिन अन्दर ही अन्दर आग सुलगती रहती है।

वास्तविकता यह है कि लोग गरीबी और मुफलिसी को सहन कर सकते हैं लेकिन कोई भी यह नही चाहता कि उसकी प्रतिष्ठा धूल में मिल जाये, कोई भी नहीं चाहता कि वह एक पांव के बल खड़ा होकर दूसरे के आदेशों का परिपालन करे। समाज के छोटे से छोटे व्यक्ति की भी अपनी गरिमा होती है और इसी गरिमा को अक्षुण्य रखने के लिये वह थोड़ी-बहुत दौलत, शक्ति व प्रतिष्ठा के लिये संघर्ष करने को तैयार रहता है। जिनके पास अधिक *बल* (Force) होता है वे ही अपनी प्रतिष्ठा को बनाये रख सकते हैं। वास्तव में हिंसात्मक रूप से दूसरों पर दबाव बनाये रखना एक महत्वपूर्ण स्रोत है।

संघर्ष सिद्धान्त : स्रोतों के प्रकार

कोलिन्स संधर्ष सिद्धान्त का प्रारम्भ सामाजिक संरचना व परिवर्तन से करते हैं। जब कभी संघर्ष होता है तो इस संघर्ष का कोई न कोई स्रोत वह खूंटी है जिससे बछड़ा बंधा है। बिना खूंटी से बंधा बछड़ा मनमानी उछल-कूद करेगा तो वह घड़ाम से नीचे ही गिरता है। जब कोई व्यक्ति संघर्ष का आव्हान करता है और कहता है गर्दन तोड़ दूंगा, हाथ-पांव मोड़ दूंगा

तो बिना किसी खूंटी यानि स्त्रोत के जिससे उसे सहायता मिल सके, वह इस तरह की चुनौतिपूर्ण वाणी नहीं फूंफ्कार सकता। कहने का तात्पर्य यह है कि संघर्ष करने वाले व्यक्ति या समूह किन्हीं स्त्रोतों पर निर्भर होते हैं। जब तस्करी की जाती है तो तस्कर भली प्रकार जानता है कि उसके पास ऐसे राजनैतिक व आर्थिक स्त्रोत हैं जो उसे जेल के सीकंजों में कभी नहीं जाने देंगे। बिना स्त्रोत के संघर्ष में कूदना नासमझी है।

कोलिन्स ने स्त्रोतों को चार प्रकार में रखा है :

1. *भौतिक और तकनीकी स्त्रोत* : इसमें सम्पत्ति, साधन, शिक्षा-दीक्षा, कुशलता और सर्वाधिक हथियार आदि हैं।
2. *शारीरिक आकर्षण और शक्ति* : कभी-कभी पुरूष या स्त्री का शारीरिक व्यक्तित्व रंग रूप आदि भी सामाजिक सम्पर्कों में सहायक होते हैं। सुरीला कंठ होना, लम्बी गर्दन होना, गौरा रंग व लम्बा कद, अपने आप में आकर्षक तत्व हैं। किसी भी संघर्ष की स्थिति में ये वैयक्तिक गुण एक ताकतवर स्त्रोत का काम करते हैं। यह आम बात है कि दुनिया भर में सुन्दर स्त्रियों को लेकर गली-कूचों में ही नहीं वरन् राष्ट्रों के बीच में भी संघर्ष हुए हैं।
3. *संख्या और कौंम की विशिष्टता* : संघर्ष में एक ताकतवर स्त्रोत संघर्ष में भाग लेने वाली कौम की संख्या और उनका मिजाज महत्वपूर्ण होता है। साम्प्रदायिक दंगों में प्रायः यह देखा जाता है कि अमुक कौम बहुसंख्यक है या अल्प संख्यक। फिर यह भी देखा जाता है कि इस या उस कौम में हिंसा करने या बहादुरी दिखाने का कोई ऐतिहासिक प्रमाण है या नहीं। हमारे देश में कई कौमों अर्थात् समुदायों को निर्भीक और जांबाज समझा जाता है। ऐसे समूह इतिहास में अपना विशिष्ट स्थान रखते हैं, उदाहरण के लिये सिक्ख, गोरखा, राजपूत, जाट आदि
4. *संस्कृति एवं परम्पराओं में निहित स्त्रोत* : कई बार संघर्ष में भागीदारी करने वाले समूहों और व्यक्तियों की सांस्कृतिक सम्पदा को भी स्त्रोत के रूप में लिया जाता है। वास्तव में ऐसी अवस्था में संस्कृति का प्रयोग साधन के रूप में किया जाता है और इसके माध्यम से लोगों में संवेगात्मक सुदृढ़ता लायी जाती है। राजस्थान के राजपूत इतिहास में चारण व माह का उपयोग परम्परागत सांस्कृतिक रूप में किया जाता था। चिता में कूद पड़ना यानि जौहर करना, उसी तरह सांस्कृतिक सुदृढ़ता है। इस तरह की सुदृढ़ता शक्ति का एक स्त्रोत बन जाती है और लोगों को संघर्ष करने की प्रेरणा देती है।

संघर्ष करने के लिये बहुत बड़ा आधार व्यक्ति या समूह के स्त्रोत होते हैं : यही कोलिन्स का ताकतवर तर्क है। भौतिक व तकनीक स्त्रोत बहुत न्यून होते हैं। इस समूह में लोग गरीबी की रेखा के नीचे पाये जाते हैं। कहां तो इनके पास आवास है और कहां दो जून रोटी। त्रासदी व गरीबी का जीवन इन समूह के सदस्यों को न तो कोई शारीरिक शक्ति

प्रदान करता है और न कोई आकर्षण व कोमलता। इस समूह के लोगों में उच्च लोगों के साथ सामाजिक सम्पर्क सीमित व बंधे बंधाये होते हैं। ऐसे अधीनस्थ या पद्दलित सदस्य उच्च लोगों के साथ किसी तरह का सौदा या समझौता नहीं कर सकते। इन समूहों के पास कोई ताकतवर सांस्कृतिक सम्पदा भी नहीं होती। जब ऐसे दलित समूह संघर्ष की चुनौती देते हैं तो भरोसेमन्द स्रोतों के अभाव में, उनकी हार लगभग निश्चित होती है। वस्तुतः संघर्ष के निर्णायक तत्व स्रोत हैं।

कोलिन्स सामाजिक स्तरीकरण का विश्लेषण भी इन्हीं तीन स्रोतों–धन दौलत, शक्ति और प्रतिष्ठा के आधार पर करते हैं। कुछ लोगों के पास इन स्रोतों के कारण समाज में गैर बराबरी होती है और इस गैर-बराबरी की खाई को पाटने के लिये ही संघर्ष होते हैं। यदि हम थोड़ा तुलनात्मक दृष्टि से देखें तो जहां मार्क्स संघर्ष का कारण उत्पादन पद्धति से जोड़ते हैं, जहां वेबर वर्ग व्यवस्था का कारण शक्ति, प्रतिष्ठा और राजनैतिक दल को मानते हैं, जहां डेहरेन्डॉर्फ वर्ग यानि संघर्ष का कारण प्राधिकार सम्बन्धों की चौड़ी खाई से मानते हैं, वहां कोलिन्स संघर्ष का कारण न्यूनतम स्रोतों को मानते हैं। जिस व्यक्ति या समूह के पास न्यूनतम स्रोत है वह संघर्ष का आह्वान नहीं कर सकता और यदि किसी संवेग में आकर आह्वान कर बैठता है तो देखते ही देखते उसकी सांस फूल जायेगी और यह इसलिये कि उसके स्रोतों की स्थिति कमजोर एवं खस्ता है।

कोलिन्स संघर्ष को पैदा करने वाले स्रोतों की चर्चा करने के बाद *धर्म-विधि* (Ritual) विनिमय की व्याख्या करते हैं। किसी भी धर्म-विधि में निम्न तत्व होते हैं :

1. व्यक्तियों की भागेदारी,
2. भागीदार व्यक्तियों में पारस्परिक चेतना कि वे किस प्रसंग पर एकत्र हुये हैं।
3. भागीदारों में सामान्य संवेगात्मक रूझान।
4. भागीदारी के प्रसंग से सम्बन्धित कुछ प्रतीक। जैसे हाव-भाव, शब्दावली और विचार।

धर्म-विधि विनिमय का एक दृष्टान्त : अयोध्या में सरयू नदी का किनारा। भागीदार : कार सेवक इस धर्म विधि से प्रेरित थे कि साढ़े चार सौ वर्ष पुरानी बाबरी मस्जिद तोड़ दी जाये। सभी इस संवेग से प्रेरित थे कि यह मस्जिद अमुक अल्पसंख्यक सम्प्रदाय की है। सभी के हाव-भाव राम लला की प्रतिभा को समर्पित थे। और कोई चार-पांच घंटे में मस्जिद के तीनों गुम्बद धराशायी कर दिये गये। यह संघर्ष धर्म-विधि की भूमिका को निश्चित करते हैं। धर्म-विधि वह सांस्कृतिक साधन है जो व्यक्तियों को एक ताकतवर भीड़ के रूप में संगठित होने की शक्ति देता है। कुछ धर्म विधियां एकदम स्थानीय होती हैं लेकिन उनके माध्यम से विशाल समूह संगठित हो जाते हैं। इस दृष्टान्त में मस्जिद तो स्थानीय थी, केवल अयोध्या की लेकिन इसने हिन्दुस्तान ही नहीं बंगलादेश, पाकिस्तान और अरब देशों के मुस्लिम समुदायों को भी एक सूत्र में संगठित कर लिया। धर्म-विधि में इतनी शक्ति है कि वह कई बार किसी सम्पूर्ण महाद्वीप को भी अपने आगोश में ले ले। कुछ धर्म विधियां

केवल संस्थागत होती है, जैसे दाह संस्कार, राजनैतिक प्रदर्शन, विवाह आदि। दाह संस्कार में प्रतीकात्मक ढंग से भागीदारों के चेहरे होते हैं, विवाह में उत्साहित और प्रफुल्ल तथा प्रदर्शन में नारेबाज।

धर्म-विधि की भूमिका को किसी भी संघर्ष की स्थिति में कोलिन्स महत्वपूर्ण स्थान देते हैं। शायद इसी कारण टर्नर कोलिन्स संघर्ष सिद्धान्त को *विनिमय संघर्ष सिद्धान्त* (Exchange Conflict Theory) के नाम से परिभाषित करते हैं। होता यह है कि जब कोई भीड़ संघर्ष पर उतारू होती है या किसी संघर्ष स्थिति को पैदा करने के लिये किसी भीड़ का आयोजन किया जाता है, धर्म-विधि और उसके प्रतीक-प्लेकार्ड, नारे, पुतले जलाना, झंडा, उत्तेजक संगीत आदि लोगों को बहुत बड़ी शक्ति प्रदान करते हैं। वास्तव में ऐसे अवसरों पर यानि संघर्ष में धर्म-विधि की ही अन्तःक्रिया होती है और इसलिये संघर्ष का निर्णायक कारक धर्म-विधि भी है।

कोलिन्स का मूल्यांकन

निश्चित रूप से कोलिन्स ने विश्लेषणात्मक संघर्ष सिद्धान्त के बुनियादी तत्वों को बड़ी सफाई से प्रस्तुत किया है। कोलिन्स के सिद्धान्त की बहुत बड़ी विशेषता यह है कि वे सूक्ष्म समाजशास्त्र (Micro Sociology) तथा वृहद् समाजशास्त्र (Macro Sociology) दोनों में एकीकरण करते हैं। जहां एक ओर वे दुर्खाइम, वेबर, और डेहरेन्डॉर्फ को लेते हैं, वहीं वे गार्फिकंल, और गोफमेन के उपागम को भी अपने सिद्धान्त में स्थान देते हैं। यह सब होते हुये भी कोलिन्स के संघर्ष सिद्धान्त में यदि कुछ कमियां हैं, अभाव है या दरारें हैं तो यह सब वस्तुतः संघर्ष सिद्धान्त के अभाव है। कोलिन्स ने भी कोजर या डेहरेन्डॉर्फ की तरह शब्दाडम्बर का अम्बार खड़ा कर दिया है। जगह-जगह वे अन्तःक्रिया की चर्चा करते हैं, विचारों को बड़े यांत्रिक रूप में रखते हैं और जहां वे राज्य व शिक्षा की व्याख्या करते हैं, तो यह सम्पूर्ण व्याख्या रूपरेखा मात्र बन जाती है। अतः कोलिन्स का संघर्ष सिद्धान्त अपनी कमजोरियों के होते हुये भी संघर्ष विचारधारा को क्षमता देता है, यही सब *सैद्धान्तिकरण* (Theorizing) के लिये आवश्यक है।

अध्यायन 12

विवेचनात्मक सिद्धान्त
(Critical Theory)

विवेचनात्मक सिद्धान्त का मूल स्त्रोत संघर्ष सिद्धान्त है। जब से कार्ल मार्क्स ने संघर्ष सिद्धान्त की रचना की, उनका यह संघर्ष सिद्धान्त अपने कई स्वरूपों में विभिन्न समाज विज्ञानों में देखने मिलता है। यह कोई आश्चर्य की बात नहीं है कि मार्क्स ने संघर्ष सिद्धान्त पर जितने भी पृष्ठ स्याह किये हैं, उससे कहीं अधिक पृष्ठ इसी संघर्ष सिद्धान्त पर बाद के लेखकों ने रंगें हैं। मार्क्स ने संघर्ष सिद्धान्त में कई सैद्धान्तिक अवधारणायें रखी हैं। उन्होंने विस्तार पूर्वक उत्पादन पद्धतियों, उत्पादन शक्तियों और उत्पादन साधनों की चर्चा की है। उन्होंने यह भी स्थापित किया है कि उत्पादन पद्धतियाँ ही वर्ग संघर्ष को जन्म देती हैं। अपने सिद्धान्त प्रतिपादन में आगे चलकर मार्क्स कहते हैं कि वर्ग-संघर्ष की परिणति क्रान्ति में होती हैं और क्रान्ति के बाद इतिहास का अन्तिम छोर आ जाता है—तब न वर्ग रहते हैं और न राज्य।

मार्क्स के संघर्ष सिद्धान्त का केन्द्रीय आकर्षण *आदमी का उद्धार* (Emancipation of man) है। मार्क्स ने दृढ़तापूर्वक कहा है कि मनुष्य को *पूँजीवाद* और *राज्य* ने जकड़ लिया है। ये दोनों उसके शोषक हैं। अतः *मनुष्य का सुख इसी में है कि उसका शोषण और दबाव से उद्धार हो जाये। मार्क्स के संघर्ष सिद्धान्त की मूल अवधारणा का उद्धार है, यानि शोषण और प्रभुत्व से उसकी मुक्ति है। प्रभुत्व से मुक्ति* (Emancipation from domination) मार्क्स के संघर्ष सिद्धान्त का महत्वपूर्ण आधार है।

विवेचनात्मक सिद्धान्त मार्क्स के इस उद्धारक संघर्ष सिद्धान्त का एक सिलसिला मात्रा है। मार्क्स के बाद विवेचनात्मक सिद्धान्तवेत्ताओं ने यह कौशिश की कि वे इस संघर्ष सिद्धान्त को तत्कालीन समाज की आवश्यकताओं के अनुसार संशोधित करें। लेकिन 20वीं

शताब्दी के पहले दो दशक उद्धारक संघर्ष सिद्धान्त के निर्माण के अनुकूलन नहीं थे। उस युग में, सभी विद्वानों की रुचि पूँजीवाद के विकास में थी। लोगों को लगा कि आदमी का उद्धार इसी में है कि वह अधिक से अधिक धनोपार्जन करे, आनन्द पूर्वक रहे। उद्धार के लिये किया गया संघर्ष समाज को रास नहीं आता था। ठीक इसके विपरीत समाज को तो यह रास आता था कि अधिक से अधिक विवेकीकरण व अधिकारीतन्त्र को अपनाया जाये। उस युग के बौद्धिकों और सिद्धान्तवेत्ताओं को लगता था कि मार्क्स का सिद्धान्त केवल मात्र यूटोपिया था। उन्हें तो यह समझ में आता था कि मैक्स वेबर सामाजिक यथार्थता को अधिक निकट से जानते हैं। जब वातावरण यह था कि 20वीं शताब्दी का पहिला भाग, यूरोप व अमेरिका दोनों में उद्धारक संघर्ष सिद्धान्त प्रासंगिक नहीं था तब निश्चित रूप उसे सिद्धान्त की इस विधा में विकास के कोई काम नहीं हुए।

विवेचनात्मक सिद्धान्तीकरण

(Critical Theorizing)

जिन सिद्धान्तवेत्ताओं ने विवेचनात्मक सिद्धान्तीकरण पर कार्य किया है वे प्रायः यह मानकर चलते हैं कि *विवेचनात्मक समाजशास्त्र किसी भी तरह समाजशास्त्र की एक शाखा या विधा (Branch) नहीं है।* वास्तव में विवेचनात्मक समाजशास्त्र का अपना एक निजी अस्तित्व है। *विवेचनात्मक* पद अंग्रेजी के *क्रिटिकल* (Critical) शब्द का अनुवाद है। इस पद का भी एक ऐतिहासिक वृतान्त है। यूरोप में जब *प्रबुद्ध काल* (Enlightenment period) आया, और लोगों में जनजागरण हुआ तब इस पद का प्रयोग मानववादियों और सुधारवादियों ने किया। इन सुधारवादियों को लगा कि विभिन्न धर्मों में जो भी उपदेश भरे पड़े हैं वे एक तरह से व्यक्ति को सामाजिक बंधन में बांधे रखते हैं। इन धार्मिक ग्रन्थों ने तो मनुष्य की युक्ति पर अंकुश लगा दिया था। यह सब सुधारकों और मानववादियों को स्वीकार नहीं था। उन्होंने धार्मिक ग्रन्थों यहां तक कि बाइबिल की भी आलोचना की। जब यूरोप में प्रबुद्ध काल में इस प्रकार की आलोचना शुरू हुयी तो उसके लिये क्रिटिक या क्रिटिकल (Critique or Critical) पद का प्रयोग किया जाने लगा।

आगे चलकर ये धार्मिक विवेचक चर्च को अपना दुश्मन समझने लगे और चर्च इन्हें अपना दुश्मन। प्रारम्भ में जो विवेचनात्मक सिद्धान्त उभर का आया उसका एक मात्र उद्देश्य यह जताना था कि जो कुछ भी धार्मिक सिद्धान्त हैं वे केवल पेगम्बरों, पादरियों या अवतारों की उपज हैं। *इन सिद्धान्तों में कहीं भी तार्किक पुट नहीं हैं। जो कुछ धार्मिक सिद्धान्त के रूप में उपलब्ध है वह कोरा विश्वास है। विवेचनात्मक सिद्धान्त का यह प्रारम्भिक स्वरूप था।*

इस शताब्दी के तीसरे दशक के लगभग यानि 1932 से 1941 में विवेचनात्मक सिद्धान्त का साहित्य प्रकाशित हुआ। जो कुछ विवेचनात्मक साहित्य में उपलब्ध है उसके दो स्वरूप है। दूसरे शब्दों में, विवेचनात्मक सिद्धान्तों को दो स्पष्ट श्रेणियों में बांटा जा सकता

है। इन श्रेणियों का *पहला स्वरूप* वह है जो हमें जर्मनी में प्राप्त होता है। यदि स्थानीयता की दृष्टि से देखें तो विवेचनात्मक सिद्धान्त की उत्पत्ति जर्मनी के *फ्रेंक फुर्त* (Frank Furt) से हुयी है। यहां का विवेचनात्मक सिद्धान्तीकरण *आनुभविकता* (Empiricism) और *तथ्योत्मकता* (Pragmatism) को तिरस्कार की दृष्टि से देखता है। यह विवेचनात्मक सिद्धान्तीकरण दर्शनशास्त्र और समाज विज्ञानों में ताल-मेल स्थापित करने की चर्चा करता है। विवेचनात्मक सिद्धान्तीकरण का दूसरा स्वरूप अमेरिका के सिद्धान्तीकरण में मिलता है। इसका आधार आनुभविकता है। यदि इन दो स्वरूपों को आलोचनात्मक दृष्टि से देखें तो लगेगा कि ये दोनों स्वरूप परस्पर विरोधी हैं। जहां जर्मनी का विवेचनात्मक सिद्धान्तीकरण *दार्शनिकता के धरातल* पर स्थित है, वहीं अमेरिका के विवेचनात्मक सिद्धान्त का आधार *केवल आनुभविकता* है।

विवेचनात्मक सिद्धान्त के दो परस्पर विरोधी स्वरूपों या प्रकारों के होते हुये भी, दोनों में सामान्य तथ्य यह है कि ये कार्ल मार्क्स द्वारा प्रस्तावित पेराडीम पर आधारित हैं। मार्क्स ने *क्रिटिक ऑफ पोलिटिकल इकोनोमी* (Critique of Political Economy) में आदमी के उद्धार की चर्चा आर्थिक शोषण के संदर्भ में की है। यही विवेचनात्मक सिद्धान्तीकरण का केन्द्रीय आधार है। इस दृष्टि से देखें तो दार्शनिक अटकलबाजी और आनुभविकता केवल हाशिये पर आ जाते हैं। मूल बात तो *आदमी के उद्धार* की है और यह उद्धार प्रबुद्ध वर्ग की जंजीरों से है।

विवेचनात्मक सिद्धान्तीकरण का एक दूसरा सामान्य चरित्र यह है कि यह सिद्धान्त मार्क्स के *प्रेक्सिस* (Praxis) यानि व्यवहार व सिद्धान्त का क्रियान्वित रूप में रखना चाहता है। मार्क्स स्वयं अपने सिद्धान्त को व्यावहारिक रूप देना चाहते थे। वे स्वयं मजदूरों को संगठित करते थे, क्रान्ति का आव्हान करते थे। यह सब होते हुये भी *वे सिद्धान्त व व्यवहार का समागम नहीं कर पाये।* विवेचनात्मक सिद्धान्तीकरण चाहे उसका स्वरूप जर्मनी का हो या अमेरिका का, *इस समागम को करना चाहता है*। एक तीसरी समानता दोनों में यह है कि दोनों का उद्‌गम जर्मनी के फ्रेंक फुर्त से हुआ है। इस सम्बन्ध में फ्रेंक फुर्त स्कूल का थोड़ा विवरण देना आवश्यक है।

फ्रेंकफुर्त स्कूल

फ्रेंकफुर्त इंस्टिट्यूट फोर सोशल रिसर्च (Frankfurto Institute for Social Research) की स्थापना जर्मनी में फ्रेंकफुर्त स्थान पर 1923 में हुयी थी। वास्तव में यह संस्था फ्रेंकफुर्त विश्वविद्यालय का एक विभाग ही था। यहाँ के इस विभाग के कुछ सिद्धान्तवेत्ता न्यूयार्क में आये और इसके बाद केलिफोर्निया। इन दो नगरों में भी जहां ये विद्वान गये, उन्होंने मार्क्स की परम्परा में संघर्ष सिद्धान्तीकरण के संशोधन में लगातार काम किया। 1940 के दशक में ये विद्वान बिखर गये और इस संस्था को पुनः फ्रेंकफुर्त विश्वविद्यालय में संगठित किया गया। 1930 में *मैक्स होरखीमेर* (Max

Horkheimer) इसके निर्देशक हो गये। बाद के वर्षों में यह संस्था बराबर काम करती रही। 1932 से 1941 की अवधि में इन सिद्धान्तवेत्ताओं ने विवेचनात्मक सिद्धान्तीकरण को विकसित किया। अत्यधिक परिश्रम करते हुये भी इन सिद्धान्तवेत्ताओं को कोई महत्वपूर्ण उपलब्धि हुई हो, ऐसा नहीं है। बात यह है कि यह समय विवेचनात्मक सिद्धान्त के विकास के अनुकूल नहीं था। इन्हीं दिनों में वामपंथी मजदूर वर्ग का आंदोलन यूरोप व अमेरिका में असफल हो गया। पहले विश्वयुद्ध के बाद ये देश फासीवाद के गिरफ्त में आ गये। 1930 के दशक में स्टालीन के समय में रूसी क्रांति भी लड़खड़ाने लगी। अब विचारकों को लगा कि मार्क्स के विश्लेषण में आमूल परिवर्तन की आवश्यकता थी। इधर औद्योगिक क्रांति के परिणाम भी सामने आने लगे। बड़े-बड़े देशों का शिंकजा बढ़ गया, दफ्तरशाही जटिल हो गयी तथा आम आदमी साध्य-साधन के विवाद में विवेक पर बल देने लगा। समाज विज्ञानों में यह समझ आने लगी कि वेबर ने यूरोपीय समाज का जो विश्लेषण किया था वह सही था। इस तरह का बौद्धिक वातावरण विवेचनात्मक सिद्धान्तीकरण के विकास के लिये निराशाजनक था।

फ्रेंक फुर्त स्कूल को विकसित करने वाले सिद्धान्तवेत्ताओं का यह दृढ़ तर्क था कि *सिद्धान्त व क्रिया को मिलाकार चलना चाहिये। इस तर्क का आधार मार्क्स द्वारा प्रयुक्त प्रेक्सिस (Praxis) था।* सिद्धान्त ऐसा होना चाहिये जो क्रिया करने के लिये लोगों में जोश पैदा कर दे। दूसरी तरफ, क्रिया ऐसी होनी चाहिये जो सिद्धान्त में आभूल परिवर्तन उपस्थित कर दे। फ्रेंक फुर्त स्कूल के विद्वानों के लिये यह स्थिति चुनौतीपूर्ण थी। लेकिन उनके हाथ बंधे हुये थे। वे बहुत चाहते थे कि विवेचनात्मक सिद्धान्त शोषण और दमन का भण्डाफोड़ करे। लेकिन उन दिनों राजनैतिक व आर्थिक प्रभुत्व इतना तीव्र था कि वे कुछ नहीं कर पाये। इस भांति समाजशास्त्र में आधुनिक विवेचनात्मक सिद्धान्त का विकास तब हुआ जब यह आशा नहीं थी कि मार्क्स के आदमी के उद्धार करने के लक्ष्य को प्राप्त किया जा सकेगा।

यह सब होते हुये भी विवेचनात्मक सिद्धान्तीकरण का विकास अमेरिका व यूरोप में दो चरणों में हुआ। पहला चरण 1932-1941 की अवधि का है और दूसरा चरण, 1960 के बाद का है। पहले चरण में, जिन सिद्धान्तवेत्ताओं ने काम किया उनमें लुकाक्स (George Lukacs) अग्रणी हैं। उनकी पहली कृति *हिस्ट्री एण्ड क्लास कोन्सीयसनेस* (History and Class Consciousness,1922) जब प्रकाशित हुयी तब यह स्थापित हो गया था कि वे कोटि के विवेचनात्मक सिद्धान्तवेत्ता थे। 1960 के दशक में होरखीमेर (Max Horkheimer) तथा एडोर्नो (Theodor Adorno) आये। *वास्तव में, कई अर्थों मे लूकाक्स एक ऐसी कड़ी है जो हीगल, मार्क्स तथा वेबर को आधुनिक विवेचनात्मक सिद्धान्त के साथ जोड़ते हैं। होरखीमेर और एडोर्नो की कृतियां सातवें दशक में आयीं। इन दोनों लेखकों ने विवेचनात्मक सिद्धान्त के क्षेत्र में जो कुछ लिखा है वह मुख्यतया लूकाक्स की*

कृतियों का विश्लेषण है। इन दोनों लेखकों की विवेचनात्मक सिद्धान्त के बारे में जो समझ है वह लूकाक्स के पद चिन्हों पर ही है। सच में देखा जाये तो विवेचनात्मक सिद्धान्त के विकास के दोनों चरणों के इन लेखकों ने जुर्गेन हेबरमास (Jurgen Habarmas) को अत्यधिक प्रभावित किया है। अर्वाचीन विवेचनात्मक सिद्धान्तवेत्ताओं में हेबरमास का नाम अग्रणी है। सच्चाई यह है कि हेबरमास को समझे बिना हम विवेचनात्मक समाजशास्त्र को नहीं समझ सकते। लेकिन इससे पहले हमें प्रारम्भिक विवेचनात्मक सिद्धान्त को समझ लेना चाहिये।

प्रारम्भिक विवेचनात्मक सिद्धान्त : लूकाक्स

वस्तुस्थिति यह है कि हेबरमास ने लूकाक्स, होरखीमेर एवं एडोर्नो तीनों सिद्धान्तवेत्ताओं का विश्लेषण प्रस्तुत किया है। उनका कहना है कि *लूकाक्स एक ऐसे विवेचनात्मक सिद्धान्तवेत्ता थे जिन्होंने मार्क्स तथा वेबर का सम्मिश्रण करने का प्रयास किया है। मार्क्स ने यह कहा था कि पूँजीवाद ने सामाजिक सम्बन्धों का मुद्रा तथा बाज़ार के माध्यम से पण्यीकरण (Commodification) कर दिया है। जिसे मार्क्स उत्पादन सम्बन्ध कहते हैं या मालिक और मजदूर के सम्बन्ध कहते हैं, वह और कुछ न होकर धन के माध्यम से सामाजिक सम्बन्धों को खरीदना मात्र है।* दूसरी और वेबर का थीसिस शक्ति आधुनिक जीवन के विभिन्न क्षेत्रों में *विवेकीकरण* (Rationalization) का प्रवेश सामान्य हो गया है। लूकाक्स ने मार्क्स के पण्यीकरण और वेबर के *विवेकीकरण* के सम्मिश्रण को अपने सिद्धान्त में रखा है, और यही उनका विवेचनात्मक सिद्धान्त में प्रमुख तथा महत्वपूर्ण योगदान है।

लूकाक्स ने मार्क्स की व्याख्या करते हुये कहा है कि *उन्होंने सामाजिक सम्बन्धों को भौतिक वस्तुओं के साथ जोड़ दिया है। सामाजिक सम्बन्ध तो मानो वस्तुएं (Objects) हैं जिसमें हेरफेर किया जा सकता है, खरीदा जा सकता है और बेचा जा सकता है।* जैसे वस्तुओं को खरीदते हैं वैसे ही कामकाज करने के लिये कामगारों को खरीदा जा सकता है। वेबर की आलोचना करते हुये लूकाक्स कहते हैं कि वेबर ने जो विवेकीकरण की विचारधारा रखी है वह मूल्यों के विनिमय का एक हिसाब मात्र है। लूकाक्स ने मार्क्स व वेबर दोनों का सम्मिश्रण किया है। वे कहते हैं कि जब परम्परागत समाजों में परिवर्तन आता है तो उनका नैतिक धरातल धंसने लगता है और लोग अधिक से अधिक मुद्रा की उपयोगिता, बाजार और विवेकपूर्ण हिसाब-हिसाब की बात करने लगते हैं। ऐसी अवस्था में लोगों के पारस्परिक सम्बन्ध विनिमय मूल्यों द्वारा संचालित होने लगते हैं।

लूकाक्स के सामने यक्ष की तरह गंभीर प्रश्न रहा है—यदि ऐतिहासिक प्रक्रिया ऐसी है जिसमें सामाजिक सम्बन्ध भौतिकता या विवेकीकरण द्वारा निर्धारित होते हैं, तो इस प्रक्रिया को रोका कैसे जा सकता है? लूकाक्स इस प्रश्न का उत्तर देते हैं। उनका कहना है कि मार्क्स ने हीगल को जो सिर के बल खड़ा हुआ था पांव के बल खड़ा कर दिया। इसका मतलब यह हुआ कि मनुष्य जीवन में द्वन्द्व विचारों या चेतना के माध्यम से नहीं आता। मार्क्स ने ऐतिहासिक तथ्यों के आधार पर यह सिद्ध किया था कि द्वन्द्व का कारण विचार न

होकर भौतिक वस्तुएं होती हैं। हीगल को पांव के बल खड़ा रखने का मतलब भौतिक पदार्थों के निर्णायक प्रभाव के कारण था। *लूकाक्स ने यहा मार्क्स से असहमति व्यक्ति की है। उनके अनुसार मार्क्स सिर के बल खड़े हुये थे और लूकाक्स ने उन्हें पावों के बल खड़ा कर दिया है। लूकाक्स का कहना था कि भौतिक वस्तुओं में जो द्वन्द्व मिलता है, वह वस्तुतः मानवीय चेतना* (Human Consciousness) में अन्तर्निहित है। यही लूकाक्स का मार्क्स से मतभेद था। वेबर के बारे में लूकाक्स ने कहा कि *विवेकीकरण सब कुछ नहीं है।* मनुष्यों में कतिपय *आन्तिरिक गुण* (Inner Qualities) होते हैं जो एक सीमा के बाद विवेकीकरण को स्वीकार नहीं करते।

इस तरह के खण्डन के बाद लूकाक्स विवेचना सिद्धान्त के कुछ लक्षण प्रस्तुत करते हैं।

विवेचनात्मक सिद्धान्त के मुख्य लक्षण

(1) विवेचनात्मक सिद्धान्त *चेतना की प्रक्रिया* पर जोर देता है। उसका कहना है कि मनुष्यों के विचार उसी समाज की उपज हैं, जिसमें वे रहते हैं। क्योंकि हमारे विचार सामाजिकता से बंधे होते हैं। अतः हम वस्तुओं को *वस्तुनिष्ठा* (Objectively) से नहीं देख सकते। अपने युग की छाप को पृथक् करके वस्तुओं को समझना बहुत कठिन है। इसी कारण विवेचनात्मक सिद्धान्त के लिये चेतना की प्रक्रिया महत्वपूर्ण हैं।

(2) प्रारम्भिक विवेचनात्मक सिद्धान्त जैसा कि हेबरमास का कहना है अत्यधिक *व्यक्तिपरक* (Subjective) था। इसका बहुत बड़ा झुकाव फ्रायड के *मनोविश्लेषणात्मक सिद्धान्तों* की ओर था।

(3) विवेचनात्मक सिद्धान्त मार्क्स की ऐतिहासिक प्रक्रियाओं को स्वीकार नहीं करता। वह मार्क्स से परे हीगल की ओर लौटता है। मार्क्स के द्वन्द्वात्मक भौतिकवाद के स्थान पर हीगल के द्वन्द्ववाद को स्वीकार करता है।

(4) विवेचनात्मक सिद्धान्त उन ऐतिहासिक शक्तियों का विवरण देता है जो मनुष्य की स्वतंत्रता पर अपना प्रभुत्व रखती है।

(5) यह सिद्धान्त उन वैचारिक दृष्टि-कोणों का भी विरोध करता है जो मनुष्य पर प्रभुत्व बनाये रखने का तर्क देते हैं।

(6) विवेचनात्मक सिद्धान्त की विधि ईन्टर डिसिप्लीनरी है। इस विधि द्वारा विभिन्न तरह से प्रशिक्षित अनुसंधानकर्त्ता और सिद्धान्तवेत्ता विभिन्न विषयों पर विचार- विमर्श करते हैं और सामाजिक दशाओं का विश्लेषण कर उसके निराकरण के लिये कोई निश्चित रणनीति बनाते हैं।

(7) विवेचनात्मक सिद्धान्त की केन्द्रीयता प्रेक्सिस यानि सिद्धान्त और क्रिया का सम्मिश्रण करना है।

(8) विवेचनात्मक सिद्धान्त का सबसे बड़ा उद्देश्य मनुष्य को शोषण, दमन और प्रभुत्व से

मुक्ति दिलवाना है। इसी कारण यह सिद्धान्त समाज के उपेक्षित वर्गों की आनुभविक दशा का खाका प्रस्तुत करता है।

विवेचनात्मक सिद्धान्त:

होरखीमेर (Horkheimer) तथा एडोर्नो (Adorno) :

लूकाक्स के अतिरिक्त बाद की पीढ़ियों में होरखमेर और एडर्नो के नाम फ्रेंक-फुर्त स्कूल में महत्वपूर्ण हैं। इन दोनों विवेचनात्मक सिद्धान्तवेत्ताओं ने लूकाक्स द्वारा उठाये गये प्रश्नों पर गम्भीरतापूर्वक चिंतन किया है। लूकाक्स ने मार्क्स के भौतिक निर्धारणवाद को अस्वीकार किया है। साथ ही उन्होंने वेबर के विवेकीकरण को भी नकारा है। उनका विश्वास था कि प्रभुत्व से मुक्ति की समस्या को हीगल के द्वन्द्ववाद में खोजना चाहिये। होरखीमेर और एडोर्नो दोनों ही लूकाक्स के इस निदान को संदेह की दृष्टि से देखते थे। उनका तर्क था कि *व्यक्तिनिष्ठ चेतना* और *भौतिक यथार्थता* को लूकाक्स ने पृथक् करने का प्रयत्न किया है। लेकिन इस तरह दोनों को पृथक् नहीं किया जा सकता। जब मार्क्स सामाजिक सम्बन्धों को पण्यीकरण के रूप में देखते हैं या वेबर विवेकीकरण के अर्थ में लेते हैं, तब मनुष्य की चेतना स्वतः ही इन प्रक्रियाओं का विरोध नहीं कर सकतीं। इस कारण, होरखीमेर व एडोर्नो, दोनों ही यह कहते हैं कि विवेचनात्मक सिद्धान्त को अनिवार्य रूप से दो कार्य करने चाहिये। पहला, इस सिद्धान्त को मनुष्य की स्वतन्त्रता पर आघात करने वाली ऐतिहासिक शक्तियों का विवरण देना चाहिये, और दूसरा, किसी सैद्धान्तिक आधार पर ऐसी शक्तियों को अस्वीकार करना चाहिये। वास्तविकता यह है कि विवेचनात्मक सिद्धान्त को जमीन से जुड़े लोगों की व्यावहारिक समस्याओं को उजागर करना चाहिये।

एडोर्नो और होरखीमेर समकालीन हैं। दोनों में विचारों का निरंतर आदान-प्रदान होता रहा है और इसी कारण विवेचनात्मक सिद्धान्त के संदर्भ में दोनों की समझ समान है। एडोर्नो के लेखन में दार्शनिकता अधिक है। उन्होंने *व्यक्तित्व के अधिनायकवाद* (Authoritarian Personality) पर बहुत महत्वपूर्ण अनुसंधान किया है। इस अनुसंधान में उनकी दार्शनिक तथा मनोवैज्ञानिक प्रवृत्ति देखने को मिलती है। लेकिन एडोर्नो का विवेचनात्मक सिद्धान्त में जो योगदान है उस पर होरखीमेर का प्रभाव अधिक दिखायी देता है। एडोर्नो विवेचनात्मक सिद्धान्त के विषय में अधिक आशावादी नहीं थे। वे जगह-जगह पर व्यक्ति पर प्रभुत्व जमाने वाली शक्तियों की आलोचना करते हैं। फिर भी उन्हें लगता है कि विवेचनात्मक सिद्धान्त सही तरह से मनुष्य के उद्धार के क्षेत्र में जूझ नहीं सकता।

होरखीमेर और एडोर्नो इस बात पर जोर देते हैं कि विवेकीकरण के प्रसार के परिणामस्वरूप मनुष्य के व्यक्तिनिष्ठ पहलू को दबा दिया गया है। वास्तव में इन लेखकों के अनुसार दो प्रक्रियाएं बराबर काम कर रही हैं। एक प्रक्रिया *व्यक्तिनिष्ठ दुनिया* (Subjective World) की है और दूसरी *भौतिक वस्तुओं* (Physical world) की है। भौतिक वस्तुओं की दुनियां व्यक्तिनिष्ठ दुनिया को दबाती है, उसका शोषण करती है।

वास्तव में देखा जाये तो मनुष्य इस *द्वैतवाद* (Dualism) के चक्रव्यूह में फंसा हुआ है। एक तरफ उसकी व्यक्तिनिष्ठ दुनिया है और दूसरी तरफ भौतिक दुनिया। इस द्वैतवाद को भेदने का काम विवेचनात्मक सिद्धान्त को करना है।

होरखीमेर और एडोर्नो के विवेचनात्मक सिद्धान्त की आलोचना हेबरमास ने की है। उनका कहना है कि यह सिद्धान्त और कुछ न होकर केवल *दर्शनशास्त्रीय विश्लेषण* है। हेबर के शब्दों में :

> होरखीमेर और एडोर्नो का विवेचनात्मक साहित्य बहुत बुरी तरह से अस्पष्ट है, इसमें अत्यधिक अटकलबाजी है और यह सिद्धान्त आश्चर्यजनक रूप से इस तथ्य से छूटा हुआ है कि लोग जब वास्राव में अन्तःक्रिया करते हैं तो कहां तक अपनी चेतना को काम में लाते हैं।

हेबरमास का तर्क है कि होरखीमेर या एडोर्नो ने जो विवेचनात्मक सिद्धान्त रखा है वह सही अर्थों में भाग्यवादी है। ऐसी अवस्था में इनका सुझाव है कि विवेचनात्मक सिद्धान्तवेत्ताओं को अपनी *समझ* (understanding) को नई दिशा देनी होगी। उन्हें व्यक्तिनिष्ठ चेतना की धारणा को छोड़ देना चाहिये।

इसकी अपेक्षा उन्हें व्यक्तियों की उन प्रक्रियाओं की पहचान करनी चाहिये जिनके माध्यम से *अन्तर्व्यक्तिनिष्ठ* (Inter-subjective) समझ को विकसित किया जा सके। यदि हम वास्तव में दमन व प्रभुत्व से मुक्ति चाहते हैं तो हमें उन साधनों की शिनाख्त करनी चाहिये जिनके माध्यम से व्यक्ति को दबाया जाता है।

जुर्गेन हेबरमास का विवेचनात्मक उपागम

(The Critical Approach of Jurgen Herbarmas)

जुर्गेन हेबरमास एक जर्मन विवेचनात्मक सिद्धान्तवेत्ता हैं। पिछले दो दशकों में उन्होंने बड़े ही समृद्ध और रचनात्मक साहित्य का निर्माण किया है। सच में देखा जाये तो उनके साहित्य को संक्षेप में रखना बहुत दुष्कर कार्य है। इसका एक कारण यह है कि उन्होंने जो कुछ लिखा है उसकी शैली और भाषा विन्यास इतने गहन हैं कि उन्हें स्पष्ट करना एक कठिन कार्य है। हेबरमास ही नहीं, बहुत अंशों में यह समस्या सभी जर्मन विचारकों पर लागू होती है। हेबरमास के साथ कठिनाई यह है कि विवेचनात्मक सिद्धान्त पर उन्होंने जो तर्क रखे हैं वे उनके गद्य लेखक के भार से दब गये हैं। इन तर्कों की खोज करना अपने आप में एक नया अनुसंधान है। इन सब आपदाओं के होते हुये भी हेबरमास का विवेचनात्मक सिद्धान्त के क्षेत्र में जो योगदान है उसे हम इस भाग में सरलीकृत रूप में रखने का प्रयास करेंगे।

विवेचनात्मक सिद्धान्त की केन्द्रीय समस्या

(Central Problem of Critical Theory)

यदि हम हेबरमास के साहित्य को गहराई से पढ़ें तो उसमें अन्तर्निहित कई प्रश्न हैं जिनका सरोकार विवेचनात्मक सिद्धान्त से है। इन प्रश्नों में कुछ इस प्रकार हैं :

1. सामाजिक सिद्धान्त के विचारों को किस प्रकार विकसित करना चाहिये जिनसे कार्ल मार्क्स द्वारा प्रस्तावित मनुष्य की मुक्ति की समस्या को हल किया जा सके? यह भी देखना चाहिये कि मार्क्स की इस थीसिस में कि पूँजीवादी समाजों की प्रकृति में *आनुभविक अभाव* कौन से हैं ?
2. वेबर ने ऐतिहासिक विधि से विवेकीकरण का जो विश्लेषण प्रस्तुत किया है उसका सामना कैसे किया जाये ?
3. विवेचनात्मक सिद्धान्तवेत्ताओं जैसे लूकाक्स, होरखीमेर व एडोर्नो ने जिस व्यक्तिनिष्ठा और व्यक्तिनिष्ठ चेतना की बात कही है, उससे पीछे कैसे हटा जाये, उससे पिंड कैसे छुड़वाया जाये ?

   विवेचनात्मक सिद्धान्त निर्माण के साथ दुर्घटना यह हुयी है कि प्रारम्भिक सिद्धान्तवेत्ताओं ने व्यक्ति के अन्दर की व्यक्तिनिष्ठ चेतना पर अत्यधिक जोर दिया है, यानि हीगल को पुनः अपने पावों पर खड़ा किया है। इससे मार्क्स द्वारा दी गयी अन्तर्दृष्टि को बड़ी चोट लगी है। मार्क्स ने तो कहा था कि व्यक्तियों पर प्रभुत्व सामाजिक सम्बन्धों द्वारा स्थापित किया जाता है। व्यक्तिगत चेतना की अवधारणा ने इसे ध्वस्त कर दिया है।
4. किस भांति विवेचनात्मक सिद्धान्त को इस तरह बनाया जाये कि वह भौतिक उत्पादन और राजनैतिक संगठन को अपने परिवेश में ला सके ?

हेबरमास ने उपरोक्त प्रश्नों को जगह-जगह उठाया है। वास्तव में हेबरमास का सम्पूर्ण कृतित्व इन्हीं प्रश्नों के इर्द-गिर्द घूमता है। एक प्रकार से ये प्रश्न ही हेबरमास के विवेचनात्मक सिद्धान्त के उपागम को निश्चित करते हैं। वे आग्रहपूर्वक कहते हैं, और इसमें सच्चाई भी है, कि केवल दमन और शोषण की आलोचना तो केवल पुनरावृत्ति मात्र हो जाती है। उनका तर्क है कि यदि हमें कोई सार्थक विवेचना करनी है तो यह देखना चाहिये कि समाज में जो पूँजीवादी हैं उनको बांधे रखने वाली शक्तियां कौन सी हैं, अर्थात् इस पूँजीवादी समाज को बनाये रखने वाली शक्तियों पर जब तक आक्रमण नहीं होता, दमन व शोषण में कमी नहीं आयेगी और न ही समाज का उद्धार होगा। समाज के क्रिया-कलाप कैसे चलते हैं, उसे जब तक हम सैद्धान्तिक दृष्टि से नहीं देखते हमारी विवेचना केवल सतही होगी और इससे कोई काम बनने का नहीं है। अतः यदि हमारी यह आंतरिक इच्छा है कि हम विवेचनात्मक सिद्धान्त का निर्माण करें तब हमें समाज को गतिशील बनाये रखने वाली

शक्तियों की पहचान करनी होगी।

हेबरमास ने विवेचनात्मक सिद्धान्त के क्षेत्र में कई कृतियां लिखी हैं। इन सबका निचोड़ दो जिल्दों में बंधी उनकी पुस्तक द *थ्योरी ऑफ कम्यूनिकेटिव एक्शन* (The Theory of Communicative Action) में देखने को मिलता है।

सार्वजनिक क्षेत्र का हेबरमास द्वारा दिया गया विश्लेषण

(Hebarmas Analysis of "The Public Sphere")

1962 में हेबरमास की पहली और महत्वपूर्ण कृति स्ट्रक्चरल ट्रांसफोर्मेशन ऑफ द पब्लिक स्फीअर (Structural Transformation of the Public Sphere) प्रकाशित हुई। सार्वजनिक क्षेत्र से हेबरमास का तात्पर्य यह है कि यह समाज के सामाजिक जीवन का क्षेत्र है। इसमें लोग एकत्र होकर जनजीवन से जुड़ी समस्याओं पर विचार-विमर्श करते हैं, बहस या वाद-विचाद करते हैं और समस्याओं के प्रति जन-चेतना पैदा करते हैं। यह एक प्रकार की जनता की सभा है जिसमें लोग खुलकर बातचीत करते थे। इस बहस में रीति-रिवाज, धार्मिक सम्प्रदाय और शक्ति को अभिव्यक्ति का कोई स्थान नहीं था। यह अवश्य था कि सार्वजनिक क्षेत्र की समस्याओं को लोग निर्णय के स्तर पर ले आते थे और इस प्रकार दमन और शोषण की शक्तियां कमजोर हो जाती थीं। यह सार्वजनिक क्षेत्र ही था जहां पारस्परिक विरोध दूर हो जाते थे, और जनजीवन में सद्भावना आ जाती थी।

अपनी इस प्रारम्भिक कृति में हेबरमास इतिहास में अपनी रूचि बताते हैं। वे कहते हैं कि 18वीं शताब्दी के यूरोप में कई संगठन व मंच थे—क्लब, काफी हाउस, समाचार पत्र जिनके माध्यम से सार्वजनिक बहस होती थी। वे कहते हैं कि ये मंच इतने सशक्त थे कि इनके दबाव से सामंतवादी संरचना की वैधता धर्म व रीति-रिवाजों पर भी कमजोर हो गई थी। यह इन बहसों के कारण ही है कि बाजार अर्थव्यवस्था का विकास हुआ और व्यक्ति को सामंतवाद के जुल्म से मुक्ति मिली। स्थिति यहां तक पहुंच गई की स्वतन्त्र नागरिक, सम्पत्ति होल्डर, व्यापारी तथा समाज के अन्य लोग खुलकर सामाजिक क्षेत्र में चर्चा करते थे।

हेबरमास का कहना है कि इतिहास के पन्ने जब एक के बाद एक पलटने लगे तो सार्वजनिक क्षेत्र को बड़ा आघात पहुंचा। अब पूंजीवादी तंत्र बढ़ गया था और राज्य की शक्तियों में वृद्धि हुयी थी। वेबर प्रमाणिक रूप से कहते हैं कि 19वीं शताब्दी में जहां एक ओर विवेकीकरण आया, वहीं अधिकारीतन्त्र का भी श्री गणेश हुआ। इस सबने मनुष्य के शोषण व दबाव को पुनः परिभाषित किया। इस अवस्था के विश्लेषण ने हेबरमास को चोटी का विवेचनात्मक सिद्धान्तवेत्ता बना दिया। एक स्थान पर वे कहते हैं कि सार्वजनिक क्षेत्र के पतन के दो मुख्य कारण रहे हैं : पहला, पूंजीवाद के विस्तार के साथ आदमी की स्वतन्त्रता में पतन, और दूसरा अधिकारीतन्त्र का विकास व राज्य का कानून द्वारा व्यक्ति पर सामाजिक नियंत्रण। इन सब समस्याओं का हल हेबरमास सार्वजनिक क्षेत्र को पुनर्जिवित करने में देखते हैं।

अपनी दूसरी कृति में हेबरमास ने पूंजीवादी समाज की आलोचना विज्ञान व ज्ञान के संदर्भ में की है।

विज्ञान की विवेचना

(Critique of Science)

1960 में हेबरमास ने ज्ञान व्यवस्था और विज्ञान की विवेचना के प्रोजेक्ट को विश्लेषण के लिये उठाया। अपनी पुस्तक *द लोजिक ऑफ सोशल साइंसेज* (The Logic of Social Sciences) तथा *नालेज एण्ड ह्यूमन इंट्रेस्ट* (Knowledge and Human Interest) में उन्होंने ज्ञान की व्यवस्थाओं का विश्लेषण किया है। इस विश्लेषण का उद्देश्य विवेचनात्मक सिद्धान्त के लिये एक रूपरेखा तैयार करना था। उनका अंतिम उद्देश्य यह स्थापित करना था कि विज्ञान ज्ञान का एक प्रकार है जिसका उद्देश्य मनुष्य के अस्तित्व से सम्बन्धित एक खास प्रकार के हितों को पूरा करना है। इस दृष्टि से हेबरमास सम्पूर्ण ज्ञान को तीन *कोटियों* (Types) में रखते हैं :

1. आनुभविक/विश्लेषणात्मक ज्ञान :

   इस ज्ञान का उद्देश्य भौतिक दुनिया के विभिन्न तत्वों को जानना है।

2. ऐतिहासिक ज्ञान :

   इस ज्ञान का सरोकार ऐतिहासिक ग्रन्थों के निर्वचन द्वारा समाज को समझना है।

3. विवेचनात्मक ज्ञान :

   यह ज्ञान मनुष्य पर होने वाले दबावों और प्रभुत्व को उजागर करता है।

हेबरमास कहते हैं कि ज्ञान का एक उद्देश्य मनुष्य के बुनियादी हितों को पूरा करना है। इस संदर्भ में वे मनुष्य के संपूर्ण हितों को तीन कोटियों में रखते हैं :

1. *तकनीकी हित*—मनुष्य जीवित रहना चाहता है। उसमें प्रजनन की शक्ति है। वह पर्यावरण पर नियंत्रण पाकर जीवन को अधिकतम सुविधापूर्ण बनाकर मानव समाज का प्रभुत्व प्रकृति पर स्थापित कर सिलसिले को बनाये रखना चाहता है।
2. *व्यावहारिक हित*—इसके माध्यम से वह उसके इर्द-गिर्द और अतीत की दशाओं को समझना चाहता है, उनके अर्थ को जानना चाहता है।
3. *उद्धारक हित (Emancipatory Interest)*– मनुष्य के ज्ञान में वृद्धि उसके सुधार व संवर्द्धन के लिये या दूसरे शब्दों में उसके उद्धार के लिये ज्ञान प्राप्ति है।

हेबरमास इस निष्कर्ष पर पहुँचते हैं कि यदि मनुष्य को समाज में सुरक्षित और निरापद जीवन बिताना है तो यह उसके हित में है कि वह पर्यावरण पर तकनीकी नियंत्रण रखे। दशाओं को ऐतिहासिक एवं व्यावहारिक रूप में समझे और प्रभुत्व तथा दमन से मुक्ति पाये। अपने इन तिहरे हितों की पूर्ति के लिये उसे कतिपय साधनों की आवश्यकता होती है। इन साधनों को हेबरमास ने तीन कोटियों में रखा है—*पहला साधन* क्रिया-कलापों

(Work) का है। इसके लिये उसे आनुभविक व विश्लेषणात्मक ज्ञान प्राप्त करना होगा। यह ज्ञान क्रिया-कलापों से ही उपलब्ध हो सकता है। *दूसरा साधन*, भाषा है। भाषा के माध्यम से ही वह अतीत के अनुभव को समझ सकता है। हितों की पूर्ति का *तीसरा साधन* प्राधिकार है। इसके लिये उसे विवेचना के क्षेत्र में आना होगा। विवेचना ही एक ऐसा माध्यम है जो उसे प्रभुत्व, दमन और जुल्मों से मुक्त कर सकता है। हेबरमास द्वारा किये गये ज्ञान के इस वर्गीकरण को हम निम्न तालिका में रखेंगे।

ज्ञान की कोटियां, हित और साधन

	हित (Interests)	ज्ञान (Knowledge)	साधन (Media)
1.	पर्यावरण पर तकनीकी नियंत्रण	आनुभविक तथा विश्लेषणात्मक ज्ञान।	क्रिया-कलाप
2.	निर्वचन द्वारा व्यावहारिक समझ पैदा करना।	ऐतिहासिक ज्ञान।	भाषा
3.	अनावश्यक प्रभुत्व से मुक्ति।	विवेचनात्मक सिद्धान्त का निर्माण	प्राधिकार

हेबरमास ने विज्ञान तथा ज्ञान की जो तीन-तीन कोटियां बनायी हैं वह कोई नई बात नहीं है। वास्तव में यह समाजशास्त्रीय सिद्धान्तवेत्ताओं की परम्परा है। वेबर व पारसंस ने भी इसी तरह का कोटिकरण किया है। सच्चाई यह है कि इन कोटियों के माध्यम से ही हेबरमास ने विवेचनात्मक सिद्धान्त के अपने केन्द्रीय बिन्दु को रखा है। इस तरह के कोटिकरण से हेबरमास ने कई उद्देश्यों को पूरा किया है। वे कहते हैं कि प्रत्यक्षवाद भी एक तरह का ज्ञान है। इसके माध्यम से प्राकृतिक नियमों की खोज करना किसी भी अर्थ में अनुचित नहीं है। लेकिन कठिनाई यह है कि इस प्रकार का ज्ञान विवेचनात्मक सिद्धान्त के लिये कारगर नहीं है। हेबरमास यह तो स्वीकार करते हैं कि जहां तक तकनीकी नियंत्रण का प्रश्न है विज्ञान या प्रत्यक्षवाद की पूरी उपयोगिता है। यह भी सत्य है कि आर्थिक और राजनैतिक हितों की पूर्ति के लिये तकनीकी नियंत्रण उपयोगी हैं। जहां तक विवेचनात्मक सिद्धान्त के निर्माण का प्रश्न है हमें विज्ञान के इस तकनीकी प्रयोग को अवश्य ध्यान में रखना चाहिये।

वास्तविकता यह है कि प्रौद्योगिकी विज्ञान की एक विचारधारा बन गयी है। विकसित पूंजीवादी समाजों की बहुत बड़ी समस्या वैधता के संकट की है। इस अवस्था में हेबरमास का कहना है कि हमें ऐतिहासिकता को विवेचनात्मक दृष्टि से देखना चाहिये।

हेबरमास ने विवेचनात्मक सिद्धान्त के लिये एक नीति को स्पष्ट किया है। वे कहते हैं कि व्यक्तियों के बीच जो अन्तः क्रियाएं होती हैं उनके बारे में हमें *निर्वचनात्मक समझ* (Interpretative Understanding) विकसित करनी चाहिये। इन्हीं अन्तर्वैयक्तिक सम्बन्धों के कारण समाज की निरंतरता बनी रहती है और इसलिये अन्तःक्रियाओं में व्यक्तियों के बीच में जो सम्पर्क होते हैं वे ही विवेचनात्मक सैद्धान्तीकरण की केन्द्रियता हैं।

इसका यह मतलब हुआ कि जब तक हम यह नहीं समझ पाते कि व्यक्तियों में अन्तःक्रियाएं क्यों होती हैं और इन अन्तःक्रियाओं में क्या होता है तब तक हम कोई अर्थपूर्ण विवेचनात्मक सिद्धान्तीकरण नहीं कर सकते। हेबरमास के सिद्धान्तीकरण का आधार बिन्दु संचार (Communication) है। इस तरह का संचार विज्ञान के माध्यम से होता है। विवेचनात्मक सिद्धान्त के इस संचारपरक बिन्दु पर विस्तार से विश्लेषण करते हुये हेबरमास विज्ञान और उससे प्राप्त होने वाले ज्ञान को बराबरी की भूमिका देते हैं। वास्तव में, पिछले दिनों में भी जब सार्वजनिक क्षेत्र की उपलब्धि सामाजिक जीवन में थी तब भी विभिन्न पंचों के माध्यम से लोग अपने विचारों का संचार करते थे। सही बात तो यह है कि संचार ही एक ऐसा माध्यम है जिसकी सहायता से मनुष्य के उद्धार की कोई योजना बनाई जा सकती है।

यदि आम आदमी पर कोई भी दमन व जुल्म होते हैं, तो उसके पीछे ज्ञान व संचार की भूमिका महत्वपूर्ण है। विज्ञान तो वस्तुतः एक विचारधारा (Ideology) है। इसी के माध्यम से ज्ञान मिलता है। जिन लोगों के पास ज्ञान का खजाना है वे पहले ज्ञान और प्रौद्योगिकी को खरीदते हैं और फिर इसका प्रयोग गरीबों के शोषण और जुल्मों के लिये करते हैं। इस संदर्भ में, हेबरमास कहते हैं, विज्ञान व प्रौद्योगिकी तो पूँजीवादी समाज की चाकर है। यदि वास्तव में आदमी का उद्धार होना है तो विवेचनात्मक सिद्धान्त को नये सिरे से परिभाषित करना पड़ेगा।

समाज में वैधीकरण की संकटावस्था

(Legitimation Crises in Society)

अपनी कृतियों में हेबरमास ने ऐतिहासिक विश्लेषण को महत्वपूर्ण स्थान दिया है। 20वीं शताब्दी के प्रारम्भ में जो चोटी के विचारक आये, सभी ने इतिहास का प्रयोग एक विश्वसनीय विधि के रूप में किया है। मार्क्स और वेबर और इसी तरह पेरेटो इतिहास का प्रयोग अपने सिद्धान्तीकरण में करते हैं। हेबरमास का झुकाव भी इतिहास की ओर रहा है। यूरोप के इतिहास ने कई नई दिशाएं दी हैं—(1) सार्वजनिक क्षेत्र का पतन इसी युग में हुआ (2) राज्य ने आर्थिक गतिविधियों में हस्तक्षेप करना प्रारम्भ किया, और (3) राज्य के हेतुओं की पूर्ति के लिये विज्ञान और प्रौद्योगिकी नियंत्रण का प्रभुत्व बढ़ गया।

इस तरह सार्वजनिक क्षेत्र के विकास, राज्य के आर्थिक क्षेत्र में हस्तक्षेप तथा विज्ञान व प्रौद्योगिकी के नियंत्रण में वैधता के संकट को पैदा कर दिया है। हेबरमास इसी कारण पूंजीवादी समाज और प्रत्यक्षवादी विज्ञानों की बड़ी कड़ी आलोचना करते हैं। उनकी यह आलोचना उनकी पुस्तक *लेजिटीमेशन क्राइसिस* (Legitimation Crises,1976) में देखने को मिलती है। अपनी इस पुस्तक में बड़े विस्तार के साथ हेबरमास यूरोप व अमेरिका के समाज के उभरते संकट का उल्लेख करते हैं। *आज की दुनियां में राज्य की आर्थिक व्यवस्था में हस्तक्षेप बहुत अधिक बढ़ गया है। रुचिकर बात यह है कि राज्य भी राजनीतिक समस्याओं का तकनीकी रंग देती है। आर्थिक और राजनैतिक मुद्दों को राज्य कभी भी*

सार्वजनिक बहस के लिये नहीं रखता। उसकी राय में ये सब मुद्दे या समस्याएं वस्तुतः तकनीकी समस्याएं हैं। राज्य यह मानकर चलता है कि इन तकनीकी समस्याओं का हल केवल उन विशेषज्ञों द्वारा निकाला जा सकता है जो कर्मचारीतंत्र संगठन में काम करते हैं। इसका तात्पर्य यह है कि आज राज्य मुद्दों या समस्याओं का अराजनीतिकरण (Depoliticization) कर रहा है। किसी भी समस्या का हल तकनीकी ढंग से ही किया जा सकता है। उदाहरण के लिये, हमारे देश के संदर्भ में यदि उदारीकरण की नीति के परिणाम स्वरूप छोटे उद्योग घाटे में जाते हैं, तो यह समस्या राजनीतिक समस्या न होकर केवल आर्थिक समस्या है। जबकि उदारीकरण की नीति को अपनाना राजनीतिक समस्या थी।

हेबरमास दृढ़तापूर्वक यह कहते हैं कि आज यूरोप, अमेरिका और एशिया में कई देशों में प्रौद्योगिकी विकास की प्रक्रिया तीव्रता से चल रही है। यह नई हवा *तकनीकी चेतना* (Technocratic Consciousness) से सराबोर है। वास्तव में, राज्य के इस हस्तक्षेप ने समाज की सम्पूर्ण समस्याओं को विशिष्ट व तकनीकी समस्या का जामा पहना दिया है। इस प्रक्रिया ने, इसी कारण वैधता का संकट उत्पन्न कर दिया है। हेबरमास जब तकनीकी चेतना की बात करते हैं तो उसका कहना है कि इस चेतना ने एक नई अवधारणा को विकसित किया है जिसे हेबरमास *उपकरण कारण इंस्ट्रूमेंटल रीजन* (Instrumental Reason) कहते हैं। जिसे वेबर *साध्य-साधन विवेकीकरण* (Means-Ends Rationality) कहते हैं, उसे हेबरमास *उपकरण-कारण की अवधारणा कहते हैं। सामान्यतया साध्य-साधन से वेबर का अर्थ यह है कि साध्य को प्राप्त करने के लेये जो साधन होते हैं वे तार्किक व विवेकपूर्ण होने चाहिये। हेबरमास कुछ इसी तरह उपकरण-कारण की अवधारणा की व्याख्या करते हैं। वे कहते हैं कि साधन ऐसे होने चाहिये जिनमें साध्य प्राप्त करने की दक्षता* या *कुशलता* हो। इस तकनीकी युग में लक्ष्य प्राप्त करने के लिये दक्षता ही महत्वपूर्ण साधन है। यह दक्षता किसी भी तरह के मूल्यों व मानकों की उपेक्षा करती है।

राज्य और पूंजीपति विज्ञान और तकनीकों को जिस प्रकार समाज में प्रयोग में लाते हैं उसे हेबरमास चरणबद्ध रूप में निम्न प्रकार रखते हैं। सबसे *पहले* राज्य *विज्ञान का प्रयोग* कुछ *निश्चित लक्ष्यों को प्राप्त* करने के लिये करता है। *इसके बाद* वह *दक्षता* को आधार बनाकर समूहों के प्रतियोगी लक्ष्यों को पूरा करने का प्रयास करता है। और तत्पश्चात् तीसरे स्तर पर राज्य स्वयं *मूल्यों का भी* दक्षता तथा *विवेकशीलता* के संदर्भ में विश्लेषण करता है। अन्त में हम जिस *साहसी नयी दुनिया* (Brave New World) की कल्पना करते हैं उसमें निर्णय का सम्पूर्ण उत्तरदायित्व कम्प्यूटर पर छोड़ देते हैं। कम्प्यूटर ही सर्वाधिक विवेकपूर्ण और दक्ष है।

हेबरमास का आग्रह है कि आज की दुनिया में हमारा सम्पूर्ण भरोसा तकनीकी चेतना की विचारधारा पर है। इस विचारधारा ने राजनैतिक वैधता को भी नये क्षितिज दिये हैं। अब पूंजीवादी समाज भी तीन उपव्यवस्थाओं में बंट गये हैं : (1) आर्थिक, (2)

राजनीतिक-प्रशासनिक तथा (3) सांस्कृतिक जिसे हेबरमास आगे चलकर *जीवंत दुनिया* (Life World) कहते हैं। इन तीनों उपव्यवस्थाओं में वैधता के संकट उभरकर आते हैं :

1. *आर्थिक संकट*—यह संकट तब आता है जबकि आर्थिक उपव्यवस्था लोगों की आवश्यकताओं के अनुसार पर्याप्त उत्पादन नहीं कर पाती।
2. *विवेकीकरण संकट*—जब राजनीतिक प्रशासनिक उपव्यवस्था उपकरण सम्बन्धी पर्याप्त निर्णय नहीं ले पाती तभी इस तरह का संकट उत्पन्न होता है।
3. *अभिप्रेरण संकट*—यह संकट तब आता है जब नये कार्यों को करने के लिये ऐसे सांस्कृतिक प्रतीक नहीं पैदा किये जाते जिनके माध्यम से लोगों में प्रतिबद्धता आये।
4. *वैधकरण संकट*—यह संकट तब आता है जब पर्याप्त अभिप्रेरण नहीं होते।

हेबरमास जब वैधता के इन संकटों की व्याख्या करते हैं तो उनका संदर्भ कार्ल मार्क्स से है। इन संकटों में शायद आर्थिक तथा विवेकीकरण के संकट कम महत्वपूर्ण हैं। अति महत्वपूर्ण संकट या तो *अभिप्रेरण* का है या *वैधता* का।

हेबरमास ने विवेचनात्मक सिद्धान्त का जो स्वरूप रखा है उसमें कई लक्षणों का उल्लेख किया है। उन्होंने मुख्य रूप से इस तथ्य पर जोर दिया है कि *विवेचनात्मक सिद्धान्त के किसी भी अर्थ में संचार का स्थान सर्वाधिक महत्वपूर्ण है।* संचार के साथ-साथ वे *भाषा* पर भी उतना ही जोर देते हैं। इसके बाद वे *विज्ञान और ज्ञान* को भी राज्य के संदर्भ में देखते हैं। वास्तविकता यह है कि हेबरमास ने अपने विचार फुटकर रूप में रखे है और इन्हें सिलसिले से किसी तार्किक रूपरेखा में रखना बहुत कठिन है। सब मिलाकार हेबरमास की इच्छा है कि हम एक ऐसे एकीकृत समाज को बनायें जो संचार व्यवस्था द्वारा बंधा हुआ हो। उनका विवेचनात्मक सिद्धान्तीकरण मुख्यतया विचारधारा पर आधारित है। ऐसी अवस्था में केवल संचार की क्रिया से ही उसे एक सूत्र में बांधे रखना कठिन दिखायी देता है। टर्नर विवेचनात्मक सिद्धान्त की, जिसे हेबरमास ने रखा है, आलोचना तो करते हैं, लेकिन इसे निश्चित रूप से स्वीकार करते हैं कि संघर्ष सिद्धान्त की परम्परा में मार्क्स और हेबरमास ने जिन अवधारणाओं को प्रस्तुत किया है उनमें से यदि विचारधाराओं के बाहुल्य को हटा दिया जाये तो निश्चित रूप से एक वैज्ञानिक सिद्धान्त का निर्माण हो सकता है।

उपसंहार

फ्रैंक फुर्त स्कूल ने जिस विवेचनात्मक सिद्धान्त को विकसित किया है वह हीगल और मार्क्स के सिद्धान्तीकरण की परम्परा में है। इस स्कूल के सिद्धान्तवेत्ताओं ने मार्क्स व हीगल की द्वन्द्वात्मक विधि को अपनाया है। वे समाज की आर्थिक व्यवस्था की भूमिका को स्वीकार करते हैं, प्रत्यक्षवाद को नकारते हैं और दृढ़तापूर्वक *तथ्यों को मूल्यों से पृथक* करते हैं। *रूथ वेलेस* (Ruth Wallace) और *एलिसन वॉल्फ* (Allison Wolf) विवेचनात्मक सिद्धान्त की व्याख्या के उपसंहार में कहते हैं कि फ्रैंक फुर्त स्कूल ने विवेचनात्मक सिद्धान्त का जो

विवेचन किया है उसमें दो तथ्य स्पष्टतः हमारे सामने आते हैं। पहला *तथ्य तो यह कि लोगों के जो भी विचार हैं वे वस्तुतः समाज की उपज हैं, और यह समाज वह है जिसके वे सदस्य हैं।* इस स्कूल का दूसरा महत्वपूर्ण तथ्य यह है कि (जो पहले तथ्य से जुड़ा है) *बौद्धिकों को कभी-भी वस्तुनिष्ठ नहीं होना चाहिये। वे वस्तुनिष्ठ हो भी नहीं सकते, क्योंकि उनके विचार जो भी है उनका निर्माण समाज ही करता है।* ऐसी अवस्था में वे जिस समाज का अध्ययन करते हैं उसके प्रति विवेचनात्मक अभिवृत्ति अपनानी चाहिये। बौद्धिकों को इसी तरह अपनी स्वयं की गतिविधियों के प्रति भी विवेचनात्मक दृष्टिकोण रखना चाहिये। *ज्ञान का निर्माण समाज द्वारा होता है* और इसलिये समाज की दशा का विश्लेषण ज्ञान के माध्यम से ही होना चाहिये।

विवेचनात्मक सिद्धान्त पर जो कुछ लिखा गया है, अधिक नहीं है। इस सिद्धान्त के जनक लुकाक्स रहे हैं। वास्तव में लूकाक्स एक ऐसी कड़ी हैं जो एक छोर पर मार्क्स और दूसरे छोर पर होरखीमेर व एडोर्नो को जोड़ते हैं। विवेचनात्मक सिद्धान्त के साहित्य में लूकाक्स के बाद शायद हेबरमास का नाम उल्लेखनीय है। हेबरमास की कृतियों से स्पष्ट है कि दुनिया की हाल की स्थिति में विवेचनात्मक सिद्धान्तीकरण का भविष्य कोई सुनहला नहीं दिखायी देता। इतना होने पर भी विवेचनात्मक सिद्धान्तवेत्ताओं का आम आदमी को प्रभुत्व, दमन और जुल्म से मुक्त कराने का उद्देश्य बराबर प्रशसंनीय विवेचनात्मक सिंद्धान्त का यह आग्रह भी दमदार है कि सिद्धान्त को क्रियाशील किया जाना चाहिये क्योंकि उससे ही सिद्धान्त समृद्ध होगा।

अध्याय 13

सामाजिक विनिमय सिद्धान्त
(Social Exchange Theory)

हम रोज चर्चा करते हैं कि बाजार में कोई भी वस्तु मुफ्त में नहीं मिलती। यह सम्भव है कि कुछ वस्तुएं महंगी हों और कुछ सस्ती। इटली के समाजशास्त्री विल्फ्रेडो पेरेटो एक बार किसी गोष्ठी में गये। उन दिनों में अर्थशास्त्र को सिद्धान्त के रूप में सही जाना जाता था। लोगों का विचार था कि अर्थशास्त्र जैसे सामाजिक विज्ञान में सिद्धान्त निर्माण की कोई गुंजाइश नहीं। जब पेरेटो ने दृढ़तापूर्वक अपने तर्कों से यह सिद्ध किया कि अर्थशास्त्र के भी सिद्धान्त हैं, तब उनकी कटु आलोचना हुई, उनकी जमकर खिंचाई भी हुई, शाम को पेरेटो टहलते हुये गोष्टी के एक सहभागी से टकराये। उन्होंने जानकारी चाही- क्या इतने बड़े शहर में कोई ऐसा होटल मिलेगा जहां मुफ्त में खाना मिल सके? सहभागी हंसा, कोई होटल मुफ्त में खाना तो कैसे दे सकता है? हां, ऐसे होटल अवश्य मिलेंगें जहां सस्ता खाना मिल सकता है। तपाक से पेरेटो बोलेः यही तो अर्थशास्त्र का सिद्धान्त है, कोई चीज मुफ्त में नहीं मिलती। प्रत्येक वस्तु की लागत होती है, बिक्री मूल्य होता है। बहुत थोड़े में सामाजिक विनिमय सिद्धान्त का यही सार है।

हम बाजार जाते हैं, चीनी खरीदते हैं और उसके दाम चुका देते हैं। अर्थशास्त्र में उत्पादन, वितरण, विनिमय एवं उपभोग ये बुनियादी सिद्धान्त हैं। सामाजिक विनिमय सिद्धान्तवेत्ता अर्थशास्त्र के इन बुनियादी तत्वों को नहीं छूते। लेकिन उनका कहना है कि सामाजिक व्यवहार में भी लोग विनिमय पद्धति को अपनाते हैं। हम जब अपने पड़ौसी, रिश्तेदार और मित्रों के यहां शादी-ब्याह, मौत मरण आदि अवसरों पर जाते हैं, जो कुछ दस्तुर हैं, जिन्हें पूरा करते हैं। तब हम भी आशा करते हैं कि हमारे शुभ-अशुभ अवसरों पर हमारे हितेच्छु हमने जैसा व्यवहार किया वैसा हमारे प्रति भी करेंगे। इन सिद्धान्तवेत्ताओं के अनुसार

सम्पूर्ण समाज मानों एक बाजार है, जिसमें व्यवहार करने वाला प्रत्येक व्यक्ति चीनी खरीदने वाले व्यक्ति की तरह, खरीद भरोख्त करने वाला है। जैसे बाजार में एक ही वस्तु के कई विकल्प हैं– धोती सस्ते दामों की है, महंगी दामों की भी है और बहुत महंगे दामों की भी है। जिसकी जितनी क्षमता है उसी के अनुसार वह धोती के कई मूल्य विकल्पों में से एक विकल्प अपनाता है। सामाजिक व्यवहार में भी विकल्प हैं, और अपनी सामाजिक स्थिति के अनुसार व्यक्ति एक या अनेक विकल्पों को अपना लेता है।

विनिमय सिद्धान्तवेत्ताओं का केन्द्रीय संदर्श सामाजिक विनिमय है। हमारे चारों ओर पारस्परिक व्यवहार विनिमय के माध्यम से होता है। दफ्तर के बॉस को हम शिष्टाचार या चापलूसी से खुश रखते हैं। वह भी इसके बदले में हमारे ऊपर अपनी "कृपा" बनाये रखता है। लोगों का दरबारी व्यवहार और कुछ न होकर सामाजिक विनिमय है। लेकिन यह विनिमय सहज रूप में नहीं होता। इसके भी कुछ सिद्धान्त हैं, जिनका हम आगे चलकर खुलासा करेंगे।

बौद्धिक आधार (Intellectual Roots)

आधुनिक विनिमय सिद्धान्तवेताओं में *जार्ज होमन्स* (George C. Homans), पीटर ब्लॉ (Peter M. Blau) और माइकेल हेचर (Michael Hechter) के नाम विशेष रूप से लिये जाते हैं। होमन्स ने विनिमय व्यवहारवाद को विकसित किया, ब्लॉ ने संरचनात्मक विनिमय सिद्धान्त को और हेचर ने विवेकी सिद्धान्त को रखा है। ये सभी विनिमय सिद्धान्तवेत्ता है। इनमें विविधता है। ये एक दूसरे से असहमत भी हैं। होमन्स समूह पर बहुत जोर देते हैं, ब्लॉ संरचना को केन्द्रीय स्थान देते हैं और हेचर विवेकी व्यवहार को प्राथमिक स्थान देते हैं। अवधारणा अन्तर के होते हुये भी सभी विनिमय सिद्धान्तवेता इस तथ्य को मानकर चलते हैं कि *प्रत्येक मनुष्य अपनी अन्तःक्रियाओं में दूसरों से अधिकतम लाभ लेना चाहता है*। यदि अन्तःक्रिया से कोई लाभ न हो, तो शिष्टाचारवश कब तक मृदुभाषी रहा जा सकता है? कब तक व्यवहार की निरन्तरता बनी रह सकती है?

समाजशास्त्रीय सिद्धान्तों में विनिमय सिद्धान्त कोई एक अलग-थलग सिद्धान्त नहीं है। यह सिद्धान्त वास्तव में सिद्धान्तों की परम्परा की एक कड़ी है। विनिमय सिद्धान्तवेताओं ने विभिन्न समाज विज्ञान सिद्धान्तों से खुले हाथों से लिया है। (1) क्लासिकल अर्थशास्त्रियों से हमने उपयोगितावाद को, (2) फ्रेजर, मेलिनोस्की, मार्शल मॉस और लेवी स्ट्रॉस से इसने सामाजिक मानवशास्त्र को और (3) मनोविज्ञान से व्यवहारवादी मत को लिया है।

समाजशास्त्र की भी अपनी एक परम्परा है। उदाहरण के लिये मार्क्स ने अपने संघर्ष सिद्धान्त में, जब स्त्रोतों की चर्चा की तब उन्होंने, विनिमय सिद्धान्त की रूपरेखा प्रस्तुत की थी। इसी तरह जार्ज सीमेल जहां पूंजी के दर्शन की व्याख्या करते हैं, तब वे भी विनिमय सिद्धान्त का उल्लेख करते हैं। ये सब कुछ वृहद् बौद्धिक आधार हैं जिनके संदर्भ में हम हाल में प्रतिपादित विनिमय सिद्धान्तों की व्याख्या करेगें।

क्लासिकल अर्थशास्त्रियों की धरोहर : उपयोगितावाद

1770 और 1850 के बीच अर्थशास्त्र के सैद्धान्तीकरण में एडम स्मिथ डेविड रिकार्डो, जोन स्टुअर्ट मिल तथा जेरेसी बेन्थम के नाम विशेष रूप से उल्लेखनीय हैं। इनमें से प्रत्येक अर्थशास्त्री ने आर्थिक व सामाजिक विचारधारा में अद्वितीय योगदान दिया है। सभी के सिद्धान्त का अपना एक निजी उपागम है। फिर भी सामान्य रूप से देखें तो ये सभी विचारक इस मान्यता को लेकर चलते हैं कि *मनुष्य मूल में एक विवेकशील प्राणी है और हर तरह के अपने प्रयास में वह यह चाहता है कि उसे अधिकतम लाभ पहुंचे*। इसे अर्थशास्त्र में उपयोगितावाद कहते हैं। उपयोगितावाद के इस सिद्धान्त से विनिमय सिद्धान्त ने बहुत कुछ ग्रहण किया है।

हाल में समाजशास्त्र में जो सैद्धान्तिक नई विचारधाराएं आयी हैं, उनमें अर्थशास्त्र का उपयोगितावाद महत्वपूर्ण है। आखिर उपयोगितावाद है क्या? उपयोगितावादियों का कहना है कि प्रत्येक व्यक्ति बाजार में खरीद फरोख्त करने आता है। इस बाजार में गला काटने वाली प्रतियोगिता रहती है। जब उपभोक्ता सौदा करने के लिये इस बाजार में आता है तो उसे बिकने वाली वस्तुओं के बारे में लगभग पर्याप्त जानकारी होती है। वस्तु प्राप्त करने के पहले वह विभिन्न माध्यमों से वस्तु के बारे में जानकारी लेने का प्रयत्न करता है। वह यह भी पता लगा लेता है कि जिस वस्तु की वह खरीद करना चाहता है, उस वस्तु के कितने और कैसे विकल्प बाजार में उपलब्ध हैं। इस जानकारी के बाद वह वस्तु और उसकी तुलना में खर्च की गई राशि का विवेकपूर्ण विवेचन करता है। *उपयोगिता का सार विवेकपूर्ण ढंग से वस्तु का अधिकतम लाभ लेना है*।

जोनाथन टर्नर ने सामाजिक विनिमय सिद्धान्त के निर्माण में अर्थशास्त्र की उपयोगितावाद की भूमिका को स्पष्ट करते हुए लिखा है :

1. विनिमय सिद्धान्त में व्यक्ति अधिकतम लाभ के पीछे तो नहीं दौड़ता, लेकिन उसकी पूरी कोशिश होती है कि सामाजिक अन्तःक्रिया से उसे थोड़ा-बहुत लाभ अवश्य मिले।
2. मनुष्य पूर्ण रूप से विवेकी नहीं होता, लेकिन अपनी सामाजिक अन्तःक्रियाओं में वह यह हिसाब जरूर करना चाहता है कि उसे इन अन्तःक्रियाओं से कितना लाभ हुआ।
3. यह सही है कि किसी भी वस्तु के उपलब्ध विकल्पों के बारे में मनुष्य को पूरी जानकारी नहीं होती। लेकिन वह विकल्पों की थोड़ी बहुत जानकारी तो स्थानीय स्तर पर अवश्य रखता है। इसी आधार पर वह लागत और लाभ का हिसाब-किताब करता है।
4. मनुष्य को हमेशा किसी न किसी दबाव में आकर अन्तःक्रियाएं करनी पड़ती हैं, फिर भी हर व्यक्ति यह चाहता है कि उसकी अन्तःक्रियाओं से अभी या बाद में चलकर थोड़ा-बहुत लाभ अवश्य मिले।
5. लाभ तो हर कोई चाहता है। नकद पैसा हो तो उपलब्ध विकल्पों से अधिकतम लाभ

लिया जा सकता है, लेकिन हर खरीद में स्त्रोत चाहिये यानि धन कहां से आयेगा, कितना धन व्यक्ति के पास है. इत्यादि। इसलिये अन्तःक्रियाओं की सौदेबाजी में मनुष्य के स्त्रोत भी महत्वपूर्ण हैं।

6. विनिमय में मनुष्य भौतिक लक्ष्यों की प्राप्ति तो करता है, लेकिन कई बार अभौतिक स्त्रोतों जैसे-संवेग, सेवाएं, प्रतीक इत्यादि द्वारा भी वह लाभ लेना चाहता है।

अर्थशास्त्र के उपयोगितावादी सिद्धान्त की प्रारम्भ में मानवशास्त्रियों ने कई तरह की आलोचनाएं की हैं। एक तरह से इन मानवशास्त्रियों ने उपयोगितावाद को विवाद का एक मुद्दा ही बना दिया। हाल में विनिमय सिद्धान्त का निर्माण जिस तरह से हो रहा है, लगता है, उस पर उपयोगितावाद का कोई सीधा प्रभाव नहीं है। विनिमय सिद्धान्त ने जो कुछ ग्रहण किया है, अप्रत्यक्ष ही है। वास्तव में 20वीं शताब्दी के इस अंतिम चरण में आ कर समाजशास्त्रीय विनिमय सिद्धान्त ने सामाजिक मानवशास्त्र से भौतिक रूप में बहुत कुछ लिया है, बहुत कुछ सीखा भी है।

मानवशास्त्र में विनिमय सिद्धान्त

समाजशास्त्र में होमन्स और पीटर ब्लाऊ के विनिमय सिद्धान्तों के आने से पहले 19वीं शताब्दी के मध्य में मानवशास्त्री में विनिमय सिद्धान्त का प्रचलन था। प्रचलन ही क्यों, उसका एक विकसित स्वरूप उपलब्ध था। मानवशास्त्रीय विनिमय सिद्धान्त के प्रणेताओं में जेम्स जार्ज फ्रेजर (James George Frazer, 1954-94), मेलिनोस्की (Bronislaw Malinowski, 1984-1942), मार्शल मॉस (Marchel Mauss 1954), और लेवी स्ट्रॉस (Levi Strauss, 1967) के नाम विशेषरूप से उल्लेखनीय है। इन मानवशास्त्रियों ने आदिवासियों में गहन क्षेत्रीय कार्य किया और इसी आधार पर उन्होंने विनिमय सिद्धान्त को प्रतिपादित व विकसित किया है। यहां हम मानवशास्त्रीय विनिमय सिद्धान्त के इन विचारकों के योगदान का संक्षेप में उल्लेख करेंगे।

मानवशास्त्रीय विनिमय सिद्धान्त : सर जेम्स फ्रेजर का योगदान

फ्रेजर ने 1919 में अपनी पुस्तक *फोकलोर इन द ओल्ड टेस्टामेन्ट* (Folklore in the old Testament, 1919) में सबसे पहली बार अपनी उपलब्धियों का , जो आस्ट्रेलिया के आदिवासियों में क्षेत्रीय कार्य किया, विवेचन किया है। मानवशास्त्रीय विनिमय सिद्धान्त का यह सबसे पहला प्रयास था। फ्रेजर ने आदिम जातियों में बंधुत्व व विवाह की जो परम्परायें थी, उन्हें गहराई से देखा। उन्होंने इन आदिम जातियों में एक खटकने वाली बात पायी। ये आदिम जातियां *सलिंग सहोदर संतति विवाह* (Parallel Marriage) की तुलना में *चचेरे-ममेरे भाई-बहिनों* (Cross-cousin Marriage) के विवाह को बराबर अधिक पसन्द करते थे। उन्होंने स्वयं से सवाल पूछा : यह किस कारण है कि आदिम जाति के सदस्य चचेरे-ममेरे भाई-बहिनों के विवाह को पसन्द करते हैं? यह क्या बात है कि लगभग सभी

आदिम जातियां पेरेलल कजिन विवाह को लगभग वर्जित समझती हैं? इन प्रश्नों के उत्तर ने ही अन्त में चलकर विनिमय सिद्धान्त को स्थापित किया है।

बात यह है कि इन आदिवासियों के पास विवाह करने के लिये जो वधू मूल्य चाहिये, वह नहीं था। उनके पास सम्पत्ति जैसी कोई वस्तु ही नहीं थी, जिसके बदले में या जिसे चुकाकर वे अपने लिये पत्नी ला सकें आदिवासियों में पत्नी लाने की तीव्र अभिलाषा और सम्पत्ति का अभाव इन दोनों बातों ने चचेरे-ममेरे भाई-बहनों के विवाह को प्रोत्साहित किया। *यह आर्थिक अभिप्रेरण (Economic Motive) संस्कृति के प्रतिमानों को निश्चित करता है। फ्रेजर के अनुसार किसी भी समाज में जो सांस्कृतिक प्रतिमान उपलब्ध हैं, वे और कुछ न होकर मनुष्यों के आर्थिक अभिप्रेरण की अभिव्यक्ति मात्र हैं।*

जब फ्रेजर ने आदिवासियों की चचेरे-ममेरे भाई बहिनों के विवाह की व्याख्या की तब उन्होंने निम्न निष्कर्ष प्रस्तुत किये :

1. विनिमय प्रक्रियाएं बुनियादी आवश्यकताओं की पूर्ति करती हैं।
2. विनिमय प्रक्रियाओं के परिणामस्वरूप अन्तःक्रिया के प्रतिमान निर्धारित होते हैं। जब समाज के अधिकांश व्यक्ति चचेरे-ममेरे भाई-बहिनों का विवाह ही सर्वसम्मत विधि मानते हैं तो लोगों में अन्तःक्रियाओं का प्रतिमान ही ऐसा बन जाता है।
3. इस तरह के सांस्कृतिक प्रतिमान यानि अन्तःक्रिया की पद्धतियां जहां एक ओर व्यक्तियों की आवश्यकताओं की पूर्ति करती हैं, वहीं ऐसा ही व्यवहार करने के लिये व्यक्ति पर दबाव भी डालती है। इन सांस्कृतिक प्रक्रियाओं के पीछे अनिवार्यतः आर्थिक अभिप्रेरण होते हैं।

फ्रेजर का मानवशास्त्रीय विनिमय सिद्धान्त वैसे सरल दिखता है, पर इसका निर्वचन दूरगामी है। उदाहरण के लिये प्रारम्भिक विनिमय प्रक्रियाएं लम्बी अवधि में जाकर समाज में जटिल प्रतिमानों को जन्म देती हैं। इन विनिमय प्रक्रियाओं के कारण समाज में शक्ति और विशेषाधिकारों का मुद्दा पैदा होता है। वे समूह जिनके पास अधिक आर्थिक सुविधाएं हैं, उन लोगों पर अपना प्रभाव डालते हैं जिनके पास कम आर्थिक सुविधाएं हैं। इसका मतलब हुआ आदिवासी समाज में स्तरीकरण की शुरूआत हो गयी। इस तरह चचेरे-ममेरे भाई-बहिनों के विवाह ने स्त्रियों की प्रतिष्ठा को बढ़ावा दिया और स्त्रियों के परिवार की आर्थिक स्थिति में सुधार किया। एक तरह से स्त्रियों का उच्च आर्थिक व व्यापारिक मूल्य बढ़ गया और दूसरी तरफ स्त्रियों की प्रतिष्ठा भी बढ़ गयी। एक आदमी जिसके बहिने या लड़कियां हैं, वह धनवान बन जाता है और दूसरी ओर वह आदमी जिसके कोई बहिन या लड़की नहीं है गरीब बना रहता है। उसके लिये तो पत्नी का जुगाड़ करना भी आसमान के तारे तोड़ना है।

फ्रेजर का मानवशास्त्रीय विनिमय सिद्धान्त अर्थशास्त्र के उपयोगितावाद से बहुत अधिक प्रभावित है। यह कहना बहुत कठिन है कि फ्रेजर ने आधुनिक समाजशास्त्रीय विनिमय सिद्धान्त को कहां तक प्रभावित किया है, फिर भी यह निश्चित रूप से कहा जाना चाहिये कि

फ्रेजर पहले विचारक थे जिन्होंने आदिवासियों में किये गये क्षेत्रीय कार्य के आधार पर पहली बार स्वतन्त्र पद्धति से विनिमय सिद्धान्त को प्रतिपादित किया।

मेलिनोस्की का योगदान

यह प्रायः कहा जाता है कि फ्रेजर ने उपयोगितावाद पर आधारित जिस विनिमय सिद्धान्त को बनाया था, मेलिनोस्की ने उसके बखिये उधेड़ दिये, उसे बदल दिया। *जहां फ्रेजर विनिमय सिद्धान्त का आधार आर्थिक अभिप्रेरण मानते हैं, वहां मेलिनोस्की विनिमय का बुनियादी आधार गैर-भौतिक (Non-Material) यानि सांस्कृतिक मानते हैं*। मेलिनोस्की फ्रेजर के बहुत निकट थे, दोनों समकालीन थे, फिर भी उन्होंने फ्रेजर के विनिमय सिद्धान्त को उलट-पटल दिया। मेलिनोस्की की तो विनिमय सिद्धान्त के बारे में एक पक्की धारणा है कि विनिमय सामाजिक सुदृढ़ता को कायम करता है। सच्चाई यह है कि मेलिनोस्की ने भौतिक या आर्थिक विनिमय को सांस्कृतिक या प्रतीकात्मक विनिमय से पृथक किया। और यही मेलिनास्की का फ्रेजर से विरोध है। वे दूसरी महत्वपूर्ण बात यह कहते हैं कि जब *आदिम समाजों के सदस्यों में सांस्कृतिक या सामाजिक विनिमय होता है तो उसके पीछे कहीं भी आर्थिक अभिप्रेरण नहीं होता*। यदि कोई अभिप्रेरण है तो यह मनौवैज्ञानिक है।

मेलिनोस्की ने ट्रोब्रिएण्ड (Trobriand) टापू में रहने वाले आदिवासियों में क्षेत्रीय कार्य किया है। वहां के आदिवासियों में उन्होंने विनिमय सम्बन्धों को पाया। ये आदिवासी समूह कई टापुओं में बंटे हुये हैं। विनिमय द्वारा अगणित टापुओं के विभिन्न जनजाति समूहों में सुदृढ़ता बनी रहती है। मेलिनोस्की ही नहीं मार्शेल मॉस और लेवी-स्ट्रॉस भी आग्रहपूर्वक कहते हैं कि आदिवासी समूह पारस्परिक आदान-प्रदान यानि विनिमय द्वारा अपने बीच बराबर सामाजिक सम्बद्धता (Social Cohesion) बनाये रखते हैं। उनमें भेंट (Gift) की प्रथा बहुत महत्वपूर्ण है। वास्तव में इस समाज की स्थापना ही इस कानून पर हुई है कि समाज में पारस्परिक सेवाओं द्वारा सुदृढ़ता बनाये रखी जायेगी। इन समाजों में जो भी विभाजीकरण है–टोटेम में, बन्धुत्व में और स्थानीय गांवों में, उसे सम्बद्ध रखने का काम आपसी लेन-देन ही है। अपने लोगों के बीच भी यह पारस्परिक लेन-देन (Give and Take) का सिद्धान्त बड़ी खूबी से काम करता है।

मेलिनोस्की ने पाया कि इन विभिन्न आदिम जातीय समूहों में भेंट देने की परम्परा है। इस व्यवस्था को मेलिनोस्की *कुला* (Kula) व्यवस्था कहते हैं। निश्चित अवधि में एक टापू के आदमी अपनी किश्ती में बैठकर दूसरे टापू में जाते हैं। इस टापू के निवासियों से वे मिलते हैं। उनसे वे घोंघें के नेकलेस लेते हैं और बदलें में अपनी ओर से बाजूबन्द देते हैं। मतलब हुआ : बाजूबन्द भेंट में देना और बदले में गले का नेकलेस लेना। दूसरे शब्दों में बाजू बन्द भेंट में दीजिये और नेकलेस भेंट में लीजिये। ये बाजूबन्द और नेकलेस बहुत महंगे होते हैं, मूल्यवान होते हैं। लेकिन इन जेवरों की निश्चित रूप से कोई भौतिक उपयोगिता नही है। होता यह था कि दोनों टापुओं के आदिवासी अपनी भेंट को भविष्य के

लिये संभाल कर रखते थे और जब कभी मौका पड़ता इनका फिर से विनिमय कर लेते। इस *कुला* (Kula) रिंग में यह जवाहरात साल-दर साल उसी उत्सव में काम आते थे।

मेलिनास्की ने मानवशास्त्रीय विनिमय सिद्धान्त को जो नया क्षितिज दिया, वह यह है कि *विनिमय अनिवार्य रूप से आर्थिक कारणों से नहीं होता, इसके पीछे सामाजिक और अन्य प्रकियाएं भी काम करती हैं।* मेलिनोस्की का आधुनिक विनिमय सिद्धान्त पर दूरगामी प्रभाव पड़ा है :

1. मेलिनोस्की की कुला रिंग की अवधारणा इस सिद्धान्त को नकारती है कि आदमी सदैव विवेकी नहीं होता। वह हर तरह से अपनी आवश्यकताओं की पूर्ति नहीं करना चाहता। उसकी क्रियाओं के पीछे सामाजिक सुदृढ़ता, एकीकरण, प्रतिबद्धता आदि कारक भी होते हैं।
2. जहां फ्रेजर आर्थिक उपयोगितावादी यह मानकर चलते हैं कि आदमी बुनियादी रूप से स्वार्थी है और वह अधिकतम लाभ के लिये विनिमय करता है। मेलिनोस्की का तर्क जो आनुभविकता पर निर्भर है, कहता है कि *आर्थिक आवश्यकताओं की अपेक्षा मनोवैज्ञानिक आवश्यकताएं इतनी ताकतवर होती हैं कि वे न केवल विनिमय को जन्म देती हैं, वरन् उसे सुदृढ़ता व स्थायित्व भी प्रदान करती हैं। दूसरे शब्दों में विनिमय के पीछे मनोवैज्ञानिक प्रक्रियाएं आर्थिक आवश्यकताओं की अपेक्षा अधिक महत्वपूर्ण हैं।*
3. प्रतीकात्मक विनिमय सम्बन्ध बुनियादी सामाजिक प्रक्रियाएं हैं जो हमें सामाजिक स्तरीकरण और एकीकरण दोनों में देखने को मिलती हैं।

मेलिनोस्की से पहले फ्रेजर ने विनिमय व्यवहार को उपयोगितावाद के घेरे तक सीमित कर दिया था। मेलिनोस्की ने विनिमय सिद्धान्त को इस घेरे से मुक्त कर दिया। उन्होंने दूसरे शब्दों में, एक मुक्त विनिमय सिद्धान्त को प्रस्तुत किया। उन्होंने इस तथ्य पर जोर दिया की व्यक्ति की मनौवैज्ञानिक प्रक्रियाओं और सामाजिक एकीकरण के प्रतिमानों में प्रतीकात्मक विनिमय का महत्वपूर्ण स्थान है। इस तरह अपने सम्पूर्ण विश्लेषण में मेलिनोस्की दो बातों पर जोर दिया। *पहली तो यह कि* विनिमय का आधार मनोवैज्ञानिक प्रक्रियाएं हैं और *दूसरी यह* कि इन प्रक्रियाओं के कारण सांस्कृतिक और संरचनात्मक विनिमय सम्बन्ध पैदा होते हैं।

मार्शल मॉस का योगदान

मानवशास्त्रीय विनिमय सिद्धान्त का अब तक जो विकास हुआ उसका निष्कर्ष यह है कि *फ्रेजर ने विनिमय के पीछे आर्थिक या उपयोगितावादी अभिप्रेरण को मुख्य कारण समझा था।* मेलिनोस्की ने इस तरह के विश्लेषण को नया क्षितिज दिया। उनके अनुसार *विनिमय का निश्चित कारण मनोवैज्ञानिक है।* अब यहां आकर मार्शल मॉस ने विनिमय का विश्लेषण *विनिमय संरचनावाद* (Exchange Structuralism) द्वारा किया है। मॉस का आरोप है कि मेलिनोस्की सामाजिक आवश्यकताओं की अपेक्षा मनोवैज्ञानिक आवश्यकताओं पर

अधिक जोर देते हैं। ऐसी स्थिति में मॉस ने मेलिनोस्की द्वारा दिये गये कुला के विश्लेषण का पुनर्निर्वचन किया। इस निर्वचन के परिणामस्वरूप उन्होंने एक नयी और विशाल रूप रेखा प्रस्तुत की। संक्षेप में उन्होंने कहा कि विनिमय का कारण समाज की संरचना या समाज की सामूहिकता है। वे प्रश्न रखते हैं: किस कारण एक बार प्राप्त की गई भेंट को दूसरी बार लौटाना आवश्यक है? किस कारण से प्राप्त की गई भेंट को लौटाना मजबूरी है? इसके उत्तर में मॉस कहते हैं कि वह ताकत या शक्ति जो भेंट पाने वाले को भेंट लौटाने के लिये बाध्य करती है, वह स्वयं समाज का समूह है। यह तो पारस्परिक आभार है जिन्हें लौटाना आवश्यक है। राजस्थान के भीलों में जब कोई भील किसी की शादी में भेंट स्वरूप मक्का देता है और जब उसके परिवार में शादी के अवसर पर यह मक्का नहीं लौटायी जाती तो वह उस भील के पास जाता है जिसने भेंट नहीं दी। वह किस्त में भी भेंट की मक्का वसूल करता है। *यह समाज का दबाव है कि जब भेंट आयी है तो उसे उतनी ही और यदि सम्भव हो तो अधिक भेंट देनी चाहिये*। हमारे यहां जाति व्यवस्था में भी शादी ब्याह पर भेंट का यही रिवाज है।

वास्तव में, वे व्यक्ति जो विनिमय प्रक्रिया से जुड़े होते हैं उन्हें अपने समूह या समाज के कुछ नैतिक नियमों को मानना अनिवार्य होता है। इसलिये विनिमय सम्बन्धी लेन-देन समूह के रीति-रिवाज और नियमों के अनुसार होते हैं। इस तरह का व्यवहार समूह की मर्यादा, परम्परा और रीति-रिवाज को सुदृढ़ करता है। *मॉस ने अपने विनिमय सिद्धान्त में उपयोगितावादियों के स्वार्थपूर्ण सरोकार को नकारा है, और इसी तरह वे मेलिनोस्की द्वारा दी गयी मनोवैज्ञानिक आवश्यकताओं का भी निषेध करते हैं*। उनके सिद्धान्त का सार यह है कि *विनिमय व्यवहार के पीछे समाज के नियम उपनियम सर्वोपरि हैं। वास्तविकता तो समाज है और इसलिये विनिमय का निर्धारण तो समाज ही करता है*। दुर्खाइम की तरह मास भी समाज को परम पिता समझते हैं : सबसे ऊपर वही है, सही वास्तविकता वही है।

समाजशास्त्रियों ने मॉस के इस योगदान पर बहुत कम ध्यान दिया है। लेकिन टर्नर जैसे सिद्धान्तवेत्ताओं के अनुसार मॉस की बहुत बड़ी उपलब्धि यह है कि वे अर्थशास्त्र के उपयोगितावाद और दुर्खाइम की सामूहिकता को एकत्र करने का काम करते हैं। उनका कथन बहुत साफ है। विनिमय कार्य सम्पादन द्वारा समाज के रीति-रिवाज, नियम-उपनियम, परम्परागत संरचना पुनः सुदृढ़ होती है, ताकतवर बनती है। मॉस का प्रभाव लेवी-स्ट्रास और दुर्खाइम की परम्परा में आता है। इन फ्रांसीसी *संरचनावादियों* (Structuralists) ने आधुनिक विनिमय सिद्धान्त को अत्यधिक प्रभावित किया है। जहां हम फ्रेजर को उपयोगितावादी कहते हैं, मेलिनोस्की को गैर-भौतिकवादी या मनोवैज्ञानिक विनिमय सिद्धान्तवेत्ता कहते हैं, वहां मार्शल मॉस को संरचनात्मक विनिमय सिद्धान्तवेत्ता मानते हैं।

संरचनावादी लेवी स्ट्रॉस (Claude Levi-Strauss)

लेवी स्ट्रॉस अपने मूल में संरचनावादी हैं। इस सम्बन्ध में 1969 में प्रकाशित अंग्रेजी में अनूदित उनकी पुस्तक द *एलिमेंट्री स्ट्रक्चर्स ऑफ किनशिप* (The Elementary Structures of Kinship, 1969) एक महत्वपूर्ण कृति है। उन्होंने चचेरे-ममेरे भाई बहिनों की विवाह पद्धति का खुलकर विवेचन किया। वे फ्रेजर के उपयोगितावाद से प्रभावित नहीं थे। मार्शल मॉस की तरह वे मेलिनोस्की के मनोवैज्ञानिक से प्रभावित नहीं थे। मार्शल मॉस की तरह वे मेलिनोस्की के मनोवैज्ञानिक आवश्यकताओं पर निर्भर सिद्धान्त को भी अस्वीकार करते हैं। वास्तव में स्ट्रॉस ने अपने सिद्धान्त का आधार दुर्खाइम से लिया। दुर्खाइम का आग्रह था कि समाज सर्वोपरि है और व्यक्ति तो मशीन के एक दांते की तरह है जो समाज के आदेशानुसार काम करता है। विनिमय सिद्धान्त में समाज के इस महत्व को मार्शल मॉस की तरह स्ट्रॉस ने भी स्थापित किया। इसी कारण उनका सिद्धान्त संरचनात्मक विनिमय (Structural Exchange) के नाम से जाना जाता है।

यदि हम स्ट्रॉस के संरचनावाद को निकट से देखें तो स्पष्ट हो जायेगा कि वे फ्रेजर के तर्क से एकदम सहमत नहीं है। फ्रेजर कहते हैं कि आस्ट्रेलिया का आदिवासी अपनी पत्नी को विनिमय पद्धति से इसलिये लाता है कि उसके पास पत्नी के परिवार को देने के लिये कोई भौतिक साधन नहीं है। ऐसे गरीब आदिवासी के लिये विनिमय आर्थिक समस्या का एक निदान है। इससे अधिक सस्ते दामों में वह पत्नी नही पा सकता था। इसका प्रत्युत्तर स्ट्रॉस देते हैं : सारी प्रक्रिया में विनिमय पद्धति महत्वपूर्ण है। लेकिन जिस वस्तु का विनिमय होता है, उसका कोई महत्व नहीं। पत्नि भी विनिमय में आती है, लेकिन बाजूबन्द और नेकलस भी विनिमय में आते हैं। अतः स्ट्रॉस के अनुसार *हमें विनिमय को एक ऐसी प्रक्रिया के रूप में देखना चाहिये जो सारे समाज को एक सूत्र में बांधती है। इस दृष्टि से विनिमय पद्धति आर्थिक प्रक्रिया न होकर एक संरचनात्मक प्रक्रिया है–समाज को जोड़ने की पद्धति* है। यह बयान देने के बाद स्ट्रॉस फ्रेजर की उपयोगितावादी मान्यता को कि मनुष्य का सामाजिक व्यवहार आर्थिक प्रकियाओं से अभिप्रेरित है, स्वीकार नहीं करते। लेवी स्ट्रॉस मेलिनोस्की द्वारा दिये गये विनिमय सिद्धान्त के मनोवैज्ञानिक कारकों को भी अस्वीकार करते हैं। मनोवैज्ञानिक व्यवहारवादी मनुष्य और जानवर में कोई भेद नहीं करते। मनुष्य का व्यवहार जानवर के व्यवहार से भिन्न होता है। स्ट्रॉस का तर्क है कि मनुष्य के पास एक सांस्कृतिक धरोहर होती है, कुछ निश्चित मूल्य और मानक होते हैं और यह सब लक्षण उसे जानवर के व्यवहार से भिन्न करते हैं। स्ट्रॉस एक के बाद एक तर्क देकर मेलिनोस्की को मनोवैज्ञानिक संदर्श को अस्वीकार करते हैं।

स्ट्रॉस के विनिमय सिद्धान्त के तत्व

स्ट्रॉस ने विनिमय सिद्धान्त के कुछ मूलभूत नियमों को रखा है। ये ही नियम स्ट्रॉस के विनिमय सिद्धान्त की परिभाषा और विशेषताएं हैं। ये नियम निम्न प्रकार हैं :

1. यह ठीक है कि सभी सम्बन्धों में व्यक्तियों को कुछ न कुछ लागत तो देनी ही पड़ती है, लेकिन इस लागत के आर्थिक या मनोवैज्ञानिक कारणों के अतिरिक्त समाज की भी कुछ लागत होती है। जिसे अर्थशास्त्री लागत कहते हैं, स्ट्रॉस उसे समाज की परम्पराएं, नियम उपनियम, रीति-रिवाज और मूल्य कहते हैं। यह सब सामाजिक लागत व्यक्ति को अपने व्यवहार में चुकानी पड़ती है। यदि व्यक्ति समाज के मूल्यों, मानकों और परम्पराओं को नहीं अपनाते, पालन नहीं करते तो समाज के लिये वे दण्डनीय है। जिस तरह आर्थिक क्षेत्र में कर्ज लेकर नहीं चुकाना दण्डनीय है, वैसे ही समाज के रीति-रिवाज और उसकी परम्पराओं का पालन नहीं करना, समाज का कर्ज नहीं चुकाना है। ऐसे व्यक्तियों को समाज अवश्य दण्ड देता है। उसका हुक्का-पानी बन्द कर दिया जाता है, बिरादरी से निकाल दिया जाता है, भोज देने के लिये कहा जाता है और सबसे अधिक उसकी निन्दा की जाती है।
2. आदमी जो कुछ भी करता है, उसके जो भी *स्त्रोत* (Resources) हैं, वास्तव में वे उसके निजी स्त्रोत नहीं हैं। यह तो समाज है। जो इन स्त्रोतों पर नियंत्रण रखता है, उसका बंटवारा करता है। जैसे ही समाज में स्त्रोत न्यूनतम होने लगते हैं, इन स्त्रोतों को काम में लोने वाले व्यक्तियों की प्रतिष्ठा बढ़ जाती है। स्ट्रॉस का कहना है कि समाज में जो भी भौतिक या अभौतिक स्त्रोत हैं, सब का स्वामित्व व नियंत्रण समाज का होता है और इसलिये इनका परिपालन करना व्यक्ति के लिये अपरिहार्य है।
3. विनिमय व्यवहार में पारस्परिकता होती है। इस पारस्परिकता को बनाये रखने का श्रेय न तो आर्थिक कारकों को है और न मनोवैज्ञानिक कारकों को इनके परिपालन का नियंत्रण स्वंय समाज करता है और इसी कारण विनिमय की पारस्परिकता बनी रहती है।

स्ट्रॉस ने अपने विनिमय सिद्धान्त के मूल में जो उपरोक्त तीन नियम रखे हैं उनका उद्देश्य व्यक्ति व समाज के बीच में एकता स्थापित करना है। जहां फ्रेजर व मेलिनोस्की प्रत्यक्ष और पारस्परिक विनिमयों की चर्चा ही करते हैं, वहां स्ट्रॉस विनिमय का बहुत बड़ा कार्य सामाजिक एकीकरण और सुदृढ़ता स्थापित करना मानते हैं। सैद्धान्तिक रूप से *स्ट्रॉस का विनिमय सिद्धान्त एक तरह से सामाजिक एकीकरण का सिद्धान्त है*।

स्ट्रॉस पर एक छोटी टिप्पणी करते हुये हम कहेंगे कि वे मूल रूप से आर्थिक उपयोगिता का विरोध करते हैं जिसे फ्रेजर ने रखा था। मेलिनोस्की ने फ्रेजर द्वारा दिये गये विश्लेषण को केवल भौतिक या आर्थिक अभिप्रेरण तक सीमित रखा। उनका आग्रह रहा कि विनिमय केवल भौतिक वस्तुओं में ही होता है, चाहे यह भौतिक वस्तुएं नेकलेस या भुजबन्द

हो या अन्य कुछ। फ्रेजर और मेलिनोस्की से आगे बढ़कर मार्शल मॉस ने स्थापित किया कि विनिमय प्रकियाओं पर सामाजिक संरचना का आधिपत्य होता है। मॉस से आगे निकल कर स्ट्रॉस ने स्थापित किया कि *विभिन्न प्रकार के प्रत्यक्ष और अप्रत्यक्ष विनिमय, सामाजिक संगठन के विभिन्न प्रतिमानों से जुड़े हैं*। जब हम मानवशास्त्रीय विनिमय सिद्धान्त की चर्चा करते हैं तो हमारा मतलब फ्रेजर के उपयोगितावाद, मेलिनोस्की द्वारा दी गयी मनावैज्ञानिक आवश्यकताओं, मॉस द्वारा प्रतिपादित समाज कीं निर्णायक भूमिका और स्ट्रॉस के संरचनावादी विनिमय से है। मानवशास्त्रीय विनिमय सिद्धान्त की इस परम्परा से अर्वाचीन समाजशास्त्रीय विनिमय सिद्धान्त ने बहुत कुछ ग्रहण किया है।

इस अध्याय के प्रारम्भ में हमने कहा है कि आधुनिक समाजशास्त्रीय विनिमय सिद्धान्त को प्रभावित करने वाले सिद्धान्तों में मनोवैज्ञानिक व्यवहारवाद भी है। अब हम इसके प्रभाव को देखेंगे।

मनोवैज्ञानिक व्यवहारवाद और विनिमय सिद्धान्त

व्यवहारवादी मनोविज्ञान के प्रणेताओं में बी.एफ. स्कीनर (B.F. Skinner) का नाम अग्रणी है। अर्थशास्त्री विनिमय सिद्धान्त में जिन मान्यताओं को लेकर चलते हैं, उन्हें प्रयोगात्मक रूप स्कीनर और उनके मित्र जॉर्ज होमन्स (George Homans) ने दिया है। व्यवहारवादी मनोवैज्ञानिकों का यह कहना है कि व्यवहार के किसी भी अध्ययन में उन प्राक्कल्पनाओं को छोड़ देना चाहिये जिनका अवलोकन नहीं किया जा सकता। प्रयोगात्मक मनोवैज्ञानिक उन सभी बयानों को उपेक्षा की दृष्टि से देखते हैं जिनका प्रत्यक्ष परीक्षण नहीं हो सकता। वे तो अपने सिद्धान्त का आधार केवल उसी को मानते हैं जिसे निश्चित अवस्थाओं में संतोषजनक रूप से देखा जा सके, जिनका अवलोकन किया जा सके। मनुष्य अपने मस्तिष्क में कुछ भी महसूस करता हो, कुछ भी सोचता हो, प्रयोगात्मक मनोवैज्ञानिक इसे नहीं मानते। वे तो केवल उसी को मानते हैं जिन्हें प्रत्यक्ष व्यवहार में देखा जा सके।

इधर विनिमय सिद्धान्त जिसका प्रचलन आजकल है उन वस्तुओं पर भी अपने बयान देता है जिन्हें देखा नही जा सकता। उदाहरण के लिये मूल्य। इस विशिष्टता के होते हुये भी व्यवहारवादी मनोविज्ञान का महत्व विनिमय सिद्धान्त के लिये इसलिये बन जाता है कि इसके प्रस्ताव आर्थिक उपयोगिता से जुड़ जाते हैं।

रूस के *पावलोव* (Patrovich Pavlov, 1949-1936) ने कुत्तों पर कुछ प्रयोग किये हैं। इन कुत्तों की जीभ पर लार तब आ जाती है जब उन्हें भोजन बताया जाता है। यह भी होता है कि भोजन देने वाले आदमी की पदचाप से भी उनके मुंह में लार आ जाती है। *पावलोव ने वास्तव में कुछ निश्चित दशाओं में होने वाले जानवरों के प्रत्युत्तर को देखा है*। जानवरों का व्यवहार बदल जाता है, जब उनके सामने *तुष्टीकरण* (Gratification) की कोई सामग्री नहीं होती। पावलोव के प्रयोगों को *जॉन वाटसन* (John B. Watson) ने स्वीकार किया है। उन्होंने व्यवहारवादी विचारधारा को आगे बढ़ाया और परिणामस्वरूप व्यवहारवादी

मनोविज्ञान स्थापित हुआ। समाजशास्त्रीय विनिमय सिद्धान्त ने व्यवहारवादी मनोविज्ञान से थोड़े बहुत संशोधन के बाद बहुत कुछ प्राप्त किया है।

आधुनिक विनिमय व्यवहार सिद्धान्त की दो मुख्य धाराएं

इस अध्याय के पिछले भाग में हमने आधुनिक समाजशास्त्रियों के विनिमय सिद्धान्त की कुछ बौद्धिक परम्पराओं का उल्लेख किया है। हम फ्रेजर के उपयोगितावाद से चलकर, मेलिनोस्की की मनोवैज्ञानिक आवश्यकताओं, मार्शल मॉस और लेवी स्ट्रॉस के संरचनावाद तक आये हैं। यह एक परम्परा है। दूसरी परम्परा व्यवहारवादी मनोविज्ञान की है। ये दोनों धाराएं विनिमय सिद्धान्त में अपना प्रतिनिधित्व रखती है। मनोविज्ञान की व्यवहारवादी परम्परा का प्रतिनिधित्व होमन्स में मिलता है और अर्थशास्त्र की उपयोगितावादी रणनीति पीटर ब्लॉ (Peter M. Blau) में देखने को मिलती है। अगले अध्यायों में हम विनिमय सिद्धान्त की इन दोनों धाराओं–होमन्स के विनिमय व्यवहारवाद और पीटर ब्लॉ के संरचात्मक विनिमय सिद्धान्त का विश्लेषण करेंगे।

अध्याय 14

विनिमय व्यवहारवादः जार्ज होमन्स का विनिमय सिद्धान्त
(Exchange Behaviouralism: Exchange Theory)

आधुनिक सामाजिक विनिमय सिद्धान्त मुख्य रूप से दो समाजशास्त्रियों: जार्ज कॉस्पर होमन्स (George Casper Homans) और पीटर ब्लॉ (Peter M.Blau) से जुड़ा है। टर्नर जो स्वंय एक उच्च कोटि के सिद्धान्तवेत्ता है का कहना है कि 20 वीं शताब्दी के सिद्धान्तवेत्ताओं में होमन्स का स्थान निर्विवाद रूप से सर्वोच्च है। अभी हाल ही में उनका देहान्त हुआ है। ई. 1910 में बोस्टन में उनका जन्म एक समृद्ध परिवार में हुआ। उन्होंने अंग्रेजी साहित्य में हार्वर्ड विश्वविद्यालय से स्नातक परीक्षा प्राप्त की और अपने सम्पूर्ण अकादमिक जीवन को यहीं बिताया। केवल 4-5 वर्षों के लिये वे नौ सेना में गये थे। एक लम्बी अवधि तक वे विश्वविद्यालय में प्रोफेसर *एमेरिट्स* (Emeratus) की तरह काम करते रहे। वे अमेरीकन समाजशास्त्र परिषद के अध्यक्ष भी रहे। एक बार उनसे पूछा गया कि वे समाजशास्त्र के अध्यापन क्षेत्र में क्यों आये? तो उन्होंने छूटते ही उत्तर दिया: क्योंकि मेरे पास इससे बढ़िया करने के लिये कुछ नहीं था। वास्तव में 20 वीं शताब्दी के प्रारम्भ में जब कि होमन्स बेरोजगार थे, अमेरिका में मन्दी थी। होमन्स के विश्वविद्यालय में पेरेटो पर एक सेमिनार का आयोजन था। अमेरिका का अकादमिक समुदाय पेरेटो से परिचित नहीं था। पेरेटो वस्तुतः एक अर्थशास्त्री थे जिनका रूझान समाजशास्त्र के प्रति हो गया। यह होमन्स थे जिन्होंने पेरेटो को अमेरीका के विद्धानों के रूबरू किया।

होमन्स ने अपनी पीढ़ी के अन्य समाज वैज्ञानिकों को भी बहुत अधिक प्रोत्साहित किया। वास्तव में होमन्स की रूचि मानवशास्त्र और ब्रिटिश इतिहास में थी। धीरे-धीरे उनका प्रिय विषय *छोटे समूहों का अनुसंधान* (Small Group Research) बन गया। उनकी पुस्तक द *ह्यूमन ग्रुप* (The Human Group, 1950) एक महत्वपूर्ण ग्रन्थ है। इस

पुस्तक में उन्होंने अपने एक निष्कर्ष को रखते हुए कहा कि किसी भी समूह में मनुष्य की गतिविधियां सर्वाधिक महत्वपूर्ण होती है। इसी पुस्तक में उन्हें विनिमय सिद्धान्त की रूपरेखा रखी। इस रूपरेखा को उन्होंने अपनी पुस्तक *सोशयल बिहेवियरः इट्स एलिमेंटरी फार्म्स* (Social Behaviour: Its Elementary Forms, 1961) में विकसित किया है। होमन्स का तो दावा है कि सामाजिक व्यवहार के जो भी क्षितीज हमें मिलते हैं वे समाजशास्त्र और मानवशास्त्र में ही नहीं सम्पूर्ण समाज विज्ञान में उपलब्ध हैं।

होमन्स की सैद्धान्तिक रणनीति

होमन्स ने जिस विनिमय सिद्धान्त को रखा है, उसकी बुनियाद मनोवैज्ञानिक प्रस्ताव (Psychological Propositions) हैं। इन प्रस्तावों की प्रकृति निगमनात्मक (Deductive) है। वास्तव में होमन्स अपने जीवन काल में एक विवादास्पद व्यक्तित्व रहे हैं। जब पारसंस समाज के वृहद सिद्धान्त की चर्चा कर रहे थे, तब होमन्स ही ऐसे विचारक थे जिन्होंने दृढ़तापूर्वक कहा कि समाजशास्त्र में कोई सिद्धान्त है ही नहीं। इस तरह की उनकी स्थापना मर्टन और डेविस की विचारधारा के भी प्रतिकूल थी।

होमन्स की पुस्तक *द ह्यूमन ग्रुप* (The Human Group, 1950) में प्रकाशित हुई, इसमें उन्होंने सिद्धान्त निर्माण की अपनी एक रूपरेखा प्रस्तुत की थी। किसी भी सिद्धान्त के निर्माण में वे दो बातों पर जोर देते हैंः लोग क्या करते हैं और उनका व्यवहार कैसा है? इन दो प्रश्नों के उत्तर वे कहते हैं, हमें मूर्त दशाओं में देखने चाहिये। सिद्धान्त निर्माण की विद्या में होमन्स उच्च स्तर के *आगमनवादी* (Inductive) समाज वैज्ञानिक थे। *वे कहते हैं कि आनुभविक स्तर पर हमें प्रत्येक मूर्त घटना को जो हमारे सामाजिक संदर्भ से सम्बन्धित है, गहराई से देखना चाहिये। यह आगमन (Induction) हुआ। आगमन पद्धति द्वारा आगे चलकर आनुभविक सामान्यीकरण (Empirical Generalization) बनाये जाते हैं। ये आनुभविक सामान्यीकरण सिद्धान्त नहीं है, बल्कि ये वे सामान्यीकरण है जिनका विश्लेषण सिद्धान्त करता है। अतः आनुभविक सामान्यीकरणों की व्याख्या ही सिद्धान्त हैं, स्वंय आनुभविक सामान्यीकरण सिद्धान्त नहीं*। ह्यूमन ग्रुप पुस्तक में उनकी विविध प्रकार की आनुभविक उपलब्धियाँ प्राप्त होती है। ये सभी आनुभविक अवलोकन आगमन थे। इन आगमनों को उन्होंने *औपचारिक सिद्धान्त* (Formal Theory) के रूप नें रखा। इस तरह जो सिद्धान्त बने, उन्हें होमन्स ने आनुभविक विश्लेषण पर लागू किया।

आनुभविक सामान्यीकरण अपने आप *निगमनात्मक सिद्धान्त* नहीं बनते। इस मुद्दे पर होमन्स के विचार बहुत स्पष्ट हैं। वे कहते हैं कि हम अमुक घटना का आनुभविक अवलोकन करते हैं। यदि भारतीय संदर्भ में कहें तो हमारा अवलोकन है कि चमार जाति लगभग सारे देश में फैली हुयी है। लेकिन इसके विपरीत सारस्वत ब्राह्मण या भट्ट जाति सारे देश में नहीं मिलती। इन जातियों के कुछ सीमित भौगोलिक क्षेत्र हैं और इन्हीं क्षेत्रों में ये जातियां मिलती हैं। यह आनुभविक अवलोकन है। इन आनुभविकता के आधार पर हम

सामान्यीकरण करते हैं कि अमुक जातियाँ अमुक क्षेत्रों में ही मिलती हैं। इस प्रकार हमारा यह आनुभविक सामान्यीकरण आगमन का औपचारिक सिद्धान्त है। लेकिन हम ऊपर कह चुके हैं कि आगमन के ये आनुभविक सामान्यीकरण सिद्धान्त नहीं है। *सिद्धान्तों के लिये संदर्भ (Context) की आवश्यकता होती है*। आनुभविक सामान्यीकरणों को सिद्धान्त में बदलने के लिये सिद्धान्तवेत्ता को एक सृजनात्मकता (Creativeness) की छलांग लगानी पड़ती है जो आनुभविकता में नहीं होती। मतलब हुआ जाति के बारे में हमारा जो आनुभविक सामान्यीकरण है उसे जाति सम्बन्धी अन्य अवधारणाओं के संदर्भ में देखना होगा। होमन्स अपने आनुभविक अवलोकन का उल्लेख करते हैं। यह अनुसंधान उनकी पुस्तक "ह्यूमन ग्रुप" में उपलब्ध है। यह कामगारों का आनुभविक अध्ययन है। यहां तक तो ठीक है। अब होमन्स आनुभविकता से आगे बढ़कर एक सृजनात्मक छलांग लगाते हैं और इस आनुभविकता को व्यवहारवादी मनोविज्ञान से जोड़ते हैं। अब इसके परिणामस्वरूप जो सिद्धान्त बनता है, वह निगमनात्मक है। अतः होमन्स के अनुसार सिद्धान्त निर्माण की प्रक्रिया कुछ इस तरह है: *आनुभविक घटनाओं को एकत्र किया जाता है। ये घटनाएं स्थान, समय, व्यक्ति आदि पर केन्द्रीत होती हैं। इन्हें एकत्र करना आगमन है। आगमन के ये दृष्टान्त जिनमें से नाम, स्थान, समय, आदि निकाल दिये जाते हैं, समन्वित होकर आनुभविक सामान्यीकरण का रूप ग्रहण करते हैं। आगमन के दृष्टान्तों से निर्मित ये आनुभविक सामान्यीकरण निगमनात्मक नहीं है, यानि सिद्धान्त नहीं है। यहां अनुसंधान कर्ता आनुभविक सामान्यीकरण को एक छलांग देता है, होमन्स ने इसे व्यवहारवादी मनोविज्ञान (Behavioural Psychology) का संदर्भ दिया और इसे उन्होंने द्वितीय स्तर के अमूर्तीकरण (Second-order Abstraction) का नाम दिया। वह आनुभविक सामान्यीकरण जिसमें कोई सृजनात्मक छलांग नहीं है, होमन्स के अनुसार प्रथम स्तर (First order) का अमूर्तीकरण था*। अतः होमन्स ने द ह्यूमन ग्रुप पुस्तक में जो आनुभविक वास्तविकता देखी, इसी पर उन्होंने विनिमय सिद्धान्त का निर्माण किया। यह आगमन का नियम है और फिर निगमनात्मक सिद्धान्त।

होमन्स का व्यवहारवादी विनिमय सिद्धान्तः सामाजिक व्यवहार के प्राथमिक स्वरूप

(Homan's Exchange Behaviourism: Elementary Forms of Social Behaviour)

होमन्स ने ह्यूमन ग्रुप पुस्तक में तीन प्रथम स्तरीय अमूर्तीकरण अभिनिश्चित किये। यह अमूर्तीकरण वास्तविक घटनाओं से बना है। किसी भी समूह पर इस अमूर्तीकरण को लागू किया जा सकता हैं। इस तरह एक सामाजिक समूह में तीन तत्व होते है: (1) गतिविधियाँ (Activities) (2) अन्तःक्रिया (Interaction) और (3) मनोभाव (Sentiments)। *गतिविधियों* से मतलब लोगों का किसी निश्चित दशा में काम काज करना है। एक विद्यार्थी

कॉलेज यानि परिसर, पुस्तकालय, शिक्षक, पाठ्क्रम, अंशकाल आदि की दशाओं में अपना अध्ययन करता है। ये निश्चित दशाएं वे हैं जिनमें वह पढ़ने की गतिविधि को उत्प्रेरित करती है। अर्थात् एक विद्यार्थी की अध्ययन की गतिविधियाँ दूसरे विद्यार्थियों की गतिविधियों को उत्प्रेरित करती है। *मनोभाव* के अन्तर्गत हम समूह के सदस्यों की गतिविधियों और अन्तःक्रियाओं को मनोवैज्ञानिक अवस्था में देखते हैं। अधिकांश विद्यार्थी पुस्तकालय को अपर्याप्त मानते हैं, अध्यापन करने वाले शिक्षकों को उपयुक्त समझते हैं, परिसर की व्यवस्था ढीली समझते हैं। ये सब मनोभाव हैं जिनका सम्बन्ध विद्यार्थियों की गतिविधियों एवं अन्तःक्रियाओं से है। इस तरह के अमूर्तीकरण को होमन्स ने व्यवहार का प्रारम्भिक स्वरूप माना है। इन आगमनात्मक सामान्यीकरणों को लेकर उन्होंने विनिमय सिद्धान्त के कुछ *प्रस्ताव* (Propositions) रखे हैं:

1. *सफलता सम्बन्धी प्रस्ताव (The Success Proposition)*
   जब व्यक्ति किन्हीं गतिविधियों को करता है और इनमें से अधिकांश गतिविधियों से उसे लाभ मिलता है, सफलता प्राप्त होती है तो वह इन्हीं गतिविधियों को बार-बार दोहराता है। यह इसलिये कि इनसे उसे सफलता मिली है।
2. *उद्दीपन सम्बन्धी प्रस्ताव (The Stimulus Proposition)*
   यदि अतीत में किसी एक उद्दीपन के कारण व्यक्ति को लाभ हुआ है, सफलता मिली है तो वह ऐसे ही उद्दीपन के उपलब्ध होने पर पिछले, व्यवहार की तरह ही अब भी व्यवहार करेगा।
3. *मूल्य सम्बन्धी प्रस्ताव (The Value Proposition)*
   जब किसी क्रिया के फलस्वरूप व्यक्ति को ऐसा लाभ मिलता है जो उसके लिये अधिक मूल्यवान है, सम्भावना है कि वह ऐसा कार्य पुनः करेगा। यहाँ वह अपने मूल्यों को पाने के लिये अधिक से अधिक *विवेकी* (Rational) बनने की कोशिश करेगा। अपने लाभ को प्राप्त करने के लिये जितनी भी वैकल्पिक क्रियाएं होती है, उन सभी का विवेकपूर्ण विवेचन करेगा। इसके बाद उस गतिविधि को करेगा जिसके द्वारा उसे अधिकतम लाभ मिल सके। यहाँ वैकल्पिक गतिविधियों का *विवेकीकरण* (Rationalization) महत्वपूर्ण है।
4. *वंचन-परिवर्पण प्रस्ताव (The Deposivation-Satiation Proposition)*
   जब अतीत में किसी गतिविधि के लिये व्यक्ति को बराबर लाभ मिलता रहा है तो यह लाभ धीरे-धीरे व्यक्ति के लिये कम मूल्यवान रह जाता है।
5. *आक्रमक-अनुमोदन प्रस्ताव (The Aggression Approval Proposition)*
   जब किसी लाभ की अपेक्षा करके व्यक्ति कुछ गतिविधियों को करता है और उसे लाभ नहीं मिलता तो वह अप्रसन्न हो जाता है। इस तरह की गतिविधि के प्रति आक्रामक होकर लाभ उठा लेता है। दूसरी ओर जब किसी गतिविधि से लाभ हो जाता है और

यह लाभ भी अपेक्षा से अधिक होता है तो वह ऐसी गतिविधियों को बार-बार करता और ऐसी गतिविधियों का अनुमोदन भी करता है।

यदि उपरोक्त प्रस्तावों को ऊपरी निगाह से देखें तो हमें लगेगा कि इनमें कहीं भी विनिमय व्यवहार की झलक नहीं है। कहना चाहिये होमन्स ने इन प्रस्तावों में विनिमय पद का प्रयोग ही नहीं किया है। इसका कारण है। होमन्स विनिमय व्यवहार को व्यवहार की अदला-बदली नहीं मानते। उनका दावा है कि *सामाजिक अन्तःक्रिया अपने सम्पूर्ण रूप में विनिमय का एक स्वरूप हैं*। उन्होंने विनिमय की व्याख्या करते हुये लिखा है—

> सामाजिक व्यवहार गतिविधि का विनिमय है। यह विनिमय कम से कम दो व्यक्तियों में होता है। जब लाभ लेने के लिये व्यक्ति बार-बार विनिमय करते हैं तो हम इसे *अन्तर्वैयक्तिक सम्बन्धों* की तरह परिभाषित करते हैं।

सच में देखा जाये तो होमन्स विनिमय सिद्धान्त पद को ही नापसन्द करते हैं। यह इसलिये कि विशिष्ट गतिविधियों को ही विनिमय सिद्धान्त का नाम दे दिया जाता है। होमन्स तो मनुष्य के सम्पूर्ण व्यवहार को ही विनिमय मानते हैं, न खास व्यवहार और न आम व्यवहार। एक शब्द में सम्पूर्ण व्यवहार।

यहाँ होमन्स द्वारा दिये गये प्रस्तावों पर एक टिप्पणी लिखना उचित लगता है। समाजशास्त्रीय सिद्धान्तों में हमने बराबर देखा है कि जब कभी सिद्धान्त निर्माण की बात चलती है तब अमेरिका के सिद्धान्तवेत्ता कभी भी प्रस्ताव (Propositions) रखना नहीं भूलते। उनका कुछ ऐसा मानना है कि जब तक कुछ प्रस्ताव नहीं प्रस्तुत किये जाते, सिद्धान्त का कलेवर ही नहीं बनता। प्रकार्यवादी सिद्धान्तवेत्ताओं ने, जिनमें मर्टन व पारसंस है, आदर्श प्रारूप के रूप में किसी न किसी तरह के प्रस्ताव अवश्य रखे हैं। कोजर ने जो कि संघर्ष प्रकार्यवादी हैं, बराबर संघर्ष के कारणों, परिमाण, अवधि, प्रकार्य आदि पर प्रस्ताव रखे हैं। इसी परम्परा में जार्ज होमन्स ने भी अपने प्रस्ताव रखे हैं। इधर यूरोप के समाजशास्त्रियों ने मार्क्स या वेबर को लेकर, कोई भी प्रस्ताव रखने की परिपाटी नहीं अपनायी। सिद्धान्त में प्रस्ताव प्रस्तुत करने की परम्परा शायद अमेरीका के सिद्धान्तवेत्ताओं की एक खासियत है।

विवेकसंगत नियम (The Principle of Rationality)

ऊपर हमने होमन्स द्वारा निर्मित मनुष्य व्यवहार के तीन नियमों का उल्लेख किया है। ये नियम हैं: गतिविधि, अन्तःक्रिया और मनोभाव। जब व्यक्ति लाभ देने वाली क्रियाओं को दोहराता है, जब व्यक्ति फायदेमन्द उद्दीपन का अधिकतम लाभ लेना चाहता है, जब व्यक्ति अपने मूल्यों के लिये किन्हीं गतिविधियों को करता है, तो इन सब में उसका व्यवहार विवेकी होता है। यह भी सम्भव है कि कई बार व्यक्ति जिस व्यवहार को अपने लिये लाभदायक समझता है उससे उसे हानि भी हो सकती हैं। फिर भी उसका पूरा प्रयास यह होता है कि वह उपलब्ध विकल्पों में से केवल उस विकल्प को अपनाये जिससे उसे अधिकतम लाभ मिल

सके। इसलिये होमन्स के व्यवहारवादी मनोविज्ञान में विवेक संगत क्रियाएं अधिक रहती हैं। इसी कारण होमन्स के विनिमय सिद्धान्त में विवेक संगत व्यवहार को केन्द्रीय स्थान प्राप्त है।

होमन्स के सिद्धान्त की बुनियादी अवधारणाएं

(Basic Concepts of Homan's Theory)

जब होमन्स ने अपने विनिमय सिद्धान्त को रखा तब वे इस सिद्धान्त में प्रयुक्त अवधारणाओं का स्पष्ट खुलासा नहीं दे पाये। उन्होंने लेवी-स्ट्रॉस के संरचनात्मक विश्लेषण का विरोध किया। स्ट्रॉस ने चचेरे-ममेरे भाई-बहिनों के विवाह की जो व्याख्या की उसे भी उन्होंने स्वीकार नहीं किया। वास्तव में होमन्स और उनके सहयोगी डेविड स्नेडर (David Schneider) ने लेवी स्ट्रॉस का खुलकर विरोध तो किया लेकिन साथ में यह भी स्वीकार कहा कि उनकी अवधारणाएं स्पष्ट नहीं थी। अपने आलोचकों द्वारा उठायी गयी आपत्तियों का बाद में होमन्स ने स्पष्टीकरण दिया। इसके परिणामस्वरूप अवधारणाओं का संशोधित रूप जो उन्होंने रखा, निम्न है:

1. *उद्दीपन* (Stimulus): पर्यावरण में चाहे वह भौतिक, सामाजिक या सांस्कृतिक हों, वे संकेत जो मनुष्य को कुछ क्रिया करने के लिये उत्प्रेरित करते हैं, उद्दीपन है।
2. *क्रिया* (Action): मनुष्य की वे गतिविधियाँ जिनका उद्देश्य उद्दीपन से प्रेरित लाभों को लेना और साथ ही हाँनि से बचना। क्रिया का अभिस्थापन लाभ और दण्ड के प्रति होता है।
3. *लाभ* (Reward): उद्दीपन में कुछ ऐसे तत्व होते हैं जो आदमी को संतोष देते हैं। अपने आपका तुष्टीकरण करना कर्त्ता के लिये लाभ है।
4. *दण्ड* (Punishment): दण्ड वह है जिसके द्वारा नुकसान पहुंचाया जाता है, चोट की जाती है या उद्दीपन में जो संतोष देने की मनोभावना होती हैं, उसमें अवरोध पैदा किया जाता है।
5. *मूल्य* (Value): उद्दीपन में पाये जाने वाले लाभ की मात्रा मूल्य है।
6. *लागत* (Cost): किसी भी क्रिया के करने में भौतिक या अभौतिक खर्च तो करना ही पड़ता है। कभी इस तरह का खर्च या ऐसी कीमत प्रत्यक्ष होती है या कभी अप्रत्यक्ष।
7. *प्रत्यक्ष बोध* (Perception): यह व्यक्ति की वह क्षमता है जिसके द्वारा वह इस तथ्य का मूल्यांकन करता है कि उसकी क्रियाओं से कितना लाभ मिलेगा, कितनी हानि होगी और इस लाभ के लिये उसे कितनी कीमत चुकानी पड़ेगी।
8. *अपेक्षा* (Expectation): जब किसी उद्दीपन के आधार पर व्यक्ति कुछ क्रियाओं को करता है तो वह अपेक्षा करता है कि इन क्रियाओं से उसे अमुक प्रकार का लाभ होगा, अमुक प्रकार की हानि भी होगी। इस लाभ को उठाने के लिये उसे कुछ कीमत भी चुकानी पड़ेगी। अतः क्रिया करते समय व्यक्ति शून्य में नहीं रहता। वह अपने

लाभ-हानि का पूरा मूल्यांकन कर अपनी अपेक्षा के अनुरूप क्रिया करता है।

होमन्स मनुष्य के व्यवहार विश्लेषण में कुछ अवधारणाओं को काम में लाते हैं, उन अवधारणाओं में प्रमुख का हमने ऊपर उल्लेख किया है। इनके आधार पर होमन्स ने अपने प्रस्ताव रखे हैं। हम फिर दोहरायेगें कि ये प्रस्ताव निगमनात्मक हैं और इन्हें होमन्स ने आनुभविक आगमनोओं द्वारा बनाया है। यदि एक वाक्य में हमें होमन्स के व्यवहारवादी विनिमय सिद्धान्त की व्याख्या करने को कहा जाये तो हम कहेंगे की होमन्स ने निगमनात्मक व्यवस्था का एक वृहद् निर्माण किया और इसी को उन्होंने व्यवहारवादी विनिमय सिद्धान्त कहा। उनकी भाषा में विनिमय का मतलब व्यक्तियों व समूहों के बीच होने वाली अन्तःक्रियाएँ हैं।

होमन्स के व्यवहारवादी विनिमय सिद्धान्त की आलोचना

होमन्स ने विनिमय सिद्धान्त के जो भी बुनियादी तत्व दिये हैं उनका आधार विवेक है। यहां वे उपयोगितावाद के निकट आ जाते हैं, यद्यपि उन्होंने उपयोगितावाद की खुलकर आलोचना की है। जब होमन्स विवेकी व्यवहार की चर्चा करते हैं तो उनका कहना है कि किसी भी व्यवहार को करने से पहले निश्चित रूप से कर्त्ता इसका हिसाब करता है कि अपेक्षित लाभ को पाने के लिये उसे कितनी कीमत चुकानी पड़ेगी। वह यह भी देखता है कि उसे वास्तव में कितना लाभ मिलेगा यानि लाभ का कितना अंश उसके हिस्से में होगा। वह यह हिसाब भी लगाता है कि लाभ लेने के लिये उसे कितनी हानि उठानी पड़ेगी, उसे कितना नुकसान होगा और रास्ते में कित्तने रोड़े आयेगें। अपने स्वंय के तुष्टीकरण को लेकर अपने पूरे विवेक से लाभ-हानि की जोड़-बाकी करता है।

आलोचना के आधार

1. *विवेकशीलता* (Rationality): विवेकी व्यवहार के बारे में होमन्स के उपरोक्त तर्क को टर्नर संदेह की दृष्टि से देखते हैं। टर्नर का सीधा प्रश्न है: क्या अपने सम्पूर्ण व्यवहार में मनुष्य लाभ-हानि की जोड़-बाकी ही करता रहता है? क्या सभी स्थितियों में आदमी लाभ व नुकसान का मूल्यांकन करता रहता है? आलोचकों का तो जवाब है कि आदमी ऐसा कुछ नहीं करता। जो लाभ उसे मिलता है वह ले लेता है। और इससे पहले किसी तरह का हिसाब-किताब नहीं करता। उदाहरण के लिये जब कोई व्यक्ति प्रथम श्रेणी में उत्तीर्ण होता है तो यह नहीं सोचता कि उसके उत्तीर्ण होने से दूसरों को क्या हानि होगी? वह यह भी नहीं जानता कि इस श्रेणी में उत्तीर्ण होने पर उसे क्या मिलने वाला है। यहाँ होमन्स की विवेकशीलता काम नहीं करती।

2. *पुनरुक्ति का मुद्दा* (Tautology): होमन्स की दूसरी ओलचना उनकी *पुनरूक्ति* (Tautology) है। अपने सिद्धान्त में वे बार-बार मूल्य, लाभ, क्रिया आदि अवधारणाओं को काम में लाते हैं। *जिन्हें वे लाभ कहते हैं वह तुष्टीकरण है* और तुष्टीकरण ही कर्ता का मूल्य

भी है। वे मूल्य का प्रयोग लाभ के अर्थ में भी करते हैं और इस तरह सभी अवधारणाएं गड़मड़ हो जाती है। वास्तव में एक ही अर्थ के लिये उन्होंने एक से अधिक अवधारणाओं को काम में लिया है। इसके परिणामस्वरूप अवधारणाओं की स्पष्टता खो जाती है।

3. *लघुकरण का मुद्दा* (Reductionism): यूरोप के कतिपय विचारकों पर जैसे कि पेरेटो व दुख।इम पर यह आरोप था कि वे समग्र से सम्बन्धित नियमों को निम्नतम इकाइयों पर भी लागू कर देते थे। समाज विज्ञान में इसे लघुकरण कहते हैं। लघुकरण की विधि जिसे होमन्स ने अपनाया वह पुनः विवाद का मुद्दा बन गयी है। जब होमन्स लघुकरण की व्याख्या करते हैं तब वे बड़े स्पष्ट है। उनका तर्क कुछ इस प्रकार है:

> जिस तरह समाजशास्त्री सामाजिक संस्थाओं, संगठनों और समाजों का विश्लेषण करके कुछ नियमों को बनाते हैं और उन्हीं नियमों को व्यक्तियों पर लागू करते हैं तो यह लघुकरण है: संस्थाओं और समाजों के नियमों को व्यक्तियों पर लागू करना।

इस तरह का लघुकरण बहुत सामान्य व सहज दिखायी देता है। लेकिन टर्नर कहते हैं कि जब हम इस लघुकरण को व्यक्ति से और नीचे ले जाकर लागू करते हैं तब हमें व्यक्ति का भौतिक शरीर और उसका रसायन मिलता है। होमन्स करते यह है कि वे शारीरिक अवधारणाओं को मनोवैज्ञानिक स्तर पर लागू करते हैं और इस प्रकार का लघुकरण उनके व्यवहारवादी विनिमय सिद्धान्त को संकट में डाल देता है। कई आलोचकों ने होमन्स की लघुकरण विधि की आलोचना की है। सच में देखा जाये तो इस विधि ने पुरानी बहस को नया कर दिया है। इस बहस के होते हुये भी यह बहुत स्पष्ट है कि होमन्स का विनिमय सिद्धान्त कई तरह की आलोचनाओं का शिकार बन गया है।

उपसंहार

यह निर्विवाद है कि होमन्स एक उच्च कोटि के सिद्धान्तवेत्ता थे। उनका विनिमय सिद्धान्त मुख्य रूप से व्यवहारवादी मनोविज्ञान पर आधारित है। अपने सिद्धान्त के निरूपण में वे दो प्रश्नों को अपना मार्गदर्शक मानते रहे हैं: लोग क्या करते हैं? वे कैसा व्यवहार करते हैं? इन प्रश्नों का उत्तर उन्होंने छोटे समूहों में देखा। विशेषकर वे हाथोर्न वेस्टर्न इलेक्ट्रिक प्लांट और "स्ट्रीट कोर्नर सोसायटी" के छोटे-छोटे समूहों का उल्लेख करते हैं। इन्हीं से वे व्यवहार के प्राथमिक स्वरूपों को निकालते हैं। इस तरह के आनुभविक आगमनों को वे प्रथम स्तरीय सामान्यीकरण कहते हैं। इन आगमनों में से वे व्यक्ति, स्थान, समय, आदि को निकालकर निगमनात्मक अमूर्तीकरण कहते हैं। होमन्स की परिभाषा में इस तरह के निगमनात्मक नियम दूसरे स्तर के सामान्यीकरण हैं। जिन्हें वे अपने विनिमय सिद्धान्त में रखते हैं

अपने सिद्धान्त में होमन्स ने कुछ बुनियादी अवधारणाओं को रखा है। इन अवधारणाओं में उद्दीपन, क्रिया, लाभ, लागत, दण्ड, मूल्य, प्रत्यक्ष बोध और अपेक्षा सम्मलित है। उनका कहना है कि व्यक्ति जब किसी क्रिया को करता है, तो वह देखता है कि इस

क्रिया से उसे या अन्य लोगों को अतीत में क्या कुछ लाभ मिला है? वह यह भी देखता है कि अमुक लाभ लेने के लिये उसे कितना कुछ खोना पड़ेगा या कितनी कीमत चुकानी होगी। एक तरह से किसी भी तरह के विनिमय को करने से पहले अर्थशास्त्र के लाभ-हानि का लेखा-जोखा वह अवश्य करता है। यह उसका विवेकी व्यवहार है। होमन्स ने विनिमय का अर्थ वृहद् रूप में लिया है। वे सभी प्रकार की अन्तःक्रियाओं को विनिमय व्यवहार में सम्मिलित करते हैं। जैसी अमेरीका के समाजशास्त्रियों की परम्परा है, होमन्स ने भी विनिमय सिद्धान्त के प्रतिपादन में कतिपय प्रस्ताव रखे हैं। ये प्रस्ताव वस्तुतः प्राक्कल्पनाएं हैं।

होमन्स के सिद्धान्त के विश्लेषण में कुछ तथ्य दृढ़ता पूर्वक रखने चाहिये। पहला तो यह कि वे अर्थशास्त्रियों के उपयोगितावाद को अस्वीकार करते हैं। इसका अर्थ हुआ वे जेम्स फ्रेजर की चचेर-ममेरे भाई-बहिनों के उपयोगितावादी व्याख्या को एकदम अस्वीकार करते हैं। उनकी मेलिनोस्की के मनोवैज्ञानिक विश्लेषण से भी सहमति नहीं है। वे तो व्यवहारवादी मनोविज्ञान को अपने सिद्धान्त की व्याख्या का मुख्य संदर्श मानते हैं। कुछ आलोचक होमन्स को बुनियादी रुप से मानवशास्त्री भी मानते हैं। अपने सिद्धान्त निर्माण में होमन्स ने सभी समाज विज्ञानों से कुछ न कुछ अवश्य लिया है। उनके सिद्धान्त को विवेकशीलता, पुनरूक्ति और लघुकरण के दोषों से ग्रसित पाया गया है। इस तरह की आलोच्नाएं सही हैं। फिर भी यह निश्चित है कि होमन्स ने विनिमय सिद्धान्त को नये क्षितिज अवश्य दिये हैं। और यह भी सही है कि कोई भी सिद्धान्त अपने आप में परिपूर्ण नहीं होता। सिद्धान्त निर्माण तो एक प्रक्रिया है जो बराबर चलती रहती है।

अध्याय 15

संरचनात्मक विनिमय सिद्धान्तः पीटर ब्लॉ
(Structural Exchange Theory: Peter Blau)

लगभग पिछले तीन दशकों में पीटर ब्लॉ ने विनिमय सिद्धान्त के क्षेत्र में उल्लेखनीय काम किया है। सबसे पहली बार उन्होंने इस सिद्धान्त की रूपरेखा अपनी पुस्तक *एक्चेंज एण्ड पावर इन सोशल लाइफ* (Exchange and Power in Social Life, 1964) में रखी। उनके सिद्धान्त के कई क्षितिज है, फिर भी सार रूप में वे यही करना चाहते हैं कि विनिमय के साथ शक्ति (Power) की अवधारणा बराबर जुड़ी होती है। एक तरह से होमन्स ने विनिमय सिद्धान्त को जहां रखा वहां से आगे बढ़ाने का काम पीटर ब्लॉ ने किया। होमन्स की रूचि निगमनात्मक सिद्धान्त बनाने में थी। उन्होंने गली-कूचें में छोटे-छोटे अनौपचारिक समूहों का अध्ययन किया और इसके आधार पर निगमनात्मक सिद्धान्त बनाया। पीटर ब्लॉ ने गली-कूचे से बाहर निकल कर वृहद् और जटिल समाज में प्रवेश किया और सामाजिक संरचना को अपने सिद्धान्त की अध्ययन सामग्री बनाया।

जहाँ होमन्स व्यक्तियों के बीच में होने वाले सम्बन्धों का अध्ययन करते हैं, सम्बन्धों के पीछे जो कुछ मनोविज्ञान है उसका विश्लेषण करते हैं, वहाँ पीटर ब्लॉ का अध्ययन सामाजिक संरचना पर केन्द्रित है। सामाजिक संरचना की समस्या को ब्लॉ ने सामाजिक विनिमय सिद्धान्त में देखा। वे संरचना की समस्या को अपनी बाद की कृतियों में भी देखते हैं और अन्य समाजशास्त्रियों से हटकर ब्लॉ सामाजिक संरचना की व्याख्या करते हैं:

> सामाजिक संरचना वह है जिसमें लोगों की सामाजिक भूमिकाएँ भिन्न-भिन्न होती है तथा यह भिन्नता धंधों, आय, जाति, प्रजाति, आदि में देखने को मिलती है। सामाजिक संरचना में विशेष व्यक्तियों के व्यवसाय व धंधे नहीं देखे जाते बल्कि यह देखा जाता

है कि धंधों की भिन्नता के कारण सम्पूर्ण संरचना में आय की गैर बराबरी हो जाती है।

किस व्यक्ति को कितनी आय होती है, कौनसा व्यक्ति किस व्यवसाय को करता है, यह सब ब्लॉ के अनुसार सामाजिक संरचना में कोई मतलब नहीं रखता। आय के कम या ज्यादा होने से व्यक्ति किस वर्ग या समूह में आता है, यह बात विशेष महत्व रखती है। ब्लॉ व्यक्तियों की आय में रूचि नहीं रखते। उनकी रूचि को सामाजिक संरचना के आय सम्बन्धी समूहों से है और यहीं पर ब्लॉ विनिमय सिद्धान्तवेत्ता होमन्स से भिन्न है। होमन्स के जो भी बुनियादी प्रस्ताव है, जिनमें वे सामाजिक घटनाओं की व्याख्या करते हैं, सभी मनोवैज्ञानिक है। इस तरह का मनोवैज्ञानिक विश्लेषण ब्लॉ को अस्वीकार है। उनका आरोप है कि सभी विनिमय व्यवहारों को मनोवैज्ञानिक दृष्टि से देखना *लघुकरण* (Reduction) मात्र है। होमन्स का पुरजोर विरोध करने के बाद भी ब्लॉ इस तथ्य को स्वीकार करते हैं कि छोटे समूहें में होने वाली अन्तःक्रियाओं का अध्ययन वृहद् समूहों व समाजों के अध्ययन में बहुत महत्वपूर्ण है। इसी कारण कई बार यह कहा जाता है कि जहां होमन्स ने छोड़ा, वहीं से पीटर ब्लॉ ने शुरू किया। तात्पर्य कि होमन्स ने विनिमय सिद्धान्त का क्षेत्र छोटे समूहों के अध्ययन तक ही सीमित रखा था, उसे ब्लॉ विशाल और जटिल समाजों के अध्ययन तक ले गये। ब्लॉ की यह निश्चित धारणा थी कि विनिमय संदर्श में इतनी क्षमता है कि हम बाद में चलकर निगमनात्मक नियमों का निर्माण कर सकते हैं। होमन्स ने अन्तर्वैयक्तिक सम्बन्धों तक विनिमय सिद्धान्त को प्रस्तुत किया था, पर पीटर ब्लॉ ने इन सम्बन्धों को समूहों व राष्ट्रों और अन्तर्राष्ट्रीय स्तर पर खड़ा कर दिया।

मर्टन ने एक जगह पर कहा है कि ज्ञान को बढ़ाना, उसे नये क्षितिज देना, एक सृजनकारी कार्य है। ज्ञान की प्रकृति संचयी होती है। कोई भी एक सिद्धान्तवेत्ता और इस अर्थ में विज्ञान वेता केवल अपने पाँवों के बल पर ही खड़ा नहीं होता। अतीत में जो भी अध्ययन हुए है उनके आधार पर वह नया अनुसंधान करता है। हर विज्ञानवेत्ता अपने पूर्ववर्ती विज्ञानवेत्ताओं के कंधों पर खड़ा होता है। पीटर ब्लॉ ने विनिमय सिद्धान्त के निर्माण में कई स्रोतों से, जो भी उन्हें उपयोगी लगे बेबाक होकर ग्रहण कर लिया।

होमन्स के विनिमय सिद्धान्त के मुख्य रूप से दो स्रोत हैं:

प्रकार्यात्मक और द्वन्द्वात्मक संघर्ष। जहाँ फ्रेजर अर्थशास्त्र के उपयोगितावाद को चचेरे-ममेरे भाई-बहिनों के विवाह के विश्लेषण में काम में लाते हैं, मेलिनोस्की विनिमय का विश्लेषण मनोवैज्ञानिक संदर्श से करते हैं, मॉस और लेवी - स्ट्रॉस समूह या समाज के संदर्भ में व्याख्या करते हैं, वहाँ पीटर ब्लॉ विशुद्व रूप से सामाजिक संरचना को अपना संदर्श बनाकर विनिमय सिद्धान्त की व्याख्या करते हैं।

पीटर ब्लॉ की सैद्धान्तिक रणनीति

होमन्स की सैद्धान्तिक रणनीति निगमनात्मक विश्लेषण था। ब्लॉ कुछ और करते हैं। उन्होंने एक सैद्धान्तिक रूपरेखा प्रस्तुत की और उसे *सैद्धान्तिक प्राक्कथन* (Theoretical Prolegomenon) नाम दिया है। यह प्राक्कथन अवधारणाओं की एक लम्बी चौड़ी रूपरेखा है। इन प्राक्कथनों पर टिप्पणी करते हुये टर्नर कहते हैं कि ब्लॉ की सैद्धान्तीकरण की प्रक्रिया बहुत कुछ टालकट पारसंस से मेल खाती है। ब्लॉ कुछ महत्वपूर्ण अवधारणाओं को परिभाषित करते हैं और ऐसा विश्वास करते हैं कि ये अवधारणाएं सामाजिक संगठन में होने वाली प्रक्रियाओं के विश्लेषण में सहायक होगी। यह ठीक है कि पारसंस ने जिस सफाई के साथ अवधारणाओं को वर्गीकृत किया है वैसा ब्लॉ ने नहीं किया। इस अभाव के होते हुये भी *ब्लॉ ने विभिन्न अवधारणाओं* और प्रस्तावों की एक ऐसी गठरी बनायी है जिसकी सहायता से समाजशास्त्रीय प्रक्रियाओं को अच्छी तरह से समझा जा सकता है। अवधारणाओं की यह गठरी इतनी सशक्त है कि इसके माध्यम से व्यक्तियों के व्यवहार को एक छोटे से छोटे समूह से लेकर विशाल समाजों तक को समझा जा सकता है। वैसे समाजशास्त्र में कई सिद्धान्त हैं, लेकिन यदि विनिमय सिद्धान्त को सुचारू रूप से चलाया गया तो हम परिपक्व अवस्था में आने पर किसी व्यवस्थित और *स्वंय सिद्ध* (Axiomatic) सिद्धान्त को बना सकते हैं। यद्यपि इस तरह की अवधारणाओं को वे नहीं बना सके जिनके माध्यम से किसी स्वंय सिद्ध सिद्धान्त का निर्माण हो सके। इन कमियों के होते हुये भी ब्लॉ ने निगमनात्मक उपागम को थोड़ा बहुत विकसित अवश्य किया।

जब हम ब्लॉ की सिद्धान्त निर्माण की रणनीति को देखते हैं तो बहुत स्पष्ट है कि वे *विनिमय से जुड़ी हुयी अवधारणाओं को एक बंडल में रखते हैं। इसके बाद इन विनिमय की अवधारणाओं के माध्यम से वे सूक्ष्म (Micro) और वृहद् (Macro) के बीच जो खाई है उसे जोड़ते हैं। उनका दृढ़ विचार रहा है कि विनिमय के एक ही फ्रेमवर्क (चौखटे) द्वारा व्यक्ति सम्बन्धी अन्तःक्रियाओं और संरचनात्मक सम्बन्धों का विश्लेषण किया जा सकता है। दूसरे शब्दों में सूक्ष्म और वृहद् दोनों को जोड़कर देखने का काम विनिमय सिद्धान्त द्वारा किया जा सकता है।*

पीटर ब्लॉ ने अपनी पुस्तक एक्सचेंज एण्ड पावर इन सोशल लाइफ में कुछ ऐसे प्रयोग किये हैं। वे एक ऐसी रूपरेखा बनाते हैं जिनमें छोटे समूहों में होने वाली विनिमय की प्रक्रियाओं का सम्मिलित स्वरूप देखने को मिलता है। छोटे समूहों की अन्तःक्रियाओं से बने इन विनिमय नियमों को वे विशाल समूहों की विनिमय की प्रक्रियाओं के साथ जोड़ते हैं। पहले तो वे सामाजिक विनिमय के प्रत्यक्ष और रूबरू होने वाले प्रारम्भिक समूहों को बनाते हैं और फिर वे उसे बड़ी संस्थाओं पर लागू करते हैं। जहां होमन्स विनिमय के प्रारम्भिक स्वरूपों को छोटे समहों तक लाकर छोड़ देते हैं, वहाँ ब्लॉ उन्हें जटिल समाजों पर लागू करते हैं। संक्षेप में यही पीटर ब्लॉ की सैद्धान्तीकरण की सुनियोजित योजना है। यहीं पीटर ब्लॉ

पारसंस से भी भिन्न है। पारसंस *सोशल सिस्टम* (Social System, 1951) में प्रक्रियाओं का विश्लेषण संस्थाओं तक ही सीमित रखते हैं, जबकि ब्लॉ बुनियादी अन्तःक्रियाओं की प्रक्रियाओं का अध्ययन ठेठ छोटे समूहों से लेकर विशाल समूहों तक करते हैं।

विनिमय के बुनियादी नियम

होमन्स ने विनिमय के प्रयुक्त चरों को विस्तृत रूप से परिभाषित किया है। ब्लॉ ऐसा कुछ नहीं करते। उनके चर बराबर अपरिभाषित रहते हैं। ब्लॉ वास्तव में चरों को परिभाषित करने की अपेक्षा विनिमय की प्रक्रिया पर ही जोर देते हैं। *वे केवल उन्हीं क्रियाओं का विश्लेषण करते हैं जिनसे व्यक्ति को कुछ लाभ होता है। व्यक्ति की कोई क्रिया जो किसी तरह का लाभ नहीं देती, ब्लॉ उसका उल्लेख भी नहीं करते*। थोड़े में, वे उन्हीं क्रियाओं को विनिमय के घेरे में रखते हैं जिनसे व्यक्ति को लाभ होता है। एक जगह पर ब्लॉ कहते हैं कि विनिमय गतिविधियां वे ही हैं जिनका अभिस्थापन विशेष लक्ष्यों या लाभ को प्राप्त करने के लिये होता है। उनका तर्क है कि कर्ता ऐसा मूर्ख नहीं है कि वह उन क्रियाओं को करे जिनसे उसे कोई लाभ न मिले। अतः वह अपनी क्रियाओं की *लागत* (Cost) को देखकर ऐसे सशक्त विकल्पों को अपनाता है जिनसे उसे लाभ प्राप्त हो सके। अतः कर्त्ता सबसे पहले लाभ देखता है, विकल्पों में से आशाप्रद विकल्प उठाता है और अपनी लागत से अधिक लाभ लेने के लिये क्रिया करता है। ऐसा करने में ब्लॉ विनिमय क्रिया की सभी अवधारणाओं उद्दीपन, क्रिया लागत, मूल्य, अपेक्षा—आदि को प्रयोग में लाते हैं।

ब्लॉ के अनुसार सामाजिक जीवन एक बाजार की तरह है जिसमें विभिन्न कर्ता यानि उपभोक्ता एक दूसरे से विनिमय करते हैं और इस बात की कोशिश करते हैं कि उन्हें अपने विनिमय से कोई न कोई लाभ अवश्य मिले। जब व्यक्ति विनिमय करता है तब उसका उद्देश्य किसी एक विशेष लक्ष्य को प्राप्त करना नहीं होता। उसे जो भी और जैसा भी लाभ मिल जाता है, ले लेता है। इसके अतिरिक्त उसे लाभ के अन्य विकल्पों की जानकारी भी नहीं होती।

सब मिलाकर पीटर ब्लॉ ने विनिमय के बुनियादी नियमों में कहा है कि व्यक्ति जब दूसरों के साथ व्यवहार करता है, तब वह प्रत्यक्ष या परोक्ष रूप से किसी न किसी लाभ को अवश्य लेना चाहता है। इस लाभ के लिये जो भी लागत उसे चुकानी होती है, चुका देता है। इन नियमों को ब्लॉ विनिमय के स्वंय सिद्ध सिद्धान्तों का रूप नहीं दे पाये। फिर भी विनिमय के जो कुछ नियम उन्होंने बनाये, उन्हें हम प्रस्तुत करते हैं:

1. *विवेकपूर्ण नियम* (Rationality Principle): एक दूसरे से व्यक्ति जितना अधिक लाभ लेना चाहते हैं, उतना ही अधिक वे लाभ देने वाली गतिविधि का अनुकरण करते हैं।
2. *पारस्परिकता नियम* (Reciprocity Principle): विनिमय में लोगों को दूसरों से

जितना अधिक लाभ मिलता है, उतना ही अधिक वे लाभ देने वाली क्रियाओं या व्यवहार को दूसरों के साथ करते हैं। इसी तरह जब किसी विनिमय सम्बन्धों द्वारा दूसरों के आभार की उपेक्षा की जाती है तो दूसरे भी इसी तरह की उपेक्षा द्वारा पहलों को दण्डित करते हैं।

3. *न्याय नियम* (Justice Principle): जितना अधिक विनिमय व्यवहार समूह या समाज में स्थापित हो जाता है, उतना ही अधिक यह विनिमय व्यवहार सामान्य सामाजिक नियमों द्वारा नियंत्रित होता है। इसी भांति समाज के विनिमय नियमों की जितनी अधिक उपेक्षा होती है, उतनी ही अधिक उपेक्षा करने वालों की निन्दा की जाती है।
4. *सीमान्त उपयोगिता नियम* (Marginal Utility Principle): किसी एक विशेष गतिविधि से जितना अधिक अपेक्षित लाभ होता है उतनी ही कम मूल्यवान वह गतिविधि हो जाती है। ऐसी गतिविधि को करना भी लोग कम कर देते हैं।
5. *असंतुलन नियम* (Imbalance Principle): जितने अधिक विनिमय सम्बन्ध स्थायी व संतुलित होगें उतने ही अधिक अन्य विनिमय व्यवहार असंतुलित व अस्थायी होगें।

ऊपर हमने ब्लॉ द्वारा दिये गये विनिमय के बुनियादी नियमों का उल्लेख किया है। अब हम तात्विक रूप से यह देखेंगे की ब्लॉ के विनिमय सिद्धान्त की मुख्य विशेषताएं क्या हैं—

विनिमय सिद्धान्त की मुख्य विशेषताएं

(Major Characteristics of Exchange Theory)

पीटर ब्लॉ ने विनिमय सिद्धान्त की जिन विशेषताओं को रखा है उनका आधार ब्लॉ का नौकरशाही का आनुभविक अध्ययन है। स्वंय क्षेत्र में रहकर ब्लॉ ने नौकरशाही की गतिविधियों का अध्ययन किया है। इन आनुभविक प्राप्तियों के अतिरिक्त उन्होंने अन्य सिद्धान्तवेत्ताओं के विनिमय सिद्धान्त से भी बहुत कुछ उधार लिया है। वे वेबर के दफ्तरशाही के प्रारूप से भी प्रभावित थे। उन्होंने डेहरेन्डार्फ के द्वन्द्वात्मक संघर्ष सिद्धान्त से भी बहुत कुछ सीखा है। यह हम पुनः दोहरायेगें कि *ब्लॉ के विनिमय सिद्धान्त का केन्द्रीय संदर्श सामाजिक सरंचना है। यह सामाजिक संरचना ही है जो विनिमय सम्बन्धों से सुदृढ़ होती है, सशक्त होती है। यहाँ हम यह भी कहेगें कि ब्लॉ अर्थशास्त्रियों के उपयोगितावाद, मेलिनोस्की के वैयक्तिक मनोविज्ञान, और होमन्स के व्यवहारवादी मनोविज्ञान से पूर्णतः असहमत है। विनिमय सिद्धान्त के क्षेत्र में उनकी निकटता मार्शल मॉस और लेवी स्ट्रॉस से है। ये तीनों विनिमय सिद्धान्तवेत्ता बुनियादी रूप से संरचनात्मक विनिमय सिद्धान्तवेता हैं।* हमने पिछले अध्याय में यह कहा है कि विनिमय सिद्धान्त की दो प्रमुख धाराएं हैं: मनोवैज्ञानिक और संरचनात्मक। पिछले अध्याय में हमने मनोवैज्ञानिक धारा के अन्तर्गत होमन्स के विनिमय सिद्धान्तों की चर्चा की है और इस अध्याय में संरचनात्मक धारा के प्रतिनिधि पीटर ब्लॉ का विवरण दे रहे हैं।

ब्लॉ के विनिमय सिद्धान्त के लक्षण निम्न प्रकार है:

(1) विनिमय और सामाजिक एकीकरण:

सभी मानवशास्त्रियों ने, चाहे वे मेलिनोस्की, मार्शल मॉस, लेवी स्ट्रॉस, और कुछ अर्थों में होमन्स हों, यह स्वीकार किया है कि विनिमय का बहुत बड़ा कार्य समाज में सामाजिक एकीकरण लाना है। चाहे स्थानीय स्तर पर विनिमय सम्बन्ध होते हों, अथवा क्षेत्रीय राष्ट्रीय या अन्तर्राष्ट्रीय स्तर पर सभी का उद्देश्य समाज और विभिन्न समाजों में एकीकरण लाना होता है। ब्लॉ का अपना एक ताकतवर तर्क है कि आर्थिक विनिमय लोगों को केवल आर्थिक स्तर पर जोड़ता है। परन्तु सामाजिक विनिमय मित्रता व प्यार के सेतु बनाता है। विनिमय का एक और परिणाम भी होता है और वह यह कि समाज अधि-प्रभुत्व और अधीनस्थ समूहों में बंट जाता है।

(2) विनिमय और आस्था (Trust)

आर्थिक विनिमय व्यक्ति और समूहों के बीच में आस्था पैदा नहीं करते। बाजार में तो रुपया चुकाओं और माल खरीदो या माल बेचो और रुपया लो। यहां सम्पूर्ण विनिमय आर्थिक परिधि में होता है। *सामाजिक विनिमय में इस प्रकार की खरीद फरोख्त नहीं होती। यहां तो विनिमय द्वारा यानि सामाजिक व्यवहार द्वारा खण्ड-खण्ड लोगों को अखण्डता में बांधा जाता है।* ऐसे सामाजिक सम्बन्धों का कोई निश्चित नाप तोल नहीं होता। ये सम्बन्ध छोटे स्वरूप में पैदा होते हैं और धीर-धीरे विकसित होते जाते हैं। ऐसा इसलिये होता है कि सम्बन्धों द्वारा आभारों को निश्चित नहीं किया जा सकता और न पहले से ही उनकी रूपरेखा बनायी जाती है। सत्य तो यह है कि विनिमय सम्बन्धों के परिणामस्वरूप लोगों में पारस्परिक आस्था बढ़ जाती है। ब्लॉ का आग्रह है कि *यद्यपि विनिमय सम्बन्धों का प्रारम्भ विशुद्ध रूप से व्यक्तियों के स्वार्थ से होता है, लेकिन सामाजिक सम्बन्धों द्वारा धीरे-धीरे ये स्वार्थ ही आस्था में बदल जाते हैं।* अब विनिमय सम्बन्ध सामाजिक सम्बन्ध या आस्था के सम्बन्ध का रूप ले लेते हैं।

ब्लॉ ने अपने नौकरशाही की आनुभविक अध्ययन से कई आगमन रखे हैं। इनसे यह सिद्ध होता है कि कार्यालय के बाबू जहां तक उनके हितों का प्रश्न है बराबर सामाजिक एकता का दृष्टांत प्रस्तुत करते हैं। जितना अधिक वे कार्यालय के काम के बारे में चर्चा करते हैं, विचार-विमर्श करते हैं, उतना ही अधिक एक-दूसरे के निकट आते हैं। ये कार्यालय सम्बन्ध लम्बी अवधि में जाकर निजी सम्बन्ध का रूप ले लेते हैं।

(3) सामाजिक विभाजीकरण (Differentiation)

जब हम विनिमय को वृहद् समाज में देखते हैं, तो पाते हैं कि लोगों के बीच में सामाजिक सम्बन्ध उत्तरोत्तर अप्रत्यक्ष होते जाते हैं। बम्बई नगर में खिलौनों का उत्पादन करने वाला व्यक्ति अप्रत्यक्ष रूप से दूर-दराज के गांव के एक बच्चे से जुड़ जाता है। ऐसे समाज में

लोगों को लाभ अप्रत्यक्ष रूप से मिलता है। न तो खिलौना खरीदने वाला बच्चा और न उत्पादक एक-दूसरे को जानते हैं। सब बेनाम सम्बन्ध है। ब्लॉ का विश्वास है कि इस तरह के वैयक्तिक विनिमय समाज के नियमों व मूल्यों से संचालित होते हैं। इसका अर्थ यह हुआ कि सम्बन्धों का अनुमोदन लोग मानक व मूल्यों द्वारा करते हैं, जब तक विनिमय सम्बन्धों को समाज समरूपता नहीं देता, वैधता नहीं देता, विनिमय से लाभ नहीं पहुंचता। सच में सामाजिक मानक व मूल्य अप्रत्यक्ष रूप से विनिमय सम्बन्धों को प्रतिस्थापित करते हैं।

(4) सामूहिक मूल्यों (Collective Values) का विकास

ज्यों-ज्यों लोग एक-दूसरे के साथ विनिमय सम्बन्ध बढ़ाते हैं, त्यों-त्यों समाज व समूह में मानक व मूल्य सुदृढ़ होते हैं। किसी के जन्म पर बधाई संदेश देना या मृत्यु पर शोक संदेश देना समाज के मानक और मूल्य हैं और जितने अधिक ऐसे अवसरों पर विनिमय सम्बन्ध होंगे उतना ही अधिक इन मानक व मूल्यों का विकास होगा। जब अधिकांश लोग मानक और मूल्य से प्रेरित होकर विनिमय सम्बन्ध रखते हैं तो इससे लोगों के व्यवहार में विवेकशीलता भी आ जाती है।

(5) विनिमय और शक्ति (Power)

ब्लॉ की एक पुस्तक का शीर्षक *एक्सचेंज एण्ड पावर इन सोशल लाइफ* है। इस शीर्षक द्वारा यह बहुत स्पष्ट है कि विनिमय सम्बन्धों में ब्लॉ शक्ति की भूमिका पर बहुत अधिक जोर देते हैं। वास्तव में शक्ति की अवधारणा का बहुत सफलतापूर्वक ब्लॉ ने विनिमय के संदर्श में किया है। वे यह मानते हैं कि जब मूल्यवान सेवाओं को दूसरों के लिये दिया जाता है तो ऐसे व्यवहार में शक्ति का जन्म होता हैं। ब्लॉ के अनुसार शक्ति में दो निश्चित ताकत हैं। पहली ताकत तो यह है कि दूसरा व्यक्ति दी गयी मूल्यवान सेवाओं पर निर्भर हो जाता है। यह बहुत बड़ी बात है। इस ताकत की दूसरी विशेषता यह है कि यह सेवाएं देने के अतिरिक्त समाज में सुदृढ़ता भी स्थापित करती है।

होमन्स ने भी शक्ति की चर्चा की है, लेकिन वे समाज पर पड़ने वाले परिणाम को अनदेखा कर देते हैं। दूसरी ओर, ब्लॉ का तर्क है कि *विनिमय सम्बन्धों की कोख में गैर-बराबरी होती है*। होता यह है कि वह व्यक्ति या समूह जो मूल्यवान सेवाओं को देता है, किसी न किसी तरह की शक्ति को अपने पास रखता है। और वे व्यक्ति और समूह इस शक्ति के बिना अपना काम नहीं चला सकते। उदाहरण के लिये जब मालिक रोजगार देता है तो यह उसकी शक्ति है, उसके पास कल-कारखाने हैं, पूंजी है और इस रोजगार के बिना श्रमिक का काम नहीं चल सकता। ऐसी स्थिति में मालिक और कर्मचारी के विनिमय सम्बन्ध शक्ति द्वारा संचालित होते हैं।

जब ब्लॉ सामाजिक गैर-बराबरी को शक्ति के संदर्भ में देखते हैं तो उनका प्रायः मतलब आर्थिक शक्ति से होता है। वे सम्पूर्ण समाज को शक्ति विनिमय के संदर्श में देखते हैं।

लेकिन इस तरह की शक्ति जो समाज का मानक व मूल्य है तब तक बेअसर है, जब तक कि समाज उसे वैधता नहीं देता। लेकिन शक्ति केवल आर्थिक ही नहीं होती। इसका एक और आधार *आभार* (Obligation) भी होते हैं जिनकी बुनियाद समाज के मानक एवं मूल्य होते हैं। ब्लॉ का यह उपागम न तो आर्थिक उपागम से जुड़ा है और न यह किसी तरह से संघर्ष व प्रकार्यवादी विश्लेषणों से मेल खाता है। मार्शल मॉस ने विनिमय सिद्धान्त को देते हुये एक प्राक्कल्पना रखी थी। इसमें उन्होंने कहा कि *विनिमय का कारण व्यक्तियों में ऊंची से ऊंची प्रतिष्ठा पाना होता है। प्रतिष्ठा पाने के लिये वह बराबर आकर्षक भेंट प्रस्तुत करता है। और समान प्रतिष्ठा पाने की प्रतियोगिता में भेंट की एक बाढ़ सी आ जाती है। और इस तरह पारस्परिक आभार का सिलसिला शुरू हो जाता है। होता यह है कि सामाजिक विनिमय में जब पारस्परिक भेंट संस्थागत रूप ले लेती है तब उसकी वैधता स्थापित हो जाती है और प्रतिष्ठा में होड़ करने वाले व्यक्तियों की शक्ति प्राधिकार हो जाती है। जब विनिमय व्यवहार प्राधिकार का रूप ले लेता है तब समाज के सदस्यों के लिये इसे मानना अनिवार्य हो जाता है। दूसरे शब्दों में विनिमय द्वारा समूह कुछ मानकों को विकसित करते हैं और फिर ये मानक सदस्यों को बाध्य कर देते हैं कि वे अमुक प्रकार के विनिमय को अवश्य करें।*

शक्ति के सांस्कृतिक संदर्श को हम एक दृष्टान्त द्वारा प्रस्तुत करेंगे। हमारे देश में ही लें। एक जाति में अधिकतम प्रतिष्ठा पाने की होड़ में कुछ व्यक्ति विवाह पर हजारों-लाखों रुपया खर्च कर देते हैं। धीरे-धीरे विवाह का बढ़ा-चढ़ा खर्च जाति के ऊंचे वर्ग के लिये एक स्थापित मानक का रूप ले लेता है। इस तरह के खर्च को लोग प्रतिष्ठा पाने का आदर्श मानने लगते हैं और इसे पूरी वैधता देते हैं। इस भांति विवाह से सम्बद्ध विनिमय व्यवहार अधिकतम प्रतिष्ठा प्राप्त करने का एक साधन बन जाता है। ऐसे व्यवहार की लागत तो ऊंची है, लेकिन इससे मिलने वाली प्रतिष्ठा भी कोई कम नहीं है। शक्ति का प्रभाव यहीं समाप्त नहीं होता। जब विनिमय द्वारा अधिकतम लाभ लिया जाता है, तब इस प्रकार के व्यवहार का विचारधारा के आधार पर विरोध किया जाता है। प्रतिष्ठा के लिये प्रतियोगिता और उसी के समानान्तर वैचारिकी विरोध बराबर चलते हैं। जब अधीनस्थ समूह को ऐसा विश्वास होने लगता है कि उच्च वर्ग शक्ति का दुरूपयोग करके अपनी प्रतिष्ठा को ऊंचा उठाना चाहता है तो वे इसका डट कर मुकाबला भी करते हैं। शादी के अनाप शनाप खर्च को रोकने के लिये सुधार आन्दोलन भी चलाये जाते हैं। दहेज नहीं देना चाहिये, असंख्य लोगों को भोज पर नहीं बुलाना चाहिये, सीधे-सादे, समारोह में विवाह होना चाहिये इत्यादि। इस तरह का विरोध आन्दोलनों के रूप में देखने को मिलता है। शक्ति सम्बन्धों का यह गैर-आर्थिक विनिमय है और इसे पीटर ब्लॉ ने पर्याप्त रूप से रखा है।

उपसंहार

समाजशास्त्रीय सिद्धान्तों की वीथिका में कई सिद्धान्त हैं। आये दिन इसके तरकस में नये-नये तीर सम्मिलित हो रहे हैं। लेकिन यह निश्चित है कि *जहां तक छोटे समूह में*

व्यक्तियों के व्यवहार का प्रश्न है, विनिमय सिद्धान्त का योगदान अद्वितीय है। निश्चित रूप से इस सिद्धान्त को वृहद् समाज और संस्थाओं के विश्लेषण में इस तरह की सफलता नहीं मिली है। क्या इसका यह मतलब हुआ कि विनिमय सिद्धान्त बुनियादी तरह से छोटे समूहों के विश्लेषण का सिद्धान्त है? कम से कम पीटर ब्लॉ ने तो यह स्वीकार किया है कि व्यक्तियों के रूबरू होने वाले विनिमय सम्बन्धों के अध्ययन में यह सिद्धान्त अनिवार्य रूप से बहुत उपयुक्त है। ब्लॉ मूल में विनिमय सिद्धान्त को सामाजिक संरचना के संदर्भ में देखते हैं। इसका यह अर्थ हुआ कि विनिमय सिद्धान्त सामाजिक संरचना के साथ जुड़ा हुआ है। अपने विनिमय में व्यक्ति जिस प्रकार के आदान-प्रदान करते हैं, उन्हें समाज ही वैधता देता है। इस अर्थ में विनिमय सम्बन्धों की निरन्तरता बनाये रखने का काम व्यक्ति का नहीं समाज का है और यही सब कुछ पीटर ब्लॉ ने अपने सिद्धान्त में कहा है।

अध्याय 16

विवेकी विकल्प सिद्धान्त : माइकेल हेशर
(Rational Choice Theory: Michael Hechter)

समाजशास्त्र में विनिमय सिद्धान्त की व्याख्या करते हुये हमने बराबर यह कहा है कि इस सिद्धान्त की परम्परा शास्त्रीय अर्थशास्त्रियों के उपयोगितावाद से है। एडम स्मिथ, रिकार्डो और बेंथम की यह स्थापना है कि बाजार में उपभोक्ता बराबर यह कोशिश करता है कि उसे अधिकतम लाभ मिले। उपभोक्ता का यह प्रयास रहता है कि कम लागत में उसे अधिक उपयोगी वस्तु मिले। इस सिद्धान्त को अपना संदर्श मानकर फ्रेजर ने भी चचेर-ममेरे भाई-बहिन के विवाह को आर्थिक उत्प्रेरण की दृष्टि से देखा। लेकिन धीरे-धीरे उपयोगितावादी संदर्श का महत्व कम होने लगा और उस पर बादल छाने लग गये। ऐसा अनुमान है कि उपयोगितावाद के महत्व के कम होने का कारण यह है कि समाजशास्त्री बराबर इस विचारधारा के प्रतिकूल रहे हैं। समाजशास्त्रियों ने इस बात को स्वीकार नहीं किया कि व्यक्ति विवेकशील होकर अपने व्यवहार द्वारा अधिकतम लाभ लेना चाहता है।

कार्ल मार्क्स ने जब शास्त्रीय अर्थशास्त्र के सिद्धान्तों को अस्वीकार किया तो यह एक समाजशास्त्रीय द्वारा एडम स्मिथ के उपयोगितावाद का विरोध था। अपने पुरजोर विरोध में मार्क्स ने पूंजीवादी समाज को सम्पूर्ण रूप से बदलने की बात की। पेरेटो का भी अर्थशास्त्र के साथ मोहभंग हो गया। पारसंस ने भी *स्ट्रक्चर ऑफ सोशल एक्शन* पुस्तक में क्लासिकल अर्थशास्त्रियों की आर्थिक अवधारणाओं को ठुकरा दिया है। समाजशास्त्रीय सिद्धान्त के ऐतिहासिक वृत को यदि हम गहराई से देखें तो स्पष्ट हो जायेगा कि समाजशास्त्री बराबर उपयोगितावाद के विरोधी रहे हैं। यह सब समझ में आता है। लेकिन विरोध करते हुये भी किसी न किसी रूप में समाजशास्त्रियों ने मुखौटा लगाकर ही सही, उपयोगितावाद को बराबर काम में लिया है। एक तरह से समाजशास्त्रीय सिद्धान्तों के घर में उपयोगितावाद

का प्रवेश पिछले दरवाजे से अवश्य हुआ है। जब होमन्स छोटे समूहों का अध्ययन व्यवहारवादी मनोविज्ञान द्वारा करते हैं तो यहां व्यवहारवाद तो एक दिखावा है। वस्तुतः उनकी चर्चा उपयोगितावाद पर आकर टिकती है।

टर्नर का कहना है कि पिछले दो-तीन दशकों में उपयोगितावाद का प्रवेश पुनः विनिमय सिद्धान्त में हुआ है। कहने को तो अब भी सिद्धान्तवेत्ता उपयोगितावाद का खण्डन करते हैं, लेकिन उनके सिद्धान्तों का सार बुनियादी रूप उपयोगितावादी ही है। हाल में जाने-माने विद्वान *जेम्स कोलमेन* (James Coleman) और गेरी बेकर (Gary Becker) आदि ने विनिमय सिद्धान्त को एक नया संदर्श दिया है और वह है विवेकशीलता। इन सिद्धान्तवेत्ताओं की स्थापना है कि व्यक्ति विनिमय सम्बन्ध रखने से पहले लाभ प्राप्त होने के विकल्पों पर अपने सम्पूर्ण विवेक से सोचता है। विनिमय व्यवहार से लाभ तो होता है लेकिन लाभ लेने के और भी कई विकल्प समाज के बाजार में उपलब्ध है। इन विकल्पों में से कौनसा विकल्प अधिकतम और न्यूनतम अवधि में अपेक्षित रूप से कम लागत पर लाभ देगा, इसका विवेकपूर्ण विवेचन हर व्यक्ति करता है। संक्षेप में उपयोगितावाद का आग्रह है कि मनुष्य के कार्य *सौदेश्य पूर्ण* (Purposive) और इरादातन होते हैं। मिलने वाले लाभ की भी एक ऊंची श्रेणी तो होती ही है। मिलने वाले लाभ पर कर्त्ता जोड़-तोड़ करता है, हिसाब लगाता है और जो लाभ उसका आश्वस्त करते हैं, उन्हें प्राप्त करने की वह कोशिश करता है।

यदि उपयोगितावाद का कोई केन्द्रीय संदेश है तो वह अधिकतम लाभ लेने का है। इस अधिकतम लाभ लेने की अभिवृति को ही विनिमय सिद्धान्त में विवाद का मुद्दा बनाया गया है। समाजशास्त्रियों के लिये यह मुद्दा एक नया आकार ले लेता है। जब उपयोगितावाद की चर्चा करते हैं तब प्रश्न उठता है : किसके लिये उपयोगी? उत्तर साफ है, व्यक्ति के लिये। यहां आकर समाजशास्त्री विधि के क्षेत्र में उलझ जाते हैं। चूंकि समजाशास्त्र समूह या समाज का अध्ययन करता है। अतः व्यक्ति उसके लिये गौण है। इस पर समाजशास्त्रियों ने एक रास्ता निकाला कि वे व्यक्ति का अध्ययन तो करेंगे पर उनका दबाव या केन्द्र समाज पर ही रहेगा यानि वे व्यक्ति का विश्लेषण समाज के संदर्श में करेंगे। यद्यपि होमन्स का व्यवहारवादी उपागम व्यक्ति पर केन्द्रित है, पर वे समाज या समूह को अवश्य अपनाते हैं। विनिमय सिद्धान्त में जिन विद्वानों ने विवेकी उपागम अपनाया है, वे वृहद् के अध्ययन को ताक पर रख देते हैं और व्यक्ति पर अपने आप को केन्द्रित कर लेते हैं।

हाल मे विनिमय सिद्धान्त के क्षेत्र में जो एक नया क्षितिज उभरा है उसमें कोलमेन व बेकर के अतिरिक्त *माइकेल हेशर* (Michael Hechter) भी है। हेशर जिस सिद्धान्त को प्रस्तुत करते हैं वह व्यक्ति पर केन्द्रित है और यह वह व्यक्ति है *जो सम्पूर्ण विवेक द्वारा अपनी क्रियाओं से अधिकतम लाभ लेना चाहता है। लाभ लेने के लिये उसके पास कई विकल्प हैं। इन विकल्पों में से उसके विवेक के अनुसार जो विकल्प अधिक लाभ देने वाला*

है उसे वह अपना लेता है। टर्नर विनिमय सिद्धान्त की विवेकशीलता पर आधारित इस सिद्धान्त को *विवेकी विकल्प सिद्धान्त* (Rational Choice Theory) के नाम से पुकारते हैं। सिद्धान्त की इस नई परम्परा के प्रणेताओं में हेशर का स्थान महत्वपूर्ण है। यहां हम हेशर द्वारा प्रतिपादित विवकी विकल्प सिद्धान्त का विश्लेषण करेंगे :

विवेकी विकल्प सिद्धान्त की मान्यताएं (Assumptions)

विवेक विकल्प सिद्धान्त मुख्य रूप से यह मानकर चलता है कि जहां तक व्यक्ति उपयोगिताओं को अधिकतम रूप से ग्रहण करना चाहता है, वहां उसका यह प्रयास वैयक्तिक है। लेकिन लक्ष्यों को प्राप्त करने में सामाजिक संरचना का संदर्भ आवश्यक होता है। इस अर्थ में व्यक्ति के निर्णय वास्तव में सामूहिक निर्णय होते हैं। विवेक विकल्प सिद्धान्तवेत्ताओं का बुनियादी तर्क यह है कि *व्यक्ति जो कुछ विवेकपूर्ण निर्णय लेते हैं, उन पर अनिवार्य रूप से सामाजिक संरचना का प्रभाव पड़ता है।* इसके निम्न कारण है :

1. समाज में जो कुछ भी स्त्रोत सम्पदा है, व्यक्तियों के लिये उसका बंटवारा करने का काम सामाजिक संरचना का है।
2. व्यक्ति उपलब्ध अवसरों को जब भी अपने लिये काम में लाते हैं, उनके व्यवहार पर सामाजिक संरचना का नियन्त्रण रहता है।
3. व्यक्ति अधिकतम लाभ लेना चाहता है, लेकिन उसका विवेकपूर्ण विकल्प सामाजिक संरचना के नियम, उपनियम, मानक, मूल्य आदि के अन्तर्गत होता है। दूसरे शब्दों में लाभ भी है, लाभ के विभिन्न विकल्प भी हैं, लेकिन व्यक्ति कितना भी विवेकी हो वह अधिकतम तब तक नहीं ले सकता जब तक कि समाज की परम्परा व नियमों को वह स्वीकृति नहीं देता। विवेक विकल्प सिद्धान्त की प्रमुख मान्यताएं निम्न हैं :

1. मनुष्य की प्रकृति सौद्देश्य पूर्ण होती है और वह अपने लक्ष्य को अपनी क्रियाओं द्वारा प्राप्त करना चाहता है।
2. हरेक व्यक्ति अपनी पसन्द के विकल्पों को उच्चो-उच्च श्रेणियों में रखता है। इन्हीं श्रेणियों के अनुसार वह अधिकतम लाभ लेना चाहता है।
3. लक्ष्य प्राप्ति के लिये सबसे पहला व्यक्ति विवेकपूर्ण दृष्टि से यह तय करता है कि जिस लक्ष्य को प्राप्त करना चाहता है उसकी उसके लिये कितनी उपयोगिता है? वह उसका भी हिसाब लगाता है कि लाभ के जो विकल्प उपलब्ध हैं, उनमें से कौन से विकल्प के लिये कितनी लागत उसे चुकानी पड़ेगी। इसका मतलब यह हुआ कि व्यवहार करने से पहले आदमी यह तय करता है कि उसे कौन से विकल्प को अपनाना चाहिये और इस विकल्प से उसे कितना लाभ मिलेगा तथा इसके लिये उसे कितनी लागत चुकानी होगी। इस तरह का निर्णय वह भावुक होकर अथवा आवेश में आकर नहीं करता, बल्कि सम्पूर्ण निर्णय अपनी बुद्धि व विवेक से करता है।

4. जब किसी व्यवहार से उसे लाभ होता है तो वह भविष्य में भी अपने विवेक द्वारा निर्णय लेता है। इसमें वह यह भी देखता है कि लाभ लेने के लिये उसके सामने से प्रदत्त अवसर कौनसे हैं और उस पर समाज का नियन्त्रण कितना है ?

विवेकी विकल्प सिद्धान्त के लक्षण

विवेकी विकल्प सिद्धान्त का केन्द्रीय तर्क यह है कि आदमी विवेकपूर्ण ढंग से अपने लाभ के विकल्पों को निश्चित करता है। वह अपने विवेक से यह विचार करता है कि इसमें सामाजिक संरचना की भूमिका क्या है तथा जो भी लाभ वह प्राप्त करेगा उसका समुदाय पर क्या प्रभाव पड़ेगा ? दूसरे शब्दों में विकल्प तो वैयक्तिक है, पर उस पर नियंत्रण सामाजिक संरचना का है।

(1) समूह की सुदृढ़ता (Group Solidarity)

पीटर ब्लॉ ने संरचनात्मक विनिमय सिद्धान्त में केन्द्रीय स्थान एकीकरण की प्रक्रिया को दिया है। ठीक कुछ उसी तरह हेशर का कहना है कि विवेकी विकल्प सिद्धान्त समाज की सुदृढ़ता को बनाता है तथा उसे सशक्त करता है। इस सिद्धान्त को उन्होंने 1987 में अपनी पुस्तक *प्रिंसिपल्स ऑफ ग्रुप सोलिडेरिटी* (Principles of Group Solidarity, 1987) में रखा है। उनका सीधा प्रश्न है कि लोग किस प्रकार सामाजिक सुदृढ़ता पैदा करते हैं और इस प्रक्रिया में वे समूह की व्यवस्था सम्बन्धी समस्याओं को कैसे हल करते हैं? किसी भी सामाजिक व्यवस्था को बनाये रखने के लिये, हेशर के विचारों में समूह की सुदृढ़ता बहुत महत्वपूर्ण है। इसी सुदृढ़ता की समस्या को हेशर विवेकी विकल्प नियमों द्वारा देखना चाहते हैं। अगर वे ऐसा स्थापित कर पाते हैं तो उन आलोचकों का मुंह बन्द कर सकते हैं जिनका कहना है कि उपयोगितावाद समाज के लिये कोई क्षमता रहीं रखता। इस तरह के तर्क का मतलब यह हुआ कि विवेकी विकल्प सिद्धान्त में उपयोगितावाद के महत्व की बहस को हेशर ने नये संदर्भ में रखा है। यदि व्यक्ति अपने व्यवहार को विवेकपूर्ण ढंग से रखता है और इससे समाज में सुदृढ़ता लाता है तो निश्चित रूप से उपयोगितावाद सामाजिक सुदृढ़ता का एक बहुत बडा साधन है।

(2) उद्गामी लक्षण (Emergent Property)

हेशर अर्थशास्त्र के उपयोगितावाद से अत्यधिक प्रभावित है। लेकिन समाजशास्त्रीय सिद्धान्त की कुछ ऐसी परम्परा बन गयी है जिसमें नियामक, प्रकार्यवादी और संरचनात्मक सिद्धान्तों को हमेशा उपयोगितावादी सिद्धान्तों से ऊपर रखा जाता है। नियामकवादी या संरचनात्मक सिद्धान्त उच्च कोटि के हैं और उपयोगितावाद घटिया किस्म, का कुछ इस तरह का मूल्यांकन समाजशास्त्रीय सिद्धान्तवेताओं द्वारा किया जाता है। इन सिद्धान्तवेत्ताओं का तर्क यह है कि *ये उच्च कोटि के सिद्धान्त सामाजिक संरचना में जो उद्गामी लक्षण होते हैं उनका लेखा-जोखा भी करते हैं*। हेशर को इस तरह का तर्क स्वीकार नहीं। उनका तो जवाब है कि

नियामकवादी सिद्धान्त (Normative Theory) बेमतलब ढंग से यह स्वीकार करते हैं कि व्यक्ति समाज के नियमों-उपनियमों और मानक-मूल्यों को अपने अन्दर आत्मसात कर लेता है। इस तरह का उपागम सामाजिक सुदृढ़ता प्रदान नहीं करता। हेशर का यह भी कहना है कि अध्ययन के परम्परागत उपागम–नियामक, प्रकार्यवादी, संरचनात्मक इस तथ्य का विश्लेषण नहीं करते कि किस तरह समूह में आभारों का उद्‌गम होता है और समूह के सदस्य इन आभारों को पूरा क्यों करते हैं। बात यह है कि उद्‌गामी लक्षण पर आधारित सिद्धान्त व्यक्ति की क्रियाओं की अवहेलना करते हैं। ये सब सिद्धान्त इस बात को भूल जाते हैं कि व्यक्ति आभार को पूरा इसलिये करते हैं कि यह उनके लिये विवेकपूर्ण है। सब मिलाकर हेशर के विवेकी विकल्प सिद्धान्त का आधार विवेकपूर्ण विकल्पों को विनिमय द्वारा प्राप्त करना है।

(3) विवेकी विकल्प *(Rational Choice)*

ऊपर हमने कहा है कि विवेकी विकल्प सिद्धान्त की केन्द्रीय अवधारणा विवेक है। इस सिद्धान्त के प्रणेता यह मानकर चलते हैं कि व्यक्तियों की अपनी अलग-अलग पसन्द होती है। दूसरी ओर दुनिया ऐसी है जिसमें कोई भी वस्तु पर्याप्त नहीं है उसमें कहीं न कहीं न्यूनता अवश्य है। आदमी जो कुछ चाहता है, वह सब कुछ उसे मिल नहीं सकता क्योंकि एक ही वस्तु को चाहने वाले बहुत है और वस्तु की मात्रा सीमित है। अतः एक वस्तु न मिल सके तो दूसरी वस्तुओं के विकल्प व्यक्तियों के सामने अवश्य होने चाहिये। चीजों के जो भी विकल्प हैं उन्हें व्यक्ति विवेकपूर्ण ढंग से देखता है और अपनी पसन्द को अधिक से अधिक पूरा करने की कोशिश करता है। इधर समाजशास्त्रियों का कहना है कि अधिकतम लाभ लेने के लिये व्यक्ति अपने आप में स्वतन्त्र नहीं है। इसके लिये उसे समाज की स्वीकृति या वैधता चाहिये। परिणाम यह होता है कि अपने स्वयं के लिये व्यक्ति वस्तुओं को नहीं बना सकता। दूसरे जो कुछ भी उत्पादन करते हैं उसमें उसे भागीदार बनना पड़ेगा। उदाहरण के लिये यदि कोई व्यक्ति मित्रता और प्यार को अपनी ऊंची पसन्द मानता है तो जिन लोगों के सम्पर्क में वह आता है उनके साथ भी उसे मित्रता और प्यार का व्यवहार करना पड़ेगा। एक और दृष्टान्त है : व्यक्ति की पहली पसन्द धन उपार्जन है, तब उसे आज की उपलब्ध स्थितियों में किसी संगठन से जुड़कर कमाई करनी पड़ेगी। इसका तात्पर्य यह हुआ कि *व्यक्ति की पसंदगियों को समूह में रहकर ही प्राप्त किया जा सकता है। विवेकी विकल्प सिद्धान्त का तर्क यह है कि जो कुछ व्यक्ति प्राप्त करना चाहता है समूह के माध्यम से ही प्राप्त किया जा सकता है और समूह के माध्यम का मतलब हुआ समूह के अन्य सदस्यों के साथ विनिमय व्यवहार*।

समूह के सदस्य जिन वस्तुओं को पैदा करते हैं वे वस्तुएं सदस्यों की न होकर समूह की है। पत्नी, मित्र, विश्वविद्यालय, उत्पादक, भाई-बन्धु ये जो कुछ भी हैं, सब सभाज के हैं। इन सबका उत्पादन समूह के सदस्यों की समन्वित भागीदारी के कारण है। कुछ वस्तुएं ऐसी है

जो समूह को ही मिलती हैं–समूह के बाहर व्यक्तियों को नहीं। पति या पत्नी, जाति या वर्ग के सदस्यों को ही मिलते हैं। होता यह है कि समाज के सदस्य कई चीजों को बनाते हैं और कई बार इसका लाभ अन्य को भी मिलता है। टी.वी. की तरंगें, सड़कें, सार्वजनिक जल, उन लोगों को भी मिलते हैं जिन्होंने इन्हें नहीं बनाया। ये सुविधाएं सार्वजनिक हैं और सम्पूर्ण समाज इनका अधिकतम लाभ लेता है। लेकिन कुछ वस्तुएं निजी हैं। हमारा मकान हमारा निजी है। इन्हें निजी वस्तु कहते हैं। इनका लाभ भी सीमित सदस्य ही लेते हैं। इस तरह की सभी वस्तुओं के विकल्प की उच्चोच्च श्रेणी हर समाज में होती है। इन उपलब्धताओं का अधिकतम लाभ व्यक्ति विवेकपूर्ण ढंग से लेता है। *विवेकी विकल्प सिद्धान्त में निर्णय व्यक्ति का होता है और यह निर्णय विवेकपूर्ण होता है, लेकिन विकल्पों पर भागीदारी समाज की होती है। व्यक्ति का विकल्प विवेकपूर्ण होने के साथ ही साथ समाज के मानक व मूल्यों से जुड़ा होता है।*

(4) सामाजिक निमंत्रण

विवेकी विकल्प सिद्धान्त का एक और महत्वपूर्ण लक्षण जिसे हेशर ने रखा है, सामाजिक नियंत्रण है। इस सिद्धान्त के प्रणेताओं का यह आग्रह है कि जो कुछ वस्तुएं समाज में हैं चाहे भौतिक हों या अभौतिक, सभी का उत्पादन समाज ने किया है। वास्तव में ये वस्तुएं समूह या समाज की *संयुक्त वस्तुएं* (Joint goods) हैं। इस तरह की परम्परा के कारण व्यक्तियों की पसन्द की पूर्ति समूह की स्वीकृति से ही हो सकती है। जब समूह व्यक्ति की पसंदगियों को पसन्द करता है, तब इसका निमंत्रण भी समाज द्वारा होता है।

उपसंहार

हेशर का विवेकी विकल्प सिद्धान्त समाजशास्त्रीय परम्परा की मुख्य धारा का एक अंग है। इसे अस्वीकार नहीं किया जा सकता। यह भी सत्य है कि हेशर ने जिन मान्यताओं और नियमों को अपने सिद्धान्त का आधार बनाया है, वे मनुष्य व्यवहार के बुनियादी तत्व है। आधुनिक समाज में हाल में उभरी हुयी जो सामाजिक प्रक्रियाएं हैं उनके विश्लेषण में भी हेशर का विवेकी विकल्प सिद्धान्त उपयोगी है। यहां यह भी कहना चाहिये कि हेशर का बहुत बड़ा योगदान यह है कि उन्होंने 19वीं शताब्दी में उपयोगितावाद की जो प्रतिष्ठा की उसे पुनः प्राप्त करने का प्रयास अपने सिद्धान्त में किया है। ऐसा करना उनके लिये बहुत कठिन रहा है। एक ओर तो वे उपयोगितावादी क्लासिकल अर्थशास्त्रियों को पुनर्जीवित करते हैं और दूसरी ओर व्यक्ति तथा समाज को एकीकृत करके विनिमय सिद्धान्त का संशोधित रूप रखते हैं। उनका सिद्धान्त सार रूप में कुछ इस तरह है : विनिमय व्यवहार व्यक्तियों का अपना व्यवहार है। वह समाज में उपलब्ध लाभ के अगणित विकल्पों में से किसी या किन्ही विकल्पों को अपने सम्पूर्ण विवेक के साथ प्राप्त करने का प्रयास करता है। लेकिन जो कुछ वह प्राप्त करता है उसके लिये समाज की स्वीकृति अवश्य होनी चाहिये। वास्तव में समाज में जो कुछ है सब समाज की संयुक्त धरोहर है। इस धरोहर का प्रयोग

पारस्परिक विनिमय द्वारा ही किया जा सकता है। अन्ततोगत्वा विनिमय व्यवहार समाज को सुदृढ़ता देता है और समाज में एकीकरण की भावना को प्रोत्साहित करता है।

हेशर और उनकी विचारधारा वाले अन्य विवेकी विकल्प सिद्धान्तवेत्ता इस बात के लिये दुःख अवश्य व्यक्त करते हैं कि दुर्खाइम व पेरेटो से लेकर टालकट पारसंस तक सभी ने उपयोगितावाद का मूल्यांकन सही नहीं किया। अतएव, इस संदर्भ में हेशर और उनके सहयोगियों के विवेकी विकल्प सिद्धान्त को अधिक गम्भीरता से लेने की आवश्यकता है।

अध्याय 17

माइक्रो तथा मेक्रो सिद्धान्तीकरण : एक सूत्र में बाँधने का प्रयास

(Micro and Macro Theorizing : Approaching Towards Synthesis)

तलहटी में बसा आदिवासी भीलों का गाँव है। सुबह जल्दी परिवार का मुखिया खेतों की ओर चल पड़ता है। परिवार में पत्नी के अतिरिक्त दो बच्चे हैं। ये दोनों बच्चे हाथ में टोकरी लिये ईधन की लकड़ी एकत्र करने निकलते हैं। शायद दोपहर तक लौटेंगे। इन बच्चों की माँ घर की सफाई और गाय व बैल की देख-भाल करती है। चक्की पर वह खाना बनाने के लिये मक्का पीसती है। ठीक दोपहर के बाद पति घर पर लौटता है। उसे खाने को रोटी दी जाती है। जब घर के अन्य सदस्यों का खाना हो जाता है तब पत्नी अपना खाना लेती है। इसी तरह शाम और रात एक लीक पर गुजर जाते हैं।

विलियम व्हाइट (William Whyte) की पुस्तक "स्ट्रीट कोर्नर सोसाइटी" (1943) में नुक्कड़ के लड़कों के मैच का एक दृश्य है। सड़कों में जब क्रिकेट का मैच हुआ तो सामने वाली टीम के एलेक को इस तरह पराजित किया कि थोड़े समय तक वह अपना सिर ऊंचा नहीं उठा सका। कुछ दिनों तक तो नुक्कड़ की किसी गली में वह देखा भी नहीं गया। लेकिन एलेक इस तरह हार मानने वाला नहीं था। वह नुक्कड़ की मैच में पुनः खेलने आया। जब मैच शुरू हुआ तब उसने जोन को यह चुनौती दी कि वह अकेले उसके साथ क्रिकेट खेले। लोंग जोन ने यह स्वीकार भी किया और हार गया। ऐसी हार कई बार लोंग जोन को देखने को मिली।

ऊपर के दोनों दृष्टान्त माइक्रो (लघु) समूह के अध्ययन की सामग्री हैं। आदिवासी

परिवार के जीवन का ढर्रा थोड़े बहुत अंतर के साथ इसी तरह चलता है। पति-पत्नी मिलते हैं और अपनी निर्धारित भूमिका का सम्पादन करते हैं। परिवार के बच्चे भी अपने माता-पिता से जुड़े हुए हैं।

विलियम व्हाइट ने नोर्टन स्ट्रीट गेंग के सदस्यों की सूक्ष्मतम गतिविधियों का उल्लेख किया है। इस पुस्तक में वे शहर के नुक्कड़ पर रहने वाले युवाओं की जिन्दगी का खाका प्रस्तुत करते हैं। वे छोटी-छोटी घटनाओं को लेकर नुक्कड़ के इन खिलाड़ियों के व्यवहार को आपसी मुठभेड़ की, मारपीट व साजिश की व्याख्या करते हैं। इस व्याख्या के बाद वे कुछ प्राक्कल्पनायें रखते हैं। उदाहरण् के लिये वे कहते हैं कि *नेता वह है जो समूह के मूल्यों के अनुसार अपने व्यवहार को ढाले*। यह भी देखा गया है कि गेंग के नेता की कुशलता जिन खेलों में होती है, उन्हीं में वह गेंग की कुशलता विकसित करता है। विलियम व्हाइट ने नुक्कड़ के खिलाड़ियों के इस लघु अध्ययन के माध्यम से कुछ महत्वपूर्ण सिद्धान्त रखे हैं।

सामाजिक मानवशास्त्र में माइक्रो अध्ययन की परम्परा बहुत पुरानी रही है। बैंक वायरिंग ग्रुप, टिकोपिया परिवार, आदि पर माइक्रो अध्ययन हुये हैं। किसी भी सिद्धान्तीकरण की योजना में माइक्रो और मेक्रो (वृहद्) अध्ययन की व्याख्या हमें देखने को मिलती है। इस संदर्भ में जब सिद्धान्तों का विभाजन किया जाता है तब एक वर्गीकरण माइक्रो बनाम मेक्रो सिद्धान्तों का है। यहाँ हम दोहरायेंगे कि किसी भी सिद्धान्त का उद्देश्य समाज की वास्तविकता को उजागर करना है, उसे समझना है। *जोनाथन टर्नर* का तो आग्रह है कि समाजशास्त्रीय सिद्धान्त समाज का प्राकृतिक दुनिया की तरह अध्ययन कर सकता है। बात यह है कि मानव समाज में जहाँ एक ओर निरंतरता होती है वहीं उसकी बुनियादी संस्थाओं में भी बराबर बदलाव आता रहता है। ऐसे समाज को समझने के लिये प्रायः दो संदर्श काम में लिये जाते रहे हैं। एक संदर्श *व्यक्तिनिष्ठता* (Subjectivity) का है। इसमें सिद्धान्तवेता अपनी विचारधारा और संस्कृति को गुलाबी चश्मे के माध्यम से समाज की वास्वविकता को समझता है। समझने का दूसरा संदर्श *वस्तुनिष्ठ* (Objectivity) का है। ये दोनो संदर्श परस्पर विरोधी नहीं है। इनमें संतुलन होना आवश्यक है। संश्लेषण होना अनिवार्य है। जब माइक्रो और मेक्रो समाजशास्त्रीय सिद्धान्तों की चर्चा उठती है तो बराबर यह विवाद उठकर आता है कि क्या ये दोनों सिद्धान्त दो विपरीत ध्रुवों पर स्थित है या उनमें कोई नैरन्तर्य भी है। इस अध्याय में आगे चलकर हम इस विवाद को उठायेंगे। लेकिन इस विवाद का जो कुछ भी निष्कर्ष हो, निश्चित रूप से माइक्रो व मेक्रो सिद्धान्त अपने-अपने संदर्श से समाज की सच्चाई को, उसकी वास्तविकता को, भेदना चाहते हैं। इन दोनों सिद्धान्तों में विधि के क्षेत्र में बुनियादी अन्तर है। जहाँ माइक्रो सिद्धान्तवेत्ता लघु समुदाय के अध्ययन के आधार पर वृहत् समाज को समझना चाहता है, यानि नीचे से ऊपर की ओर बढ़ता है। वहाँ मेक्रो सिद्धान्त लघु समुदाय पर अपने निष्कर्ष लागू करता है अर्थात् मेक्रो सिद्धान्त सिद्धान्तवेत्ता लघु समुदाय के अध्ययन के आधार पर वृहत् ऊपर से नीचे की ओर

आता है। दूसरे शब्दों में जहाँ माइक्रो सिद्धान्त के अध्ययन की इकाई व्यक्ति या लघु समूह होता है। वहाँ मेक्रो, सिद्धान्त के अध्ययन की इकाई सम्पूर्ण समाज होता है।

हाल में सिद्धान्तीकरण के क्षेत्र में जो अभूतपूर्व नाटकीय परिवर्तन या आन्दोलन देखने को मिला है वह विशेषकर माइक्रो-मेक्रो सिद्धान्त की *कड़ी*(Linkage) से सम्बन्धित है। 1980 के दशक में अमेरिका में माइक्रो-मेक्रो सिद्धान्त के क्षेत्र में एक नया मोड़ आया है। इन सिद्धान्तवेत्ताओं का कहना है कि माइक्रो तथा मेक्रो वास्तव में दो पृथक् सिद्धान्त नहीं है। ये दो सिद्धान्त तो एक कड़ी से जुड़े हैं। जहाँ माइक्रो अपने तर्क व आनुभविकता में मेक्रो से जुड़ा है, वहीं मेक्रो भी माइक्रो से जुड़ा है। अमेरिका में इसे *माइक्रो-मेक्रो कड़ी*(Micro-Macro Linkage) कहते हैं। इधर इन दो सिद्धान्तों के क्षेत्र में यूरोप के समाजशास्त्र में एक नई रूचि आयी है। यहाँ माइक्रो-मेक्रो सिद्धान्त कह कर इसे *एजेन्सी तथा संरचना का सम्बन्ध*(Relationship between agency and structure) कहा जाता है। हम आगे चलकर देखेंगे कि जहाँ अमेरिका के माइक्रो-मेक्रो साहित्य में यूरोप के एजेन्सी तथा संरचना के सिद्धान्तों में समानता है, वहीं कई अन्तर भी है।

माइक्रो-मेक्रो अतिवाद (Micro-Macro Extremism)

माइक्रो सिद्धान्तवेत्ताओं में ब्लूमर, जार्ज होमन्स, स्कीनर, गारफिंकल आदि सम्मिलित हैं। इस विधा के अन्तर्गत प्रतीकात्मक अन्तःक्रियावाद, संरचनात्मक प्रकार्यवाद, विनिमय सिद्धान्त, इथनोमेथेडोलॉजी आदि आते हैं। *मेक्रो सिद्धान्त की विधा* में दुर्खाइम, मैक्स वेबर, कार्ल मार्क्स, पारसंस, डेहरे-डॉर्फ, पीटर ब्लॉ, मर्टन इत्यादि सम्मिलित किये जाते हैं। इसके अन्तर्गत मोटे तौर पर प्रकार्यवादी सिद्धान्त, संघर्ष सिद्धान्त आदि सम्मिलित किये जाते हैं।

1980 के दशक से पहले अमेरिका के समाजशास्त्र में माइक्रो-मेक्रो सिद्धान्तों को लेकर दो बड़े धड़े ऊभर कर सामने आये। कुछ सिद्धान्तवेत्ताओं ने तो सम्पूर्ण समाजशास्त्रीय सिद्धान्तों को दो श्रेणियों में बांट दिया। एक वे सिद्धान्त हैं जो माइक्रो सिद्धान्त की श्रेणी में आते हैं और दूसरे वे जो मेक्रो श्रेणी में आते हैं। इस तरह के सैद्धान्तिक अतिवाद में समाज की यर्थाथता से जुड़ी हमारी समझ विकृत हो जाती है। माइक्रो व मेक्रो सिद्धान्तवेत्ताओं का यह अतिवाद समाजशास्त्रीय सिद्धान्त के विकास में अब एक रोड़ा समझा जाने लगा है। 20वीं शताब्दी के इस अंतिम दशक में यह गंभीरता से सोचा जा रहा है कि माइक्रो तथा मेक्रो सिद्धान्तवेत्ताओं को अपने हठ को छोड़कर इन दोनों सिद्धान्तों का संश्लेषण या एकीकरण करना चाहिये। एकीकरण के इस प्रयास को टर्नर *मेसो सिद्धान्तीकरण*(Meso Theorizing) कहते हैं। मेसो सिद्धान्तीकरण के सामने आज बहुत बड़ी समस्या यह है कि माइक्रो व मेक्रो क्षेत्रों को एक कड़ी में कैसे जोड़ा जाये। माइक्रो व मेक्रो को एक कड़ी या सूत्र में बांधने वाले सिद्धान्तवेत्ताओं का यह मानना है कि निश्चित रूप से माइक्रो प्रक्रियाओं यानि आमने-सामने सम्बन्धों और मेक्रो वृहद् प्रक्रियाओं में एक निश्चित खाड़ी उपस्थित है। अधिकांश सिद्धान्तवेत्ता इस शताब्दी के अन्त में यह मानकर चलते हैं कि

माइक्रो तथा मेक्रो अतिवादियों की इस खाई को पाटना आवश्यक है। दूसरे शब्दों में व्यक्तियों के बीच आमने-सामने की प्रक्रियाओं को सम्पूर्ण समाज के वृहत् समाज की विशाल जनसंख्या में जो अन्तःक्रिया की प्रक्रियाएँ है, उनके संदर्भ में आमने-सामने होने वाली प्रक्रियाओं को देखा जाना चाहिये। इस तरह जब माइक्रो का विश्लेषण मेक्रो के संदर्भ में होगा और मेक्रो की व्याख्या माइक्रो के संदर्भ में होगी, तो अतिवादियों द्वारा पैदा की गई खाई एक सीमा तक पट जायेगी। सिद्धान्तीकरण के एकीकरण के क्षेत्र में यह एक नया एजेन्डा है जो 21वीं शताब्दी सिद्धान्त निर्माण को नई दिशा देगा। इस तरह का प्रयास *मेसो सिद्धान्तीकरण* (Meso Theorizing) कहलायेगा।

माइक्रो सिद्धान्त किसे कहते हैं ?

सिद्धान्तवेत्ताओं ने माइक्रो व मेक्रो सिद्धान्तों को परिभाषित किया है। परिभाषायें अगणित हैं। लेकिन सभी परिभाषाओं के साथ एक बहुत बड़ी कठिनाई यह है कि कहाँ माइक्रो (लघु) समाप्त होता है और कहाँ मेक्रो अर्थात् वृहत् प्रारम्भ होता है। क्या दोनों के बीच में क्षेत्र विभाजन की कोई निश्चित रेखा खींची जा सकती है? इस प्रश्न पर *जार्ज रिट्‌जर*(George Ritzer) और *जोनाथन टर्नर* (Jonathan Turner) दोनों ने गंभीर चिन्ता व्यक्त की है। उदाहरण के लिये यदि भारतीय संदर्भ में हम गांव की जाति व्यवस्था को देखते हैं तो निश्चित रूप से यह माइक्रो अध्ययन है। लेकिन जब हम सम्पूर्ण जाति व्यवस्था का अध्ययन करते हैं तो यह मेक्रो है। लेकिन यदि हम एक क्षेत्र की जाति व्यवस्था को देखते हैं तो उलझन में पड़ जाते हैं। इसे हम माइक्रो कहेंगे या मेक्रो। टर्नर ने परिभाषाओं को इस उलझन से बचने के लिये एक सुझाव दिया है। यह सुझाव माइक्रो तथा मेक्रो के लक्षणों से जुड़ा है। माइक्रो का एक लक्षण है *आमने-सामने सम्बन्ध* (Face to Face relations)। किसी समूह के कतिपय लक्षणों में दूसरा लक्षण है *छोटा आकार* (Small Size) अब टर्नर कहते हैं कि यदि किसी समूह के साथ आमने-सामने के सम्बन्ध रखना सम्भव है तो यह *माइक्रो समाजशास्त्र* के अन्तर्गत आता है। वास्तव में माइक्रो तथा मेक्रो सिद्धान्तों की परिभाषा में समूह के सदस्यों की *संख्या* (Number), *भूभाग* (Space) और *समय* (Time) निर्णायक कारक हैं। सही बात तो यह है कि *जब तक लोग एक-दूसरे की उपस्थिति के बारे में अवगत हैं और यदि चाहें तो आमने-सामने सम्बन्ध भी स्थापित कर सकते हैं तो ये माइक्रो सिद्धान्त का क्षेत्र है*। हमारे देश का कोई भी गांव माइक्रो अध्ययन क्षेत्र है। गाँव के बाहर के आदमी को सम्पूर्ण गांव अजनबी की तरह जानता है। सभी एक-दूसरे से परिचित होते हैं। जब एक परिवार में किसी का विवाह होता है तो चाहे सम्पूर्ण गांव आमंत्रित न हो पर विवाह की यह जानकारी सभी को होती है। शहर मेक्रो समाजशास्त्र का क्षेत्र है। यहाँ आये दिन सैकड़ों घटनायें घट जाती हैं, पर इसका ज्ञान या इसकी जानकारी मुट्ठी भर लोगों को होती है।

तब, प्रश्न उठता है हम माइक्रो किसे कहते हैं और इस माइक्रो सिद्धान्त के बुनियादी

लक्षण क्या हैं ?

माइक्रो सिद्धान्त के बुनियादी लक्षण

(Basic Properties of Micro Theory)

यहाँ यह स्पष्ट रूप से कहना चाहिये कि माइक्रो एक ऐसी अवधारणा है जिसमें केवल कोई एक सिद्धान्त हो ऐसा नहीं है। यह तो कई सिद्धान्तों की एक कोटि है। उदाहरण के लिये विनिमय सिद्धान्त, प्रतीकात्मक अन्तःक्रियावाद और इथनोमेथडोलोजी, जैसे कई सिद्धान्त हैं जिन्हें माइक्रो सिद्धान्तों की कोटि में रखा जाता है। निश्चित रूप से प्रतीकात्मक अन्तःक्रियावाद, इथनोमेथडोलोजी से भिन्न है, फिर भी इनमें एक बहुत बड़ी समानता यह है कि ये दोनों सिद्धान्त लघु समूहों का अध्ययन करते हैं। दोनों ही सिद्धान्त और इस अर्थ में माइक्रों सिद्धान्तों की कोटि में आने वाले सभी सिद्धान्त माइक्रो अन्तःक्रियाओं का अध्ययन करते है। इन सिद्धान्तों को एक सूत्र में बांधने का काम व्यक्तियों के बीच में होने वाली अन्तःक्रियाएँ हैं। इसी बिन्दु पर *टर्नर* कहते हैं :

मेरे लिये अन्तःक्रिया ही केवल समाजशास्त्रीय विश्लेषण की बुनियादी इकाई है।

जब हम माइक्रो सिद्धान्त की विश्लेषणात्मक इकाई का उल्लेख करते हैं, इसके तत्वों का विवेचन करते हैं तब हमें अन्तःक्रिया को बुनियादी आधार मानकर चलना चाहिये। माइक्रो सिद्धान्तीकरण से जुड़ी हुयी प्रक्रियाओं का वर्णन करने से पहले यहाँ हम माइक्रो सिद्धान्त के कुछ बुनियादी तत्वों का उल्लेख करेंगे :

1. माइक्रो समाजशास्त्र का सरोकार समाज के विभिन्न भागों में होने वाली अन्तःक्रियाओं से है

समाज बहुत विशाल है। इसका आकार भारी भरकम है। इस समाज के अगणित भाग व उपभाग हैं। यह समाज के अन्तर्गत ही है कि हमें परिवार, जाति, आदिवासी, गांव, कस्बे, मोहल्ले, अभिजात और ऐसे ही अनेकानेक उपभाग मिलते हैं। समाज के ये भाग समाज के अंग हैं। यह सब मिलकर ही वृहद् समाज को बनाते हैं। अतः *माइक्रो समाजशास्त्र वह है जो समाज की व्यवस्था के अन्तर्गत पायी जाने वाली लघु व्यवस्थाओं का अध्ययन करता है।*

जार्ज होमन्स समूह को समाज का एक उपभाग समझते हैं। यह उपभाग सदस्यों की संख्या और उनमें होने वाली गतिविधियों के कारण बहुत लघु है। होमन्स के अनुसार सभी प्रकार के समूह माइक्रो समाजशास्त्र के अन्तर्गत आते हैं। अपनी पुस्तक द *ह्यूमन ग्रुप*(The Human Group, 1965) में होमन्स माइक्रो समाजशास्त्र के अन्तर्गत "बैंक वायरिंग" समूह को अपने अध्ययन का केन्द्र बनाते हैं। अतः माइक्रो समाजशास्त्र का बहुत बड़ा लक्षण यह है कि यह समाज की लघु इकाइयों में होने वाली अन्तःक्रियाओं का अध्ययन करता है।

2. आम्ने-सामने की अन्तःक्रियाएँ

माइक्रो समाजशास्त्र यह मानकर चलता है कि अन्तःक्रियाओं के बिना मनुष्य का अस्तित्व इस समाज में हो नहीं सकता। अन्तःक्रियाओं के लिये कई *अभिप्रेरण*(Motivations) होते हैं। हर व्यक्ति की अपनी कुछ बुनियादी *आवश्यकताओं*(Needs) होती हैं: उसे भौतिक साधन चाहिये, उसे सामाजिक सुरक्षा चाहिये- जिनके अभाव में वह अपने आपको ठगा हुआ और वंचित समझेगा। इसी कारण माइक्रो समाजशास्त्र व्यक्तियों के बीच होने वाली प्रत्यक्ष अन्तःक्रियाएँ, जो आमने-सामने होती हैं, के अध्ययन पर जोर देता है।

3. सीमित फासला (Limited Space)

यदि माइक्रो समाजशास्त्र आमने-सामने या प्रत्यक्ष होने वाली अन्तःक्रियाओं पर बल देता है तो ऐसी अन्तःक्रियाएँ निश्चित रूप से सीमित फासले में रहने वाले व्यक्तियों में ही हो सकती हैं। गांव में रहने वाले लोग अपनी दिन-प्रतिदिन की क्रियाओं में कहीं खेत-खलिहान पर मिलते हैं, कहीं चोपाल पर मिलते हैं और कहीं ईंधन की खोज में एक-दूसरे से भेंट करते हैं। यही नहीं सीमित फासले में रहने वाले ये लोग एक-दूसरे के बारे में पूरी जानकारी भी रखते हैं। अतः माइक्रो समाजशास्त्र का बुनियादी लक्षण सीमित फासले में रहने वाले लोगों में होने वाली अन्तःक्रियाएँ भी हैं।

4. माइक्रो समाजशास्त्र वैयक्तिक और व्यक्तिनिष्ठ होता है

एक सतही निगाह से यदि हम माइक्रो समाजशास्त्र की कोटि में आने वाले सिद्धान्तों का वर्गीकरण करें तो ज्ञात होगा कि यह सभी सिद्धान्त व्यक्तिनिष्ठ होते हैं। प्रतीकात्मक अन्तःक्रियावादी सिद्धान्त का बहुत बड़ा आग्रह यह है कि मनुष्य अपनी क्रियाओं में प्रतीकों का प्रयोग अत्यधिक करता है। *हसरेल* कहते हैं कि मनुष्य अपने से बाहर के समाज को अपने स्वयं की चेतना के माध्यम से समझता है। सभी माइक्रो समाजशास्त्रीय सिद्धान्त व्यक्ति और उसके व्यक्तिनिष्ठ अभिवृत्तियों को समाज की यर्थाथता को समझने का बुनियादी कारण मानते हैं।

5. माइक्रो स्तर की सामाजिक वास्तविकता

किसी भी समाजशास्त्रीय सिद्धान्त का प्रमुख उद्देश्य समाज की *वास्तविकता* (Reality) को जानना होता है। लेकिन यह वास्तविकता समाज के किसी एक स्तर में ही निहित हो, ऐसा नहीं है। वास्तविकता के भी *स्तर*(Levels) होते हैं। माइक्रो सिद्धान्तवेत्ताओं का कहना है कि समाज की वास्तविकता का बुनियादी स्तर तो उन लोगों में पाया जाता है जो जमीन से जुड़े हुए हैं। समाज का जो कुछ ऊपरी संगठनात्मक ढांचा है उसकी बुनियाद या नींव तो उन लोगों की अन्तःक्रियाओं में है जो वास्तव में अपनी स्थानीयता और जमीन से बंधे होते हैं। जहाँ मेक्रो सिद्धान्तवेत्ता समाज की वास्तविकता को उसके वृहद् संगठनों में देखते हैं वहां माइक्रो सिद्धान्तवेत्ता इस तथ्य में विश्वास रखते हैं कि समाज की वास्तविकता तो उसके

निम्नतम स्तर में निहित है, जहां लोग कंधे से कंधा जोड़कर एक-दूसरे से मिलते हैं या निजी हितों की पूर्ति के लिये आये दिन जूझते हैं। अतः माइक्रो समाजशास्त्र का समाज की वास्तविकता को जानने का तरीका छोटे समूहों में होने वाली अन्तःक्रियाओं का विश्लेषण करना है। इसी बिन्दु पर जोर देते हुए एक स्थान पर *जोनाथन टर्नर* लिखते हैं :

> हमारी दुनिया का एक भाग वह है जहां व्यक्तियों के बीच में आमने-सामने अन्तःक्रियाएं होती हैं। यह वही भाग है जो माइक्रो स्तर की वास्तविकता का प्रतिनिधित्व करता है।

6. गतिविधि (Activity)

जार्ज होमन्स माइक्रो समाजशास्त्र के उल्लेखनीय सिद्धान्तवेत्ता हैं। उनका कहना है कि माइक्रो समाजशास्त्र की प्रमुख विशेषता समूह के सदस्यों की गतिविधियां है। मनुष्य की गतिविधियां ऐसी हैं जिन्हें मापा जा सकता है, तोला जा सकता है। उदाहरण के लिये बैंक वायरिंग ग्रुप के लोग जब कारखाने में काम करते हैं तो उनके काम का लेखा-जोखा उन पर किये जाने वाले खर्चे यानि *इनपुट*(Input) द्वारा किया जाता है। गतिविधि में हम यह देख सकते हैं कि एक गतिविधि दूसरी गतिविधि से कितनी समान या भिन्न है। होमन्स के अनुसार किसी भी लघु समूह में अनिवार्य रूप से कई गतिविधियां होती हैं। माइक्रो समाजशास्त्र इन गतिविधियों को अपने अध्ययन का केन्द्र बनाता है।

7. भावात्मकता (Sentiment)

मनोवैज्ञानिकों ने भावुकता या संवेगों का विशद वर्णन किया है। यह भावनात्मकता ही है कि जिसके आधार पर हम कुछ व्यक्तियों को चाहते हैं और कुछ से घृणा करते हैं। इसके अन्तर्गत भय, भूख, प्यास सभी आ जाते हैं। हम गतिविधियों को देख सकते हैं और इसी तरह अन्तःक्रियाओं का अवलोकन कर सकते हैं, लेकिन यदि भावात्मकता मनुष्य शरीर की आंतरिक अवस्था है तो क्या हम इसे भी गतिविधियों या अन्तःक्रियाओं की तरह देख सकते हैं? यदि शरीर की आन्तरिक अवस्थाओं को देखने का प्रयास किया गया तो शायद आदर, गर्व आदि भावनात्मक स्थितियों को हम किसी न किसी तरह अवश्य देख सकते हैं। मनोवैज्ञानिकों और समाजशास्त्रियों ने इस प्रकार के अध्ययन किये हैं जिनमें किसी न किसी पद्धति द्वारा भावनात्मक स्थिति का अध्ययन किया गया है। जार्ज होमन्स तो यह मानकर चलते हैं कि किसी भी प्रारम्भिक व्यवहार का बहुत बड़ा लक्षण अन्तःक्रियाओं में निहित भावात्मकता है।

8. रिवाज (Customs)

जब किसी सामाजिक व्यवहार को बार-बार दोहराया जाता है तो यह रिवाज बन जाता है। इस अध्याय के प्रारम्भ में हमने गांव में रहने वाले आदिवासी परिवार की गतिविधियों का उल्लेख किया है। ये गतिविधियां केवल एक-दो दिन के लिये नहीं होती। इनकी जड़ें कई

दशाब्दियां गहरी हैं। अतः जब हम व्यक्तियों की अन्तःक्रियाओं का आमने-सामने की अवस्था में अवलोकन करते हैं तो इनका नियंत्रण रिवाजों में पाते हैं। लेकिन रिवाज बदलते न हो, ऐसा नहीं है। फिर भी अन्तःक्रियाओं का नियंत्रण किसी न किसी रूप में नये या बदलते रिवाजों द्वारा अवश्य होता है। निश्चित रूप से मनुष्य व्यवहार में रिवाज की एक नियंत्रण के रूप मे महत्वपूर्ण भूमिका है। जब टिकोपिया गांव के लोग मछली मारने के लिये निकलते हैं तब उन्हें समुद्र की ओर सामान्य रूप से जाते हुए देखा जा सकता है। इसी तरह हमारे देश में बुवाई के दिनों में ग्रामीणों को हल व बैल के साथ जल्दी सुबह खेत की ओर जाते हुए देखा जा सकता है। यह रिवाज है और इसे हम ग्रामीण व्यवहार में देखते रहते हैं।

ऊपर हमने माइक्रो समाजशास्त्र के कतिपय महत्वपूर्ण लक्षणों का उल्लेख किया है। सभी माइक्रो सिद्धान्तवेत्ता, उनके सिद्धान्त का प्रारूप कुछ भी हो, इन लक्षणों का समान रूप से निर्वाह करते हैं। माइक्रो सिद्धान्त के निर्माण में ये लक्षण निर्णायक भूमिका अदा करते हैं। जब माइक्रो सिद्धान्तीकरण में इन बुनियादी लक्षणों की अवहेलना की जाती है तो अनिवार्य रूप से ऐसा सिद्धान्त मेक्रो सिद्धान्तीकरण की कोटि में आ जाता है।

माइक्रो सिद्धान्तीकरण के प्रभाव-क्षेत्र

(Domains of Micro Theorizing)

समाज की वास्तविकता का एक पहलू जैसा हमने ऊपर कहा है, व्यक्तियों के बीच में आमने-सामने होने वाली अन्तःक्रियाएँ हैं। समाज का यह भाग माइक्रो स्तर की वास्तविकता का प्रतिबिम्ब है। समाज की इस वास्तविकता को समझने के लिये कई विचारकों ने विभिन्न सैद्धान्तिक उपागमों को अपनाया है। मैक्स वेबर और टालकट पारसंस ने इन सामाजिक क्रियाओं को समझने के लिये सैद्धान्तीकरण में कई सिद्धान्तवेत्ताओं का उल्लेख किया जाता है। इनमें जार्ज मीड, आल्फ्रेड शूल्ट्ज, निकलास लूहमान, रेन्डाल कोलिन्स, रॉल्फ टर्नर, इर्विग गोफनेन, जुर्गेन हेबरमास आदि सम्मिलित हैं।

माइक्रो सिद्धान्तीकरण का प्रभाव क्षेत्र बहुत वृहद् है। कहना चाहिये कि समाजशास्त्र के सभी प्रमुख सिद्धान्तों का एक निश्चित स्वरूप माइक्रो भी है। उदाहरण के लिये जब हम प्रकार्यवादी सिद्धान्त की बात करते हैं तो इसका एक स्वरूप माइक्रो प्रकार्यवाद है और दूसरा मेक्रो प्रकार्यवाद। इसी भांति संरचनावाद के भी दो सैद्धान्तिक प्रकार है : माइक्रो संरचनावाद और मेक्रो संरचनावाद। इसके अतिरिक्त कुछ प्रभाव क्षेत्र ऐसे भी हैं जो अनिवार्य रूप से माइक्रो सिद्धान्तीकरण के क्षेत्र में ही आते हैं। ऐसे प्रभाव क्षेत्रों में रेन्डाल कोलिन्स का विनिमय संघर्ष सिद्धान्त, होमन्स का विनिमय व्यवहारवाद, पीटर ब्लॉ का संरचनात्मक विनिमय सिद्धान्त, हर्बर्ट ब्लूमर तथा मेमफोर्ड कुहून का अन्तःक्रियावादी सिद्धान्त, इर्विग गोफमेन का अन्तःक्रियावाद और ब्लूमार का इथनोमेथडोलोजी सम्मिलित है।

माइक्रो सिद्धान्त निर्माण की प्रक्रियाएं
(Processes of Micro Theory Building)

इस अध्याय में हम बराबर यह कह रहे हैं कि माइक्रो सिद्धान्तीकरण आमने-सामने होने वाली अन्तःक्रियाओं के इर्द-गिर्द घूमता है। लेकिन अन्तःक्रिया के सम्बन्ध में एक बुनियादी प्रश्न उठता है : आखिर आदमी को अन्तःक्रिया करने की आवश्यकता क्यों पड़ती हैं ? यह प्रश्न बुनियादी इसलिये है कि इसके उत्तर पर सम्पूर्ण माइक्रो सिद्धान्तीकरण की जड़ें जुड़ी हुयी हैं। सच्चाई यह है कि माइक्रो अन्तःक्रियाओं की जो दुनिया है वह स्पष्ट रूप से मेक्रो दुनिया से भिन्न है। जोनाथन टर्नर ने माइक्रो दुनिया का तीन प्रक्रियाओं में विभाजीकरण किया है :

1. अभिप्रेरक प्रक्रियाएँ (Motivating processes)
2. अन्तःक्रियात्मक प्रक्रियाएँ (Interacting processes) और
3. संरचना बनाने वाली प्रक्रियाएँ (Structuring processes)

इन तीनों माइक्रो प्रक्रियाओं पर सिद्धान्तवेत्ताओं के कुछ निश्चित विचार हैं। विचारों की विभिन्नता होते हुए भी सभी सिद्धान्तवेत्ता किसी न किसी तरह इस प्रश्न का उत्तर अवश्य देते हैं कि *वे कौनसी अनिवार्यताएं हैं जिनके कारण व्यक्ति दूसरों के साथ मेल-मिलाप रखता है, अन्तःक्रियाएं करता है। यहां हम* आग्रह पूर्वक कहेंगे कि सभी माइक्रो सिद्धान्त चाहे इथनोमेथडोलोजी हो, अन्तःक्रियावाद हो या विनिमय सिद्धान्त सब का केन्द्र व्यक्तियों के बीच आमने-सामने होने वाली अन्तःक्रियाएँ हैं। अन्तःक्रियाओं के ताने-बाने से बनी हुयी संरचना ही माइक्रो सिद्धान्तीकरण का प्रभावी क्षेत्र है। पीटर ब्लॉ ने जब विनिमय सिद्धान्त को रखा तब एक अवस्था में वे यह कहते हैं कि माइक्रो सिद्धान्तीकरण का आधार समूह ही है। यह इसलिये कि यहीं पर "व्यक्तियों के बीच में आमने-सामने सम्बन्ध होते हैं।" ये आमने-सामने के सम्बन्ध ही यानि अन्तःक्रियाएँ ही माइक्रो सिद्धान्त की बुनियाद हैं।

वेलेस रूथ (Wallace Ruth) और *वोल्फ एलिसन* (Wolf Alisan) का भी यह मानना है कि व्यक्तियों के बीच में होने वाली मनोवैज्ञानिक अन्तक्रियाओं के पीछे सदैव समाजशास्त्रीय व्याख्या निहित होती है। इन लेखकों के अनुसार व्यक्तियों के व्यवहार, वर्ग, धर्म और सम्प्रदाय के पूर्वाग्रह से पीड़ित होते हैं। इस तरह का व्यवहार मनोवैज्ञानिक होते हुए भी समाजशास्त्रीय है।

जब हम माइक्रो सिद्धान्तीकरण में अन्तःक्रियाओं को निर्णायक भूमिका के रूप में स्वीकार करते है, तब हमें टर्नर द्वारा दी गई उपरोक्त तीन प्रक्रियाओं का उल्लेख विशद् रूप में कहना चाहिये। ये तीन प्रक्रियाएं : अभिप्रेरण, अन्तःक्रिया और संरचना ; माइक्रो सिद्धान्त निर्माण की अनिवार्य दशाएं हैं। चाहे इथनोमेथडोलोजी हो, विनिमय सिद्धान्त हो या अन्तःक्रियावाद– सभी माइक्रो सिद्धान्त इन तीन प्रक्रियाओं के घेरे में आ जाते हैं। अतः जब हम माइक्रो सिद्धान्तीकरण की व्याख्या करते हैं तब हमें सिद्धान्तीकरण की इन तीन बुनियादी

प्रक्रियाओं को अवश्य ध्यान में रखना चाहिये।

1. अभिप्रेरणात्मक प्रक्रियाएँ (Motivaiting processes)

समाजशास्त्र ऐसे प्रश्न जो अभिप्रेरण से जुड़े हुए हैं उठाने में हिचकता है। इसी तरह वह इस तथ्य का लेखा-जोखा करना भी उचित नहीं समझता कि ये कौनसी शक्तियां हैं जो मनुष्य को गतिविधियां करने के लिये ताकत देती हैं। यह सब होते हुए भी यदि समाजशास्त्र की रूचि यह जानने में है कि माइक्रो दुनिया में लोग अन्तःक्रियाएँ क्यों करते हैं, तो उसे कुछ ऐसी अवधारणाओं, मॉडल और प्राक्कल्पनाओं की खोज करनी होगी जो अन्तःक्रिया के विश्लेषण में सहायक हों। माइक्रो दुनिया को समझने के लिये यह जानना बहुत आवश्यक है *कि वे कौन से तत्व हैं जो एक व्यक्ति को अन्तःक्रिया करने के लिये बाध्य करते हैं।* वास्तव में मनोवैज्ञानिक इस बात का विश्लेषण करते हैं कि व्यवहार और क्रिया के पीछे अभिप्रेरणाएँ कौन सी हैं ? निश्चित रूप से इस तरह का विश्लेषण समाजशास्त्र का अध्ययन क्षेत्र नहीं है। हमारी रूचि तो यह जानने में है कि अभिप्रेरण की ऐसी कौनसी दशाएँ हैं जो व्यक्ति की अन्तःक्रियाएं को प्रभावित करती हैं। यद्यपि मैक्स वेबर का मुख्य आदर्श प्रारूप *क्रिया*(Action) है। टालकट पारसंस की *इकाई क्रियाएँ* (Unit acts)। विनिमय सिद्धान्त में व्यक्ति की उपयोगिताएँ एवं आवश्यक अनिवार्य रूप से माइक्रो सिद्धान्तीकरण की आधार अन्तःक्रियाएँ होती हैं। आज तक समाजशास्त्री इस बात को निश्चित नहीं कर पाये हैं कि माइक्रो सिद्धान्तीकरण की आधार इकाई क्रियाएँ या अन्तःक्रियाएँ हैं, फिर भी अधिकांश विचारक यह स्वीकार करेंगे कि किसी भी माइक्रो स्थिति का विश्लेषण अन्तःक्रियाओं के अध्ययन के बिना नहीं हो सकता। यहां प्रश्न उठता है : लोगों को अन्तःक्रिया करने के लिये अभिप्रेरणाएँ कहां से मिलती हैं ?

(अ) आवश्यकताओं की अवधारणा

प्रारम्भिक समाजशास्त्रियों ने जिनमें *सिमेल* (George Simmel), *पेरेटो* (Vilfredo Pareto और *थामस* (W. Thomas) आदि ने यह स्थापित किया कि प्रत्येक मनुष्य की कुछ बुनियादी आवश्यकताएँ होती हैं जो उसे अन्तःक्रिया करने के लिये अभिप्रेरित करती हैं। प्रकार्यात्मक सिद्धान्त के आदि प्रणेता *मेलिनोस्की* (Malinowski) तो आवश्यकताओं की अवधारणा को यहां तक विकसित कर गये कि उन्होंने सामाजिक व्यवस्था के लिये विभिन्न स्तरों के लिये बुनियादी आवश्यकताओं की एक तालिका बना दी। मेलिनोस्की ने अपने विश्लेषण के लिये जैविकीय, मनोवैज्ञानिक, सामाजिक और सामाजिक व्यवस्थाओं के विभिन्न स्तरों को अपनाया। प्रत्येक जैविकीय व्यवस्था प्रजनन के आधार पर एक व्यक्ति के *जीन्स* (Genes) को दूसरे व्यक्ति की जीन्स तक पहुँचाना चाहता है। इसे वे *अनुकूल और जीवित रहने की आवश्यकता कहते हैं।विनिमय सिद्धान्तवेत्ता भी होती यह मानकर चलते हैं कि प्रत्येक व्यक्ति की कुछ आवश्यकताएँ होती हैं और इन्हीं के आधार पर ये सिद्धान्तवेत्ता व्यवहारवाद और उपयोगितावाद की अवधारणाओं को विकसित करते हैं। इन विचारकों का*

कहना है कि मनुष्यों की आवश्यकताएँ होती हैं और जब इनकी पूर्ति हो जाती है तब नई आवश्यकतायें पैदा होती हैं और जब नयी आवश्यकतायें पूरी नहीं होती तो इसके परिणामस्वरूप आदमी अपने आपको ठगा सा समझता है। उदाहरण के लिये मार्क्स और इसी तरह कई संघर्ष सिद्धान्तवेत्ता यह कहते हैं कि मनुष्यों की बुनियादी आवश्यकता दूसरों के प्रभुत्व और नियंत्रण से मुक्ति पाना है। अन्तःक्रियावादी सिद्धान्तवेत्ता आवश्यकताओं को निश्चित अवधारणाओं में रखते हैं। इन आवश्यकताओं में सहयोग और वास्तविकता की अनुभूति मुख्य हैं।

समाजशास्त्र में "आवश्यकता" की अवधारणा की बड़ी दुर्गति हुयी है। वास्तव मे आवश्यकताओं को विभिन्न समाज विज्ञानों ने अपने-अपने संदर्भ में परिभाषित किया है। *इन विभिन्नताओं के होते हुए भी सभी सिद्धान्तवेत्ता यह मानकर चलते हैं कि जब आवश्यकताओं को पूरा नहीं किया जाता तो इनके परिणामस्वरुप हानि व असुविधा होती है।* वास्तव में समाजशास्त्र में आज यह बहुत बड़ी आवश्यकता है कि हम इस अवधारणा को इसके सम्पूर्ण रूप में विकसित करें और इन तथ्यों या शक्तियों की पहचान करें जो व्यक्तियों को अन्तःक्रिया करने के लिये प्रेरित करते हैं।

इस तरह के काम की शुरूआत में हमें जैविकीय आवश्यकताओं की एक तालिका बनानी चाहिये। ऐसी तालिका में हम यौन सम्बन्ध, भोजन व पानी की आवश्यकता, शरीर की ऊर्जा को बनाये रखना, आदि सम्मिलित कर सकते हैं। यदि तालिका में समाजशास्त्रीय आवश्यकताओं को सम्मिलित किया जाये तो हम देखेंगे कि इन आवश्यकताओं की पूर्ति केवल अन्तःक्रियाओं के माध्यम से हो सकती है। यहां हमारा आग्रह यह है कि जब हम आवश्यकताओं की पूर्ति करना चाहते हैं तब हमें यह जानना अत्यधिक जरूरी है कि इनके पीछे कौनसे अभिप्रेरण हैं जो अन्तःक्रिया करने के लिये प्रेरित करते हैं।

(ब) स्वयं अनुमोदन की आवश्यकता (Need for self confirmation)

माइक्ररो सिद्धान्तवेत्ता अन्तःक्रिया को जब अपने अध्ययन का केन्द्रीय मुद्दा मानते हैं तब वे अन्तःक्रिया के पीछे, जो भी अभिप्रेरणा हैं, उनकी शिनाख्त करते हैं। अन्तःक्रिया का एक अभिप्रेरण "स्वयं के अनुमोदन" (Self Confirmation) की आवश्यकता है। बहुत समय पहले हर्बर्ट मीड और कूले ने इसे स्थापित करने का प्रयत्न किया था कि मनुष्यों में यह प्रवृत्ति होती है कि वे ऐसी दशाओं की खोज करते रहते हैं जिनमें उन्हें अपने व्यवहार व विचारों की पुष्टि मिल सके। अन्तःक्रिया का यह अभिप्रेरण आज भी आधुनिक अन्तःक्रियावाद में देखने को मिलता है। इस तथ्य को उजागर करते हुए जोनाथन टर्नर लिखते है :

> अधिकांश माइक्ररो सिद्धान्त इस अभिधारणा को प्रतिपादित करते हैं कि मनुष्य की अन्तःक्रियाओं में प्रमुख अभिप्रेरण शक्ति स्वयं के अनुमोदन की आवश्यकता है। हमें इस बात को सहज रूप से स्वीकार करना चाहिये कि मानवीय गतिविधियों में केन्द्रीय

अभिप्रेरण शक्ति स्वयं के अनुमोदन को खोजने की आवश्यकता है।

(स) प्रतीकों की आवश्यकता (Need for Symbols)

विनिनय सिद्धान्त वस्तुतः माइक्रो सिद्धान्त है। सभी विनिमय सिद्धान्त इसे मानकर चलते हैं कि मनुष्य उन प्रतीकों और भौतिक वस्तुओं को प्राप्त करना चाहते हैं जिनकी समूह या वृहद् समाज में प्रतिष्ठा है। वे व्यक्ति जिन्हें हम खप्ती या सनकी समझते हैं अनिवार्य रूप से समूह द्वारा स्वीकृत मूल्यों, प्रतीकों और वस्तुओं को अपनाते हैं।

मनुष्यों को भौतिक वस्तुओं की आवश्यकता इसलिये होती है कि उनके अभाव में वे जीवित नहीं रह सकते। प्रत्येक व्यक्ति को समाज में शक्ति और कोई न कोई *ओहदा* (Rank) चाहिये। इस कारण समूह जिन मूल्यों व वस्तुओं को ऊंचा स्थान देता है, उन्हें प्राप्त करने के लिये वह अन्तःक्रिया करता है।

(द) स्वयं को समाज के साथ जोड़ने की आवश्यकता (Facticity)

अन्तःक्रियावादी और प्रतीकात्मक अन्तःक्रियावादियों ने बराबर यह स्थापित करने का प्रयास किया है कि मनुष्य की बहुत बड़ी आवश्यकता ऐसी *सामान्य दुनियां* (Common World) के स्थापित करने की होती है जिसमें वे स्वयं को व्यक्ति निष्ठता और बाहरी दुनिया को एक सूत्र में बांध कर देख सकें।

गारफिंकल (Garfinkel) में इसके लिये *फेक्टिसिटी* (Facticity) का प्रयोग किया है। गारफिंकल के साथ *गोफमेन* (Goffman) भी कहते हैं कि हर एक व्यक्ति की यह इच्छा होती है कि वह समाज की वास्तविकता के अनुसार मानवीय अन्तःक्रियाओं को संचालित करे। जब व्यक्ति स्वयं का अनुमोदन चाहता है, धार्मिक क्रिया कलापों को करता है तो इन सबके पीछे बलवती धारणा यह होती है कि वह सामान्य दुनिया और उसकी वास्तविकता से जुड़ा हुआ है। वस्तुनिष्ठ दुनियां में वह इसलिये भाग लेता हैं कि अपने आप को दुनियां के साथ जोड़ सके यानि अपनी व्यक्तिनिष्ठता को वृहद् समाज में समाहित कर सके। जब व्यक्ति समाज के रिवाजों, व्यवहार के प्रतिमानों व मूल्यों को अपनाता है तो इसके पीछे यही आवश्यकता है कि वह अपने आपको बाहरी दुनिया का भागीदार बनाये।

यहां हम इस तथ्य पर विचार कर रहे हैं कि माइक्रो सिद्धान्त निर्माण में जिन तीन प्रक्रियाओं को सम्मिलित किया जाता है, उनमें पहली प्रक्रिया अभिप्रेरण की है। जब व्यक्ति दूसरे व्यक्तियों और समूहों के साथ अन्तःक्रियाएं करता है तो उसकी आवश्यकता (1) स्वयं को समूह में सम्मिलित करने की होती है, वह (2) स्वयं का अनुमोदन भी दूसरे व्यक्तियों व समूहों से चाहता है, अन्तःक्रिया का तीसरा कारण समूह (3) के प्रतीकों और वस्तुओं को अपनी तुष्टीकरण के लिये अपनाता है, और (4) अन्त में वह अन्तःक्रिया की आवश्यकता इसलिये समझता है कि अपनी वस्तुनिष्ठा को बाहरी दुनियां के साथ जोड़ सके।

माइक्रो सिद्धान्त का दूसरा महत्वपूर्ण कारण अभिप्रेरण के पश्चात् अन्तःक्रिया का है।

हमने यह देखा कि जब कभी व्यक्ति अन्तःक्रिया करता है तो उसे करने के लिये कुछ अभिप्रेरण होते हैं। अब यह देखना चाहिये कि आखिर में अन्तःक्रिया सम्बन्धी प्रक्रियाएं कौन सी हैं।

2. *अन्तःक्रिया से जुड़ी प्रक्रियाएं (Interacting Processes)*

शायद यह कहना बहुत सरल होगा कि दो या दो से अधिक व्यक्तियों का आमने-सामने मिलना, बातचीत करना अन्तःक्रिया है। वास्तव में अन्तःक्रिया बहुत अधिक जटिल है। यदि ऐतिहासिक परिप्रेक्ष्य में देखा जाये तो *जी.एच. मीड* (G.H. Mead) ऐसे व्यक्ति थे जिन्होंने पहली बार सही अर्थों में अन्तःक्रिया के सिद्धान्त को रखा। उन्होंने कहा कि कोई भी जीव या अवयव जब इस क्षमता को विकसित कर लेता है कि वह दूसरों की परम्परागत *चेष्ठाओं* (Gestures) को समझ सके, इन चेष्टाओं का प्रयोग दूसरों की भूमिका लेने के लिये कर सके और अपनी कल्पना से वैकल्पिक चेष्टाओं को विकसित कर सके तो यह अन्तःक्रिया है। जिसे हम समाज कहते हैं वस्तुत वह अन्तःक्रियाओं का संगठन मात्र है। चेष्टाएं मनुष्य के मस्तिष्क में होती हैं और इसलिये अन्तःक्रियाओं का निर्धारण भी मस्तिष्क ही करता है।

माइक्रो सिद्धान्तवेत्ताओं ने अन्तःक्रिया को बड़े ही सटिक ढंग से परिभाषित किया है। उनके अनुसार *अन्तःक्रिया की प्रक्रियाओं में एक-दूसरे को पारस्परिक रूप से समझना, व्यवहार का निर्वचन करना और एक-दूसरे की चेष्टाओं के अनुसार काम करना अन्तःक्रिया है।* अन्तःक्रिया की यह सम्पूर्ण प्रक्रिया किस भांति काम करती है उसके पीछे अभिप्रेरणात्मक शक्तियां होती हैं।

माइक्रो सिद्धान्तवेत्ताओं का यदि विश्लेषण किया जाये तो हम इस निष्कर्ष पर पहुंचेंगे कि प्रत्येक अन्तःक्रिया में कुछ न कुछ चेष्टाएं और संदेश होते हैं। अन्तःक्रिया करने वाले व्यक्ति इन चेष्टाओं व क्रियाओं का निर्वचन करते हैं। इस निर्वचन का आधार *ज्ञानात्मक* (Cognitive) होता है। दूसरे शब्दों में ज्ञानात्मक निर्वचन की क्षमता मनुष्य के मस्तिष्क में होती है। लेकिन केवल मस्तिष्क का सोचना ही पर्याप्त नहीं होता। मस्तिष्क में कुछ और जानकारियां होती हैं। इन जानकारियों को अपने अनुभव के माध्यम से व्यक्ति मस्तिष्क में रखता है, उनका संचय करता है। *अल्फ्रेड शूट्ज* (Alfred Shutz) ऐसी जानकारियों का *ज्ञान का भण्डार* (Stocks of Knowledge) कहते हैं। यह भण्डार अन्तःक्रिया करते समय व्यक्तियों को निर्वचन क्षमता देते हैं। जब अन्तःक्रिया होती है तब व्यक्ति ज्ञान के इस भण्डार का प्रयोग भाषा तथा चेष्टाओं के अर्थ को जानने के लिये काम में लेता है। अन्तःक्रिया सम्भव इसलिये होती है कि इसकी प्रक्रिया से जुड़े व्यक्ति अपने मस्तिष्क के ज्ञान के भण्डार का पूरा उपयोग करते हैं। इर्विंग गोफमेन, अल्फ्रेड शूट्ज और हेराल्ड गारफिंकल ने मनुष्य मस्तिष्क के इस ज्ञानात्मक पहलु की अन्तःक्रिया की प्रक्रियाओं में निर्णायक भूपिका बतायी है।

(3) माइक्रो अन्तःक्रियात्मक प्रक्रियाओं की संरचना (Structuring of Micro Interactional Processes)

माइक्रो सिद्धान्त निर्माण में तीन प्रक्रियाएं काम करती हैं—अभिप्रेरण, अन्तःक्रिया और अन्तःक्रियाओं की संरचना। अब हम तीसरी प्रक्रिया का उल्लेख करेंगे। यह ठीक है कि माइक्रो सिद्धान्त की बुनियाद अभिप्रेरण और उससे जनित अन्तःक्रिया है। अन्तःक्रिया में व्यक्ति चेष्टाओं, भाषा आदि का निर्वचन करते हैं। लेकिन यह सब थोड़ी संख्या के लोगों में, आमने-सामने और सीमित समय में होता है। यह बहुत स्पष्ट हो जाना चाहिये कि माइक्रो सिद्धान्त सीमित व्यक्तियों, सीमित स्थान और सीमित काल अवधि में सिमटा होता है। जब माइक्रो प्रक्रियाएं अन्तःक्रिया में देखी जाती हैं तब इन सभी अन्तःक्रियाओं को एक संरचना में बांध दिया जाता है। अन्तःक्रियाओं की यह गठरी ही संरचना होती है और यह संरचना ही माइक्रो सिद्धान्तीकरण है। अब प्रश्न उठता है : यह सरंचनाकरण (Structuring) कैसे होता है, इसकी प्रक्रिया क्या है ?

अल्फ्रेड शूट्ज ने अपनी कृतियों में एक स्थान पर मैक्स वेबर की आलोचना की है। शायद शूट्ज ने पहनी बार आलोचना के इस क्रम में यह कहा कि हमें व्यक्तियों और उनके अन्तःक्रिया करने की दशाओं का *कोटिकरण* (Categorization) करना चाहिये। शूट्ज ने वास्तव में इस तरह के कोटिकरण के लिये *प्ररूपण* (Typification) को तैयार करने की बात कही थी। जब हम व्यक्तियों को इस तरह मोटी कोटियों में रख देंगे तो अन्तःक्रिया करने वाले व्यक्तियों को एक निश्चित संरचना में सम्मिलत कर पायेंगे। यद्यपि शूट्ज ने वेबर की आलोचना की थी लेकिन ऐसा करने में वे यह भूल गये थे कि यह वेबर ही थे जिन्होंने सामाजिक क्रियाओं को निश्चित प्ररूपण में रखा था।

गोफमेन का कहना है कि माइक्रो सिद्धान्तीकरण में प्ररूपण के बाद क्षेत्रीयकरण या स्थायीकरण को सम्मिलित करना चाहिये। व्यक्ति की अन्तःक्रियाएं स्थानीयता के पर्यावरण से बंधी होती है। मनुष्य के मस्तिष्क में ज्ञान का जो भण्डार है वह अच्छी तरह से जानता है कि अन्तःक्रिया करने वाले व्यक्तियों की भौतिक स्थानीयता क्या है। अन्तःक्रिया से जुड़े हुये व्यक्तियों की संख्या क्या है और स्थानीय व्यक्तियों के अन्तःक्रियाओं का क्षेत्र कितना है। जब इस तरह का क्षेत्रीयकरण हो जाता है तब अन्तःक्रिया को प्रक्रियाओं का संरचना के संदर्भ में निर्वचन हो सकता है।

माइक्रो सिद्धान्तीकरण के संरचनाकरण की प्रक्रियाओं में मानकों की भूमिका भी निर्णायक होती है। मानक की अवधारणा समाजशास्त्रीय अनुसंधान में प्रारम्भ से ही केन्द्रीय रही है। प्रकार्यवादी सिद्धान्तवेत्ता तो आग्रहपूर्वक यह दोहराते हैं कि हमारी सामाजिक संरचना जो कुछ है वह मानकों के दबाव के कारण है। जार्ज होमन्स मानको के महत्व को रिवाज के रूप में रखते हैं। माइक्रो सिद्धान्तवेत्ताओं में गोफमेन व ब्लूमर दबाव या आग्रह की दृष्टि से प्रकार्यवादियों से भिन्न हैं। उनका कहना है कि अन्तःक्रियाओं का जो

संरचनाकरण होता है वह केवल मानक द्वारा ही नहीं होता। मानक अतिरिक्त अन्य कारक भी होती हैं जो अन्तःक्रियाओं के संरचनाकरण में उपयोगी है।

पिछले पृष्ठों में हमने माइक्रो सिद्धान्तीकरण पर शायद विस्तृत विवरण प्रस्तुत किया है। लेकिन समाजशास्त्रीय सिद्धान्तों के वर्गीकरण में माइक्रो सिद्धान्तीकरण अपने आप में सशक्त कोटि है। यह विशद वर्णन इसलिये भी उपयोगी है कि 20वीं शताब्दी के अन्तिम दशक में माइक्रो सिद्धान्तवेत्ताओं ने अपने आपको अतिवादी बना दिया है। वे तो यह मानकर चलते हैं कि समाज की यथार्थता को समझने के लिये केवल माइक्रो समाजशास्त्रीय ही एकमात्र विकल्प है। इस तरह के माइक्रो अतिवादी सिद्धान्तीकरण को अब यूरोप व अमेरिका दोनों में चुनौती दी जा रही है। एक बहस चल गयी है। माइक्रो तथा मेक्रो के इस अतिवादी फासले को कम करने के लिये जो सैद्धान्तिक क्षेत्र में प्रयास हो रहे हैं, उनका विवेचन करने से पहले हम यहां मेक्रो सिद्धान्तीकरण का उल्लेख करेंगे।

मेक्रो सिद्धान्त : अर्थ और आयाम

(Macro Theories : Meaning and Dimension)

समाजशास्त्रीय सिद्धान्तों में दूसरी कोटि मेक्रो सिद्धान्तों की है। मेक्रो का अर्थ है वृहत्। ये सिद्धान्तवेत्ता व्यक्ति को अपनी इकाई नही मानते। ये तो व्यक्तियों की *सामूहिकता* (Aggregation) यानि समाज को अपने अध्ययन की इकाई समझते हैं। वास्तव में देखा जाये तो समाजशास्त्र के संस्थापक जनक, जिन्होंने 19 वी शताब्दी के यूरोप में समाजशास्त्र को एक विज्ञान का दर्जा दिया, लगभग सभी मेक्रो समाजशास्त्री थे। इन मेक्रो सिद्धान्तवेत्ताओं में अगस्त कॉम्त, कार्ल मार्क्स, हर्बर्ट स्पेन्सर, इमाइल दुर्खीम और मैक्स वेबर सम्मिलित हैं। यह अवश्य है कि जिन विचारकों को हम मेक्रो सिद्धान्तवेत्ता कहते हैं उन्होंने जटिल संगठनों, समुदायों और शायद द्वैतियक समूहों का अध्ययन भी किया है।

जहां तक *मेक्रो समष्टि* (Macro Universe) की परिभाषा का प्रश्न है, विचारकों में कोई मतभेद नहीं मेक्रो सिद्धान्त के पूर्ववर्ती विचारक मूल में *प्रत्यक्षवादी सावयवी* (Positivistic Organists) सिद्धान्तवेत्ता थे। दूसरे शब्दों में अधिकांश मेक्रो सिद्धान्तवेत्ता प्रकार्यवादी रहे हैं। 20वीं शताब्दी के प्रकार्यवादी मेक्रो सिद्धान्तवादयों में *टालकट पारसंस,* (Talcott Parsons) *रोबर्ट मर्टन,* (Robert Merton) *मेरियन जे. लेवी* (Marian J. Levy) आदि सम्मिलित हैं। इन प्रकार्यवादीयों ने व्यवस्था की अवधारणा का सामान्यीकरण कर के मेक्रो सिद्धान्त को परिभाषित किया है।

जोनाथन टर्नर बड़े नपे तुले शब्दों में मेक्रो समष्टि को परिभाषित करते हैं। उनके अनुसार मेक्रो वह है जिनमें निम्न तत्व पाये जाते हैं—

1. *विशाल भौगोलिक क्षेत्र* (Larger Geographical Territories)
2. व्यक्तियों की बड़ी संख्या (Larger Number of Individuals) जिनमें अधिकाशं

व्यक्ति आमने-सामने अन्तः क्रिया नहीं कर सकते,

3. *समय की लम्बी अवधि(Longer Time Periods)*

ऊपर दिये गये लक्षणों के आधार पर जोनाथन टर्नर के अनुसार *मेक्रो सिद्धान्तीकरण वह है जिसमें व्यक्तियों की विशाल जनसंख्या का एक बड़े भू-भाग में उनका संगठन होता है और लम्बी समय अवधि पर जोर होता है।* मेक्रो सिद्धान्तवेता, माइक्रो सिद्धान्तवेताओं की तरह समाज की वास्तविकता या यथार्थता को जानना चाहते हैं, उसके रूबरू होना चाहते हैं

मेक्रो सिद्धान्तीकरण पर हर्बर्ट स्पेंसर और इमाइल दुर्खीम ने भी अपने विचार रखे हैं। यह पहली बार था कि इन दो सिद्धान्तवेत्ताओं ने यह आग्रहपूर्वक कहा कि मेकरों समष्टि की यथार्थता को तीन तरह की प्रक्रियाओं में देखा जा सकता है—

1. वे शक्तियां जो व्यक्तियों का एक निश्चित भू-भाग में संग्रहण (Assembling) करती हैं,
2. वे प्रक्रियाएं जो एकत्रित व्यक्तिंयों में स्तरीकरण के आधार पर भेद उत्पन्न करती हैं, और
3. वे ऐजेन्सियां जो स्तरीकृत व्यक्तियों को एक सम्बद्ध और व्यवस्थित समाज में संगठित रूप में रखती हैं। इन प्रक्रियाओं की प्रकृति एकीकरण या संगठन करने की होती है।

जब हम मेक्रो सिद्धान्तीकरण की व्याख्या करते हैं तो हमारा उद्देश्य यह देखना है कि ये सिद्धान्तवेत्ता व्यक्तियों के *संग्रहण* (Assembling), उनके स्तरीकरण और एकीकरण या संगठन की प्रक्रियाओं का विश्लेषण करते हैं। दूसरे शब्दों में मेक्रो समाजशास्त्र एकत्रित व्यक्तियों की गतिशीलता एक निश्चित भू-भाग और समयावधि में देखने को मिलती है। मेक्रो समाजशास्त्री इनका विश्लेषण करते हुये कहते हैं कि व्यक्तियों में स्तरीकरण लाने वाली कौनसी शक्तियां है, स्तरीकरण के परिणाम स्वरूप किस प्रकार के विशाल संगठन बनते हैं, उपसंस्कृतियां और उप क्षेत्र बनते हैं ? सच में देखा जाये तो मेक्रो समाजशास्त्र का अर्थ सामान्यतया प्रकार्यवादियों द्वारा दिया गया है। शायद इसी कारण *डोन मार्टिंडेल* (Don Martindale) ने सम्पूर्ण प्रकार्यवादी विचारकों को दो वृहद् कोटियों में रखने का प्रयास किया है: माइक्रो प्रकार्यवादी तथा मेक्रो प्रकार्यवादी।

मेक्रो सिद्धान्त के लक्षण

1. मेक्रो समष्टि में व्यक्तियों की संख्या इतनी अधिक होती है कि ये व्यक्ति न तो एक-दूसरे को निजी रूप से जानते हैं और न उन सभी में व्यक्तिगत अन्तःक्रिया हो सकती है। उदाहरण के लिये भारतीय समाज के 92 करोड़ लोग वैयक्तिक रूप से एक-दूसरे के साथ अन्तःक्रिया नही कर सकते। यह सम्भव है कि विशेष जातियों, समूहों, संगठनों समुदायों, आदि के सदस्य आमने-सामने के सम्बन्ध रखलें, लेकिन देश की सम्पूर्ण जनसंख्या चाहने पर भी आमने-सामने अन्तःक्रिया नही कर सकती।
2. मेक्रो समष्टि के सदस्य किसी सीमित भू-भाग में नहीं रहते। समष्टि की जनसंख्या

इतनी अधिक होती है कि उसका फैलाव लम्बे-चौड़े भू-भाग में होता है। असम का निवासी राजस्थान के निवासी से सैकड़ों किलोमीटर दूर रहता है। स्थान की दृष्टि से मेकरो समष्टि की यह विशेषता है।

3. मेकरो समष्टि का जीवन काल सभ्यता के जीवन काल की तरह है। भारतीय सभ्यता या पश्चिमी सभ्यता हजारों वर्षों से चली आ रही है। जब कि माइक्रो समष्टि का जीवन काल बहुत छोटी अवधि में परिसीमित होता है।
4. मेकरो समष्टि अपने अस्तित्व संरचना और प्रकार्य में स्वायत्त या स्वतंत्र होती है। भारतीय समाज या इसी अर्थ में चीनी समाज अपनी एक पृथक् शिनाख्त रखता है। यह मेक्रो समष्टि स्वतंत्र और सार्वभौमिक है।
5. किसी भी अर्थ में मेक्रो समष्टि वैयक्तिक जीवन से ऊंची होती है। इस तथ्य को दुर्खीम ने बार-बार दोहराया है। वे कहते हैं कि *समाज सर्वोत्कृष्ट* (Society Par Excellence) है। ऐसी समष्टि में व्यक्ति का स्थान हर तरह से गौण होता है।
6. मेक्रो समष्टि की सामाजिक व्यवस्थाएं भी वृहत् आकार की होती है। रोबर्ट मर्टन ने ऐसी व्यवस्थाओं का अध्ययन किया है जिनका आकार किसी भी समाज के अनुरूप होता है। पारसंस ने सामाजिक व्यवस्थाओं के अध्ययन को *ऐकिक* (Unitary) रूप में देखा है। इसका अर्थ यह हुआ कि मेकरो समष्टि का आकार या तो वृहत् समाज होता है, उप सांस्कृतिक क्षेत्र होते है और समाज के प्रकार के विशाल संगठन होते हैं। जब वेबर अधिकारीतन्त्र या मार्क्स पूंजीवादी वर्ग का अध्ययन करते हैं तो ये मेक्रो समष्टि के दृष्टान्त हैं।

मेक्रो सिद्धान्त निर्माण की प्रक्रियाएं

(Processes of Macro Theory Building)

मेक्रो सिद्धान्तीकरण में विचारकों ने कुछ तकनीकी पदों का प्रयोग किया है। उनका कहना है कि किसी भी मेक्रो सिद्धान्तीकरण में तीन प्रक्रियाएं अनिवार्य रूप से कार्य करती हैं—

1. *संग्रहण की प्रकियाएं* (Assembling Processes)
2. *विभेदीकरण या स्तरीकरण की प्रक्रियाएं* (Differentiation Processes)
3. *एकीकरण की प्रक्रियाएं* (Integrating Processes)

1. संग्रहण की प्रकियाएं (Assembling Processes)

सिद्धान्तीकरण की ये प्रकियाएं मेकरो वास्तविकता को जानने के लिये हर्बर्ट स्पेंसर व एमाईल दुर्खीम ने प्रस्तावित की थी। जब ये विचारक समाज की वृद्धि के साथ सरोकार रखते हैं तब आग्रहपूर्वक कहते हैं कि किसी भी समाज का विकास व्यक्तियों के संग्रहण, स्तरीकरण एव संगठित करने से जुड़ा होता है। एक प्रकार से ये सभी प्रकियाएं मानव परिस्थिति के विश्लेषण में चरों का काम करती हैं। जब हम संग्रहण की प्रकियाओं को देखते हैं तो इसमें

स्पष्ट एवं बुनियादी रूप से तीन प्रकियाएं देखने को मिलती हैं : 1. वे शक्तियां जो व्यक्तियों को एक संगठन में बांधती हैं, 2. वे शक्तियां जो मेक्रो, समष्टि के आकार को वृद्धि के दर में बांधती है, और 3. वे शक्तियां जो लोगों को *पर्यावरण स्त्रोतो* (Environmental Resources) के आधार पर बांटती हैं। जब हम व्यक्तियों के संग्रहण (Assembling) की चर्चा करते हैं तो इससे हमारा तात्पर्य उन शक्तियों से है जो व्यक्तियों को एक निश्चित भू-भाग और समयावधि में संगठित करके रखती है। *अतः संग्रहण से हमारा तात्पर्य विशाल संगठनों, इथनिक (Ethnic) समूहों तथा शहरों से है। यहां हम समष्टि से जुड़ी तीनों प्रक्रियाओं का जिनका सम्बन्ध एकत्रित होने से है, उल्लेख करेंगे।*

(अ) सामूहिकता की प्रक्रिया (Aggregation Processes)

मेक्रो सिद्धान्त निर्माण में जैसे कि हमने ऊपर कहा है व्यक्तियों की सामूहिकता की प्रकियाएं होती हैं। दुर्खीम वस्तुतः मेक्रो सिद्धान्तवेत्ता थे। उनका कहना है कि मानव समाज को समझने के लिये यह बहुत आवश्यक है कि हम व्यक्तियों की सामूहिकता की प्रक्रिया को उनके निवास स्थान और संगठन के संदर्भ में देखे। लोग जब किसी स्थान पर रहते हैं तो वहां की *प्राकृतिक परिस्थितियां* (Ecology) उनकी बसावट को अत्यधिक प्रभावित करती हैं। उदाहरण के लिये हमारे देश की अधिकांश आदिवासी जनसंख्या पहाड़ों और तलहटियों में रहती है। इस जनसंख्या का संगठन बिखरे हुए गाँवों में होता है। यही बात उत्तराखण्ड में रहने वाले ग्रामीणों पर भी लागू होती है। हाल में जो *परिस्थितिजन्य* (Ecological) सिद्धान्त हमारे सामने आये हैं, वह भी ये प्रमाणित करते हैं कि सामाजिक संगठनों का महत्वपूर्ण निर्णायक "स्थानीय परिस्थिति" होती है।

यदि हम किसी देश के भू-भाग को देखें, उसमें लोगों की सामूहिक परिस्थितियों को देखें तब हमें संघर्ष की प्रक्रिया देखने को मिलती है। संघर्ष सिद्धान्तवेत्ता *कोलिन्स* (Collins) ने सामाजिक संगठन में क्षेत्रीय परिस्थितियों पर बहुत अधिक जोर दिया है। कई देश क्षेत्रीय परिस्थितियों के आधार पर देश के दुश्मनों की पहचान करते हैं। हमारे देश का उत्तरपूर्वी भाग इस दृष्टि से अत्यधिक संवेदनशील है। *टर्नर* ने तो क्षेत्र और लोगों के एकत्रित होने की स्थिति के सम्बन्ध में परिकल्पना दी है। सामान्यतः वे कहते है कि यदि लोगों के एकत्र होने के लिये क्षेत्र छोटा है और प्राकृतिक बाधाएं जैसे पहाड़, नदियां, समुद्र, आदि अधिक हैं, सांस्कृतिक शक्तियां भाषायें, विश्वास, धर्म आदि कम विविध हों तो ऐसे क्षेत्र में लोग अधिक तादाद में रहते हैं। दूसरे शब्दों में यदि निवास का क्षेत्र सीमित हो और भौगोलिक बाधाएं न हों, एकाधिक संस्कृतियों का अभाव हो तो अधिक लोगों के इस क्षेत्र में रहने की सम्भावना है। यह अवश्य है कि यदि जनसंख्या का आकार छोटा होता है और उसमें वृद्धि की दर कम होती है तब ये रूकावटें अधिक महत्वपूर्ण नहीं रहती। लेकिन यदि जनसंख्या का आकार बड़ा होता है, और उसमें वृद्धि की दर अधिक होती है, तब प्राकृतिक व सांस्कृतिक बांधाएं लोगों के संगठन को निरन्तर गतिशीलता देती हैं। निष्कर्ष यह हुआ कि

किसी भी जनसंख्या का आकार और उसकी वृद्धि दर बहुत अधिक मात्रा में लोगों के एकत्रित होने और सामाजिक संगठन के बनने की प्रक्रिया को निर्धारित करते हैं।

(ब) आकार और वृद्धि *(Size and Growth)*

किसी भी जनसंख्या के संग्रहण की प्रक्रिया में दूसरी महत्त्वपूर्ण बात जनसंख्या का आकार एवं उसकी वृद्धि है। सबसे पहली बार दुर्खीम ने *सावयवी समाज के* (Organic Society) बारे में यह कहा था कि जब एक छोटे क्षेत्र में अधिक लोग रहते हैं, और इन लोगों में जनसंख्या वृद्धि भी कम होती है, तब कई समस्याएं पैदा हो जाती हैं। इस स्थिति को दुर्खीम *आचार का घनत्व* (Moral Density) कहते हैं। जब जनसंख्या वृद्धि होती है तब यह समस्या पैदा होती है कि इतने अधिक लोगों की आवश्यकता के लिये पर्याप्त भौतिक वस्तुओं का उत्पादन किस प्रकार किया जाये। लोगों का विशाल जन समूहों में किस प्रकार समन्वयन (Coordination) किया जाये, यह भी एक महत्त्वपूर्ण समस्या बन जाती है।

हमारे देश में बम्बई जैसा महानगर पर्याप्त प्राकृतिक रूकावटों से घिरा हुआ है। एक ओर छोड़कर सभी तरफ समुद्र है। यदि यह शहर विकसित होता है तो इसे आसमान की ओर ही उठना है। ऐसे महानगर की आवश्यकताओं के लिये दूर-दूर से दूध, साग-सब्जी, मांस और रोजगार करने वाले लोगों का आवागमन होता है। विविध प्रकार की जनसंख्या में बहुभाषी लोग रहते हैं और एकाधिक धर्मावलम्वी निवास करते है। इस तरह के नगर में लोगों के बीच समन्वयन के लिये जटिल संगठनों की आवश्यकता होती है। ये संगठन भी बहुआयामी आर्थिक, शैक्षणिक, व्यावसायिक और स्वास्थ्य सम्बन्धी होते हैं। मेक्ररो सिद्धान्तीकरण में जब हम लोगो की सामूहिकता की प्रक्रिया को देखते हैं तो उसमें संग्रहण के अतिरिक्त जनसंख्या का आकार और उसकी वृद्धि महत्त्वपूर्ण चर बन जाते हैं।

(स) *उत्पादन* *(Production)*

किसी भी समाज के लिये उत्पादन की प्रकिया अत्यधिक महत्त्वपूर्ण होती है। मेक्ररो सिद्धान्तवेत्ताओं के अनुसार *उत्पादन वह प्रकिया है जिसके माध्यम से पर्यावरण सम्बन्धी स्त्रोतों का शोषण इस तरह से होता है कि समाज के सदस्यों की* सम्पूर्ण आवश्यकतायें पूरी जो जायें। मार्क्स ने ऐतिहासिक अवलोकन के बाद यह स्थापित किया कि उत्पादन विधि और *उत्पादन साधन* किसी भी बुनियादी संगठन और समाज के सांस्कृतिक धरातल को निर्धारित करने में केन्द्रीय भूमिका निबाहते हैं। अन्य सिद्धान्तवेत्ताओं में स्पेन्सर, दुर्खीम और *हावले* (Hawley) ने बराबर आग्रहपूर्वक कहा है कि समाज के लिये उत्पादकता की प्रक्रिया प्रत्येक युग में महत्वपूर्ण रही है। वेबर भी पूंजीवाद की व्याख्या में उत्पादन के चर पर जोर देते हैं। *सचाई यह है कि उत्पादन की प्रक्रिया का सम्बन्ध जनसंख्या के आकार और उसकी वृद्धि दर पर निर्भर है।* दूसरा, समाज में संगठनों के स्वरूप यानि लेन-देन का बाजार, धन का *संचरण* (Circulation) अधिकारीतन्त्र, वित्तीय संगठन, राजनीतिक शक्ति की गतिशीलता और सांस्कृतिक मूल्यों व मानकों, आदि का विस्तार बहुत कुछ स्त्रोंतो की उपलब्धि पर निर्भर

करता है। उत्पादन की प्रचुरता पर ही विभिन्न तकनीकों को काम में लिया जाता है।

जनसंख्या के संग्रहण की प्रक्रिया स्पष्ट रूप से विभिन्न शक्तियों या चरों के पारस्परिक सम्बन्धों से जुड़ी हुयी है: जनसंख्या का आकार, वृद्धि दर से प्रभावित होता है, आकार और वृद्धि दर अधिक उत्पादन की मांग करते हैं, उपलब्ध स्त्रोतों को प्राप्त करना संगठनों और तकनीकी पर निर्भर है। सच में देखा जाये तो मेक्रो समष्टि में एकत्रीकरण की प्रक्रिया बहुत जटिल है जिसमें जनसंख्या का आकार, उसकी वृद्धि दर और उसकी उत्पादन प्रकियाएं लोगों को एक सूत्र में बांधे रखने या संघर्ष करने के लिये कार्य करती हैं। इस प्रकार मेकरो सिद्धान्तीकरण के निर्माण में पहली प्रक्रिया लोगों के *संग्रहण* की है।

इसी संग्रहण में निम्न तीन प्रक्रियाएं काम करती हैं—

1. सामूहिकता (Aggregation)
2. जनसंख्या आकार एवं उसकी वृद्धि दर (Population : Its Size and Growth),
3. उत्पादन (Production)

2. *विभेदीकरण की प्रक्रियाएं (Differentiating Processes)*

मेक्रो सिद्धान्तीकरण केवल प्रकार्यात्मक प्रक्रियाओं को ही देखता हो ऐसा नहीं है। मेक्रो सनष्टि में ऐसी प्रक्रियाएं भी है जो व्यक्तियों के संग्रहण में विभेदीकरण भी पैदा करती हैं। इसे हम प्रतियोगिता और संघर्ष में देख सकते हैं। दुर्खीम व स्पेन्सर ने अपने मेक्रो सिद्धान्तीकरण में बराबर यह कहा है कि जब जनसंख्या का आकार बढ़ता है और उसका जमाव एक निश्चित क्षेत्र में होता है, तब इस जमाव में व्यक्तियों के बीच न्यूनतम स्त्रोतों को प्राप्त करने के लिये अधिकतम प्रतियोगिता और संघर्ष होते हैं। जब हम *मानव परिस्थिति* (Human Ecology) का अध्ययन करते हैं तो इससे भी ज्ञात होता है कि एक क्षेत्र में जब व्यक्तियों का जमाव बढ़ जाता है तो इसी अनुपात में प्रतियोगिता और कभी-कभी संघर्षों में भी वृद्धि होती है। प्रकार्यात्मक सिद्धान्तों का यह उपागम वास्तव में जैविकीय विज्ञान से उधार लिया गया है। इसके अनुसार जब किसी एक पारिस्थितिकी में जीव जंतुओं की वृद्धि होती है तो जीवित रहने के लिये संतुलन की स्थिति तक उनमें निरन्तर प्रतियोगिता और संघर्ष होता रहता है। बड़ा जीव छोटे जीव को खा जाता है, यही संघर्ष है। संघर्ष व प्रतियोगिता के परिणामस्वरूप किसी भी क्षेत्र में रहने वाली जनसंख्या विभेदीकरण की शिकार हो जाती है। इस विभेदीकरण को मुख्य रूप से चार आयामों में देखा जा सकता है—

1. उप-कोटियां (Sub Categories)
2. उप-समूहीकरण (Sub Grouping) तथा उप-जनसंख्याएं (Sub-Population)
3. उप-श्रेणियां, जिसमें गैर-बराबरी और सोपान उपस्थित होते हैं (Sub Ranking including inequality and hierarchy);

4. उप-संस्कृतियां (Sub-cultures)

1. उप-कोटियां (Sub-Categories)

जब किसी क्षेत्र में जनसंख्या की दर में वृद्धि होती है तो यह सम्पूर्ण जनसंख्या सजातीय नहीं रह पाती। इसमें धीरे-धीरे लेकिन अनिवार्य रूप से विभेदीकरण बढ़ने लगता है। इस विभेदीकरण की एक प्रक्रिया। उप-कोटियों का बनना है। जब जनसंख्या में उप-कोटियां बन जाती हैं तो समूहों व लोगों की शिनाख्त एक समान नहीं रहती। लोगों की ये उप-कोटियां समान व्यवहार नहीं करती। भारतीय संदर्भ में किसी एक क्षेत्र में रहने वाली जनसंख्या-उत्तर प्रदेश, या गुजरात में एक समान नहीं होती। उनमें विभिन्न कोटियां हो जाती हैं: कोई वल्लभ सम्प्रदाय का अनुयायी है और कोई ईसा का, कुछ लोग खेती पर निर्भर रहते हैं और कुछ अन्य व्यवसायों पर। कोटियों का यह सलसिला एक ही क्षेत्र में बहुमुखी बन जाता है। विशाल समाज में विभेदीकरण की यह प्रक्रिया कई कोटियों में देखी जा सकती है।

2. उप-समूहीकरण और उप-जनसंख्याएं (Sub-Groupings and Sub-Populations)

जब विभेदीकरण की प्रक्रिया अधिक तीव्र हो जाती है तो हमें समाज में कई प्रकार के समूह देखने को मिलते हैं। उनमें उप-समूहीकरण की प्रकिया दिखायी देती है। उप-समूहीकरण कभी-कभी संस्कृति और क्षेत्रीयता के दायरे से बाहर भी आ जाती है। जब सामाजिक संगठन बदलने लगते हैं, तब समूहीकरण के आयाम भी बदल जाते हैं। पर्यावरणवादी, उद्योगपति और विभिन्न पेशेवर लोग उप-समूहों में बंट जाते हैं। एक प्रकार से विभेदीकरण की प्रक्रिया सम्पूर्ण जनसंख्या को उप-जनसंख्याओं में बांट देता है। सच तो यह है कि मानव जनसंख्या में उप-समूहीकरण की आवृति निरन्तर देखने को मिलती है।

3. उप-श्रेणियां : गैर-बराबरी व पद सोपान (Sub-Ranking : Inequality and Hierarchy)

संघर्ष सिद्धान्तवेत्ताओं ने और कहीं-कहीं संरचनावादियों ने इस तथ्य पर जोर दिया है कि उत्पादन के स्रोतों के बदलने के साथ लोगों की उच्चोच्च व्यवस्था भी बदल जाती है। जब व्यक्तियों के जीवन-निर्वाह के स्रोतों में परिवर्तन आता है तब उनमें गैर बराबरी बढ़ जाती है। कई बार तो व्यक्तियों के ओहदों को व्यक्तियों के आय के स्रोतों से जानते हैं। अमीर, मध्यम वर्ग और गरीब आदि समाज की उप श्रेणियां हैं, जिनका मुख्य आधार आय है।

संघर्ष सिद्धान्तवेत्ताओं के अतिरिक्त कहीं-कहीं प्रकार्यवादियों जैसे हर्बर्ट स्पेन्सर और संरचनावादियों जैसे बोर्दो आदि ने पूरे आग्रह के साथ कहा है कि समाज में आय के पुनर्वितरण होने पर भी उप-श्रेणियां बन जाती हैं। कोलिन्स व बोर्दो यह जोर देकर कहते हैं कि जब किसी समाज में उप-श्रेणिया बन जाती हैं तो धीरे-धीरे ये श्रेणियां अपनी एक निश्चित सांस्कृतिक पहचान भी बना लेती हैं। एक उप श्रेणी के मूल्य, विश्वास, अभिवृत्तियां,

भाषाई और व्यवहार के तौर-तरीके भी बदल जाते हैं। उदाहरण के लिये गुजरात क्षेत्र में जनसंख्या की कई उप-श्रेणियां हैं—कठियावाड़ी, सौराष्ट्री, दक्षिणी गुजरात, आदि। इन उप-श्रेणियों के खान-पान में भी अन्तर है। यद्यपि गुजराती भाषा होने पर भी शब्दों के उच्चारण में अन्तर देखने को मिलता है। समाज जितना अधिक वृहद् होगा उतनी ही अधिक उप-श्रेणियां होगी।

4. उप-संस्कृति (Sub-cultures)

मेक्रो समष्टि में विभेदीकरण की एक शक्तिशाली प्रक्रिया उप-संस्कृतियों की है। सांस्कृतिक संरचनावादियों और इसी तरह वेबर तथा कोलिन्स जैसे संघर्ष सिद्धान्तवेत्ताओं ने इस तथ्य पर जोर देकर कहा है कि समाज में विभेदीकरण का बहुत बड़ा निर्णायक कारक संस्कृति है। एक वृहत् संस्कृति में कई उप-संस्कृतियां होती हैं। सांस्कृतिक विभेदीकरण मूल्यों, विश्वासों, विचारधाराओं, धार्मिक सम्प्रदायों, भाषाओं तथा भोजन आदि में देखने मिलता है। अतः एक ही क्षेत्र में हम विभिन्न उप-संस्कृतियों को पलते-बढ़ते देखते हैं।

इधर, मेक्रो सिद्धान्तीकरण का अध्ययन क्षेत्र सम्पूर्ण *समष्टि (Universe) होता है। समाजशास्त्र के दिग्गज सिद्धान्तवेत्ताओं ने, जिनमें कॉम्त, मार्क्स, स्पेन्सर, दुर्खीम, वेबर, पारसंस, मर्टन आदि सम्मिलित हैं, मेक्रो समष्टि की यथार्थता को समझने का प्रयास किया है। इस समष्टि में जनसंख्या के संग्रहण की प्रक्रिया बराबर चलती रहती है। यह संग्रहण सजातीय हो, जरूरी नहीं है। इसमें बराबर उप-कोटियां, उप-समूहीकरण, उप-श्रेणियां एवं उप-संस्कृति आदि विभेदीकरण के रूप में देखी जा सकती हैं।*

संग्रहण व विभेदीकरण के अतिरिक्त एक तीसरी प्रक्रिया एकीकरण की है। इसे मेक्रो सिद्धान्तीकरण में देखा जा सकता है। अब हम एकीकरण की प्रक्रिया को देखेंगे।

3. एकीकरण की प्रकियाएं (Integrating Processes)

प्रकार्यवादियों ने एकीकरण की प्रक्रिया का प्रयोग बहुत अधिक किया है। जब पारसंस वृहत् समाज की व्यवस्था के विभिन्न पहलुओं की सम्बद्धता का उल्लेख करते हैं तब वे प्रायः व्यवस्था की विभिन्न इकाईयों के एकीकरण की व्याख्या करते हैं। उदाहरण के लिये किसी भी व्यवस्था में लक्ष्य होते हैं। व्यवस्था का दूसरा उद्देश्य अपनी यथास्थिति या पहचान को बनाये रखने का होता है। इसे वे लेटेन्सी (Latency) कहते हैं। लक्ष्य और लेटेन्सी को प्राप्त करने के लिये व्यवस्था अनुकूलन की प्रक्रिया अपनाती है। इन सब प्रक्रियाओं को यानि व्यवस्था केवल विभिन्न भागों को एकसूत्र में बांधे रखने का काम एकीकरण की प्रक्रिया करती है। एकीकरण के कारण ही समाज की सम्पूर्ण व्यवस्था बनी रहती है।

प्रकार्यात्मक मेक्रो सिद्धान्तवेत्ताओं के अतिरिक्त संघर्ष सिद्धान्तवेत्ताओं ने भी एकीकरण व विघटन का प्रयोग बहुतायत रूप में किया है। जब समाज में संघर्ष व प्रतियोगिता द्वारा बिखराव आने लगता है, एक वर्ग दूसरे वर्ग के खिलाफ लड़ता है। तब प्रत्येक संघर्षरत विभाग का एकीकरण सुदृढ़ हो जाता है। उदाहरण के लिये, जब सर्वहारा और बुर्जुआ समाज

में *विरोध* (Antagonism) होता है तो निश्चित रूप से बुर्जुआ व सर्वहारा वर्ग सुदृढ़ होने लगते हैं। संघर्ष सिद्धान्तवेत्ता इसी अर्थ में एकीकरण का प्रयोग करते हैं। लेकिन जब ये वर्ग परस्पर विरोध करते हैं तब इसे संघर्ष सिद्धान्तवेत्ता विघटनात्मक प्रक्रिया कहते हैं।

समाजशास्त्र के मेक्रो सिद्धान्तीकरण में हर्बर्ट स्पेंसर ने सबसे पहली बार समाज की विभिन्न इकाईयों में एकीकरण लाने की बात कही थी। इसके विपरीत स्पेंसर ने समाज को तोड़ने वाली प्रक्रिया को विघटनकारी कहा है। एकीकरण लाने के लिये प्रकार्यवादी और संघर्ष सिद्धान्तवेत्ता प्रतीकों का प्रयोग पर्याप्त रूप से करते हैं। संघर्ष सिद्धान्तवेत्ता तो कहते हैं कि समाज को बांधे रखने वाली प्रक्रियाओं और उनमें टूटन लाने वाली प्रक्रियाओं में बराबर संघर्ष चलता रहता है। एकीकरण करने वाली प्रक्रियाएं प्रतीकों में समानता लाने की बात करती हैं, समन्वयन की चर्चा करती हैं। जबकि विघटनकारी शक्तियां बराबर आर्थिक व सामाजिक हितों की समस्याओं को उठाती हैं। सम्पूर्ण समाज में एकीकरण लाने के लिये राजनीतिक सुदृढ़ता की बात भी कही जाती है। यहाँ यह अवश्य कहना चाहिये कि वास्तव में एकीकरण की प्रक्रिया विभिन्न व्यक्तियों और समूहों को उनके रिवाज और लक्ष्यों को एक सूत्र में बांधने का प्रयास करती हैं। दूसरी महत्वपूर्ण बात यह है कि एकीकरण की प्रक्रियाएं प्रकार्यात्मक सिद्धान्तों में बहुतायत रूप से कार्य करती है। संघर्ष सिद्धान्तवेत्ताओं ने एकीकरण की प्रक्रिया का उल्लेख किया तो है लेकिन दबी जुबान से।

माइक्रो-मेक्रो एकीकरण : सिद्धान्तीकरण की खोज

(Micro-Macro Integration : Search for Meso Theorizing)

समाजशास्त्र के सिद्धान्तीकरण में वर्तमान में यह प्रयास किया जा रहा है कि मेक्रो-माइक्रो सिद्धान्तों की परम्परा से चला आ रहा ध्रुवीकरण अतिवादी स्तर पर पहुंच गया है। माइक्रो की समष्टि व्यक्तियों के बीच में होने वाले आपसी सम्बन्ध हैं जबकि मेक्रो की समष्टि वृहद् है जिसमें आपसी स्तर पर किसी तरह की अन्तःक्रियाएं होना लगभग असम्भव है। रुचिकर बात यह है कि सिद्धान्तों की ये दोनों कोटियां समाज की यथार्थता को जानना चाहती है, इन दोनों की दुनियां में अन्तर है। माइक्रो की दुनिया, स्थान, काल, अवधि और अन्तःक्रिया करने वाले व्यक्तियों के आकार को लेकर छोटा होता है। हाल में समाजशास्त्रीय सिद्धान्तीकरण में यह सोच विकसित हो रहा है कि माइक्रो व मेक्रो के बीच जो फासला है उसे कम से कम मध्यम स्तर तक तो लाना ही चाहिये। जब दोनों के उद्देश्य "यथार्थता को समझना" है तो इस फासले का कोई अर्थ नहीं है। *जोनाथन टर्नर* का तर्क है कि इन दोनों सिद्धान्तों को जोड़ने वाली कड़ियों को उनकी पहिचान करनी चाहिये। टर्नर इसे *खोही हुई कड़ी* (Missing Link) कहते हैं। इन दोनों में एकीकरण करने की प्रक्रिया या खोज को टर्नर *मध्यम विश्लेषण* यानि *मेसो विश्लेषण* (Meso Analysis) कहते हैं। अंग्रेजी शब्द मेसो का मतलब है मध्यम मार्ग या मध्य स्तरीय सिद्धान्तीकरण।

यद्यपि रोबर्ट मर्टन ने *मध्य स्तरीय सिद्धान्त* (Middle Range Theory) का सुझाव

दिया है, लेकिन ऐसा करने में कहीं भी उन्होंने माइक्रो बनाम मेक्रो सिद्धान्तों की बात नहीं की है। मर्टन का मध्य स्तरीय सिद्धान्तों में यह कहना है कि हाल की समाजशास्त्रीय सिद्धान्तों की स्थिति को देखते हुये, जबकि हम सम्पूर्ण समाज को अपनी परिधि में ले सकें, सम्भव नहीं है। हमें प्राक्कल्पनाओं और वृहत् सिद्धान्त की अपेक्षा मध्य स्तरीय सिद्धान्त बनाने चाहिये।

वर्तमान में प्रकाशित जार्ज रिट्जर की पुस्तक "कन्टम्पररी सोशियोलोजिकल थ्योरी" (Contemporary Sociological Theory, 1994) में यह मुद्दा उठाया गया है कि मेक्रो-माइक्रो सिद्धान्तवेत्ताओं में जो अतिवाद आ गया है उस पर कहीं न कहीं लगाम अवश्य लगनी चाहिये। माइक्रो सिद्धान्तों के अतिवादियों में वे जार्ज होमन्स, ब्लूमर, गारफेंकल, आदि को सम्मिलित करते हैं, जबकि मेक्रो सिद्धान्तवेत्ताओं में उन्होंने पारसंस, डेहेन्डॉर्फ, पीटर ब्लॉ, आदि को सम्मिलित किया है। मेक्रो-माइक्रो के फासले को दूर करने के लिये एकीकरण के प्रयास 20वीं शताब्दी के आठवें दशक में उभरकर सामने आया। इस तरह का प्रयास यूरोप के देशों में भी हुआ है। एकता के इन प्रयासों को कोलिन्स के सिद्धान्तों में देखा जा सकता है। 1986 में कोलिन्स के अनुसार मेक्रो-माइक्रो सिद्धान्तों को जोड़ने का प्रयास आने वाले कुछ वर्षों तक समाजशास्त्रीय सिद्धान्तीकरण में मुख्य मुद्दा रहेगा। कोलिन्स के इस आशावादी दृष्टिकोण के बाद *हेले और आइजेन्सटेड* (Helle and Eisenstadt) ने दो जिल्दों में प्रकाशित अपनी पुस्तक के निष्कर्ष में लिखा है कि :

> माइक्रो तथा मेक्रो सिद्धान्तीकरण में जो मुकाबला रहा है वह अब अतीत की बात हो गयी है।

बाद में *अलेक्जेंडर* (Allexander) द्वारा सम्पादित पुस्तक *माइक्रो-मेक्रो लिंक* (Micro-Macro Link, 1987) में *मुंच व स्मेल्सर* (Munch and Smelser) ने दृढ़तापूर्वक कहा है कि—

> जिन सिद्धान्तवेत्ताओं ने आग्रह पूर्वक यह कहा है कि मेक्रो-माइक्रो ध्रुवीकरण सिद्धान्तीकरण में बुनियादी है, वे गलत हैं।

सच में देखा जाये तो अलेक्जेंडर द्वारा सम्पादित पुस्तक की दोनों जिल्दों में प्रत्येक लेखक ने बड़े ही सही अर्थों में यह जोर दिया है कि माइक्रो तथा मेक्रो स्तरों में बराबर पारस्परिक अन्तर्सम्बन्ध हैं।

माइक्रो सिद्धान्तीकरण ने मेक्रो के साथ जो ध्रुवीकरण है, उसे स्वीकार किया है। विनिमय सिद्धान्त के क्षेत्र में कई सिद्धान्तवेत्ताओं ने ऐसी कृतियां प्रस्तुत की हैं जिनमें माइक्रो को मेक्रो के साथ जोड़ने के प्रयास हुए हैं। वास्तव में 20वीं शताब्दी के आखिर में इस तरह के अनुसंधान बहुत आये हैं जो माइक्रो-मेक्रो की कड़ी को जोड़ने का काम करते हैं।

यदि हम 20वीं शताब्दी के माइक्रो-मेक्रो सिद्धान्तों का निर्वचन करें तो एकीकरण के ये सिद्धान्त दो धाराओं में स्पष्ट रूप से बंटे दिखायी देते हैं। *एक धारा उन सिद्धान्तवेत्ताओं की है जो माइक्रो तथा मेक्रो सिद्धान्तों में एकीकरण स्थापित करते हैं। दूसरी धारा का सरोकार एक ऐसे सिद्धान्त को विकसित* करने में है जो माइक्रो व मेक्रो के स्तरों को एक कड़ी में बांध सके। इन लेखकों में *अल्फोर्ड तथा फ्रेडलेंड* (Alford and Friedland) अग्रणी हैं। इधर मूंच व स्मेल्सर की धारा के अनुसार आज आवश्यकता इस एकीकरण में या तो माइक्रो या मेक्रो स्तरों पर जोर देने की है। इन दो धाराओं के होते हुए भी निश्चित रूप से कई सिद्धान्तवेत्ता ऐसे हैं जो आग्रहपूर्वक कहते हैं कि किसी भी मूल्य पर माइक्रो बनाम मेक्रो के विवाद को एकीकृत करना अति आवश्यक है।

माइक्रो-मेक्रो के एकीकरण के लिये जिन सिद्धान्तवेत्ताओं ने उल्लेखनीय कार्य किया है उनमें जार्ज रिट्ज़र का नाम महत्वपूर्ण है। वे कहते हैं कि मेक्रो तथा माइक्रो की वस्तुनिष्ठा व व्यक्तिनिष्ठा के मध्य ऐसा सेतु बनाना चाहिये जो इन दोनों संदर्शों को जोड़ सके। रिट्ज़र ऐसे एकीकरण को पेराडीम कहते हैं। *जेफ्री अलेक्जेंडर* (Jeffre Allexander) ने बहु आयामी समाजशास्त्र के लिये यह तर्क दिया है कि सिद्धान्त के इन दोनों ध्रुवों को एक सूत्र में बांधा जाना चाहिये। इसे वे *नवीन सैद्धान्तिक तर्क* (New Theoretical Logic) कहते हैं। उनका तो आग्रह है कि व्यक्ति से लेकर समष्टि तक यानि *माइक्रो से लेकर मेक्रो तक एक निरंतरता* (Micro-Macro Continuum) है। और इन दोनों के मध्य विश्लेषण के ऐसे स्तर पहिचानने चाहिये जो सम्पूर्ण समष्टि का विश्लेषण करने में सहायक हों।

रोबर्ट विले (Robert Wiley) का तर्क है कि माइक्रो-मेक्रो के सम्बन्धों को वस्तुतः दो स्तरों पर देखने की आवश्यकता है। विले का विश्लेषण रिट्ज़र व अलेक्जेंडर से भिन्न नहीं है। उदाहरण के लिये विले का विश्लेषण माइक्रो स्तर यानि व्यक्ति से प्रारम्भ होता है। अलेक्जेंडर इस तरह के उपागम से संतुष्ट नहीं है। वे व्यक्ति को इतना महत्व नहीं देते। उनका कहना है कि माइक्रो को मेक्रो से पृथक् करके नहीं देखा जा सकता। दोनों ही एक दूसरे से जुड़े हैं। *रेन्डाल कोलिन्स* (Rendal Collins) का तर्क कुछ दूसरी तरह का है। वे कहते हैं कि मेक्रो समाजशास्त्र का आधार अनिवार्य रूप से माइक्रो समाजशास्त्र है और इसलिये दोनों को एक कड़ी में बांधकर देखना चाहिये।

जार्ज रिट्ज़र बड़े आशावादी है और कहते हैं कि कम से कम अमेरिका में तो माइक्रो-मेक्रो के एकीकरण का उपागम अच्छी तरह से स्थापित हो गया है। सिद्धान्त क्षेत्र में काम करने वाले समाजशास्त्रियों के लिये यह एक हरा भरा चारागाह है और इसमें अभी काम करने की बहुत सम्भावना है।

अध्याय 18

प्रतिकात्मक अन्तःक्रियावाद
(Symbolic Interactionism)

सनाजशास्त्रीय सिद्धान्तों के विश्लेषण में इस पुस्तक में हम बार-बार यह कहते आ रहे हैं कि सभी समाज वैज्ञानिकों के अध्ययन का एकमात्र उद्देश्य जिस समाज में हम रह रहे हैं, उसे सम्पूर्ण रूप से समझना है। इस समझ को विकसित करने के लिये एक ही समाज विज्ञान में एक साथ, कई उपागमों का प्रयोग किया गया है। समाजशास्त्र को ही लें। इसमें सिद्धान्तवेत्ताओं ने दो तरह के उपागम अपनाये हैं। एक उपागम समाज को उसके वृहद् रूप से समझने का है। मार्क्स, वेबर, दुर्खाइम, पेरेटो, पारसंस आदि ने समाज को अपने अध्ययन का केन्द्र बनाया है और इस तरह के सिद्धान्त बनाये हैं जो सम्पूर्ण समाज को एक बारगी आगोश में ले लेते हैं। अध्ययन का वृहद् (Macro) उपागम हैं।

समाज को समझने का एक दूसरा उपागम *सूक्ष्म अध्ययनों* (Micro Studies) का है। ये विचारक समाज की बुनियादी इकाई व्यक्ति को मानते हैं। इनके मतानुसार व्यक्ति के माध्यम से सम्पूर्ण समाज का अध्ययन किया जाता है। इन अध्ययनकर्ताओं का तर्क है कि आखिर समाज व्यक्तियों का ही तो सम्मिलित रूप है। व्यक्ति ही तो समाज बनाते हैं। अतः व्यक्ति को समझे बिना समाज को नहीं समझा जा सकता। समाज के अध्ययन का यह उपागम सूक्ष्म अध्ययन कहलाता है जिसमें व्यक्तियों को समझकर फिर सम्पूर्ण समाज को समझा जाता है। सूक्ष्म अध्ययन कर्ताओं में हर्बर्ट मीड, अल्फ्रेड शूट्ज, ईविंग गोफमेन, डेवी इत्यादि है। अध्ययन की इन दो धाराओं में उद्देश्य के सम्बन्ध में कोई अन्तर नहीं हैं वर्तमान समाज का विश्लेषण करना दोनों ही धाराओं का लक्ष्य है। लेकिन समाज को समझने के दोनों के उपागम एकदम भिन्न है। सामान्यतया वृहद् सिद्धान्तवेत्ता ऐतिहासिक व आनुभविक विधि को काम में लेते हैं। उनका उपागम निगमन का होता है। उनके नियम सम्पूर्ण समाज

पर लागू होते हैं। ठीक उसके विपरीत सूक्ष्म सिद्धान्तवेत्ता मनोवैज्ञानिक पद्धति को काम में लाते हैं। व्यवहारवादी उपागम का प्रयोग करते हैं और इस तरह वे जिन नियमों को बनाते हैं वे आगमन के नियम होते हैं। होमन्स ने छोटे समूहों से अध्ययन करके आगमन के नियम बनाये हैं। इस अध्याय में हम कतिपय उन सिद्धान्तों को देखेंगे जो सूक्ष्म से प्रारम्भ होते हैं और समाज का विश्लेषण मनोवैज्ञानिक व दार्शनिक संदर्भ में करते हैं।

प्रतीकात्मक अन्तःक्रियावाद का प्रारम्भ

प्रतीकात्मक अन्तःक्रिया पद की उत्पत्ति *हर्बर्ट ब्लूमर* (Herbert Blumer) से जुड़ी है। 1969 में प्रकाशित अपनी पहली पुस्तक *सिम्बोलिक इन्टरएक्शनिज्म : पर्सपेक्टिव एण्ड मेथड* (Symbolic Interactionism: Perspectives and Method, 1969) में उन्होंने संयोगवश इस पद को काम में लिया है। इसके प्रयोग के बारे में वे स्वयं भी कुछ अधिक प्रसन्न नहीं हुये थे। उन्होंने टिप्पणी की :

> यह पद मुझे थोड़ा बहुत फूहड़ और गॅवारू लगा। इसका प्रयोग मैंने सबसे पहले *मेन एण्ड सोसायटी के लिये लिखे गये एक लेख में किया था। यह संयोग की बात ही है कि लोगों को यह पसन्द आ गया और यह पद चल निकला।*

वास्तव में इस पद के प्रयोग की भी एक कहानी है। *मेन एण्ड सोसायटी* पुस्तक का *सम्पादन इमरसन शूमिट्* (Emerson P. Schmidt) कर रहे थे। इसमें ब्लूमर को भी एक लेख लिखने के लिये आमन्त्रण था। इस पुस्तक के लेखक यह जानना चाहते थे कि समाजविज्ञानों में किस तरह की अध्ययन सामग्री मिलती है और इन विज्ञानों की अध्ययन विधि क्या है? ब्लूमर से कहा गया था कि वे *सामाजिक मनोविज्ञान* (Social Psychology) की अध्ययन सामग्री व विधि पर अपने सर्वेक्षण दें। इस लेख के लिखने के दौरान ब्लूमर को लगा कि सामाजिक मनोविज्ञान समाज वैज्ञानिकों से मनुष्य की प्रकृति के अध्ययन में भिन्न है। *ब्लूमर ने अपनी व्याख्या में कहा कि सामाजिक मनोविज्ञान की बहुत बड़ी रुचि व्यक्ति के सामाजिक विकास (Social Development) को समझने में है। सामाजिक मनोविज्ञान तथ्यात्मक रूप से यह जानना चाहता है कि एक व्यक्ति किस तरह सामाजिक व्यक्ति की तरह विकसित होता है।*

इस तरह के अध्ययन ने प्रतीकात्मक अन्तःक्रियावाद को जन्म दिया। वास्तव में ब्लूमर ने एक नवजात शिशु के विकास को क्रमिक रूप से देखा। इससे वे इस निष्कर्ष पर पहुंचे कि शिशु का समाज के साथ जो भी सम्बन्ध है वह प्रतीकों के द्वारा है। जब माता-पिता को शिशु मुस्कुराते हुए देखता है तो वह भी मुस्कुराता है या बच्चे को मुस्कुराते हुए देखकर माता-पिता भी मुस्कुराते हैं। बच्चे का रोना बच्चे का खिलखि-लाना, खिलौने खेलना, झुन्झुना बजाना, आदि सब प्रतीक हैं, जिनके माध्यम से नवजात शिशु समाज को समझता है और समाज शिशु को। ब्लूमर का आग्रह है कि नवजात शिशु और उसके बाद वयस्क का सम्पूर्ण

विकास प्रतीकों के माध्यम से होता है। किसी सम्प्रदाय या राष्ट्र का झंडा, राष्ट्र गीत या इष्ट देव की आरती, भांति-भांति के त्यौहार जैसे वैसाखी, दीवाली या होली, सभी प्रसन्नता या किसी न किसी दुःख के प्रतीक है। नवजात शिशु में प्रतीकात्मक अन्तःक्रिया कि भूमिका बहुत निर्णायक है। ब्लूमर कहते हैं:

> नवजात शिशु की बाल्यावस्था और वयस्क अवस्था में पहुंचने का मुद्दा मौलिक रूप से ऐसे संगठित व्यवहार में प्रस्तुत करना है जिसमें बच्चा नये लक्ष्यों और अभिप्रेरण को प्राप्त कर सके। बच्चे की मूल प्रवृत्ति महत्वपूर्ण है, लेकिन बच्चे के विकास में इसकी निर्णायक भूमिका नहीं है। बच्चे की मूल प्रकृति बस यहीं तक सीमित है कि उसमें लचीलापन है। सामाजिक मनोवैज्ञानिक यह मानते हैं कि बच्चे का विकास प्रतीकात्मक अन्तःक्रियाओं द्वारा ही होता है।

ब्लूमर ने प्रतीक को पहले तो एक पद की तरह ही काम में लिया। बाद में चलकर इसे एक सिद्धान्त का रूप दे दिया। वे बहुत थोड़े में यानि कुछ वाक्यों में प्रतीक को इस प्रकार परिभाषित करते हैं :

> प्रतीक एक ऐसा साधन है जिसके द्वारा नवजात शिशु अपना जीवन शुरू करता है।

प्रतीक केवल नवजात शिशु के लिये ही उपयोगी हो, ऐसा नहीं है मनुष्य की सम्पूर्ण अन्तःक्रियाओं में प्रतीकों की भूमिका निर्णायक होती है। प्रतीक के दृष्टान्त हमारे चारों ओर बहुलता से बिखरे हुए है। जिस भाषा का हम प्रयोग करते हैं : वह एक शक्तिशाली प्रतीक है। आधुनिक फ्रांसिसी समाजशास्त्री *बोर्डियू* (Pierre Bourdieu) का तो कथन है कि किसी भी समाज में भाषा एक ताकतवर प्रतीक होती है। व्यक्ति जितनी अधिक भाषाएं जानता है, यानि जितना अधिक बहुभाषी होता है उतनी ही उसकी अन्तःक्रियाएं सफल होती हैं। चित्र भी प्रतीक हैं। जो काम घंटो के भाषण नहीं करते, एक चित्र कर देता है। चित्रों की लाखों जुबान होती हैं। एक सामान्य कार्टून समाज में हलचल पैदा कर देता है। नृत्यकला भी प्रतीक है। इसमें हावभाव द्वारा मनुष्य के मनोभावों को अभिव्यक्ति मिलती है। वेशभूषा भी प्रतीक है। जब किसी प्रान्त के व्यक्ति को हम विशिष्ट वेशभूषा में देखते हैं तो हमें उसकी जाति-बिरादरी तक का पता लग जाता है। दूल्हा और दुल्हन की पौशाक होती है। हर समाज में दुःख या शोक अभिव्यक्ति की विशेष पौशाक होती है। महिला को काली या सफेद साड़ी पहने देखकर हम समझ जाते हैं कि परिवार में कोई दुखान्तिका घटी है। इसी तरह का अर्थ मुंडाये सिर को देखकर लगाया जाता है। कहना चाहिये कि समाज की सम्पूर्ण अन्तःक्रियाएं प्रतीकों द्वारा अपनी अभिव्यक्ति पाती हैं।

ब्लूमर ने प्रतीक की जो व्याख्या दी है, उसके आधार पर निम्न तथ्य स्पष्ट हो जाते हैं :

1. अन्तःक्रियाओं में एक या अधिक प्रतीकों को काम में लिया जाता है,
2. प्रतीक ऐसे होने चाहिये जिनके अर्थ को अन्तःक्रियाएं करने वाले लोग समझते हों।

इसका अर्थ यह हुआ कि प्रतीक को काम में लेने वाले व्यक्ति या समूह और इसी तरह अन्तःक्रिया करने वाले व्यक्ति या समूह में प्रतीकों के सम्बन्ध में समान अर्थ एवं समझ होना आवश्यक है,

3. मनुष्य के विकास में प्रतीक और *समझ* (Understanding) प्रमुख पद हैं।

सभी प्रतीकात्मक अन्तःक्रियावादियों का कहना है कि एक ओर तो मनुष्य का स्व (self) होता है और दूसरी ओर इसके इर्द-गिर्द विशाल समाज। इस विशाल समाज को स्व के माध्यम से समझने का प्रयास व्यक्ति करता है। इस तरह की समझ में प्रतीकों की भूमिका निर्णायक होती है। प्रतीकात्मक अन्तःक्रियावादी अन्य समाजशास्त्रीय सिद्धान्तवेत्ता से एकदम भिन्न होते हैं। उदाहरण के लिये प्रकार्यवादी यह मानकल चलते हैं कि सामाजिक व्यवस्था अपने आपको बनाये रखने के लिये व्यक्तियों की अन्तःक्रियाओं को पहले से ही अग्रिम रूप में निर्धारित कर लेती है। दुर्खाइम कहते हैं कि सामाजिक तथ्यों का दबाव व्यक्ति के व्यवहार को निर्धारित करता है। मार्क्स कहते हैं कि उत्पादन पद्धतियां ही व्यक्ति के वर्ग को निश्चित करती है। प्रतीकात्मक अन्तःक्रियावादी इस प्रकार के किसी विश्लेषण को स्वीकार नहीं करते। यद्यपि ये अन्तःक्रियावादी समाज द्वारा प्रदत्त भूमिकाओं के प्रभाव को तो स्वीकार करते हैं पर इनका उनसे कोई सरोकर नही होता। अन्तःक्रियावादी तो पूर्णतः व्यक्ति के व्यवहारों की व्याख्या करते हैं। उनका कहना है कि व्यक्ति तो अपनी अन्तःक्रियाओं में वही सब कुछ करेगा जिसे उसके *स्व* (Self) ने निश्चित किया है।

प्रतीकात्मक अन्तःक्रियावाद का बैद्धिक आधार

प्रतीकात्मक अन्तःक्रियावाद के विकास की कहानी बहुत पुरानी है। सबसे पहले जार्ज सिमेल ने अन्तःक्रिया के विश्लेषण पर जोर दिया था। इसके बाद कई सिद्धान्तवेत्ताओं ने अन्तःक्रियावाद को विकसित किया। वैसे अन्तःक्रियावादी विचारकों की सूची बहुत लम्बी है, फिर भी वे अन्तःक्रियावादी जिनका बौद्धिक योगदान महत्वपूर्ण है उनमें सिमेल रोबर्ट पार्क, विलियम थोमस, चार्ल्स होर्टन कूले, जॉन डेवी और जार्ज हर्बर्ट मीड के नाम महत्वपूर्ण है। सच में देखा जाये तो अन्तःक्रियावादियों की इस विथिका में वेबर का स्थान भी सम्मनीय होना चाहिये। जब उन्होंने समाजशास्त्र की परिभाषा की, तब उन्होंने दृढ़तापूर्वक इस तथ्य को रेखांकित किया। किसी भी अन्तःक्रिया के विश्लेषण में *वेरेस्टेहन* (Verstehen) यानि व्यक्तिपरक अर्थ को पूरा महत्व देना चाहिये। समाज में जिस तरह का अर्थ लोग निकालते हैं, वही अपनी जगह पर सही है, लेकिन व्यक्ति स्वयं जो अर्थ निकालता है, वह अत्यधिक महत्वपूर्ण है। वेबर का कहना है–

> समाजशास्त्र एक विज्ञान है, जिसकी कोशिश सामाजिक क्रिया कि *निर्वचनात्मक समझ* (Interpretive understaning) को विकसित करना है। ऐसा करके हम क्रिया और उसके परिणाम की कार्य-कारण व्याख्या कर सकते हैं। उन सभी गतिविधियों को हम क्रिया कहते हैं जिनका अर्थ व्यक्तिपरक होता है।

वेबर के अतिरिक्त कुछ और समाजशास्त्री भी हैं जिन्होंने प्रतीकात्मक अन्तःक्रियावाद के क्षेत्र में निर्णायक योगदान किया है। यहां हम कुछ प्रतिनिधि प्रतीकात्मक अन्तःक्रियावादियों का थोड़ा विस्ताव से विश्लेषण करेंगे। ये अन्तःक्रियावादी हैं: (1) *जार्ज हर्बर्ट मीड* (George Herbert Mead) (2) *हर्बर्ट ब्लूमर* (Herbert Blumer) तथा (3) *इर्विंग गोफमेन* (Erving Goffman)। यहां हमें यह स्पष्ट हो जाना चाहिये कि प्रतीकात्मक अन्तःक्रियावादी अपने सिद्धान्त निरूपण में एक समान हो ऐसा नहीं है। उदाहरण के लिये मीड ने अपने सम्पूर्ण विश्लेषण में यानि व्यक्ति के विकास की प्रक्रिया में *स्व* (Self) की भूमिका को महत्वपूर्ण माना है। हर्बर्ट ब्लूमर भी प्रतीकात्मक अन्तःक्रियावादी है। उनके विश्लेषण में प्रतीकात्मक अन्तःक्रिया के अध्ययन में *विधि* (Methodology) महत्वपूर्ण है। इर्विंग गोफमेन, यद्यपि प्रतीकात्मक अन्तःक्रियावादी है, पर इनका सम्प्रदाय *अन्तःक्रिया व्यवस्था* को महत्व देता है। यहां हम इन तीनों प्रतीकात्मक अन्तःक्रियावादियों का अलग-अलग विश्लेषण करेंगे:

जार्ज हर्बर्ट मीड का स्व (Self) पर आधारित प्रतीकात्मक अन्तःक्रियावाद

यह सत्य है कि ब्लूमर प्रतीकात्मक अन्तःक्रियावाद सिद्धान्त के सशक्त प्रणेता हैं और उन्होंने ही इस सिद्धान्त को वैज्ञानिक धरातल पर रखा है, फिर भी अन्तःक्रिया सिद्धान्त के क्षेत्र में जार्ज हर्बर्ट मीड का नाम पूरे सम्मान के साथ लिया जाता है। आज प्रतीकात्मक अन्तःक्रियावाद सिद्धान्त में जो कई अवधारणाएं, तर्क और रणनीति पायी जाती है उसका उद्‌गम मीड के सिद्धान्त से है। स्वयं ब्लूमर इस सम्बन्ध में मीड के प्रति अपनी कृतज्ञता व्यक्त करते हैं। कोजर ने एक स्थान पर कहा है कि आधुनिक प्रतीकात्मक अन्तःक्रिया के निर्माण में मीड का योगदान अद्वितीय है। एक और बात मीड के बारे में कहनी चाहिये कि उन्होंने प्रतीकात्मक अन्तःक्रिया सिद्धान्त में जो कुछ लिखा है उसका केन्द्र बिन्दु *"स्व"* (self) है। वे इसी "स्व" को घुटी बनाकर प्रतीकात्मक सिद्धान्त के ताने-बाने को बुनते हैं। इस सिद्धान्त की प्रकृति दार्शनिक और मनोवैज्ञानिक अधिक है, समाजशास्त्रीय कम। फिर भी मीड ने आज इसी तर्ज में ब्लूमर के इस सिद्धान्त में एक प्रकार की त्रिवेणी प्रस्तुत की है–सामाजिक मनोविज्ञान, दर्शनशास्त्र और समाजशास्त्र।

मीड का जीवन काल 1973 से 1931 तक के समय काल में सिमटा हुआ है। अमेरिका के समाजशास्त्रियों में उनकी गणना बहुत थोड़े उच्च कोटि के समाजशास्त्रियों में होती है। आज अमेरिका की समाज विज्ञान की दुनिया में जो कुछ है उसके चरित्र को बनाने में मीड का योगदान निर्णायक है। मीड के पिता एक सामान्य प्यूरीटन पादरी थे। उनकी माँ अपने पति के मरने के बाद होलीओक कॉलेज की अध्यक्ष बन गयी। अपने जीवन काल में मीड ने स्नातक परीक्षा हार्वर्ड विश्वविद्यालय से उत्तीर्ण की। उनके साथियों में जोसिआ रॉयसी, विलियम जेम्स आदि थे, जिन्होंने इनका रूझान दर्शनशास्त्र के प्रति कर दिया। अपने आगे की पढ़ाई मीड ने यूरोप में की। वे जर्मनी के बर्लिन में भी पढ़े। पढ़ाई से लौटने के बाद

अमेरिका पहुँच कर उन्होंने दो वर्ष तक मिशीगन विश्वविद्यालय में अध्यापन का कार्य किया। यहीं पर उनका उस युग के अद्वितीय विचारकों जैसे जॉन डेवी और कूले से मिलना हुआ। जब डेवी शिकागो विश्वविद्यालय चले गये तब मीड ने भी उनका अनुसरण किया। अपनी मृत्यु पर्यन्त-1931 तक मीड इसी विश्विद्यालय के दर्शन विभाग में अध्यापन कार्य करते रहे।

मीड की नियति केवल अध्यापन की थी। यद्यपि उन्होंने बेशुमार फुटकर लेख लिखे, लेकिन उनकी सभी पुस्तकें मरणोपरान्त प्रकाशित हुई। उनकी लोकप्रिय पुस्तक *माइन्ड, सेल्फ एण्ड सोसायटी* (Mind, Self and Society) जिसका सम्पादन उनके विद्यार्थियों ने किया। जब कभी प्रतीकात्मक अन्तः क्रियावाद सिद्धान्त की चर्चा होती है, इस पुस्तक का संदर्भ अवश्य होता है। इस पुस्तक में वे अपने सिद्धान्त का प्रतिपादन चार मुख्य अवधारणाओं द्वारा करते हैं जिन्हें हम विस्तार से देखेंगे :

1. स्व (Self);
2. स्व-अन्तःक्रिया (Self-Interaction);
3. स्व का विकास (Development of the Self);
4. प्रतीकात्मक अभिप्राय (Symbolic Meaning).

(1) स्व (Self)

मीड ने "स्व" की अवधारणा को प्रतीकात्मक अन्तःक्रियावाद का केन्द्रीय आधार बनाया है। उनके अनुसार मनुष्य के भीतर *"स्व"* (Self) होता है। कई बार हम "स्व" का अर्थ आत्मा से लेते हैं। मनुष्य का मस्तिष्क भले ही कलुषित हो जाये, भ्रष्ट हो जाये, लेकिन भारतीय परम्परा में हमारा विश्वास है कि मनुष्य की आत्मा या तकनीकी पदावली में "स्व" सबसे ऊपर है। दार्शनिकों की दृष्टि में "स्व" यानि "आत्मा" परमात्मा का एक अंग है। हम दिन प्रतिदिन की चर्चा में कई बार कहते हैं कि अमुक काम करने को हमारी आत्मा नहीं मानती। हम यह भी कहते हैं कि आप अपनी आत्मा को साक्षी नहीं मानती। हम यह भी कहते हैं कि आप अपनी आत्मा को साक्षी रखकर अपने विचार रखें। यह सब इस बात को बताता है कि "आत्मा" भारतीय दर्शन में निरन्तर है, शरीर के नष्ट होने पर भी नष्ट नहीं होती। इसी आत्मा को थोड़े बहुत फेर-फार के साथ मनोवैज्ञानिक पदावली में मीड "स्व" कहते हैं। यह "स्व" जन्म लेने के बाद अपने विशुद्ध रुप में होता है। यह "स्व" न तो हिन्दू होता है और न मुसलमान। यह तो केवल सहजवृत्ति और आवेश से भरा होता है। नवजात शिशु को सुई चुभाई जाती है तो वह रोता है। इसी शिशु को उसकी मां जब दूध पिला देती है तो रोना बन्द कर देता है। "स्व" का यह प्राकृतिक स्वरूप है। जब यह "स्व" विकसित हो जाता है तब बच्चा समझने लगता है कि रोने पर उसकी संभाल अधिक होती है, तब वह अपनी सुविधा के लिये रोने लगता है। स्व के विकास की शायद यह प्रारम्भिक अवस्था है। इसके बाद जब स्व का पर्याप्त समाजीकरण हो जाता है तब वह अपने आपको अड़ौस-पड़ौस,

गांव-शहर, जाति बिरादरी, शिक्षा-दीक्षा में समझने लग जाता है। ब्लूमर ने प्रतीकात्मक अन्तःक्रिया के विवेचन में मीड द्वारा दी गयी स्व की अवधारणा को अधिक सरलता से रखा है। ब्लूमर लिखते हैं :

> मीड की लिये "स्व" सृजनात्मक सावयव है। वह बराबर क्रियाशील रहता है। स्व अपने आप में केन्द्रीय रूप से एक सामाजिक प्रक्रिया है। "स्व" स्वयं "स्व" से अन्तःक्रिया करता है। बाहर की दुनिया की बातें पहले "स्व" के पास पहुंचती हैं।
>
> "स्व" इन बातों के रूबरू होता है, और यही "स्व" की अन्तःक्रिया है। यही "स्व" बाहर की दुनिया की भूमिकाओं को अपनी समझ कर अपना लेता है और धीरे-धीरे जब बाहरी दुनिया को अपनी दुनिया समझने लगता है।

मीड की "स्व" की अवधारणा बड़ी अर्थपूर्ण है। वे कहते हैं कि मनुष्य का "स्व" बराबर सृजनात्मक और क्रियाशील होता है। "स्व" के तत्वों में सामाजिक, सांस्कृतिक और मनोवैज्ञानिक जैसे कोई चर नहीं होते जो "स्व" की गतिविधि को निर्धारित करें। बाहर की चीजें "स्व" के पास पहुंचती हैं। "स्व" इन चीजों का मूल्यांकन करता है। वास्तव में, समाज के मूल्य, मानक, भूमिका और प्रस्थिति "स्व" के अन्दर आते हैं क्योंकि "स्व" बाहरी दुनिया को देखता है। *अब "स्व" और समाज के मूल्यों, मानकों, भूमिकाओं आदि में अन्तःक्रिया होती है। दोनों में आदान-प्रदान होता है। "स्व" मूल्य, मानक आदि का निर्वाचन करता है। और इस तरह या तो समाज के इन मानकों मूल्यों आदि को अस्विकार करता है, आंशिक रूप से स्वीकार करता है और यदि सम्भव हुआ तो पूर्णतः स्वीकार कर लेता है*। अतः "स्व" और समाज के मूल्य, मानक, भूमिका व प्रस्थिति दोनों के बीच में बराबर अन्तःक्रिया चलती रहती है।

प्रतीकात्मक अन्तःक्रियावाद इस तर्क को स्वीकार नहीं करता कि स्व ही सम्पूर्ण क्रिया का निर्धारण करने वाला है। फिर भी मीड ने स्व को दो अवस्थाओं में देखा है। पहली अवस्था *मैं* (I) की है। यह मैं सावयव का विशुद्ध रूप है। इसके प्रति उत्तर असंगठित होते हैं। इसमें अपने मूलभूत आवेग होते हैं। इन मूलभूत आवेगों का समाज से कोई सरोकार नहीं होता। यह "स्व" तो मनमाने ढंग से अपनी क्रियाएं करता है। नवजात शिशु का स्व इन पहली "मैं" अवस्था में होता है। घर में कोई गम हो–घर के लोग रो-धो रहे हों लेकिन नवजात शिशु का स्व तो इस दशा में भी किलकारी मारता है, हाथ-पांव फेंकता है। इस "मैं" की अवस्था में "स्व" के लिये समाज की वस्तुएं *बेमतलब* (Meaninglss) है।

स्व की दूसरी अवस्था "मेरा" (Me) "मुझे", की है। इस अवस्था में दूसरों के प्रति स्व की अभिवृतियां संगठित हो जाती है। मेरी अवस्था में स्व दूसरों से सीखता है और दूसरों की वस्तुओं, मानकों, मूल्यों, भूमिकाओं आदि को मेरी (Me) बना लेता है। इस अवस्था में दूसरों की अभिव्यक्तियां और मनोभाव स्व के अपने हो जाते हैं। अब दूसरों के प्रभाव के कारण स्वंय व्यक्ति में चेतना आ जाती है। बच्चा समझने लगता है कि उसे समय पर सो

जाना है क्योंकि सुबह उसे विद्यालय जाना है। अब हर तरह से "स्व" जब मेरा बन जाता है तो वह समाज के मानक और मूल्यों को अपना समझने लगता है।

प्रकार्यवादी, उदाहरण के लिये, पारसंस व्यक्ति को एक अक्रियाशील और असृजनकर्ता मानते हैं क्योंकि उस पर सामाजिक व मनोवैज्ञानिक शक्तियां अधिकार कर लेती हैं। जार्ज होमन्स ने भी, जो वैयक्तिक मनोविज्ञान को मानते हैं, यही भूल की। *प्रकार्यवादियों का व्यक्ति के प्रति जो यह निष्क्रिय दृष्टिकोण है, मीड को स्वीकार नहीं हुआ। मीड दृढ़तापूर्वक कहते हैं कि व्यक्ति का स्व कभी भी निष्क्रिय नही है। वह तो बराबर सक्रिय व सृजनकारी है। उसके पास स्व-अन्तःक्रिया (Self-interaction) की ऐसी पद्धति है जिसके द्वारा वह स्वयं अपनी गतिविधियों को निर्धारित करता है*। मीड का कथन और उसकी सैद्धान्तिक स्थिति बहुत स्पष्ट है : व्यक्ति अपने परिवेश के संदर्भ में गतिविधि करता है। वह इस बात को पहचान लेता है कि पिछले अनुभव में इस क्रिया के करने से उसे लाभ हुआ या हानि। उदाहरण के लिये हम टमाटर को लें। एक अर्थ में टमाटर शरीर को पोषण देता है। यह पुष्ट आहार का एक अंग हैं। दूसरे अर्थ में हमारी नाराजगी होने पर हम फूहड़ कविता पढ़ने वाले कवि पर टमाटर फेंकते हैं यह हमारे क्रोध का प्रतीक है। टमाटर के इन दोनों प्रतीकात्मक अर्थों को व्यक्ति समझने लगता है और इसलिये उसकी यह समझ उसे क्रियाशील एवं सृजनशील बना देती है।

प्रतीकात्मक अन्तःक्रियावादी निर्धारणवाद को नहीं मानते। उनका कहना है कि मनुष्य के अन्दर अपने आप समाज के सम्पर्क में आकर मैं (I) मेरा (me) बनने लगता है। मीड ने "मैं" और "मेरा" की परिभाषा भी की है। "मैं" *सावयव का असंगठित प्रत्युत्तर (Unorganised Response) है। यह प्रतिउत्तर मूलभूत मनोभावों और अभिवृतियों से प्रेरित होता है। मेरा या मुझे (me) वह अवस्था है जिसमें व्यक्ति ने दूसरों से जो कुछ सीखा है उसके दायरे में प्रति उत्तर देता है*। यहां यह ध्यान में रखने की बात है कि कई बार मैं जब मेरा (me) की बात को अस्वीकार करता है तब ऐसी सम्भावना भी बनती है कि व्यक्ति किसी आविष्कार को जन्म दे या नवीनीकरण को प्रस्तुत करें।

अन्ततः मनुष्य के *स्व* में *मैं* होता है। इस *स्व* का जब समाजीकरण किया जाता है तो वह सिलसिले से मेरा या मुझे (Me) बनने लगता है।

(2) स्व-अन्तःक्रिया (Self-Interaction)

जब बाहरी समाज के मूल्य, मानक, भूमिका और प्रस्थिति *स्व* की दुनिया में पहुंचते हैं तब *स्व* और बाहर दुनिया के बीच में अन्तः क्रियाएं होती हैं, एक विवाद चलता है, बहस होती है। इस विवाद में *स्व* अपने तर्क देता है। उदाहरण के लिये भूखे बच्चे का स्व आग्रह पूर्वक कहता है कि दूध नहीं मिला तो वह भूख से मर जायेगा। बाहरी दुनिया की भूमिकाएं कहती हैं कि बीमारी के कारण उसकी माँ दूध देने में असमर्थ है। कुछ इस तरह के तर्क-वितर्क *स्व* और बाहरी दुनिया के बीच-बच्चों में ही नहीं वयस्कों में भी होते हैं।

मीड का कहना है और वे इस बात की व्याख्या भी करते हैं कि संचार की प्रक्रिया द्वारा एक व्यक्ति दूसरे व्यक्ति की भूमिका को स्वंय पर ओढ़ लेता है और इस तरह स्व की समाज के अन्य लोगों के साथ अन्तः क्रिया चलती रहती है। इसी अन्तः क्रिया की प्रक्रिया में अपने आप प्रतीकों की सूची का आकार बढ़ता जाता है। इस प्रकार दूसरे लोगों के अनुभवों को *स्व* लेता रहता है। और इस तरह *स्व* के अनुभवों का खजाना निरन्तर बढ़ता रहता है। वास्तव नें, *स्व* और बाहरी समाज के बीच बातचीत बराबर चलती रहती है।

(3) ***स्व का विकास (Development of the Self)***

मीड ने कई विधियों से, उदाहरण के लिये खेलकूद से, *स्व* के विकास को अपनी कृतियों में रखा है। लगभग दो वर्ष की अवस्था तक बच्चा खेलकूद की पूर्व अवस्था में होता है। इस अवस्था में सभी गतिविधियाँ बच्चे के लिये अर्थहीन होती है। जब लोग प्रतीकों के द्वारा अन्तःक्रियाएं करते हैं, तो बच्चा इन अन्तःक्रियाओं का अर्थ नहीं समझता। इसके बाद की अवस्था में वह प्रतीकों को समझने लगता है, भाषा का मतलब जानने लगता है, रोटी और दूध का अर्थ समझने लगता है। इस अवस्था में आकर बच्चा दूसरों की भूमिकाओं की नकल करने लगता है। खेल-खेल में वह अध्यापक बन जाता है। हम सभी परिचित हैं कि छोटे बच्चे टीचर-टीचर या डॉक्टर-डॉक्टर जैसे खेल खेलते हैं। इन खेलों के पीछे महत्वपूर्ण बात यह है कि व्यक्ति दूसरों की भूमिकाओं को निबाहना समझ जाता है। इस खेल में एक साथ कई खिलाड़ी खेलते हैं। इन विभिन्न खिलाड़ियों की भूमिकाओं को भी बच्चा अपनाने लगता है।

जैसे-जैसे बच्चा अपने विकास की अगली अवस्थाओं में पहुंचता हैं, भूमिका ग्रहण करने की प्रक्रिया लम्बी और जटिल होने लगती है। प्रतीकों की सूची भी बड़ी हो जाती है। उसके खजाने में विभिन्न शारीरिक हाव-भावों का विस्तार होता है। आगे चलकर व्यक्ति जिस समाज का सदस्य होता है, उसके मानक, मूल्य, भूमिकाएं और प्रस्थितियों को अपनाने लगता है। *स्व* के विकास की यह कहानी वस्तुतः मीड के प्रतीकात्मक अन्तःक्रिया सिद्धान्त का मूल आधार है।

(4) ***प्रतीकात्मक अभिप्राय (Symbolic Meaning)***

मीड के प्रतीक के अर्थ को *संकेत* (Gesture) की परिभाषा से लिया है। *संकेत* का एक प्रकार इशारा भी चेष्टा है। हम दांत दबाकर, भौंहि चढ़ाकर और मुट्ठी बांधकर दूसरे की तरफ झपटते हैं तो यह निश्चित रूप से आक्रमण करने का संकेत है। मीड ने *संकेत* (Gesture) की परिभाषा करते हुये कहा है कि *ये वे तत्व हैं जिनका स्व ने आंतरीकरण कर लिया है और जो एक ही अर्थ के प्रतीक है। अमुक संकेत का अर्थ समाज के सभी सदस्य एक समान लेते हैं। समाज के लोग जानते हैं कि आँखे लाल-पीली करने का अर्थ क्रोध है। आँख फेर लेने का मतलब उपेक्षा है।*

प्रतीक एक तरह के संकेत हैं जो शारीरिक मुद्राओं में हो सकते हैं, हाव-भाव में दिख

सकते हैं, नाच-गान और भाषा व साहित्य में परिलक्षित होते हैं। इनकी विशेषता यह है कि समाज के सभी सदस्य प्रतीक का एक या समान अर्थ निकालते हैं। जब अर्थ समान हो जाता है तो संचार में खुलकर संकेत काम में लाते हैं। सभी स्नेहपूर्ण एवं मृदुल शब्दों से परिचित हैं, सभी आक्रामक भाषा को जानते हैं। इसी कारण लोगों की सम्पूर्ण अन्तःक्रियाएं प्रतीकों द्वारा होती हैं। प्रतीक हटा लीजिये, मनुष्य पत्थर की मूरत बन जायेगें, न कोई उनमें अर्थ होगा और न कोई मनोभाव।

सारांश (हर्बर्ट मीड)

मीड के प्रतीकात्मक अन्तःक्रिया सिद्धान्त का मुहावरा *स्व* (Self) और प्रतीक (Symbols) हैं। जब मनुष्य एक-दूसरे के साथ बातचीत करते हैं, तब प्रतीकों का प्रयोग करते हैं। क्योंकि प्रतीकों के अर्थ को—शारीरिक संकेतों और हाव-भावों को समान रूप से समझते हैं और इसलिये प्रभावपूर्ण संचार हो जाता है। लेकिन इस तरह का संचार इतना सरल नहीं है। जब एक ही शब्द का अर्थ दूसरा निकालता है या भाषा ही दूसरी हो जाती है तब सारी संचार प्रणाली गड़बड़ा जाती है। मीड ने प्रतीकों की संचार पद्धति की भूमिका में बहुत कुछ लिखा है। जब वे *स्व* की भूमिका को समझते हैं तो विस्तृत रूप से इस तथ्य की व्याख्या करते हैं कि व्यक्ति के *स्व* का विकास दूसरों की भूमिका को अपना लेने से होता है। इस भूमिका द्वारा वह दूसरों की अभिव्यक्तियों, क्रियाओं को अपनी समझने लगता है। आज भी कई अन्तःक्रियावादी सिद्धान्तवेता भूमिका ग्रहण के महत्व को बुनियादी तत्व मानते हैं। *आर्नोल्ड रोस* (Arnold Rose) जो अन्तःक्रिया अध्ययन के जाने-माने विचारक हैं, दृढ़तापूर्वक कहते हैं कि दूसरों की भूमिका को ग्रहण किये बिना प्रतीकों का विकास नहीं हो सकता। *अलफ्रेड लिंडस्मिथ* (Alfred Lindesmith) और *अन्सेम स्ट्रॉस* (Anselm Strauss) भी इस बात को स्वीकार करते हैं कि जब दूसरों की भूमिकाओं को अपनाया नहीं जाता व्यक्ति समाज के प्रतीकों, मूल्यों, मानकों आदि को समझ नहीं सकता। मीड का यह सिद्धान्त बहुत सामान्य लगता है, लेकिन जब उन्होंने इसका प्रतिपादन किया, दूसरों के लिये अनुकरणीय बन गया।

हर्बर्ट ब्लूमर का प्रतीकात्मक अन्तःक्रियावादी सिद्धान्तः निर्वचन और विधि

प्रतीकात्मक अन्तःक्रिया सिद्धान्त के विकास में हर्बर्ट ब्लूमर एक मील के पत्थर हैं। वे ऐसे हस्ताक्षर हैं जिन्होंने प्रतीकात्मक सिद्धान्त को उसकी वर्तमान ऊंचाईयों तक पहुंचाया है। वे हर्बर्ट मीड के शिष्य थे और उन्होंने अपनी सम्पूर्ण शिक्षा-दीक्षा अमेरीका में पायी है। इनका जन्म अमेरीका में 1900 में हुआ। वे 1921 से 1952 तब बराबर शिकागो विश्वविद्यालय में काम करते रहे। 1928 में इसी विश्वविद्यालय से उन्होंने डॉक्टरेट की उपाधि प्राप्त की। बाद में थोड़े समय के लिये वे केलिफोर्निया विश्वविद्यालय में रहे। उनके अकादमिक जीवन का एकमात्र उद्देश्य यह था कि अपने गुरू मीड के सिद्धान्त को आगे बढ़ाएं, उसे नये क्षितिजों तक पहुंचायें।

ब्लूमर का जीवन बहु आयामी था। वे अध्यापन और अनुसंधान करने के साथ-साथ फुटबाल के पेशेवर खिलाड़ी भी थे। जहां कहीं श्रमिकों में विवाद होता, उसे सुलझाने में ब्लूमर मध्यस्थता करते थे। रूचिकर बात यह है कि वे गुंडों और माफिया गेंग के सदस्यों का साक्षात्कार भी लेते थे। ब्लूमर की समाजशास्त्र और सैद्धान्तिक दुनिया में ऊंची प्रतिष्ठा का बहुत बड़ा कारण 1941 से 1952 तक "अमेरीका जर्नल ऑफ सोशियोलोजी" का सम्पादन था। 1956 में वे अमेरीका के समाजशास्त्रियों की परिषद के अध्यक्ष भी रहे।

ब्लूमर का प्रतीकात्मक अन्तःक्रिया सिद्धान्त के विकास में एक निश्चित महत्वपूर्ण योगदान है। इस योगदान के तीन महत्वपूर्ण पहलू हैः

1. निर्वचन (Interpretation)
2. प्रतीकात्मक अन्तःक्रियावाद के तीन मौलिक आधार-वाक्य (Three Basic Premises of Symbolic Interactionism)
3. संरचना और प्रक्रिया (Structure and Process)
4. विधि (Methodology)

(1) निर्वचन (Interpretation)

ब्लूमर की एक विशेषता यह है कि उन्होंने मीड के सिद्धान्त का एक तार्किक स्वरूप प्रस्तुत किया है। वे मीड के इस बिन्दु को बराबर उजागर करते हैं कि मनुष्य की अन्तःक्रियाओं को व्यवहारवादी मनोविज्ञान द्वारा नहीं समझा जा सकता। उनका आग्रह है कि *उद्दीपन प्रत्युत्तर* (Stimulus-Response) अवधारणा जिसे होमन्स ने विकसित किया है, अपर्याप्त है। ब्लूमर ने अपनी अकादमिक गतिविधियों में यह स्थापित करने का पूरा प्रयास किया है कि किसी भी व्यवहार या क्रिया में व्यक्ति ही निर्धारक तत्व होता है। यह तो *स्व* (Self) ही निश्चित करता है कि अमुक दशा में उसे कैसा व्यवहार करना चाहिये। अतः सामाजिक, सांस्कृतिक और आर्थिक कारकों की तुलना में व्यक्ति का *स्व* एक शक्तिशाली कारक है। वास्तविकता यह है कि *कर्त्ता* (Actor) व्यक्ति के बाहरवाली दुनिया का स्वंय निर्वचन करता है, इस दुनिया के बारे में अपनी *समझ* (Understanding) स्वयं बनाता है और उसी के अनुसार काम भी करता है। मीड के इस तर्क को स्थापित करने का काम ब्लूमर ने किया। *इसी कारण ब्लूमर के प्रतीकात्मक अन्तःक्रिया सिद्धान्त का बहुत बड़ा आधार वाक्य (Premise) निर्वचन है*।

निर्वचन का ताकतवर तर्क उद्दीपन-प्रत्युत्तर के क्षेत्र में है। वे सिद्धान्तवेत्ता जिन्होंने उद्दीपन-प्रत्युत्तर अवधारणा को रखा है, खासकर विनिमय सिद्धान्तवेत्त का कहना है कि परिवेश और समाज, उद्दीपन प्रस्तुत करता है—भूखण्डों की निलामी सस्ते दामों पर हो रही है, इन्हें उदाहरण स्वरूप लिया जा सकता है। स्पष्ट रूप से यह उद्दीपन की स्थिति है। कर्ता प्रभावित होते हैं, वह भूमिहीन है, उसके पास कोई आवास नहीं। वह भूमि खण्ड को नीलाम में ले लेता है। यह उसका प्रत्युत्तर है। इस अवधारणा को विनिमय सिद्धान्तवेत्ताओं और

विशेषकर होमन्स ने रखा है।

हर्बर्ट ब्लूमर *उद्दीपन-प्रत्युत्तर* अवधारणा में एक बुनियादी संशोधन करते हैं। समाज कर्ता को उद्दीपन देता है। लेकिन इस उद्दीपन का प्रत्युत्तर सीधा नहीं आता। कर्ता का *स्व* है। उद्दीपन व *स्व* में अन्तःक्रिया होती है। बराबर *स्व* उद्दीपन से विवाद करता है, यह विवाद *स्व* और *उद्दीपन* द्वारा किया गया निर्वचन है। *जब तक स्व उद्दीपन के निर्वचन से आश्वस्त नहीं होता, विश्वस्त नहीं होता, वह उसे स्वीकार नहीं करता*। इसलिये ब्लूमर उद्दीपन प्रत्युत्तर के बीच निर्वचन को महत्वपूर्ण स्थान देना चाहते हैं। ब्लूमर संशोधित अवधारणा को इस तरह रखते हैं: *उद्दीपन-निर्वचन-प्रत्युत्तर (Stimulus-Interpretation-Response)*। पिछले दृष्टान्त में जब भूखण्ड की निलामी की बात (A) से कहता है तो (B) उसका निर्वचन करता है: मुझे अभी भूखण्ड खरीदने की क्या जरूरत है, जहाँ मैं रह रहा हूँ ठीक ही हूँ। अभी भूखण्ड में रकम लगाने की क्या आवश्यकता है? (A) द्वारा दिये गये उद्दीपन पर (B) पूरी बहस करता है यानि उद्दीपन का निर्वचन करता हैं, आश्वस्त होता है और भूखण्ड ले लेता है। तो इस दृष्टान्त में होमन्स की व्याख्या के अनुसार निर्वचन को कोई स्थान नहीं था। ब्लूमर ने उसे स्थान दे दिया। ब्लूमर प्रतीकात्मक अन्तःक्रियावाद्र में *व्यवहारवाद* को अस्वीकार करते हैं। इसके स्थान पर वे *निर्वचन* को उपयोगी मानते हैं।

जिसे ब्लूमर निर्वचन की प्रक्रिया द्वारा समझाते हैं, उसे वे *स्व-संकेत* (Self-indication) भी कहते हैं। अर्थात् जब बाहरी दुनिया की वस्तु अन्दर जाती है तो बराबर *स्व* अपनी दृष्टि से स्वीकार या अस्वीकार करने का संकेत देता है क्योंकि यह संकेत व्यक्ति का स्वंय का हैं, ब्लूमर इसे *स्व-संकेत* कहते हैं।

निर्वचन की प्रक्रिया में *संकेत* (Gestures) महत्वपूर्ण हैं। पिछले अध्याय में हमने मीड द्वारा दी गयी संकेत की परिभाषा का विवरण दिया है। संकेत का जो अर्थ मीड ने लिया है, वही ब्लूमर ने भी लिया है। इसमें मुख्य बात यह है कि व्यक्ति संकेत को समझने के लिये दूसरों की भूमिका को स्वंय अपना लेता है। और ऐसा करने से उसे संकेत समझने में सुविधा होती है। संकेत देने वाला और ग्रहण करने वाला दोनों ही महत्वपूर्ण है और दोनों को एक दूसरे के जूते में अपने पाँव रखने होगें। ऐसा करने में कोई तैयारी नहीं करनी पड़ती। होता यह है कि कर्त्ता दूसरों की क्रियाओं का अर्थ निकालता है, निर्वचन करता है और एक तरह से परिभाषा करता है। यह सब करने के बाद कर्त्ता क्रिया का प्रत्युत्तर देता है। जब व्यक्ति निर्वचन करता है तो इसका सीधा मतलब है कि वह एक ऐसी प्रक्रियाओं में लग जाता है जब वह दूसरे की क्रिया का अर्थ निकालने का प्रयास करता है। चित्र में से इसे निम्न प्रकार से प्रस्तुत करेंगें:

निर्वचन की प्रक्रिया

उद्दीपन

(Stimulus)

स्व	(निर्वचन)	प्रत्युत्तर
(Self)	(Interpretation)	(Response)

कई बार ऐसी स्थिति आती है जब क्रिया करने वाले दोनों ही व्यक्तियों को एक दूसरे की भाषा का ज्ञान नहीं होता अर्थात् दोनों ही व्यक्ति प्रतीकों का अर्थ नहीं निकाल सकते, निर्वचन नहीं कर सकते। जब एक हिन्दी भाषी व्यक्ति कन्नड़ भाषी व्यक्ति से अन्तःक्रिया करता है तो दोनों ही के लिए एक-दूसरे की भाषा को समझना दूभर होता है। प्रतीकों का अर्थ दोनों ही नहीं निकाल सकते। ऐसी अवस्था में दुभाषिये की आवश्यकता होती है, जो दोनों को प्रतीकों के अर्थ समझने में मदद कर सके। ब्लूमर इस तथ्य पर जोर देते हैं कि जब तक दूसरे व्यक्ति की क्रिया का सही निर्वचन नहीं होता, तब तक यह क्रिया अप्रतीकात्मक ही रहती है। इस तरह की अप्रतीकात्मक अन्तःक्रिया कुछ विशेष अवसरों पर भी देखने को मिलती है। मनुष्य जब क्रोध में होता है, वह बहुत कुछ कर जाता है और इस अवसर पर उसके द्वारा प्रयुक्त प्रतीक बेमतलब हो जाते हैं। कभी-कभी खुद की सुरक्षा में भी आदमी ऐसी क्रियाएं कर लेता है जो अप्रतीकात्मक होती हैं।

(2) प्रतीकात्मक अन्तःक्रियावाद के तीन मौलिक आधार-वाक्य

(Three Basic Premises of Symbolic Interactionism)

यहाँ हम हर्बर्ट ब्लूमर के प्रतीकात्मक अन्तःक्रियावादी सिद्धान्त के क्षेत्र में किये गये योगदान की चर्चा कर रहे हैं। उन्होंने उद्धीपन-प्रत्युत्तर सूत्र को बदल दिया। इसमें उन्होंने निर्वचन की भूमिका को महत्वपूर्ण स्थान दिया है। इसके बाद उनका कहना है कि प्रतीकात्मक निर्वचन में तीन मौलिक आधार-वाक्य (Premises) है जिन्हें बराबर ध्यान में रखना चाहिये। वास्तव में यह आधार वाक्य प्रतीकों के निर्वचन में एक विशेष दृष्टिकोण या संदर्श प्रदान करते हैं। ये आधार-वाक्य एक प्रकार के पैमाने हैं, जिनकी सहायता से हम प्रतीकात्मक अन्तःक्रिया को समझ सकते हैं। ब्लूमर ने जिन तीन आधार-वाक्यों की चर्चा की हैं वे इस तरह हैं:

1. मनुष्य की क्रियाओं में *अभिप्राय* (Meaning) का महत्व,
2. अभिप्राय का स्रोत (Source), और
3. निर्वचन में अभिप्राय की भूमिका।

(1) मनुष्य की क्रियाओं में अभिप्रायः (Meaning) का महत्वः

ब्लूमर का कहना है कि तीन आधार-वाक्यों में प्रतीकों का अभिप्राय बहुत महत्वपूर्ण है। *सामान्यतया मनुष्य वस्तुओं का जो अर्थ निकालते हैं, उसी के अनुरूप कार्य करते हैं।* उदाहरण के लिये जब कोई हमें सिनेमा देखने का निमंत्रण देता है तो हम सिनेमा देखने के

अभिप्राय को समझते हैं—मनोरंजन मौज-मजा, इत्यादि। हम इसी अभिप्राय के अनुसार सिनेमा हाल में जाकर बैठते हैं। वहां जाकर हम गणित के सवाल हल करने के लिये जो गंभीरता चाहिये उसे नहीं अपनाते। यह इसलिये कि हमको सिनेमा देखने का अभिप्राय मालूम है।

ब्लूमर जब अभिप्राय की चर्चा करते हैं तो इसमें चेतना या जानकारी की भी बात करते हैं। यह चेतना या जानकारी व्यक्ति अभिप्राय के कारण ही रखता है। उदाहरण के लिये एक मुसाफिर रेलगाड़ी में हमारे साथ डिब्बे में बैठता है। वह बराबर एकाग्र होकर कुछ न कुछ बड़बड़ाता रहता है। कई बार तो हमें उसके बड़बड़ाने की आवाज स्पष्ट सुनाई देती है। वह कॉलेज में पढ़ाई करता है। उसके एक बड़े भाई साहब है, एकाएक बीमार हो गये। मुसाफिर की भाभी और दो बच्चे हैं। ऐसा लगता है कि भाई साहब जिनका धन्धा व्यापार है, भविष्य में काम नहीं कर सकेगें। मुसाफिर को बाध्य होकर पढ़ाई छोड़कर भाई के धंधे को अपनाना है। इसलिये वह इस यात्रा पर चला है। वह बराबर बड़बड़ाता है कि क्या व्यापार को वह सुचारू रूप से चला पायेगा, यदि पूँजी की आवश्यकता हुई तो वह कहाँ से व्यवस्था करेगा और इस तरह के ढेरों प्रश्न उसके मस्तिष्क में उठते हैं। *यह दृष्टान्त अभिप्राय निकालने की एक प्रक्रिया है*। यह मुसाफिर जो बड़बड़ा रहा था, शायद इसलिये कि उसमें अत्यधिक तनाव था। हम सभी लोग सामाजिक व सांस्कृतिक परिवेश में जब ऐसे उद्दीपनों से मुकाबला करते हैं तो बराबर उद्दीपनों में प्रयुक्त प्रतीकों के अर्थ को निकालने के लिये संघर्ष करते हैं। कई बार अभिप्राय निकालने की यह प्रक्रिया क्षणिक होती है और कई बार बहुत लम्बी।

अभिप्राय को निकालने के लिये व्यक्ति को प्रतीकों के बारे में जानकारी या चेतना अवश्य होनी चाहिये। ऊपर के दृष्टान्त में यदि व्यक्ति व्यापार का अभिप्राय नहीं जानता है, व्यापार में पूँजी के निवेश को नही समझता है, भाई साहब की बीमारी, भाभी के तनाव और परिवार के उत्तरदायित्व के अभिप्राय को नहीं समझता है तो वह इस चुनौती का प्रत्युत्तर नहीं दे सकता। *घटनाओं के अभिप्राय को निकालकर* वास्तव में यह मुसाफिर भविष्य में होने वाले अपने व्यवहार को निश्चित कर रहा होता है। *अतः मनुष्य की कोई भी क्रिया इस तथ्य पर निर्भर हैं कि वह क्रिया का अभिप्राय क्या निकालता है और भविष्य में क्रिया करने के लिये क्या वह पर्याप्त जानकारी और चेतना रखता है?*

ब्लूमर के प्रतीकात्मक अन्तःक्रिया सिद्धान्त में जो तीन बुनियादी आधार वाक्य हैं, उनका यह पहला बिन्दु है जो *अभिप्राय और चेतना पर आश्रित है*।

(2) अभिप्राय का स्रोत (Source):

आधार-वाक्य में दूसरी महत्वपूर्ण बात यह है कि व्यक्ति जो अभिप्राय निकालता है अथवा जो अर्थ समझता है, आखिर उसका स्रोत क्या है? इस अभिप्राय का उद्‌गम कहाँ हैं? यह किससे जुड़ा है? ब्लूमर कहते हैं कि *व्यक्ति अपने सहयोगियों, साथियों, विरोधियों के साथ जो सामाजिक अन्तःक्रिया करता है, इन्हीं अन्तःक्रियाओं से वह अभिप्राय निकालता है।*

पिछली बार जब हमने अपने पड़ौसी को मदद दी थी तब उसके बदले में हम जब कभी आपत्ति में आये, उसने हमें बेबाक होकर सहायता दी। इस अन्तःक्रिया से हमने प्रतीक का अर्थ निकाला कि अपने पड़ौसियों और सहयोगियों को आवश्यकतानुसार अवश्य मदद देनी चाहिये। ब्लूमर कहना यह चाहते हैं कि प्रतीकों का अभिप्राय एक दूसरे के बीच जो सामाजिक अन्तःक्रियाएं होती है उन्हीं से निकलता है। अभिप्राय का उद्‌गम ये ही दूसरों के साथ किये जाने वाले सामाजिक सम्बन्ध हैं।

वास्तव में अभिप्राय एक सामाजिक पैदाइश है। अभिप्राय निकाला जाता है। अपने आप में अन्तःक्रिया कुछ नहीं है। अभिप्राय तो व्यक्ति द्वारा निकाला जाता है। जब एक आदिवासी से कहा जाता है कि वह विवाह में सम्मिलित होने के लिये आमंत्रित है तो *विवाह अपने आप में उसके लिये प्रमुख नहीं है, बल्कि इससे आदिवासी इसका जो अभिप्राय निकालता है कि इस विवाह में उसे छक कर शराब पीने को मिलेगी और रात भर नाचने* का अवसर मिलेगा। उसके समुदाय में जहां कहीं विवाह होता है *शराब, बकरा और नाच* सामान्यतया होते हैं। अतः वस्तु का अभिप्राय एक व्यक्ति के लिये वह होता है जिसे वह दूसरे व्यक्तियों के साथ बराबर देखता आ रहा है। एक और दृष्टान्त। अगर एक आदिवासी को बेडमिन्टन के खेल में प्रस्तुत कर दिया जाये तो वह इसका यानि खेल का कोई अभिप्राय नहीं निकाल पायेगा क्योंकि उसने व उसके समाज ने इस खेल का नाम कभी सुना ही नहीं। ऐसी स्थिति में किसी अभिप्राय को निकालना असम्भव है।

(3) निर्वचन में अभिप्राय की भूमिका:

वस्तुओं के जो भी अर्थ होते हैं, अभिप्राय और निर्वचन होते हैं, उन्हें स्वंय व्यक्ति तय करता है। जो अभिप्राय वह ठीक समझता है, वही उसके लिये सही है। यह प्रक्रिया किस तरह काम करती है? कर्ता के स्व में निर्वचन की एक प्रक्रिया चलती है। कर्ता के सामने जो भी वस्तु, प्रसंग और घटनाएं है उनके अभिप्राय को, अर्थ को, वह समझना चाहता है। वस्तु में निहित जितने भी प्रतीक है उनकी वह मीमांसा करता है, व्याख्या करता है। यह सब निर्वचन है। *इस सारी कवायद के बाद वस्तु से जो अभिप्राय व्यक्ति निकालता है,* उसी के अनुसार वह कार्य करता है।

ब्लूमर ने प्रतीकात्मक सिद्धान्त निर्माण की कुछ विशेषताओं को रखा है। वे बुनियादी विशेषताओं में निर्वचन की चर्चा करते हैं। इस सिद्धान्त की दूसरी विशेषता तीन आधार वाक्य या क्षेत्र है। इन क्षेत्रों में क्रियाओं का अभिप्राय, अभिप्राय का स्त्रोत और निर्वचन में इसकी भूमिका पर उन्होंने चर्चा की है। अब हम ब्लूमर द्वारा बताये गये तीसरे संदर्श या सिद्धान्त की तीसरी विशेषता का उल्लेख करेगें। यह विशेषता समाजिक-संरचना व प्रक्रिया है।

(3) संरचना एवं प्रक्रिया
(Structure and Process)

ब्लूमर ने प्रतीकात्मक अन्तःक्रिया सिद्धान्त में समाज और संरचना के विवाद को उठाया है। जब कभी वे संरचना का उल्लेख करते हैं तो उनका यह सिद्धान्त इतना संकीर्ण हो जाता है कि यदि इसमें किंचित मात्र भी लापरवाही बरती गयी तो यह हमें सिद्धान्त से भटका सकती है। ब्लूमर कहते हैं कि समाज अपनी अपेक्षित प्राप्ति के लिंये बराबर प्रयत्नशील रहता है तथा घटनाओं और प्रसंगों के अनुसार उनमें अनुकूलन करने की क्षमता होती है। मीड ने और इसी अर्थ में ब्लूमर ने समाज और संरचना में अन्तर किया है। संरचना तो समाज का एक अंग है। वे यह स्वीकार करते हैं कि किसी भी समाज में कोई न कोई संरचना अवश्य होती है। ब्लूमर का यह भी मानना है कि समाज में संरचना की एक निश्चित भूमिका होती है। उनके अनुसार *सामाजिक संरचना एक ऐसा गठबन्धन है, जिसमें अगणित सामाजिक भूमिकाएं होती है, प्रतिष्ठा समूह होते हैं, उच्चों उच्च व्यवस्था होती है, नौकरशाही संगठन होता है, विभिन्न संस्थाओं के बीच में सम्बन्ध होते हैं। खण्ड-खण्ड प्राधिकार सम्बन्ध होते हैं और इसी तरह के कई अन्य सम्बन्ध भी होते हैं।*

संरचना की भूमिका को तो ब्लूमर भी स्वीकार करते हैं, लेकिन यहाँ संरचना को देखने का ब्लूमर का दृष्टिकोण कुछ भिन्न है। उनका कहना है कि *सामाजिक भूमिकाओं* (Social Roles) और अन्तःक्रियात्मक भूमिकाओं (Interactional Roles) में अन्तर है। जब प्रतीकात्मक अन्तःक्रियावादी भूमिका की बात करते हैं तो इससे उनका मतलब सामाजिक या सांस्कृतिक भूमिका से नहीं होता। अन्तःक्रियात्मक भूमिका से उनका मतलब ऐसी क्रिया से होता है जिसे एक व्यक्ति अपने स्व के अनुभव के आधार पर करता है। एक जगह पर इर्विंग गोफमेन, जो प्रतीकात्मक अन्तःक्रिया के संदर्श का प्रयोग अधिकृत रूप से करते हैं, का कहना है कि इस क्रिया में व्यक्ति उन्हीं प्रतीकों को अर्थ देता है, जिनका उसे अनुभव है। वास्तव में, ब्लूमर अपने आपको प्रकार्यवादियों और संघर्ष सिद्धान्तवेताओं से भिन्न मानते हैं। प्रकार्यात्मक और संघर्ष सिद्धान्तवेता व्यवहार के विश्लेषण में सामाजिक संरचना पर अधिक जोर देते हैं। उनका कहना है कि व्यक्ति जब अन्तःक्रिया करता है तो यह अन्तःक्रिया समाज द्वारा संरचित होती है।

ब्लूमर ने प्रतीकात्मक संरचना के संदर्श को विकसित करने में अन्तःक्रिया, तीन बुनियादी प्रतीकात्मक अन्तःक्रिया के आधार-वाक्य तथा इनके अतिरिक्त संरचना व प्रक्रिया पर जोर दिया है। वे संरचना का अर्थ प्रकार्यवादियों की तरह नहीं लेते। प्रकार्यवादी तो संरचना को सामाजिक व सांस्कृतिक भूमिकाओं के रूप में लेते हैं, जबकि ब्लूमर इन अन्तःक्रियाओं को केवल व्यक्तियों के बीच की अन्तःक्रिया मानते हैं।

(4) ***विधि*** (Methodology)

ब्लूमर ने प्रतीकात्मक अन्तःक्रियावाद की विधि के क्षेत्र में सराहनीय काम किया है। इसी

उपलब्धि पर 1983 में ब्लूमर को अमेरिका की समाजशास्त्रीय परिषद ने *विशिष्ट पाण्डित्य* (Scholarship) हेतु उन्हें पारितोषिक दिया था। इस पारितोषिक के प्रशंसात्मक *उद्धरण* (Citation) में कहा गया था कि ब्लूमर के विधि सम्बन्धी मुद्दों में एक बहुत बड़ी गहराई है और यही उनका पाण्डित्य है।

ब्लूमर ने जब प्रतीकात्मक अन्तःक्रिया सिद्धान्त को विकसित किया उस समय उन्होंने कहा था कि *मनुष्य व्यवहार को समझने के लिये आगमनात्मक उपागम (Inductive Approach) सबसे अधिक उपयोगी है। अपने बाद के जीवन में ब्लूमर ने वस्तुतः अपने आपको आगमनात्मक रणनीति के लिये प्रतिबद्ध कर दिया। उन्होंने स्पष्ट शब्दों में कहा कि प्रतीकात्मक अन्तःक्रियावाद एक ऐसा वैज्ञानिक उपागम है जिसमें वह किसी समस्या को आनुभविक दुनिया के साथ जोड़कर देखता है*। वे आगे अपनी सफाई में और कहते हैं कि प्रतीकात्मक अन्तःक्रियावाद प्रकार्यवादियों की तरह *निगमनात्मक सिद्धान्त* (Deductive Theory) को नहीं अपनाता।

यदि हम ब्लूमर के सिद्धान्त निर्माण की सम्पूर्ण प्रक्रिया को देखें तो यह स्पष्ट हो जायेगा कि उनका विधि सिद्धान्त निर्माण अन्य विधियों से एकदम भिन्न है। सबसे पहले तो उनका यह आरोप है कि समाजशास्त्र में सिद्धान्त निर्माण के लिये जिन अवधारणाओं को काम में लिया जाता है उनकी आनुभविक दुनिया की पकड़ बहुत कमजोर है। इसके लिये ब्लूमर का तर्क है कि आनुभविक दुनिया की प्रक्रियाओं में प्रतीक बराबर बदलते रहते हैं। ऐसी अवस्था में समाजशास्त्रीय अवधारणाएं इन बदलते प्रतीकों को अपने अन्दर समेट नहीं पाती।

ब्लूमर का तर्क है कि समाजशास्त्रीय सिद्धान्त निर्माण में ऐसी अवधारणाओं को बनाना चाहिये जो *संवेदनशील* (Sensitizing) हो। *वास्तव में संवेदनशील अवधारणाएं ही मनुष्य के स्व में जो परिवर्तन आते हैं, उनका ब्यौरा जान सकती है*। ब्लूमर का शक्तिशाली तर्क है कि केवल स्व ही ऐसा है जो बदलती हुयी दुनिया के सम्पर्क में आता है। इसलिये इसके अध्ययन में आगमनात्मक नियम ही उपयुक्त होते हैं। *स्व आनुभविक दुनिया का निर्वचन करता है, इसी के परिणामस्वरूप प्रति उत्तर होता है और यह प्रत्युत्तर ही आगमनात्मक नियम को बनाता है*।

आगमनात्मक विधि को स्वीकार करने के बाद ब्लूमर उन पद्धतियों का उल्लेख करते हैं जिनके द्वारा आनुभविक दुनिया को समझा ज़ा सकता है। *पहली पद्धति अन्वेषणात्मक (Exploratory)* है। वह किसी एक अध्ययन विधि को लेकर तथ्य संग्रह करता है, लेकिन जब इस विधि से उसे अपेक्षित जानकारी नहीं मिलती तो वह दूसरी विधि को अपनाता है। यह एक प्रकार की खोज है, अन्वेषण है। जो विधि अपेक्षित तथ्यों को प्रदान करती है, अन्ततोगत्वा वह उसी विधि को अपना लेता है। इसके बाद तथ्य एकत्र करने की दूसरी पद्धति, जिसका ब्लूमर समर्थन करते हैं, वह *निरीक्षण* (Inspection) पद्धति है। इस विधि द्वारा अनुसंधानकर्ता अपने सम्पूर्ण अध्ययन क्षेत्र की गहराई से जानकारी लेता है। यह कर

लेने के बाद यदि आवश्यकता हुयी तो वह *गुणात्मक पद्धति* (Qualitative Method) को भी अपनाता है।

सारांश (ब्लूमर)

प्रतीकात्मक अन्तःक्रियावादी सिद्धान्त की परम्परा "में" मीड के बाद ब्लूमर का स्थान महत्वपूर्ण है। ब्लूमर के इस योगदान को उच्च स्तरीय समझा जाता है। ब्लूमर का दृष्टिकोण बहुत स्पष्ट है। उनका कहना है कि नवजात शिशु की स्थिति में मनुष्य का स्व असंगठित होता है। लेकिन धीरे-धीरे यह *स्व* निर्वचन द्वारा समाज के मूल्यों, मानकों, भूमिकाओं और प्रस्थितियों को अपनाता है। तब उसका *"मैं" मेरा* हो जाता है। इस सम्पूर्ण विकास में कई प्रक्रियाएँ काम करती है और इस तरह प्रतीकों के एक लम्बे चौड़े जाल में अन्तःक्रियाएँ अर्थपूर्ण होती जाती है।

ब्लूमर ने प्रतीकात्मक अन्तःक्रियावाद के लिये सिद्धान्त निर्माण में, एक सीधी-सादी प्रक्रिया को अपनाया है। ब्लूमर का आग्रह है कोई भी प्रतीकात्मक सिद्धान्त आगमन विधि के बिना नहीं बन सकता। वास्तव में प्रतीकात्मक प्रक्रियाएं बराबर बदलती रहती हैं। और जब तक संवेदनशीलता के साथ इन बदलते प्रतीकों को बराबर पकड़ा नहीं जाता, सिद्धान्त नहीं बन सकता। उदाहरण के लिये भारतीय संदर्भ में स्त्री, कमजोर, मात्रा, विश्वास, असहाय, माता आदि प्रतीकों में देखी जाती रही है। आज ये स्त्री से सम्बन्धित प्रतीक बदल गये हैं। वह बराबरी की भागीदार है। राज्य लिंग के आधार पर भेद को स्वीकार नहीं करता, ऐसे ही कई अन्य प्रतीक हैं जो बराबर बदलते रहते हैं और इसलिये आगमनात्मक विधि ही प्रतीकात्मक अन्तःक्रियावाद सिद्धान्त निर्माण की उचित क्रिया है। इसी विधि द्वारा, ब्लूमर कहते हैं, प्रतीकात्मक अन्तःक्रियावाद सिद्धान्त जमीन से जुड़ा रह सकता है, आनुभविकता से बंधा रह सकता है। इस सिद्धान्त के मुख्य मुहावरे को सार रूप में प्रस्तुत करते हुये ब्लूमर दृढ़तापूर्वक कहते हैं कि समाज और कुछ न होकर *प्रतीकात्मक अन्तःक्रिया* ही (Society is symbolic interaction) है।

समाज को प्रतीकों का ताना-बाना मानते हुये कहीं भी ब्लूमर यह नहीं बताते कि यह ताना-बाना यानि समाज किस भांति एक सूत्र में बंधा रहेगा, किस तरह उसकी निरन्तरता बनी रहेगी। ब्लूमर सामाजिक संरचना की बात तो करते हैं लेकिन उनकी यह संरचना स्पष्ट नहीं है। जिस प्रकार पारसंस की सामाजिक व्यवस्था पद्धति की आलोचना हुयी है, जिस तरह डेहरेनडॉर्फ के *आई.सी.ए.* (Imperatively Coordinated Association) को संदेह की दृष्टि से देखा गया है, ठीक कुछ इसी तरह ब्लूमर यह नहीं बताते कि अन्तःक्रिया-प्रक्रियाएं किस भांति सामाजिक संरचना से जुड़ी हुयी है। इन दोनों के बीच प्रतीकों की क्या भूमिका है, इसके प्रति भी वे मौन हैं। वे यह भी नहीं बताते कि किस भांति प्रतीकात्मक अन्तःक्रिया सामाजिकता को बनाती है, बनाये रखती है और किस प्रकार उसके प्रतिमान बदलते रहते हैं। आज आवश्यकता इस बात की है कि इस तरह के कुछ प्रश्न जो प्रतीकात्मक अन्तःक्रियावाद

से जुड़े है, उनका उत्तर आना चाहिये, उन पर विवेचन होना चाहिये।

इर्विंग गोफमेन : अभिनय कला (Dramaturgy) और अन्त:क्रिया व्यवस्था

वस्तुतः प्रतीकात्मक अन्त:क्रियावादी सिद्धान्त निर्माण की प्रक्रिया गुरू-शिष्य परम्परा के विकास से जुड़ी हुयी है। 1863-1931 की काल अवधि में जार्ज हर्बर्ट मीड ने प्रतीकात्मक अन्त:क्रियावादी सिद्धान्त के निर्माण में एक मशाल प्रज्ज्वलित की थी। जितना वे भर सकते थे उतना तेल उन्होंने इस मशाल में भरा। आगे बढ़े और इसे अपने शिष्य हर्बर्ट ब्लूमर के हाथों में थमा दिया और ब्लूमर ने इस मशाल को अपने मजबूत हाथों में पकड़ कर इसका संशोधन एवं संवर्धन किया। आगे बढ़े और उन्होंने इस मशाल को अपने शिष्य इर्विंग गोफमेन के हाथों पर धर दिया। इस भांति प्रतीकात्मक अन्त:क्रियावाद की यह मशाल, यानि सिद्धान्त, मीड से होती हुयी गोफमेन के हाथों तक आयी।

गोफमेन ने प्रतीकात्मक अन्त:क्रियावाद के विकास में और अवधारणाओं के निर्माण में अद्विर्तीय काम किया है। जो कुछ गोफमेन ने लिखा है उसका प्रभाव कई सिद्धान्तवेत्ताओं पर पड़ा है। इन सिद्धान्त वेताओं ने गोफमेन के केन्द्रीय संदर्श को नाना प्रकार से अपनाया। उदाहरण के लिये पीटर ब्लॉ ने गोफमेन की भूमिका की दूरी (Role distance) से सम्बन्धित अवधारणा को सामाजिक विनिमय सिद्धान्त में अपनाया। *इथनोमेथेडोलॉजी* (Ethnomethodology) सिद्धान्त को गोफमेन ने प्रभावित किया तथा रोनाल्ड कोलिन्स के संघर्ष सिद्धान्त पर भी गोफमेन की छाप है। कोलिन्स गोफमेन को भावभीनी श्रद्धांजलि प्रस्तुन करते हुए कहा कि *यदि राबर्ट मर्टन अमेरीका के व्यावसायिक समाजशास्त्र में प्रतिष्ठित व्यक्ति थे, यदि सी. राइट मिल्स पर सर्वाधिक राजनीतिक प्रभाव था, और यदि टालकट पारसंस एक विलक्षण सिद्धान्तवेत्ता थे, तो इर्विंग गोफमेन एक ऐसे समाजशास्त्री थे जिन्होंने बौद्धिक विकास में अद्वितीय योगदान दिया है।*

गोफमेन का जन्म अमेरिका में मेनविले में 1922 में हुआ था। उन्होंने अपनी स्नातक परीक्षा टोरोन्टों से 1945 में उत्तीर्ण की। उन्होंने स्नातकोत्तर एवं डॉक्टरेट शिकागो विश्वविद्यालय से किया। डॉक्टरेट लेने के तुरन्त बाद, वे अपने गुरू हर्बर्ट ब्लूमर के पास केलिफोर्निया विश्विद्यालय आ गये। यहां उन्होंने 1969 तक अध्यापन किया। यहां से वे पेन्सिलवेनिया विश्वविद्यालय में मानवशास्त्र व समाजशास्त्र के प्रोफेसर बने। 1982 में अपनी असामयिक मृत्यु पर्यन्त वे इस विश्वविद्यालय में प्रोफेसर बने रहे।

गोफमेन पर ब्लूमर और मीड दोनों का प्रभाव था, यानि उन्हें अपने गुरू के गुरू व अपने गुरू से प्रतीकात्मक अन्त:क्रिया सिद्धान्त के निर्माण में पर्याप्त मार्गदर्शन मिला। जो भी कार्य गोफमेन ने इस सिद्धान्त के क्षेत्र में किया है, उसका सम्पूर्ण संदर्भ उनकी पुस्तक : द *प्रजेन्टेशन ऑफ सेल्फ इन एवरी-डे लाइफ* (The Presentation of Self in Everyday Life) में है। बाद में भी उन्होंने बहुत कुछ लिखा पर यह सब मूल रूप से उनकी इस पुस्तक में उपलब्ध है। उनके सिद्धान्त का केन्द्रीय मुहावरा है कि *मनुष्य हमेशा सक्रिय रहा है,*

उसने बराबर अधिकतम जानकारी लेने का प्रयत्न किया है। उनका तो यहां तक कहना है कि वे व्यक्ति जो अपराधी और पथभ्रष्ट हैं या आरोपित है, उनमें भी एक स्व होता है। यह स्व ही उन्हें बनाता है, बिगाड़ता है।

दुर्खाइम को अपनी कृतियों में धार्मिक जीवन के कई स्वरूपों के प्रकारों का विवरण दिया है। इन सबसे गोफमेन प्रभावित थे। उन्होंने अपनी कई कृतियों में धार्मिक जीवन के विभिन्न पहलुओं पर खूब लिखा है। यह निश्चित रूप से कहा जाना चाहिये कि गोफमेन में धर्म के अध्ययन के प्रति जो रूचि थी, वह मूलरूप से दुर्खाइम के कारण थी। जानबूझकर गोफमेन ने दुर्खाइम के संदर्श को अपनी कृतियों में उतारा है। लेकिन सभी कृतियों में यह संदर्श नहीं मिलता। *गोफमेन वृहद् और व्यापक सामाजिक संरचनाओं को नहीं देखते। शायद भवन के गुम्बद उन्हें नहीं भाते थे। वे तो सीधे जमीन से जुड़े थे और इसी कारण उन्होंने छोटी-छोटी इकाईयों में संश्लेषण* (Synthesis) *लाने का प्रयत्न किया। वास्तव में, समाज का* निर्माण कई छोटे-मोटे अणु-कणुओं से बना है। लेकिन इन अणु-कणुओं की जुदा और बिखरी हुयी इकाईयों को एक श्रृंखला में बांधने का काम गोफमेन का है। गोफमेन की सबसे बड़ी रूचि अन्तःक्रिया के विभिन्न स्वरूपों में थी। जब व्यक्ति एक दूसरे के रूबरू होते हैं, तब उनमें परस्पर अन्तःक्रिया होती है और यह अन्तःक्रिया ही गोफमेन के अध्ययन की विषय-सामग्री थी। गोफमेन की कृतियों का अध्ययन करते हुये सहज रूप से विद्यार्थी को सीमेल की याद आ जाती है।

यह विवरण अधूरा होगा यदि हम यह नहीं लिखते कि आगे चलकर जब वे स्वरूपों का विश्लेषण करते हैं तब उनका झुकाव संरचनावाद के प्रति हो जाता है। यदि सार रूप में कहें तो जो भी गोफमेन की कृतित्व है उसके दो योगदान है : (1) *अभिनय कला सम्बन्धी विचार* (Dramaturgical Ideas), और (2) *अन्तःक्रिया क्रम* (Interaction order)। यहां हम इन दोनों योगदानों का जो प्रतीकात्मक अन्तःक्रिया के क्षेत्र में आते हैं, विस्तार से विवेचन करेंगे।

(1) अभिनय कला और दैनिक जीवन

(Dramaturgy and Everyday Life) अभिनय कला को अंग्रेजी भाषा में *ड्रामाटर्जी* (Dramaturgy) कहते हैं। इसका मतलब उस कला से है जिसमें अभिनेता दूसरे किरदारों की भूमिका को कलात्मक रूप से प्रस्तुत करता है। हमारे देश में परम्परा से अभिनय कला का प्रदर्शन होता रहा है। कहीं *तमाशा* होता है तो कहीं नौटंकी। दशहरे के अवसर पर रामलीला करने का प्रचलन उत्तर भारत में देखने को मिलता है। पारसी थियेटर बहुत मशहूर रहे हैं। एक समय ऐसा था जब कोई व्यक्ति बम्बई देखने जाता था तो पारसी थियेटर में नाटक अवश्य देखता था। हिन्दी नाट्य मंच के विकास में पारसी थियेटर का योगदान उल्लेखनीय रहा है। नाटक में अभिनेता विभिन्न भूमिकाओं को निभाकर अपनी कला का प्रदर्शन करता है। इसमें होता यह है कि अभिनेता दूसरों की भूमिकाओं को स्वंय अपनाता

है। इसका मतलब हुआ *स्व* दूसरों के जूते में अपना पांव रखता है, अभिनय कला में मैं (I) मेरा (me) बन जाता है। इस सम्पूर्ण प्रक्रिया को, जिसमें मैं मेरा बनता है, गोफमेन अभिनय कला के रूप में रखते हैं।

अभिनय कला के विश्लेषण में गोफमेन ने दो अवधारणाओं को काम में लिया है। पहली अवधारणा है "फ्रंट" और दूसरी है "बैक"। वास्तव में फ्रंट और बैक पद नहीं हैं। गोफमेन ने इनका प्रयोग अवधारणा के रूप मे किया है। फ्रंट की अवधारणा को परिभाषित करते हुये वे कहते हैं कि *यह वह मंच है जहां अभिनेता अपने करतब या अभिनय दिखाता है और यह करतब या अभिनय वह है जिसे देखने की अपेक्षा दर्शक करते हैं। दूसरे शब्दों में अभिनेता का यह व्यवहार दर्शकों के लिये अवलोकनीय व्यवहार है।*

फ्रंट (Front) यानि मंच पर जब अभिनेता आता है तो वह उन सभी भूमिकाओं को करता है, जिनका अभिनय करना उसने स्वीकार किया है, फ्रंट यानि मंच पर वे सभी वस्तुएं सम्मिलित है जो मंच की साज-सज्जा है–रोशनी की व्यवस्था, *सेट* का अलंकरण, दृश्य, इत्यादि। मंच उन सभी वस्तुओं को प्रस्तुत करता है जो अभिनेता की अभिव्यक्ति को अधिक प्रभावपूर्ण ढंग से दिखा सके। अपने दैनिक जीवन में भी हमें कई तरह के अभिनय करने पड़ते हैं यद्यपि ये अभिनय साज-सज्जा वाले मंच पर नहीं होते। उदाहरण के लिये एक मेडिकल रिप्रेजेंटेटिव बड़े ही औपचारिक ढंग से अपनी वेश-भूषा पहिनता है, शायद टाई लगाना उसके लिये आवश्यक है। एक खास तरह के मेडिकल बेग को अपने हाथों में थामता है। डॉक्टर से जब वह भेंट करता है तब वह बड़े फर्राटे की अंग्रेजी में विभिन्न दवाइयों की जानकारी देता है। अपने सम्पूर्ण व्यवहार में वह पूरी औपचारिकता निबाहता है। लौटते समय वह लम्बी मुस्कान फैंकता हुआ सेम्पल का ढेर चिकित्सक की मेज पर लगा देता है। यह मेडिकल रिप्रेजेंटेटिव द्वारा किया गया अभिनय है, इसे गोफमेन अभिनय का फ्रंट यानि मंच कहेंगे।

फ्रंट का एक और दृष्टान्त दिया जा सकता है। जब रामलीला होती है तो इसमें अभिनेता कई तरह की भूमिकाएं करते हैं। कोई राम है, तो कोई रावण। राम लीला में अक्सर स्त्रियों की भूमिका भी पुरुष ही करते हैं। राम और सीता मंच पर आकर पूरी गंभीरता से अपने किरदार को अदा करते हैं। वे कभी मुस्कुराते हैं, कभी भीगी आंखों से रोते हैं। दर्शकों के मानस में राम, सीता, लक्ष्मण, रावण, हनुमान आदि की एक निश्चित छवि है। इसी छवि को रामलीला के अभिनेता मंच पर प्रस्तुत करते हैं। यह बात अलग है कि मंच के पीछे जब राम व लक्ष्मण पहुंचते हैं तो आपस में बीड़ी सुलगाते हैं और ठहाके मारकर हंसते हैं। रावण और हनुमान भी इसमें सम्मिलित हो जाते हैं। मंच के पीछे का यह व्यवहार हर तरह से अभिनीत व्यवहार से भिन्न है।

गोफमेन का कहना है कि जब *स्व* बाहरी दुनिया में आता है तो बाहरी दुनिया उसके लिये एक विशाल रंगमंच है। यहां *स्व* को अगणित भूमिकाओं का अभिनय करना पड़ता

है। रेण्डल कोलिन्स ने गोफमेन की अभिनय कला की अवधारणाओं का संगठनात्मक राजनीति के विश्लेषण में बहुत अच्छा प्रयोग किया है। संगठन में कर्मचारियों को अनुशासित होकर रहना पड़ता है। बॉस के सामने उनका व्यवहार संयत और औपचारिक होता है। अधीनस्थ भी इसी अनुशासन के घेरे में काम करते हैं। यह रंगमंच है। यहां सभी औपचारिक और संयत हैं।

गोफमेन की अभिनय कला की दूसरी अवधारणा *बेक* (Back) यानि मंच के पीछे की पृष्ठभूमि है। मंच के पीछे जो कुछ होता है, दर्शक उसे नहीं देख पाते। पीछे की गतिविधि दर्शकों की आंख से ओझल रहती है। मंच के पीछे जब अभिनेत्री आती है तो वह अपने पांव के ढीले घुंघरूओं को कसती है, अभिनेता अपने मुकुट और मूंछों को ठीक करता है। यहां वह अभिनेता नहीं है, इसीलिये ठहाके मारकर हँसता है, चाय-पानी पीता है। अब वह किसी तरह का किरदार नहीं रहा। जब उसे फिर मंच पर जाना होगा, वह पूरी चुस्ती के साथ अभिनय की भूमिका को औढ़ लेगा। इस भांति *बैक* की अवधारणा उस स्थान से है जो बन्द है और जिसे दर्शक देख नहीं सकते। यह *बैक* ही है जहां अभिनेता दर्शकों को प्रभावित करने के लिये, उस पर प्रभाव डालने के लिये हर तरह की तैयारी करता है। यहां बैक में ही उसे मंच पर अच्छा प्रभाव डालने के लिये सलाह दी जाती है।

गोफमेन अभिनय कला के कई दृष्टान्त देने के बाद एक प्रश्न रखते हैं : क्या हम सब अभिनेता नहीं है? उनका कहना है कि हमारा *स्व* विभिन्न प्रतीकों के माध्यम से अपनी भूमिकाएं अदा करते हैं। यह व्यक्ति जिसने राम लीला में राम का किरदार अदा किया है, वास्तव में कोई सुरेश अग्रवाल है यानि कोई निजी स्व है। इस सुरेश ने राम की भूमिका अपनायी है। कुछ इसी तरह जीवन के दिन-प्रतिदिन के कार्यों में हम कई भूमिकाएं अभिनीत करते आ रहे हैं। कहीं हम अध्यापक हैं, कहीं शिष्य भी। कहीं हम ग्राहक हैं और कहीं विक्रेता भी। सुबह से शाम तक हम अनेकानेक भूमिकाओं को अदा करते हैं। रंगमंच पर हमारा व्यवहार किरदार (पात्र) के अनुरूप होता है–दर्शकों की अपेक्षाओं के अनुरूप होता है। और मंच के पीछे हम सब अपनी स्व की स्थिति में आ जाते हैं। दूसरे शब्दों में हम *मेरा* से *मैं* बन जाते हैं। जब *मैं मेरा* बनता है तो उसमें प्रतीकों का भरपूर प्रयोग होता है। भाषा, शरीर की भूमिकाएं, वेश-भूषा, साज-सज्जा और स्वंय किरदार की भूमिका भी *प्रतीक* होती है। यह वह *प्रतीक* है जो किरदार (अभिनेता) और दर्शक दोनों को एक-दूसरे के निकट ले आता है। इस तरह की व्याख्या मीड, ब्लूमर और गोफमेन तीनों ने की है। यह नहीं भूलना चाहिये कि प्रतीकात्मक अन्तःक्रिया सिद्धान्तवेत्ता मूलरूप से सूक्ष्म विश्लेषण (Micro Analysis) करते हैं।

(2) अन्तःक्रिया क्रम (Interaction Order)

गोफमेन को सूक्ष्म सामाजिक प्रक्रियाओं का सृजनात्मक विश्लेषक कहा जाता है। उन्होंने 1982 में, अपनी मृत्यु से पूर्व, जब वे कैंसर से पीड़ित थे, अपने अध्ययन क्षेत्र को स्पष्ट किया।

वास्तव में उन्हें अमेरिका के समाजशास्त्रीय परिषद के वार्षिक अधिवेशन में अध्यक्ष के नाते व्याख्यान देना था। वे व्याख्यान तो नहीं दे पाये लेकिन जो अपना पर्चा (शोध पत्र) तैयार किया, जिसे बाद में *अमेरिकन सोशिलोजिकल रिव्यू* में प्रकाशित किया गया, में कहा था कि प्रतीकात्मक अन्तःक्रिया में महत्वपूर्ण तथ्य रूबरू होने वाली सामाजिक अन्तःक्रियाएं है। *यह वह अन्तःक्रिया है जिसमें दो या अधिक व्यक्ति भौतिक रूप से एक-दूसरे के सामने उपस्थित होते हैं*। उनका अध्यक्षीय भाषण जो रिव्यू में छपा है, उसमें उन्होंने अपने सिद्धान्त के सम्पूर्ण सार को अन्तःक्रिया *क्रम* (Order) में रखा है। अन्तःक्रिया क्रम के निम्न लक्षण है :

1. *व्यक्ति (Persons)*: इसमें दो या अधिक व्यक्ति हो सकते हैं। समूह, भीड़, कतार ये सभी व्यक्ति में सम्मिलित हैं।
2. *सम्पर्क (Contact)*: इसके कई माध्यम है। सामान्य माध्यम तो यह है कि शारीरिक रूप से व्यक्तियों का सम्पर्क होता है। सम्पर्क टेलिफोन लेख, पत्र, सिनेमा, आदि माध्यमों द्वारा भी हो सकता है।
3. *मुठभेड़ (Encounter)*: जब मुठभेड़ (मिलन) होती है तो इसमें मौखिक संचार होता है, मुठभेड़ करने वाले पारस्परिक रूप से एक-दूसरे के प्रति सरोकार रखते हैं, इनमें हम की भावना होती है, इत्यादि।
4. *मंच अभिनय (Platform Performance)*: इसमें दर्शकों या श्रोताओं के सामने जो भूमिका है, उसका निष्पादन किया जाता है। इसी कारण इसे अभिनय कहते हैं। इसके अन्तर्गत व्याख्यान, प्रतियोगिता, औपचारिक मिलन, नृत्य या संगीत प्रस्तुति इत्यादि हैं।
5. *सामाजिक प्रसंगों का अनुष्ठान (Celebirative Social Occasions)*: सामाजिक अवसरों, प्रसंगों आदि अवसरों जिनमें व्यक्ति सामूहित रूप में भागीदारी करते हैं, मिलते-जुलते हैं। ऐसे प्रसंग शादी-ब्याह जन्मदिन, तिथि त्यौहार आदि है। यह ऐसा अवसर होता है जब बहुत बड़ी संख्या में लोग एक-दूसरे के साथ अन्तःक्रियाओं की अवधि लम्बे समय की भी होती है।

व्यक्ति सम्पर्क, कार्य निष्पादन, भेंट आदि सभी तत्व अनिवार्य रूप से अपनी प्रकृति में सूक्ष्म है। अन्तःक्रियाओं के इस क्रम में लोगों का प्रत्यक्ष मिलना होता है। उसका प्रभाव *वृहद् समूहों* (Macro Groups) पर पड़ता है। आज के जटिल संगठन कितने ही जटिल हों, लेकिन उनकी निर्भरता सूक्ष्म समूहों पर रहती है। गोफमेन का तर्क है कि किसी भी संगठन के कार्यों का निष्पादन वास्तव में रूबरू मिलने वाले छोटे समूहों से ही होता है। ये छोटे समूह ही संगठन के महान उद्देश्यों की पूर्ति करते हैं।

उपसंहार

प्रतीकात्मक अन्तःक्रिया सिद्धान्त के जनक ब्लूमर थे, यद्यपि इसका प्रारम्भ हर्बर्ट मीड़ से है। इस सिद्धान्त की परम्परा इस तथ्य पर निर्भर है कि समाज के विकास का निर्वचन सूक्ष्म

प्रक्रियाओं द्वारा होता है। ये सूक्ष्म प्रक्रियाएं व्यक्ति या उस जैसे छोटे समूहों से होती है। समाज को समझने का यह उपागम प्रकार्यवादियों से भिन्न है। यह उपागम संघर्ष सिद्धान्तवेताओं से भी भिन्न है। प्रकार्यवादी और संघर्ष सिद्धान्तवेता इस मान्यता को लेकर चलते हैं कि कुछ *वृहद् प्रक्रियाएं* (Macro Processes) हैं जिनके विश्लेषण से समाज को समझा जा सकता है। प्रतीकात्मक अन्तःक्रियावाद विनिमय सिद्धान्त से भी भिन्न है। अन्तःक्रियावाद न तो उपयोगितावाद को मानता है और न सामाजिक मनोविज्ञान को। इस सिद्धान्त का केन्द्र *स्व* (Self) है। स्व का विकास ही व्यक्ति का सम्पूर्ण विकास है और एक ऐसी अवस्था आती है जब *स्व* की सूक्ष्म प्रक्रियाएं सामाजिक संरचना की वृहद् प्रक्रियाओं के साथ जुड़ जाती है और इस तरह हम स्व के माध्यम से सम्पूर्ण समाज को समझने में समर्थ हो जाते हैं।

प्रतीकात्मक अन्तःक्रियावाद की परम्परा अमेरिका के समाजशास्त्रियों की परम्परा है। अन्तःक्रियावाद के मुख्यतः तीन विचारक है : जार्ज हर्बर्ट मीड़, हर्बर्ट ब्लूमर और इर्विंग गोफमेन। हर्बर्ट मीड ऐसे सिद्धान्तवेत्ता थे जिन्होंने व्यक्ति के विकास में *स्व* (Self) को महत्वपूर्ण भूमिका दी है। स्व *उद्दीपन* (Stimulus) के साथ अन्तःक्रिया करता है। इस अन्तःक्रिया में *स्व* यानि *मैं* (I) *मेरा* (me) में बदल जाता है। इस तरह व्यक्ति का विकास होता है और विकास के साथ-साथ ही प्रतीकों की संख्या भी बढ़ जाती है। प्रतीकों के माध्यम के बिना स्व अपने से बाहर की दुनिया को नहीं समझ सकता।

ब्लूमर के गुरू हर्बर्ट मीड थे। मीड का जो भी योगदान है उसमें निर्वचन, तीन बुनियादी आधार-वाक्य संरचना और प्रक्रिया तथा विधि है। ब्लूमर अपने समय के प्रतीकात्मक अन्तःक्रिया सिद्धान्त के भीष्म पितामह रहे हैं। उन्होंने प्रतीकात्मक अन्तःक्रिया को सामाजिक संरचना और प्रक्रिया के साथ जोड़ा है। होमन्स की तरह वे निगमनात्मक सिद्धान्त में विश्वास नहीं रखते। उनकी विधि तो आगमनात्मक सिद्धान्त निर्माण की है।

प्रतीकात्मक अन्तःक्रियावाद की परम्परा में इर्विंग गोफमेन, जो ब्लूमर के शिष्य रहे हैं का महत्वपूर्ण स्थान है। उनका बहुत बड़ा योगदान अभिनय कला की अवधारणा को प्रस्तुत करना है। वे इस अवधारणा के साथ अन्तःक्रिया क्रम को जोड़ते हैं। गोफमेन मीड और ब्लूमर की तरह सामाजिक संरचना को नकारते हैं। अन्य प्रतीकात्मक अन्तःक्रियावादियों की तरह गोफमेन भी अपने सिद्धान्त का केन्द्रीय बिन्दु व्यक्ति और उसके स्व को मानते हैं।

प्रतीकात्मक अन्तःक्रिया सिद्धान्त पर अपनी टिप्पणी को उपसंहार में रखते हुए कुछ बातें निश्चित रूप से कही जा सकती है। पहली तो यह कि प्रतीकात्मक अन्तःक्रियावाद सामाजिक संरचना के अस्तित्व को एकदम नकारता है। उसका मुख्य उपागम व्यक्ति को संरचना और समाज से पृथक करके देखने का है। इस प्रकार का सामाजिक संरचना विरोधी उपागम स्पष्ट है कि समाजशास्त्र की मुख्य धारा को रास नहीं आता।

इस प्रकार की उपेक्षा के होते हुये भी ऐसा लगता है, पिछले कुछ वर्षों में प्रतीकात्मक

अन्तःक्रियावाद के चरण आगे ही बढ़े हैं। इन सिद्धान्तवेताओं ने हाल में सिम्बोलिक इन्टरएक्शन (Symbolic Interaction) के नाम से एक जर्नल भी निकाला है। प्रतीकात्मक अन्तःक्रियावादी व्यक्तिनिष्ठ अर्थ पर बराबर जोर देते हैं। इनका पूरा प्रयास *दूसरों की दुनिया* (World of the others) को स्व के माध्यम से समझना होता है। वे ऐसे समाजशास्त्रीय प्रश्नों को सामने रखते हैं जिनका उत्तर समाजशास्त्र की मुख्य धारा में भी नहीं होता। इस सिद्धान्त के पक्ष में अभावों के होते हुये भी यह निश्चित रूप से कहा जा सकता है कि इस सिद्धान्त में कुछ विकल्प हैं जिनके द्वारा सम्पूर्ण समाज को समझने की हमारी कौशिश में थोड़ा-बहुत अतिरिक्त बल तो प्राप्त होता ही है। इसी कारण हमें यानि समाजशास्त्रियों को प्रतीकात्मक अन्तःक्रियावाद के योगदान को हर प्रकार की मान्यता देनी चाहिये।

अध्याय 19

फीनोमिनोलॉजिकल सिद्धान्त
(Phenomenological Theory)

इस पुस्तक में हमने कई समाजशास्त्रीय सिद्धान्तों का विवेचन किया है। इन सिद्धान्तों की तुलना में फीनोमिनोलॉजी एक ऐसा सिद्धान्त है जो तुलनात्मक दृष्टि से हाल में विकसित हुआ है। इसके विकास की दो मुख्य धाराएं हैं। एक धारा यूरोप की है जिसके प्रणेता *हसरेल और शूट्ज* (Hussrel and Schutz) है। इधर अमेरिका में फीनोमिलॉजिकल की जो दूसरी धारा विकसित हुयी है, उसके प्रणेता *जार्ज सान्त्याना* (George Santayana) हैं। कई बार फीनोमिलॉजी को कई विचारक सिद्धान्त का दर्जा नहीं देते और कहते हैं कि यह पद *घटना-क्रिया समाजशास्त्र* (Phenomenological Sociology) से अधिक कुछ नहीं है। वास्तव, में फीनोमिलॉजी का विकास दर्शनशास्त्र से हुआ है। इसकी सम्पूर्ण भूमिका दर्शनशास्त्रीय ही है। यूरोप की सैद्धान्तिक पृष्ठभूमि उर्वरक है। यहाँ मैक्स वेबर, मार्क्स, दुर्खाइम आदि विचारकों की सैद्धान्तिक पृष्ठभूमि उपलब्ध है और इसी कारण फीनोमिलॉजी की जो धारा यूरोप में विकसित हुयी जिसे हसरेल और शूट्ज ने पनपाया, ताकतवर है। दूसरी और अमेरिका में सान्त्याना से पोषित फीनोमिनोलॉजी अपनी जड़ें नहीं पकड़ पाया। अमेरिका के उपयोगितावाद ने इसे पनपने नहीं दिया। अब भी यह सिद्धान्त यहां अछूता ही है। एक और दुर्घटना हुयी । 1939 में शुट्ज ने इस ज्ञान शाखा को अमेरिका के अन्तःक्रियावाद के साथ जोड़ दिया और इस तरह फीनोमिनोलॉजी का विकास व्यवधान के फेर में आ गया।

फीनोमिनोलॉजी का अर्थ

अंग्रेजी भाषा का शब्द *फीनोमिनन* (Phenomenon) यूनानी भाषा से लिया गया है, जिसका अर्थ *प्रकट दर्शन* से है। समाज विज्ञान विश्व-कोष में इसकी परिभाषा में लिखा है कि *यह दर्शनशास्त्र की एक विधि जिसकी शुरूआत व्यक्ति से होती है और व्यक्ति को स्वयं के अनुभव से जो कुछ प्राप्त होता है, उसे इसमें सम्मिलित किया जाता है। स्वयं के अनुभव से बाहर जो भी पूर्व-मान्यताएं पूर्वाग्रह और दार्शनिक बोध होते हैं वे सब इसके क्षेत्र से बाहर हैं।* घटनायें अपने वास्तविक स्वरूप में जैसी भी है, कर्ता उन्हें समझता है। इस दृष्टि से फीनोमिनोलॉजी सार रूप में *व्यक्तिनिष्ठवाद* (Subjectivism) है।

नाटन्सन (Natanson) ने फीनोमिनोलॉजी को एक प्रकार का उत्प्रेरक सम्बोधन माना है। इसमें समाज की सम्पूर्ण घटनाओं के बारे में व्यक्ति की जागरूकता या चेतना होती है।

दार्शनिकों ने फीनोमिनोलॉजी की व्याख्या कई संदर्शों में की है। मुख्य बात यह है कि फीनोमिनोलॉजी के विचारक एक बुनियादी समस्या से जुड़े हुए हैं। उनका एकमात्र उद्देश्य समाज या दुनिया की *वास्तविकता* (Reality) को जानना है। आखिर, वास्तविकता क्या है? दुनिया में कौनसी वस्तुएँ अस्तित्व रखती है? और यदि दुनिया में जो कुछ वास्तविकता है, जिसका अस्तित्व है, उसे जानने की पद्धति क्या है? क्या दर्शनशास्त्र या कोई समाज विज्ञान दुनिया की वास्तविकता को समझ भी सकता है? इन प्रश्नों के उत्तर में फीनोमिनोलॉजी का कहना है कि समाज की वास्तविकता को जानने का तरीका केवल एक है और वह है *व्यक्ति का अनुभव*। दुनिया में जो कुछ भी वास्तविक है उसे व्यक्ति अपनी इन्द्रियों और मानसिक प्रक्रियाओं के द्वारा अनुभव करता है। *दूसरे लोगों का अस्तित्व, उनके मूल्य और मानक और भौतिक वस्तुओं के अस्तित्व को लोगों की चेतना और जागृति द्वारा ही जाना जा सकता है। कोई भी मनुष्य प्रत्यक्ष या सीधा समाज के यथार्थ को नहीं जान सकता। इस यथार्थ को समझने में मनुष्य की चेतना और उसके मस्तिष्क की क्रियाशीलता महत्वपूर्ण है।* हमारा जो कुछ ज्ञान समाज के बारे में है वह सब चेतना या मस्तिष्क के सम्पर्क के माध्यम से हैं।

फीनोमिनोलॉजी हमसे एक आग्रह करता है कि हम उन सब बातों को स्वीकार न करें जिन्हें हमने विवाद से पढ़े और हर तरह से स्वीकार कर लिया है। होना यह चाहिये कि हम दुनिया की वस्तुओं को किस तरह से देख रहे हैं, देखना बन्द करें। हमें एक अजनबी या अनजान की तरह हमारे इर्द-गिर्द की वस्तुओं को देखना चाहिये और उन्हें हर तरह के प्रश्नों के घेरे में लाना चाहिये। उदाहरण के लिये कोई आदमी आपके पास आता है और यदि आप हमारी इस पुस्तक को पढ़ रहे हैं तो पूछेगा कि यह पुस्तक क्या है? आपको यह प्रश्न बेतुका लगेगा । प्रश्न पूछने वाले को जानना चाहिये कि लोग पुस्तकें ज्ञान प्राप्त करने के लिये पढ़ते हैं, जानकारी लेने के लिये पढ़ते हैं। लेकिन यदि आपको प्रश्न पूछने वाला व्यक्ति इस दुनिया के लिये अजनबी है और अंतरिक्ष से उतर कर सीधा आपके पास आया

है तो वास्तव में आपकी उसके प्रति पूरी सहानुभूति होगी। यह इसलिये कि इस दुनिया में पुस्तक के बारे में लोगों के क्या विचार हैं, आखिर पुस्तक क्या है, इसका उसे कोई ज्ञान नहीं है। इसी कारण वह ऐसे प्रश्न आपके सामने रखता है। फीनोमिनोलॉजी का सिद्धान्तवेत्ता अंतरिक्ष से आये हुये इस अजनबी की तरह होना चाहिये। हमारे आस-पास जो कुछ हो रहा है उसे हमें ज्यों का त्यों स्वीकार नहीं करना चाहिये। समाज की घटनाओं के बारे में बराबर प्रश्न पूछने चाहिये : आखिर ये वस्तुएँ क्या हैं? ऐसा समाज में क्यों होता है? वस्तुओं का वास्तविक स्वरूप क्या है? आदि।

समाज कुछ इस तरह चलता है कि हमारे दिन-प्रतिदिन काम में आने वाली वस्तुएँ, खान-पान, कपड़ा-मकान, तीज-त्यौहार, समाज द्वारा बनायी गयी धरोहर के रूप में हमारे जीवन में है। जो कुछ हम करते हैं, मानते हैं वह सीखी हुई संस्कृति है क्योंकि यह पीढ़ी-दर-पीढ़ी से हमारे पास आयी है। हम कमीज पहनते हैं, जूते पहनते हैं और इसी तरह शाकाहारी भोजन करते हैं, राखी-दीवाली मनाते हैं, संस्कृति के ये सब तत्व हमारी विरासत हैं। फीनोमिनोलॉजी का आग्रह है कि जो कुछ हमारी सामाजिक, राजनैतिक, आर्थिक व सांस्कृतिक विरासत है, उसे ज्यों का त्यों स्वीकृत नहीं करना चाहिये। फीनोमिनोलॉजी तो इस सम्पूर्ण विरासत, इससे जुड़ी हुयी मान्यताओं को आलोचनात्मक दृष्टि से लेता है। इन्हें स्वीकारने की चुनौती देता है। जहां प्रकार्यवादी समाज के मानक और मूल्यों को स्वीकार करना आवश्यक समझते हैं, उनके अस्तित्व के प्रति प्रश्नचिन्ह नहीं खड़ा करते, वहां फीनोमिनोलॉजी का संदर्श इन सब मान्यताओं को चुनौती देता है। उदाहरण के लिये हम हमारे समाज में स्त्रियों की दशाओं को देखें तो हम ऐसा समझते हैं कि पिछली शताब्दियों में हमने बराबर स्त्रियों को गैर-बराबरी का दर्जा दिया है। चुल्हे से लेकर घर के बाहर तक हमने स्त्रियों की स्थिति को त्रासदीपूर्ण बना दिया है। स्त्रियों के प्रति हमारे विचार अतीत ने बनाये हैं। हमें ऐसा ही समझाया गया है, हमें कुछ ऐसा ही सिखाया गया है। फीनोमिनोलॉजी का सिद्धान्तवेत्ता स्त्रियों के प्रति इस तरह की पूर्वाग्रह ग्रसित धारणा को नहीं रखता। वह जो पूछता है : क्या स्त्रियों के लिये यह प्राकृतिक है कि बच्चों के प्रजनन के बाद वे उनका पालन-पोषण भी करें? यह तो समझ में आता है कि आदमी प्रजनन नहीं कर सकता। लेकिन यह कहां तक सही है कि प्रजनन करने के बाद भी बच्चे के पालन पोषण का उत्तरदायित्व भी उसी का है। बच्चों को जन्म देना तो प्राकृतिक व जैविकीय है, लेकिन उनका प्रजनन सामाजिक है। फिर इस प्रश्न का उत्तर क्या है, फीनोमिनोलॉजी पूछता है। आगे और ऐसे ही कई प्रश्न फीनोमिनोलॉजी के सिद्धान्तवेत्ता पूछ सकते हैं। आज नारी आन्दोलन जिन मुद्दों पर उठाया जा रहा है, वस्तुतः वे मुद्दे फीनोमिनोलॉजी के हैं। सच्चाई यह है कि फीनोमिनोलॉजी उन प्रश्नों को पूछता है जिन्हें सामाजिक व्यवस्था ने पूरी तरह स्वीकार कर लिया है, जो हमारी सांस्कृतिक-सामाजिक विरासत के अंग बन गये हैं, जो हमारी दिन प्रतिदिन की गतिविधियों को संचालित व नियंत्रित करते हैं।

फीनोमिनोलॉजी की खोज वस्तुओं के अस्तित्व को ढूंढने की है। इसका प्रश्न है- आखिर समाज में वास्तविक और सच्चाई क्या हैं? यदि हम हमारे देश में दलितों की सामाजिक-आर्थिक दशा को देखे तो हमारा दिल दहल जायेगा। इन वर्गों में कुछ लोग ऐसे हैं जो दिन में एक जून खाना खाकर जीवित हैं। सदियों से हमने इन वर्गों को समाज के हाशिये पर त्रासदी झेलने के लिये छोड़ दिया। स्वतन्त्रता प्राप्ति के बाद हमने पहली बार संवैधानिक रूप से दलितों की समस्याओं के निदान के लिये सृजनात्मक विकास कार्यक्रम तैयार किये। लेकिन *दलितों की वास्तविक स्थिति के बारे में जो प्रश्न पूछे गये कि आखिर दलितों को हाशिये पर क्यों रखा गया, उन्हें उचित मानवीय व्यवहार क्यों नही प्राप्त हुआ, आदि सारे प्रश्न वस्तुतः फीनोमिनोलॉजी के प्रश्न हैं।* फीनोमिनोलॉजीकल समाजशास्त्र परम्परा से पीड़ित दलितों के उद्धार की बात करता है। ऐसी आशा की जाती है कि यदि फीनोमिनोलॉजीकल समाजशास्त्र के विकास की सही दिशा दी जाये तो शायद समाज की वास्तविकता को समझने में हमारे संदर्श की धार अधिक तेज हो जायेगी। हमारी अर्न्तदृष्टि गहरी हो जायेगी।

फीनोमिनोलॉजी के आधार (Roots)

आज फीनोमिनोलॉजी के सम्बन्ध में जो कुछ हम पढ़ते हैं उन सबकी जड़ें यूरोप के फीनोमिनोलॉजीकल दर्शन में है। विशेषकर *एडमंड हसरेल* (Edmund Hussrel, 1959-1938) की कृतियों में। हसरेल पहले विचारक थे जिन्होंने फीनोमिनोलॉजी पद को काम में लिया, परिभाषित किया और एक विद्या के रूप में विकसित किया। उनके अनुसार *फीनोमिनोलॉजी की रूचि उन वस्तुओं को जानने में है जिनका बोध व्यक्तियों को अपनी इन्द्रियों द्वारा होता है।* फीनोमिनोलॉजी के बारे में यह एक अनिवार्य बिन्दु है। यह विद्या कहती है कि अपने प्रत्यक्ष अनुभव को, जिन्हें हम अपनी इन्द्रियों द्वारा प्राप्त करते हैं, उसे किसी और उपागम द्वारा नहीं जाना जा सकता। घटनाओं के बारे में हमारा सम्पूर्ण ज्ञान इन्द्रीयजन्य है। इसके अतिरिक्त वस्तुओं के बारे में हमारे जो कुछ बयान हैं, केवल अटकलबाजी है। हसरेल तो यहाँ तक कहते हैं कि हमें इस तरह की अटकलबाजी से हमेशा दूर रहना चाहिये। समाजशास्त्र से हसरेल को फीनोमिनोलॉजी का जनक समझा जाता है।

फीनोमिनोलॉजिकल समाजशास्त्र वह समाजशास्त्र है जो इन्द्रियों द्वारा वस्तुओं को जैसे देखता है, वैसी ही उसकी निश्चित व्याख्या करता है। प्रायः ऐसा होता है कि वस्तुओं के बारे में एक व्यक्ति का जैसा प्रत्यक्ष ज्ञान है वैसा ही कुछ दूसरे लोगों का भी ज्ञान होता है। जब सभी लोगों के प्रत्यक्ष ज्ञान को जो दिन-प्रतिदिन की दुनिया में देखने को मिलता है, उन्हें हम सम्मिलित कर लेते हैं। यही हमारा समाज या दुनिया के बारे में सम्मिलित या समग्र ज्ञान है।

हसरेल के बाद जर्मनी के *शूट्ज* (Schutz) का योगदान भी महत्वपूर्ण है। वे एक सामाजिक दार्शनिक थे जो 1939 में नाजी प्रशासन की तबाहियों से परेशान होकर अमेरिका आ गये। दिन में वे एक बैंक में काम कर जीवनयापन करते थे और सायंकाल में सामाजिक दर्शनशास्त्र को पढ़ाते थे। 1952 में वे समाजशास्त्र के प्रोफेसर हो गये। उनका देहान्त 1959

में हुआ। यह उन्हीं के प्रयत्नों का परिणाम है कि अमेरिका में फीनोमिनोलॉजी एक समाजशास्त्र की हैसियत से प्रतिष्ठित या मान्य हुआ।

जब हम प्रश्न उठाते हैं कि वे कौन से कारण थे जिन्होंने फीनोमिनोलॉजी को यूरोप और अमेरिका में जन्म दिया? इसका उत्तर बड़ा दिलचस्प है। यूरोप में नाजी सल्तनत थी। फासीवाद चल रहा था। जन जीवन में तबाही थी। लोग कराह रहे थे। ऐसी राजनैतिक, आर्थिक और सामाजिक दशा में हसरेल को लगा कि यह सब आतन्क क्यों? नाजी हुकूमत जर्मनवासियों का दमन क्यों कर रही थो? इस और ऐसे ही अनेकों प्रश्नों ने हसरेल को बाध्य किया कि वे घटनाओं के विश्लेषण के लिये फीनोमिनोलॉजी को विकसित करें। इसी अवधि में *पीटर बर्जर* (Peter Berger) ने भी अपनी कृतियों द्वारा कुछ महत्वपूर्ण प्रश्न रखे। अमेरिका में छठे दशक में सामाजिक अशांति थी। वहां नागरिक अधिकारों का आन्दोलन उग्र रूप ले रहा था। इधर नारी आन्दोलन ने भी अपना सिर उठा रखा था। इन सामाजिक दशाओं में अमेरिका में शुट्ज और सन्त्याना ने *फीनोमिनोलॉजी* को एक आन्दोलन के रूप में विकसित किया।

यह आश्चर्यजनक नहीं है कि जब यूरोप व अमेरिका में सामान्य जनजीवन शोषण व दमन के शिकंजे में आ गया, तब लगा कि परम्परागत मान्यताओं, पूर्वाग्रहों आदि को भूलकर समाज विज्ञानवेताओं को कुछ बुनियादी प्रश्न रखने चाहिये। इस संदर्भ में देखें तो फीनोमिनोलॉजी सिद्धान्त न होकर, एक समाजशास्त्रीय विद्या या उपागम है जो सामाजिक सांस्कृतिक धरोहर को लोक जीवन की मान्यताओं व मुहावरों को संदेह के संदर्श में देखता है। जितना संदेह गहरा होगा, इस विद्या की धार उतनी ही पैनी होगी।

फीनोमिनोलॉजी को बौद्धिक आधार देने में तीन विचारकों के योगदान को महत्वपूर्ण समझा जाता है। इन विचारकों में हसरेल, शूट्ज और सन्त्याना है। जहां हम इन विचारकों की फीनोमिनोलॉजी समाजशास्त्र के बारे में व्याख्या करेंगे।

हसरेल का फीनोमिनोलॉजिकल समाजशास्त्र

एडमंड हसरेल (Edmund Hussrel, 1859-1938) के समाजशास्त्रीय फीनोमिनोलॉजी को उनकी दो पुस्तकों में देखा जा सकता है। उनकी पहली पुस्तक *फीनोमिनोलॉजी एण्ड द क्राइसिस ऑफ वेस्टर्न फिलॉसफी* (Phenomenology and the Crisis of Western Philosophy) मूल प्रकाशन 1936, अंग्रेजी अनुवाद 1965 तथा दूसरी पुस्तक *आइडियाज : जनरल इन्ट्रोडक्शन टू प्योर फीनोमिनोलॉजी* (Ideas : General Introduction to Pure Phenomenology) मूल प्रकाशन : 1913, अनुवाद 1969 है। हसरेल के विचारों को बाद में अल्फेड शूट्ज ने संशोधित किया। कहीं-कहीं तो, आलोचकों का कहना है कि शूट्ज ने हसरेल के मुंह में अपने शब्द डाल दिये हैं। इस दोष के होते हुए भी हसरेल की कृतियों का अच्छा मूल्यांकन यूरोप व अमेरिका में हुआ है। शायद इसी कारण उन्हें फीनोमिनोलॉजी का जनक भी कहा जाता है।

हसरेल के फीनोमिनोलॉजिकल समाजशास्त्र की विशेषताएं

हसरेल के दर्शनशास्त्रीय योजना पर कुछ भी लिखने से पहले हम स्पष्ट शब्दों में कहेंगे कि उनकी सम्पूर्ण समझ या फीनोमिनोलॉजिकल समाजशास्त्र हर तरह से *वस्तु निष्ठवादी* (Subjectivism) है। उनकी कृतियों के मुख्य अंश, जिनका उनके दर्शन से पूरा सरोकार है, निम्न बिन्दुओं में रखे जा सकते हैं:

1. बुनियादी दर्शनशास्त्रीय द्विविधा (The Basic Philosophical Dilemma)
2. चेतना के लक्षण (The Properties of Consciousness)
3. प्रकृतिवादी आनुभविकवाद की आलोचना (The Critique of Naturalistic Empiricism), और
4. समाजविज्ञान का दार्शनिक विकल्प (The Philosphical Alternative to Social Science)

(1.) बुनियादी दर्शनशास्त्रीय द्विविधा

किसी भी अनुसंधान में, कुछ बुनियादी प्रश्न होते हैं। दर्शनशास्त्र एक ऐसा विषय है जो सामान्यतया इन प्रश्नों को उठाता है : वास्तविकता क्या है? किन वस्तुओं का संसार में अस्तित्व है? जो कुछ अस्तित्व में है या जिस किसी का भी अस्तित्व है उसे जानने की सम्भावना कैसी है? एक दार्शनिक की हैसियत से हसरेल के सामने ये केन्द्रीय प्रश्न हैं जिन पर पूरा ध्यान देना चाहिये। हसरेल का तर्क था कि मनुष्य दुनिया के बारे में जो कुछ जानते हैं, वह केवल उनके अनुभव के माध्यम से है। इससे परे जो बाह्य दुनिया है उसके बारे में हमारी जो भी धारणा है उसे इन्द्रियों द्वारा जाना जा सकता है और ये इन्द्रियां ही हमारी मानसिक चेतना है। दूसरे शब्दों में अन्य लोगों का अस्तित्व, मूल्य, मानक और भौतिक तत्व सभी के बारे में हमारी जानकारी अनुभव द्वारा होती है। यह अनुभव लोग अपनी चेतन जागृति से करते हैं। इन्द्रियों और चेतना के बाहर हमारा कोई सीधा सम्पर्क दुनिया की वास्तविकता से नहीं है। *सम्पर्क सदैव अप्रत्यक्ष होता है और इसलिये यथार्थ को हम मनुष्य मस्तिष्क की प्रक्रियाओं द्वारा समझते हैं।*

ज्ञान प्राप्त करने के लिये चेतना की प्रक्रिया महत्वपूर्ण है और इसलिये किसी भी दार्शनिक शोध में सबसे पहले यह जानना चाहिये कि चेतना की यह प्रक्रिया कैसे काम करती है और किस तरह मनुष्य की गतिविधियों को प्रभावित करती है। हमारा सबसे बड़ा सरोकार चेतना की प्रक्रियाओं को समझने का है और यह देखना है कि किस प्रकार हमारे अनुभव *बाह्य वास्तविकता* (External Reality) को बनाते हैं? मस्तिष्क में चेतना की जो प्रक्रियाएं हैं और जिनके द्वारा बाह्य वास्तविकताओं को जाना जाता है, यही फीनोमिनोलॉजी की केन्द्रीय अध्ययन सामग्री है। इस दर्शनशास्त्रीय द्विविधा का विश्लेषण किसी भी अध्ययन में महत्वपूर्ण है।

(2.) चेतना के लक्षण

हसरेल का कहना है कि सामान्यतया मनुष्य इस *जीवन जगत* (Life World) में अपने दिन-प्रतिदिन के क्रिया-कलाप करता है। उन्होंने इस जीवन जगत का अर्थ उन मानक, मूल्यों, सांस्कृतिक प्रतिमानों और व्यवसायों को माना है जो दुनिया में प्रचलित हैं। सभी लोग शादी ब्याह पर आनन्दित होते हैं। दुख दर्द पर शोक मनाते हैं। जीवन यापन के लिये किसी न किसी धंधे को अपनाते हैं। यह सब जीवन-जगत है। मनुष्य इस जीवन जगत को स्वीकार कर चलता है। यह जीवन जगत की मनुष्य के अस्तित्व को परिभाषित करता है। जन्म से लेकर मृत्यु तक मनुष्य जीवन जगत की चार दीवारी में बंधा रहता है। यह जीवन जगत विभिन्न वस्तुओं, लोगों, विचारों और ऐसे ही अगणित सांस्कृतिक और भौतिक तत्वों से अटा पड़ा है।

हसरेल कहते हैं कि जिस जीवन जगत का सम्पर्क मनुष्य से होता है उसकी दो विशेषतायें हैं। *पहली तो यह कि मनुष्य जीवन जगत को, वह जैसा भी है मानकर चलता है। यह मनुष्य के सोच और गतिविधियों को निर्धारित करता है। दूसरी बात यह है कि मनुष्य जब इस जीवन जगत को देखता है तो उसका यह देखना उसके स्वयं की चेतना के अनुभव पर निर्भर है। वास्तव में जीवन जगत जो कुछ भी है, वह व्यक्ति के स्वयं का अनुभव नहीं है, फिर भी वह यह समझता है कि उसका जीवन जगत अन्य लोगों के समान ही है,* अर्थात् मनुष्य जीवन-जगत कों स्वीकृत मानकर चलता है और समझता है कि यह जीवन-जगत सामूहिक रूप से अनुभव जन्य जगत है। इस तथ्य से हसरेल को अपनी प्रारम्भिक बुनियादी समस्या की ओर धकेला : यह कैसे सम्भव है कि मनुष्य इस स्वीकृत जीवन-जगत को छोड़ दे यानि समाज द्वारा दी गयी वस्तुओं, लोगों स्थानों, विचारों और प्रतिमानों से मुक्त हो जायें, उन्हें भुला दें और इस बात को निश्चित करें कि वास्तविकता क्या हैं? यदि जीवन जगत की संरचना मनुष्य की चेतना और क्रियाओं को निश्चित करती है। तो मनुष्य के व्यवहार और संगठन का वस्तुनिष्ठ अध्ययन करना कैसे सम्भव होगा? इन प्रश्नों ने हसरेल को झकझोर दिया। उन्होंने बराबर तर्क दिया कि जीवन-जगत यानि उसके विभिन्न तत्व जिसकी अनुभूति इन्द्रियों द्वारा व्यक्ति को होती है, वास्तविक है। यदि समाजशास्त्र को विज्ञान का दर्जा पाना है तो उसे जीवन-जगत के स्वयं द्वारा स्वीकृत जाल से निकल कर वास्तविकता की खोज करनी चाहिये।

(3.) प्रकृतिवादी आनुभविकवाद की आलोचना

हसरेल विज्ञान द्वारा स्थापित मान्यताओं को चुनौती देते हैं। आखिर विज्ञान क्या है? विज्ञान यह मानकर चलता है कि व्यक्ति से परे तथ्यों की एक दुनिया है। यह तथ्यों की दुनिया मनुष्य की इन्द्रियों और उसकी चेतना से अलग स्वतंत्र और बाह्य है। इस तथ्यात्मक दुनिया को, विज्ञानवेत्ता कहते हैं वैज्ञानिक विधि द्वारा जाना जा सकता है। वैज्ञानिकों की धारणा है कि इस तथ्यात्मक दुनिया की विशेषताओं को सही तरह से नाप तौल कर निश्चित किया जा

सकता है। इस तथ्यात्मक दुनिया को विज्ञान के माध्यम से समझा जा सकता है। तथ्यों के ताप-तौल में आनुभविकता काम करती है। विज्ञान की इस तरह की अवधारणा को हसरेल चुनौती देते हैं। यह तथ्यों की दुनिया जो वास्तव में जीवन-जगत है, जिसमें अगणित वस्तुएँ हैं, असंख्य लोग है, विचार और वैचारिकी है, सामाजिक सांस्कृतिक प्रतिमान है, वर्ग व जाति बिरादरी है, को वैज्ञानिक विधि से नहीं जाना जा सकता। उन्होंने तथ्यों द्वारा यह स्थापना की कि इस तरह की तथ्यात्मक दुनिया को केवल चेतना द्वारा जाना जा सकता है। वास्तव में जिसे जीवन-जगत कहा जाता है वह और कुछ न होकर मनुष्य की चेतना द्वारा प्राप्त किये गये अनुभव है। चेतनाजन्य इस जीवन-जगत को वैज्ञानिक विधि से किस प्रकार मापा जा सकता है? हसरेल के तर्क का सार यह है कि जीवन-जगत को मापने के लिये जो विधि विज्ञान अपनाता है, वह एक मात्र छल और भुलावा है। यह इसलिये कि मनुष्य के बाहर की दुनिया जिसे जीवन जगत कहते है वास्तव में वह दुनिया है जिसे व्यक्ति अपनी चेतना द्वारा अनुभव करता है।

(4.) समाजविज्ञान का दार्शनिक विकल्प

हसरेल के अध्ययन की समस्या जिसे उसने उकेला है, कुछ इस तरह है : यदि वास्तविक जीवन-जगत वह है जिसे व्यक्ति अपने अनुभव द्वारा चेतना में लेता है तो इस समस्या को समझा कैसे जाये? प्रश्न के उत्तर में जो हल हसरेल ने दिया है वह दार्शनिक है। उन्होंने हमें *चेतना के सार* (Essence of Consciousness) को खोज करने की वकालत की। आखिर हम सामाजिक घटनाओं, प्रसंगों, अवसरों यानि परिवार, जाति धर्म, वर्ग आदि का बोध कैसे करते हैं? फीनोमिनोलॉजी कहती है कि यह बोध हमें चेतना के माध्यम से होता है। तब यह सवाल उठता है कि वस्तुतः चेतना क्या है, उसमें क्या धरा है? हसरेल की रूचि यह जानने में नहीं है कि जीवन-जगत में क्या है? यानि जीवन-जगत किससे बना है। वास्तविक दार्शनिक अनुसंधान का मुद्दा तो चेतना की अमूर्त प्रक्रियाओं को समझने का है।

हसरेल का आग्रह था कि हमें अन्तः वैयक्तिक सम्बन्धों से जो अनुभव मिलता है, उसका क्रान्तिकारी अमूर्तिकारी करना चाहिये। वे अनुसंधानकर्ता जो फीनोमिनोलॉजी में अध्ययन कार्य करते हैं, उन्हें अपनी विज्ञान प्रेरित रूझान को छोड़ देना चाहिये उन्हें देखना चाहिये कि अनुभव ग्रहण करने की हमारी चेतना की जो बुनियादी प्रक्रियाएं हैं वे क्या हैं? दूसरे शब्दों में हमें चेतना की प्रक्रिया को समझने के लिये एक *विशुद्ध मस्तिष्क* (Pure mind) की पहचान करनी चाहिये। एक बार यदि हम जीवन-जगत् को भूल जायें और हमारे इर्द-गिर्द की दुनिया को केवल इन्द्रियों के माध्यम से समझे तो हमें चेतना की अमूर्त लक्षण प्राप्त हो जायेंगे। यदि ऐसा हो सका तो हमें वास्तविकता की समझे में अन्तर्दृष्टि मिलेगी। *सच्चाई यह है कि जो कुछ मनुष्य जानना चाहता है उसे यदि स्वीकृत न मानकर अपनी चेतना से समझे तब शायद हम चेतना के अमूर्त स्वरूप को समझ पायेंगे।*

यहां यह कहना चाहिये कि हसरेल यथार्थता समझने के लिये सामाज़िक विज्ञान की

उपलब्ध विधि को विकल्प प्रस्तुत करने में वेबर की *वेरस्टेहन* (Verstehen) विधि को उद्‌घोषित नहीं करते हैं। वेरस्टेहन वह विधि है जिसके माध्यम से अनुसंधान कर्ता बाहरी दुनिया को समझता है। वास्तव में हसरेल का उद्देश्य *चेतना के एक अमूर्त सिद्धान्त (Abstract Theory of Consciousness) का निर्माण करना था। वे चाहते थे कि इस सिद्धान्त निर्माण में जीवन-जगत् द्वारा दी गयी जो भी मान्यतायें हैं उन्हें रद्द कर देना चाहिये। सत्य यह है कि बाहरी दुनिया यानि जीवन-जगत् में जो कुछ है वह केवल पूर्वाग्रह है, व्यक्ति को उसे जैसा का तैसा स्वीकार नहीं करना चाहिये। वास्तविक तो वह है जिसे व्यक्ति अपनी चेतना, मस्तिष्क, अनुभव एवं इन्द्रियों द्वारा बोधगम्य समझता है।* सामाजिक वास्तविकता को समझने का हसरेल का यह उपागम एक सिद्धान्तवेत्ता की दृष्टि से हसरेल सम्मानीय पद पर रख देता है।

हसरेल के फीनोमिनोलॉजिकल सिद्धान्त की आलोचना

निश्चित रूप से हसरेल फीनोमिनोलॉजी के जनक थे। यूरोप में इस तरह के समाजशास्त्र को बनाने व विकसित करने का श्रेय इन्हें ही है। हसरेल कुछ ऐसी भयावह स्थिति में थे जब नाजीवाद का विभत्स रूप सम्पूर्ण जर्मनी और एक तरह से यूरोप को निगल रहा था। इस संदर्भ में स्वाभाविक रूप से हसरेल ने सोचा : नाजीवाद जीवन-जगत् है। इसका दमन व शोषण जीवन-जगत् है। तो क्या किसी भी व्यक्ति को बिना किसी संदेह और पीड़ा के नाजीवाद जैसे निरंकुश शासन को स्वीकार कर लेना चाहिये? हसरेल को जीवन-जगत् की ये मान्यतायें, ये सांस्कृतिक-सामाजिक प्रतिमान कतई स्वीकार्य नहीं थे। उनका तो सीधा सा प्रत्युत्तर था : सही वह है, यथार्थ वह है जिसे मनुष्य का मन माने, चेतना माने और मस्तिष्क माने। वे अपने तर्क में दृढ़ थे। यहां तक उन्होंने कहा कि यदि विज्ञान भी जीवन-जगत् को इसी वैज्ञानिक विधि से जानता है तो हसरेल को यह स्वीकार नहीं। यदि हम हसरेल की इस ऐतिहासिक-सामाजिक पृष्ठभूमि में आलोचना करें, तो सही लगता है कि हसरेल ने फीनोमिनोलॉजिकल समाजशास्त्र को जन्म दिया।

सहानुभूतिपूर्ण रूप में शायद इस तरह हसरेल की आलोचना आवेशपूर्ण कही जा सकती है। टर्नर ने बराबर यह स्वीकार किया है कि हसरेल का अकादमिक उद्देश्य केवल मात्र मनुष्य की चेतना के एक अमूर्त सिद्धान्त को बनाना था। यह सिद्धात वस्तुतः जीवन-जगत् का आमूल-चूल अमूर्तिकरण था। इस तरह का सिद्धान्त हसरेल नहीं बना पाये। हसरेल के सिद्धान्त निर्माण की कहानी वस्तुतः असफलता की कहानी है। वे कभी भी चेतना के अमूर्त सिद्धान्त को नहीं बना पाये। लेकिन टर्नर का यह कहना सही है कि हसरेल ने हमारी वैचारिकी या सोच को नयी दिशा दी है। उसने आधुनिक फीनोमिनोलॉजी को नये क्षितिज प्रदान किये हैं। इसी फीनोमिनोलॉजी के परिणाम स्वरूप *इथनोमेथडोलॉजी* (Ethnomethodólogy) ने एक नयी ज्ञान शाखा के स्वरूप को अपनाया है। *जर्गेन हेबरमास* (Jurgen Habermas) ने हाल में समाजशास्त्रीय सिद्धान्त निर्माण में जो

आलोचनात्मक विधि अपनायी है उसमें उन्होंने जीवन-जगत् की अवधारणा को बुनियादी अवधारणा माना है। वास्तव में हसरेल यद्यपि चेतना का अमूर्त सिद्धान्त नहीं बना पाये, उन्होंने *इथनोमेथडोलॉजी* और आलोचनात्मक समाजशास्त्र को नयी दिशा व गति दी है। और हसरेल की यह सामान्य उपलब्धि नहीं है। बल्कि एक विशिष्ट उपलब्धि मानी जायेगी।

जार्ज सन्त्याना का फीनोमिनोलॉजिकल समाजशास्त्र

(George Santayana: 1863-1952)

इस अध्याय के प्रारम्भ में हमने लिखा है कि फीनोमिनोलॉजिकल समाजशास्त्र की दो मुख्य धाराएं देखने को मिलती है। एक धारा, जो यूरोप की है, के प्रणेताओं में हसरेल और शूट्ज हैं, दूसरी धारा अमेरिका के जार्ज सन्त्याना की है। जहां हसरल ने घटना को समाज की वास्तविकता समझने में महत्वपूर्ण कहा है वहां सन्त्याना उसे संदेह की दृष्टि से देखते हैं। सन्त्याना ने प्रस्ताव रखा कि घटनाओं के बारे में कुछ भी निर्णय लेने से पहले हमें घटनाओं के *सार* (Essence) को ग्रहण करना चाहिये। एक बार हम सार की पहचान कर लेते हैं तो हमें तुरन्त पता लगेगा कि यह सार सार्वभौमिक है। सभी इसे स्वीकार करते हैं।

सन्त्याना ने अमेरिका में फीनोमिनोलॉजी के विकास में कहा कि वस्तुओं का जो अस्तित्व है यानि हमारे चारों ओर जो कुछ दिखायी देता है– धर्म, पूंजीवाद, वर्ग, शिक्षा सभी संदेहपूर्ण है। अस्तित्व रखने वाली इन वस्तुओं को ज्यों का त्यों स्वीकार नहीं करना चाहिये। जब हम ऐसा करते हैं और जब हमारे संदेह की सुई वास्तविकता की गहराई में जाती है तब हमारे सामने इन दुनियाई वस्तुओं का सार प्राप्त हो जायेगा। यह सार ही फीनोमिनोलॉजी की विषय सामग्री है। सन्त्याना की फीनोमिनोलॉजी का मुख्य मुहावरा संदेह या संशय है। उनकी पुस्तक *स्केप्टीसीज्म एण्ड एनिमल फेथ* (Scepticism and Animal Faith, 1923) में उन्होंने *संदेह* को अपने विश्लेषण की केन्द्रीय अवधारणा माना है।

हसरल और सन्त्याना हर तरह से असमान हैं। हसरल को ऐसा लगता है कि प्रत्येक घटना जिसे हम जानते हैं, उसमें कोई न कोई सार अवश्य होता है। सन्त्याना इसे स्वीकार नहीं करते। उनका सुझाव है कि जब हम सार से ऊपर उठकर अस्तित्व की ओर बढ़ते हैं तो हमें कल्पना की एक छलांग लगानी पड़ती है। यह छलांग तब होती है जब हम सार को तथ्य मानने लगते हैं। तथ्य की यह प्राक्कल्पना सार पर निर्भर नहीं होती। यह तो *पशु में जैसा विश्वास* (Animal Faith) होता है वैसा है। सही बात यह है कि वस्तुओं का अस्तित्व और मनुष्य का स्व किसी *कारण* पर निर्भर नहीं है। यह निर्भरता तो *क्रिया* पर है।

प्रत्येक सार की प्रकृति दूसरे सार की प्रकृति से भिन्न होती है। इसी कारण सार सर्वव्यापी होते हैं। लेकिन यह सार जैसा कि हमने कहा है क्रिया से उत्पन्न होता है। जब क्रिया बदलती है तो उससे सम्बन्धित सार भी गतिशील हो जाता है।

जार्ज सन्त्याना ने जो कुछ कहा है वह *पशु विश्वास* (Animal Faith) पर ज्यादा निर्भर है। अमेरिका के समाज की जैसी *व्यावहारिक* (Pragmatic) प्रकृति है उसमें सन्त्याना का

फीनोमिलोलॉजिकल समाजशास्त्र विकसित नही हो पाया। अमेरिका के समाजशास्त्र ने हसरल और शूट्ज को तो स्वीकार किया, लेकिन अपने ही देश के सन्त्याना को नकार दिया। कोई भी सिद्धान्त अपने निकटतम समाज से विसंगत होकर, अपनी जड़ें नहीं जमा सकता।

अल्फ्रेड शूट्ज का फीनोमिनोलॉजिकल समाजशास्त्र

(Alfred Schutz, 1899-1959)

अलफ्रेड शूट्ज राष्ट्रीयता की दृष्टि से जर्मन थे। वे नाजी सरकार की ज्यादतियों से परेशान होकर 1939 में जर्मनी से अमेरिका भाग आये। उन्होंने अमेरिका के समाजशास्त्र में फीनोमिनोलॉजी को प्रस्तुत किया। शूट्ज की बहुत बड़ी विशेषता यह है कि उन्होंने हसरल के दर्शन को समाजशास्त्र में स्थापित किया। शूट्ज ने जीवन-जगत की चर्चा नहीं की है। लेकिन उनका मानना है कि *ज्ञान का एक विशाल भण्डार* (Stock of Knowledge) होता है जिसमें से प्रत्येक व्यक्ति अपने निजी ज्ञान को प्राप्त करता है। जिसे हम पुस्तक, रेलगाड़ी, आवास, पोषाक, भोजन, परिवार, जाति, वर्ग आदि समझते हैं वह और कुछ न होकर ज्ञान के विशाल भण्डार का एक अंग हैं। ज्ञान के भण्डार की ये विभिन्न वस्तुएं कई प्रकार की श्रेणियों में पायी जाती हैं। एक व्यक्ति इन श्रेणियों को जिन्हें वेबर *आदर्श प्रारूप* (Ideal Type) कहते हैं, ग्रहण करता है और आने वाली पीढ़ी को देता है। लेकिन शूट्ज के सम्बन्ध में ऐसा निष्कर्ष यहां देना शायद उतावलापन होगा। हम सिलसिले से शूट्ज की *फीनोमिनोलॉजी* को समझेंगे।

शूट्ज द्वारा दिया गया फीनोमिनालॉजी का सिद्धान्त

ई. 1939 में जब शूट्ज अमेरिका आये तो यहां के अकादमिक क्षेत्र में उनका कई विचारकों से सम्पर्क हुआ। इन्हीं दिनों में उनकी पुस्तक द *फीनोमिनालॉजी ऑफ द सोशल वर्ल्ड* (The Phenomenology of the Social World, 1967) का अंग्रेजी में अनुवाद हुआ।

इसके परिणामस्वरूप अमेरिका के समाजशास्त्री इनकी विचारधारा से परिचित हुए। यहां आकर उन्होंने अपने सिद्धान्त को निर्णायक रूप में रखा। उनका योगदान उनकी इस क्षमता में है कि उन्होंने हसरल के क्रान्तिकारी *फीनोमिनोलॉजी* का तेजी से विकास शुरु हुआ। *दूसरा* परिणाम यह कि इनकी फीनोमिनोलॉजी ने *इथनोमेथडोलॉजी* को जन्म दिया। और तीसरा, शूट्ज की *फीनोमिनोलॉजी* ने सम्पूर्ण सैद्धान्तिक संघर्ष को एक परिष्कृत रूप दिया।

शूट्ज का कृतित्व मैक्स वेबर की आलोचना से प्रारम्भ होता है। शूट्ज ने अपनी पुस्तक में और फुटकर निबन्धों में मैक्स वेबर की *सामाजिक क्रिया* (Social Action) की अवधारणा का अत्यधिक प्रयोग किया है। सामाजिक क्रिया तब होती है जब कर्ता एक दूसरे से परिचित होते हैं। इसके उपरान्त समाज दशा में कर्ता एक ही अभिप्राय को निकालते हैं। उदाहरण के लिये जब विवाह में बाराती सम्मिलित होते हैं तो वे सभी विवाह का अभिप्राय एक ही समझते हैं। यहां उनके अभिप्राय में कोई अन्तर नहीं होता। वेबर ने दृढ़तापूर्वक कहा

कि *समाज के किसी भी विज्ञान को सामाजिक वास्तविकता के अभिप्राय को सही तरह से समझना चाहिये। वास्तविकता के विश्लेषण में अभिप्राय (Meaning) सर्वाधिक महत्वपूर्ण होते हैं।* समाजशास्त्रीय अनुसंधान में हमारा प्रयत्न होना चाहिये कि हम लोगों की चेतना में प्रवेश करें और देखें कि लोग वस्तुओं को किस दृष्टि से देखते हैं, उन्हें किस प्रकार परिभाषित करते हैं और उनका क्या अभिप्राय लेते हैं? अध्ययन की इस प्रक्रिया में वेबर *वेरस्टेहेन* (Verstehen) यानी समझ या अभिप्राय की विधि को अपनाते हैं। किसी भी दशा में अनुसंधान कर्ता वस्तुओं के अन्दर पहुंच कर व्यक्तिनिष्ठ अर्थ को निकालता है। वेबर बराबर इस बात पर जोर देते हैं कि *अन्तःक्रिया* में व्यक्तियों द्वारा दिया गया अभिप्राय वास्तविक क्रिया है। यदि इस क्रिया में व्यक्ति का अभिप्राय निहित नहीं है तो यह क्रिया गतिविधि मात्र है। हम पुस्तकालय जाते हैं और कोई हमसे पूछे कि पुस्तकालय क्यों जा रहे हो तो हमारा अभिप्राय यदि अध्ययन का है, मनोरंजन का है, गप्प लगाने का है – जो भी अभिप्राय है और इसकी परिभाषा हम भी देंगे तब तो हमारी यह गतिविधि क्रिया है, अन्य का यह तो गतिविधि मात्र है। अतः क्रिया के किसी भी विश्लेषण में वेबर का आग्रह है कि *अभिप्राय* महत्वपूर्ण है।

शूट्ज ने अपनी मुख्य पुस्तक में सबसे पहले क्रिया की अवधारणा को उठाया है। शूट्ज ने विस्तारपूर्वक क्रिया की अवधारणा का आलोचनात्मक विश्लेषण किया। यहां शूट्ज वेबर की कटु आलोचना करते हैं। वेबर वेरस्टेहेन विधि को तो काम में लाते हैं लेकिन इस तथ्य को समझाने में असफल रहे है कि कर्ता क्यों और कैसी प्रक्रियाओं द्वारा सामान्य अभिप्राय निकालते हैं? पिछले दृष्टान्त में यदि बाराती विवाह में सम्मिलत होने का अभिप्राय मौज-मजा, खान-पान आदि से निकालते हैं तो वे किन प्रक्रियाओं द्वारा किन कारणों से इस अभिप्राय पर पहुँचे हैं? दूसरे शब्दों में वे कौन से समाजशास्त्रीय कारक हैं जो कर्ताओं को इस सर्वसम्मत निष्कर्ष पर पहुँचाते हैं? शूट्ज का कहना है कि शायद वेबर यह मानकर चले हैं कि सभी कर्ता व्यक्ति निष्ट अभिप्राय के भागीदार हैं। जब वेबर यह मानकर चलते हैं तो शूट्ज स्वाभाविक रूप से पूछते हैं : वे कौन से सामाजिक कारक हैं जो एक निश्चित अवस्था में (जैसे विवाह) कर्ता को एक समान अभिप्राय पर पहुंचाने के लिये उत्तरदायी हैं? वे किस तरह से एक ही दृष्टिकोण वाली दुनिया को पैदा करते हैं? वास्तव में यह समस्या *अन्तर्व्यक्ति निष्ठता* (Intersubjectivity) की है। शूट्ज की बौद्धिक योजना में *अन्तर्व्यक्ति निष्ठता* का स्थान केन्द्रीय है। शूट्ज की अवधारणा की टीका करते हुए *रिचार्ड जेनर* (Richard D. Zaner) कहते है–

> यह कैसे सम्भव है कि यद्यपि मैं आपके विचारों से सहमत नहीं हूँ, आपकी प्रेम और घृणा की जो भावना है उसे मैं ठीक नहीं समझता, आपके व्यवहार से मैं सन्तुष्ट नहीं हूं, फिर भी मैं आपके विचारों से, भावना से और अभिवृतियों से भागीदारी रखता हूं, शूट्ज के लिये वास्तविक समस्या अन्तर्व्यक्ति निष्ठावाद की है।

जेनर ने जो भी आपत्ति उठाई है, उसकी व्याख्या इस प्रकार है। शूट्ज कहते हैं कि *प्रत्येक क्रिया का अर्थ या उसका अभिप्राय कर्ता निकालता है।* समाज में सभी कर्ता विभिन्न दशाओं में या एक ही दशा में अपना व्यक्तिनिष्ठ अभिप्राय देते हैं। हमारे पिछले अध्याय में प्रत्येक कर्ता का व्यक्तिनिष्ठ अभिप्राय वह है कि विवाह में लोग मौज-मजा करते हैं। लेकिन सवाल यह है कि जब एक कर्ता का व्यक्तिनिष्ठ अर्थ दूसरे कर्ता के व्यक्तिनिष्ठ अर्थ से सहमति नहीं पाता, फिर कैसे विभिन्न व्यक्तिनिष्ठ अर्थ वाले कर्ता एक ही विचार से अपनी सहमति मानते हैं। यह द्विविधा शूट्ज की है और वास्तव में यह सम्पूर्ण समस्या अन्तर्व्यक्ति निष्ठावाद की है।

अपने जीवन के प्रारम्भिक वर्षों में शूट्ज हसरेल के फीनोमिनोलॉजी से अधिक प्रभावित थे, मीड का कृतित्व उन्हें किसी तरह से अभिप्रेरित नहीं करता था। बाद में चलकर शूट्ज हसरल से भी अलग हो गये। हसरल जब *व्यक्ति को आमूल चूल अमूर्त* (Radical Individual Abstraction) रूप से रखना चाहते हैं, एक विशुद्ध मस्तिष्क की खोज करना चाहते हैं तब शूट्ज उनसे असहमत नजर आते हैं। शूट्ज का आग्रह है कि चेतना के कोई अमूर्त नियम नहीं बनाये जा सकते। दूसरी ओर शूट्ज हसरेल की कतिपय धारणा को बिना किसी विवाद के स्वीकार करते हैं। व्यक्ति जीव जगत को जैसा भी वह है, स्वीकृत किया हुआ (Taken for granted) मानते हैं। शूट्ज हसरेल की इस धारणा से भी सहमत है कि लोग जीव-जगत के सभी तत्वों को समान रूप से एक जैसा समझते हैं। शूट्ज यह भी स्वीकार करते हैं कि जीव-जगत को समझे बिना व्यक्ति को नहीं समझा जा सकता।

शूट्ज जब अमेरिका आये तो उनकी फीनोमिनोलॉजी पर प्रारम्भिक प्रतीकात्मक अन्तःक्रियावादियों और विशेषकर मीड व थॉमस का प्रभाव पड़ा। वास्तविकता यह है कि *सभी मनुष्यों के मस्तिष्क में उचित व्यवहार करने के लिये नियमों उपनियमों आदि की निश्चित धारणा होती है।* शूट्ज ने हसरल की जीवन-जगत की अवधारणा को भी विस्तार में रखा। मनुष्यों के मस्तिष्क में जीव-जगत के नियमों, मूल्यों, मानक और वस्तुओं के बारे में जो बोध या ज्ञान है, उसे तुरन्त उपलब्ध होने वाला *ज्ञान का भण्डार* (Stock Knowledge) कहते हैं। ज्ञान का जो भण्डार मनुष्य के मस्तिष्क में है वह मनुष्य की क्रियाओं को दिशा है।

ज्ञान का भण्डार एक ऐसी अवधारणा है जिसका अत्यधिक प्रयोग शूट्ज ने किया है। यहां हम इसकी विस्तार से व्याख्या करेंगे।

ज्ञान के भण्डार के लक्षण

(Features of Stock Knowledge)

शूट्ज की अवधारणा को जिसे हम हिन्दी में *ज्ञान का भण्डार* कहते हैं, उसे ही अंग्रेजी में *स्टोक नोलेज* (Stock Knowledge) कहते हैं। मस्तिष्क की चेतना मे जीव-जगत के बारे में जो भी जानकारियां हैं वे सब व्यक्ति के ज्ञान का भण्डार है जिसे वह दिन प्रतिदिन के व्यवहार में काम में लाता है। उदाहरण के लिये हमारा ज्ञान का भण्डार बताता है कि आज

किसी भी नौकरी के लिये गला काटने वाली प्रतियोगिता करनी पड़ती हैं, हमारा ज्ञान बताता है कि मंहगाई बहुत अधिक है, हमारी चेतना कहती है राजनीति का अपराधीकरण हो गया है, आदि। ये सब वस्तुएं जीव-जगत की है। और जीव जगत के बारे में हमारे मस्तिष्क और चेतना में जो कुछ है उसे शूट्ज ज्ञान का भण्डार कहते हैं। इसके लक्षण निम्न हैं :

1. मनुष्यों के लिये वास्तविकता वह है जो उनका ज्ञान का भण्डार है। समाज के सदस्यों के लिये ज्ञान का भण्डार *सर्वोच्च वास्तविकता* (Paramount Reality) है। यह वास्तविकता सभी सामाजिक घटनाओं को स्वरूप देती है, और नियंत्रित करती है। *कर्ता जब दूसरों के साथ व्यवहार करते हैं तो इसी ज्ञान के भण्डार का प्रयोग वास्तविकता के रूप में काम में लाते हैं।*

2. यह ज्ञान का भण्डार लोगों में यह भावना पैदा करता है कि यही जीव-जगत की यानि दुनिया व समाज की वास्तविकता है। इस यथार्थ को व्यक्ति स्वीकृत मानकर अर्थात *टेकन फार ग्रान्टेड* (Taken for granted) चलता है। कोई भी व्यक्ति चेतन रूप से यह नहीं सोचता कि उसे अपनी क्रियाओं में इस ज्ञान के भण्डार को काम में लाना है। वास्तविकता तो यह है कि यह ज्ञान का भण्डार अचेतन रूप से बड़े ही सरल व सहज ढंग से उसके व्यवहार को नियमित करता है। जब हम अपने बुजुर्गों को देखते हैं तो चेतन होकर यह नहीं सोचते कि उन्हें मिलते ही अभिवादन करेंगे, उन्हें सम्मान की दृष्टि से देखेंगे। इस क्षेत्र में हमारे ज्ञान का भण्डार बहुत स्पष्ट है : अपने से बड़ों का आदर करो और स्वाभाविक रूप से हमारा व्यवहार सम्मानीय बन जाता है।

3. ज्ञान का भण्डार सीखा जाता है, विरासत में मिलता है। यह जन्मजात नहीं मिलता। समान सामाजिक - सांस्कृतिक दुनिया में ज्ञान के भण्डार को समाजीकरण द्वारा सीखा जाता है। यही व्यवहार बाद में चलकर व्यक्ति का अपना हो जाता है।

4. जब मनुष्य ज्ञान के भण्डार की मान्यता को लेकर व्यवहार करता है तो इस तरह का पारस्परिक व्यवहार दूसरे लोग भी करते हैं। जो व्यक्ति हमारे साथ व्यवहार करता है उसे ज्ञात है कि हमारे ज्ञान का भण्डार क्या है। अभिवादन के लिये जब हम हाथ जोड़ते हैं तो सामने वाला व्यक्ति भी हाथ जोड़ता है। हम दोनों के जो ज्ञान का भण्डार है उसके दोनों ही भागीदार हैं। इसी कारण पारस्परिकता निभ जाती है।

5. *ज्ञान के भण्डार का अस्तित्व : समाजीकरण द्वारा इसे प्राप्त करना, तथा अन्तःक्रियाओं के लिये ज्ञान के भण्डार का पारस्परिक संदर्शों का आदान–प्रदान केवल समान ज्ञान के भण्डार के कारण है। अर्थात सभी कर्ताओं के लिये जीव–जगत या समाज एक समाज है। और इसी कारण क्रियाओं में समान व्यवहार मिलता है। समाज की एकता में बनाये रखने का कारण सबकी एक जैसे जीव–जगत में भागेदारी है।*

6. समाज बहुत वृहद् है। इसमें कई विभिन्नताएं हैं, कई विशेषताएं हैं। इन सबको विविध ***श्रेणियों*** (Types) में रखा जाता है। जैसी श्रेणी होगी वैसा ही व्यक्ति के व्यवहार का

अनुकूलन होगा। बम्बई महानगर है। इसमें कई विविधताएं हैं। एक पूरा समुदाय फिल्म उद्योग में हैं, एक समूह औद्योगिक है, इसी महानगर में ऐसे समूह भी है जो पूर्ण रूप से व्यावसायिक है। ये सब विशेषताएं श्रेणियां है। यहां के लोग इन सब श्रेणियों में अनुकूलन करके व्यवहार करते हैं। जटिल समाजों में जीव–जगत भी जटिल हो जाता है।

यदि हम शूट्ज के फीनोमिनोलॉजी समाजशास्त्र को देखें और विशेषकर जिस ज्ञान के भण्डार के लक्षणों का विवरण उन्होंने दिया है तो स्पष्ट हो जायेगा कि शूट्ज ने यूरोप की फीनोमिनोलॉजी और अमेरिका के अन्तःक्रियावाद का अच्छा सम्मिश्रण किया है। जब शूट्ज ज्ञान के भण्डार की चर्चा करते हैं, तो स्पष्ट रूप से वे हसरेल से प्रभावित हैं। हसरेल से उधार लेकर भी वे हसरेल की इस मान्यता को स्वीकार नहीं करते कि चेतना की प्रक्रियाएं जो व्यक्ति में होती है, का अमूर्तिकरण हो जाता है। हसरेल की इस असफलता पर ही शूट्ज अन्तर्वैयक्तिक निष्ठावाद की समस्या को एक मुद्दा बनाते हैं। इस विवाद के कारण ही शूट्ज पुनः हसरेल के जीव–जगत की व्याख्या करते हैं।

उपसंहार

हम बराबर आग्रह करते रहे हैं कि समाजशास्त्रीय सिद्धान्तों का उद्देश्य समाज को समझना रहा है। *फीनोमिनोलॉजी* समाजशास्त्र चेतना, मस्तिष्क और जीव–जगत आदि अवधारणाओं द्वारा समाज की वास्तविकताओं का अध्ययन करता है। समाज वैज्ञानिकों के लिये मुख्य मुद्दा तो यह जानने का है कि हमारे इस समाज में *वास्तविकता* क्या है? किसे हम यथार्थ समझते हैं? और कौन केवल फरेब है? यथार्थता की यह व्याख्या *वृहद् समाजशास्त्री* (Macro Sociologists) और सूक्ष्म समाजशास्त्री (Micro Sociologists) दोनो करते हैं।

समाज वैज्ञानिकों के इन विवादों में शूट्ज का यह कहना है कि जीव–जगत के बारे में जो कुछ हमारी जानकारी है वह हमारे ज्ञान के भण्डार के अंग हैं। यह ज्ञान का भण्डार जो व्यक्ति के मस्तिष्क में हैं, समाजीकरण द्वारा प्राप्त होता है। जिसे मैक्स वेबर *वरस्टेहेन* कहते हैं, उसे शूट्ज व्यक्ति निष्ठावाद के पद द्वारा परिभाषित करते हैं। शूट्ज के लिये जो कुछ हमारा ज्ञान का भण्डार है वही समाज या दुनिया की यथार्थता या वास्तविकता है। जिसे मीड *सामान्यीकृत अन्य* (Generalised Other) कहते हैं, उसे शूट्ज ज्ञान का भण्डार कहते हैं। विशुद्ध रूप से शूट्ज का फीनोमिनोलॉजी समाजशास्त्र कई स्रोतों से धारणाओं को लेकर अपने आपको बनाता है। शूट्ज के विषय में यह सब लिखते हुए हमें याद रखना चाहिये कि उनके लेखन का बहुत बड़ा मुहावरा यथार्थता या वास्तविकता की खोज है। वे जानना चाहते हैं : आखिर जिन वस्तुओं का अस्तित्व है वह क्यों और कैसे है? शूट्ज ही क्यों हसरेल ने भी जिन सामाजिक आर्थिक व राजनैतिक दशाओं में फीनोमिनोलॉजी को जन्म दिया, वे दशाएं ही कुछ ऐसी थी। हसरेल ने नाजीवाद के दमन को भोगा था। शूट्ज भी इसी के शिकार थे। सन्त्याना ने भी अमेरिका में नागरिक अधिकारों के आन्दोलन को देखा था। इन

सब राष्ट्रीय समस्याओं ने हसरेल और शूट्ज को यह जानने के लिये बाध्य कर दिया कि आखिर इस दुनिया में कौन से तत्व वास्तविक और यथार्थ हैं।

यद्यपि शूट्ज फीनोमिनोलॉजी समाजशास्त्र के विकास में अधिक कुछ नहीं कर पाये, यद्यपि शूट्ज हसरेल से आगे नहीं निकल पाये, यद्यपि शूट्ज फीनोमिनोलॉजी के किसी सिद्धान्त को नहीं बना पाये, फिर भी यह सत्य है कि उन्होंने एक सीमा एक फीनोमिनोलॉजी को नये क्षितिज दिये, कुछ नये तेवर दिये और यह उन्हीं के परिणामस्वरूप है कि हमारा सैद्धान्तिक संदर्श सुदृढ़ हुआ और इथनोमैडोलॉजी एक विशेष ज्ञान शाखा के रूप मे उभर कर हमारे सामने आयी।

अध्याय 20

एथनोमेथडोलॉजी (लोक-विधि विज्ञान)
(Ethnomethodology)

एथनोमेथडोलॉजी का अर्थ

अंग्रेजी भाषा के शब्द एथनो (Ethno) का अर्थ होता है लोक या जन साधारण। जब जन साधारण अपनी धारणाओं को बनाने के लिये कतिपय पद्धतियों को अपनाते हैं तो इसे मेथड़ (Method) कहते हैं। जब इन पद्धतियों को वैज्ञानिक संदर्भ में अध्ययन किया जाता है तो इसे लॉजी (Logy) कहते हैं। इस भांति *एथनोमेथडोलॉजी लोक या जन साधारण द्वारा प्रयुक्त विधियों का वैज्ञानिक अध्ययन है* :

एथनो (Ethno)	=	लोक/जनसाधारण
मेथड (Method)	=	पद्धति या विधि
लॉजी (Logy)	=	विज्ञान

अतः एथनोमेथडोलॉजी यानि *जन साधारण द्वारा प्रयुक्त विधियों का वैज्ञानिक अध्ययन*।

समाजशास्त्रीय सिद्धान्तों में जो *फीनोमिनोलोजिकल उपागम है, उनमें एथनोमेथडोलॉजी सबसे अधिक और महत्वपूर्ण विधि समझी जाती है। इस विधि के प्रणेताओं में हेरॉल्ड गारफिंकल* (Harold Garfinkal) का नाम अग्रणी समझा जाता है,। यद्यपि गारफिंकल ने जो कुछ लिखा है वह समाजशास्त्र की मुख्य धारा में नहीं है फिर भी गारफिंकल की कृति सम्मान के साथ याद की जाती है। एथनोमथडोलॉजी सिद्धान्त या समाजशास्त्र पर बहुत अधिक लिखा गया है। जो भी इस सम्बन्धी लिखा गया है उससे भ्रान्तियां भी बहुत पैदा हुयी है। भ्रांतियों के कई कारण हैं, एक तो यह कि हर कोई समाजशास्त्री अपने आपको

एथनोमेथडोलोजिस्ट समझता है। और फिर वह जो कुछ लिखता है, ज्यादातर अस्पष्ट और ऐसे गर्त में है जिसे समझ पाना बहुत मुश्किल है।

एथनोमेथडोलॉजी के क्षेत्र में एक गलतफहमी यह है कि यह सिद्धान्त जो भी समाजशास्त्रीय सिद्धान्त है, उन्हें सुधारने का दावा करता है। एथनोमेथडोलॉजिस्ट कहते हैं कि उनकी अध्ययन पद्धति में कोई भी विकार नहीं है। दूसरी गलतफ़हमी इस विद्या के बारे में यह है कि यह एकदम हल्की-फुल्की और नरम (soft) विधि है। एथनोमेथडोलॉजिस्ट अपने अध्ययन क्षेत्र में सहभागी अवलोकन करता हुआ इस तथ्य की खोज करता है कि किस भांति लोग दिन प्रतिदिन की घटनाओं को स्वीकृत मानकर चलते हैं। वास्तव में यह एथनोमेथडोलॉजी के प्रति बड़ा ही नरम रुख है। *सच्चाई यह है कि एथनोमेथडोलॉजी लोगों की धारणाओं पर जोर देता हुआ यह देखता है कि इन धारणाओं को बनाये रखने में, इन्हें निरन्तरता देने में लोग किन विधियों को काम में लाते हैं। इन विधियों का अध्ययन ही एथनोमेथडोलॉजी करती है।* उदाहरण के लिये यदि किसी जाति का सदस्य जाति से बाहर यानि अन्तर्वैवाहिकी समूह के बाहर विवाह करता है और जाति उसे दण्ड नहीं देती तो भविष्य में सभी लोग ऐसा करने लग जायेंगे और जाति की पहचान ढीली और कमजोर पड़ जायेगी। किन्तु जाति के मुखिया और सदस्य इस चुनौती का मुकाबला करते हैं और अन्तर्जातीय विवाह करने वाले व्यक्ति को जाति से बाहर निकालते हैं। उसे पृथक करने के लिये, उसके साथ बोल चाल बन्द कर देते हैं। आर्थिक सम्बन्ध भी तोड़ देते हैं। इसके पीछे उनकी मंशा यह है कि जाति की व्यवस्था बनी रहे। और जो कोई उसे आंच पहुंचाने की कोशिश करे, उसे सबक दिये जाये। इस दृष्टांत में जाति व्यवस्था को बनाये रखना एक *धारणा* (Presumption) है। यह धारणा टूटे नहीं, इसकी निरन्तरता बनी रहे। इसके लिये जाति बहिष्कार, सम्पर्क बहिष्कार आदि जिन विधियों को सदस्यों ने अपनाया है, ऐसी विधियों का अध्ययन ही एथनोमेथडोलॉजी है।

समाज और सामाजिक संरचना बहुत जटिल है। उन्हें बनाये रखने के लिये किसी पुलिस या फौज की जरूरत नहीं होती। समाज और संरचना बनी रहे, इनकी पहचान सुदृढ़ रहे, इसके लिये लोक जीवन के कुछ तौर-तरीके हैं। समाज के नियम, उपनियम व्यवस्था आदि को बनाये रखने के लिये जन-जीवन जिन विधियों और तरीकों को काम में लेता है, वही सब कुछ एथनोमेथडोलॉजी है। अधिक सरल शब्दों में कहेंगे कि *एथनोमेथडोलॉजी उन विधियों का अध्ययन करता है जिनके माध्यम से लोगों की धारणाएं बनी रहती है* या उनमें परिवर्तन लाया जाता है। हिन्दी में कई बार इसे *लोक विधि विज्ञान* भी कहते हैं। लोक अर्थात् जनसाधारण या समाज, संरचना को बनाये रखने के लिये जिन विधियों को काम में लेते हैं, उन विधियों का अध्ययन ही लोक-विधि विज्ञान है।

एथनोमेथडोलॉजी के अर्थ को थोड़ा और विस्तार से देखना होगा। यह इसलिये कि इसके प्रयोग में एक तरह की अराजकता आ गयी है। कुछ समाजशास्त्रियों के लिये तो

एथनोमेथडोलॉजी का प्रयोग ही उन्हें आधुनिकतम बना देता है। बहुत से समाजशास्त्री तो इसका प्रयोग फैशन के रूप में करते हैं। इस अवधारणा के प्रणेता गारफिंकल ने जब इसका प्रयोग किया तो उन्होंने तकनिकी अर्थों में कहा कि *एथनों का संदर्भ अपने समाज या समूह के सदस्यों में समाज के बारे में जो सहज बुद्धि ज्ञान* (Common Sense Knowledge) है, उससे है। यह समाज सम्बन्धी सहजबुद्धि ज्ञान *एथनो* (Ethno) की परिभाषा में आता है। इस एथनों का वृहद् अर्थ समाज के सदस्य *लोक* (Folk) या *लोगों* (People) से है। इस सबको मिलाकर गारफिंकल कहते हैं कि लोग दिन-प्रतिदिन की गतिविधियों के प्रति सहज बुद्धि ज्ञान रखते हैं। इससे स्पष्ट है कि दिन-प्रतिदिन की ये गतिविधियां सामान्यतया लोग स्वीकृत मानकर चलते हैं। इन गतिविधियों का अर्थ निकालने की आवश्यकता भी लोगों को नहीं पड़ती। और लोगों को यह अर्थ निकालने की आवश्यकता भी क्या है? क्योंकि वे तो इसे सहज रूप से व्यवहार में लाते रहते हैं। गारफिंकल एथनोमेथडोलॉजी के इस आधार-वाक्य को लेकर चलते हैं और इसका समस्या के रूप में विश्लेषण करते हैं।

एथनोमेथडोलॉजी की अवधारणा एवं नियम

एथनोमेथडोलॉजी की अवधारणाओं और नियमों में सर्वसम्मति हो ऐसा नहीं है। कई एथनोमेथडोलॉजिस्ट्स बहस करते हैं कि क्या जीव-जगत या प्राकृतिक अभिवृतियां और यथार्थतायें एक हैं या अनेक? इस विवाद के होते हुये भी सभी एथनोमेथडोलॉजिस्ट इस प्रयास में हैं कि ऐसी अवधारणाओं और नियमों को विकसित किया जाये जिनके माध्यम से इस तथ्य का पता लगे कि वास्तविकता के बनने में लोगों का योगदान क्या होता है। एथनोमेथडोलॉजिस्ट यह जानना चाहते हैं कि लोगों द्वारा बनायी गयी जो यथार्थता है उसका रख रखाव कैसे होता है? और वह किस प्रकार बदलती है? लोगों में यथार्थ के प्रति जो भी बोध है उनके निर्माण के लिये कोई ऐसी अवधारणायें या प्रस्ताव नहीं है जो सर्वसम्मत हो। फिर भी यहां हम उन अवधारणाओं और नियमों का उल्लेख करेंगे जो एथनोमेथडोलॉजी सिद्धान्त में केन्द्रीय है। इन अवधारणाओं को टर्नर एथनोमिथडोलॉजी की *प्रमुख अवधारणा* (Key Concepts) मानते हैं।

(1) आत्मवाचक क्रिया और अन्तःक्रिया
(Reflexive Action and Interaction)

हमारी अधिकांश अन्तःक्रियाएं यथार्थ या वास्वविकता को बनाये रखने के लिये होती हैं। ऐसी अन्तः क्रियाएं आत्मवाचक (Reflexive) होती हैं। इन क्रियाओं का केन्द्र स्वयं व्यक्ति होता है। इन क्रियाओं में धार्मिक अनुष्ठान, कर्मकाण्ड, आदि होते हैं। व्यक्तियों की यह मान्यता है कि इस संसार को परमात्मा ने बनाया है। और परमात्मा ही हमारे दिन-प्रतिदिन के जीवन को नियन्त्रित व संचालित करता है। किसी भी कर्मकाण्ड या पूजा पाठ का उद्देश्य इसी विश्वास से चलता है कि परमात्मा को प्रसन्न रखा जाये। इस तरह कि गतिविधि जो कर्मकाण्ड से जुड़ी हुयी है, आत्मवाचक अन्तःक्रिया है। ऐसा भी होता है कि कई बार

कर्मकाण्ड क्रिया के करने पर भी अपेक्षित परिणाम नहीं निकलते फिर भी लोग अपने विश्वास में किसी तरह की दरार नही आने देते। उदाहरण के लिये लोगों का विश्वास है कि पर्याप्त वृष्टि के लिये यज्ञ करने चाहिये। यज्ञ से इन्द्रदेव प्रसन्न होते हैं और पर्याप्त वर्षा हो जाती है। यह विश्वास आत्मवाचक है। इससे आगे जब यज्ञ कर लेने पर भी वर्षा नहीं होती तो इससे लोगों के विश्वास में कोई कमी नहीं आती। वे तर्क देते हैं कि यज्ञ पूरी निष्ठा से नहीं किया था, विधिवत् रूप से सम्पन्न नहीं हुआ। इसी कारण वर्षा नहीं हुयी। प्रत्येक स्थिति में आत्मवाचक अन्तःक्रिया और अस्तित्व जन मानस में बना रहता है। *ऐसा व्यवहार* विश्वास को बनाये रखता है। उसे सुदृढ़ता देता है और यह सब उस स्थिति में भी होता रहता है जबकि विश्वास यथार्थ द्वारा जुठला दिया जाता है।

यदि हम एथनोमेथडोलॉजी का अवधारणात्मक विश्लेषण करें तो स्पष्ट हो जायेगा कि मनुष्यों की अधिकांश अन्तःक्रियाएं आत्मवाचक होती हैं। सामान्यतया लोग दूसरों की भाव-भंगिमा, शब्द, सूचना आदि जो यथार्थता को बताते है आत्मवाचक पद्धति से विश्लेषित किये जाते हैं। ऐसे प्रमाण भी मिलते हैं। जो यथार्थता के अनुरूप नहीं होते फिर भी लोगों का मन करता है कि ये घटनाएं गलत नहीं हो सकती। आत्मवाचक अवधारणा बराबर हमें यह बताती है कि लोग अपनी अन्तःक्रियाओं से किसी विशेष यथार्थ को बराबर बनाये रखते हैं। एथनोमेथडोलॉजी का अध्ययन इस प्रश्न पर अधिक केन्द्रित होता है कि आत्मवाचक क्रियाएं किन परिस्थितियों और प्रसंगों पर देखने को मिलती है।

(2) संदर्भितता का अर्थ (The Indexicality of Meaning)

बीमार व्यक्ति आपात स्थिति में डॉक्टर से मिलता है। तुरन्त जांच करने के बाद डॉक्टर मरीज को सलाह देता है कि उसे दो गोलियां तो तत्काल लेनी है और दो सोते समय। बाल मंदिर में हाल में प्रवेश लेने वाला बच्चा हिचकियां लेकर रोता है। अध्यापिका कहती है : लो हम तुम्हें खाने को *गोली* देते हैं। दोनों ही दृष्टान्तों में गोली शब्द का प्रयोग हुआ है। लेकिन दोनों के संदर्भ जुदा है। डॉक्टर का गोली से संदर्भ *दवा की गोली* से है जबकि अध्यापिका की गोली एक *मीठी टॉफी* है। एथनोमेथडोलॉजी का तर्क है कि हमारे जो भी प्रतीक हैं– हंसना, रोना, गाना, नाचना, दांत भींचना, इन सब का अर्थ किसी न किसी संदर्भ में होता है और इसलिये अन्तःक्रियाओं में प्रतीकों का अर्थ अनुक्रमणिक यानि संदर्भ युक्त होता है। हंसी कई तरह की होती है: व्यंग्यात्मक, प्रशंसात्मक, संवेगात्मक इत्यादि। हंसी के इन विभिन्न प्रकारों को विशेष संदर्भ में ही सही तरीके से समझा जा सकता है।

एथनोमेथडोलॉजी उपरोक्त दो अवधारणाओं– आत्मवाचक और संदर्भ के माध्यम से अन्तःक्रियाओं का विश्लेषण करता है। ये अन्तःक्रियाएं हमारे इर्द-गिर्द के समाज के विश्लेषण में सहायक हैं। हम बराबर कहते आ रहे हैं कि एथनोमिथडोलॉजी के कई प्रकार व रूप हैं। इन विभिन्नताओं के होते हुये भी जहां तक इन दो अवधारणाओं व नियमों का प्रश्न है, यहां कोई विवाद नहीं करता।

एथनोमेथडोलॉजी की कुछ सामान्य अन्तःक्रियात्मक पद्धतियां

(Some General Interactive Methods of Ethnomethodology)

वास्तविकता क्या है, यथार्थ क्या है, आज तक किसी को पता नहीं लगा। फिर भी समाज वैज्ञानिकों और दार्शनिकों का सदियों से यह प्रयास रहा है कि हम किसी न किसी तरह आखिरी या आधारभूत यथार्थ का पता लगायें। एथनोमेथडोलॉजी भी यथार्थ की इस खोज के संदर्श को लेकर अनुसंधान में व्यस्त है। एथनोमेथडोलॉजी *उन विधियों पर अपने आपको केन्द्रित करती है जिनका प्रयोग लोग वास्तविकता की संरचना के लिये करते हैं*। मनुष्य की अन्तःक्रियाएं कई तरह की होती है। वह पढ़ता-लिखता है, खाता-पीता है, नौकरी-धंधा करता है, इस प्रकार अन्तःक्रियाएं असंख्य व असीम हैं। लेकिन एथनोमेथडोलॉजी इन सामान्य अन्तःक्रियाओं को छोड़कर उन अन्तःक्रियाओं पर अपना ध्यान केन्द्रित करता है जो वास्तविक या यथार्थ के निर्माण को बनाये रखने और परिवर्तन के लिये प्रयुक्त होती है। ऐसी अन्तःक्रियाएं जो यथार्थ को बनाये रखने वाली विधियों पर केन्द्रित हैं, उनके दो प्रकार यहां हम देते हैं :

1. ***सामान्य स्वरूप की खोज** (Search for the Normal Form)*

   कई बार अन्तःक्रिया करने वाले व्यक्तियों में वास्तविकता यथार्थ के प्रति संदिग्धता पैदा हो जाती है: क्या सही है, गलत है? ऐसी दुविधा में प्रयत्न यह किया जाता है कि वे यथार्थ को उसके सही संदर्भ में देखें। उदाहरण के लिये गांव के कुछ लोग अस्थि विसर्जन गांव के तालाब में करते है और कुछ गांव की नदी में। अस्थि विसर्जन के लिये उपयुक्त तालाब है या नहीं। ऐसी संदिग्ध अवस्था का खुलासा सामान्य स्वरूप की खोज से मिलता है। धार्मिक ग्रन्थों, और आख्यानों से पता चलता है कि अस्थि विसर्जन गंगा में होना चाहिये और गांव की नदी गंगा का ही स्वरूप है, तालाब नहीं। कहने का तात्पर्य यह है कि एथनोमेथडोलॉजी बराबर यह प्रयास करती है कि यथार्थ को उसके सामान्य स्वरूप में देखा जाये।

2. ***संदर्शों की पारस्परिकता** (Reciprocity of Perspective)*

   एथनोमेथडोलॉजी का आग्रह है कि जब कर्ता किन्हीं धारणाओं (Presumptions) को लेकर आपस में अन्तःक्रिया करते हैं तो यह माना जाता है कि इन कर्ताओं के संदर्श पारस्परिक रूप से समान रहे होंगे। जब राजनैतिक दल चुनाव में व्यस्त होते हैं तब एक ही दल के पक्ष में मतदान करने वाले कर्ता दल के क्रिया कलापों के प्रति सामान्य धारणा रखने वाले होते हैं।

ऊपर हमने सामान्य अन्तःक्रिया की जिन दो पद्धतियों का प्रयोग किया है वे केवल दृष्टान्त मात्र है। आम लोग निश्चित रूप से अन्तःक्रियाएं करने के लिये कई विधियों को काम में लेते हैं, मुख्य बात तो यह है कि किन परिस्थितियों में लोग अन्तःक्रिया की इन विधियों को अपनाते हैं, और उनका महत्व क्या हैं? एथनोमेथडोलॉजी का साहित्य

अन्तःक्रिया की इन विभिन्न विधियों पर विस्तारपूर्वक सामग्री देता है।

एथनोमेथडोलॉजी से सम्बद्ध सामान्य प्रस्ताव

(General Ethnomethodological Proposition)

एथनोमेथडोलॉजिकल सिद्धान्त कई मान्यताओं को लेकर चलता हैं। इन मान्यताओं को मुख्य रूप से दो अभिधारणाओं में रखा जा सकता है :

1. सामाजिक व्यवस्था को कुछ ऐसी पद्धतियों के प्रयोग द्वारा बनाये रखा जाता है जिसमें लोग व्यवस्था की वास्तविकता को समान रूप से स्वीकार करते है। 2. जिसे लोग सामान्य रूप से यथार्थता समझते हैं वे वास्तव में है या नहीं, यह कम महत्वपूर्ण है। महत्वपूर्ण यह है कि इस यथार्थता को बनाये रखने में जिन पद्धतियों को प्रयोग में लाय। जाता है उनमें भागेदारी कितनी हैं?

टर्नर ने एथनोमेथडोलॉजी की उपरोक्त मान्यताओं के आधार पर दो प्रस्तावों या प्राक्कल्पनाएं रखी है :

1. जितने अधिक लोग अन्तःक्रिया की पद्धतियों के प्रयोग से, जो यथार्थ को जानने के लिये होती है, असहमत होते हैं उतनी ही कम सामाजिक व्यवस्था को बनाये रखने की सम्भावना होती है।
2. लोग जितना अधिक सामाजिक यथार्थता के अस्तित्व के बारे में संदिग्ध होते हैं उतनी ही सामाजिक व्यवस्था कमजोर होती हैं।

ऊपर के प्रस्ताव व अभिधारणाएं केवल दृष्टान्त हैं। एथनोमेथडोलॉजी में जिस बात की आवश्यकता है वह यह कि उन विशिष्ट दशाओं की पहचान की जाये जिनमें लोक जीवन यथार्थता के निर्माण और अस्तित्व को बनाये रखने के लिये विधियों को काम में लोते हैं। यह पहचान वस्तुतः *लोक विधियों* (Folk Methods) की पहचान है।

गारफिंकल की एथनोमेथडोलॉजी

हेराल्ड गारफिंकल को एथनोमेथडोलॉजी का अग्रणी सिद्धान्तवेत्ता कहते हैं। जब 1967 में उनकी पुस्तक *स्टडीज इन एथनोमेथडोलॉजी* (Studies in Ethnomethodology) प्रकाशित हुयी तो इसका प्रभाव अमेरिका के अकादमिक क्षेत्र में कुछ ऐसा पड़ा कि हर समाजशास्त्री अपने आपको एथनोमेथडोलॉजिस्ट समझने लगा। इस विद्या की मनमानी व्याख्याएं की गई। इस सबके होते हुये भी सभी ने गारफिंकल को एथनोमेथडोलॉजी का जनक स्वीकार किया।

1917 में जन्में गारफिंकल ने अपनी डॉक्टरेट हार्वर्ड विश्वविद्यालय अमेरिका से 1952 में पूरी की। थोड़े समय के लिये गारफिंकल ने *ओहिओ* (Ohio) तथा शिकागो विश्वविद्यालय में अध्यापन का कार्य किया। इसके बाद उन्होंने अपना सम्पूर्ण जीवन केलेफोर्निया विश्वविद्यालय (लॉस एंजिल्स) में बिताया। उन्होंने इसी विश्वविद्यालय में

एथनोमेथडोलॉजिस्ट का प्रशिक्षण दिया। जहां-जहां ये प्रशिक्षणार्थी गये, वहां उन्होंने इस विद्या को विकसित करने का भरसक प्रयास किया।

गारफिंगल स्वंय स्वीकार करते हैं कि उनके सिद्धान्त निर्माण की प्रक्रिया में जिन लोगों का प्रभाव पड़ा उनमें टालकट पारसंस, अल्फ्रेड शूट्ज, अरोन गुरविच और एडमंड हसरल है। *स्टडीज इन एथनोमेथडोलॉजी* में इन विद्वानों के *उद्धरण* (Reference) अत्यधिक है। गारफिंकल इन सबके प्रति अपना ऋण व्यक्त करते हैं। यद्यपि पारसंस का प्रभाव इन पर बहुत कम था, फिर भी गारफिंकल स्वीकार करते हैं कि प्रकार्यवाद और एथनोमेथडोलॉजी का मौलिक आधार मानव व्यवहार है। हम इस अध्याय में आगे देखेंगे कि वे पारसंस की तरह यह मानकर नही चलते कि सामाजिक व्यवस्था में सब कुछ ठीक-ठाक है–सर्वसम्मति है, एकीकरण है और सजातीयता है। उनका उद्देश्य तो *इस रहस्य को खोलना था कि लोग धारणाओं को स्वीकृत मानकर या मिथिकों को मान्यता देकर अन्तःक्रियाएं किस प्रकार करते हैं।*

गारफिंकल का केन्द्रीय मुद्दा यह है कि लोग *स्वीकृत धारणाओं* (Taken for Granted) के अनुसार अपने व्यवहार का अनुकूलन क्यों और कैसे करते हैं। अपने सैद्धान्तिक मुद्दे को अधिक स्पष्ट करने के लिये गारफिंकल एक दृष्टान्त देते हैं।

कल्पना कीजिये आप एम.ए. की कक्षा में घंटी बजने के बाद पहुंचते हैं। आप प्रतीक्षा करते हैं कि कक्षा नियमानुसार शुरू होगी। प्रोफेसर कक्षा में प्रवेश करते हैं। किसी को बिना कुछ बोले वे कुछ ऐसा व्यवहार करते हैं जो स्पष्ट रूप से बेतुका और बेमतलब दिखायी देता है। उदाहरण के लिये वे अखबार के कुछ पन्ने फर्श पर रखते हैं, कुछ अस्पष्ट प्रतीकों को ब्लेक बोर्ड पर लिखते हैं, बार-बार खिड़कियों के कांच ऊंचे-नीचे करते हैं और कुछ इस तरह की हरकतें करते हैं। प्रोफेसर के इस व्यवहार का आप और आप के सहपाठी कैसा विवरण देंगे। इसमें कोई संदेह नहीं है कि कई विद्यार्थी इस प्रकार के असामान्य व्यवहार का अर्थ निकालने की कोशिश करेंगे। शायद वे कहेंगे कि कागजों को फर्श पर रखना, बोर्ड पर मनमाना लिखना और कुछ न होकर किसी टेस्ट लेने की तैयारी है।

गारफिंकल ने प्रोफेसर के कक्षा में व्यवहार जैसे कई छोटे-मोटे प्रयोग किये। सब का निष्कर्ष वे यह निकालते हैं कि समाज में लोगों की अभिवृति जो कुछ होता आया है उसे स्वीकृत कर लेने की है। प्रोफेसर का व्यवहार टेस्ट लेने की तैयारी है, ऐसा नहीं कहा जा सकता। लेकिन प्रोफेसर सामान्यतया कक्षा में विवेकी व्यवहार ही करते हैं और इसलिये अविवेकी व्यवहार होने पर भी विद्यार्थी सामान्य अर्थ ही निकालते हैं। बात यह है कि सभी गतिविधियों में कोई न कोई व्यवस्था अवश्य होती है। समाज के सदस्यों के व्यवहार नियमानुसार ही होते हैं। इसी कारण प्रोफेसर के बाजारू व्यवहार को भी विद्यार्थियों ने व्यवस्थित व नियमित समझा। एथनोमेथडोलॉजी जिस विधि द्वारा लोग इस तरह का व्यवहार करते हैं उन विधियों का विश्लेषण करती है। घटनाओं व प्रसंगों में कोई न कोई

अर्थ निकाल कर लोग अपनी पूर्व रचित धारणा को मानकर दुनिया या समाज का निर्माण करते हैं।

एथनोमेथडोलॅजी केवल एक नयी विधि मात्र नहीं है जो परम्परागत सिद्धान्त संदर्श से जुड़ी हुयी समस्याओं का हल निकाल सके। यह एक वह सैद्धान्तिक संदर्श है जो परम्परागत समाजशास्त्रीय अध्ययन की समस्याओं से हट कर है। सच्चाई यह है कि एथनोमेथडोलॉजी कुछ उन विधियों को काम में लेता है जो सामान्यतया सभी सिद्धान्त काम में लेते हैं। इसकी कुछ विधियां ऐसी है जो अन्य सैद्धान्तिक विधियों से भिन्न हैं।

गारफिंकल एथनोमेथडोलॉजी के सिद्धान्त निर्माण में प्रकार्यवादी विचारधारा से असहमत हैं। वे दुर्खाइम के *सामाजिक तथ्य* (Social Fact) की आलोचना करते हैं। दुर्खाइम कहते हैं कि व्यक्तियों के लिये वस्तुनिष्ठ सामाजिक तथ्य ही समाज है। दुर्खाइम की तरह प्रकार्यवादी भी यह मानकर चलते हैं कि सामाजिक व्यवस्था सर्वोपरि है और व्यक्ति को इस व्यवस्था के अनुरूप ही कार्य करना चाहिये।

गारफिंकल का तर्क अलग है। उनका कहना है कि *सामाजिक तथ्य अपने आप में कुछ नहीं उनका निर्माण और अस्तित्व तो व्यक्तियों की दिन-प्रतिदिन की गतिविधियों पर निर्भर है। इससे गारफिंकल का तात्पर्य यह है कि सामाजिक तथ्यों को लोग अपने दिन-प्रतिदिन के व्यवहार द्वारा वैधता देते हैं। समाज के नियम-उपनियम को व्यक्ति मान्यता देते हैं, स्वीकृत समझते हैं। जो कुछ सामाजिक तथ्य हैं उनका अर्थ व्यक्ति ही लगाते हैं।* इसका अर्थ यह हुआ कि *सामाजिक तथ्य अपने आप में कुछ नहीं है। वास्तविकता तो लोगों द्वारा अपनायी गयी विधियां हैं जो इस तरह अर्थ निकालते हैं।*

एथनोमेथडोलॉजी प्रकार्यवादियों के विपरीत यह मानकर चलते हैं कि *समाज में जो कुछ है वह समाज ने नहीं बनाया है। उसे बनाने का श्रेय व्यक्तियों का अनुभव है जो समाज में रहते हैं।*

एथनोमेथडोलॉजी इस बात का अध्ययन नहीं करता कि अन्तःक्रिया प्रक्रिया में किस भांति विभिन्न भूमिकाओं से अपेक्षा की जाती है। इस तरह का मुहावरा तो प्रतीकात्मक अन्तःक्रियावाद का होता है। एथनोमेथडोलॉजी का उद्देश्य तो *उस प्रक्रिया की पहचान करनी है जिसके माध्यम से लोग समाज के नियम-उपनियम को स्वीकृत समझ कर चलते हैं। वे समाज के व्यवहार में अर्थ खोजने की कोशिश करते हैं।* एथनोमेथडोलॉजी के लिये वास्तव में निर्वचनात्मक प्रक्रिया का अध्ययन ही एक महत्वपूर्ण घटना है। *इस तरह प्रकार्यवादी मानक और मूल्यों को व्यक्ति के व्यवहार का नियंत्रण करने वाला मानते हैं, प्रतीकात्मक अन्तःक्रियावादी मानक और मूल्य का उद्‌गम अन्तःक्रिया प्रक्रिया से मानते हैं। दूसरी और प्रकार्यवादियों और प्रतीकात्मक अन्तःक्रियावादियों के विपरीत एथनोमेथडोलॉजी की रुचि मानक एवं मूल्यों के उद्‌गम में नहीं है। इनके प्रति इस विद्या का कोई रूझान नहीं है। इसकी रुचि तो उस प्रक्रिया की पहचान करने में है जिसके माध्यम से लोग अन्तःक्रिया करते*

हैं और यह प्रमाणित करते हैं कि वे मानक और मूल्यों के अनुसरण कर रहे हैं।

दूसरे शब्दों में प्रकार्यवादियों के अनुसार मानव और मूल्य व्यक्ति को एक निश्चित व्यवहार करने के लिये बाध्य कर देते हैं। प्रतीकात्मक अन्तःक्रियावादी मानक और मूल्य का उद्‌गम अन्तःक्रिया से समझते हैं जबकि एथनोमेथडोलॉजिस्ट उस प्रक्रिया की पहचान करते हैं जिसके द्वारा लोग अपनी अन्तःक्रियाओं में मानक व मूल्यों का परिपालन करते हैं।

गारफिंकल के एथनोमेथडोलॉजी सिद्धान्त की विशेषताएं

(1) विवरण और अभिप्राय (Accounts and Meaning)

गारफिंकल ने एथनोमेथडोलॉजी की बहुत बड़ी विशेषता उसकी *विवरण* (Accounts) पद्धति की है। किसी एक स्थिति में व्यक्तियों के बीच में अन्तःक्रियाएं होती हैं। यहां अन्तःक्रिया और स्थिति का विवरण महत्वपूर्ण है। विवरण के अन्तर्गत दो तथ्य होते हैं : भाषा और अभिप्राय लोग जब कभी क्रिया करते हैं तो वे इसकी व्याख्या करने के लिये किस भाषा या मौखिक प्रतीकों द्वारा विवरण देते हैं। उदाहरण के लिये हम किसी बच्चे को पूछते हैं कि उसने जो तस्वीर बनायी है उसका विवरण दो। अब बच्चा विवरण देता है समझाता है कि उसने चित्र की शक्ल और जिस तरह के रंग प्रयुक्त किये हैं उन सबका अभिप्राय क्या है। इस तरह का विवरण हम अपनी क्रियाओं के बारे में दूसरों को देते हैं।

गारफिंकल का कहना है कि *विवरण* (Accounts) और *अभिप्राय* (Meaning) इस बात पर निर्भर करते हैं कि स्थिति कैसी है। जब दो व्यक्ति अपनी अन्तःक्रिया को कोई अभिप्राय या अर्थ देते हैं तो उनका संदर्भ किसी न किसी स्थिति से होता है, समय से होता है और अन्तःक्रिया के पीछे व्यक्तियों का जो इरादा है, इससे होता है। अतः जब अन्तःक्रियाओं या प्रतीकों का विवरण दिया जाता है जो इसके साथ *अभिप्राय* भी जुड़ा रहता है।

(2) अध्ययन विधि (Methodology)

एथनोमेथडोलॉजी की अध्ययन विधियां कोई विशेष नहीं है। ये वे विधियां है जिनका प्रयोग सामान्यतया सभी समाज वैज्ञानिक करते हैं। तथ्य सामग्री एकत्र करने के लिये एथनोमेथडोलॉजी में खुली प्रश्नावली, गहन साक्षात्कार, सहभागी अवलोकन, विडियो टेपिंग, आदि का प्रयोग किया जाता है। कभी-कभी एथनोमेथडोलॉजी में प्रयोग भी किये जाते हैं। जिनमें यह देखा जाता है कि दिन-प्रतिदिन के जीवन की दशाओं का अभिप्राय व्यक्ति क्या निकालते हैं। एथनोमेथडोलॉजी की तरह प्रतीकात्मक अन्तःक्रियावादी भी इन्ही विधियों का प्रयोग तथ्य संग्रह के लिये करते हैं। इस विज्ञान का सम्पूर्ण मुहावरा यह है कि हम जिस दुनिया में रह रहे हैं उसकी वास्विकता का ज्ञान हमें होना चाहिये। दूसरे शब्दों में जैसा कि *साथाज* (Psathas) का कहना है कि *एथनोमेथडोलॉजी गतिविधियों का अध्ययन करती है न कि गतिविधियों से सम्बन्धित सिद्धान्तों का*। यह तो कुछ इस तरह है कि कोई व्यक्ति पानी में तैरना सीखे। यह सही है कि तैरना सिखाने वाली पुस्तकों को पढ़कर व्यक्ति तैरने के बारे

में जान सकता है, लेकिन स्वंय तैरना सीखने के लिये उसे पानी में उतरना ही पड़ेगा। इसी कारण प्रायः एथनोमेथडोलॉजिस्ट कहते हैं कि एथनोमेथडोलॉजी क्या है। इसे जानने के लिये, एथनोमेथडोलॉजी जो करती है, उसे करो।

उपसंहार

यदि हम समाज विज्ञान की कसौटी पर एथनोमेथडोलॉजी को देखें तो यह कहना होगा कि समाजशास्त्र की यह विधा *सूक्ष्म* (Micro) के अध्ययन पर अपना ध्यान केन्द्रित करती है। शूट्ज, बर्जर और लूकमान आदि विचारक मुख्यतया दार्शनिक है और उनके अध्ययन का क्षेत्र *विशाल* (Macro) है। यह विचारक मनुष्य की चेतना की प्रक्रियाओं और इसी तरह वास्तविकता की सामान्य प्रकृति को समझने की कोशिश करते हैं। एथनोमेथडोलॉजी विशेषकर इस तथ्य का अध्ययन करती है कि आम लोग आनुभविक परिस्थिति में किसी भी घटना के अर्थ को किस प्रकार निकालते हैं। यह अवश्य है कि एथनोमेथडोलॉजी में काम करने वाले विचारक विशाल के अध्ययन पर आधारित सिद्धान्तों से असहमत नहीं है। उनका तर्क सामान्य है : सूक्ष्म का अध्ययन हो या विशाल का, सिद्धान्त तो सिद्धान्त होता है।

एथनोमेथडोलॉजी के क्षेत्र में काम करने वाले अनुसंधानकर्ता जिन विधियों को काम में लेते हैं, उनमें वैयक्तिक अध्ययन, गहन साक्षात्कार, जीवन कथा आदि सम्मिलित है। वास्तविकता यह है कि एथनोमेथडोलॉजी गतिविधियों का अध्ययन है न कि गतिविधियों के बारे में कोई सिद्धान्त। यह तो कुछ इस तरह से है कि कोई व्यक्ति नदी में कूदकर तैरना सीखे। यह ठीक है कि आदमी पुस्तकों को पढ़कर तैरना सीख सकता है, लेकिन एक दक्ष तैराक बनने के लिये यह आवश्यक है कि स्वयं पानी में कूदकर तैरना सीखे। इस अध्याय के अन्त में एथनोमेथडोलॉजी के बारे में यह कहना उचित होगा कि एथनोमेथडोलॉजी समझने के लिये अनुसंधानकर्ता को स्वयं एथनोमेथडोलॉजी काम में लेनी चाहिये। जब वह एथनोमेथडोलोजी को प्रयोग में लायेगा तभी अपने आप एथनोमेथडोलॉजी समझ में आ जायेगी।

अध्याय 21

संरचना सिद्धान्त
(Structural Theory)

शहर के एक छोर पर विश्वविद्यालय परिसर है। विश्वविद्यालय का भवन आकर्षक और आलीशान है। इसके बड़े-बड़े दरवाजे और खिड़कियाँ है। सेमिनार कक्ष पृथक है। ऑडीटोरियम लुभावना है, लेकिन कुछ कमरे ऐसे है जहां दरवाजे बहुत संकरे हैं और खिड़कियाँ बहुत बड़ी हैं। कहीं कमरों के अन्दर छोटे आले हैं और कहीं बहुत बड़े, बेतुके। विश्वविद्यालय भवन की इस बनावट को संरचना कहेगें। ठीक इसी तरह सामाजिक संरचना भी होती है। समाज के सदस्यों के सम्बन्ध विभिन्न भूमिकाओं से बन्धे होते हैं। प्रोफेसर और विद्यार्थियों के अन्तःक्रियाएं होती हैं, दुकान-ग्राहक की अन्तःक्रियाएं है। एक तरह से सम्पूर्ण सामाजिक जीवन सामाजिक सम्बन्धों का ताना बाना है। इन सम्बन्धों को नियन्त्रित करने के लिये मानक मूल्य है, सांस्कृतिक विरासत हैं, एक प्रकट या प्रच्छन्न विचार धारा है, लेकिन जिस तरह विश्वविद्यालय भवन में कुछ चीजें जहां होनी थी वहां नहीं है, इससे भवन की उपयोगिता कम हो जाती है। दरवाजों का छोटा होना या अपने स्थान पर आलों का नहीं होना आदि भवन के महत्व को कम करते हैं। इसी तरह सामाजिक संरचना में भी जब प्रस्थिति व भूमिका गड़बड़ा जाते हैं तो संरचना में भ्रष्टाचार, अपराध और अन्य कई विसंगतियाँ आ जाती है।

सरंचना के निर्माण में इस तथ्य की पहचान करनी चाहिये कि किस वस्तु का कहां महत्व है और ऐसा महत्व क्यों है? यदि हमारी यह पहचान दोषपूर्ण है तो कहीं ऐसा हो सकता है कि संरचना की एक दीवार ढह जाये और आगे चलकर सारी इमारत ही गिर जाये। जब समाजशास्त्री संरचना को अपने अध्ययन का मुद्दा बनाते हैं तो वे इस सम्भावना को लेकर चलते हैं कि समाज के बारे में कुछ सामान्य बयान दिये जायें। दूसरे शब्दों में

समाजशास्त्री *यह जानने की कोशिश करता है कि जिस दुनिया से हमारा वास्ता है, जिसका हमें कुछ अनुभव है उसके पीछे काम करने वाली या उसको बनाने वाली संरचना क्या है ?*

वैज्ञानिक संदर्भ में संरचना को समाजशास्त्र में परिभाषित करना दूभर है। बात तो यह है कि जितने समाजशास्त्री है उतनी ही संरचना की परिभाषाएं हैं। परिभाषा की इस अराजकता को टर्नर ने बड़े बेबाक शब्दों में रखा है। यदि समाजशास्त्रीय सिद्धान्तों में प्रयुक्त अवधारणाओं को सरसरी तरह से ही देखा जाये तो स्पष्ट हो जायेगा कि संरचना का प्रयोग बड़े ही लचीले और ढीले अर्थों में हुआ है। सरंचना के पर्यायवाची रूप में समाजशास्त्रियों ने खुलकर *सामाजिक व्यवस्था, संस्था, इपेरेटिवली कोर्टिनेटेड एसोसिएशन (IAC) तथा संगठनात्मक व्यवस्था* का प्रयोग किया है। समाजशास्त्रीय सिद्धान्तों में संरचना को समझने के लिये कैसे ? और क्यों ? संदर्शो को काम में लिया गया है। टर्नर तो कहते हैं, कि यह आश्यर्च जनक बात है कि जितना अधिक हम संरचना को परिभाषित करने का प्रयत्न करते हैं, संरचना उतनी ही अधिक अस्पष्ट होती जाती है। कितने विस्मय की बात है कि जब आज हम समाजशास्त्रीय सैद्धान्तीकरण को किसी *प्रकल्प* (Projects) की तरह विकसित कर रहे हैं, तो संरचना की अवधारणा उतनी ही अधिक मनमानी हो रही है।

संरचना के विश्लेषण में जितने भी उपागम समाजशास्त्र में अपनाये जा रहे हैं, लगभग सभी उदार है। संरचना की व्याख्या करते हुये निश्चित रूप से यह कहा जाता है कि इसकी जड़ें समाज विज्ञान के अकादमिक इतिहास में है। फ्रांसिसी संरचनावादियों ने मार्क्स की कृतियों में संरचनावाद देखा है। जब मार्क्स वर्गों की व्याख्या करते हैं तो उनका कहना है कि किसी भी सामाजिक संरचना में उत्पादन के स्त्रोत थोड़े होते हैं। अतः उनका बंटवारा समान नहीं हो सकता। परिणामस्वरूप वर्ग व्यवस्था बनती है।

शायद दुर्खाइम का प्रत्यक्ष प्रभाव वर्तमान संरचनात्मक विश्लेषण में देखने को मिलता है। लेवी स्ट्रॉस ने संरचनावाद की जो व्याख्या की है, उस पर दुर्खाइम का प्रभाव स्पष्ट देखा जा सकता है। संरचना की व्याख्या जिस तरह आज की जा रही है इससे लगता है कि प्रकार्यवादियों संघर्ष सिद्धान्तवेत्ताओं और प्रतीकात्मक अन्तःक्रियावादियों ने इस अवधारणा का प्रयोग विभिन्न संदर्भों में किया है।

संरचना का अर्थ

टर्नर यह स्वीकार करते हैं कि समाजशास्त्रियों ने संरचना की अवधारणा में अस्पष्टता होते हुये भी इसका प्रयोग बहुतायत रूप से किया है। ऐसी अवस्था में टर्नर का विचार है कि सामाजिक संरचना की परिभाषा का जो सार है, वह *यह कि इसमें सामाजिक अन्तःक्रियाएं और सामाजिक सम्बन्ध होते हैं जो लम्बी अवधि तक चलते हैं। दूसरे शब्दों में व्यक्तियों और समूहों के बीच ही अन्तःक्रियाएं और सामाजिक सम्बन्ध जो समाज में प्रायः चलते रहते हैं, संरचना है।* लेकिन टर्नर की संरचना की यह परिभाषा यूरोप के संरचनावादियों को स्वीकार नहीं है। इन विचारकों का तो यह कहना है कि *लोग जो कहते हैं और जिस तरह*

वह सोचते हैं वही उनके व्यवहार को प्रभावित करता है। अतः शब्द यानि भाषा और विचार ही सामाजिक संरचना की परिभाषा है। वास्तव में, यूरोपीय संरचनावादी आग्रहपूर्वक कहते हैं कि हमारे *सोचने की प्रक्रिया ही हमें मनुष्य बनाती है। हमारे विचार, जिस समाज में हम रहते हैं, उससे उत्पन्न नहीं होते। समाज जो कुछ है, जैसा ही उसकी अस्तित्व है, वह हमारे विचारों एवं भाषा के परिणामस्वरूप है।*

रूथा वेलेस और एलिसन वुल्फ सामाजिक संरचना को कुछ दूसरी तरह से देखते हैं। उनका कहना है कि *संरचनावाद वह सिद्धान्त है जिसमें समाज के बारे में सामान्य बयान (General Statement) दिये जाते हैं।* उनके अनुसार जैसा दुनिया के बारे में हमारा अनुभव है वैसी ही सामाजिक संरचना है। दूसरे शब्दों में जो हमारा दिन, प्रतिदिन के व्यवहार का अनुभव है, उसका सार ही सामाजिक संरचना है।

वास्तव में सामाजिक संरचना की व्याख्या करने वाले सिद्धान्तवेत्ता दो सम्प्रदायों में बंटे हुये हैं: एक सम्प्रदाय तो यूरोप के संरचनावादियों का है और दूसरा अमेरीकन-ब्रिटिश संरचनावादियों का। यूरोप के संरचनावादियों का कहना है कि संरचना का मूल आधार मनुष्य के विचार और भाषा है। जबकि अमरीकन-ब्रिटिश संरचनावादी व्यक्तियों के बीच के सामाजिक सम्बन्धों को संरचना मानते हैं। व्यापारी और ग्राहक, वकील व मुवक्कील, इत्यादि भूमिकाओं के बीच के सम्बन्ध सामाजिक संरचना है। संरचनावादियों का यह सम्प्रदाय वास्तविक व्यवहार के अध्ययन के आधार पर समाज को समझता है। अतः इनके अनुसार आनुभविक अध्ययन के परिणामस्वरूप दिये गये अध्ययन सामाजिक संरचना को बताते हैं। यूरोप के संरचनावादियों में *क्लाउड लेवी स्ट्रॉस* (Claude Levi Strauss) और *माइकेल फोकाल्ट* (Michael Foucalt) प्रमुख हैं। इधर अमेरीकन-ब्रिटिश संरचनावादियों में *पीटर ब्लॉ* (Peter Plau) का नाम उल्लेखनीय है। संरचना के सही अर्थ और उसके सिद्धान्त को समझने के लिये हम इन दोनों सम्प्रदायों का यहाँ उल्लेख करेगें।

यूरोप का संरचनावादः लेवी स्ट्रॉस

(Europian Structuralism: Levi-Strauss)

यदि अमेरिका और तीसरी दुनिया का कोई समाजशास्त्री फ्रांस में विकसित हुए संरचनावादी साहित्य को देखे तो वह आश्चर्य में आ जायेगा कि यहां तो संरचनावाद का मतलब शब्दों से हैं, भाषा से है। निश्चित रूप से निश्चित रूप से संरचनावाद की इस तरह की व्याख्या अमेरिका व ब्रिटेन से एकदम भिन्न है, क्योंकि वहां संरचना की व्याख्या का उपागम आनुभविक परम्परा है। फ्रांस के संरचनावादी तो जो कुछ लोग कहते हैं और विचारते हैं, उसी को सामाजिक संरचना मानते हैं।

लेवी-स्ट्रॉस राष्ट्रीयता की दृष्टि से फ्रांसिसी है। 1949 में उनकी क्लासिकल पुस्तक द *एलमेंटरी स्ट्रक्चर्स ऑफ किनशिप* (The Elementary Structures of Kinship) प्रकाशित हुयी। यद्यपि इस पुस्तक में स्ट्रॉस ने चचेरे-फुफेरे भाई-बहिनों के विवाह की चर्चा

की है, बार-बार वे समाज की सुदृढ़ता की भी चर्चा करते हैं। इस पुस्तक के विश्लेषण में स्ट्रॉस का निष्कर्ष है कि भाषा विज्ञान द्वारा सामाजिक संरचना का विश्लेषण अधिक गहरा स्पष्ट हो सकता है।

स्ट्रॉस का जन्म फ्रांस के एक कस्बे 1908 में हुआ उनके पिता बहुत अच्छे कलाकार थे। स्ट्रॉस ब्राजील के एक विश्वविद्यालय में समाजशास्त्र के प्रोफेसर बने और यहीं से ही उन्होंने ब्राजील के तटवर्ती इलाकों में मानवशास्त्रीय अध्ययन प्रारम्भ किया। बीच की अवधि में, 1939-40 स्ट्रॉस ने सेना में भी नौकरी की। ब्राजील से न्यूयार्क में न्यू स्कूल में अध्यापन के लिये आये। वे 1949 में पुनः फ्रांस आ गये। अगले वर्ष वे पेरिस विश्वविद्यालय में सामाजिक अध्ययन के निदेशक बन गये। 1959 में *कॉलेज-डी-फ्रांस* (College de France) में सामाजिक मानवशास्त्र के प्रोफेसर बन गये।

स्ट्रॉस की लोकप्रियता उनके नातेदारी की संरचना के विश्लेषण के कारण है। उनका प्रिय विषय *मिथक* की व्याख्या है। वे कहते हैं कि *किसी भी मिथक में नाना प्रकार की कहानियां और विषय उसकी सामग्री होते हैं। लेकिन इन सबसे अन्तर्निहित कुछ ऐसे तत्व होते हैं जो निरन्तर पाये जाते हैं। वे तत्व जो विभिन्न मिथकों में समान रूप से बने होते हैं, संरचना है*। यदि भारतीय संदर्भ में देखें तो हिन्दू देवी देवताओं के कई मिथक हैं। कहीं राम समुद्र पर सेतु बना लेते हैं, कहीं कृष्ण कालिया नाम का दंश हरण करते हैं। कहीं शंकर गंगा को अपनी जटाओं में बांध लेते हैं और इस तरह मिथक के आख्यानों की विभिन्नता बराबर बनी रहती है। इस विभिन्नता में एक निरन्तरता भी समान रूप में देखने मिलती है: देवी-देवता सर्व शक्तिमान हैं, वे जो चाहे कर सकते हैं, असम्भव को सम्भव बना सकते हैं। अतः यह निरन्तर पाये जाने वाला तत्व जो हर मिथक में मिलता है, संरचना है। स्ट्रॉस की यह उपलब्धि चौंकाने वाली थी। संरचना की ऐसी व्याख्या व परिभाषा अ-ऐतिहासिक थी।

लेवी स्ट्रॉस के संरचना के सिद्धान्त का मूल आधार नातेदारी संरचना का विश्लेषण है। इसी विश्लेषण को उन्होंने मिथक पर लागू किया। इन अध्ययनों के बाद उन्होंने निष्कर्ष निकाला कि *हमारे विचारों की जो प्रक्रियाएं हैं, वे ही हमें मनुष्य बनाती हैं। वे कहते हैं कि जो कुछ हमारा दैनिक जीवन है, व्यवसाय, रीति-रिवाज, परम्पराएं, आदि इन सब के पीछे मनुष्यों की बौद्धिक गतिविधियां हैं। ऐसा नहीं होता कि समाज का संगठन बौद्धिक प्रक्रियाओं को बनाता हो। दूसरे शब्दों में किसी भी सामाजिक जीवन को बिताने से पहले हमें किसी न किसी अर्थ में सोचना अवश्य पड़ेगा। इस प्रकार सामाजिक जीवन का उद्‌गम बौद्धिक गतिविधि है। मिथक के बारे में वे कहते हैं कि दुनिया भर के मिथकों में कुछ तत्व सार्वभौमिक हैं और यह सार्वभौमिक तत्व ही संरचना है*।

संरचना के सिद्धान्त से लेवी स्ट्रॉस को पता लगा कि मनुष्य व्यवहार में कोई मूलभूत अन्तर आयेगा, ऐसा नहीं लगता। होता यह है कि व्यवहार के पीछे जो संरचना है वह नहीं बदलती। आज हम नया मिथक बना सकते हैं कि राम और सीता पुष्पक विमान में बैठकर

बन में पहुंचे। इसमें पैदल चलने का स्थान विमान ने ले लिया। लेकिन इसके पीछे जो संरचना है कि राम सर्वशक्तिमान है, तनिक भी नहीं बदलती। बस अन्तर यही है कि जिस राम ने समुद्र को बांधा उन्होंने ही पुष्पक विमान को उड़ाया। इसी उपलब्धि पर स्ट्रॉस तर्क देते हैं कि भविष्य का आदमी भी कितना ही तकनीकी हो जाये *वह निश्चित रूप से हमारी गहन मानसिक संरचनाओं की उपज होगा*।

वास्तव में लेवी स्ट्रॉस अपने सिद्धान्त की प्रेरणा भाषा वैज्ञानिकों से लेते हैं। वे कहते हैं कि वस्तुओं के घटने का कारण भाषा और उसकी अवधारणाएं हैं। कभी-भी भाषा वस्तुओं का परिणाम नहीं होती। यह इसी कारण है कि हम भाषा के माध्यम से वस्तुओं व अपने आपको समझते हैं। स्ट्रॉस की तरह *नोम चोम्स्की* (Noam Chomsky) जो भाषा वैज्ञानिक हैं, कहते हैं कि प्रत्येक भाषा में एक *गहन व्याकरण* (Depth Grammar) होती है जिससे सभी भाषाएं में सहमत होती हैं। इसका अर्थ यह हुआ कि दुनिया भर की भाषाओं में कुछ ऐसे शब्द होते हैं जो दुनिया के बारे हमें जानकारी देते हैं। इन भाषाओं में जो अन्तर्निहित संरचना है उसकी पहचान अगर हम कर पाएं तो हमें एकदम पता लग जायेगा कि मनुष्य जाति कैसी है? उदाहरण के लिये हम किसी भी भाषा को लें। उसमें कर्ता के लिये कोई न कोई शब्द होता है। इसी तरह क्रिया के लिये भी निश्चित शब्द होते हैं। हिन्दी में कर्ता के लिये मैं या हम है। अंग्रेजी में *I* और *We* हैं। यदि खोज करें तो प्रत्येक भाषा में कर्ता और क्रिया के लिये निश्चित शब्द होते हैं। ये शब्द ही संरचना है। क्योंकि संरचना एकाएक नहीं बदलती, इसी कारण स्ट्रॉस मार्क्स के सिद्धान्त को क्रान्तिकारी नहीं मानते। मार्क्स वर्ग संघर्ष की कितनी ही व्याख्या करलें लेकिन यह लीपा-पोती ही होगी। क्योंकि जिस शब्दावली का लोग प्रयोग करते हैं उसकी संरचना में परिवर्तन नहीं है। लेवी स्ट्रॉस के इसी उपागम के कारण उन्हें मार्क्स विरोधी ही कहा जाता है।

सारांश (लेवी स्ट्रॉस)

लेवी स्ट्रॉस एक जटिल संरचनावादी कहे जाते हैं। उनका सिद्धान्त मानवशास्त्रियों में पूरी गम्भीरता के साथ लिया जाता है। यह सब होने पर भी समाज वैज्ञानिक उनके सिद्धान्त को संदेह की दृष्टि से देखते हैं। इन समाज वैज्ञानिकों का कहना है कि स्ट्रॉस ने केवल हाथ की सफाई बताई है। अपनी व्याख्या में उन्होंने कहीं भी भद्दे तथ्यों को स्थान नहीं दिया है, वे उनकी उपेक्षा करते हैं। इस आलोचना के होते हुये भी यह निश्चित है कि स्ट्रॉस के विश्लेषण में कई महत्वपूर्ण तथ्य निहित हैं। स्ट्रॉस ने *संस्कृतिवाद* (Culturalism) को अपनी चरमसीमा पर पहुंचा दिया है। उन्होंने विभिन्न समाजों में पाये जाने वाले सार्वभौमिकों (Universals) की पहचान की है। स्ट्रॉस के इस योगदान का प्रभाव अन्य समाज विज्ञानों में भी देखने को मिलता है।

पीअरे बोरदियू (Pierre Bourdieu)

यूरोप में संरचनावाद में हाल में एक नया क्षितिज हुआ है। इसके प्रणेताओं में *रोबर्ट वूथनोव* (Robert Wuthnow) और *पीअरे बोरदियू* (Pierre Bourdieu) हैं। संरचनावाद के इन नवीन क्षितिज को *सांस्कृतिक संरचनावाद* (Cultural Structuralism) का नाम दिया गया है। आधुनिक सामाजिक विचारधारा पर चाहे वह मानवशास्त्र हो या समाजशास्त्र, सांस्कृतिक संरचनावाद का बहुत बड़ा प्रभाव है। सांस्कृतिक संरचनावादी कई तरह के विश्लेषण प्रस्तुत करते हैं। विश्लेषण की विभिन्नता होते हुये भी बुनियादी रूप से इन सबका प्रकरण एक समान ही है। इनका मानना है कि सतह पर दिखने वाली घटनाओं के अन्दर एक निश्चित संरचना बनी होती है। इस संरचना को नियमों की एक कड़ी के रूप में समझा जा सकता है। ये नियम ही विभिन्न प्रकार की आनुभविक स्थितियों का विश्लेषण करने में सहायक होते हैं। दूसरे शब्दों में, आनुभविक रूप से देखी जाने वाली घटनायें संरचना के तर्क द्वारा निर्मित की जा सकती है। कुछ लोग इस आंतरिक संरचना को मनुष्य के मस्तिष्क की देन मानते हैं और कुछ इसे सांस्कृतिक उपज मात्र समझते हैं।

विशुद्ध संरचनात्मक विश्लेषण का प्रभाव भाषा व साहित्य में अधिक देखने को मिलता है। थोडी अवधि के लिये यह विश्लेषण मानवशास्त्र व समाजशास्त्र में लोकप्रिय रहा। हाल में संरचनावादी सिद्धान्त जो उपलब्ध है की लोकप्रियता कम हो गयी है। लेवी स्ट्रॉस ने दुर्खाइम को उनके सिर के बल खड़ा कर दिया था, लेकिन सांस्कृतिक संरचनावादियों ने उन्हें पुनः अपने पांवों पर खड़ा कर दिया है। ये संरचनावादी प्रतीकात्मक व्यवस्था की संरचना पर जोर देते हैं। सांस्कृतिक संरचनावादी दुर्खाइम से बहुत कुछ उधार लेते हैं, लेवी स्ट्रॉस की अन्तर्दृष्टि प्राप्त करते हैं और फ्रांसिसी समाज की परम्पराओं को सांस्कृतिक संरचना से जोड़ते हैं।

यहां इस अध्याय के इस भाग में हम पिअरे बोरदियू के सांस्कृतिक संरचनावाद को थोड़ा विस्तार से देखेगें।

बोरदियू का सांस्कृतिक संघर्ष सिद्धान्त

यद्यपि बोरदियू ने कई प्रकरणों व प्रसंगों पर लिखा है, पर उनके समाजशास्त्र का केन्द्रीय आधार सामाजिक वर्ग है। इन वर्गों के साथ जुड़े हुए *सांस्कृतिक स्वरूपों* (Cultural Forms) को वे अपने विश्लेषण का मुख्य मुद्दा बनाते हैं। सार रूप में बोरदियू मार्क्स और वेबर के सिद्धान्तों का सम्मिश्रण करते हैं। वे मार्क्स की वस्तुनिष्ठ वर्ग की अवधारणा को लेकर उसे वेबर के विश्लेषण के साथ उत्पादन साधनों से जोड़ते हैं। इस प्रकार बोरदियू मार्क्स और वेबर की सामाजिक संरचना को जोड़कर फ्रांस के संरचनावाद के संदर्भ में देखते हैं।

बोरदियू के अनुसार वर्ग क्या है? इस प्रश्न का उत्तर देने के लिये बोरदियू पूंजी को

चार भागों में बांटते हैं:

1. *आर्थिक सम्पत्ति* (Economic Capital):

   इसके अन्तर्गत वह सम्पूर्ण सम्पति आती है जिसके माध्यम से उत्पादन होता है। पैसा, भौतिक वस्तुएं ऐसी हैं जिनके द्वारा वस्तुओं और सेवाओं को उपलब्ध किया जाता है।

2. *सामाजिक सम्पत्ति* (Social Capital):

   ये वे सामाजिक परिस्थितियां हैं जिनके माध्यम से विभिन्न समूहों के साथ सम्पर्क किया जा सकता है, सामाजिक जाल (Social Network) बनाने में सामाजिक सम्पत्ति उपयोगी होती हैं।

3. *सांस्कृतिक सम्पत्ति* (Cultural Capital):

   इसके अन्तर्गत कुशलता, शिष्टाचार, भाषा सम्बन्धी पद्धतियाँ, शैक्षणिक क्षमता, जीवन-शैली, आदि आते हैं।

4. *प्रतीकात्मक सम्पत्ति* (Symbolic Capital):

   उपरोक्त तीनों प्रकार की पूंजी को वैधता देने के लिये प्रतीकों को काम में लिया जाता है। ऐसी अवस्था में प्रतीक ही सम्पत्ति है।

सम्पत्ति के उपरोक्त चार प्रकारों को देने के बाद बोरदियू वर्ग की अवधारणा को स्पष्ट करते हैं। सभी वर्गों में सम्पति के उपरोक्त प्रकार कम या ज्यादा रूप में अवश्य पाये जाते हैं, अर्थात् *प्रभुत्व वर्ग* (Dominant Class) में आर्थिक सम्पत्ति, सामाजिक सम्पत्ति, सांस्कृतिक और प्रतीकात्मक सम्पत्ति सबसे अधिक होगी। मध्यम वर्ग के पास सम्पत्ति का यह स्वामित्व अपेक्षाकृत रूप से कम होगा और निम्न वर्गों के पास सम्पत्ति के ये स्रोत न्यूनतम होगें। ऐसा होना सम्भव है कि प्रभुत्व वर्ग में कुछ ऐसे *द्वन्द्व समूह* (Factions) होगें जिनके पास सम्पति कम होगी। दूसरी ओर निम्न वर्गों में कुछ इने-गिने आदमी ऐसे हो सकते हैं जिनके पास सम्पत्ति के उपरोक्त प्रकार अधिक हों।

जब बोरदियू वर्ग और सम्पति का विश्लेषण देते हैं, तब वे कहते हैं कि सामाजिक स्तरीकरण में वर्गों की यह गैर-बराबरी खड़ी स्पष्ट दिखायी देती है। तीन में से प्रत्येक वर्ग अपनी सांस्कृतिक और प्रतीकात्मक संस्कृति के कारण एक समान संस्कृति को पैदा करता है, उसे बोरदियू वर्ग संस्कृति (Class Culture) कहते हैं। बोरदियू के अनुसार यह (वर्ग संस्कृति) एक आश्रित चर है जो लोगों के बीच सम्बन्धों को निर्धारित करता है।

बोरदियू की विशेषता यह है कि प्रत्येक वर्ग की सांस्कृतिक विशिष्टता को वे निकालते है। एक ही वर्ग के लोग समान विचारधारा, अनुभूति और व्यवहार के भागीदार होते हैं। वर्ग के इन लोगों में जो समान व्यवहार पाया जाता है, बोरदियू इसे *हेबिटस्* (Habits) यानि *सामूहिक अचेतना* (Collective Unconscious) कहते हैं। यह सामूहिक अचेतना ही एक निश्चित वर्ग के लोगों की भाषा, वेशभूषा, शिष्टाचार आदि निश्चित करती है। उदाहरण के

लिये प्रभुत्व वर्ग का रूझान स्वतन्त्रता और विलासिता की ओर होता है। जबकि निम्न वर्ग के सामने अपने अस्तित्व को बनाये रखने की समस्या होती है।

सारांश (बोरदियू)

बोरदियू के सिद्धान्त पर टिप्पणी लिखते हुये हम कहना चाहते हैं कि यूरोप यानि पेरिस के संरचनावाद पर बोरदियू का प्रभाव सर्वाधिक है। उन्होंने वर्ग-संघर्ष पर एक ऐसा अवधारणात्मक मॉडल दिया है जिसमें मार्क्स, वेबरं और दुर्खाइम तीनों के समाजशास्त्र सम्मिलित है। अपने सिद्धान्त में बोरदियू ने व्यक्ति के वर्ग जनित व्यवहार की चर्चा करते हुये किसी तरह का विशद् विश्लेषण नहीं दिया है। दुर्खाइम को उन्होंने अपने पांव के बल पर खड़ा किया है और वे कहते हैं कि व्यक्ति की वर्ग में जो स्थिति है वही उसके व्यवहार को निर्धारित करती है। दूसरी ओर वे संरचनावाद के प्रतीकात्मक पहलू को बराबर अपने सिद्धान्त में सम्मिलित करते हैं। यूरोप के संरचनावाद में बोरदियू का सांस्कृतिक संरचनावाद एक महत्वपूर्ण घटना है। इसे विकसित करने की आवश्यकता है।

अमेरिका और इंगलैण्ड का संरचनावाद : पीटर ब्लॉ

(Anglo Saxon Structuralism: Peter Blau)

अधिकांश अमेरिकन समाजशास्त्री यूरोप के संरचनावाद से अधिक आकर्षित नहीं है। इसका यह मतलब नहीं है कि वे सामाजिक घटनाओं के बारे में सामान्य नियमों का पता लगाना नहीं चाहते। इस देश में, सच में देखा जाये तो गणितज्ञों ने संरचना की अवधारणा को एक नया जीवन दिया है। आज जो बड़ी तादाद में कम्प्यूटर प्रोग्राम बन रहे हैं, उनमें हम विभिन्न प्रकार के तथ्यों में एक निश्चित नियमितता पाते हैं। यह नियमितता ही संरचना है। हाल में जो महत्वाकांक्षी संरचनावादी सिद्धान्त अनिवार्य है: 1. प्रकार्यात्मक अन्तर्निर्भरता और 2. समूह के सदस्यों में वास्तविक अन्तःक्रिया। इसे सूत्र में इस भांति रखेगें:

एकीकरण = प्रकार्यात्मक अन्तर्निर्भरता + वास्तविक सामाजिक अन्तःक्रिया

पीटर ब्लॉ का संरचनावाद न तो भाषा विज्ञान से जुड़ा है और न वैचारिकी से। उनकी संरचना तो कुछ नियमों पर आधारित है और ये नियम आनुभविक अध्ययन पर आधारित है। दूसरी बात पीटर ब्लॉ यह कहते हैं कि किसी भी सामाजिक संरचना का उद्देश्य समाज में एकीकरण लाना होता है। यदि कोई राष्ट्र है तो उसे अपनी अखण्डता बनाये रखना है। यदि कोई विशाल समाज है तो उसे समाज की सीमाओं को परिभाषित करके समाज की निश्चित पहचान बनाये रखनी चाहिये। ऐसी अवस्था में जहां एकीकरण को प्राप्त करना मुख्य उद्देश्य होता है, समाज के सदस्यों में अन्तःक्रिया होना आवश्यक है। इस अर्थ में ब्लॉ की संरचनावाद की धुरी अन्तःक्रिया है। फिर प्रश्न उठता है: क्या समाज का प्रत्येक व्यक्ति अन्य प्रत्येक व्यक्तियों के साथ अन्तःक्रिया करता है? इसके उत्तर में ब्लॉ सामाजिक संरचना की एक रूपरेखा प्रस्तुत करते हैं।

सामाजिक संरचना में ऐसे कौन से लक्षण होते हैं जो लोगों के बीच में भेदभाव या अन्तर पैदा करते हैं? यह भेदभाव और अन्तर ऐसा होता है जो सामाजिक अन्तःक्रिया को प्रभावित करता है। यदि हम अपने समाज को देखे तो लोग लिंग, धर्म, जाति और धंधों के आधार पर बंटे हैं। इस तरह के विभाजन में व्यक्तियों के लक्षण जन्मजात हैं या प्रदत्त हैं, बेमतलब हैं। ब्लॉ इसमें कोई रूचि नहीं रखते। *इस तरह हमारे समाज में ऐसे व्यक्तियों की श्रेणियां है। जो एक ही लिंग के हैं यानि पुरूष या स्त्री हैं, एक ही अमेरिका में चर्चित है वह पीटर ब्लॉ का सिद्धान्त है। ब्लॉ का यह सिद्धान्त समाजशास्त्र की वैज्ञानिक परम्परा में आता है। पीटर ब्लॉ ने सिद्धान्त को अपनी पुस्तक—इनइक्वेलिटी एण्ड हेटरोजिनिटीः ए प्रिमिटिव थ्योरी ऑफ सोशल स्ट्रक्चर* (Inequality and Heterogeneity: A Primitive Theory of Social Structure: 1977) में प्रस्तुत किया है। ब्लॉ की रूचि *थ्योरम* (Theorem) बनाने की है जिसकी जांच आनुभविक क्षेत्र में की जा सकती है। जहां फ्रांसिसी संरचनावादी अवधारणाओं और बौद्धिक प्रक्रियाओं में रूचि रखते हैं, वहां स्पष्ट रूप से ब्लॉ की रूचि सामाजिक तथ्यों में है। उनके अध्ययनों में श्रम विभाजन, अन्तर्विवादों, मित्रता के प्रतिमान और सामाजिक गतिशिलता का विवरण बहुतायत रूप से मिलता है।

आदिम सामाजिक संरचना (Primitive Social Structure)

अपनी पुस्तक में ब्लॉ सामाजिक संरचना का एक सिद्धान्त रखते हैं। इस सिद्धान्त का प्रतिपादन वे कुछ मान्यताओं या स्वंय सिद्ध नियमों द्वारा करते हैं। इस अध्ययन में उनका सरोकार बहुत सीमित है और बहुत संक्षेप में कहा जाये तो कहेगें कि उन्होंने दुर्खाइम और पारसंस का सम्मिश्रित स्वरूप इसमें रखा है। *उनका केन्द्रीय तर्क यह है कि सामाजिक एकीकरण के लिये किसी न किसी तरह की संस्था अवश्य होनी चाहिये। दूसरे शब्दों में जब तक संस्थाओं का जाल नहीं बनाया जाता एकीकरण सम्भव नहीं होता। हम यह समझें कि जैसा दुर्खाइम ने कहा है, प्रकार्यात्मक अन्तः निर्भरता से सामाजिक एकीकरण आता है तो हम भ्रम में हैं। प्रकार्यात्मक अन्तर्निर्भरता* (Functional Interdependence) के अतिरिक्त समूह के सदस्यों के बीच में वास्तविक अन्तःक्रियाएं होना अति आवश्यक है। इस भांति सामाजिक एकीकरण के लिये दो मान्यतायें अनिवार्य हैं: 1. प्रकार्यात्मक अन्तर्निर्भरता और 2. समूह के सदस्यों में वास्तविक अन्तःक्रिया। इसे सूत्र में इस भांति रखेगें:

एकीकरण = प्रकार्यात्मक अन्तर्निर्भरता + वास्तविक सामाजिक अन्तःक्रिया

पीटर ब्लॉ का संरचनावाद न तो भाषा विज्ञान से जुड़ा है और न वैचारिकी से। उनकी संरचना तो कुछ नियमों पर आधारित है और ये नियम आनुभविक अध्ययन पर आधारित हैं। दूसरी बात पीटर ब्लॉ यह कहते हैं कि किसी भी सामाजिक संरचना का उद्देश्य समाज में एकीकरण लाना होता है। यदि कोई राष्ट्र है तो उसे अपनी अखण्डता बनाये रखना है, यदि कोई विशाल समाज है तो उसे समाज की सीमाओं को परिभाषित करके समाज की निश्चित पहचान बनाये रखनी चाहिये। ऐसी अवस्था में जहां एकीकरण को प्राप्त करना मुख्य

उद्देश्य होता है, समाज के सदस्यों में अन्तःक्रिया होना आवश्यक है। इस अर्थ में ब्लॉ की संरचनावाद की धुरी अन्तःक्रिया है। फिर प्रश्न उठता है: क्या समाज का प्रत्येक व्यक्ति अन्य प्रत्येक व्यक्तियों के साथ अन्तःक्रिया करता है? इसके उत्तर में ब्लॉ सामाजिक संरचना की एक रूपरेखा प्रस्तुत करते हैं।

सामाजिक संरचना में ऐसे कौन से लक्षण होते हैं जो लोगों के बीच में भेदभाव या अन्तर पैदा करते हैं? यह भेदभाव और अन्तर ऐसा होता है जो सामाजिक अन्तःक्रिया को प्रभावित करता है। यदि हम अपने समाज को देखे तो लोग लिंग, धर्म, जाति, और धंधों के आधार पर बंटे है। इस तरह के विभाजन में व्यक्तियों के लक्षण जन्मजात हैं या प्रदत्त हैं, बेमतलब है। ब्लॉ इसमें कोई रूचि नही रखते। *इस तरह हमारे समाज में ऐसे व्यक्तियों की श्रेणियां हैं जो एक ही लिंग के हैं यानि पुरूष या स्त्री है, एक ही धर्मावलंबी है, एक ही व्यवसाय के हैं। इन श्रेणियों की पहचान या विशेषता लिंग, धर्म, जाति या धंधों के अनुसार होती है। इस तरह के समूहों को ब्लॉ सांकेतिक प्राचल समूह* (Nominal Parmeter Groups) की श्रेणी में रखते हैं। इन समूहों के लक्षण लिंग, धर्म आदि सांकेतिक प्राचल हैं यानि अपनी विशेषता के संकेत हैं। संरचना का यह विभाजन या विशिष्टीकरण ब्लॉ के पद में सांकेतिक प्राचल है। इस समूहों के सदस्य आपस में अन्तःक्रिया करते है क्योंकि इनका लिंग एक है, एक धर्म व जाति के हैं या एक ही व्यवसाय के हैं। इन समूहों में जो अन्तर है वह *क्षैतिज* (Horizontal) है। इसका मतलब यह है कि कोई स्त्री सुन्दर है, कोई सामान्य: किसी के धर्मावलम्बी अधिक हैं किसी के कम, किसी की जाति ऊँची है किसी की निम्न। यहां भेद का आधार क्षैतिज है।

सामाजिक संरचना का लक्षणों के आधार पर एक और विभाजीकरण है। संरचना में कुछ लक्षण ऐसे भी होते हैं जिनमें उच्चो-उच्च या सौपानिक व्यवस्था पायी जाती है। ये समूह आय, पूँजी, शिक्षा और शक्ति (Power) समूह हैं। क्योंकि ये समूह सोपान लिये होते हैं अत: इनकी विभिन्नता को ब्लॉ *शीर्ष* (Vertical) विभाजीकरण कहते हैं। यह *प्राचल* (Parameter) ब्लॉ की पदावली में *श्रेणीबद्ध* (Graduated) है। जब हम सामाजिक सरंचना के इन विभेदों, जो लोगों में पाये जाते हैं, अवधारणा में रखते हैं तो इसे *गैर-बराबरी* (Inequality) या *विजातीयता* (Heterogeneity) के नाम से पुकारते हैं। विजातीय या क्षैतिज विभेदीकरण सांकेतिक प्राचल की श्रेणी में आते हैं। गैर-बराबरी या शीर्ष विभेदीकरण जिसमें प्रस्थिति असमान रूप से बंटी होती है, श्रेणीबद्ध प्राचल कहलाते हैं।

सामाजिक संरचना की जो विशेषता ब्लॉ ने प्रस्तुत की है, उससे स्पष्ट है कि गैर-बराबरी और विजातीयता सामाजिक अन्तःक्रिया में रूकावटें पैदा करते हैं। और जब अन्तःक्रिया में वाधा आती है तो एकीकरण गड़बड़ाने लगता है। अपनी प्राप्तियों को ब्लॉ प्राक्कल्पना का रूप देते हुये कहते हैं: *छोटे समूहों में बड़े समूहों की अपेक्षा अन्तर्समूह सम्बन्ध बढ़ जाते हैं।* उदाहरण के लिये अल्पसंख्यक समूह जैसे पारसी, जो बहुत छोटे हैं, उनमें व्यक्तियों के बीच

की अन्तःक्रियाएं बहुसंख्यक समूहों की तुलना में अधिक गहन व तीव्र होती हैं।

ब्लॉ ने जो कुछ कहा है वह किसी भी तरह रहस्यमय नहीं है, न ही कोई जादू है। छोटे समूह दूसरे समूहों के साथ एकीकरण इसलिये कर पाते है कि उनका सम्बन्ध बाहरी समूहों के सदस्यों के साथ होता है। ऐसा भी नहीं है कि छोटे समूहों के लोग असुरक्षा के भय से दूसरे समूहों से एकीकरण करना चाहते हैं। वास्तविकता यह है कि स्थितियां कुछ ऐसी बन जाती है कि छोटे समूहों के अन्तर्समूह सम्बन्ध अपने आप बढ़ जाते हैं।

यदि हम ब्लॉ के संरचनात्मक सिद्धान्त को आलोचनात्मक दृष्टि से देखें तो बहुत स्पष्ट है कि वे अपने प्रतिपादन में दुर्खाइम और प्रकार्यवादियों से बहुत अधिक प्रभावित हैं। उन्होंने दुर्खाइम के सामाजिक एकीकरण को सिद्धान्त में रखा है। दुर्खाइम का विश्वास था कि आदिम समाजों का सामाजिक एकीकरण *यांत्रिक सुदृढ़ता* (Mechanical Solidarity) के कारण होता है। आधुनिक समाजों में यह सुदृढ़ता प्रकार्यात्मक अन्तर्निर्भरता द्वारा होती है। इस प्रकार की सुदृढ़ता को दुर्खाइम *सावयवी सुदृढ़ता* (Organic Solidarity) कहते हैं।

ब्लॉ दुर्खाइम से सहमत नहीं है। उनका तर्क कुछ दूसरा है जिसका उल्लेख हमने पिछले पृष्ठों में किया है। उनका कहना है कि केवल प्रकार्यात्मक अन्तर्निर्भरता आधुनिक समाजों में एकता नहीं लाती। एकता के लिये प्रकार्यात्मक अन्तर्निर्भरता के अतिरिक्त समूह के विभिन्न सदस्यों में वास्तविक सम्बन्ध होने चाहिये। महत्वपूर्ण यह है कि ये सम्बन्ध कितने निकट और गहन हैं। यह सत्य दिखायी देता है कि श्रम विभाजन की तीव्रता के बढ़ने के साथ विभिन्न व्यवसायों के लोगों में सामाजिक अन्तःक्रिया में गहनता का बढ़ना भी स्वाभाविक है। *अतः जितना अधिक श्रम विभाजन होता है उतनी ही अधिक व्यावसायिक विजातीयता बढ़ती है, और जितनी अधिक विजातीयता बढ़ेगी उतना ही अधिक सामाजिक एकीकरण भी बढ़ेगा*। संक्षेप में अमेरिकन संरचनावाद का जिसका प्रतिपादन पीटर ब्लॉ ने किया है, सामाजिक संरचना का सिद्धान्त है।

उपसंहार

संरचना एक ऐसी अवधारणा है जिसका प्रयोग पूरी स्वतन्त्रता से किया जाता है। कई बार पूरी की पूरी पुस्तक में संरचना का प्रयोग होता है, कहीं भी इसे परिभाषित नहीं किया जाता। संरचना की विभिन्न परिभाषाओं के उधेड़-बुन में यह धारणा बहुत स्पष्ट है कि इसका अर्थ विभिन्न भागों को एक सूत्र में बांधना है और प्रत्येक भाग को उसके महत्व के अनुसार स्थान देना है। संरचना तो एक ढांचा है, किसी विशाल भवन की तरह इसमें विभिन्न प्रस्थितियों और भूमिकाएं एक-दूसरे से जुड़ी होती हैं।

समाजशास्त्र में सरंचनावाद पर सैद्धान्तिक दृष्टि से जो कुछ लिखा गया है, उसे दो सम्प्रदायों में देखा जा सकता है। फ्रांस में संरचना की परम्परा और अमेरिका व इंगलैण्ड में।

फ्रांसिसी या यूरोपीय संरचनावाद की परम्परा में लेवी-स्ट्रॉस और बोरदियू हैं। यह परम्परा भाषा और वैचारिकी को संरचना का सुदृढ़ स्त्रोत मानती है। अमेरिका-इंगलैण्ड की संरचनावादी परम्परा में हमने पीटर ब्लॉ की संरचनावाद का उल्लेख किया है। ब्लॉ किसी भी समाज का अंतिम लक्ष्य एकीकरण बनाये रखना समझते हैं। एकीकरण के लिये व्यक्तियों और समूहों के बीच में अन्तर्क्रियाएं होनी चाहिये। वास्तव में पीटर ब्लॉ दुर्खाइम और प्रकार्यवाद की सामाजिक सुदृढ़ता की अवधारणा को आगे बढ़ाकर कहते हैं कि प्रकार्यात्मक अन्तर्निभरता के अतिरिक्त वास्तविक रूप से होने वाली अन्तःक्रियाएं एकीकरण के लिये आवश्यक हैं।

अध्याय 22

भारत में समाजशास्त्रीय सिद्धान्त निर्माण
(Sociological Theory Building in India)

सामाजिक यथार्थ का अमूर्तीकरण ही सिद्धान्त है। भारतीय समाज की यथार्थता सम्पूर्ण देश में एक जैसी नहीं है। इसमें बहुत अधिक जटिलता है। जिस तरह के परिवार या विवाह पद्धतियाँ केरल या तमिलनाडु में हैं, वैसे हिमाचल या गुजरात में नहीं। यथार्थता स्थान और समय सापेक्षिक है। सामाजिक यथार्थता की यही भारतीय विविधता उसे जटिल बना देती है। कुछ विचारकों का यह भी कहना है कि समाजशास्त्रीय सिद्धान्त, यदि समाजशास्त्र एक विज्ञान है तो, विशिष्ट नहीं होते, सार्वभौमिक होते हैं। इसी तर्क के आधार पर हमारे देश में छठे दशक में इस बहस को उठाया गया कि क्या भारतीय समाजशास्त्र जैसी विज्ञान शाखा इस देश में विकसित हो सकती है। डयूमो, पोकोक आदि समाजशास्त्रियों का आग्रह था कि भारतीय समाजशास्त्र जैसी कोई पृथक ज्ञान शाखा नहीं हो सकती। समाजशास्त्र तो समाजशास्त्र है। जैसे रसायनशास्त्र तो रसायनशास्त्र है। ऐसा नहीं होता कि हमारे यहाँ भारतीय रसायनशास्त्र हो और उधर फ्रांसीसी रसायनशास्त्र हो। विज्ञान की प्रकृति दुनिया भर में एक जैसी होती है।

इस बहस में एक दूसरा महत्वपूर्ण तर्क भी है। यह तर्क विशेषकर योगेन्द्र सिंह ने रखा है। उनका कहना है कि जब किसी भी ज्ञान शाखा की *एपिस्टोमोलॉजी* (ज्ञान मीमांसा) का उद्‌भव या उत्पादन सामाजिक यथार्थता से होता है और यह यथार्थता सारी दुनिया में सजातीय यानि एक जैसी नहीं है तो इस विभिन्नता से उत्पन्न *एपिस्टोमोलॉजी* भी एक जैसी नहीं होगी। यदि उत्तर भारत की सामाजिक यथार्थता दक्षिण भारत से भिन्न है जो इन दोनों संभागों की एपिस्टोमोलॉजी भी भिन्न होगी। इस अर्थ में भारतीय समाजशास्त्र के विकास के बारे में बराबर सोचा जा सकता है। ऐसा समाजशास्त्र *विशिष्ट* (Specific) और *विशेष*

(Particular) होगा। अतः यदि समाजशास्त्रीय सिद्धान्त का आधार सामाजिक यथार्थता से उत्पन्न *एपिस्टोमोलॉजी* से है तो निश्चित रूप से हम भारत में विकसित समाजशास्त्रीय साहित्य में सिद्धान्त निर्माण की प्रवृति को देख सकते हैं।

हमारे देश में कुछ ऐसे समाजशास्त्री हैं– राधाकमल मुखर्जी जी.एस. घुर्ये, रामकृष्ण मुखर्जी, आदि– जिन्होंने समाजशास्त्र के साहित्य में अभूतपूर्व वृद्धि की है। इसी कारण इन्हें भारत में संस्थापक समाजशास्त्रीय विचारक कहा जाता है। इनके योगदान के बाद समाजशास्त्रीय साहित्य के उद्‌विकास में कई उतार-चढ़ाव भारत व विदेशों में देखने को मिले। इस सम्पूर्ण विकास यात्रा में सिद्धान्त निर्माण का कार्य पिछले दो-तीन दशकों में गंभीरता से लिया गया है। इस अध्याय में हम समाजशास्त्र के वाङ्मय में परिवार, जाति, गांव आदि से सम्बन्धित तथ्य सामग्री पर अमूर्तीकरण का जो प्रयास हुआ है, उस पर विश्लेषणात्मक रूप से कुछ लिखेंगे।

ज्ञान की उत्पत्ति और उसकी वृद्धि

(Production of Knowledge and Its Growth)

यह ठीक है कि दुनियाभर का ज्ञान हमारे पुस्तकालय की अलमारियों में धरा पड़ा है। यह भी ठीक है कि इस उपलब्ध ज्ञानकोष में बहुत कुछ अप्रासंगिक ज्ञान भी है। दुनिया भर की बेहुदगियां और बेवकूफियों का अभाव भी इस ज्ञान कोष में नहीं है। ज्ञान के बारे में एक बहुत साफ बात है। इसका विकास निरन्तर होता रहता है। यह विकास दिन-प्रतिदिन के व्यवहारों, संघर्षों और अनुभवों द्वारा होता है। ये अनुभव और अन्तःक्रियाएं ही समाज की यथार्थता हैं और इसलिये वह ज्ञान जो यथार्थताओं के आधार पर निर्मित होता है, प्रासंगिक होता है। आखिर किसी भी ज्ञान का उद्देश्य अन्ततोगत्वा मानव समाज की सुख व समृद्धि के लिये होता है। इसी ज्ञान के आधार पर हम भविष्य में होने वाले पूर्वानुमानों के बारे में चिन्तन कर सकते हैं, विचार– विमर्श कर सकते हैं। यह पूर्वानुमान आने वाले चुनौतियों का मुकाबला करने में सहायक होते हैं। यदि समाजशास्त्रीय ज्ञान पूर्वानुमान से मुख मोड़ लेता है तो वह हमारे किस काम का? इमाइल दुर्खाइम ज्ञान के समाजशास्त्र के जनक कहे जाते हैं। उनका तर्क है कि समाज से उत्पन्न जो कुछ हमारा ज्ञान है, उसका अध्ययन वैज्ञानिक पद्धति से होना चाहिये। संवेग, मनोवेग, आदि मनोवैज्ञानिक प्रक्रियाओं का अध्ययन भी वैज्ञानिक ढंग से किया जा सकता है। इसी संदर्भ में भारतीय समाज की यथार्थता को भी ज्ञान मीमांसा के क्षेत्र में रखा जा सकता है। ज्ञान के सम्बन्ध में इस बुनियादी तथ्य को ध्यान में रखकर हम यह देखते हैं कि हमारे देश में *एपिस्टोमोलॉजी* की विभिन्न श्रेणियों में भारतीय सामाजिक संरचना की जो ऐतिहासिकता है उसका क्या प्रभाव रहा है।

दिल्ली में हुयी 11 वीं *वर्ल्ड कांग्रेस* के अधिवेशन के अवसर पर योगेन्द्र सिंह ने *इंडियन सोशियोलॉजी* (Indian Sociology) नाम से प्रकाशित (1986) अपनी पुस्तक में भारतीय समाजशास्त्र के क्रमिक विकास का ब्यौरा प्रस्तुत किया था। उनका कहना है कि जो

भी *सैद्धान्तिक* और *संज्ञानात्मक* (Cognitive) सामग्री भारतीय समाजशास्त्र में है, उसे ऐतिहासिक व भारतीय सामाजिक दशाओं ने निर्धारित किया है। उनका तर्क है कि ज्ञान के क्षेत्र में जो विधाएं हमारे पास हैं, जो सामग्री इनमें है तथा इनके उत्पादन में जो भी विधियां काम में लायी गयी हैं उन पर तत्कालीन सामाजिक तथा ऐतिहासिक शक्तियों की बहुत बड़ी प्रभावी छाप है। अतः ज्ञान के उत्पादन में सामाजिक और ऐतिहासिक शक्तियां महत्वपूर्ण भूमिका रखती हैं। यह बात भारतीय समाजशास्त्र पर ही लागू नहीं होती, वरन् यह सार्वभौमिक भी है। हर देश का अपना इतिहास है, हर देश की अपनी सामाजिक-सांस्कृतिक शक्तियां है और इस अर्थ में हर देश में ज्ञान की विभिन्न विधाओं का उत्पादन, उद्विकास और वृद्धि होती है।

योगेन्द्र सिंह ने भारत में ज्ञान वृद्धि के मसले को सामाजिक दशाओं के निर्णायक घेरों में देखा। वे कहते हैं कि ब्रिटिश उपनिवेशवाद तथा देशी रियासतों के सामन्तवादी परिवेश में ज्ञान का जिस प्रकार उत्पादन हुआ है, उसकी तासीर या उसका मिज़ाज *द्वन्द्वात्मक* (Dialectical) रहा है। भारतीय समाजशास्त्र में जो भी ज्ञान व संज्ञान की विधाएं विकसित हुयी हैं उन पर हमारे अतीत के गौरव, निरन्तर परम्परा पर जोर, भारतीय सामाजिक संरचना की निरन्तरता तथा पाश्चात्य समाजशास्त्र और सामाजिक मानवशास्त्र का दबाव रहा है। ये सब देशी व विदेशी शक्तियां हैं जिनका प्रत्युत्तर भारतीय समाजशास्त्र और उसके सिद्धान्त निर्माण में देखा जा सकता है। भारतीय समाजशास्त्र का विकास किसी बन्द चाहर दीवारी में नहीं हुआ है। देश में विभिन्नताएं अधिक हैं। प्रत्येक क्षेत्र का अपना एक जुदा और कभी-कभी परस्पर विरोधी इतिहास रहा है। यह सब सामाजिक दशाएं है और इन्होंने समाजशास्त्रीय संज्ञान और ज्ञान का निर्माण किया है, विकसित किया है। हमारा यह कथन केवल एक प्राथमिकी मात्र है। इसे हम विस्तार से देखेंगे।

ज्ञान के उत्पादन में सामाजिक अनुकूलन

(Social Conditioning in the Production of Knowledge)

भारतीय समाज की यथार्थता और उसके जीवन की वास्तविकता का ज्ञान हमें विभिन्न सामाजिक अनुकूलन से हुआ है। यह सामाजिक अनुकूलन तत्कालीन सामाजिक तथा ऐतिहासिक शक्तियों से मिला है। इसका प्रमाण हमें विदेशी सामाजिक संस्थापकों की कृतियों में भी मिलता है। इन सामाजिक संस्थापकों में कार्ल मार्क्स, मैक्स वेबर और दुर्खाइम मुख्य हैं। इसी तरह का सामाजिक अनुकूलन हमें राधाकमल मुखर्जी , घुर्ये आदि के कृतित्व में भी मिलता है। वास्तव में यह सामाजिक अनुकूलन ऐतिहासिक है। विदेशों में यह सामाजिक अनुकूलन औद्योगिक था। औद्योगीकरण ने पाश्चात्य समाजशास्त्रियों की सम्पूर्ण *एपिस्टोमोलॉजी* को प्रभावित किया। अतः इस समाजशास्त्र का जो भी *संज्ञान* और उसकी विधाएं हैं, यानि सिद्धान्त निर्माण हैं उस पर औद्योगीकरण की प्रभावी छाप है। हमारे यहां औद्योगीकरण की ऐतिहासिकता बहुत बाद में आयी, शायद पंचवर्षीय योजनाओं के लागू

होने के बाद। भारत का संदर्भ दूसरा है। हमारे यहां समाजशास्त्रीय साहित्य का उत्पादन उपनिवेशवाद तथा सामन्तवाद के अनुभव, अतीत के गौरव तथा राजनैतिक और सांस्कृतिक मुक्ति की लड़ाई से पैदा हुआ है। अतः हमारी समाजशास्त्रीय सामग्री में इस सामाजिक अनुकूलन का बहुत बड़ा प्रभाव है। हमारा उद्देश्य उपनिवेशवादी तथा सामन्तवादी जुए को उतार फेंकने का था। हम एक ऐसी जन जागृति पैदा करना चाहते थे जो कोटि-कोटि जनता को विदेशी शासन से मुक्ति दे सके। अतः हमारा सामाजिक अनुकूलन विदेशों की तरह औद्योगीकरण न होकर उपनिवेशवाद, अतीत का गौरव, आजादी की लड़ाई तथा जन–जागरण था। ये सामाजिक अनुकूलन की शक्तियां ऐतिहासिक व सामाजिक शक्तियां थी और इन्होंने भारतीय समाज के उद्विकास तथा उससे सम्बन्धित अवधारणाओं, अध्ययन विधियों और *संज्ञान*–(कोग्नेटिव) विधाओं को निश्चित किया। विदेशी समाजशास्त्रीय सिद्धान्त निर्माण का आधार इस तरह जहां औद्योगिक था, वहां भारतीय समाजशास्त्रीय निर्माण का आधार यहां का सामाजिक अनुकूलन था जो उसके इतिहास में निहित है।

उपनिवेशवादी युग में जिन समाजशास्त्रियों विचारकों ने अवधारणाओं को बनाया है। उनका संदर्भ *यूरोप–केन्द्रित* यानि *यूरोसेन्ट्रिक* (Eurocentric) है। इनमें से कतिपय अवधारणाएं जो भारत के सम्बन्ध में हैं, भारतीय अनुकूलन को नकारती हैं या उनका भ्रष्ट स्वरूप प्रस्तुत करती है। उदाहरण के लिये रिज़ले, हेनरी मेन, हट्टन, ओ मेले आदि ने जाति, आदिवासी, गांव, परिवार व नातेदारी आदि की जो अवधारणाएं हमारे सामने रखी हैं वे यथार्थ को नहीं बताती। इन विदेशी समाजशास्त्रियों ने ऐसी अवधारणाओं द्वारा यह धारणा उपस्थित की है कि भारतीय समाज *सेगमेन्टरी* (Segmentary) अर्थात खण्डात्मक है। उन्हें इन धारणाओं में यह कहीं नहीं दिखता कि आदिवासी, जाति, गांव, एक तरह की निरन्तरता है, सततता है जो सम्पूर्ण भारतीय समाज को एक श्रृंखला में बांध देती है। ये अवधारणाएं तो श्रृंखला की कड़ियां है जो सम्पूर्ण समाज को किसी ताने–बाने में जोड़ देते हैं। जाति और आदिवासी का कोई खण्डात्मक महत्व नहीं है। हुआ यह है कि इन विदेशी समाजशास्त्रियों ने जो मुख्यतया उपनिवेशवादी प्रशासक थे, खण्डात्मक पहलुओं पर अधिक जोर दिया है और समाज की *श्रृंखला बद्धता* (Linkages) पर कम जोर दिया। सच में देखा जाये तो उन्होंने एकता सम्बन्धी पहलुओं की पूर्णतया उपेक्षा की। इस प्रकार की भ्रष्ट संज्ञान विधाओं पर बनाया गया सैद्धान्तिकरण, बहुत साफ है, यथार्थ को समझने में सहायक नहीं होता। इन सिद्धान्तों का पूर्वानुमान भी खतरनाक होता है। इन भ्रष्ट अवधारणाओं की ओर ई. 1943 में घुर्ये ने अपनी पुस्तक *दि अबोरिजिन्स सो–कॉल्ड एण्ड देयर फ्यूचर* (The Aborigins - So- Called and Their Future) में ध्यान आकर्षित किया है। घुर्ये ने इस पुस्तक द्वारा वेरियर एल्विन की आदिवासियों से सम्बन्धित कतिपय अवधारणाओं को करारा जवाब दिया है। घुर्ये ने कहा कि आदिवासी और जातीय संरचनाओं में एक निरन्तरता है और यह निरन्तरता ही समाज को बनाती है। विदेशी और उपनिवेशवादी मानवशास्त्रियों ने कभी भी भारतीय समाज के रचनात्मक पहलुओं को उजागर नहीं किया। उन्होंने बराबर इस तथ्य पर

जोर दिया कि आदिवासी समाज मूल भारतीय समाज से पृथक है। आदिवासी तो अपनी एक अलग दुनिया में रहते हैं और भारतीय समाज से उनका कोई वास्ता नहीं, कोई लेन-देन नहीं। बहुत साफ है इस तरह की अवधारणाओं का निर्माण अनैतिहासिक (a historical) है।

ग्रामीण समुदायों की अवधारण भी जिसे ब्रिटिश उपनिवेशवादी प्रशासकों ने विकसित किया है, यूरोप-केन्द्रित हैं। उदाहरण के लिये हेनरी मेन जब भारतीय गाँवों की व्याख्या करते हैं तो यूरोप के गाँवों की तरह इन्हें भी स्वायत समुदाय समझते हैं। उनके लिये हमारे गाँव मुख्य धारा से अगल-थलग रहे हैं। यह वे ही हैं जिन्होंने भारतीय गाँवों को *लघु गणतन्त्र* की (Little Republics) संज्ञा दी है। *हेनरी मेन* की तरह ही पाँचवें और छठे दशक में भारतीय गाँवों की प्रकृति पर राष्ट्रीय स्तर पर एक बहस उठी। मेक्सीकों के गाँवों के अध्ययन के आधार पर *राबर्ट रेडफिल्ड* ने यह अवधारणा रखी कि वहाँ के गाँव *लघु समुदाय* हैं। जोश में आकर राबर्ट रेडफिल्ड से प्रभावित होकर *मिल्टर सिंगर, मेकिम मेरियट* आदि सामाजिक मानवशास्त्रियों ने भी भारतीय गाँवों को लघु समुदायों की तरह देखना प्रारम्भ किया। उन्होंने ऐसे समुदायों को लघु आकार, पृथक, स्वजातीय और आत्मनिर्भर समुदाय कहा। गाँवों को देखने का यह *होलिस्टिक उपागम* (Holistic Approach) गाँवों को मुख्य धारा से पृथक करके देखता है। छठे दशक में ग्रामीण अध्ययनों की देश में बाढ़ सी आ गयी। मेकिम मेरियट ने ई. 1955 में *विलेज इंडिया : स्टडीज इन लिटिल कम्युनिटी* (Village India: Studies in Little Community, 1955) नामक पुस्तक सम्पादित की। थोड़े समय बाद *श्रीनिवास* द्वारा सम्पादित *इंडियाज विलेजेज* (India's Villages, 1960) पुस्तक बाहर आयी। इन पुस्तकों के अतिरिक्त कई ग्रामीण अध्ययन आये। यह बहस बराबर एक दशक तक चली कि क्या हम भारतीय गाँवों को राष्ट्रीय कड़ी से अलग करके समझ सकते हैं?

वास्तव में, उपनिवेशवादी, पाश्चात्य और अमेरिकी मानवशास्त्रियों और समाजशास्त्रियों ने जो *काग्नेटिव* यानि ज्ञान की विद्यायें बनायी है, उनमें उन्होंने अपने विदेशी सामाजिक अनुकूलन को बराबर ध्यान में रखा। आजादी के बाद देश के सामाजिक अनुकूलन में बड़ा भारी बदलाव आया। संविधान ने नये लक्ष्य प्रस्तुत किये। पंचवर्षीय योजनाओं को लागू किया जाने लगा। गरीब-गुर्बो को प्राथमिकता दी जाने लगी। यानि अब देश मे सामाजिक अनुकूलन बदल गया! परिणामस्वरूप हमारी *काग्नेटिव विद्याओं* में भी बदलाव आया। इस युग के समाजशास्त्रियों और समाज वैज्ञानिकों ने भारतीय ऐतिहासिकता को नये सामाजिक अनुकूलन के संदर्भ में देखा। *पी.सी. जोशी* ने स्थापित किया कि परिवार, जाति जनजाति और ग्रामीण समुदाय एक प्रकार की संरचनात्मक कड़ियां हैं जो भारतीय समाज को एकात्मकता के सूत्र में बांधती है। इरफान हबीब जैसे इतिहासकारों ने आग्रहपूर्वक कहा कि मुगलकाल के किसान अपने खेत में उत्पादन बाजार की आवश्यकतानुसार करते थे। इस

युग में भी गाँव मुख्य धारा से अलग-थलग न होकर विशाल बाजार से जुड़े थे, शहर से बंधे थे।

जवाहर लाल नेहरू विश्वविद्यालय में 1988 में गाँव और शहर के *नेक्सस* अर्थात् सम्बन्धों पर एक राष्ट्रीय गोष्टी हुयी। इसमें समाज वैज्ञानिकों ने इस कथन पर अपनी अंतिम मोहर लगा दी कि सभ्यता के प्रारम्भ से लेकर गाँव और शहर में चोली-दामन का साथ रहा है। इस साथ को ही समाजशास्त्री *नेक्सस* (Nexus) कहते हैं।

यहाँ हम जाति, परिवार, गाँव आदि अध्ययनों का विश्लेषण करना नहीं चाहते। हम तो केवल वैज्ञानिक सामग्री तथा आधारभूत तथ्यों के प्रमाण पर यह कहना चाहते हैं कि इन संरचनात्मक इकाइयों के प्रति हमारी जो समझ है, जो संज्ञान है, उसे निश्चित करने में सामाजिक अनुकूलन का प्रभाव निर्णायक रहा है। अतः भारतीय समाज की यथार्थता के सम्बन्ध में हमारी जो भी वैचारिकी है, हमारा सोच व समझ है, उसके पीछे इतिहास और सामाजिक अनुकूलन का प्रभाव बहुत अधिक है। यथार्थता को समझने का जो विदेशी और भारतीय दृष्टिकोण है, उसे हमने पिछले पृष्ठों में रखा है।

इस यथार्थता की समझ का एक दूसरा दृष्टिकोण भी है। यह दृष्टिकोण *ओरियन्टल* (Oriental) विद्वानों का है। ओरियन्टलवादी विद्वान सामाजिक यथार्थता को केवल पुस्तकीय या अधिक स्पष्ट शब्दों में पाठ्य पुस्तकीय दृष्टि से देखते हैं। उनके लिये परिवार, जाति, गाँव, धर्म वही हैं जो वेदों, पुराणों, महाकाव्यों और ब्राह्मण ग्रन्थों में उल्लेखित हैं। इस तरह का दृष्टिकोण आनुभविक अस्तित्व और पाठ्य पुस्तकीय विवरण में अन्तर नहीं करता। इसलिये यह दृष्टिभेद आधुनिक यथार्थत को समझने में सहायक नहीं है। यदि आज कोई रामायण और महाभारत के परिवार के सन्दर्भ में आधुनिक परिवार को देखता है तो यह तस्वीर खोटी होगी, कभी भी खरी नहीं उतरेगी। *बर्नार्ड कोहन* ने *ओरियन्टलवादी* दृष्टिकोण को एक बेजान, समयहीन और स्थान रहित दृष्टिकोण कहा है। ये विचारक बड़ी आसानी से यह भूल जाते हैं कि सामाजिक संरचनाएं स्थान व समय के बदलाव के साथ बदलती नहीं है। परिवार तो जैसे गंदले पानी की काई की तरह है जिसमें केवल जड़ता ही है।

हमने प्रारम्भ में कहा है कि भारतीय समाज से सम्बन्धित हमारी *काग्नेटिव* विद्यायें एक स्मान नहीं है। उनका प्रत्युत्तर द्वन्द्वात्मक रहा है। उपनिवेशवादी प्रशासकों ने जिन *काग्नेटिव* विद्याओं को बनाया है वे यूरोप-केन्द्रित है। *ओरियन्टलवादियों* ने जिन *काग्नेटिव* विद्याओं को बनाया है, वे पोंगापंथी, कट्टरवादी और पुरातन है। उनके द्वारा बनायी गयी अवधारणाएं समय व स्थान से परे जड़ अवधारणाएं हैं जिनका हमारे आस-पास काम करने वाली शक्तियों से कोई सरोकार नहीं है। भारतीय सामाजिक यथार्थ के विश्लेषण में एक और सामाजिक सांस्कृतिक अनुकूलन भी रहा है। यह अनुकूलन विदेशी मिशनरियों का है।

उपनिवेशवाद के साथ एक और ऐतिहासिक शक्ति का सूत्रपात हमारे देश में हुआ। ईसाई मिशनरियां—प्रोटेस्टेंट, कैथोलिक, आदि हमारे देश में काम करने के लिये आयी।

नीचे तबके के कई समुदायों ने ईसाई धर्म को अपनाया। इन मिशनरियों ने भारतीय संरचनाओं में एक खास दोष पाया। उन्होंने छुआछूत, सती प्रथा, बाल विवाह आदि संस्थाओं का कारण धर्म को बताया। उनका कहना था कि हिन्दू धर्म सामाजिक गैर-बराबरी को न केवल पैदा करता है, उसे बनाये भी रखता है। अतः यदि भारतीय समाज का सुधार होना है तो एक ही विकल्प है और वह विकल्प धर्म परिवर्तन का है। इस तरह जहाँ *ओरियन्टलवादी विचारधारा* भारतीय सामाजिक संस्थाओं की यथार्थता को पाठ्य पुस्तकीय दृष्टि से देखता है, वहाँ *मिशनरी दृष्टिकोण* इन संस्थाओं को भ्रष्ट और अमानवीय मानता है। ये दो दृष्टिकोण भारतीय समाज को यूरोप केन्द्रित सामाजिक अनुकूलन में देखते हैं।

ज्ञान की उत्पति का एक और सामाजिक अनुकूलन है। देश में कुछ ऐसे सामाजिक विचारक रहे हैं जो पाश्चात्य संस्थापक विचारकों से अत्यधिक प्रभावित हुये हैं। इन संस्थापक विचारकों में अगस्त कॉम्ट, हर्बर्ट स्पेन्सर, कार्ल मार्क्स, मैक्स वेबर और दुर्खाइम सम्मिलित हैं। भारतीय विचारकों की कृतियों पर इन संस्थापक विचारकों का प्रभाव देखने को मिलता है। पश्चिमी दर्शनशास्त्र की परम्परा *वस्तुनिष्ठावाद* (Positivism) और *ऐतिहासिक भौतिकवाद* (Historical Materialism) इन भारतीय विचारकों के संदर्भ रहे हैं। लेकिन यह प्रभाव भी एकदम पाश्चात्य रहा हो ऐसा नहीं हैं। इन यूरोपीय विचारों का मिला-जुला प्रभाव भारतीय विचारकों पर पड़ा। भारतीय विचारकों में जो पाश्चात्य विचारधारा से प्रभावित थे, स्वामी विवेकानन्द, ईश्वर चन्द्र विद्या सागर, स्वामी दयानन्द सरस्वती, स्वामी श्रद्धानन्द, लाला लाजपतराय, दादा भाई नौरोजी, फूले, राना डे, और अन्य विचारक सम्मिलित हैं। कुछ भारतीय समाजशास्त्र के संस्थापक विचारकों में जो इस पश्चिमी विचारधारा से प्रभावित थे, डी.एन सिल, बी. के. सरकार, जी. एस. घुर्ये, राधाकमल मुखर्जी, डी. पी. मुखर्जी, एस.वी. केतकर, डीन.एन. दत्त और के.पी. चट्टोपाध्याय शामिल किये जाते हैं। इन विचारकों ने 19 वीं शताब्दी में हमारी आजादी की लड़ाई का जो बिगुल बजा था, उससे बहुत कुछ प्रेरणा ली। इस सम्बन्ध में एच. भट्टाचार्य ठीक ही कहते हैं कि इस युग के भारत के समाजशास्त्रियों ने समाज की यथार्थता को राष्ट्रीय जनजागृति के संदर्भ में देखा है। योगेन्द्र सिंह, पश्चिम व पूर्व के इस सम्मिश्रण पर टिप्पणी करते हुये लिखते हैं:

> "भारतीय समाजशास्त्रियों ने प्रक्रियाओं को गतिशील ऐतिहासिक संदर्भ में देखा है। उन्होंने अपना ध्यान पूर्व व पश्चिम की अन्तःक्रियाओं को दो जीवन्त व्यवस्थाओं के रूप में देखा। ऐसा नहीं कि वे पूर्व को एक जड़ रूप में देखते हैं और पश्चिम को गतिशील रूप में जैसा कि उपनिवेशवादी विद्वान प्रस्तुत करते हैं। इन विचारकों ने भारत की सांस्कृतिक पहचान और पुनर्जागरण को समाज विज्ञान विचार का बुनियादी मुद्दा माना है।"

आजादी की लड़ाई के युग में जो संस्थापक समाजशास्त्री हुये उनके दिमाग में कहीं भी यह बात नहीं थी कि वे समाजशास्त्र को एक पेशे की तरह स्थापित करें। वे यह भी मानकर

नहीं चले थे कि समाजशास्त्र एक विज्ञान है। उनका उद्देश्य समाजशास्त्र में सैद्धान्तीकरण करने का भी नहीं था। वे तो समाजशास्त्र को अपने समय की समस्याओं के प्रति प्रासंगिक बनाना चाहते थे। जब देश के कोटि-कोटि जन उपनिवेशवादी शक्तियों के खिलाफ हर कुर्बानी करने के लिये तैयार थे तब समाजशास्त्रियों का भी यह नैतिक कर्तव्य बन जाता था कि वे भी इस राष्ट्रीय संघर्ष में अपनी ओर से जो भी कुर्बानी हो सके करें। जब देश पूरा का पूरा विदेशी ताकत के खिलाफ जुझ रहा हो तब समाजशास्त्री के समाने भी जूझने के सिवाय और कोई विकल्प नहीं रहता।

घुर्ये के शिष्य आई.पी. देसाई अपने युग के समाजशास्त्र की चर्चा करते हुये कहते हैं कि उन दिनों बम्बई विश्वविद्यालय में समाजशास्त्र के विद्यार्थियों को सामाजिक अनुसंधान पर कोई पाठ्यक्रम नहीं दिया जाता था। जैसा समाजशास्त्र को आज एक विज्ञान समझा जाता है, तब वैसा न तो पढ़ाया जाता था और न समझा जाता था। देसाई लिखते हैं कि समाजशास्त्र तो एक व्यावहारिक (Practical) समाज विज्ञान था, जिसका रूख भविष्य की ओर था, जिसका लक्ष्य सामाजिक परिर्वतन लाना था।

बेकर व बार्नस (Becker and Barnes) ने स्वतन्त्रता संग्राम के युग के समाजशास्त्रियों पर टिप्पणी करते हुये कहा कि ये भारतीय समाजशास्त्री सांस्कृतिक और सुधारात्मक दृष्टिकोण अपनाये हुये थे। *राधाकमल मुखर्जी* ने कहा कि भारतीय सामाजिक संस्थाएं अद्वितीय हैं। उन्होंने इस बात पर भी जोर दिया कि यूरोप-केन्द्रित पाश्चात्य अवधारणाएं भारतीय यथार्थता के विश्लेषण में अपर्याप्त हैं।

स्वतन्त्रता संग्राम की अवधि में हमारे देश में समाजशास्त्रियों ने काफी संतोषजनक अनुसंधान सामग्री उत्पन्न की है, विदेशी प्रशासनिक मानवशास्त्रियों ने भी साहित्यवर्द्धन में अपना योगदान किया। मुख्य रूप से समाजशास्त्र सम्बन्धी हमारी *काग्निटिव* विद्याओं के विकास में जिस सामाजिक अनुकूलन ने काम किया है उसमें (1) प्रशासनिकों द्वारा साहित्य निर्माण, (2) ओरियन्टल विद्वानों द्वारा लिखा गया साहित्य, और (3) मिशनरी कार्यकर्ताओं की धर्म परिवर्तन नीति। ये तीन मुख्य धाराएं हैं जिन्होंने समाजशास्त्रियों और उनके द्वारा निर्मित साहित्य को बनाया है। विदेशी प्रभाव में ब्रिटेन के समाजशास्त्र की बड़ी प्रखर छाप हमारे ऊपर है। इस छाप को हम इस युग के न केवल समाजशास्त्रियों वरन् राजनेताओं और विचारकों में देखते हैं।

आजादी के युग में समाजशास्त्रीय साहित्य में जैसा कि हमने ऊपर कहा है सिद्धान्त व विधि के प्रति कोई स्थान नहीं था। समाजशास्त्रियों ने भारतीय सामाजिक संरचना की परम्परा को अपने अध्ययन का केन्द्र बनाया। इस तथ्य को बार-बार रखा गया कि भारतीय परम्परा गैर-बराबरी पर निर्भर है। इसकी प्रकृति मेटाफिजिकल (Meta Physical) है। यह गतिहीन है। यदि समाजशास्त्रियों ने भारतीय सरंचना में किसी परिवर्तन को देखा तो यह परिवर्तन उद्विकासीय था। कुछ मार्क्सवादी विचारकों ने परिवर्तन को द्वन्द्वात्मक दृष्टि से देखा है।

लेकिन यह बात बहुत साफ है कि इस युग के समाजशास्त्रियों ने सिद्धान्त निर्माण के विषय में कोई स्थान नहीं दिखाया।

भारतीय समाजशास्त्र में सिद्धान्त निर्माण की प्रक्रिया क्यों नहीं चली

(Why did the process of theory building not begin in Indian Sociology)

भारतीय समाजशास्त्र में सिद्धान्त निर्माण को लेकर खासा विवाद चल रहा है। योगेन्द्र सिंह कहते हैं कि यदि सिद्धान्त से हमारा तात्पर्य *औपचारिक सिद्धान्त* (Formal Theory) से है तो समाजशास्त्र में ऐसे कोई सिद्धान्त अभी तक बने नहीं हैं। *औपचारिक सिद्धान्त* में *निगमन* (Deductive) व्यवस्था होती है और अभी ऐसे सिद्धान्त नहीं है जिनका विशिष्ट घटनाओं पर निगमन किया जा सके। एक दूसरी विचारधारा यह है कि समाजशास्त्र में पिछले चार दशकों में थोड़ा बहुत सिद्धान्त निर्माण का काम हुआ है। संस्कृतिकरण, पाश्चात्यीकरण, प्रभव जाति और अवधारणाएं जाति व्यवस्था के स्तरीकरण सिद्धान्त की ओर ले जाती है। इस विवाद के होते हुये भी यह आम सहमति है कि भारतीय समाजशास्त्र में परिवार, नातेदारी, जाति, गाँव, विकास, आदि पर अत्यधिक अनुसंधान साहित्य के होते हुये भी अपेक्षित साहित्य निर्माण नहीं हो पाया है। भारत के लियें यह कोई विशेष बात नहीं है। यदि हम 19 वीं शताब्दी के प्रारम्भिक कुछ दशकों को देखें कि जहाँ तक *आनुभविक अध्ययन सामग्री* (Empirical data) का सवाल है ब्रिटेन में यह प्रचुर मात्रा में थी। लेकिन यह देश सिद्धान्त नहीं बना सका। दूसरी और जर्मनी व फ्रांस के पास अध्ययन सामग्री का अभाव था फिर भी उसने कतिपय महत्पूर्ण सिद्धान्तों का निर्माण किया है। दुर्खाइम और मैक्स वेबर इस कथन का पुष्टीकरण करते हैं। लेकिन भारत में सिद्धान्त निर्माण की गति और रूझान में कमी का कारण उपनिवेशवाद और यहाँ की ऐतिहासिक शक्तियाँ हैं। सिद्धान्त निर्माण के लिये उत्तरदायी कुछ कारकों का हम यहाँ विवरण देगें।

(1) सबसे बड़ी प्राथमिकता स्वतन्त्रता प्राप्तिः

यदि देश की जनता हर गली व चौराहे पर उपनिवेशवादी शक्ति का मुकाबला कर रही थी, तब हमारे साहित्यकार, कवि और समाजवैज्ञानिक अपनी कृतियों द्वारा अपने ढंग से विदेशी ताकत के खिलाफ लड़ रहे थे। स्वतन्त्रता प्राप्त करने की इस जुझारू लालसा ने भी समाजशास्त्रियों को सिद्धान्त व विधि की ओर नहीं झुकाया।

(2) भारत की विविधताः

अंग्रेजी इतिहासकारों और इसी तरह उपनिवेशवादी भारतीय इतिहासकारों ने आग्रह पूर्वक और बार-बार यह कहा है कि भारतीय अनेकता में एकता है (Unity in Diversity) यह देश अपने इतिहास में आजादी से पहले कभी भी एक राष्ट्र नहीं रहा है। इस देश में एक संभाग का राजा या एक देशी रियासत का महाराजा बराबर दूसरे के खिलाफ बन्दूक का

घोड़ा दबाये रहा है। वे लोग जो यह तर्क देते हैं कि भारतीय अनेकता में एकता है तो फिर यह कैसे हुआ कि पाकिस्तान की एकता अनेकता में बदल गयी है। जब देश में एकता है तो देश का विभाजन क्यों हुआ? वास्तविकता यह है कि इस देश में अनेकता इतनी अधिक है कि इसके लिये सिद्धान्त के ऐसे किसी मॉडल को तैयार करना कठिन है जो सम्पूर्ण भारतीय समाज को उसकी एकता व अनेकता को अपने अन्दर समेट सके।

सचाई यह है कि भारतीय समाज की संरचना बड़ी जटिल है। गुजराती समाज, मराठी और राजस्थानी समाजों से या किसी भी अन्य समाज से भिन्न है। तो क्या भारतीय समाज के इन विभिन्न उप समाजों के लिये अलग-अलग समाजशास्त्रीय सिद्धान्त बनेगें? धार्मिक वैचारिकी में हमारे यहाँ हिन्दू समाज है, मुस्लिम समाज है, ईसाई समाज है, पारसी समाज है, आदिवासी समाज है, तो क्या इन सब धार्मिक उप समाजों के लिये भी पृथक-पृथक सिद्धान्त होगें। लगता है कि भारतीय यथार्थता को इस सीमित सैद्धान्तिक दृष्टि से नहीं देख सकते।

भारतीय समाज में कुछ ऐसे भारतीयता के तत्व हैं जो समान रूप से सभी धार्मिक समुदायों, भाषायी संभागों में पाये जाते हैं, जिनका समावेश किसी भी समाजशास्त्रीय सिद्धान्त में होना चाहिये। बात यह है कि समाजशास्त्र *संस्कृति विशिष्ट* (Culture-specific) है। और इस दृष्टि से देश में जितनी सांस्कृतिक विशिष्टताएं हैं, उन सब का समावेश भारतीय समाज के किसी भी *मॉडल* (Model) में होना चाहिये। कुछ विचारकों का यह कहना है कि भारतीय समाज को अगणित विविधताओं के कारण *अखण्डतापरक समाज* (Integrative Society) कहना चाहिये।

(3) आखिर भारतीय समाज हम किसे कहते हैं?

यह बहुत स्पष्ट है कि जब हम भारतीय समाज की यथार्थता पर सिद्धान्त बनाते हैं तब हमें बहुत सफाई से यह समझ लेना चाहिये कि भारतीय समाज से हमारा क्या मतलब है, राष्ट्र व समाज किस प्रकार भिन्न हैं और राष्ट्र, राज्य व समाज किस तरह जुड़े हुये हैं? भारतीय समाजशास्त्र में सिद्धान्त निर्माण का कार्य इस अवधारणात्मक जटिलता के कारण भी दूभर हो गया है।

हैरी जानसन ने समाज के लिये कतिपय लक्षण दिये हैं—

(1) क्षेत्रीयता, (2) प्रजनन पद्धति, (3) विशाल संस्कृति और (4) एक से अधिक सदस्य। यदि हम इन लक्षणों को सही तरह से लागू करें तो शायद हम भारतीय समाज की व्याख्या में सही नहीं उतरें। हमारे यहाँ एक विशाल संस्कृति नहीं है। कुछ सांस्कृतियाँ तो परस्पर विरोधी हैं। इसी भाँति प्रजनन की पद्धतियाँ भी यानि विवाह पद्धति भी अनेक हैं। अवधारणात्मक स्तर पर भारतीय समाज की यथार्थता को समझना वास्तव में टेढ़ा काम है और इसी कारण भारतीय समाजशास्त्री इस उहापोह से निकल नहीं पाये हैं।

(4) *विदेशी अवधारणाओं और सैद्धान्तिक निरूपण का सशक्त प्रभाव (Powerful Influence of Foreign Concepts and Theoretical Formulations):*

अभी पिछले दो-तीन दशकों में हमारे देश में *भारतीयकरण* (Indianisation) की चर्चा समाजशास्त्रियों में जोरों से चल रही है। इस अवधारणा या कहना चाहिये *नारे* (Slogan) के द्वारा यह कहा जा रहा है कि भारतीय समाज की यथार्थता पश्चिमी और अमेरिकी यथार्थता से एकदम जुदा है। भारतीय समाज ने सैकड़ों वर्षों तक उपनिवेशवादी, सामन्ती, जागीरदारी, जमींदारी, शोषण को झेला है। गरीबी इसकी नियति रही है। इस तरह के लक्षण इस समाज को विशिष्ट बना देते हैं। वे विदेशी अवधारणाएं जो विदेशी समाजों की यथार्थताओं पर बनी है भारत की यथार्थता को नहीं समझा सकती। दोनों समाजों की सामाजिक आर्थिक-राजनैतिक विशिष्टताएं अलग है। फिर दोनों की अवधारणाएं और दोनों सैद्धान्तिक निरुपण एक जैसे कैसे हो सकते हैं। विदेशी हुकुमत ने हमारे ऊपर *बौद्धिक उपनिवेशवाद* (Academic Colonialism) को वर्षों से लाद रखा है। ये सब अवधारणाएं आज अप्रासंगिक हैं।

(5) *प्रमुख भारतीय समाजशास्त्रियों का विदेशी प्रशिक्षण (Training of Indian Eminent Sociologists in Foreign Countries):*

उपनिवेशवादी युग में भारतीय समाजशास्त्री दिशा-निर्देश के लिये विदेशों की ओर अपनी ऑखे फैलाये रहते थे। मानवशास्त्रीय परिक्षेत्र में यह बहुत प्रचलित है कि लम्बे समय तक मेलिनोस्की भारतीय समाजशास्त्रियों के आदि गुरू रहे हैं। एम.एन. श्रीनिवास, रेडक्लिफ ब्राउन और रिवर्स की शिष्य परम्परा में थे। ऐसे कई मानवशास्त्री हैं जिनका बौद्धिक प्रेरणा स्त्रोत ब्रिटेन था। बाद में चलकर प्रेरणा स्त्रोत का खेमा बदला। एक लम्बी अवधि तक अमेरिका ने बौद्धिक क्षेत्र में भारत में अपना उपनिवेशवाद रखा। *भारत-अमेरिका सम्बन्धों* (Indo-USA Relationship) के तहत हमारे देश में कृषि क्षेत्र में अनुसंधान हुये। ग्रामीण विकास, भूमि सुधार तथा तकनिकी क्षेत्रों में भी इन सम्बन्धों ने कई इजाफे किये। इसी कड़ी में अमेरिकी मानवशास्त्रियों और समाजशास्त्रियों ने ग्रामीण अध्ययनों और अनुसंधान विधि को भारत में बढ़ावा दिया। इनको तराशा। यह अमेरिकी समाजशास्त्रियों के कारण ही है कि कुछ नयी अवधारणाएं आयी: कृषक समाज, कृषक संस्कृति, जनसामान्य व अभिजात परम्पराएं तथा गाँव-शहर निरंतरता अवधारणाओं के निर्माण में अमेरिकी मानवशास्त्रियों में मिल्टन सिंगर, मैकिम मेरियट, राबर्ट रेडफिल्ड, आदि के नाम विशेष रूप से उल्लेखनीय हैं।

हमारे कई भारतीय समाजशास्त्री स्वतन्त्रताकालीन युग में या बाद की अवधि में किसी न किसी तरह यूरोप व अमेरिका में रहकर—कम या अधिक अवधि के लिये-विदेशी अवधारणाओं से प्रभावित रहे हैं। इस चकाचौंध ने उन्हें देशी सैद्धान्तिक निरूपण के निर्माण में हतोत्साहित किया और एक लम्बी अवधि तक सिद्धान्त निर्माण के पहिये जहाँ के तहाँ धसे रह गये।

(6) *कोई भी एक सिद्धान्त भारतीय समग्रता की यथार्थता को समझने में अपर्याप्त (No single Theory is Adequate to Explain the Reality of Indian Society)*

यदि हम कहें कि इथनोमेथोडोलॉजी (Ethno-methodology) भारतीय समाज का विश्लेषण कर देगी तो इसमें मूल्य और परम्परा तो आ जायेगें, लेकिन आर्थिक जीवन और उससे उत्पन्न गैर बराबरी छूट जायेगी। दूसरी ओर यदि भारतीय यथार्थता की व्याख्या *मार्क्सवादी सिद्धान्त* द्वारा की जाये तो शायद मूल्य और परम्परा से हम मुक्त हो जायेगें। कहना यह है कि न तो इथनोमेथोडोलोजी और न ही फिनेमीनोलॉजी, प्रकार्यवाद, विनिमय सिद्धान्त अपने आप में भारतीय जटिलता का विश्लेषण करने में पर्याप्त होगी। आज हम टालक्ट पारसंस को इसलिये याद नहीं करते कि उन्होंने सम्पूर्ण समाज के लिये एक *भव्य सिद्धान्त* (Grand Theory) का निरूपण किया। दुनियाभर में उन्हें आज इसलिये याद किया जाता है कि उन्होंने सबसे पहली बार अपनी पुस्तक द *स्ट्रक्चर ऑफ सोशियल एक्शन* (The Structure of Social Action, 1937) में तत्कालीन प्रचलित उपयोगितावादी आर्थिक सिद्धान्त, वस्तुनिष्ठावाद, और आदर्शवाद का एकीकरण अपने *वालेन्टेरिस्टिक थ्योरी ऑफ एक्शन* (Voluntaristic Theory of Action) में किया। भारतीय समाज के विश्लेषण के लिये भी किसी भारतीय पारसंस को यह *सैद्धान्तिक संश्लेषण* (Theoretical Synthesis) करना पड़ेगा। सिद्धान्त का एक ऐसा मॉडल बनाना पड़ेगा जिसमें कतिपय प्रासंगिक सिद्धान्तों का समावेश होगा। यहाँ हम यह स्पष्ट कर देना चाहते हैं कि हम भारतीय यथार्थता के विश्लेषण के लिये समाज के किसी भव्य सिद्धान्त के निरूपण की बात नहीं करते। हम तो केवल यह कहते हैं कि विभिन्न सिद्धान्तों का एक ऐसा तालमेल बनाया जाये जो हमारे यहाँ की जटिलता को समझा सके।

(7) *आनुभाविकवाद ने सिद्धान्त निर्माण को पीछे धकेल दिया (Empiricism Pushed Back Theory Building)*

जब से हमारा बौद्धिक सम्बन्ध अमेरिकी समाजशास्त्रियों व मानवशास्त्रियों से हुआ है हमने पोजिटिविज्म के नाम पर आनुभविक अध्ययनों को बहुत अधिक बढ़ावा दिया है। पी.एच.डी. की उपाधि किसी गांव, कस्बे, शहर आदि के आनुभविक अध्ययन के माध्यम से सरलता से ली जाती रही है। गांव के बारे में कुछ भी लिख दीजिये, अनुसंधान पूरा हो गया। इस तरह के आनुभविक अध्ययनों ने हमें न तो अवधारणाओं के निर्माण में सहायता दी और न सिद्धान्तों के निरूपण में। अधिक से अधिक हमारे ये आनुभविक अध्ययन *विवरणात्मक और विश्लेषणात्मक* (Descriptive and Analytical) मात्र हैं। जितना इस प्रकार के भ्रष्ट पोजिटिविज्म ने समाजशास्त्र को धक्का दिया है, लतियाया है उतना अन्य किसी समाजशास्त्री उपागम ने नहीं।

उपरोक्त विवरण के आधार पर कुल मिलाकर हमें यही कहना है कि भारतीय

समाजशास्त्र में सामग्री और तथ्यों की बहुलता के होते हुये भी सिद्धान्त-निर्माण का कार्य बहुत देर से प्रारम्भ हो पाया है। इसके एक नहीं, कई कारण हैं, जहां हममें दार्शनिकता अधिक थी वहीं हममें हमारे इतिहास की चेतना बहुत कम थी। बहुत बड़ी हद तक उपनिवेशवाद ने हमारी कमर तोड़ दी। हम स्वतन्त्र होने के बाद भी विदेशी अवधारणाओं और सैद्धान्तिक निरूपण के शिकार बने रहे। इन सब अवरोधों के होने पर भी आज *सिद्धान्त* (Theory), अध्ययन-सामग्री (Data) और विधि (Method) के क्षेत्र में जो कुछ इस देश में हो रहा है, इसका हम आगे के पृष्ठों में ब्यौरा देंगे।

आधुनिक भारतीय समाजशास्त्र में सिद्धान्त निर्माण की स्थिति

(The Situation on Theory Building in Contemporary Indian Sociology)

भारत में पहली पीढ़ी के समाजशास्त्रियों में जिनमें डी.पी. मुखर्जी, राधाकमल मुखर्जी, जी.एस. घुर्ये और आई.पी. देसाई हैं, सिद्धान्त निर्माण के प्रति कोई रूझान नहीं था। यह ठीक है कि कहीं-कहीं घुर्ये और डी.पी. मुखर्जी विश्लेषणात्मक हैं, कहीं-कहीं उन्होंने अवधारणाओं को परिभाषित करने का, उनमें निहित तथ्यों को पहचानने का प्रयास अवश्य किया है। लेकिन सब मिलाकर जहां तक सिद्धान्त निर्माण का कार्य है, पहली पीढ़ी के समाजशास्त्री असफल रहे हैं। यहां यह प्रश्न रखना स्वाभाविक है कि जब हम सिद्धान्त निर्माण की बात करते हैं तो आखिर सिद्धान्त से समाजशास्त्र में क्या अर्थ लिया जाता है। हमने पुस्तक के दूसरे अध्याय में सिद्धान्त को परिभाषित किया है, उसके लक्षण दिये हैं। हमने यह भी कहा है कि सिद्धान्त को समाजशास्त्री अलग-अलग तरह से समझते हैं। सिद्धान्त समझने के प्रयास में विविधता के होते हुये भी सभी समाजशास्त्री इस बात से सहमत हैं कि सिद्धान्त के कई स्तर होते हैं। उदाहरण के लिये *जार्ज होमन्स* कहते हैं कि किसी भी सिद्धान्त की अन्तिम सीढ़ी पहले दर्जे के तर्क वाक्य अर्थात् *प्रोपोजीशन* (Proposition) होते हैं। उसके बाद दूसरे व तीसरे दर्जे के तर्क वाक्य होते हैं। *मर्टन* कहते हैं कि सिद्धान्त का सबसे ऊंचा स्तर *समाज का सामान्य सिद्धान्त* (General Theory of Society) होता है। सिद्धान्त का सबसे नीचा स्तर अवधारणाएं होती हैं और अवधारणाओं तथा सामान्य सिद्धान्त के बीच में *मध्य स्तरीय सिद्धान्त* (Middle Range Theory) होते हैं। अतः जब हम भारतीय समाजशास्त्र में सिद्धान्त पर बहस करते हैं तो हमें सिद्धान्त के स्तरों की बात करनी चाहिये।

समाज में युद्ध की इस स्थिति में सुदृढ़ता नहीं थी। इस समाज में कई ऐसे लोग थे जो बराबर कह रहे थे कि यह युद्ध पूंजीवादी सरकार ने आम अमेरिकी जनता पर थोपा है। अतः वियतनाम युद्ध ने सुदृढ़ता के बजाय समाज में विघटन पैदा कर दिया। फोर्मल सिद्धान्त की यह शर्त कि "यदि दूसरी चीजें बराबर रही", वियतनाम युद्ध पर लागू नहीं होती।

बहुत सरल शब्दों में कहें तो यह कहना चाहिये कि फोर्मल सिद्धान्त में हम *अमूर्त नियमों* (Abstract Principles) को बनाते हैं। इन नियमों में तर्क और निगमन का प्रभाव बराबर रहता है। आज पश्चिमी और अमेरिका के समाजशास्त्र में जब सिद्धान्त निर्माण की

बात की जाती है तो इसका मतलब सिद्धान्त का एक्जियोमेटिक स्तर न होकर दूसरे दर्जे का स्तर यानि फोर्मल सिद्धान्त होता है। हमारे देश में भारतीय समाज की यथार्थता पर सिद्धान्त निर्माण की बहस को जब हम उठाते हैं तो हमारा केन्द्रित सन्दर्भ फोर्मल सिद्धान्त से होता है। अब हम देखें कि सिद्धान्तों की हम सोपानिक व्यवस्था में भारतीय समाजशास्त्र में सिद्धान्त निर्माण कब से चला। फोर्मल सिद्धान्त ही सिद्धान्त निर्माण की हद को निश्चित करने का एक भरोसेमन्द फीता है। हमने ऊपर कहा है प्रथम कि पीढ़ी के समाजशास्त्रियों का कोई रूझान सिद्धान्त के प्रति नहीं था। इन समाजशास्त्रियों की तो मोटी दृष्टि यह थी कि सिद्धान्त निर्माण का कार्य एक प्रकार की विलासिता है, लफ्फाजी से अधिक कुछ नहीं जिसे आराम कुर्सी पर बैठकर मजे के साथ लिखा जा सकता है। सिद्धान्त निर्माण का कार्य तो छुट्टि की घड़ियों में करने का है। जब देश उपनिवेशवाद व सामन्तवाद के शोषण के जुए के नीचे सिसक रहा हो, समाजशास्त्री इस तरह के विलासिता के कार्य कैसे कर सकते हैं। स्वतंत्रता के बाद यही सामाजिक अनुकूलन चलता रहा। पाँचवे व छठे दशक में ग्रामीण अध्ययन हुये और उधर यूरोप तथा अमेरिका में सम्पूर्ण समाजशास्त्रियों के समुदाय में एक संकटकालीन स्थिति पैदा हुयी। इस संकटकालीन स्थिति ने न केवल भारत में लेकिन सम्पूर्ण विश्व में ऐसा लगने लगा कि इस संकट से उबरने का एक बहुत बड़ा साधन सिद्धान्त निर्माण है। यदि सिद्धान्त बन जायेंगे तो समाज वैज्ञानिक तीसरी दुनिया और उन्नत दुनिया को आयोजन का मार्ग प्रशस्त कर देंगे।

सन् 1950 और 60 की अवधि में बहुत बड़े उलट फेर आये। वैसे यूरोप और अमेरिका में दूसरे विश्व युद्ध के बाद खाद्यान्नों का संकट आया। इन देशों को लगा कि गांवों का अध्ययन पूरी संवेदनशीलता के साथ किया जाना चाहिये। इस समझ ने इन देशों के समाजशास्त्रियों और विशेषकर सामाजिक मानवशास्त्रियों को ग्रामीण अध्ययन की ओर आकर्षित किया। इधर हमारे देश में दूसरी तरह की समस्याएं पैदा हुयी। यहां भारत-चीन का युद्ध हुआ, यहां भी खाद्धान्नों की कमी हो गयी। भारत और संसार के बाजारों में मंदी आ गयी। दुनिया भर में एक नये प्रकार का सामाजिक अनुकूलन उत्पन्न हो गया। इस स्थिति ने सिद्धान्त निर्माण के प्रति संवेदनशीलता पैदा की। मानवशास्त्रियों ने मार्क्सवादी भाषा में लिखना शुरू किया। इस अवधि में मार्क्सवादी सैद्धान्तिक पेराडीम बने और इनकी लोकप्रियता में भी वृद्धि हुयी। हमारे देश में यह समझा जाने लगा कि अल्पसमूहों और कमजोर वर्गों की त्रासदी को संवेदनशीलता से समझा जाना चाहिये। समाजशास्त्र के साहित्य निर्माण में ग्रामीण विकास को केन्द्रित स्थान दिया जाने लगा।

छठे दशक में भारतीय और विदेशी समाजशास्त्रियों के कतिपय अवधरणाओं का निरूपण किया जिनका सरोकार भारत के गांवों के अध्ययनों से था। *श्यामाचरण दुबे* ने ई. 1955 में *इण्डियन विलेज* (Indian Village) पुस्तक को प्रस्तुत किया। इसी वर्ष मैकिम मेरियट द्वारा सम्पादित *विलेज इंडिया* (Village India-1955) प्रकाशित हुयी। पांच वर्ष

बाद श्रीनिवास द्वारा सम्पादित *इंडियाज विलेजेज* (India's villages) बाजार में आयी। यद्यपि ये अध्ययन ग्रामीण अध्ययनों में मील के पत्थर हैं, फिर भी इनकी प्रकृति इथनोग्राफिक और विवरणात्मक है। न तो इन अध्ययनों में प्रकार्यवादी भाषा है और न इनमें मार्क्स का सैद्धान्तिक निरूपण है। इनकी बहुत बड़ी उपयोगिता यही है कि इनके लेखकों ने भविष्य के समाजशास्त्रियों के लिये बहुत बढ़िया *इथनोग्राफिक* अध्ययन सामग्री प्रस्तुत की है। ये अध्ययन इस क्षेत्र में धनी हैं।

छठे दशक में कुछ ऐसे ग्रामीण अध्ययन आये जिनमें हमें अवधारणात्मक और सैद्धान्तिक निरूपण मिलता है। यह कहना उचित होगा कि इस दशक के अध्ययनों से ही हमारे देश में सिद्धान्त निर्माण का कार्य पूरी संवेदनशीलता के साथ प्रारम्भ हुआ। ग्रामीण जीवन के इन अध्ययन कर्ताओं ने सैद्धान्तिक भाषा का प्रयोग किया है। उन्होंने कुछ ऐसी ज्ञान की विधाओं को बनाया है जिन्हें ग्रामीण स्तर पर लागू किया जा सकता है। इन समाजशास्त्रियों ने जहां अपनी पहली पीढ़ी के विचारकों की तरह *गहन क्षेत्रीय कार्य* (Intensive Field Work) किया है, वहीं उन्होंने मार्क्सवादी और गैर-मार्क्सवादी आवधारणाओं को बनाया है।

ग्रामीण अध्ययनों ने कुछ नयी अवधारणाएं रखी। श्रीनिवास ने अपने कुर्ग के अध्ययन में "संस्कृतिकरण" की अवधारणा को रखा। यह वह प्रक्रिया है जिसमें निम्न जातियों में होने वाले परिवर्तन को सम्पूर्ण जाति व्यवस्था के सन्दर्भ में रखा है। यह अवधारणा सांस्कृतिक गतिशीलता को बताती है। एक दूसरी प्रक्रिया जिसे श्रीनिवास ने रखा है वह है *पाश्चात्यकरण*। यह बहुत सरल अवधारणा है। श्रीनिवास कहते हैं कि ब्रिटिश राज्य के 150 वर्षों में भारतीय समाज व संस्कृति में जो परिवर्तन आये, वे पाश्चात्यकरण है, वहीं सांस्कृतिक, वैज्ञानिक, तकनिकी व शैक्षिणिक परिवर्तन भी है। इसी प्रक्रिया द्वारा देश में राष्ट्रीय का विकास हुआ और एक नयी राजनैतिक संस्कृति व नेतृत्व हमारे सामने आया।

ग्रामीण अध्ययनों में एक और निरूपण *लघु एवं महान परम्पराओं* (Little and Great Traditions) का है। पांचवें दशक में *राबर्ड रेडफिल्ड* ने मेक्सिको के गांवों के अध्ययन के दौरान इन दो अवधारणाओं को बनाया था। इन अवधारणाओं से प्रेरित होकर *मिल्टन सिंगर* और *मैकिम मेरियट* ने भारत के गांवों में होने वाले सामाजिक परिवर्तन के अध्ययन में इनको लागू किया। इस संदर्भ में वे सभ्यता तथा *परम्परा के सामाजिक संगठन* (Social Organisation of Tradition)। से सबंधित बुनियादी विचारों का सामाजिक परिवर्तन के संदर्भ में विश्लेषण करते हें। उनका कहना है कि लघु परम्परा ग्रामीण तथा लोक समुदायों पर लागू होती हैं। दूसरी ओर *महान परम्परा अभिजात तथा विशिष्ट लोगों पर लागू होती है। इन दोनों प्रकियाओं में अर्थात् इन दो प्रकार के समुदायों में बराबर अन्तःक्रिया होती रहती है। मिल्टन सिंगर* ने इन दो अवधारणाओं द्वारा भारत में होने वाले सामाजिक परिवर्तन पर कुछ निरूपण दिये हैं।

श्यामाचरण दुबे ने *बहु परम्परा* (Multiple Tradition) की अवधारणा को रखा है। उनका तर्क है कि भारतीय समाज या संस्कृति का विवरण परस्पर विरोधी संस्कृतिकरण व पाश्चात्यकरण या लघु और महान परम्परा के माध्यम से नहीं दिया जा सकता। भारतीय परम्परा बहुत जटिल है और वास्तव में देखा जाये तो इन परम्पराओं में सोपान बने हुए हैं। *बहु परम्परा* की अवधारणा में परम्पराओं के सोपान का विश्लेषण होना चाहिये। दूबे ने परम्पराओं के सोपान का छः श्रेणियों में विभाजन किया है।

ग्रामीण अध्ययनों के क्षेत्र में जो अवधारणात्मक निरूपण हुए हैं उन्हें महत्वपूर्ण कहा जाना चाहिये। जहां हम गांवों को छोटे-छोटे गणराज्यों की तरह समझते थे, वहां आज इन्हें शहरों के साथ जुड़ा हुआ या *नेक्सस* (Nexus) कहते हैं। अब गांव मुख्य सभ्यता से अलग-थलग नहीं है। सामाजिक परिवर्तन का जो अवधारणात्मक निरूपण ग्रामीण अध्ययनों में हमें मिला है, वह न केवल सिद्धान्त निर्माण के क्षेत्र में वरन् योजनाओं के अमल में भी लाभदायक है।

जाति व्यवस्था और सैद्धान्तिक निरूपण के प्रयास

(Caste System and Efforts of Theoretical Formulations)

पिछले चार दशकों में सिद्धान्त निर्माण का एक अन्य समाजशास्त्रीय क्षेत्र ऊभर कर आया है। यह क्षेत्र जाति व्यवस्था के अध्ययन का है। प्रारम्भ में विदेशी व देशी समाजशास्त्रियों ने जाति का अध्ययन मुख्यतया *इथनोग्राफिक* (Ethnographic) दृष्टि से किया है। यह अध्ययन जातियों की खासियत को बताते हैं। इनमें जाति संरचना को भारतीय समाज को जोड़ने वाली, एकता बनाये रखने वाली और सामाजिक स्तरीकरण के रूप में व्याख्या नहीं हुयी है। योगेन्द्र सिंह ने समाजशास्त्र और सामाजिक मानवशास्त्र के एक दशक (1969-1979) का ब्यौरा भारतीय सामाजिक विज्ञान अनुसंधान परिषद, नयी दिल्ली द्वारा प्रायोजित प्रकाशन में दिया है। वे कहते हैं कि स्तरीकरण की अवधारणाओं का निरूपण पांचवें दशक में प्रारम्भ हुआ है। इस दशक में संरचनात्मक-प्रकार्यात्मक उपागमों द्वारा स्तरीकरण की व्याख्या की जाती थी। छठे दशक में स्तरीकरण की मार्क्सवादी व्याख्या आयी। ए.आर. देसाई, डेनियल थार्नर, और चार्ल्स बेटेनेहेम का *मार्क्सीय परिप्रेक्ष्य* आया। इधर डूयमो और पोकॉक ने स्तरीकरण को *संरचनावादी उपागम* द्वारा रखा है।

योगेन्द्र सिंह सामाजिक स्तरीकरण पर किये गये सम्पूर्ण साहित्य का ब्यौरा देते हैं। उनका कहना है कि स्तरीकरण के क्षेत्र में सैद्धान्तिक दृष्टि से भारत में मुख्यतया चार उपागम रहे हैं : (1) संरचनात्मक-प्रकार्यात्मक, (2) संरचनावादी, (3) संरचनात्मक-ऐतिहासिक और (4) ऐतिहासिक-भौतिकवादी या मार्क्सवादी।

(1) संरचनात्मक-प्रकार्यात्मक सैद्धान्तिक उपागम :
(Structural-Functional Theoretical Approach)

जाति पर किये गये अध्ययनों में मुख्य रूप से दो बातें उभर कर सामने आती हैं। पहला तो सैद्धान्तिक योगदान यह है कि सभी लेखक जातियों में गतिशीलता देखते हैं। वे यह समझते हैं कि जातियों का एक संरचनात्मक पहलू है और दूसरा, सांस्कृतिक। जाति वर्ग और संरचना दोनों स्वरूपों में काम करती है। दूसरी प्राप्ति यह है कि आज भी उच्च और मध्यम स्तर की जातियां समाज के अन्य स्तरों पर अपना प्रभावी दबाव रखती है। कुछ ऊंची जातियां नीचे स्तर पर आ रही हैं उनमें सर्वहारा के लक्षण आ रहे हैं।

श्रीनिवास का कहना है कि जातियों में अब भी उच्चोच्च (पद सोपान) व्यवस्था या स्तरीकरण है। *पॉलीन कोलेन्डा* (Pauline Kolenda) का कहना है कि जाति और कुछ न होकर एक स्थानीय सामाजिक संरचना है जिसमें अन्तर्विवाहिकी समूह के सदस्य होते हैं। कोलेन्डा अपने सैद्धान्तिक निरूपण आनुभविक अध्ययन सामग्री के बल पर कहती हैं कि भारतीय जाति व्यवस्था में *सावयवी सुदृढ़ता* को अतिरंजित रूप में रखा गया है। आज विभिन्न जातियों में जैसे दलितों में आये दिन जो आन्दोलन उठ रहे हैं, प्रतिष्ठा पाने के लिये गतिशीलता आ रही है और नये आर्थिक, राजनैनिक और सांस्कृतिक क्षेत्रों की विभिन्न जातियों द्वारा जो खोज की जा रही है, वह जाति द्वारा उत्पन्न *सावयवी सुदृढ़ता* (Organic Solidarity) को नकारती है। कोलेन्डा की *सावयवी सुदृढ़ता से परे* (Beyond Organic Solidarity) अवधारणा जातीय सैद्धान्तिक निरूपण में बहुत बड़ा योगदान है।

संरचनात्मक-प्रकार्यात्मक सैद्धान्तिक निरूपण में *विक्टर डीसूजा* और *आन्द्रे बेतेई* का योगदान भी एक महत्वपूर्ण उपलब्धि है। *डीसूजा ने गणितीय-सांख्यिकीय* (Mathematical Statistical) मॉडल को लगाकर जाति तथा वर्ग की संरचना के अध्ययन के लिये एक *टाइपोलॉजी* (Typology) बनायी है। यह टाइपोलॉजी जातियों के संरचनात्मक लक्षणों के अध्ययन में बहुत अधिक उपयोगी है। इसी परम्परा में *रामकृष्ण मुखर्जी* ने सामाजिक संरचना के संकेतकों (Indicators) के निर्माण के लिये एक *मेथडोलॉजिकल* (पद्धति शास्त्रीय) रणनीति बनायी है। इस संरचनात्मक उपागम के अतिरिक्त जातियों के अध्ययन के लिये आन्द्रे बेतेई ने विश्लेषणात्मक टाइपोलॉजीज का निर्माण किया है। इसमें बेतेई जाति, वर्ग एवं शक्ति की टाईपोलॉजीज बनाते हैं। वर्ग के विश्लेषण के लिये भी कुछ सैद्धान्तिक निरूपणों के निर्माण में डीसूजा, बन्योपाध्याय आदि का योगदान भी महत्वपूर्ण है।

(2) संरचनात्मक उपागम (Structuralist Approach)

सातवें दशक में संरचात्मक-प्रकार्यात्मक निरूपण के अतिरिक्त संरचनावादी उपागम का विकास भी हुआ है। उपागम का श्रीगणेश लूई ड्यूमों की पुस्तक *होमो हेरारकीकस* (Homo Hierarchicus-1970)पुस्तक से माना जाना चाहिये। संरचनावाद केन्द्रिय

विचारों को काम में लाता है जिनमें मुख्य है : *वैचारिकी* (Ideology), *द्वन्द्व* (Dialectics), *रूपान्तरण परक सम्बन्ध* (Transformational Relationship) और *तुलना* (Comparison)। इन अवधारणाओं के माध्यम से भारतीय समाज या सभ्यता में एकता को देखा गया है। ड्यूमो ने बोगले (Bougle) का अनुसरण करके जाति की मुख्य वैचारिकी या लक्षण में उच्चोच्च परम्परा को देखा है। जातियों के द्वन्द्व को उन्होंने *शुद्ध और अशुद्ध* (Pure and Impure) की अवधारणाओं द्वारा देखा है। सम्पूर्ण उच्चोच्च व्यवस्था जो जातियों में पायी जाती है उसका केन्द्रिय आधार शुद्ध अशुद्ध है। इसके ठीक विपरीत पश्चिमी समाज में स्तरीकरण का आधार समानता है।

संरचनात्मक सैद्धान्तिक निरूपण में ड्यूमों की पुस्तक जब सातवें दशक में प्रकाशित हुयी तो उसने समाजशास्त्रियों में एक राष्ट्रीय बहस को जन्म दिया। *त्रिलोकीनाथ मदन* ने ई. 1971 में "होमो हेरारकीकस" पुस्तक पर एक राष्ट्रीय विचार गोष्ठी की। यद्यपि ड्यूमों का योगदान प्रशंसनीय है। उनकी योग्यता व क्षमता अद्वितीय, फिर भी कई भारतीय विचारकों ने सैद्धान्तिक दृष्टि से पुस्तक में कई दोष बताये। *लीच* (Leach) ने अपनी प्रखर आलोचना में ड्यूमो पर यह आरोप लगाया है कि वे ऐतिहासिक अनुकूलन (Conditioning) पर अत्यधिक जोर देते हैं लेकिन ऐसा करने में आनुभविकता की भारी उपेक्षा करते हैं। *त्रिलोकीनाथ मदन* भी आनुभविकता के अभाव के कारण ड्यूमों की आलोचना करते हैं। भारत और विदेश के कुछ ऐसे समाजशास्त्री हैं जिन्होंने ड्यूमों के संरचनात्मक सैद्धान्तिक निरूपण को अन्य अध्ययनों में लगाया है। इस सम्बन्ध में कार्टर (Carter), मार्जलीन (Marglin) और होमस्ट्रोम, (Homestran) के नाम उल्लेखनीय हैं।

(3) संरचनात्मक-ऐतिहासिक उपागम
(Historical Structural Approach)

सातवें दशक में सैद्धान्तिक निरूपण में एक और परम्परा देखने मिलती है। यह परम्परा संरचनात्मक-ऐतिहासिक अध्ययनों की है। ऐसे अध्ययनों का आधार या गहराई इतिहास है। यहां इतिहास का मार्क्सवादी तथा गैर-मार्क्सवादी अर्थ में प्रयोग किया गया है। *गैर-मार्क्सवादी ऐतिहासिक अध्ययन* में ऐतिहासिक दृष्टि से दो और विभाग हो गये हैं। इन दो विभागों में विभिन्न प्रकार के ऐतिहासक संदर्श-संरचनात्मक उपागम ऐतिहासिक-उद्विकासीय टाइपोलॉजीज और संरचना के प्रकार्यात्मक विश्लेषण जैसे सामाजिक आन्दोलन आदि आते हैं। संरचात्मक-ऐतिहासिक अध्ययन इस दशक में अर्थशास्त्र व इतिहास की विधाओं में भी देखने को मिलते हैं। *शिव कुमार और चित्रा* का दक्षिण के दो गांवों का अध्ययन रूचिकर तथ्य सामग्री प्रस्तुत करता है। इन दोनों का कहना है कि केवल मार्क्सवादी इतिहास द्वारा हम जाति का अध्ययन नहीं कर सकते। वास्तव में हमें मार्क्सवादी व गैर मार्क्सवादी दोनों सैद्धान्तिक निरूपणों का सम्मिश्रण करना पड़ेगा।

(4) ऐतिहासिक भौतिकवादी या मार्क्सवादी सैद्धान्तिक निरूपण
(Historical Materialistic or Marxian Theoretical Formulation)

मार्क्सवादियों ने गैर-बराबरी का विवेचन बहुत स्पष्ट व साफ-सुथरा किया है। यह अध्ययन व्यवस्थित है। इनकी प्रकृति द्वन्द्वात्मक है। इन लेखकों का कहना है कि समाज में जो भी गैर-बराबरी है वह समाज के इतिहास की उपज है। ऐतिहासिक शक्तियां उत्पादन विधि में निहित हैं। मार्क्सवादी गैर-बराबरी के सिद्धान्त का केन्द्रीय आधार उत्पादन विधि है। यद्यपि भारत में मार्क्सवादी समाजशास्त्र का इतिहास बहुत लम्बा है लेकिन इस सिद्धान्त को आनुभविक अध्ययनों में गहराई के साथ अपेक्षित रूप से हाल में लागू किया गया है।

मार्क्सवादी सैद्धान्तिक निरूपण को खेतिहर सामाजिक आन्दोलनों में विशेष रूप से देखा जा सकता है। *केथलीन गफ* (Kathelene Gough) और डी.एन. धनाग्रे (D.N. Dhangre) द्वारा किये गये खेतिहर सामाजिक आन्दोलन इस सम्बन्ध में उल्लेखनीय हैं। कई विचारकों में *एशिया की उत्पादन विधि* (Asiatic Mode of Production) पर देश में बड़ी लम्बी बहस चली है। इस बहस में इतिहासकार, अर्थशास्त्री व समाजशास्त्री सभी भागीदार रहे हैं। विवाद का मुद्दा उत्पादन के तीन क्षेत्रों में देखा जाता है : (1) ऐशिमेटिक, (2) सामन्तवादी और (3) पूंजीवादी।

कुछ ऐसे समाजशास्त्री हैं जिन्होंने मार्क्सवादी उपागम का प्रयोग गांवों के अध्ययन में किया है। इन मार्क्सवादी समाजशास्त्रियों की विधि अवलोकन रही है। ऐसे अध्ययनकर्ताओं में *डीयूरफेट और लिंडबर्ग* (Diurfeldt and Lindberg) तथा *हीरा सिंह* है। इस सन्दर्भ में डेनियल थार्नर का योगदान भी बुनियादी कहा जा सकता है।

अनुसूचित जातियां और जनजातियां : सिद्धान्त निर्माण की रणनीति
(Scheduled Castes and Tribes: Strategies of Theory Building)

सातवें दशक में अनुसूचित जातियों और जनजातियों के अध्ययन में कुछ नया अवधारणात्मक निरूपण हुआ है। इससे पहले समाजशास्त्री और सामाजिक मानवशास्त्री केवल इथनोग्राफिक (नृजाति) अध्ययन में व्यस्त थे। ब्रिटिश व अमेरिकी मानवशास्त्रियों ने भी इथनोग्रफिक अध्ययन ही किये। इस तरह का अध्ययन केवल विवरणात्मक था। इन अध्ययनों में विश्लेषणात्मक प्रवृति का भी अभाव था। ये अध्ययन प्रकार्यात्मक भी नहीं कहे जा सकते। सबसे बड़ी बात तो यह है कि ये अध्ययन न तो प्रकार्यात्मक विधि की भाषा में लिखे गये हैं और न इनका संदर्श ही प्रकार्यात्मक है। इनका एक मात्र संदर्श *सेगमेन्टरी* (Segmentary) अर्थात् खण्डात्मक है। उनकी दृष्टि में आदिवासी के हैं जो पृथक (Isolates) हैं। तीसरे दशक में *वेरियर एल्विन ने तो यह प्रतिपादित किया कि शहरी सभ्यता के सम्पर्क में आकर आदिवासियों की नाड़ी में धसकन* (Loss of Nerve) आ रही है और इसलिये उन्हें समाज की मुख्य धारा से पृथक सुरक्षित क्षेत्रों में रखा जाना चाहिये। आदिवासियों के पृथक्करण का यह सिद्धान्त *पब्लिक पार्क* (Public Park) की अवधारणा

द्वारा जाना जाता है। उस युग में घुर्ये और *डी.एन. मजूमदार* ने इस अवधारणा का पूरे जोर से विरोध किया।

6ठें व 7वें दशक में आदिवासियों से सम्बन्धित कुछ नयी अवधारणाएं आयी। अब कहा जाने लगा कि आदिवासियों की परम्परागत *होमोजीनिटि* (Homogeneity) (सजातीयता) तेजी से बदल रही है। उनमें स्तरीकरण आ रहा है।

योगेन्द्र सिंह आदिवासियों के अध्ययन में अवधारणात्मक निरूपण को देखते हुये कहते हैं कि परिवर्तन के दौर में होमोजीनस आदिवासी समूहों में जातियों की तरह के अन्तर्विवाहिकी समूह उभर रहे हैं। ये समूह स्थान व परिस्थिति के अनुसार अलग-अलग स्वरूप ले रहे हैं। सामान्यतया इन स्वरूपों से पता लगता है कि आदिवासियों में सामाजिक परिवर्तन की प्रक्रिया जैसे कि *जी.एस. अरोड़ा* और *एफ.जी. बैली* कहते हैं आदिवासी से जाति और जाति से वर्ग की दिशा नहीं हो रहे हैं। *पी.के. बोस* ने गुजरात के आदिवासियों में स्तरीकरण की प्रक्रिया का अध्ययन किया है। आनुभविक अध्ययन के आधार पर बोस कहते हैं कि जाति व्यवस्था की ओर बढ़ने की अपेक्षा आदिवासी वर्ग पर आधारित परिवर्तन की ओर जा रहे हैं। गुजरात के आदिवासियों में ये चार वर्ग पाते हैं : (1) धनाड्य आदिवासी किसान, (2) मध्यम स्तर के किसान, (3) गरीब किसान और (4) कृषक मजदूर। *घनश्याम शाह* भी गुजरात के *आदिवासियों में आदिवासी से वर्ग* की अवधारणा को अपने क्षेत्रीय अध्ययन में पाते हैं। *पुनालेकर* कहते हैं कि शहर में बसे हुये ढोढिया आदिवासियों में अच्छी विकसित वर्ग व्यवस्था मिलती है।

सातवें दशक में आदिवासियों पर किये गये अध्ययन इस तथ्य की पर्याप्त आनुभविक सामग्री प्रस्तुत करते हैं कि आदिवासियों में विकास के परिणामस्वरूप एक नयी तरह का स्तरीकरण आ रहा है। उनमें अब वैचारिकी के आधार पर उलटफेर आ रहे हैं। आदिवासियों ने नये सांस्कृतिक, राजनैतिक और सामाजिक प्रतीकों को स्वीकार किया है। उनके सामने आज नयी समस्या उनकी सांस्कृतिक पहिचान या *शिनाख्त* (Identify) की है। कहना यह चाहिये कि इस दशक के आदिवासी अध्ययनों के परिणामस्वरूप कई नयी अवधारणाएं आयी हैं, जो आनुभविक यथार्थता का अमूर्तीकरण करती हैं।

अनुसूचित जातियों पर भी सातवें दशक में कुछ विश्लेषणात्मक और अवधारणात्मक अध्ययन हुए हैं। *आई.पी. देसाई* ने गुजरात की अनुसूचित जातियों के अध्ययन में यह निष्कर्ष निकाला है कि शुद्ध-अशुद्ध कि अवधारणा में वैचारिकीय और व्यवहारगत परिवर्तन आया है। *पी.के. बोस (1981)* ने भी गुजरात की अनुसूचित जातियों के अध्ययन में यह पाया है कि ये समूह अब परम्परागत उच्चोच्च सामाजिक वर्गीकरण को स्वीकार नहीं करते। यह वर्गीकरण अब आर्थिक आधार पर माना जाता है। इन जातियों में भी वर्ग व्यवस्था आ रही है। मुख्य बात यह है कि अनुसूचित जातियों के अध्ययन में अब वैचारिकी तथा आनुभविक यथार्थता के आधार पर नयी अवधारणाएं बनायी जा रही है।

परिवार और सिद्धान्त निर्माण की नयी परम्परा
(Family and New Tradition of Theory Building)

भारतीय परिवार के अध्ययन में एक नयी चेतना हमें छठें दशक के मध्य में देखने को मिलती है। गुजरात के समाजशास्त्रियों ने जिनमें के.एम. कापड़िया, आई.पी. देसाई और ए.एम. शाह मुख्य हैं, परिवार के अध्ययन में गहरी रुची बतायी। कापड़िया पारिवारिक जीवन में आने वाले परिवर्तन की व्याख्या करते हैं। वे परिवार को पौराणिक और ऐतिहासिक संदर्भ में देखते हैं। *आई.पी.देसाई* ने सबसे पहली बार भारतीय परिवार की अवधारणा को ऐतिहासिक संदर्भ में नयी तरह से परिभाषित किया है। जिसे हम *संयुक्त परिवार* (Joint Family) कहते हैं वह विदेशी मानवशास्त्रियों और समाजशास्त्रियों द्वारा दी गयी परिभाषा है। भारतीय संदर्श में परिवार का मतलब ही संयुक्त परिवार है। देसाई की परिवार की यह परिभाषा हमारे देश के संदर्भ में एक महत्वपूर्ण अवधारणा है। परिवार में महत्वपूर्ण तथ्य सदस्यों के संयुक्त रहने की डिग्री या सीमा महत्वपूर्ण है। दूसरा, समाजशास्त्रीय दृष्टि से परिवार में एक छत के नीचे रहना उतना महत्वपूर्ण नहीं है जितना यह देखना जरूरी है कि परिवार के सदस्यों की गतिविधियों और क्रियाओं का *रूझान* (Action Orientation) क्या है। यदि परिवार से बाहर रहने वाली विधवा बहिन को परिवार का मुखिया आर्थिक सहायता देता है, उसके बच्चों के पढ़ने-लिखने पर खर्च करता है तो बहिन दूसरी छत के नीचे रहकर भी भाई के परिवार की सदस्य मानी जायेगी। यही क्रिया का रूझान है। देसाई की परिवार व्याख्या एक अन्य अर्थ में भी परिवार की अवधारण को स्पष्ट करती है। ई. 1951 की जनगणना में *परिवार* (Family) और *घर* (Household) में कोई अन्तर नहीं किया गया है। देसाई ने इस मुद्दे को उठाया और परिवार का अन्तर सबसे पहली बार घर से भिन्न बताया। यही काम *ए.एम. शाह* ने अधिक विस्तार से किया है।

एलीन डी. रोस ने शहरी क्षेत्रों में पाये जाने वाले परिवार की व्याख्या की है। औद्योगिक समाजशास्त्रियों ने भी जिनमें रिचार्ड लेम्बर्ट तथा एन.आर.सेठ मुख्य हैं, परिवार की परिभाषा को वैज्ञानिक दृष्टि से तराशने की कौशिश की है। परिवार से सम्बन्धित साहित्य का अध्ययन बहुत साफ तरह से बताता है कि सिद्धान्त निरूपण के क्षेत्र में इस संस्था पर कोई काम नहीं हुआ है। अधिक से अधिक ये अध्ययन विवरणात्मक और विश्लेषणात्मक हैं। अवधारणा निर्माण का कार्य यदि थोड़ा बहुत हुआ है तो केवल परिवार की अवधारणा को अधिक स्पष्ट बनाया गया है।

सिद्धान्त निर्माण : इथनोमेथडोलॉजी और अकादमिक उपनिवेशवाद
(Theory Building: Ethnomethodology and Academic Colonialism)

भारतीय समाज की यथार्थता के सम्बन्ध में सिद्धान्त निर्माण के क्षेत्र में हाल में एक नयी परम्परा देखने को मिली है। यह नयी परम्परा *इथनोमेथडोलॉजी* की है। यह सिद्धान्त

अमेरिका के सिद्धान्त निर्माण के प्रयासों का परिणाम है। इस सिद्धान्त द्वारा उन विधियों को काम में लिया जाता है जिनका प्रयोग अपने दिन-प्रतिदिन के व्यवहार में लोग करते हैं। एक प्रकार से यह सिद्धान्त लोक संस्कृति पर आधारित है। यह एक प्रकार का *सांस्कृतिक विश्लेषण* (Cultural Analysis) है। यह कहा जाता है कि यह सिद्धान्त *अर्वाचीन अन्तःक्रियात्मक सिद्धान्त का पूरक है, यद्यपि इथनोमेथडोलॉजी यह भी आग्रह करती है कि इसके द्वारा सामाजिक यथार्थता को पहचानने के लिये एक नया सैद्धान्तिक विकल्प पैदा हो जायेगा।*

इधर भारत में इथनोमेथडोलॉजी का प्रयोग सामाजिक यथार्थता को जानने के लिये किया जा रहा है। हाल में *मैकिम मेरियठ* ने भारतीय समाज की यथार्थता को *सांख्य दर्शन* में खोजने का प्रयोग किया है। ड्यूमों ने *संरचनावाद* (Structuralism) के माध्यम से भारतीय समाज का विश्लेषण मूल्य और सांस्कृतिक मूल्यों द्वारा किया था। यदि इथनोमेथडोलॉजी और महान व लघु परम्परा अर्थात् वेदों, पुराणों, उपनिषदों, महाकाव्यों और भारतीय दर्शन के संदर्भ में वर्तमान यथार्थ को देखने का प्रयास करता है तो ऐसा करना आधुनिक यथार्थ से मुंह मोड़ना है। इस प्रकार का अतीत पर आधारित, जिसका वर्तमान से कोई सरोकार नहीं, सांस्कृतिक विश्लेषण अप्रासंगिक है।

पांचवें और छठे दशक में अमेरिका के समाजशास्त्र का भारतीय समाजशास्त्र पर बहुत बड़ा दबदबा था। पारसंस, मर्टन, होमन्स आदि हमारे ईश्वरीय पिता थे। हमारा यह मोह भंग सातवें दशक में आते-आते टूट गया। अब पुनः *इथनोमेथडोलॉजी* (Ethonmethodology) सिद्धान्त के माध्यम से भारतीय जीवन का सांस्कृतिक विश्लेषण मैकिम मेरियट और ऐसे ही अन्य सामाजिक मानवशास्त्री करने लगे हैं। यह पिछले दरवाजे से प्रवेश है। इस परम्परा को अकादमिक उपनिवेशवाद ही कहा जाना चाहिये। इस सांस्कृतिक विश्लेषण में हमारी आर्थिक और ऐतिहासिक समस्याएं अप्रासंगिक हो जाती है।

सिद्धान्त निर्माण : भारतीय संदर्भ में कुछ सुझाव

(Theory Building: Some Suggestion in the Context of India)

भारतीय समाजशास्त्र में सिद्धान्त निर्माण का हम जो भी प्रयास करें, उनमें कुछ बुनियादी बातें ध्यान में रखनी चाहिये। भारतीय समाज में विविधताएं बहुत अधिक है। इस समाज में कई उपसंस्कृतियां और भाषायी तथा जातीय संरचनाएं है। ऐसे समाज की जटिलता को अपने परिवेश में समेट लेने के लिये निश्चित रूप से हम किसी एक सिद्धान्त का और केवल मात्र एक ही सिद्धान्त का न तो निर्माण कर सकते हैं और न प्रयोग कर सकते हैं। यदि प्रकार्यात्मक सिद्धान्त को मजबूत किया तो सामाजिक परिवर्तन और आर्थिक पहलू उपेक्षित रहे जायेंगे। यदि मार्क्सवादी सिद्धान्त को विकसित किया तो परम्पराएं व मूल्य छूट जायेंगे। इथनोमेथडोलॉजी सांस्कृतिक विश्लेषण के प्रभाव के कारण आर्थिक और प्रकार्यात्मक पहलू दोनों को छोड़ देगा। अतः हमारे समाज की यथार्थता को जानने के लिये हमें *बहु सिद्धान्त*

(Multi-Theories) काम में लानी पड़ेगी।

पोजिटीविजम (Positivism) के नाम पर जो हमारे आनुभविक अध्ययन हो रहे हैं उन्होंने समाजशास्त्र के सम्पूर्ण कलेवर की हालत खस्ता कर दी है। ऐसे आनुभविक अध्ययन जो *पोजिटीविजम* के नाम पर बाढ़ की तरह आ रहे हैं, समाजशास्त्र के साहित्य को धनी नहीं बनाते। आज आवश्यकता इस बात की है कि हमें *गहन क्षेत्रीय अध्ययन* (Indepth Field Work) करना चाहिये। यह गहन क्षेत्रीय अनुसंधान ही हमें भारतीय जीवन के यथार्थ में पहुँचने का अवसर देगा। दूसरी आवश्यकता यह है कि हमें इस तथ्य को समझ लेना है कि विदेशी सैद्धान्तिक निरूपण हमारे लिये लगभग अप्रासंगिक है। भारतीय क्षेत्रीयता यथार्थता पर हमें ऐसे सिद्धान्त को बनाना चाहिये जो तर्क तथा भारतीय ऐतिहासिक संदर्भ पर आधारित हो। इसलिये भारतीय सिद्धान्त निर्माण के तीन मुख्य आधार गहन क्षेत्रीय अध्ययन, भारतीय संदर्भ एवं ऐतिहासिक परिप्रेक्ष्य हैं।

अध्याय 23

उत्तर संरचनावाद या नव संरचनावाद
(Post Structuralism or Neo Structuralism)

संरचनावाद एक प्रकार का विशाल बौद्धिक आंदोलन है। मुख्य रूप से इसकी प्रकृति फ्रांसिसी है। वैसे इसका प्रारम्भ समाजशास्त्र में दुर्खाइम से खोजते हैं। पिछले अध्याय में हमने संरचनावाद पर विशद व्याख्या की है। इस अध्याय में हम इस बौद्धिक आंदोलन के नवीन स्वरूप को देखेंगे। वास्तव में संरचनावाद के विभिन्न प्रकार या उसकी विभिन्न जातियां है। पिछले दो दशकों में संरचनावादी सिद्धान्त समाजशास्त्र में अपने प्रचलन को खो बैठा। 1980 में तो ऐसा लगा कि जैसे क्लाउड स्ट्रॉस के संरचनावाद का अन्त ही हो गया। अन्त में मतलब है उनकी संरचनावादी अवधारणा की कई आलोचनाएं हुयी और सिद्धान्त की कसौटी पर यह खरी नहीं उतरी। परिणामस्वरूप समाजशास्त्रीय सिद्धान्तों की कोटियों में *नवीन संरचनावाद* (Neo Structuralism) *या उत्तर संरचनावाद* (Post Structuralism) का आविर्भाव हुआ। उत्तर संरचनावादी सिद्धान्त तो आज समाजशास्त्र में ऐसा लगता है कि लोकप्रिय सिद्धान्त है क्योंकि इसका आविर्भाव हाल में ही हुआ है, इसे नव संरचनावाद भी कहते हैं।

इस अध्याय में हम पिछले अध्याय में दिये गये परम्परागत संरचनावाद का एक संक्षिप्त पुनरावलोकन करेगें और इसके बाद इसकी पृष्ठभूमि पर उत्तर संरचनावादी सिद्धान्त का विश्लेषण प्रस्तुत करेगें।

लेवी स्ट्रॉस के संरचनावाद की मृत्यु

ई. 1980 में कुर्जवेल (Kruzweil) ने अपने एक कथन में कहा कि कम से कम पेरिस में तो संरचनावाद समाप्त हो गया है और आगे वे कहते हैं कि क्लाउड लेवी स्ट्रॉस ने जिस

संरचनावादी सिद्धान्त का निर्माण किया था वह समाप्त ही नहीं हुआ, उसकी मृत्यु हो गयी है। कुर्जवेल का यह कथन एक सीमा तक अतिशयोक्ति है। फिर भी यह लगभग सही है कि लेवी स्ट्रॉस जिन सार्वभौमिक मानसिक संरचनाओं की खोज में थे, उस खोज के प्रति न तो मानवशास्त्रियों और न ही समाजशास्त्रियों में कोई उत्सुकता है। कुर्जवेल के बयान पर लम्बी बहस हो सकती है। फिर भी इसमें कोई विवाद नहीं है कि स्ट्रॉस ने संरचनावादी सिद्धान्त के निर्माण की जो पृष्ठभूमि तैयार की थी, उत्तर संरचनावादी सिद्धान्त के निर्माण में इसकी भूमिका किसी भी तरह कम नहीं है।

स्ट्रॉस के संरचनावाद की जड़ें भाषा-विज्ञान में है

संरचनावाद के विकास का सम्पूर्ण इतिहास यूरोप के फ्रांस से जुड़ा है। सभी संरचनावादी सिद्धान्तवेत्ता यह मानकर चलते हैं कि संरचनावाद की जड़ें भाषा में है। आज तक जब समाजशास्त्रियों ने उत्तर संरचनावादी सिद्धान्त को वैज्ञानिक रूप से विकसित कर लिया है, वे इसका मुख्य आधार भाषा मानते हैं। इस सिलसिले में *फर्डीनंड डी सोसोरे* (Ferdinand de Saussure) का उल्लेख किया जाना चाहिये। संरचनात्मक भाषा-विज्ञान के विकास में सोसोरे (1857-1913) का नाम विशेष रूप से उल्लेखनीय है। यद्यपि कुछ सिद्धान्तवेत्ता कार्ल मार्क्स को संरचनावाद का प्रणेता मानते हैं फिर भी सभी की राय में *सोसोरे ही संरचनावादी सिद्धान्त के जनक हैं*।

सोसोरे (Saussure) ने जिस संरचनात्मक भाषा विज्ञान का निर्माण किया था उनमें उनका कहना है कि प्रत्येक भाषा की अपनी एक व्याकरण होती है। व्याकरण ही भाषा को बोली से भिन्न कर देती है। सोसोरे ने आगे चलकर भाषा विज्ञान की व्याख्या करते हुये कहा है कि *वास्तव में भाषा एक सामान्य या अमूर्त व्यवस्था है जिसमें स्वर (Phonics) और वचन (Parole) होते हैं*। स्वर और वचन दोनों में अन्तर है। किसी भी भाषा में एक निश्चित स्वर व्यवस्था होती है। स्वर के अगणित तत्व होते हैं। इन तत्वों के पारस्परिक सम्बन्धों का निर्धारण कुछ निश्चित नियमों द्वारा होता है। सोसोर के समय से भाषा वैज्ञानिक बराबर इन नियमों की खोज कर रहे हैं जो स्वर के तत्वों के सम्बन्धों को समझा सकें। स्वर के ये तत्व ही भाषा के *वचन* (Parole) यानि वाणी जो मुख्य से निकलती है, उसे समझने में सहायक होते हैं। यद्यपि सोसेरे ने लोग जिस भाषा को काम में लेते हैं उसके महत्व को समझा लेकिन वे भाषा वैज्ञानिक जिनका सरोकार भाषा के वैज्ञानिक स्वरूप से है, इससे संतुष्ट नहीं है। भाषा वैज्ञानिक तो लोक भाषा को जिस तरह के वचन या वाणी में काम में लाते हैं, उसमें रूचि नहीं रखते। उनका मतलब तो वाणी के पीछे भाषा का जो विज्ञान है, शब्द की जो लक्षण व व्यंजना शक्ति है, उसे समझने की होती है।

सोसेरे के भाषा की संरचना की इस व्याख्या को मानवशास्त्रीय संरचनावादियों ने समाज के विश्लेषण पर लागू किया है। वास्तव में, भाषा में प्रतीक होते हैं और इन प्रतीकों के लक्षणों को समझने का प्रयास संरचनावादी करते है। संरचनावादी केवल भाषा के *लक्षणों*

(Semiotics) को ही नहीं देखते वे सभी प्रकार के प्रतीकों को समझते हैं। चेहरे के हाव-भाव, शरीर की भाव-भंगिमाएं और वास्तव में *सम्प्रेषण*(Communication) के सभी स्वरूपों को ये संरचनावादी विश्लेषण की दृष्टि से देखते हैं।

यदि सरल शब्दों में सोसेरे जैसे भाषा संरचनावादियों और मानवशास्त्रीय संरचनावादियों को देखें तो कहना होगा कि इनका उद्देश्य संचार के सभी स्वरूपों को समझना होता है। सम्प्रेषण के ये स्वरूप भाषा तथा शारीरिक भाव-भंगिमा में या चित्रकला व अन्य प्रतीकों में देखने को मिलते है। संरचनावादियों का मुख्य जोर इसलिये सम्प्रेषण रहा है। संचार के अन्तर्गत मार्क्सवाद, मनोविश्लेषण विज्ञान, प्लास्टिक आर्ट, संगीत थियेटर, साहित्यिक आलोचना, दर्शनशास्त्र, सभी सम्मिलित हैं।

मानवशास्त्रियों और विशेषकर क्लाउड लेवी स्ट्रॉस, रोसी, इहरमान आदि ने अपने-अपने ढंग से संरचनावाद को विभिन्न साहित्यिक और सामाजिक सांस्कृतिक क्षेत्रों में देखा है। संरचनावाद के इन विभिन्न प्रकारों में कई अन्तर हैं। लेकिन समानतायें भी पर्याप्त हैं। एक शब्द में कहना होगा कि संरचनावाद की अवधारणा किसी भी एकीकृत संदर्श से कोसों दूर है।

क्लाउड लेवी स्ट्रॉस का मानवशास्त्रीय संरचनावाद

हम फिर दोहरायेगें कि पिछले अध्याय में हमने स्ट्रॉस के मानवशास्त्रीय संरचनावाद की व्याख्या की है। यहाँ हम इस व्याख्या को पुनः इस अर्थ में रखरहे हैं कि उत्तर संरचनावाद का विश्लेषण, जिसे हम आगे चलकर करेगें, अधिक स्पष्ट हो सके। समाजशास्त्र में संरचनावाद के नाम पर जो कुछ सैद्धान्तिक व अवधारणात्मक सामग्री उपलब्ध है उस पर स्ट्रॉस का प्रभाव बहुत अधिक है। शायद इसी कारण कुर्जवेल स्ट्रॉस को संरचनावाद का जनक भी कहते हैं।

वास्तव में देखा जाये तो लेवी स्ट्रॉस की कृति बहुत ही जटिल और दुरूह है। यह इसलिये कि जब वे संरचना की बात करते हैं तो यह भी कहते हैं कि संरचनाओं के कई प्रकार है। *इन प्रकारों में संरचना का पहला प्रकार अपने आकार में विशाल होता है जिसमें दुनियाभर की संस्थायें और संगठन आ जाते हैं*। यद्यपि इन विशालकाय संरचनाओं को अधिकांश मानवशास्त्री व समाजशास्त्री वास्तविकता समझते हैं *लेकिन लेवी स्ट्रॉस की दृष्टि में समाज की इन संरचनाओं के पीछे वास्तविक संरचनायें छिपी होती हैं*। ये छिपी संरचनायें संरचनावाद का दूसरा प्रकार है। जब समाज की अन्तर्निहित संरचनाओं को समझने के लिये समाज वैज्ञानिक मॉडल बनाते है तब कहीं जाकर वास्तविक संरचनाओं का पता लगता है। संरचना के इन दो प्रकारों को बताने के बाद स्ट्रॉस संरचना का तीसरा प्रकार प्रस्तुत करते हैं और स्ट्रॉस की दृष्टि में यह तीसरा प्रकार सबसे अधिक महत्वपूर्ण है। संरचना का यह तीसरा प्रकार मनुष्य के मस्तिष्क की संरचना है। सामाजिक दुनिया के जिस मॉडल को सामाजिक वैज्ञानिक संरचना करते हैं उन्हें विभिन्न स्वरूपों में तथा विभिन्न समाजों में देखा जा सकता

है। सच में, नातेदारी, गोत्र, मिथक आदि मनुष्य द्वारा पैदा की गई संरचनाएं है और इन संरचनाओं में एक बुनियादी समानता इसलिये है कि इनके निर्माण का बुनियादी स्रोत मनुष्य का मस्तिष्क है। इसी कारण लेवी स्ट्रॉस कहते हैं:

मस्तिष्क की यह संरचना ही निर्णायक संरचना है

एक प्रकार से देखा जाये तो लेवी स्ट्रॉस ने सोसेर के भाषा की संरचना के निष्कर्षो को मानवशास्त्रीय मुद्दों पर लागू किया है। आदिवासी समाज के मिथकों, गोत्रों और बंधुत्व व्यवस्था को वे भाषायी संरचना के आधार पर देखते हैं। *अपने विश्लेषण में स्ट्रॉस सोसेर से एक कदम और आगे बढ़ जाते हैं*। वे संरचनावाद को संचार के सभी स्वरूपों पर लागू करते हैं। स्ट्रॉस का संरचनावाद आदिम समाजों की सामाजिक व्यवस्था पर पूरी तरह लागू होता है। जिस तरह शब्दों का विनिमय किया जाता है वैसे ही विवाद में जीवन साथियों का भी विनिमय किया जाता है। शब्दों के विनिमय ओर जीवन साथियों के विनिमय का संरचनात्मक मानवशास्त्र के माध्यम से अध्ययन किया जा सकता है।

लेवी स्ट्रॉस की विचारधारा को हम भाषायी व्यवस्था और बन्धुत्व व्यवस्था की समानता के आधार पर समझ सकते हैं। जिस तरह भाषा में *स्वर*(Phenotics) विश्लेषण का बुनियादी इकाई होते हैं ठीक इसी तरह समाज में बन्धुत्व व्यवस्था में प्रयोग में आने वाले *शब्द*(भाई, पत्नी, चाचा आदि) बुनियादी होते हैं। दूसरा भाषायें जिन शब्दों को हम काम में लेते हैं, अपने आपमें उनका कोई अर्थ नहीं है। वैसे ही बन्धुत्व व्यवस्था में प्रयुक्त पदों का भी अपने आपमें कोई प्रयोजन नहीं है। लेकिन जब हम पदों और शब्द के स्वरों को विशाल बन्धुत्व व्यवस्था और भाषा के सन्दर्भ में देखते हैं, तो अर्थ स्पष्ट हो जाता है। इस भांति *सामाजिक व्यवस्था की विशाल संरचना या भाषा व्यवस्था संरचना के प्रत्येक भाग के अर्थ को स्पष्ट कर देती है*। तीसरा, जब हम भाषा और सामाजिक संरचना की समानता को देखते हैं तो ज्ञात होता है कि किस प्रकार भाषा अपने स्वर में (उच्चारण में) एक स्थान से दूसरे स्थान पर बदल जाती है।

वैसे ही बंधुत्व व्यवस्था में भी एक स्थान से दूसरे स्थान में परिवर्तन आ जाता है। इस परिर्वतन को आनुभाविक स्तर पर देखा जा सकता है। अन्त में, लेवी स्ट्रॉस आग्रह पूर्वक कहते हैं कि *स्वर की व्यवस्था और बन्धुत्व व्यवस्था अपने अंतिम चरण में मस्तिष्क की संरचनाओं की उपज है। लेकिन यह उपज किसी भी तरह से चेतन प्रक्रिया का परिणाम नहीं है। इसके बजाय यह मस्तिष्क की अचेतन व तार्किक संरचना का परिणाम है*। इस प्रकार, संरचनाओं की यह व्यवस्था मस्तिष्क की तार्किक संरचना के परिणाम-स्वरुप पैदा होती है।

जिस प्रकार सोसेर ने भाषा सम्बन्धी तथ्य सामग्री का संरचनात्मक विधि से विश्लेषण किया है, वैसे ही लेवी स्ट्रॉस की पद्धति बहुत स्पष्ट है। वे मिथक, बन्धुत्व व्यवस्था, गोत्र और एक तरह से सम्पूर्ण समाज में जो छिपी संरचनाएं है उन्हें उजागर करते हैं।

यद्यपि स्ट्रॉस का अध्ययन केवल आदिम समाजों तक ही सीमित था, फिर भी उनका

विश्वास था कि सभी समाजों, जिसमें आधुनिक औद्योगिक समाज भी सम्मिलित हैं, का अध्ययन इसी संरचनात्मक पद्धति से किया जा सकता है। उन्होंने आदिम समाजों तक अपना अध्ययन इसलिये सीमित व केन्द्रित किया क्योंकि इन समाजों में विकृतियां कम होती हैं और इसलिये इनमें संरचनाओं की खोज सरलता से हो सकती है। आधुनिक समाजों में तो कई प्रकार के चेतन मॉडल या मानक प्रधान व्यवस्थाएं आ गयी हैं और इन समाजों की गहराई में जो वास्तविक संरचनाएं होती हैं, उनका पता लगाना बहुत मुश्किल है।

सामान्यतया मानवशास्त्री जब संरचना के क्षेत्र में काम करते हैं तो उनका उद्देश्य लोग जैसा कहते और करते हैं, उसका अध्ययन करना होता है। लोग और इस अर्थ में आदिवासी जब बताते हैं कि वे वधु मूल्य देते हैं तो मानवशास्त्री इसका विवरण प्रस्तुत कर अपना कर्तव्य पूरा करते हैं। लेकिन लेवी स्ट्रॉस की रूचि इस तरह के अध्ययन में नहीं थी। उनका केन्द्र *वैयक्तिक संरचना*(Subjective Structure) न होकर *वस्तुनिष्ठ संरचना* (Objective Structure) था। इस भांति वे नातेदारी व मिथक का अध्ययन उनके पारस्परिक सम्बन्धों में करते हैं।

स्ट्रॉस के अध्ययन की दूसरी विशेषता यह है कि वे अपने सम्पूर्ण अध्ययन को तुलनात्मक रूप देना चाहते थे। तुलनात्मक विधि द्वारा ही कुछ ऐसी संरचनओं का पता लगाया जा सकता है जो सार्वभौमिक हों। स्ट्रॉस से पहले दुर्खाइम ने सामाजिक तथ्य की पद्धाति को संरचना के रूप में रखा था। कुछ विश्लेषक सामाजिक तथ्य और संरचना को पर्यायवाची समझते हैं, लेकिन *जार्ज रिट्जर* (George Ritzer) अपनी हाल में प्रकाशित पुस्तक के तीसरे संस्करण (Contemporary Sociological Theory, 1994) में कहते हैं कि सामाजिक तथ्य तथा संरचना में समानता नहीं की जा सकती। दोनों में बुनियादी अन्तर यह है कि सामाजिक तथ्य वस्तुतः *व्यक्ति पर समाज का दबाव है* जबकि स्ट्रॉस की संरचना *मस्तिष्क का दबाव है*। यदि चिन्तन के स्तर पर देखा जाये तो स्ट्रॉस दुर्खाइम की अपेक्षा *सिगमंड फ्रायड* (Sigmund Freud) के अधिक नजदीक थे। स्ट्रॉस की तरह फ्रायड का भी यह तर्क था कि व्यक्ति की क्रियाओं का नियंत्रण अचेतन मस्तिष्क करता है।

संरचनावाद पर जो कुछ साहित्य उपलब्ध है वह सब फ्रांसिसी विचारकों का है। फ्रांस से बाहर जो भी संरचनावाद है वह केवल परम्परागत है। इस संरचनावाद को जैसा कि हमने पिछले अध्याय में कहा है समाज के साथ जोड़ते हैं। इधर फ्रांसिसी संरचनावादी अपने सिद्धान्त को मानसिक संरचना के सन्दर्भ में प्रस्तुत करते हैं। फ्रांसिसी संरचनावादी वस्तुतः एक ऐसी खोज में निकले हैं जिसमें वे समाज की यथार्थता के पीछे जो मूल तथा अदृश्य संरचनाएं हैं उनका पता लगाया जावे। कभी-कभी ये संरचनावादी आनुभाविक संरचनाओं का भी अध्ययन करते हैं। ऐसे अध्ययन का एक मात्र उद्देश्य अन्त में चलकर मानसिक संरचनाओं का पता लगाना है।

संरचनात्मक मार्क्सवाद

(Structural Marxism)

यदि संरचनावाद का गहराई से अध्ययन किया जाये तो यह पता लगेगा कि संरचना तो एक सैद्धान्तिक तथ्य है जिसे जीवन के किसी भी क्षेत्र पर लागू किया जा सकता है। उदाहरण के लिये हम मुस्कराते हुये बालक को चित्र में देखते हैं, खेल के मैदान में लम्बी दौड़ लगाते हुए धावक को देखते हैं, किसी राजनेता को भ्रष्टाचार में लिप्त पाते हैं। ऐसे कई दृष्टान्त दिये जा सकते हैं। इन सभी में एक संरचना है। यदि इन आनुभाविक संरचनाओं के पीछे मूल संरचनाओं को देखेगें तो पता लगेगा कि ये संरचनाएं मानसिक है। संरचनावादियों का कहना है कि प्रत्येक संरचना मनुष्य के एक निश्चित *संज्ञान* (Cognition) से जुड़ी हुई है।

संरचनावाद की कई आलोचनाएं हुयी है। सबसे बड़ी आलोचना यह है कि सिद्धान्त अवलोकन से कोसों दूर है। मोटे रूप में संरचनावादी आनुभाविकता और ऐतिहासिकता के विरोधी है। संरचनावाद का इस तरह का उपागम समाज विज्ञानों के लिये बहुत बड़ी समस्या पैदा कर देता है। मानसिक संरचनाओं को किसी ने देखा नहीं है और इसलिये इस सिद्धान्त में अमूर्त तत्व अधिक हैं।

लिखने से पहले यह कहना चाहिये कि *मतवादी* (Doctrinnaire) मार्क्सवाद के कई सम्प्रदाय दुनियाभर में प्रचलित हैं। संरचनात्मक मार्क्सवाद इन विभिन्न सम्प्रदायों से अपने विचारों को खुलकर लेता है। संरचनात्मक मार्क्सवाद के सैद्धान्तिक रूप को विकसित करने में कई फ्रांसिसी संरचनावादी सम्मिलित हैं। इस संरचनावादी अकादमिक आन्दोलन से तीव्रता से जुड़े हुये विचारकों में *लुई आल्थूजर* (Louis Althusser), *निको पॉलेन्जास* (Nico Poulantzas), *मौरिस गोडेलियर* (Maurice Godelier), *जीन पीएगेट* (Jean Piaget) आदि के नाम उल्लेखनीय है। कई बार संरचानात्मक मार्क्सवाद को भी विशाल फ्रांसिसी संरचनावाद की कोटि में डाल दिया जाता है।

यहां हम यह आग्रहपूर्वक कहेंगे कि सामाजिक ज्ञान की शाखा में ऐसा कभी नहीं होता कि एक विचारधारा के समाप्त होने पर ही दूसरी विचारधारा जन्म लेती हो। एक ऐसा संक्रमण काल आता है जब पहली विचारधारा अपनी बीमार अवस्था में होती है और नयी विचारधारा त्वरित रूप से बढ़ती दिखायी देती है। जब हम उत्तर या नवीन संरनावाद की व्याख्या करते हैं तो इसका यह मतलब नहीं कि लम्बी अवधि से चला आ रहा फ्रांसिसी संरचनावाद पूर्णतया समाप्त हो गया हो। इसी संदर्भ में हम संरचनात्मक मार्क्सवाद की व्याख्या यहां कर रहे हैं। इसके बाद संरचनावाद में एक तीव्र मोड़ आता है यह मोड़ हमें उत्तर संरचनावाद के विश्लेषण पर ले आयेगा।

संरचनात्मक मार्क्सवाद के आविर्भाव के कारण

यदि बहुत थोड़े में संरचनावाद की व्याख्या की जाये तो कहना होगा कि *यह वह सम्प्रदाय है जिसमें मार्क्सवाद और संरचनावाद का सम्मिश्रण है* परम्परागत फ्रांसिसी संरचनावाद जिसे स्ट्रॉस ने विकसित किया, सामाजिक जीवन की अदृश्य और मूल संरचनाओं की पहचान करता है। इसके अन्तर्गत जटिल और विस्तृत विचारों का समावेश होता है। दूसरी ओर मार्क्सवाद पूंजीवादी व्यवस्था की अन्तर्निहित कमजोरियों की पहचान करता है। ये दोनों विचारधाराएं, : संरचनावाद और मार्क्सवाद जुड़कर संरचनात्मक मार्क्सवाद को बनाती है।

जार्ज रीट्ज़र ने संरचनात्मक मार्क्सवाद के आविर्भाव के निम्न कारण बताये हैं:

(1) मार्क्सवाद की आनुभाविक तथ्य सामग्री का विरोध

बोडेलियर का कहना है कि मार्क्सवादी आनुभाविक तथ्य सामग्री पर अधिकतम जोर देते हैं। उनके विश्लेषण का सम्पूर्ण आधार पूंजीवादी समाज की आनुभाविक तथ्य सामग्री होती है। इस तरह की तथ्य सामग्री सही वास्तविकता को नही बताती। पूंजीवादी जीवन पद्धति के पीछे जो मूल संरचनाएं हैं, जिनका अवलोकन नहीं किया जा सकता वे ही सही संरचनाएं हैं। उनका अध्ययन ही होना चाहिये।

(2) मतवादी मार्क्सवाद की ऐतिहासिक विधि का विरोध

मार्क्सवाद का जो मूलपाठ है उसमें इतिहास पर बहुत अधिक जोर दिया जाता है। वास्तव में मार्क्स की सम्पूर्ण अध्ययन विधि इतिहास पर केन्द्रित है। संरचनात्मक मार्क्सवादी इन सम्मान को स्वीकार नहीं करते। इसका कारण यह है कि संरचनावाद वास्तव में आधुनिक समाज के अध्ययन में रूचि रखता है। आधुनिक समाज के अध्ययन द्वारा ही इतिहास के समाज का यानि अतीत का अध्ययन किया जा सकता है।

(3) आर्थिक निर्धारणवाद की आलोचना

कुछ विचारक मार्क्स को आर्थिक निर्धारणवाद के रूप में ही देखते हैं। वे अर्थ व्यवस्था को बुनियादी व्यवस्था मानते है। उनका तर्क है कि आर्थिक संरचना के बदलाव से ही सम्पूर्ण सामाजिक व्यवस्था बदल जायेगी। संरचनात्मक मार्क्सवादी इसे स्वीकार नहीं करते। वे यह तो मानते हैं कि सामाजिक परिवर्तन में आर्थिक कारक महत्वपूर्ण हैं। लेकिन वे यह तर्कपूर्वक स्वीकारते हैं कि आर्थिक कारकों की बराबरी के राजनैतिक और वैचारिक कारक भी हैं। इन पर भी पर्याप्त जोर देना चाहिये। निको पोलेन्जाज का तो कहना है कि कई बार आर्थिक व्यवस्था केवल स्वायत्त होती है इसलिये इसे सम्पूर्ण निर्धारण नहीं समझना चाहिए।

संरचनात्मक मार्क्सवाद किसे कहते हैं ?

यदि हम एक दृष्टि से आल्थूजर, गोडेलियर, पोलेन्जाज आदि फ्रांसिसी संरचानात्मक मार्क्सवादियों की कृतियों को देखें तो बहुत स्पष्ट हो जायेगा कि वे *संरचनात्मक मार्क्सवाद*

के अन्तर्गत पूंजीवादी समाज में छिपी हुयी मूल संरचनाओं का अध्ययन करना चाहते हैं। ऐसा करने में ये मार्क्सवादी मानसिक प्रक्रियाओं और उनसे उत्पन्न संरचनाओं को अपना केन्द्र मानकर मार्क्स का विश्लेषण करते हैं।

संरचनात्मक मार्क्सवाद के लक्षण

संरचनात्मक मार्क्सवादियों में भी दो बहुत बड़े धड़े हैं। धड़े ही क्यों, उनमें एक विवाद है। आल्थूजर ने मार्क्स के विचारों का सावधानीपूर्वक विश्लेषण किया है। वे कहते हैं कि मार्क्स के दो स्वरूप उभर कर हमारे सामने आते हैं। उनका एक स्वरूप *संरचनात्मक और निर्धारणवादी* (Structuralist-Deterministic) है और दूसरा स्वरूप *मानवीय तथा द्वन्द्वात्मक* (Humanistic-Dialectical) विचारकों का है। आल्थूजर ने तो व्यवस्थित रूप से मार्क्स की कृतियों का विस्तृत ब्यौरा दिया है और कहते हैं कि उनकी बाद की कृतियों में और विशेषकर *केपिटल* (Capital, 1867) में संरचनात्मक स्वरूप मिलता है। इससे पहले की कृतियों में वे मानवीय और द्वन्द्वात्मक दिखायी देते हैं। आल्थूजर ने मार्क्स के इन दोनों स्वरूपों का विश्लेषण करते हुये कहा है कि मार्क्स सौसोर से भी पहले के संरचनावादी थे। यहां हम आलथूजर और पालेजाज की कृतियों में संरचनात्मक मार्क्सवाद की जो बुनियादी विशेषतायें मिलती हैं, का उल्लेख करेगें:

(1) संरचनात्मक मार्क्सवाद पूंजीवाद की वास्तविक संरचना को जानना चाहता है

ऊपर से दिखता है कि मार्क्स ने पूंजीवादी और वर्ग-संघर्ष की व्याख्या द्वन्द्वात्मक विधि से की है। संरचनात्मक मार्क्सवाद इस सम्पूर्ण विश्लेषण को सतही मानकर चलता है। इसका कहना है कि पूंजीवाद में तीन तथ्यपूर्ण घटक हैं: राज्य, विचारधारा और अर्थव्यवस्था। इन तीनों घटकों के मूल में जो संरचनाएं हैं, मार्क्सवादियों ने उनकी उपेक्षा की है। संरचनात्मक मार्क्सवाद इन मौलिक संरचनाओं को अपने अध्ययन का एजेंडा बनाकर चलता है।

(2) आर्थिक निर्धारणवाद केवल एक तरफा विश्लेषण है

पालजाज आग्रहपूर्वक कहते हैं कि परम्परागत मार्क्सवाद में जो आर्थिक निर्धारणवादी सिद्धान्त हैं वह, सम्पूर्ण समाज को नहीं देखता। राजनीतिक, धार्मिक और सांस्कृतिक धारक भी मूल संरचना के सृजन में महत्वपूर्ण हैं।

(3) ऐतिहासिक और आनुभाविक विधियां पर्याप्त नहीं हैं

संरचनात्मक मार्क्सवाद केवल आनुभाविकता और इतिहास को अपने अध्ययन की विधि नहीं मानता। संरचनावाद की विशेषता यह है कि वह इतिहास आनुभाविकता के माध्यम से जो कुछ पाता है उसके मूल में जाकर मानसिक संरचनाओं की खोज करता है, इस सम्बन्ध में हम गोललियर के कथन को यहां प्रस्तुत करेगें।

> मार्क्स और इसी तरह लेवी स्ट्रास के लिये संरचना एक वास्तविकता नहीं है जिसे हम प्रत्येक रूप से देख सकें या जिसका हम अवलोकन कर सकें। यह तो वास्तविकता का

एक स्तर है जो अवलोकन से भी ऊपर है जिसकी कार्य पद्धति व्यवस्था के मूल तर्क के साथ जुड़ी हुयी है।

गोडलियर आग्रहपूर्वक यह स्थापित करते हैं कि आनुभाविक यथार्थता तो केवल सतही यर्थाथता है। इस यर्थाथता के पीछे एक दूसरी यर्थाथता है जिसकी वैज्ञानिक संज्ञान के लिये खोज होनी चाहिये।

(4) संरचनात्मक मार्क्सवाद की विधि पृथक होती है

हमने प्रारम्भ में कहा है कि संरचनात्मक मार्क्सवाद, मार्क्सवाद तथा संरचनावाद का सम्मिश्रण है, एक योग है। इन दोनों सिद्धान्तों की विधियां भी भिन्न हैं। *जहाँ मार्क्सवाद द्वन्द्वात्मक है, वहां संरचनावाद विश्लेषणात्मक, जहाँ मार्क्सवाद ऐतिहासिक (Diachronic) विश्लेषण करता है, वहां संरचनावाद वर्णनात्मक (Synchronic)* विश्लेषण करता है। संरचनात्मक मार्क्सवाद में इन दोनों विधियों का समावेश किया जाता है।

उत्तर संरचनावाद या नव संरचनावाद

(Post Structuralism or Neo-Structuralism)

1980 में *कुर्जवेल* (Kurzweil) ने लिखा कि अब पेरिस में *संरचनावादी युग लगभग समाप्त हो गया है*। दूसरी और पेरिस के ही *गिडेन्स* (Giddens, 1987) *रोस* (Roac, 1984), और *वार्थनाऊ* (Waithrow, 1984) ने कहा कि अभी संरचनावाद का अन्त नहीं हुआ है। वास्तविकता तो यह है कि संरचनावाद की फूलती हुई सांस को नया जीवन मिला है। अपने नये जीवन में उभर कर इसने *उत्तर-आधुनिकता* (Post-Modernism) या *नवीन-संरचनावाद* (Neo-Structuralism) का रूप ग्रहण किया है। *लेमर्ट* (Lamert, 1990) ने उत्तर आधुनिकता और इसी अर्थ में उत्तर-संरचनावाद के प्रारम्भिक इतिहास की खोज की है। इस संदर्भ में *जेक्यूज डेरिडा* (Jacques Derrida, 1990) जो फ्रांस के एक अग्रणी चिंतक हैं, ने कहा है कि संरचनावाद का अन्त नहीं हुआ है। वास्तव में यह अपने संक्रमण काल में है। उत्तर-संरचनावादी युग का सूरज अब प्राची दिशा में उगता दिखाई दे रहा है।

यदि संक्षेप में उत्तर-संरचनावाद की कोई व्याख्या करें तो कहना होगा कि संरचनावाद ने *व्यक्तिनिष्ठा* (Subjective)उपागम से विदा ले ली है और अब यह *वाद वस्तुनिष्ठा* (Objective) की दहलीज पर खड़ा है। उत्तर-संरचनावाद में यह प्रयत्न किया गया है कि इसका विस्तार इस तरह किया जाये कि इसके अन्तर्गत कई *सैद्धान्तिक संदर्शों* (Theoretical Perspectives) का समावेश हो सके। वास्तव में उत्तर-संरचनावाद का रूपान्तरण सामाजिक दुनिया के साथ हो गया है। जहाँ पिछला संरचनावाद आधुनिक दुनिया से जुड़ा था, वहाँ उत्तर-संरचनावाद *उत्तर-आधुनिक* (Post-Modern) दुनिया की ओर देखता है।

लेमर्ट ने तो उत्तर-संरचनावाद या इसी अर्थ में उत्तर-आधुनिकता के जन्म की तिथि भी प्रतीकात्मक रूप से निश्चित कर ली है। एक भवन के आधुनिक निर्माण के ध्वंस के साथ उन्होंने परम्परागत संरचनावाद की मृत्यु को प्रस्तुत किया है। प्रतीकात्मक रूप से आधुनिक भवन के ध्वंस को लेमर्ट ने निम्न प्रकार रखा है:

> जुलाई 15, 1972: समय 3.32 सांयकाल: आधुनिक शिल्पकला का देहांत हो गया। यह उस क्षण की बात है जब पेरिस में *पूर्तईगो* (Pruitt-Igoe) नाम की आवासन परियोजना को नष्ट कर दिया गया। यह आवासन प्रोजेक्ट संत लुई स्थान पर स्थित था जो हर तरह से आधुनिक शिल्पकला का प्रतिनिधि था। यह ऐसी आधुनिक शिल्पकला थी जिसे कुशल वास्तुशिल्पियों ने पूरे आकर्षण के साथ *सजाया* था। लेकिन अपने दशक की यह आवासन योजना जो संत लुई में अपने प्रकार की सबसे बड़ी थी, गरीबी और मानवीय त्रासदी की प्रतीक थी। इस तथ्य को स्वीकार करके यह सम्पूर्ण योजना नष्ट कर दी गयी। गरीबी और मानवीय त्रासदी के प्रतीक इस भवन को नष्ट करना *इस विचार को स्वीकार करता है कि आधुनिक शिल्प कला असफल है और इस अर्थ में स्वंय आधुनिकता भी अप्रासंगिक है*।

लेमर्ट ने जो कुछ कहा है इसका आशय यह है कि आधुनिकता ने समाज के पद्दलित वर्गों की उपेक्षा की है और इससे आगे भविष्य में यह उपेक्षा अधिक नहीं चल सकती। उत्तर-आधुनिकता पिछड़े और पद्दलित जनसमुदाय का युग होगा। कुछ इसी तरह की विचारधारा फ्रांस के उत्तर-संरचनावादियों ने रखी है। इस विचारधारा के प्रणेताओं में लेमर्ट, डेरिडा गिडन्स आदि मुख्य हैं। ये विचारक जब उत्तर-संरचनावाद को देखते हैं तो सिद्धान्त निर्माताओं का रूझान स्वाभाविक रूप पद दलितों की ओर जाता है। संरचनावाद, उत्तर संरचनावाद और उत्तर-आधुनिकता यद्यपि अपना बौद्धिक आधार सौसोरे और स्ट्रॉस को मानते हैं फिर भी इनके अध्ययन का केन्द्र समाज के वे वर्ग हैं जो सदियों तक उपेक्षा के पात्र रहे हैं।

उत्तर-संरचनावाद का बौद्धिक आधार

यह रोचक है कि उत्तर-संरचनावाद उपेक्षित वर्गों के प्रति उत्तरदायी होते हुये भी अपनी बौद्धिक पहचान भाषाशास्त्र के साथ जोड़ता है। यदि संरचनावाद, उत्तर-संरचनावाद और उत्तर आधुनिकता में कोई समान सरोकार है तो वह यह कि जैसा कि गिडेन्स कहते हैं, भाषा विज्ञान से है।

लियो टार्ड (Lyo-Lard, 1984) ने उत्तर संरचनावाद की बौद्धिक व्याख्या की है। उनका कहना है कि *जिसे हम वैज्ञानिक ज्ञान कहते हैं वह और कुछ न होकर जो कुछ हम बोलते हैं, कहते हैं,* भाषण देते हैं उसी का एक स्वरूप है। दूसरे शब्दों में वैज्ञानिक ज्ञान और दिन-प्रतिदिन के कथन और बातचीत के स्वरूपों में कोई अन्तर नहीं है। और इस अर्थ में

यदि विज्ञान हमारी बातचीत का ही एक प्रकार है तो विज्ञान की कोई विशिष्ट स्थिति नहीं बनती। वैज्ञानिक भी इस अर्थ में कोई ऊंचा स्थान समाज में नहीं रखते।

वे मानवशास्त्री जो विज्ञान का उपरोक्त सामान्य अर्थ लेते हैं उनका कहना है कि *वस्तु निष्ठावाद* (Positivism) के स्थान पर भाषा विज्ञान को अपने विश्लेषण का आधार बनाना चाहिये हमारी बातचीत, वार्तालाप, भाषण और प्रवचन आदि में भाषा का ही प्रयोग होता है, और इसलिये इन्हें भी यानि भाषा को भी विज्ञान के अर्थ में लेना चाहिये। यदि भौतिक विज्ञानों के लिये वस्तुनिष्ठा एक प्रमुख उपागम है तो, सामाजिक मानशास्त्र के लिये भाषा भी एक विश्त्रसनीय उपागम है।

भाषा को उत्तर-संरचनावाद का आधार मानते हुये लेमर्ट कहते हैं :

> ज्ञान, क्रिया और जीवन के अस्तित्व की किसी भी समझ में अब भाषा को अनिवार्य रूप से केन्द्रीय आधार माना जाता है। सामाजिक दुनिया को अब अगणित *मूल पाठों* (Texts) की एक श्रृंखला की तरह देखा जाता है। इन विभिन्न मूल पाठों के पारस्परिक सम्बन्धों का निर्वचन करने की आवश्यकता है।

यदि हम उत्तर-संरचनावादियों की सैद्धान्तिक कृतियों को देखें तो हमें यह स्पष्ट हो जाता है कि ये सभी सिद्धान्तवेत्ता, उनके उपागमों में विभिन्नता होते हुये भी मूल रूप से भाषा विज्ञान को अपना विश्वसनीय आधार मानते हैं।

उत्तर संरचनावाद किसे कहते हैं

यह सत्य है कि किसी भी वैज्ञानिक सिद्धान्त की तरह उत्तर-संरचनावाद की खोज भी समाज की वास्तविक संरचनाओं का पता लगाना है। संरचनावाद का यह नवीन संस्करण वस्तुनिष्ठावाद को स्वीकार नहीं करता। इसका आग्रह है कि मनुष्य जो कुछ बोलता है, करता है, और जैसा भी रहता है वह सब विज्ञान का स्वरूप ही है। प्रयोगशाला में जिसे विज्ञान कहते हैं, वही भाषा के माध्यम से —वार्तालाप, भाषण और प्रवचन में दिखाई देता है। यह संसार इस प्रकार *मूल पाठ* (Texts) की श्रृंखलाओं में बंधा हुआ है। इन मूल पाठों का निर्वचन उनके पारस्परिक सम्बन्धों से किया जा सकता है।

विज्ञान का एक उपागम बहुत स्पष्ट है। इसका यह आग्रह है कि दुनिया भर की भौतिक और प्राकृतिक वस्तुओं में से *सम्बद्धता* (Cohesi6n) होता है। सम्पूर्ण प्राकृतिक दुनिया में एकता है। इसी को विज्ञान देखता है। *उत्तर-संरचनावाद इस एकता और सम्बद्धता को नहीं देखता*। इसका केन्द्रीय अध्ययन तो *विभिन्नता* (Different) है। जब उत्तर-संरचनावादी आनुभविक मूल पाठ और परम्परागत मूल पाठ की तुलना करता है तो उसे अन्तर मिलता है। यह अन्तर ही उत्तर-संरचनावाद की अध्ययन सामग्री है।

लेमर्ट ने *मूलपाठ की श्रृंखलाओं (Series of Texts) का उल्लेख किया है। इस सम्बन्ध में वे चार विचारणीय बिन्दु रखते हैं:*

1. बातचीत, संवाद, भाषण, प्रवचन, आदि सिद्धान्त के स्वरुप हैं और इनसे ही *मूल पाठ* (Text) पैदा होते हैं।
2. आनुभाविकता को जानने के लिये हम साक्षात्कार लेते हैं, अवलोकन करते हैं, जनगणना की तथ्य सामग्री प्राप्त करते हैं, यह सब मूल पाठ हैं।
3. जो कुछ हमें *आनुभाविक मूल पाठ* (Empirical Text) से मिलता है उनकी तुलना हम *सैद्धान्तिक मूलपाठ* (Theoretical Text) से करते हैं। यदि हम आनुभाविक मूलपाठ को सैद्धान्तिक मूलपाठ के संदर्भ में देखते हैं तो इससे समाज सम्बन्धी हमारी समझ अधिक गहरी हो जाती है।
4. मूल पाठ की श्रृंखला का पारस्परिक अध्ययन समाज को उसकी *सम्पूर्णता* (Totality) में देखने का प्रयास है।

यदि हम लेमर्ट द्वारा दी गयी उत्तर-संरचना की परिभाषा को देखें तो स्पष्ट हो जायेगा कि संरचनावादी एकता और सम्बद्धता को न देखकर *दुनिया में अन्तर्निहित विभिन्नता को देखते हैं*। जहाँ वस्तुनिष्ठावादी इस नियम को मानते हैं कि समाज के कुछ ऐसे कारक हैं जो इसे एक सूत्र में बांधे रखते हैं, वही उत्तर-संरचनावादी इस तथ्य पर जोर देते हैं कि दुनिया की केन्द्रियता विभिन्नता में है। अपने अध्ययन के लक्ष्य को अधिक पैना बनाते हुये लेमर्ट कहते हैं कि *उत्तर संरचनावादी एकता की खोज करने की अपेक्षा विभिन्नता को पहचानने की कोशिश करते हैं।*

यदि लेमर्ट द्वारा दी गयी उत्तर-संरचनावादी इस व्याख्या को राजनीतिक मुहावरे में देखें तो कहना पड़ेगा कि *नव संरचनावाद का रूझान उन अल्पसंख्यक पिछड़े वर्गों की ओर है जो बहुसंख्यक और प्रभावी समूहों से भिन्न हैं। यूरोप में काले लोग जो अल्पसंख्यक, पिछड़े वर्गों में हैं। इसी तरह कमोबेश रूप से पुरूषों की तुलना में स्त्रियां भी पिछड़ी हैं। हमारे देश में दलित, आदिवासी, और स्त्रियां ऐसे ही पद्दलित समूहों में आते है। ये सब समूह उत्तर-संरचनावाद के अध्ययन क्षेत्र हैं।*

उत्तर संरचनावाद के सम्बन्ध में माइकेल फोकाल्ट (Michel Foucault) के विचार

माइकेल फोकाल्ट एक प्रबुद्ध विचारक हैं। उनका लेखन बहुआयामी हैं। जो कुछ उन्होंने अपनी कृतियों में रखा है वह समाजशास्त्र की सीमा लांध कर कई समाज विज्ञानों की सीमाओं को छूता है। वास्तव में उनके समाजशास्त्र में कई विशिष्ट समाजशास्त्र हैं। उन्होंने समाजविज्ञानों की अध्ययन विधियों के साथ अपने आपको जोड़ा है। उन्होंने कई चौंकाने वाले अध्ययन किये हैं। उदाहरण के लिये पागलपन और औषधिशास्त्र पर आनुभाविक अध्ययन प्रस्तुत किये हैं। दूसरी ओर वे अपराध व सेक्स के सामाजिक नियंत्रण पर भी अधिकृत रूप से काम किया है। वास्तव में फोकाल्ट ने सामाजिक समस्याओं का एकाधिक

निर्वचन दिया है। इतना सब लिखने के बाद एक बार उनसे पूछा गया कि वे अपनी कृतियों में भ्रान्तिज़नक या मायावी दिखाई देते हैं। तो वे प्रत्युत्तर में कहते हैं, "मैं कौन हूँ। यह मुझसे मत पूछो। और यह भी न पूछो कि मैं अपने विचारों में एक जैसा ही रहूँगा।"

बौद्धिक पृष्ठभूमि

फोकाल्ट ने उत्तर संरचनावाद और इसी भांति उत्तर आधुनिकता पर बहुत कुछ लिखा है। उनका परिवेश वास्तव में विशाल है। इस सम्पूर्ण लेखन में कई विचारकों से मुख्यतया फ्रांसिसीयों से अत्यधिक प्रभावित हैं। कार्ल मार्क्स का प्रभाव भी उनके उत्तर-संरचनावाद में देखने मिलता है। वे मार्क्स के ज्ञान के समाजशास्त्र से प्रभावित थे। लेकिन उन्होंने मार्क्स की आर्थिक व्यवस्था को कहीं भी स्वीकार नहीं किया। सच में देखा जाये तो फोकाल्ट पर बहुत बड़ा प्रभाव दार्शनिक *निशे* (Nietzsche) का था। उन्होंने निशे की परम्परा पर कहा कि *शक्ति और ज्ञान* (Power and Knowledge) का बहुत बड़ा प्रभाव समाज पर पड़ता है। फोकाल्ट अव्वल दर्जे के सिद्धान्तवेत्ता थे और उन्होंने *शक्ति तथा ज्ञान* की अवधारणा को लेकर उत्तर संरचनावादी सिद्धान्त का निर्माण किया है।

फोकाल्ट ने एक प्रकार से ज्ञान के क्षेत्र की गहराई से खुदाई की है। उन्होंने विचार, ज्ञान तथा बातचीत, वार्तालाप, प्रवचन, भाषण आदि की विविध विधाओं पर अनुसंधान कार्य किया है। अपनी बाद की कृतियों में वे सिलसिले से *शक्ति* के उद्गम और विकास की परम्परा का अध्ययन करते हैं। उनका प्रश्न है: किस भांति लोग अपने स्वंय तथा दूसरों पर शासन करते हैं? निश्चित रूप से प्रजा या जनता पर जो शासन किया जाता है उसका माध्यम ज्ञान तथा उसकी उपज है। समाज में कुछ लोग जनता पर शासन चलाने के लिये *शक्ति और ज्ञान की खोज करते हैं। यह शक्ति ही उन्हें शासन करने के योग्य बनाती है। उत्तर संरचनावाद का आधार फोकाल्ट के अनुसार ज्ञान की शक्ति* (Power of knowledge) है। जिस व्यक्ति के पास जितना अधिक ज्ञान होता है, उसकी शक्ति भी उतनी ही प्रभावी होती है। फोकाल्ट ने अपने सम्पूर्ण कृतित्व में चाहे वह अपराध, सेक्स, या पागलों से जुड़ा हो, उस ज्ञान की खोज करते हैं जो शक्ति देता है।

उत्तर-संरचनावाद कई दृष्टियों से लेवी स्ट्रॉस की संरचनावाद से भिन्न है। सबसे बड़ी भिन्नता यह है कि संरचनावाद का यह नया स्वरूप *व्यक्तिनिष्ठा को त्यागकर वस्तुनिष्ठता के उपागम* को अपनाता है। इस संदर्भ में उत्तर-संरचनावाद का सैद्धान्तिक संदर्श एकदम जुदा हो जाता है। उत्तर-संरचनावाद का दूसरा उल्लेखनीय मुहावरा आधुनिक दुनिया की समस्याओं को छोड़कर *उत्तर-आधुनिक समाज* (Post-Modern-Society) की समस्याओं को अपनाता है। एक और विशेषता संरचनावाद के इस नये संस्करण की यह है कि यह मस्तिष्क द्वारा निर्मित मूल पाठों की तुलना आनुभाविक पाठों के साथ करता है। उत्तर-संरचनावाद जैसा कि लेमर्ट कहते हैं *मूलपाठ की कड़ियों से जुड़ा है। इन कड़ियों के प्रारम्भिक स्वरूपों को देखना उत्तर-संरचनावाद का कार्य है।*

उत्तर-संरचनावाद स्ट्रॉस के संरचनावाद से भिन्न होते हुये भी कम से कम एक बिन्दु पर समान है। संरचनावाद के दोनों ही स्वरूप अपना बुनियादी आधार भाषा विज्ञान मानते हैं। दोनों ही संरचनावादों की विकास यात्रा सोसेरे से प्रारम्भ होती है। जिसे उत्तर-संरचनावादी वार्तालाप, प्रवचन, बोलचाल या डिस्कोर्स (Discourse) कहते हैं उसका मौलिक सम्बन्ध सोसेरे के *स्वर* और *लक्षण* से है। ऐसा लगता है कि उत्तर-संरचनावादियों ने संरचनावादियों द्वारा प्रस्तुत सिद्धान्त को तर्क व विश्लेषण के नये आयाम दिये हैं, इसकी धार को अधिक पैना किया है।

अध्याय 24

रेडिकल (अतिवादी) समाजशास्त्र
(Radical Sociology)

इस अध्याय में कुछ भी लिखने से पहले, यह कहना चाहिये कि रेडिकल (अतिवादी) समाजशास्त्र कोई सिद्धान्त नहीं है। यह तो एक ऐसा उग्र आंदोलन हे जो रूढ़िगत समाजशास्त्र का विरोध करता है। रेडिकल समाजशास्त्र में एक बहुत बड़ा आक्रोश है–यह आक्रोश उस समाजशास्त्र के प्रति है जो समाज की समकालीन परिस्थितियों के प्रति कोई विरोध प्रकट नहीं करता। परम्परागत समाजशास्त्र की मुख्य धारा में ऐसे मठाधीश समाजशास्त्री हैं जो समाज की यथास्थिति को बनाये रखने में अपना हित समझते हैं। रेडिकल समाजशास्त्र का आक्रोश पारसंस, डेविस, पीटर ब्लॉ, होमन्स आदि के विरुद्ध है। यह समाजशास्त्र संरचनावाद, प्रकार्यवाद, प्रतीकात्मक अन्तःक्रियावाद तथा विनियम सिद्धान्त, आदि के विरोध में अपना परचम उठाता है। इसी कारण समाजशास्त्रीय सिद्धान्तों में इसे कोई सिद्धान्त का दर्जा नहीं देता। वास्त में यह तो एक आन्दोलन है, आक्रोश है, जो समकालीन समाजशास्त्रीय सिद्धांतों का खुलकर विरोध करता है। एक तरह से रेडिकल समाजशास्त्र नई पीढ़ी के युवा समाजशास्त्रियों का विरोध प्रदर्शन है।

जिस प्रकार समाजशास्त्र में रेडिकल समाजशास्त्र का अविर्भाव हुआ ठीक इसी तरह इतिहास के क्षेत्र में भी परम्परागत और वंशपरक इतिहास लेखन का विशेष सबल्टर्न (Subaltern) इतिहास ने किया। सबल्टर्न का अर्थ होता है *जनता* (Masses) पददलित है, असंगठित और बिखरी हुयी है। परम्परागत इतिहास ने कभी भी पददलित जनता की सुध नहीं ली। इस इतिहास ने यह तो बताया कि विक्रमादित्य कैसे सिंहासन पर बैठता था और अकबर के भोर की थाल कैसे विभिन्न मिष्ठानों से सजी होती थी। इन राजाओं, महाराजाओं की विलासिता और शौर्य को तो परम्परागत इतिहास लेखन ने अपनी गिरफ्त में ले लिया,

लेकिन *होरी* के खेतों का क्या हुआ था *गंगू तेली* पर क्या बीती, दूसरे शब्दों में आम आदमी की जीवन पद्धति किस प्रकार केवल हाशिये पर सजी थी, इसका इतिहास ने कोई उल्लेख नहीं किया। सबल्टर्न इतिहास जनजीवन का इतिहास है, आम आदमी की परिभाषा है। इतिहास की यह विधा हमारे देश में हाल के एक दो दशकों में विकसित हुयी है। रणजीत गुहा सबल्टर्न अध्ययन के नाम से जनजीवन के इतिहास को उकेर रहे हैं।

रेडिकल समाजशास्त्र अध्ययन सबल्टर्न की तरह अमेरिका में विकसित हुआ। इसके विकास की कहानी कोई मीटर दो मीटर लम्बी नहीं है। यह कहना चाहिये कि इसकी शुरूआत छठे दशक के अन्त में होकर सातवें दशक के मध्य तक मुर्झा भी गयी। युवा रेडिकल समाजशास्त्री मठाधीश समाजशास्त्रियों का विरोध करने के लिये उठे थे लेकिन देखते-देखते उनकी सांस फूल गयी और वे इस नयी विधा का समुचित विकास नहीं कर पाये।

रेडिकल समाजशास्त्र का अविभार्व और समाजशास्त्र मुक्ति आंदोलन

देशः अमेरिका वर्षः ई. 1987 का ग्रीष्मकाल। घटनाः वियतनाम युद्ध।

वियतनाम युद्ध अमेरिका जैसे शक्तिशाली देश के लिये हर तरह से अनुचित था। इतने बड़े देश ने वियतनाम जैसे छोटे देश पर अपनी भीमकाय सैन्य शक्ति झोंक दी। वियतनाम तबाह हो गया, लेकिन फिर भी लड़ता रहा। अमेरिका की वियतनाम नीति का विरोध होना था। अमेरिका की आम जनता को संगठित करके सरकार को यह कहना था कि वह युद्ध विराम कर ले–मनुष्यों की तबाही को समाप्त कर दे। ऐसी अवस्था के होते हुए भी समाजशास्त्री एकदम सुन्न थे। उन्होंने अपने लेखन द्वारा या क्रिया कलापों से कहीं भी अपने आपको इस युद्धनीति के विरोध में व्यक्त नहीं किया। तथाकथित सम्पन्न अमेरिका की त्रासदी कुछ और रही है। यहां प्रजातिवाद का जहर हर जगह देखने मिलता है। विश्वविद्यालयों की राजनीति कुछ अजीब है, योग्य व्यक्ति वंचित है। इस प्रकार की सामाजिक धांधली के प्रति रूढ़िगत समाजशास्त्र (Traditional Sociology) जो समाजशास्त्र की मुख्य धारा है, मौन साधे बैठी रही है रेडिकल समाजशास्त्रियों को यह सब स्वीकार नहीं था। इन्हीं दिनों में अमेरिका के सेन फ्रांसिसको में *अमेरिका की समाजशास्त्रीय समिति* (American Sociological Association) का वार्षिक अधिवेशन हो रहा था। इस में यह घोषणा की गई कि वियतनाम में बमबारी तुरन्त बन्द की जाये और दक्षिणी वियतनाम से अमेरिका सैनिकों को वापस बुला लिया जाये। समिति के इस जमावड़े में तीन-चौथाई सदस्यों ने इस प्रस्ताव को अपना समर्थन दिया।

अमेरिका में कुछ और चौंकाने वाली घटनायें हुयी। मार्टिन लूथर किंग की हत्या कर दी गयी, काले लोगों पर अन्याय व अत्याचार किये गये। विश्वविद्यालयों में युवा विद्यार्थियों का दमन किया गया। कई घटनायें हैं। जिनकी फहरिस्त लम्बी है। जब बोस्टन में समाजशास्त्रियों का सम्मेलन हुआ तो इसमें स्नातक स्तर के विद्यार्थियों ने जिन्हें अध्यापकों

का समर्थन प्राप्त था *समाजशास्त्र-मुक्ति आंदोलन* (Sociology Liberation Movement) को संगठित किया। इस आन्दोलन में स्पष्ट प्रश्न रखा: यदि समाजशास्त्र अपने लेखन, अध्यापन व अनुसंधान में ज्ञान की खोज करना है तो *आखिर यह ज्ञान किसके लिये है ?* प्रश्न कठिन था और उत्तर इससे भी अधिक कठिन। समाजशास्त्र मुक्ति आंदोलन ने अपने इस संगठन के अवसर पर मठाधीश समाजशास्त्रियों को आड़े हाथों लिया। उन्होंने कहा कि अन्तःक्रियात्मक और प्रतीकात्मक अन्तःक्रियावाद, संरचनात्मक तथा प्रकार्यात्मक सिद्धान्त केवल मात्र लफ्फाजी हैं। ये सिद्धान्त छलावा हैं जो वास्तविकता से विद्यार्थियों को दूर रखते हैं। ऐसे समाजशास्त्र यानि *अकादमिक समाजशास्त्र* (Academic Sociology) या *रुढ़िगत समाजशास्त्र* (Traditional Sociology) की बहकावट को समाप्त कर देना चाहिये, उसे कूड़ेदान में डाल देना चाहिये। बहुत स्पष्ट है: ऐसा समाजशास्त्र किस काम का जो पद्दलित लोगों के जीवन को सुखमय बनाने में सहायक नहीं हो सके। कुछ ऐसी ही परिस्थितियाँ अमेरिका के समाज में थी जिन्होंने रेडिकल समाजशास्त्र को जन्म दिया।

जब समाजशास्त्र मुक्ति आंदोलन का जन्म हुआ तब तो युवा समाजशास्त्री बड़े जोश-खरोश में थे। जब वे शांत हुये और उन्होंने यह सोचना प्रारंभ किया कि समाजशास्त्र की इस नयी विधा का एजेण्टा (Agenda) क्या होगा ? तब, उनके सामने समस्याएं आयी। *इस तथ्य से सभी सहमत थे कि रुढ़िगत या अकादमिक समाजशास्त्र की मुख्य धारा में कहीं न कहीं कुछ खामी है। यदि खामी न होती तो अमेरिका के समाज की यह विभत्स दशा नहीं होती। अतः आन्दोलन ने यह निश्चित किया कि अमेरिका के समाज का पुनर्निमाण (Reconstruction) होना चाहिये। दूसरी और स्वयं समाजशास्त्र को नये सिद्धान्तों का निर्माण करना चाहिये जिनके अधार पर भविष्य के समाज को बनाया जा सके।* इन सिद्धान्तों के साथ-साथ अध्ययन विधि में भी बदलाव होना चाहिये। आन्दोलन ने यह भी निश्चित किया कि समाजशास्त्रियों को अपने शौकिया तेवर बदलकर *सक्रिय कार्यकर्त्ता* (Activist) की भूमिका को निबाहना चाहिये। दूसरे शब्दों में, समाजशास्त्र को अपने एजेण्डा में *क्रियान्वयन* (Praxis) को भी सम्मिलित करना चाहिये।

रेडिकल समाजशास्त्र का अर्थ और विस्तार

रेडिकल समाजशास्त्र पर प्रमाणित लेखन करने वालों में *एल्विन गुल्डनर (Alvin W.Goulaner), डेविड कोल्फेक्स (J.David Colfax), जेक रोच (Jack L.Roach) फ्रेंक लिडेनफेल्ड (Frank Lindenfeld)* आदि हैं। इन रेडिकल समाजशास्त्रियों ने रूढ़िगत समाजशास्त्र की आलोचना तो बड़े कटु शब्दों में की है। कहीं-कहीं तो वे इस आलोचना में भद्दे पदों का प्रयोग भी करते हैं। पर उन्होंने अपनी इस नयी विद्या को किसी वैज्ञानिक पदावलि में परिभाषित नहीं किया। जो कुछ वे कहते हैं, और जैसा भी उनका एजेण्डा है उससे लगता है कि *रेडिकल समाजशास्त्र मार्क्सवाद और राजनीति के साथ एक संवाद मात्र है। यह वह विद्या या आन्दोलन है जो यथास्थिति के विरोध में है। इसका उद्देश्य*

क्रियान्वयन (Praxis) द्वारा वर्तमान समाज का पुनर्निर्माण करना है।

बौद्धिक स्त्रोत

रेडिकल (अतिवादी) समाजशास्त्र राजनीति और मार्क्सवाद से बहुत कुछ उधार लेता है। इन समाजशास्त्रियों का कहना है कि किसी भी समाजशास्त्री के लिये राजनीतिक दृष्टिकोण को अपनाना आवश्यक है। उनके सामने बहुत बड़ी समस्या यह निर्णय करने की है कि क्या समाजशास्त्री, समाजशास्त्री रहते हुये राजनीतिक आन्दोलनकारी हो सकते हैं। दूसरे शब्दों में एक ओर तो रेडिकल समाजशास्त्री का कार्य सामाजिक नवनिर्माण के लिये नये सिद्धान्त और विधियों को बनाना है अर्थात् एक सही समाजशास्त्री की तरह अपनी भूमिका निभानी है और दूसरी ओर समाज की छोटी-मोटी लड़ाईयों में एक आंदोलनकारी की तरह भागेदारी करना है। इस मुद्दे पर रेडिकल समाजशास्त्रियों ने 7 वें दशक के प्रारम्भ में चिंतन किया था। उनका आग्रह है कि रेडिकल समाजशास्त्र की सार्थकता इसी में है कि वह समाजशास्त्र के पेशे में विश्वविद्यालयों में और इसी तरह सम्पूर्ण समाज में आमूल परिवर्तन लाने के लिये नेतृत्व प्रदान करें।

किसी भी आंदोलन के बौद्धिक स्त्रोत होते हैं। रुढ़िगत समाजशास्त्र स्त्रोतो के क्षेत्र में निश्चित है। उसके पास ज्ञान का असीम भण्डार है–अगस्त कॉम्त से लेकर पारसंस व मर्टन तक इससे भी और आगे ढेरों समृद्ध स्त्रोत हैं। इस संदर्भ में सवाल उठता है कि रेडिकल समाजशास्त्र के बौद्धिक स्त्रोत कौन से हैं? गुल्डनर ने 1970 में प्रकाशित अपनी पुस्तक *कमिंग क्राइसिस इन वेस्टर्न सोशियोलॉजी* (Coming Crisis in Western Sociology, 1970) में इन स्त्रोतों का उल्लेख किया है। वे सोरोकिन, मेनहीम, सी.राइट मिल्स, आदि समाजशास्त्रियों को अपनी प्रेरणा के स्तम्भ मानते हैं। इन स्त्रोतों के अतिरिक्त गुल्डनर का कहना है कि *रेडिकल समाजशास्त्र को निरंतर मार्क्सवाद के विभिन्न प्रकारों के साथ संवाद जारी रखना चाहिये*। उनके विचार में *रेडिकल समाजशास्त्र अकादमिक समाजशास्त्र और मार्क्सवाद का सम्मिश्रित स्वरूप है*।

अकादमिक या रूढ़िगत समाजशास्त्र का विरोध क्यों?

रेडिकल समाजशास्त्र का सबसे बड़ा विरोध *मुख्य धारा* समाजशास्त्र से है। उनका कहना है कि मुख्य धारा समाजशास्त्र में प्रकार्यवाद का प्रभुत्व बहुत अधिक है। यह माना जाता है कि प्रकार्यवादी सिद्धान्त एक शास्त्रीय (Classical) सिद्धान्त है और अब इसमें किसी प्रकार के फ़ेर-फार की गुंजाइश नहीं है। दूसरी ओर गुल्डनर के विचार में प्रकार्यवादी सिद्धान्त वस्तुतः रूढ़िगत सिद्धान्त हैं, किसी भी परिवर्तन से परे है और इसलिये यह अपने विस्तार में बहुत सीमित है।

जब प्रकार्यात्मक सिद्धान्त रूढ़िगत समाजशास्त्र के लिये शास्त्रीय (Classical) बन गया है तो इसका अर्थ यह हुआ समाज के बुनियादी ढांचे में अब किसी भी प्रकार के

परिवर्तन की निकट भविष्य में कोई गुंजाईश नहीं है। यदि प्रकार्यात्मक सिद्धान्त की जड़े इतनी गहरी हैं तो समाज की स्थिति ज्यों की त्यों बनी रहेगी और पददलितों की स्थिति में भी कोई अन्तर नहीं आयेगा। मुख्य धारा समाजशास्त्र द्वारा बनायी गयी यह परिस्थिति बदलन आवश्यक है।

रेडिकल समाजशास्त्र के आविभार्व का एक दूसरा कारण गुल्डनर ने दिया है। वे कहते हैं कि रूढ़िगत समाजशास्त्र में कई विसंगतियां या परस्पर विरोधी तथ्य हैं। *जहां यह समाजशास्त्र कहता है कि समाजशास्त्र एक विज्ञान है और इसमें किसी भी विज्ञान की तरह वस्तुपरकता (Objectivity) है, वहीं यह समाजशास्त्र यह चाहता है कि समाज की अवस्था बराबर ऐसी ही खराब बनी रहे जिससे समाजशास्त्री बराबर अनुसंधान के लिये सरकार से फण्ड प्राप्त करता रहें। अमेरिका में तो कम से कम आज यह स्थिति है कि समाजशास्त्री अपने आपको किसी पुण्य वस्तु की तरह बाजार में बेचने के लिये खड़ा है। स्पष्ट है: वह खरीदा जाता है और उसे इसका मूल्य मिलता है। विभिन्न बाजार और चुनाव सर्वेक्षणों में वह अनुसंधान करता है और बदले में मोटी रकम प्राप्त करता है। समाजशास्त्रियों की यह गतिविधि स्पष्ट रूप से बताती है कि समाजशास्त्री न तो वस्तुपरक है और न एक वैज्ञानिक। इस तरह की विसंगति या परस्पर विरोध समाजशास्त्र या किसी भी विज्ञान को आगे नहीं बढ़ा सकते।*

मुख्यधारा समाजशास्त्र में एक और परस्पर विरोध है। कुछ समाजशास्त्री यह मानकर चलते हैं कि समाज ही व्यक्ति को बनाता है। व्यक्ति तो एक मोहरा मात्र है जिसे समाज शतरंज के किसी भी खेल में इधर-उधर खड़ा कर देता है। इस विचारधारा के प्रणेता दुर्खाइम रहे हैं। ठीक इसके विपरीत एक दूसरी विचाधारा है। जिसका केन्द्रीय तर्क यह है कि समाज निर्माण का कार्य व्यक्ति करता है। व्यक्ति ही समाज के ढ़ांचे का निर्माण करता है और अपनी तुलिका से मनमाने रंग भरता है। इस विवाद से समाजशास्त्र आज तक मुक्त नहीं हुआ है। रेडिकल समाजशास्त्र इस तरह की मान्यता से सहमत नहीं है।

गुल्डनर का कहना है कि समाजशास्त्र की विसंगतियों में एक और विसंगति यह है कि समाज विज्ञान अपने उपागम में *उभयगामी* (Ambivalent) है। एक स्थान पर वह मुक्ति दायक है, वहीं दूसरे स्थान पर दमनकारी है। इस भांति इसकी प्रकृति रुढ़िगत व दमनकारी दोनों है। अपनी इसी प्रकृति के कारण पिछले छः दशकों में अकादमिक समाजशास्त्र ने कोई उपलब्धि नहीं पायी और उसकी असफलता रेडिकल समाजशास्त्र को बढ़ावा देती है।

गुल्डनर का एक और तर्क यह है कि रूढ़िगत समाजशास्त्र से अब यह आशा नहीं की जाती कि वह अपनी परम्परागत लीक को छोड़कर किसी नये रास्ते को अपनाये। आज आवश्यकता यह है कि *स्वयं समाजशास्त्र का ही परिवर्तन किया जाये*। जिस प्रकार मार्क्स ने हीगल के द्वन्द्वात्मकवाद को पांव के बल खड़ा किया था, उसी प्रकार रेडिकल समाजशास्त्र को भी मुख्यधारा समाजशास्त्र को अपने पांवों पर खड़ा करना है।

रेडिकल समाजशास्त्र की वैचारिक विशेषताएं

रेडिकल समाजशास्त्र निश्चित रूप से युवा समाजशास्त्रियों द्वारा अमेरिका में चलाया गया आन्दोलन है। यह भी निश्चित रूप से कहा जाना चाहिये कि इस समाजशास्त्र में कोई सिद्धान्त नहीं है। इसके प्रणेताओं का जिनमें डेविड कोलफेक्स, एल्विन गुल्डनर और ड्वाइट मेक्डानल्ड (Dwight Macdonald) आदि का कहना है कि रेडिकल समाजशास्त्र आधुनिक समाज के भ्रष्ट स्वरूप को स्वीकार नहीं करता। ऐसे समाज को बदलने के लिये नये सिद्धान्तों व विधियों का निर्माण किया जाना चाहिये। अभी तो इसके पास कोई सिद्धान्त नहीं हैं। इस कमजोरी के होते हुये भी रेडिकल समाजशास्त्र की एक निश्चित विचारधारा (Ideology) है। इस विचारधारा को हम यहाँ प्रस्तुत करेगें।

(1) रूढ़िगत समाजशास्त्र वस्तुत: बुर्जुआ समाजशास्त्र है

कोलफेक्स ने स्वयं द्वारा सम्पादित *रेडिकल सोशियोलॉजी* (Radical Sociology, 1971) की भूमिका में कहा है कि आज अमेरिका में जो भी समाजशास्त्र है, वह बुर्जुआ समाजशास्त्र है। रूढ़िगत समाजशास्त्री सरकार और उससे समर्थित संस्थाओं के तलुवे चाटते हैं आज वे अमेरिका समाज की जो दिशाहीनता है, उसे बनाने में बुर्जुआ समाजशास्त्री भी भागेदार हैं। रेडिकल समाजशास्त्र का एक मेनिफेस्टो यह है कि इस बुर्जुआ समाजशास्त्र द्वारा पैदा किये गये मिथक का ध्वसं कर देना चाहिये। वस्तुतः अकादमिक समाजशास्त्र में जो भी विचारक हैं वे पूंजीपतियों व अभिजात वर्गों को आगे बढ़ाना चाहते हैं। समाज की इस यथास्थिति को अधिक समय तक सहन नहीं किया जा सकता।

(2) समकालीन समाज का रूपान्तरण

अमेरिका का समाज जैसा भी आज हमें दिखायी देता है–दिशाहीन है। वास्तव में यह समाज रोगी है। इस समाज में उपभोक्तावाद अपनी चरमसीमा पर पहुंच गया है। समाज की नैतिकता तिरोहित हो गयी है। रंगभेद ने विभक्त रूप ले लिया है। विश्वविद्यालयों में मठाधीश रूढ़िगत समाजशास्त्रियों की तूती बजती है। इस अवस्था में युवा समाजशास्त्री जिनमें शक्ति है, योग्यता है हाशिये पर खड़े कर दिये हैं। इस समाज में रूपान्तरण होना आवश्यक है। रेडिकल समाजशास्त्र के एजेण्डा का प्राथमिक आइटम समाज का आमूल चूल बदलाव ही है।

(3) विज्ञान का राजनीतिकरण

रेडिकल समाजशास्त्री यह मानकर चलते हैं कि जब तक समाजशास्त्र एक व्यवसाय के रूप में राजनीति में भाग नहीं लेता है, समाज का रूपान्तरण सम्भव नहीं है। केवल अकादमिक प्रयास, आक्रोश व विरोध बेमतलब होते हैं जब तक कि राजनीति में दखल नहीं दिया जाता। गुल्डनर ने 1970 में इस मुद्दे को उठाया था। उन्होंने आग्रहपूर्वक कहा था कि समाजशास्त्री को राजनीति में भी रेडिकल होना पड़ेगा। उन दिनों उनकी आलोचना में कहा गया था कि

यदि रेडिकल समाजशास्त्री राजनीति में अपनी घुसपेठ करता है तो वह समाजशास्त्री कहां रहेगा इस आलोचना के उत्तर में गुल्डनर और डेविड कोलफेक्स ने यह कहा कि यदि समाजशास्त्र को प्रासंगिक बनाना है तो राजनीति में भागेदारी करना अनिवार्य है।

(4) रेडिकल समाजशास्त्री क्रियान्वयनवादी (Praxologist) होते हैं

रेडिकल समाजशास्त्री इस तथ्य को बराबर दोहराते हैं कि वे शो क्रिया या आराम कुर्सी वाले समाजशास्त्री नहीं है। वे जमीन से जुड़े हुये हैं। उनकी जड़े धरती में हैं और इसलिये वे यह कह कर छुट्टी नहीं लेना चाहते कि अमेरिका समाज दूषित हो गया है, दिशाहीन और रोगी है। पर ऐसे समाज का रूपान्तर, वे समाजशास्त्री का लक्ष्य मानते हैं। अगर दूसरे शब्दों में कहें–तो कहना होगा कि किसी भी सक्रिय कार्यकर्ता की तरह यह समाजशास्त्री क्रियान्वयनवादी है। *प्रेक्सिस* (Praxis) का यह सन्दर्श रेडिकल समाजशास्त्रियों ने मार्क्स से लिया है। मार्क्स बराबर कहते थे कि हमें समाज का केवल विश्लेषण ही नहीं करना है उसमें परिवर्तन भी लाना है। यही मार्क्स की विशेषता थी और शायद यही रेडिकल समाजशास्त्रियों की विशेषता है। अतः सभी अर्थों में रेडिकल समाजशास्त्री क्रियान्वयनवादी यानि प्रेक्सोलोजिस्ट थे।

(5) स्वयं रेडिकल समाजशास्त्र में परिवर्तन आवश्यक है

जहां रेडिकल समाजशास्त्री समाज का आमूल-चूल परिवर्तन करना चाहते हैं, वहीं वे समाजशास्त्र को भी इसी रूपान्तरण से अछुता नहीं रखना चाहते। रूढ़िगत समाजशास्त्री जिस भांति समाजशास्त्र को लफ्फाजी के चोखटे में बांध कर परोसते हैं, वह अधिक दिन नहीं चलेगा। यदि ईमानदारी से देखा जाये तो इन मठाधीश समाजशास्त्रियों के विचारधारा के रूप में कहने को कुछ नहीं है! वे तो केवल शब्दों की रचना करते हैं जिनका कोई प्रासंगिक अर्थ नही निकलता।

समाजशास्त्र की यह अवस्था जिसमें प्रायः घासलेटी साहित्य अनुसंधान के नाम पर बाजार मे आ रहा है, किसी भी तरह जमीन से जुड़ा हुआ नहीं है। इसलिये रेडिकल समाजशास्त्रियों को समाजशास्त्र का नये तरीके से सृजन करना पड़ेगा। यह समाजशास्त्र जिसे *होरोविट्ज (Horowitz) नवीन समाजशास्त्र* कहते हैं, समाज को नयी दिशा देगा। इस रेडिकल समाजशास्त्र को नये सिद्धान्त बनाने होगें। मुख्यधारा समाजशास्त्र की जो पेशेव विशेषताए है उनका प्रयोग प्रेक्सिस में किया जाना चाहिये।

(6) रेडिकल समाजशास्त्री केवल सिद्धान्तवेत्ता समाजशास्त्रियों के आलोचक हैं

मुख्यधारा समाजशास्त्री इस बात को बराबर कहते हैं कि सिद्धान्त और आनुभविकता मे पारस्परिकता है। आनुभविकता सिद्धान्त को सुदृढ़ करती है, उसके भण्डार को भरती है। इधर सिद्धान्त आनुभविकता को दिशा देते हैं। लेकिन रेडिकल समाजशास्त्रियों की आलोचना है कि रुढ़िगत समाजशास्त्र की *कथनी* और *करनी* में बहुत अन्तर है। यदि वे *करनी* में भरोसा

रखते हैं तो उन्हें कमर कसकर किसी भी सशक्त कार्यकर्ता की तरह समाज के रूपान्तरण में जुट जाना चाहिये। वास्तव में वे सब कुछ केवल कहने के लिये कहते हैं।

(7) रेडिकल समाजशास्त्र को राजनैतिक मूल्यों को अपनाना चाहिये

रूढ़िगत समाजशास्त्री अपने व्यवहार में पलायनवादी हैं। वे अकादमी के गलियारे में विचरण करते हुये मानववाद, एथनोमथ्डोलॉजी, वर्स्टेहेन, आदि पदों के बारे में मीठी-मीठी बातें तो करते हैं लेकिन कभी भी सक्रिय कार्यकर्ताओं को किसी संगठन में जोड़ने की चर्चा नहीं करते।

(8) मार्क्सवादी विचारधारा की प्रधानता

चाहे डेविड कोलफेक्स हों, जेक रोच हो या गुल्डनर सभी सर्वसम्मत रूप से कहते हैं कि उनके आदर्श मार्क्स हैं। मार्क्सवाद के कई स्वरूप है। एक मार्क्सवाद कोजर का है, सी.राइट मिल्स का है, होरोविट्ज का है और दूसरा डेहरेन्डार्फ का। रेडिकल समाजशास्त्री मुक्त हस्त से मार्क्सवाद के इन विभिन्न स्वरूपों से विचार उधार लेते हैं। मार्क्स को लेकर भी कहीं भी रेडिकल समाजशास्त्री भविष्य के समाज का कया रूप होगा, इसके प्रति मौन हैं। *इस अभाव के होते हुए भी रेडिकल समाजशास्त्री जहां कार्ल मार्क्स को अपना स्त्रोत मानते हैं, वहीं वे रूढ़िगत समाजशास्त्र को भी अपना स्त्रोत समझते हैं। दूसरे शब्दों में मार्क्सवाद और रूढ़िगत समाजशास्त्र का संवाद ही रेडिकल समाजशास्त्र का आधार है।*

रेडिकल समाजशास्त्र की आलोचना

यह सही है कि रेडिकल समाजशास्त्र का सम्बन्ध केवल इसी से नहीं है कि समाजशास्त्री क्या सोचते हैं, कौनसा व्यवसाय करते हैं लेकिन *इससे भी है कि जिस समाज में वे रहते हैं उसकी कार्य-पद्धति के साथ स्वयं* को भी जोड़ते हैं। वे एक ऐसा तालमेल बैठाना चाहते हैं कि एक ओर वे मार्क्सवादी विचारधारा को स्वीकार करें और दूसरी ओर अकादमिक समाजशास्त्र की उपलब्धियों से भी लाभ उठायें। इस तथ्य से भी वे चौकन्ने हैं कि इन दो विधाओं के संवाद में न तो मार्क्सवाद अकादमिक समाजशास्त्र को डकार जाये और न अकादमिक समाजशास्त्र मार्क्सवाद को खा जाये। दोनों विचारधाराओं में सम्यक संतुलन होना चाहिये।

रेडिकल समाजशास्त्र का जन्म ही रूढ़िगत समाजशास्त्र के विरोध में हुआ है। एक तरह से रेडिकल समाजशास्त्र, समाजशास्त्र न होकर पुरानी व नयी पीढ़ियों के बीच का आक्रोश व आतंक मात्र है। रेडिकल समाजशास्त्री परम्परागत समाजशास्त्र के सिद्धान्तों के बखिये तो उधेड़ते हैं लेकिन उनकी गिरह में अपना कोई सिद्धान्त नहीं है। प्रतीकात्मक अन्तःक्रिया को मनोविज्ञान का लेवल लगाकर उछाला तो जा सकता है लेकिन किसी भरोसेमन्द सिद्धान्त का निर्माण करना कठिन है।

रेडिकल समाजशास्त्र का खलने वाला अभाव यह है कि यह नये सिद्धान्तों व विधियों को बनाना तो चाहता है ताकि समाज का रूपान्तरण तो हो सके, लेकिन किसी भी स्तर पर

पहुंच कर ये समाजशास्त्री सिद्धान्त न सही, कोई नयी विधियां भी नहीं दे पाये।

यदि ईमानदारी के साथ रेडिकल समाजशास्त्र की कोई आलोचना की जाये, तो कहना होगा कि *यह विधा न तो कोई समाजविज्ञान है और न कोई वैज्ञानिक ज्ञान शाखा। समाजविज्ञान का कोई भी विद्यार्थी इस मुहावरे को तत्काल स्वीकार करेगा कि किसी भी विज्ञान के लिये सिद्धान्त, विधि और तथ्य सामग्री का होना अनिवार्य है।* रेडिकल समाजशास्त्र के पास तथ्य तो हैं लेकिन सिद्धान्त और विधि नहीं है।

रेडिकल समाजशास्त्र की आलोचना में कुल मिलाकर कहना चाहिये कि यह युवा समाजशास्त्रियों को रूढ़िगत समाजशास्त्रियों के विरोध में एक आन्दोलन था इसलिये कि सातवें दशक के मध्य में आते-आते रेडिकल समाजशास्त्रियों की सांस फूल गयी। इसके बाद हमें इस आन्दोलन की कोई सूचना नहीं है। इससे और अधिक आगे यह नये प्रकार का समाजशास्त्र सेन फ्रांसिसको या अधिक से अधिक अमेरिका या स्थानीय मुद्दा था जो मुश्किल से एक दशक तक जीवन्त रहा और फिर समाप्त हो गया। रोचक बात यह है कि रेडिकल समाजशास्त्र की कोई परछाई छठे, सातवें और बाद के दशकों में न तो यूरोप में देखने को मिली और न एशिया तथा अफ्रिका में और *यह कोई भी स्वीकार नहीं करेगा* कि एक देश का रेडिकल समाजशास्त्र सहज रूप से सभी देशों का समाजशास्त्र बन जाये।

अध्याय 25

उत्तर-आधुनिकतावाद
(Post-Modernism)

उत्तर-आधुनिकतावाद एक ऐसा संश्लेषणात्मक समाजशास्त्रीय सिद्धान्त (Synthetic Sociological Theory) है जो विभिन्न ज्ञान शाखाओं से तथ्यों और अवधारणाओं को लेकर भविष्य के समाज के बारे में एक एकीकृत विचारधारा प्रस्तुत करता है। यह भविष्य के समाज के बारे में सिद्धान्त बनाने का ऐसा प्रयास है जो दर्शनशास्त्र, साहित्यशास्त्र, कला, शिल्पकला, आदि से बहुत कुछ ग्रहण कर अपने निश्चित संदर्श में वस्तुओं को व्यवस्थित करता है। यह भी सत्य है कि इस तथा कथित सिद्धान्त का आविर्भाव विकसित और पूंजीवादी देशों की जीवन-पद्धति से जुड़ा हुआ है। इसका एकमात्र उद्देश्य आधुनिक समाज के जो भी तथ्य और सिद्धान्त हैं। उन्हें ध्वस्त करना है। रोचक बात यह है कि अभी यह संश्लेषणात्मक सिद्धान्त बना नहीं है। लेकिन इसे बनाने की प्रक्रिया स्पष्ट रूप से दिखायी देती है। उत्तर-आधुनिकतावाद के विश्लेषण का यह एक पहलू है। दूसरा पहलू पूर्णतः आलोचनात्मक है। कुछ विचारकों का तर्क है कि अभी जब भविष्य का समाज बना ही नहीं है तो उस पर आधारित उत्तर-आधुनिकतावाद का सिद्धान्त किस भांति बन पायेगा? इन विचारकों का तो कहना है कि उत्तर-आधुनिकता एक प्रकार की अराजकता है जो समाज के सदस्यों को बेलगाम छोड़ देता है— जिसके मन में जैसा आये वैसा करे। इस समाज में औद्योगिक उत्पादन उपभोक्तावाद से जुड़ जाता है। मानवीय मूल्य और मानक ताक में रख दिये जाते हैं और उत्तर-आधुनिकता का रोड रोलर रास्ते में जो भी आता है, उसे गैंदता चला जाता है। ऐसा उत्तर आधुनिकतावाद पर कुछ विचारकों का दृष्टिकोण है।

उत्तर आधुनिकता के आलोचक यह भी कहते है कि यह कोई सिद्धान्त नहीं, एक विचारधारा मात्र है। जिस भांति रेडिकल समाजशास्त्र एक विचारधारा है, ठीक कुछ इसी तरह

उत्तर-आधुनिकतावाद भी एक विचारधारा है। सच में देखा जाये तो आज समाज विज्ञानों और दिन-प्रतिदिन के संवाद में "उत्तर-आधुनिकतावाद" फैशन के रूप में लोकप्रिय होता जा रहा है। यदि किसी समाज वैज्ञानिक को या इस अर्थ में किसी कलाकार, शिल्पकार या संगीतकार को अव्वल दर्जे का बनता है तो उसे किसी न किसी प्रकार अपनी अभिव्यक्ति उत्तर-आधुनिकतावाद में करनी होगी। एक प्रकार से उत्तर-आधुनिकतावादी शब्द का प्रयोग ही व्यक्ति को आधुनिकतम बना देता है।

पिछले कुछ वर्षों में जब हम किसी चित्रकार की कलाकृति को समझने का प्रयास करते थे तब कहा जाता था कि यह आधुनिक कला है, और इसलिये हमारी समझ में कठिनाई से आयेगी। उत्तर-आधुनिकतावाद इस आधुनिक कला का अगला कदम है। यह कहां तक समझ में आयेगी, कहना मुश्किल है। उत्तर-आधुनिकतावाद के चरण हमें विभिन्न विधाओं में देखने को मिलते हैं। यह उत्तर-आधुनिकतावाद कथा साहित्य और काव्य में उपलब्ध है, शिल्पकला में देखने को मिल सकता है। नृत्य, संगीत, और नाट्य कला में इसके स्वरूप को देखा जा सकता है। एक प्रकार से उत्तर-आधुनिकतावाद तो किसी रंग की तरह है जिसे किसी भी वस्तु पर पोता जा सकता है। वस्तु कैसी भी हो— घटिया या बढ़िया, उत्तर-आधुनिकतावाद के रंग को लगा लीजिये, कहते हैं, वस्तु निखर जायेगी।

पश्चिमी देशों और अमेरिका में इन दिनों उत्तर-आधुनिकतावाद सामान्य जन-जीवन का मुहावरा बन गया है। उदाहरण के लिये इन देशों में कई कलाकृतियों, बौद्धिक तथा अकादमिक क्षेत्रों में, उत्तर-आधुनिकतावाद देखने मिलता है। वे नामी गिरामी लोग या कलाकार जो किसी न किसी तरह उत्तर-आधुनिकतावाद से जुड़े हैं, उनमें रोशेनबर्ग (Rauschenberg), बोसेलिट्ज (Baselitz), स्नेलबेल (Schnabel), वारहोल (Warhol) और शायद बेकन (Bacen) के नाम कला जगत में उल्लेखनीय हैं। शिल्पकला के क्षेत्र में जेन्क्स (Jencks) तथा वेन्चूरी (Venturi) के नाम लिये जाते हैं। नाटक की विधा में अर्तोड (Artaid) का नाम शीर्ष पर है। कथा साहित्य के क्षेत्र में बार्थ (Baith) और बार्थाम (Bartheeme) के नाम अग्रणी पंक्ति में है। फिल्मी दुनिया के उत्तर-आधुनिकतावाद में लिंच (Lynch) का नाम उल्लेखनीय है। कुछ इसी तरह फोटोग्राफी में शेरमन (Sherrman) तथा दर्शनशास्त्र में दरिदा (Derrida), ल्योटार्ड (Lyotard) तथा बोड्रिलार्ड (Baidroiard) के नाम लिये जाते हैं। मानवशास्त्र, भूगोल और समाजशास्त्र में भी कतिपय उत्तर-आधुनिकतावादी हैं। उत्तर-आधुनिकतावादी कलाकारों, विचारकों और लेखकों की यह तालिका अनंत है — इसका और छोर नहीं। कुछ लेखकों के नाम इस तालिका में जोड़े जाते हैं और तालिका में सम्मिलित कुछ लेखकों व विचारकों के नाम निकाले जाते हैं। उत्तर-आधुनिकतावाद में कुछ ऐसी अनिश्चितता है कि सामान्य पाठक को कुछ समझ में नहीं आता। सच्चाई तो यह है कि जहाँ उत्तर-आधुनिकतावाद एक ओर फैशन है तथा दूसरी ओर एक ऐसा छलावा या भम्र जाल है जो एक सामान्य व्यक्ति को कहीं का नहीं रखता।

उत्तर-आधुनिकतावाद की कुंजी (Key-Terms)

जब कभी उत्तर-आधुनिकतावाद की चर्चा की जाती है तब आधुनिकतावाद से सम्बन्धित शब्दों के एक परिवार का प्रयोग बराबर किया जाता है। कई बार तो ये शब्द पर्य्रायवाची रूप में काम में लिये जाते हैं। इस तरह का मनमाना प्रयोग शब्दों के अर्थ को धुंधला बना देता है। पदों की सम्पूर्ण वैज्ञानिकता गडमड हो जाती है। ऐसी अवस्था में उत्तर-आधुनिकता से सम्बन्धित कुछ शब्दों का अवधारणात्मक स्वरूप स्पष्ट होना चाहिये। इस सिलसिले में चार शब्द विशेष रूप से उल्लेखनीय हैं :

आधुनिकता (Modernity), *उत्तर-आधुनिकता* (Post-Modernity), *आधुनिकीकरण* (Modernization) *तथा आधुनिकतावाद*(Modernism)। यहां हम इन पदों का अवधारणात्मक विश्लेषण करेगें :

(1) आधुनिकता (Modernity)

यूरोप में लगभग 17 वीं-18 वीं शताब्दी में *पुनर्जागरण* (Renaissance) आया। इस युग में औद्योगीकरण का सूत्रपात हुआ। भाप के आविष्कार ने जहाँ तकनीकी विकास को आगे बढ़ाया, वहीं दर्शन, शिक्षा और बौद्धिक क्षेत्र में वैज्ञानिकता और तर्कशक्ति का विकास हुआ। जर्मन समाजशास्त्री सिद्धान्त ने, जो उस काल में बड़ा प्रभावी था, आधुनिकता का प्रयोग किया। इस आधुनिकता ने आर्थिक तथा प्रशासकीय *विवेकीकरण* (Rationalization) को विकसित किया। तथ्य को मूल्य से *पृथक* (Differentiation) करके तथा आचार और सैद्धान्तिक क्षेत्रों को अलग करके देखा जाने लगा। इसी युग में बेबर, टॉनीज तथा *सीमेल* ने आधुनिक पूंजीवादी औद्योगिक राज्य की व्याख्या प्रस्तुत की। वास्तव में इस शताब्दी में आधुनिकता की व्याख्या पुराकाल के संदर्भ में की जाने लगी। इसे पुनर्जागरण के साथ जोड़ दिया गया। जब से आधुनिकता का आविर्भाव हुआ, सम्पूर्ण यूरोप में इसकी व्याख्या नवीन सामाजिक-आर्थिक और राजनैतिक व्यवस्थाओं के साथ जोड़ दी गई।

(2) उत्तर-आधुनिकता (Post-Modernity)

उत्तर-आधुनिकतावाद की सामान्य परिभाषा तो यह है कि यह वह युग है जो आधुनिकता के बाद में आया। वास्तव में उत्तर-आधुनिकता की विचारधारा वह है जो आधुनिकता के साथ जुड़े हुये सम्पूर्ण सामाजिक स्वरूपों को ध्वस्त करता है। एक प्रकार से उत्तर-आधुनिकता, आधुनिकता को नकारती है, अस्वीकार करती है।

उत्तर-आधुनिकतावादी कुछ विचारक उत्तर-आधुनिकता के इस तरह के अर्थ को स्वीकार नहीं करते। वे यह मानकर चलते हैं कि यह ऐसा आन्दोलन है जिसकी छलांग उत्तर औद्योगिक युग की ओर है। उत्तर-आधुनिकता की व्याख्या के संदर्भ में ढेर सारे प्रश्न उठते है: क्या उत्तर-आधुनिकता को आधुनिकता का एक हिस्सा समझा जाना चाहिये ? क्या यह

आधुनिकता की निरंतरता है या उससे पूर्णतः पृथक ? क्या यह केवल भौतिक परिवर्तन है या इसका संकेत एक विशेष मानसिक अवस्था की ओर है ?

वास्तव में हमें उत्तर-आधुनिकता की व्याख्या लीक से हटकर करनी होगी। *ऐसा लगता है कि उत्तर-आधुनिकता व्यक्ति तथा सामाजिक प्रकरणों के विभिन्न स्वरूपों और आयामों पर जोर देती है*। अब यह माना जाने लगा है कि वे विषय जिन्हें हम *स्वायत* (Autonomous) समझते थे, अब अपनी प्रकृति में *एकाधिक* या *बहु आयामी* (Plural) बन गये हैं। उत्तर-आधुनिकता अनिश्चितता की दहलीज पर खड़ी रहती है। इसका बहुत बड़ा तर्क यह है कि विविधता का अपना एक निश्चित स्थान है। इससे आगे उत्तर-आधुनिकतावादियों का मानना यह है कि आद्योगिक तकनीकी द्वारा उत्पादन में वृद्धि तो होती है, लेकिन इस सम्पूर्ण वृद्धि को सार्वभौमिक उपभोक्तावाद खा जाता है। इस विचाराधारा के अन्तर्गत पवित्र विचारों और आचारों का जीवन में कोई स्थान नहीं। प्रत्येक व्यक्ति इसी सिद्धान्त पर काम करता है कि जीवन में अधिक से अधिक आनन्द मिले — मौज मस्ती मिले।

उत्तर-आधुनिकता विविधता की एकता पर खड़ी है। वैज्ञानिक तकनीकी ने जो सामाजिक-आर्थिक परिवर्तन पैदा किये हैं, उसमें जो नयी खोज और नवीनीकरण जनसंख्या का स्थानान्तरण तथा राष्ट्रीय राज्यों का संगठन हुआ है, यह सब उत्तर-आधुनिकता के परिचायक हैं। इस प्रकार उत्तर-आधुनिकता का शक्ति स्रोत संसार का पूंजीवादी बाजार है।

(3) आधुनिकतावाद (Modernism)

20 वीं शताब्दी के अन्त में कला के क्षेत्र में एक आंदोलन चला, जिसने नये सांस्कृतिक मूल्यों का सूत्रपात किया। वास्तव में आधुनिकतावाद का विकास प्राचीनवाद (Classicism) के विरोध में हुआ है। आधुनिकतावाद प्रयोगों पर जोर देता है। इसका उद्देश्य सतही दिखावे के पीछे जो आंतरिक सत्य है उसकी खोज करना है। आधुनिकतावादियों में *जोयसी* (Joyce), *यीट्स* (Yeats), *प्रौस्ट* (Proust) और *काफका (Kafka) आदि का नाम साहित्य क्षेत्र में उल्लेखनीय है। कविता में ईलियट* (Ellot) तथा *पौण्ड* (Pound) का नाम लिया जाता है।

मदन सरूप (Madan Sarup) ने आधुनिकतावाद के लक्षणों को इस तरह रखा है:

1. इसमें आचार शिव और सुन्दरम् के तत्व होते हैं।
2. यह अवधारणा भ्रमपूर्ण और अनिश्चित तत्वों की खोज करती है और बिना किसी लगाव के वास्तविकता की प्रकृति को समझती है।
3. इसनें *एकीकृत व्यक्तित्व* (Integrated Personality) को नकारा गया है।

आधुनिकता के ये कुछ लक्षण, जिन्हें मदन सरूप ने रखा है, वास्तव में उत्तर आधुनिकता के लक्षण भी हैं। इसी कारण आधुनिकता की व्याख्या थोड़ी जटिल बन जाती है।

(4) *आधुनिकीकरण (Modenization)*

आधुनिकता से जुड़ी हुई अवधारणाओं में चौथी अवधारणा आधुनिकीकरण की है। सामान्यता आधुनिकीकरण से उन प्रक्रियाओं और अवस्थाओं को जोड़ा जाता है जो औद्योगिकरण से सम्बन्धित है और जिसे हम आधुनिकीकरण कहते हैं। उसमें विविधता में एकता होती है। यह विविधता वैज्ञानिक और तकनीकी खोजों के परिणामस्वरूप सामाजिक तथा आर्थिक परिणामों में देखने मिलती हैं।

हमारे देश में पंचवर्षीय योजनाओं के परिणामस्वरूप शहरी व ग्रामीण समाज में परिवर्तन आये हैं– स्तरीकरण तीव्र हुआ है, जाति व्यवस्था में उतार-चढ़ाव आये हैं। इन सबको हम आधुनिकीकरण की कोटि में रखेगें। विदेशों में भी आधुनिकीकरण नौकरशाही के *विवेकीकरण* (Rationalisation) तथा कोरपोरेट पूंजीवाद में देखने मिलता हैं। यदि आधुनिकतावाद समाज की एक दशा या स्थिति है, तो इसे गतिशील बनाये रखने वाली प्रक्रिया आधुनिकीकरण है।

आधुनिकतावाद से जुड़ी हुयी ये चारों अवधारणाएं किसी भी अर्थ में पर्यायवाची नहीं है। इन्हें मनमाने ढंग से प्रयोग में लाना, इनको वैज्ञानिक अर्थ से वंचित करना है। जब उत्तर-आधुनिकतावादी विचारक भविष्य के समाज के बारे में सिद्धान्त निर्माण करना चाहते हैं तो इसमें प्रयुक्त अवधारणाओं के बारे में स्पष्टता होना आवश्यक है।

उत्तर-आधुनिकतावाद (Post-Modernism)

उत्तर-आधुनिकतावाद का अवधारणात्मक विवेचन करने से पहले यह समझना चाहिये कि इसका उद्‌गम विकसित पूंजीवादी देशों की संस्कृति से है। यह संस्कृति भी विशेष रूप से ललित कला के क्षेत्र में है। *अतः आधुनिकता यदि आधुनिकतावाद की संस्कृति का अध्ययन है* तो उत्तर-आधुनिकता उत्तर-आधुनिकतावाद की संस्कृति का अध्ययन है। वास्तव में उत्तर-आधुनिकतावाद का आविर्भाव 1960 के दशक में न्यूयार्क के कलाकारों से हुआ। ठीक इसके बाद 1970 के दशक में इस आन्दोलन की लहर यूरोप के सिद्धान्तवेत्ताओं में देखने को मिली। इन सिद्धान्तवेत्ताओं में *जीन फ्रेंकोज-ल्योटार्ड* (Jean-Francois Lyotard) की प्रसिद्ध पुस्तक *द पोस्टमोडर्न कंडीशन* (The Post-Modern Condition 1984) है का प्रकाशन विशेष रूप से उल्लेखनीय है।

ल्योटार्ड ने अपनी इस पुस्तक में आधुनिकतावादी लेखकों पर बड़ा कड़ा प्रहार किया है। इस युग के विचारकों और सिद्धान्तवेत्ताओं को वे केवल लफ्फाजी करने वाला मानते हैं। वे कहते हैं कि पारसंस, मर्टन या अन्य समाज वैज्ञानिकों ने जो सैद्धान्तिक भव्य और *महान वृतान्त* (Grand Narratives) दिये हैं वे मिथक से बढ़कर और कुछ नहीं है। इन आधुनिकतावादी लेखकों ने यह स्थापित किया है कि विज्ञान मनुष्य मात्र का उद्धारकर्ता है, केवल छलावा मात्र है। यह कहना भी सही नहीं है कि दर्शनशास्त्र सम्पूर्ण ज्ञान को एकीकृत करके प्रस्तुत करता है। इसी लहजे में उनका यह भी आरोप है कि विश्वविधालय किसी भी

अर्थ में ज्ञान का विकास नहीं करते। *सब मिलाकर ल्योटार्ड का अपनी इस पुस्तक में केन्द्रीय तर्क यह है कि जिसे हम सार्वभौमिक ज्ञान एवं प्रवर्तनवाद कहते हैं वह और कुछ न होकर लफ्फार्जा मात्र है।* उसका विश्वास है कि हमें किसी भी अर्थ में किसी भी कार्य के पीछे कोई एक समग्र कारण मिलता हो ऐसा नहीं है। कारण कोई एक नहीं होता, कई होते हैं।

कला, साहित्य और इसी भांति समाजविज्ञानों में जिस तरह उत्तर-आधुनिकता का प्रयोग हो रहा है, मदन स्वरूप ने उसकी केन्द्रीय अवधारणा को निम्न बिन्दुओं में रखा है।

1. कला और दैन्दिनी में अन्तर की जो रेखा खींची हुयी है, उसे उत्तर-आधुनिकता स्वीकार नहीं करती। इसका एक मात्र तर्क यह है कि किसी भी स्थिति में कला दिन प्रतिदिन के जीवन से भिन्न नहीं होती। कला न तो कोई काल्पनिक जगत है और न केवल कला के लिये है। कला और समाज विज्ञान प्रतिदिन के जीवन के साथ जुड़े हुये हैं।
2. उत्तर-आधुनिकता इस तरह की उच्चोउच्च या सोपानिक विचारधारा को स्वीकार नहीं करती कि लौकिक संस्कृति और अभिजात संस्कृति में कोई अन्तर हो। उसकी तो मान्यता है कि संस्कृति संस्कृति है और इसे वर्गों में नहीं बांटा जा सकता। इसकी दृष्टि में अभिजात या मध्यम वर्गीय संस्कृति आम आदमी की संस्कृति के समकक्ष है।
3. ल्योटार्ड और उनकी विचारधारा वाले उत्तर-आधुनिकतावादियों का कहना है कि यह वैचारिक आधुनिकता को हर तरह से अस्वीकार करती है। वास्तव में आधुनिकता जिस *अन्तर्वस्तु* (Content) पर निर्भर है उसे उत्तर-आधुनिकता *स्वरूप* (Form) के रूप में ग्रहण करती है।
4. उत्तर-आधुनिकता जीवन के सभी क्षेत्र में फैली हुयी प्राप्त होती है। जहाँ इसे हम कला, साहित्य शास्त्र, नाटक, कविता, शिल्पकला आदि में देखते हैं, वहीं इसके स्वरूप हमें समाजविज्ञानों में भी देखने को मिलते हैं।
5. उत्तर-आधुनिकता उन सिद्धान्तों की विरोधी है जो परम्परागत रूप से भव्य और विशाल समझे जाते हैं। इसका तो मानना है कि हमें वास्तविकता अपने सतही रूप में जैसी दिखायी देती है, वैसी ही समझना चाहिये – *प्रच्छन्न* (Latent) की अपेक्षा *प्रकट* (Manifest) को देखना इसका केन्द्रीय उद्देश्य है।

उत्तर-आधुनिकता की जो क्षति हमें जीवन के विभिन्न क्षेत्रों में देखने को मिलती है, उसकी कई विचारकों ने कटु आलोचना की है। यह विचारधारा आधुनिकतावाद को स्वीकार नहीं करती और जिस भविष्य के समाज की सैद्धान्तिक रूप रेखा देती है भविष्य का समाज तो अभी बना ही नहीं है।

उत्तर-आधुनिकता का अर्थ और उसकी परिभाषा

विचारकों का कहना है कि उत्तर-आधुनिकता एक *संश्लेषणात्मक सिद्धान्त* है। जिसका प्रतिपादन समाजशास्त्र में किया गया है। हाल के वर्षों में उत्तर आधुनिक सिद्धान्त सबसे

महत्वपूर्ण *बहु-विषयक* (Multi-Disciplinary) शैक्षणिक विकास है। इसकी व्याख्या कई उत्तर-आधुनिक सिद्धान्तवेत्ताओं ने की है जिनमें *केलनर* (Douglas Kellner, 1980), *हार्वे* (D. Harvey, 1989), *ल्योटार्ड* (J.. Lyotard, 1984) *जीन बोड्रिलार्ड* (Jean Baudrillard, 1984) *बोगार्ड* (William Bogard, 1990) तथा *फ्रेडरिक जेमसन* (Fredric Jameson, 1984), मुख्य हैं। इन विचारकों ने पिछले एक दशक में उत्तर-आधुनिकता की व्याख्या सैद्धान्तिक परिप्रेक्ष्य में की है। यद्यपि अधिकांश विचारक यह स्वीकार करते हैं कि आज की अवस्था में उत्तर-आधुनिकता एक *सुंसगत* (Coherent) सिद्धान्त नहीं है, फिर भी इन विचारकों ने उत्तर-आधुनिकता को परिभाषित करने का प्रयास अवश्य किया है।

उत्तर-आधुनिकता की परिभाषा में *केलनर* का तर्क है:

> उत्तर आधुनिकता का कोई एकीकृत सामाजिक सिद्धान्त हो ऐसा नहीं है, फिर भी इसमे उत्तर आधुनिकता के एकाधिक विभिन्न सिद्धान्तों का समावेश अधिक है.।

केलनर के एक कदम आगे बढ़कर *केलीनिक्स* (Alex Callinicos, 1989) का आग्रह है:

> उत्तर-आधुनिकतावाद सिद्धान्तवेत्ताओं ने जो परिभाषायें दी हैं उनमें पारस्परिक असंगति अधिक है, आंतरिक विरोध है और ये सिद्धान्त अस्पष्ट हैं।

जार्ज रिट्ज़र (Gerorge Ritzer, 1994) उत्तर आधुनिकतावादियों द्वारा दी गई कतिपय महत्वपूर्ण परिभाषाओं का विश्लेषण करते हुये लिखते हैं:

> वास्तव में उत्तर-आधुनिक सिद्धान्त विविध क्षेत्रों में देखने को मिलता है। ये क्षेत्र हैं: कला, वास्तुकला, साहित्य, फिल्म, दर्शन, सांस्कृतिक सिद्धान्त, सामाजिक सिद्धान्त, आदि।

रिट्ज़र का कहना है कि उत्तर-आधुनिक सामाजिक सिद्धान्त का सम्बन्ध उत्तर-आधुनिक समाज के विकास के साथ जुड़ा हुआ है। अधिकांश सिद्धान्तवेत्ता इस तथ्य से सहमत नहीं है कि उत्तर-आधुनिक समाज के निर्माण करने वाले तत्व कौन से हैं? जब उत्तर-आधुनिक समाज के निर्माण के सम्बन्ध में सहमति नहीं है, तब ऐसे समाज के निर्माण का सिद्धान्त किस प्रकार बनाया जा सकता है।

उत्तर-आधुनिकता की परिभाषा के सम्बन्ध में कई विवाद हैं। फिर भी यह *निश्चित है कि जो कुछ उत्तर-आधुनिक समाज के बारे में छवि बन रही है वह आधुनिक समाज से अलग है। उत्तर-आधुनिकता अतः आधुनिकता का परिणाम* है। इस स्पष्ट स्वीकारोक्ति के होते हुये भी यह अभी निश्चित नहीं है कि किस सीमा तक उत्तर-आधुनिकता आमूल रूप से आधुनिकता से भिन्न है। फिर भी यह कहना सही होगा कि आधुनिकता से उत्तर-आधुनिकता का आविभार्व हो रहा है। वास्तविकता यह है कि उत्तर-आधुनिकतावादियों में इस बात पर

सहमति नहीं है कि उत्तर-आधुनिक समाज कैसा होगा, उसकी संरचना कैसी होगी। *ल्योटार्ड* ने संभावित उत्तर-आधुनिक समाज का एक खाका इस प्रकार प्रस्तुत किया है:

> एक उत्तर-आधुनिकतावादी व्यक्ति अमेरिका में रहकर पश्चिम के पद्दलितों के संगीत से मोहित होता है। अपने दोपहर के भोजन में मैक्डोनाल्ड डिश लेता है और रात्रि भोजन मे वह किसी विदेशी पाक-प्रणाली से बने खाने को खाता है। अमेरिका में रहकर वह पेरिस का बना इत्र लगाता है और उसका ज्ञान टी.वी. गेम्स तक ही सीमित होता है। समाज में साहित्यकार, कलाकार और आलोचक क्या कुछ कर रहे है, इसके बारे में उत्तर-आधुनिक व्यक्ति एक दम बेखबर होता है। ऐसे समाज में लोग काम चोर व आलसी बन जाते हैं। लोगों की पसंदगियां इस युग में एकदम अस्तव्यस्त होती हैं।

ल्योटार्ड ने उत्तर-आधुनिक समाज की छवि पर उपरोक्त आलोचना रखी है। ऐसी कई आलोचनाएं है जो उत्तर-आधुनिक समाज के स्वरूप को मटमेला व दूषित रूप से रखते हैं। उदाहरण के लिये केलीनिकस अपना पूरा दम लगाकर इस तरह के समाज को अस्वीकार करते हैं:

> अब मैं यह सब अस्वीकार करता हूँ। मैं यह विश्वास नहीं करता कि हम उत्तर औद्योगिक और उत्तर-आधुनिक युग में रहते हैं जो कि दुनियाभर में पिछली दो सदियों से पूंजीवादी उत्पादन पद्धति से प्रभावी है, मौलिक रूप से भिन्न है।

उत्तर-आधुनिकतावादी सामाजिक सिद्धान्त को परिभाषित करने का जितना प्रयास हम करते हैं, उतनी ही हमारी कठिनाइयां बढ़ जाती हैं। इस सम्पूर्ण विवेचन में केन्द्रीय समस्या यह है कि अभी तक उत्तर-आधुनिक समाज की वे कल्पना करते हैं, उसकी संरचना क्या है? यह संरचना अभी बनी नही है, बनने की प्रक्रिया में है जिसे उत्तर-आधुनिकीकरण कहते हैं। यह तो आने वाले वर्षों में ही ज्ञात होगा कि भविष्य में इस समाज की संरचना कैसी होगी। ऐसी कठिनाई में हाल में ही यही कहा जा सकता है कि उत्तर आधुनिकता की परिभाषा अपने *संक्राति* (Transitional) युग में है।

उत्तर-आधुनिकता और आधुनिकता में अन्तर

उत्तर-आधुनिकतावादियों ने उत्तर-आधुनिक समाज की जो छवि बनायी है वह आधुनिक समाज के भिन्न है। इन दोनों समाजों के अन्तर को बताने वाले तत्वों की तालिका बहुत लम्बी है। मुख्य बात यह है कि जहाँ आधुनिकता को विवेकशीलता से जोड़ा जाता है, वहीं सामान्यतया यह समझा जाता है कि उत्तर-आधुनिकतावाद *अविवेकी* (Irrational) है तथा उसमें लचीलापन अधिक है। यहां हम सिलसिले से आधुनिकता व उत्तर-आधुनिकता के अन्तर को अपने विश्लेषण के लिये नहीं लेते। हमारा उद्देश्य तो उत्तर-आधुनिकता को एक सिद्धान्त के रूप में देखना है। उत्तर-आधुनिकता में कुछ ऐसे तत्व है जो इसे एक *संश्लेषणात्मक* (Synthetic) सिद्धान्त का रूप देते हैं।

ल्योटार्ड और अन्य उत्तर-आधुनिकतावादी सिद्धान्तवेत्ता भव्य संश्लेषणात्मक सिद्धान्तों की कटु आलोचना करते हैं। इसी संदर्भ में वे मार्क्स तथा पारसंस के विशाल सिद्धान्तों को अस्वीकार करते हैं। वे इन सिद्धान्तों को *महान वृतान्त* (Grand Narratives) के नाम से पुकारते हैं। ये महान वृतान्त जिन्हें *सी.राइट मिल* (C. Wright Mills) *भव्य सिद्धान्त* (Grand Theories) कहते हैं कभी भी उत्तर-आधुनिकतावादियों को रास नहीं आते। ये भव्य सिद्धान्तवेत्ता पूरे समाज के सम्पूर्ण स्वरूप को प्रस्तुत करते हैं। वास्तव में उत्तर-आधुनिकतावादी विभिन्न सैद्धान्तिक संदर्शों को एक संश्लेषणात्मक रूप में रखना पसन्द करते हैं। यह सिद्धान्त तो समाज की विभिन्नता के प्रति हमें संवेदनशील बनाना चाहता है। इसी कारण आधुनिक और उत्तर-आधुनिक समाजों की तुलना एक कष्ट साध्य कार्य है। वास्तविकता तो यह है कि उत्तर आधुनिक युग आधुनिक युग से बहुत आगे निकल आया है। इसका एकमात्र उद्देश्य *छोटे-छोटे स्थानीय वृतान्तों* को एक सूत्र में पिरोकर सिद्धान्त का स्वरूप देना है। इस संदर्भ में महान् वृतान्त जो किसी महान परम्परा के अनुरूप है, उत्तर-आधुनिकतावादियों के लिये तिरस्कृत हैं।

आधुनिक और उत्तर-आधुनिक समाजों की तुलना के उपसंहार में जार्ज रीट्ज़र अपनी पुस्तक *कंटेम्परी सोशियोलोजिकल थ्योरी* (Contemporary Sociological Theory, 1994) में लिखते हैं :

> इस भांति उत्तर-आधुनिकतावाद सामान्यतया महान वृतान्तों को अस्वीकार करता है और विशेषकर समाजशास्त्र में भव्य सिद्धान्तों की उपेक्षा करता है।

उत्तर-आधुनिक समाज की विशेषताएं

(Characteristics of Post-Modern Society)

उत्तर-आधुनिक समाज के लक्षणों की कोई भी व्याख्या आधुनिक समाज के संदर्भ के बिना नहीं हो सकती। समाज वैज्ञानिकों की यह धारणा है कि द्वितीय विश्वयुद्ध के बाद एक नये समाज का आविभार्व हुआ। इस समाज की शिनाख्त कई नामों से की जाती है: उपभोक्ता समाज, उत्तर-औद्योगिक समाज, दफ्तरशाही समाज, मीडिया समाज आदि। इसी समाज को उत्तर-आधुनिक समाज भी कहा जाने लगा। उत्तर-आधुनिकतावादी लेखक अपने आपको *उत्तर-संरचनावादी* (Post-Structuralist) मानते हैं। उत्तर-संरचनावादियों का कहना है कि द्वितीय विश्वयुद्ध के बाद उभरकर जो नया समाज आया वह वस्तुतः *उत्तर-मार्क्सवादी* (Post Marxist) समाज है। इसका तर्क है कि अब मार्क्सवादी सिद्धान्त अप्रासंगिक है। आज जो सामाजिक विकास हो रहे है उन पर यह सिद्धान्त लागू नहीं होता। यहाँ पहुंच कर समाज विज्ञान और दर्शनशास्त्र में एक बहस उठती है। बहस का मुद्दा यह है कि पुनर्जागरण के बाद जिस आधुनिक समाज का उदय हुआ, क्या उसकी अन्त्येष्टी हो गई है ?

पुनर्जागरण के बाद — 18 वीं शताब्दी में दार्शनिकों ने जिस आधुनिक समाज की व्याख्या की थी उसका आधार वस्तुनिष्ठ विज्ञान, सार्वभौमिक नैतिकता और कला की

स्वायत्तता पर जोर दिया था। दार्शनिकों ने कहा कि एक ऐसी विशिष्ट संस्कृति का संचय किया जाये जो दिन-प्रतिदिन के जीवन को नयी प्रेरणा और शक्ति प्रदान करे। इनकी यह आशा थी कि कला और विज्ञान का संवर्धन इस तरह होगा कि इनके माध्यम से न केवल प्राकृतिक शक्तियों पर नियंत्रण पाया जा सकेगा वरन् संसार और स्वंय व्यक्ति, नैतिक उत्थान, न्याय और मनुष्य के सुख को भी समझा जा सकेगा।

लेकिन पुनर्जागरण के जो आदर्श व सपने थे, सभी धूल धूसरित हो गये। हुआ यह कि 18 वीं शताब्दी के बाद विज्ञान-आचार और कला सभी अपने आप में स्वायत क्षेत्र बन गये, कला कला के लिये हो गयी, विज्ञान विज्ञान के लिये और आचार आचार के लिये। ये सब क्षेत्र मनुष्य जीवन से विमुख हो गये। आज फ्रांस, अमेरिका और दुनिया के अन्य भागों में सांस्कृतिक आधुनिकतावाद की कड़ी आलोचना होती है। अमेरिका के *डेनियल बेल* (Danial Bell) ने इस प्रकार की आधुनिकता की कड़ी आलोचना की है। फ्रांस के नवीन दार्शनिक कहे जाने वाले विचारकों ने पुनर्जागरण की इस सम्पूर्ण विचारधारा का खण्डन किया है। इसका प्रभाव हमें ब्रिटेन व अमेरिका के विचारकों में भी देखने को मिलता है।

जब हम उत्तर-आधुनिकतावादी समाज की विशेषताओं के विवरण को देने की बात करते हैं तब यह स्पष्ट रूप से कहना चाहिये कि उत्तर-आधुनिकतावादी अवधारणा आज भी अपनी अस्पष्ट अवस्था में है। न ही इसे अधिकांश लोगों ने समझा है। ऐसा लगता है कि उत्तर-आधुनिकतावादी विचारधारा आधुनिकतावादी विचारधारा की प्रतिक्रिया स्वरूप पैदा हुयी है। शायद इसका उद्देश्य उभरती हुयी नई संस्कृति के तत्वों को अपने परिवेश में लाना है। 1950 और 1960 के दशक में जो नयी सामाजिक व आर्थिक व्यवस्था आयी उसका समावेश उत्तर-आधुनिक समाज में किया गया है। इस संदर्भ में यह भी कहा जाना चाहिये कि कुछ उत्तर-संरचनावादी जैसे फोकार्ट, देरिदा और ल्योटाड भी वस्तुतः उत्तर-आधुनिकतावादी हैं। उत्तर-संरचनावादी सिद्धान्तों और उत्तर-आधुनिकतावादी व्यवहारों में ऐसी कई समानताएं है कि इन दोनों को पृथक करना कठिन है।

यहां हम उत्तर-आधुनिक समाज की कतिपय विशेषताओं का उपरोक्त संदर्भ में विवेचन करेगें :

(1) उत्तर-आधुनिक समाज की प्रवृति विषयक सीमाओं का खण्डन करना है

उत्तर-आधुनिकता की प्रकृति ध्वसांत्मक है। इसका जन्म ही प्रतिक्रियात्मक है। विभिन्न सामाजिक विज्ञानों, कला, साहित्य, दर्शन आदि की जो सीमाएं व उपसीमाएं बनी हैं, उत्तर-आधुनिकतावादी को स्वीकार नहीं है। वास्तव में उत्तर-आधुनिकतावाद उस युग का अन्त मानता है जो ज्ञान को विशिष्टताओं में कैद रखना है। उत्तर-आधुनिकतावाद इन सब कृत्रिम सीमाओं को उलट देता है, जोड़ देता है और एक संश्लेषणात्मक संदर्श को अपनाता है। इसकी खोज.तो नये पेराडीम, नयी राजनीति और नये सिद्धान्तों के लिये है।

ये नये सिद्धान्त मार्क्सवाद और इसी तरह नारी आन्दोलन तथा परम्परागत सिद्धान्तों को

नये सांचे में रखेगा। उत्तर-आधुनिकतावाद ऐसे आलोचनात्मक सामाजिक सिद्धान्त का निर्माण करना चाहता है जो हमारी समकालीन राजनीतिक समस्याओं पर नया सोच दे सके।

(2) प्रचलित सैद्धान्तिक रचनाएं केवल मात्र शब्दाडंबर एवं आंलकारिक हैं।

उत्तर-आधुनिकतावाद समाजशास्त्र, मानवशास्त्र और इसी भांति विविध ज्ञान शाखाओं में प्रचलित सिद्धान्तों को अस्वीकार करता है। इस तरह के सिद्धान्त केवल लफ्फाजी मात्र में हैं जो विचारक की रूढ़िवादिता को बनाये रखते हैं। जार्ज रीट्ज़र ने सैद्धान्तिक क्षेत्र में उत्तर-आधुनिकतावादी सिद्धान्त से चार तरह के संश्लेषण करने की अपेक्षा की है:

(अ) उत्तर-आधुनिकतावाद विशाल व भव्य सिद्धान्तों को एकदम अस्वीकार करता है,

(ब) इस विचारधारा का प्रयास स्थानीय स्तर पर छोटे विचारों का संश्लेषण करना होता है,

(स) सर्वप्रथम यह विचारधारा विभिन्न ज्ञान शाखाओं द्वारा बनायी गयी सीमाओं का खण्डन करता है और इस विचारधारा को आगे बढ़ाता है कि विभिन्न ज्ञान शाखाओं से लिये गये विचार नये संश्लेषण को जन्म देगा और

(द) समाजशास्त्र में जो भी प्रचलित शब्दाडम्बर पूर्ण सिद्धान्त हैं उनका अभिथककरण होना चाहिये। इनके स्थान पर जहाँ जो भी महत्वपूर्ण मिल जाये उसे संश्लेषणात्मक सिद्धान्तों में रखना चाहिये।

सब मिलाकर उत्तर-आधुनिकतावाद एक सशक्त जेहाद की घोषणा करता है। इसकी मान्यता है कि जो कुछ सैद्धान्तिक रचनाएं हैं, उन्हें तोड़ दो। उन रचनाओं का पुनर्विश्लेषण किया जाये। नये सिद्धान्त बनाये जायें। पुराने जो कुछ सैद्धान्तिक वृतान्त (Text) हैं उन्हें उत्तर-आधुनिकतावाद सम्पूर्ण रूप से मटियामेट करता है। इसका उद्देश्य तो समाज के बारे में अधिक अच्छी समझ विकसित करना है।

(3) उत्तर-आधुनिकतावाद मार्क्सवाद और प्रकार्यात्मकवाद का विरोधी है।

उत्तर-आधुनिकतावादियों में ल्योटार्ड तथा उसकी पुस्तक *द पोस्ट मोडर्न कन्डीशन* अग्रणी समझे जाते हैं। उनका कहना है कि आधुनिक समाज में मार्क्स ने कामगारों की मुक्ति का जो नारा दिया था, धन के संचय की जो चर्चा की थी और जिस वर्गहीन समाज के आविर्भाव की बात कहीं थी, उस सब की विश्वसनीयता उत्तर-आधुनिकतावादी युग में खो गई है। मार्क्स का यह सिद्धान्त केवल भव्य वृतान्त मात्र रह गया है।

ठीक मार्क्स की तरह, प्रकार्यवादियों में जार्ज होमन्स, टालकट पारसंस, और रोबर्ट मर्टन ने जिन सिद्धान्तों को रखा है वे भी केवल भव्य वृतान्त मात्र हैं। उत्तर आधुनिकतावादी विचारक इन सब आधुनिकतावादी विचारकों को केवल दकियानुसी विचारक मानते हैं। न तो इस समाज में कभी मार्क्स द्वारा प्रतिपादित सामाजिक बराबरी आ सकती है और न पारसंस द्वारा अपेक्षित सर्वसम्मति आ सकती है। *ल्योटार्ड और अन्य उत्तर-आधुनिकतावादी विचारक यह कहते हैं कि जो आज का हमारा समाज व्यक्तिवादी और खण्डित है, बराबर बना रहेगा।*

उत्तर-आधुनिकतावादी समाज का विरोध *वृतान्तों* (Narratives) और विज्ञान यानि *सैद्धान्तिक ज्ञान* के बीच के संघर्ष से है। आज वृतान्त ओझल हो रहे है लेकिन उनका स्थान ग्रहण करने के लिये कोई दूसरे तत्व नहीं है। यह *वृतान्त प्रधान ज्ञान* (Narrative Knowledge) हमें केवल सौन्दर्य-ज्ञान देता है, उसकी उपयोगिता नहीं। हालत यह है कि आचार और विज्ञान के नाम पर *सुन्दर, शुभ और सत्य* (Beautiful, Good and Truth) पृथक होकर स्वायत्त बन गये हैं। आवश्यकता इस बात की है कि हम छोटी-छोटी घटनाओं का अध्ययन करके समाज का निर्माण करें। *यह समाज ऐसा होगा जिसका सृजन बाजार की शक्तियां करेगी*।

सब मिलाकर उत्तर-आधुनिकतावादियों का कहना है कि परम्परा से कही जाने वाली महान कहानियां, आज के संदर्भ में अप्रासंगिक है, छोटी कहानियां सुंदर हैं। हमारे महान वृतान्त केवल इतिहास के दर्शन बन जाते हैं, विशेषकर तब जब हम उन्हें आज की राजनीतिक समस्याओं के संदर्भ में देखते हैं। इसके ठीक विपरीत स्थानीय वृतान्त, जो लघु वृतान्त होंते हैं, स्थानीय रचना शक्ति से जुड़े होते हैं।

(4) ज्ञान का रूपान्तरण

उत्तर-आधुनिकतावाद की बहुत बड़ी विशेषता विज्ञान और तकनीकी है। उनका केन्द्रीय तर्क विचारों के रूपान्तरण का है। उत्तर-आधुनिकतावादी अपने कथन का प्रारम्भ भाषा से करते हैं। उनका कहना है कि भाषा एक ऐसा माध्यम है जो विचारों को अभिव्यक्ति देता है। इसलिये भाषा का अध्ययन वैज्ञानिक पद्धति से यानि भाषा विज्ञान द्वारा होना चाहिये। उत्तर-आधुनिकतावादी अपना अधिकतम सरोकार भाषा सम्बन्धी सिद्धान्तों से रखते हैं। इसके उपरान्त वे संचार से जुड़ी हुयी समस्याओं पर विचार करते हैं। भाषा का आज के संदर्भ में अधिकतम सम्बन्ध कम्प्यूटर से है जो एक आधुनिकतम तकनीक है। वे संचार से जो सूचना मिलती है उसका भण्डारण करते हैं और इसी संदर्भ में वे *डेटा बैंक* (Data Bank) की चर्चा भी करते हैं। इसे तकनीकी और वैज्ञानिक संदर्भ में देखें तो स्पष्टतः तकनीकी रूपान्तरण का, जो कम्प्यूटर द्वारा होता है, बहुत बड़ा प्रभाव ज्ञान पर पड़ता है। सच में देखा जाये तो आज की मशीनें विशालतम ज्ञान को सूक्ष्म रूप में रखकर व्यापारिक बाजार में डाल देती हैं। अब ज्ञान सीखने के तरीके, ज्ञान स्वयं का वर्गीकरण मशीनों द्वारा होने लगा है। रूपान्तरण के क्षेत्र में यह क्रान्तिकारी परिवर्तन है। कितना आश्चर्य है, सैकड़ों पृष्ठों वाली पुस्तक एक फिलोपी में कैन्द हो जाती है।

ल्योटाई का तो विश्वास है कि कोई भी ज्ञान आज के तकनीकीकरण और रुपान्तरण में बदले बिना जीवित नहीं रह सकता। ज्यों-ज्यों समाज उत्तर-आधुनिक युग में आता है, ज्ञान के दर्जे में भी बदलाव आता है। ल्योटार्ड की तो भविष्यवाणी है कि हमारे ज्ञान के भण्डार में जो कुछ है यदि उसका *परिमाणीकरण* (Quantification) नहीं किया गया तो उसका अस्तित्व नहीं रहेगा। हमारा पुराना सिद्धान्त कि ज्ञान जब तक मस्तिष्क में नहीं बैठता, खो जाता है,

आज विगत की बात हो गयी। आज की स्थिति में तो ज्ञान केवल ज्ञान के लिये ही बेमतलत हो गया है। अब तो ज्ञान बेचने के लिये अर्जित किया जाता है।

अब यह सभी लोग स्वीकार करते हैं कि कम्प्यूटर से निकला ज्ञान उत्पादन की बहुत बड़ी शक्ति है। आने वाले वर्षो में *शक्ति की प्रतियोगिता* (Power Competition) में ज्ञान का स्थान सर्वोपरि रहेगा। जिसके पास जितना अधिक ज्ञान है, वह उतना ही अधिक शक्तिशाली है। यह दूर की बात नहीं है, बहुत शीघ्र ही विभिन्न राष्ट्र अधिकतम ज्ञान प्राप्त करने का भागीरथ प्रयत्न करेगें। सीधा सा मुहावरा है: जिस देश के पास विविध सूचनाओं का अधिकतम भण्डार होगा, वह देश उतना ही अधिक शक्तिशाली होगा। यदि देशों या राष्ट्रों के बीच कोई होड़ होगी, संघर्ष होगा, तो यही कि किसके पास कितनी अधिक सूचनाएं है। उत्तर-आधुनिक युग में शायद विज्ञान की शक्ति इसलिये बढ़ जायेगी कि वह सूचनाओं के उत्पादन में अधिक ताकतवर होगा।

उत्तर-आधुनिकतावादियों का यह कहना है कि इस कम्प्यूटर युग में ज्ञान का प्रश्न वस्तुतः एक सरकार का प्रश्न है। अब सरकार ज्ञान के रुपान्तरण, उत्पादन आदि के कार्य को प्रशासन के हाथों से लेकर मशीनों को सौप देगी। अब यह प्रश्न बार-बार पूछा जायेगा: जिन मशीनों में ज्ञान का भण्डार भरा है, उन मशीनों तक पहुंच किसकी होगी? वास्तव में ज्ञान की वह शक्ति है जो समाज के हित और अहित को निश्चित करेगी। इस संदर्भ मे उत्तर-आधुनिक युग की बहुत बड़ी विशेषता विज्ञान, तकनीकी, और इस अर्थ में कम्प्यूटर तथा ज्ञान का भण्डारण व रुपान्तरण मुख्य मुद्दे हैं।

(5) वृतान्त-ज्ञान की अस्वीकृति (Rejection of Narrative Knowledge)

उत्तर-आधुनिकतावादियों का बहुत बड़ा तर्क है कि महान् व भव्य कहे जाने वाले वृतान्तों को कूड़े-करकट में डाल दो। यह एक प्रकार की तोता रटंत है जिसे बराबर आधुनिकतावादी रखते आये हैं। आखिर वृतान्त क्या हैं? वे कथायें, मिथक, लोकप्रिय कहानियां, ये सब वृतान्त के अन्तर्गत आते हैं। पंचतत्र की कहानियां, मिथक, जैसे कि भीम की गदा से कुंड बन गया, समुद्र पर सेतु बन गया, राजपूतों की उत्पति आबू पर्वत के अग्नि कुण्ड से हुयी, ये और ऐसे ही कई आख्यान हैं जो उत्तर-आधुनिकवादियों को रास नहीं आते। वे उनका विरोध करते हैं।

वृतान्तों के विरोध का कारण यह बताया जाता है कि ये समाज की रूढ़ियों, परम्पराओं और अंधविश्वासों को वैधता देते हैं। सामाजिक रूढ़ियां, बुराइंयां और तर्क अन्य परम्पराएं इन वृतान्तों से ही सशक्त व सुदृढ़ बनती हैं। जितना अधिक समाज परम्परागत होगा, उसमें उतनी ही अधिक वृतान्त होगें। हमारे यहां वृतान्तों का सिलिसला महाकाव्यों के काल से प्रारम्भ होता है। और इससे पहले पुराणों के आख्यान हैं। मिथकों की बराबर भरमार है। मिथकों से जुड़ी कथाएं, वार्ताएं अब भी कोटि-कोटि जनों के व्रतों और उपासना को दिशा

देते है। उत्तर-आधुनिकता इस तरह के महान वृतान्तों को चुनौती देता है।

(6) उत्तर-आधुनिकतावाद वैज्ञानिक ज्ञान का भी विरोधी है

वैज्ञानिक ज्ञान सम्पूर्ण ज्ञान का प्रतिनिधित्व नहीं करता। वास्तव में इसकी प्रतियोगिता और संघर्ष दूसरे प्रकार के ज्ञान से है जो वृतान्त रूप में है। जिस प्रकार वृतान्त से जुड़ा ज्ञान समाज की रुढ़ियों और परम्पराओं को वैधता प्रदान करता है, ठीक वैसे ही वैज्ञानिक ज्ञान सरकार को किसी भी मिथक की तरह वैधता देता है। उत्तर-आधुनिकतावादियों के अनुसार प्रत्येक व्यक्ति वैज्ञानिक ज्ञान को प्राप्त कर सकता है। यह होते हुये भी वृतान्त के ज्ञान को किसी ने भी वैज्ञानिक ढंग से नहीं परखा, क्योकि वृतान्तों के पुरोहित व पुजारी ऐसा कभी नहीं चाहते थे। अतः यदि आज हम विज्ञान का प्रयोग करना चाहते हैं तो इस तरह से करें कि इससे उत्पन्न तकनीक बाजार में बेची जा सके। जिस भांति वृतान्त केवल किस्से कहानियां है, मिथक और आख्यान हैं, जिनकी उपयोगिता घर में बैठी महिलाओं या घर आंगन में रहते बच्चों के लिये हैं, वैसे ही बिना तकनीकी का विज्ञान विश्वविद्यालयों के प्रयोगशालाओं में सिमट कर रह जायेगा इन्हीं कुछ कारणों से उत्तर-आधुनिकवादी वृतान्तों और वैज्ञानिक ज्ञान को उपेक्षा से देखते हैं।

(7) उत्तर-आधुनिकता में वाणिज्यिक ज्ञान की प्रधानता
(Dominance of Merchantilization of Knowledge)

जब औद्योगिक क्रान्ति का सूत्रपात हुआ था तब व्यावसायियों को लगा कि जितना अधिक तकनीकी का प्रयोग किया जायेगा उतना ही अधिक उत्पादन होगा। यह पूंजी का वितरण था। वस्तुओं के उत्पादन में अनुसंधान की भूमिका महत्वपूर्ण होती है। बड़े बहुराष्ट्रीय प्रतिष्ठानों की यह विशेषता है कि उनमें बड़ी लागत के अनुसंधान किये जाते हैं। इन अनुसंधानों का उद्देश्य *प्रमाण* (Proof) प्रस्तुत करना होता है। लेकिन ये प्रमाण उसी स्थिति में ग्राह्य होते हैं, जिस स्थिति में वे *निवेश* (Input) के अनुपात में *उत्पादन* (Output) दे सकें। आज किसी भी विज्ञान और उसके अनुसंधान का उद्देश्य निवेश तथा उत्पादन में समीकरण पैदा करना है।

दूसरे शब्दों में, उत्तर-आधुनिकतावादी मानते हैं, कि अब विज्ञान का उद्देश्य सत्य की खोज करना नहीं रहा। इसका उद्देश्य तो *निवेश की तुलना में उत्पादन के समीकरण* को स्थापित करना है। वैज्ञानिकों, तकनिशियनों और उपकरणों को इसलिये खरीदा नहीं जाता कि वे ज्ञान की तलाश करें। उनकी खरीदी तो इसलिये होती है कि वे प्रतिष्ठानों के मालिक को अधिक से अधिक शक्ति प्रदान करें।

उत्तर-आधुनिकतावादियों के संदर्भ में विज्ञान अपने आप में लक्ष्य नहीं है। अब इनकी दिशा सत्य के अन्वेषण से हटकर अधिक से अधिक उत्पादन करना है। इसी संदर्भ में शैक्षिणिक संस्थाओं का अधिकतम जोर अब आदेशों की प्राप्ति पर न होकर कार्य निपुणता के लिये होता है। विश्वविद्यालय में जब विथार्थी किसी नये आविष्कार को करते हैं तो यह

नहीं पूछा जाता कि जो आविष्कार उन्होंने किया है वह सही है, पूछा जाता है कि इस आविष्कार की उपयोगिता क्या है। दूसरे शब्दों में ज्ञान के सम्बन्ध में उत्तर-आधुनिक युग में इस बात की खोज होती है कि जो कुछ अनुसंधान से प्राप्त हुआ है क्या उसे बाजार में धड़ल्ले से बेचा जा सकता है। शायद इस कारण अधिकतम व्यवसायिक प्रतिष्ठान अपने कामगारों को कार्य-प्रवीणता देने के लिये प्रशिक्षण देते हैं।

(8) आधुनिक समाज की कला बुर्जुआ है अतः यह अस्वीकृत है

(The Art of Modern Society is Bourgeois, It needs to be rejected)

ल्योटार्ड ने सम्पूर्ण कला को चाहे वह चित्रकला, नृत्यकला या साहित्यशास्त्र हो, उत्तर-आधुनिकतावाद के संदर्भ में दखा है। कला का एक स्वरुप धार्मिक या *सांस्कारिक* (Sacred) है। इसका सम्बन्ध धर्म से है। इस कला को हम अजन्ता-एलोरा की गुफाओं में देखते हैं या कोणार्क के खजुराहो के मंदिरो में। कला का दूसरा स्वरुप *दरबारी कला (Courtly Art) का है। इसे हम मुगलकालीन या राजपूत कला में देख सकते हैं। कला का तीसरा प्रकार बुर्जुआ है। सांस्कारिक और दरबारी कला प्रत्यक्ष या परोक्ष रूप से जीवन प्रक्रियाओं से जुड़ी हुयी है। दूसरी और बुर्जुआ कला का स्वरुप जीवन प्रक्रिया के बाहर है। यह उपभोक्तावादी कला है। इस कला में कलाकार का कोई सामाजिक कार्य नहीं होता। यह कला केवल कला के लिये है। इसका जीवन की व्यावहारिकता* (Praxis of Life) से कोई सरोकार नहीं होता। ऐसी बुर्जुआ कला तो केवल *सौंदर्योपासना* (Aestheticism) मात्र है। जीवन के उतार-चढ़ाव से इसका कोई जुड़ाव नहीं होता। इसी कारण उत्तर-आधुनिकतावादियों को यह स्वीकार नहीं है।

उपसंहार

उत्तर-आधुनिकतावादियों का सैद्धान्तिक आन्दोलन आज एक निश्चित पड़ाव पर अवश्य आ गया है। समाजशास्त्र में कई ऐसे सिद्धान्तों का आविर्भाव हो रहा है जो विभिन्न विद्वानों से बहुत कुछ उधार लेते है। इन सिद्धान्तों का विश्लेषण एकाधिक स्तरों पर किया जा सकता है। परम्परा से सिद्धान्तों का विश्लेषण एकाधिक स्तरों पर किया जा सकता है। परम्परा से सिद्धान्तों को निश्चित सीमाओं में बांधने वाली जो रेखाएं थीं, वे आज धुधंली हो रही हैं। उदाहरण के लिये मार्क्स के सिद्धान्त का विभिन्न संदर्भो में आज जो विश्लेषण किया जा रहा है वह इस सम्पूर्ण सिद्धान्त को अनेक स्तरों पर रख देता है। अब तक मार्क्स का सिद्धांत द्वन्द्वात्मक, व ऐतिहासिक भौतिकवाद के संदर्भ मे रखा जाता था। उत्तर-आधुनिकतावादी सिद्धान्त की इस रेखा को लांघकर अब मार्क्स का विश्लेषण प्रकार्यवाद के स्तर पर करते है। यहां प्रकार्यवाद और द्वन्द्ववाद की सीमाएं टूट गयी हैं। उत्तर-आधुनिकतावाद में अधिक से अधिक रुझान *संश्लेषण* (Synthesis) या एकीकरण की ओर है। *अतः यह स्पष्ट रूप से कहा जा सकता है कि उत्तर-आधुनिकता का यदि कोई समाजशास्त्रीय सिद्धान्त है तो वह संश्लेषणात्मक और एकीकृत सिद्धान्त है।*

उत्तर-आधुनिकतावादियों के इस संश्लेषणात्मक सिद्धान्त पर कई संदेह उत्पन्न किय गये हैं। यदि सभी समाजशास्त्रीय सिद्धान्त अन्य सिद्धान्तों की अधारी से संश्लेषणात्मक-एकीकृत भव्य सिद्धान्त का निर्माण नहीं कर सकते। यदि कुछ ऐसे प्रयास हुए तो उन पर सभी की सम्मति होना सम्भव नहीं है। कहीं की ईंट, कहीं का रोढ़ा। इस तरह से कोई सिद्धान्त नहीं बन सकता जिस पर भरोसा किया जा सके।

उत्तर-आधुनिकतावादी सिद्धान्तवेत्ता आधुनिकतावाद की आलोचना में कोई कोर-कसर नही छोड़ते। जीवन का कोई भी पहलू उसकी आलोचना से बच नहीं पाया है। वे महान वृतान्तों से कम नहीं है। उनके द्वारा प्रतिपादित आज के लघु वृतान्त कल महान वृतान्त बन जायेगें। रोचक तथ्य यह है कि हाल में जो नई कृतियां सिद्धान्त के क्षेत्र में प्रकाशित हो रही हैं, वे उत्तर-आधुनिकता से एक और युग आगे हैं। इन सिद्धान्तवेत्ताओं का कहना है कि उत्तर-आधुनिकतावाद के बाद और कौनसी विचारधारा आयेगी। *हर्बर्ट साइमन्स तथा माइकेल बिलिग* (Herbert W. Simons and Michael Billig, 1994) का आग्रह है कि उत्तर-आधुनिकतावाद के बाद हमें राजनैतिक और *प्रक्सिस* (Praxis) से जुड़ी विचारधारा का पुनर्निर्माण करना होगा। उत्तर-आधुनिकतावाद के बाद के समाज में नारी आन्दोलन, दलित उत्कर्ष तथा आचोचनात्मक मार्क्सवाद पर चिंतन की आवश्यकता है। कहां तक उत्तर-आधुनिकतावाद और उत्तर आधुनिकतावाद के बाद के समाज से जुड़े हुए समाजशास्त्रीय सिद्धान्त, समाज को खुशहाली की ओर ले जायेगें, यह तो भविष्य ही बतलायेगा।